郭店楚簡研究会編

楚地出土資料と中國古代文化

汲 古 書 院

ま　え　が　き

池田　知久

本論文集は、平成十一年度～平成十三年度の三年間に渡る、科學研究費補助金基盤研究（B）「郭店出土竹簡及びそれと關聯する出土資料の研究——中國古代思想史の再構築を目指して——」（研究代表者は日本女子大學文學部谷中信一教授、課題番号 11410004）による、ささやかな研究成果の一端を公刊するものである。

内容は、いずれも中國古代の主として楚の地より出土した最新の資料を用いて行った、思想史を中心とする廣義の文化史・社會史の研究であり、執筆者は、みなこの研究プロジェクトの研究代表者・分擔者・協力者である。ご多忙のところを、日本人九名を筆頭に、中國人五名、韓國人二名、アメリカ人一名、合計十七名の研究者が論文の執筆に應じてくださったことにまず感謝したいと思う。このささやかな研究成果が、世界の學界において今後、郭店楚簡を始めとする出土資料の研究の進展や、思想史を中心とする中國古代文化史・社會史などの研究の進展に、多少なりとも貢獻することができるとすれば、我々の喜びはこれに勝るものはない。

現在、中國を震源地として日本・歐米などの多くの國と地域とにおいて、中國古代文化（思想史・歴史・語學・文學など）の新しい研究が猛烈な勢いで進行中である。その主な原因・理由の一つは、この二十數年の間、中國各地において新たに、おびただしい數量の、かつ貴重な内容を有する古代文化研究の資料が陸續として出土してきたからである。これらの出土資料を用いた新しい研究は、主に文獻を用いて行ったきた從來の研究の限界を克服する可能性を秘めたものとして、世界の中國古代文化の研究に携わる者の熱狂的な歡迎を受け、大きな流れとなってそのまま今日に至っている。我々の研究プロジェクトも、この流れに棹さすものであることは言うまでもない。

出土資料を用いた新しい研究というものは、實を言えば大變難しい學問である。以下、行論の便を考え、主に郭店楚簡を用いた思想史研究、特にいわゆる『老子』の研究を例に取って、圖式的に單純化して論ずることにしたい。

第一に、出土資料を用いた研究を行うためには、良質の「圖版」（寫眞版）を入手し、自分自身の眼と頭とを使ってそれを冒頭から末尾まで一字一字解讀し、實際にどのような文字が書いてあるのかを判定しなければならない。今日、文物出版社の『郭店楚墓竹簡』（一九九八年）の「釋文注釋」などの與えられた釋文をそのまま利用して論文を書く研究者が多いけれども、それでは學問的な正確さを確保することはできないのである。幸い、文物出版社の「圖版」は大體のところ良質の寫眞版であるから、それを用いて郭店楚簡の楚系文字を解讀することに特に問題はない。

その際、楚系文字という文字は、我々にとって、從來、存在すらほとんど知られておらず、研究も全然されてこなかった、ほぼ完全に未知の新しい文字であるから、これを解讀する難しさは相當なものである。——甲骨文・金文・篆書・隷書、その他のいわゆる「古文」を始めとする古文字などを研究する古文字學、また楚系文字を判定する基準を提供する『説文解字』を研究する説文學、をある程度修めている必要がある。二〇〇二年の今日では、以前のように、『古文四聲韻』と『汗簡』としかなかった狀況とは異なって、楚系文字を解讀するための工具書が多數刊行されているので、それらを利用すれば、費やす時間と勞力とが大幅に輕減できる。これは、眞にありがたいことではある。しかし、郭店楚簡や上海楚簡などの楚系文字を研究した甚だ多くの著書・論文・札記も、中國・臺灣を始めとする世界において毎月毎年、陸續と執筆・刊行されている。これらにも可能な限り眼を通して、楚系文字の判定の正しさを期さなければならない。

第二に、當該楚系文字の意味を明かにする仕事がある。第一の解讀によって、實際にどのような文字が書いてあるかを判定できたとして、次に、その文字はどのような意味であるかを明かにする段階に入る。これもなかなか難しい分野である。というのは、郭店楚簡を始めとする出土資料は、この意味の文字はこのように書くのが正しいという、文字に對する規範意識の成立する以前の文獻であるので、そのまま如字に讀むことができる場合も無論多いけれども、假借字・異體字・省字として處理しなければならない場合が格別多いからである。

この仕事を成功裏に行うためには、上述の第一に掲げた古文字學・説文學を修める以外に、特に音韻學（に基づく假借の仕組み）をある程度知っていることが必要であろう。そして、この分野においても、參照すべき工具書が多數刊行されており、それらを利用することはできる。しかし、楚系文字の音韻學（つまり假借）を研究した甚だ多くの著書・論文・札記も、やはり世界において毎月毎年、陸續と執筆・刊行されており、これらにも可能な限り眼を通さなければならない。

ちなみに、中國・臺灣などにおいて、また近年では日本においても、入門者の、出土した文字を正確に復元すること抜きに、ただちに假借字・異體字・省字などに改めて書く論文が増加している。これは出版の經濟の問題もあるから、一概には律しえないことであるが、しかし學問的には不正確であり、適當な處理とは言えない。改めて言うまでもなく、どのような文字が書いてあるかということと、その文字がどのような意味であるかということと（すなわち文字と意味と）は、自ずから別の問題だからであり、この兩者を嚴密に分けるのが世界の出土資料を用いた研究の大勢だからである。

第三に、以上によって解讀した楚系文字とその意味とに基づいて、次に、それらから成る文・文章やその集合（從來の分章が適當であるか否かという問題をも含めて）の、文獻學的な諸問題や有する思想上の諸問題（内容や特徵など）を分析・解釋するという研究が續く。郭店楚簡のいわゆる『老子』を例に取れば、甲本第十九章、第六十六章、第四十六章中段・下段等々といった各章の、分章の適否をも含む文獻學的諸問題や思想的諸問題（内容や特徵など）、また甲本、乙本、丙本、『大一生水』それぞれに關する同様の諸問題の分析・解釋を行うことである。

その際、當該出土資料、ここではいわゆる郭店『老子』について書かれた著書・論文を、可能な限り多く參照して自らの分析・解釋に生かすべきことは勿論である。それだけでなく、筆者は、關聯する文獻資料や通行本（例えば、河上公本『老子』や王弼本『老子』）に基づく從來の研究の成果を、最大限汲み取った方がよいと勸めたい。なぜかと言うと、今日おびただしい數量の出土資料の急激な出現に落ち着きを失った入門者が、しっかりした學問的訓練を經ないまま、實證的な根據や深い思索もなく、イージーに新奇な議論を發表する場合が多くなっているからである。確かに、從來の文獻資料や通行本に基づく研究は、馬王堆帛書や郭店楚簡などを見てはいない。したがって、それらを目睹している我々がその點に限って正しい認識に達する利點を持っていることは明かである。しかし、だからと言って、從來の研究、中でも優れた研究の價値が烏有に帰したわけではないのだ。試みに、近代日本における代表的な『老子』研究である、武内義雄・津田左右吉・木村英一三教授の著書・論文を繙いてみよう。今日に至るもなお新鮮さを保っている先學の深い思索に驚き、また豫期していなかった相當の收穫も得られるはずである。

第四に、以上の分析・解釋を通じて明らかになった當該出土資料の、文獻としての性質や思想上の内容や特徴などをより大きなパースペクティブの下に、例えば、中國古代思想史・文化史・社會史等々の全體の中に位置づけるという仕事がある。いわゆる郭店『老子』などの有する意義・價値は、このような仕事抜きには論ずることができないからである。あるいは、これを逆にして、中國古代思想史全體の中に占める位置をたえず考慮しながら、郭店『老子』の文獻學的また思想的分析・解釋を進めると言い換えてもよいかもしれない。

ところで、その中國古代思想史の全體を作り出すものは、その大部分が、從來の文獻資料とそれに基づく研究とである。この意味から考えても、從來の文獻資料やそれに基づく研究が無意味・不必要になったのではないことは、今日もっと強調しなければならない。それらは依然として意味があり必要である。ただ、その意味と必要性とに、あれこれの限定が加えられるようになったにすぎない。それ故、中國古代思想史の研究にとって現在最も緊急に必要な課題は、出土資料やそれに基づく研究と從來の文獻資料やそれに基づく研究との突き合わせである。すなわち、一方で、そのままでは海のものとも山のものとも分からない出土資料やその研究を、從來の文獻資料やその研究が畫いてきた、熟れた中國古代思想史の全體の中にきちんと位置づけること、他方で、出土資料やその研究の新しさを生かす先端的な立場に立って、從來の文獻資料やその研究が畫いてきた、中國古代思想史の全體の中に含まれている誤りや偏り、空白や疑問を正すこと、そして、結局のところ、以上の相い反する兩者をいわば辯證法的に統一して進めていくことが、現在まさに急を要する喫緊事なのである。上にも述べた地に足の着かない入門者が、出土資料だけしか見ずその研究だけを根據にして、イージーに從來の文獻資料やその研究が畫いてきた全體像を乘り越えると稱し、未熟で新奇な見解を主張するのでは、己れの分をわきまえない者と評されてもしかたがない。

筆者自身を含めて我々の研究プロジェクトが、以上に述べた諸事項の要求を充足しつつ成功裏に研究を行ないえているか否かについては、あまり自信のないところであり、外部からの客觀的な評價を待ちたいと思うが、出土資料を用いた新しい研究とは、このように大變難しい學問なのである。

いわゆる郭店『老子』丙本第十八章を例に取ってそのことを示してみよう。郭店丙本第十八章を書き下すならば、大多數の研究者の讀み方（また筆者の讀み方でもある。）では、

古（故）に大道發（廢）れて、安（焉、ここ）に𢘽（仁）義又（有）り。六新（親）和せずして、安（焉、ここ）に孝孥（慈）又（有）り。邦𡨚（家）緍（昏）〔亂〕して、安（焉、ここ）に正臣又（有）り。■

となる。（これと馬王堆甲本・乙本・今本との相異やその思想史的な意味については、本論文集所收の拙論を參照。）

ところが、日本でも最近になって、丁原植教授『郭店竹簡老子釋析與研究』（一九九八年、萬卷樓圖書公司）の「安」字の解釋に從って、この部分を、

故に大道廢（すた）るれば、安（いず）くんぞ仁義有らんや。六親和せざれば、安（いず）くんぞ孝慈有らんや。邦家昏□すれば、安（いず）くんぞ正臣有らんや。

と訓讀した上で、

今本のように「大道」を高く位置づけることによって、その對極に「仁義」を置いて、これを貶めようとはしておらず、あくまでも「仁義」が存在する根據として「大道」を立てているように見える。その意味で、丙本は決して「仁義」を貶めてはいない。……それゆえ今本『老子』の「聖」「知」「仁」「義」に對する否定

的な態度は、郭店『老子』にはまだ無く、それ以後の思想界の儒道の對立という現實が生み出した『老子』の變容ということなのである。

と解説する見解が唱えられている。『老子』の思想は儒教の「仁義」などと矛盾・對立するものではないとする見解は、中國や日本に古くから存在していた一種のシンクレティズムのイデオロギーであり、今日でも中國では床屋談義で盛んに唱えられているから別に驚きはしないけれども、現代日本の學問の世界にこれが登場してきたについては、以上に述べた諸事項の要求に照らして甚だ心配になった。

まず、語學的な方面から、上述の第一・第二に即して言うならば、「安」という文字は、郭店楚簡や上海楚簡を始めとする楚系文字にしばしば現れる。その意味は、實辭の名詞・動詞・形容詞としての用例以外に、虚辭の接續詞・語氣詞としての用例があるが、反語の疑問詞の用例はほとんどないようである。(『眚自命出』に反語の疑問詞かもしれないと思われる用例が一例あるが、その前後の内容が不明であり、今のところ未詳としておく。)當時の楚における言語習慣を調査した上で、立論しなければならない。

次に、文獻學的な方面から、上述の第三に即して言うならば、郭店丙本第十八章は「古（故）に」という語で始まっており、したがって、すぐ上文の第十七章と一緒の章である。このことは、すでに馬王堆甲本・乙本も同じであって、いわゆる馬王堆『老子』の研究を通じて約二十年前から、(今本の）第十七章と第十八章とが分けることのできない、一緒に取り扱われるべき章であるとする見解がほぼ定説となっていた。郭店丙本は再びそれを實證したのである。その郭店丙本第十七章は、

大上は下之れ又（有）るを智（知）り、丌（其）の即（次）は新（親）しみて之れを譽め、丌（其）の既〈即（次)〉は之れを愄（畏、おそ）れ、丌（其）の即（次）は之れを柔（侮、あなど）

る。信足らずして、安（焉、ここ）に信ぜられざること又（有）り。猷（猶）㖒（乎）として丌（其）れ言を貴（遺、わす）るれば、事を成し礼（功）を述（遂）げて、百省（姓）は「我れ自肰（然）なり。」と曰う。

であるが、「信足らずして、安（焉、ここ）に信ぜられざること又（有）り。」という、第十八章の三聯對句とほぼ同じ句形の文がある。この文を丁原植教授の言うように、（統治者の）「信足らざれば、安（いず）くんぞ信ぜられざること又（有）らんや。」と讀むことができるであろうか。反語の疑問詞であるとすれば、（民衆によって）「信ぜられざること無し」つまり「信ぜらる」の意味になるはずであるが、強引に無理な解釋を施さない限り文意を通じさせることはできない。

さらに、思想内容や思想史の研究の方面から、上述の第三・第四に即して言おう。一つには、丙本第十八章を上述のように、

故に大道廢（すた）るれば、安（いず）くんぞ仁義有らんや。六親和せざれば、安（いず）くんぞ孝慈有らんや。邦家昏□すれば、安（いず）くんぞ正臣有らんや。

と讀むとすれば、この文章は、「仁義」「孝慈」「正臣」があることを肯定的に評價する根據として、「大道が廢（すた）れず」「六親が和し」「邦家が昏□していない」という現實を認めていることになるであろうが、戰亂に明け暮れる時代を生きていると思われる老子をこんな呑気な人間と畫くことができるであろうか。郭店『老子』にあるのは儒教批判ではなくて、文明批判であると主張する向きもあるが、こんな呑気な文明批判などあるはずがない。

二つには、丙本第十八章を上述のように讀むならば、「仁義」「孝慈」「正臣」という一般社會では優秀と見なされているプラスの價値に對して放った、『老子』（の至るところに見出すことができる）一流の逆説あるいは皮肉の風味が消えてしまう。上文の郭店丙本第十七章に、

大上は下之れ又るを智り、丌の即は新しみて之れを譽め、丌の既

〈即〉は之れを悬れ、丌の即は之れを柔る。

とあるのなども、その『老子』一流の逆説あるいは皮肉であるが、第十八章の新解釋はこういう風味と調和しなくなってしまう。

三つには、郭店丙本第十七章と第十八章とは、思想内容の點で相互に緊密に繋がっている。——第十七章は、理想的な「大上」の統治者以下のあり方をヨコに類型的に述べて、「下」の「百省」がただその存在を知るだけの、「猷虖として丌れ言を貴れた」（つまり無言の）君主は、「信」（「百省」に對する信實）が十分である故に「百省」によく「信ぜられて」、その結果、「事を成し礻工を述げる」ことができる。このように優れた政治的な功績を擧げることができた後も、「百省」はそれを「大上」の統治者のお陰であるとは考えず、「我れ自肰なり」、つまり自分たちが自（みずか）ら勝ち取った功績であると曰う、といったタイプであると説明する。それに對して、「丌の即」以下の下等な統治者のあり方は、「下」の「百省」が「新しみて之れを譽め」「之れを悬れ」「之れを柔る」君主であって、「百省」への「信」が不十分である故に「百省」に「信ぜられざる」、有言あるいは多言でありながら政治的な功績を擧げることのできない、といったタイプであると説明している。

第十八章は、以上の論述をふまえてその取り扱う領域をさらに擴げ、道德的政治的な價値についての一般論をタテに存在論的歴史的に論及した文章である。すなわち、やや詳しくパラフレーズするならば、世界において「大道が存し」、家において「六新が和し」、國家において「邦家が治まる」といった道德的政治的な價値の實現していた理想狀態の下では、今日有言あるいは多言をもって唱えられている「悬義」「孝孥」「正臣」などはまだ無かった。世界の聖人、家の家長、國家の君主は、「下」の人々がそれぞれただその存在を知るだけの、「猷虖として丌れ言を貴れた」無言のリーダーであって、「下」への「信」が十分である故に「下」によく「信ぜられて」、その結果、「事を成し祀を述げ」ることができていた、つまり「大道の存」「六新の和」「邦家の治」といった優れた道德的政治的な功績を擧げることができていた。それに對して、「息義」「孝拳」「正臣」などが有るようになったのは、何らかの原因で「大道が發れ」「六新が和せず」「邦家が緍〔亂〕した」ために發生したことであって、「丌の即」以下の下等なリーダーが「新しみて譽められ」「愳れられ」「柔られる」段階の產物である。それらは今日有言あるいは多言をもって唱えられているけれども、「下」への「信」が不十分である故にそれぞれの「下」に「信ぜられず」、その結果、何ら優れた道德的政治的な功績を擧げることができないものだ、と言うのである。——このように、郭店丙本第十七章と第十八章とは一緒の章であって、明らかに思想內容の點でも相互に緊密に繫がっている。

以上、いわゆる郭店『老子』丙本第十八章を例に取って、筆者が先の諸事項を掲げて自他に要求するゆえんを示したのであるが、それもこれも、大變難しい學問である出土資料を用いた研究を、世界的な規模において一步でも二步でも前に進めようと希望するからに他ならない。

最後に、今日、郭店楚簡の研究、特にその思想史的研究を進める上で、ネックとなって世界の研究者の前に大きく立ちはだかっている問題がある。それは、郭店一號楚墓の下葬年代は大體いつごろかという問題であり、文物出版社の『郭店楚墓竹簡』が發表した「戰國中期偏晚」(戰國時代中期のやや後)、すなわち紀元前三〇〇年ごろという說を信ずる、多くの研究者のつまずきの石となっているものである。筆者は、このたびこの問題について檢討した文章を用意したのであるが、すでに與えられた紙幅も盡きている。その詳細は別の機會に讓ることにして、ここでは、その要旨だけを簡潔に記しておきたいと思う。

第一に、郭店一號楚墓の下葬年代については、中國大陸だけに限っても、戰國中期の紀元前三〇〇年ごろという説以外に相當多數の見解が表明されている。例えば、武漢大學考古系の徐少華教授の二七〇年～二八〇年説、中國社會科學院哲學研究所の王葆玹教授の二七八年～二二七年説、等々。今日では議論百出という狀態である。その理由の一つは、郭店楚墓の下葬年代を推定する基準を提供する、包山二號楚墓の下葬年代が決まらないからである（後述）。包山楚墓の下葬年代については、中國大陸で定説とされている三一六年説以外に、二九二年・三二三年・三〇二年・二八四年説などが出ており、こちらも諸説紛紛の狀態である。

郭店楚墓の下葬年代を三〇〇年ごろとする説は、文物出版社本が最も早く出版され（一九九八年）、その中で「戰國中期偏晩」説が主張された（「前言」、一ページ）ために重みを持っただけのことである。日本の研究者は他から與えられた結論だけを鵜呑みにするのでなく、自らの學問的な能力で諸事實を一々きちんと確かめながら下葬年代などを決定すべきである。そして、それは不可能なことではない。

第二に、郭店楚墓下葬の相對年代を推定する方法としての「考古類型學」が、中國の場合、精密でないという問題がある。今回の場合も、年代を推定しうるためには、サンプリング調査のために取り出した出土器物の件數が少なすぎるとか、相對比較のために取り出す器物の種類や件數が恣意的であるとか、具體的な器物相互について相對比較を行う際の判斷基準が曖昧であるとか、などという批判があった。また、同一の器物が、研究者の判斷の相異により、春秋時代と判定されたり戰國時代と判定されたりしている、といった判斷の揺れも指摘されている。

一方、放射性炭素などによる絶對年代の科學的測定は、一定の誤差があるので絶對年代を決定することはできないにしても、その一應の目安を得ることはできる。それゆえ、周知のとおり、今日ではこのような場合、頻繁に採用されている方法である。今回も歐米などの研究者が、是非ともこの測定を行うべきだと強く要求しているにもかかわらず、いまだに行われていないし（郭店楚簡）、行ってもその結果（年代の數字）が公表されていない（上海楚簡）。

ちなみに、郭店楚簡と同じ時代の同じ地域から出土した上海楚簡については、これを香港の骨董市場から買い戻し、かつその保存・整理・研究に當たった馬承源研究員（當時の上海博物館館長）が「戰國晩期」の竹簡であると認めている。上海博物館藏『戰國楚竹書（一）』（上海古籍出版社、二〇〇一年）、「前言：戰國楚竹書的發現保護和整理」、二ページを參照。

第三に、郭店楚墓の下葬年代を推定する基準となっているものは、張培瑜教授の『中國先秦史歷表』（齊魯書社、一九八七年）に基づいて、包山二號楚墓の下葬年代を紀元前三一六年と決めた、その推定である。郭店楚墓は、隨葬の器物や墓葬の形式などが包山二號楚墓に近く、しかしそれよりも少し新しいと見なして、三〇〇年ごろの下葬としたわけである。

ところが、當事者たちも認めているとおり、包山二號楚墓の下葬年代を三一六年とすると、その干支が張培瑜教授の『中國先秦史歷表』と一致しないのである。天文・曆法の專門家である、ある先生にそのことを記した文章を示して訊ねてみたところ、干支の一致しない年代決定には根本的な誤りがあるとの由であった。そのことを何かの紙面に書いてくれないかと求めたところ、その先生からはそんなことは常識だと言って斷られてしまった。このように、「郭店一號楚墓＝三〇〇年ごろ」の基準となっている前提の「包山二號楚墓＝三一六年」も、實は全然確實とは言えないのである。

その上、『史記』六國年表に錯誤・混亂があるというのは周知のことに屬するが、それを補正した武内義雄教授・錢穆教授・平勢隆郎教授などの諸説も、その正しさを保證できないというのがこの方面の研究の實情である。したがって、張培瑜教授の説だけが唯一正しいなどとは、到底考えられないのではなかろうか。

第四に、「白起抜郢」は、『史記』諸篇の記述を根據として紀元前二七八年とするのでよいとしても、その後、この地（郢の一帯）から楚式の墓葬が完全に消えてしまったので、二七八年が郭店楚墓の下葬年代の下限であると主張するのは、不合理である。五年後あるいは十年後あるいは十五年後に、楚式の墓葬が復活したであろうことは、十分な合理性を持って推測することができる。この問題についての一般的な議論は、王葆玹教授の「試論郭店楚簡各篇的撰作時代及其背景——兼論郭店及包山楚墓的時代問題」（遼寧教育出版社『中國哲學』第二十輯、一九九九年）がすでに行っている。

より具體的で詳細な研究としては、近年の工藤元男教授の『睡虎地秦簡よりみた秦代の國家と社會』（創文社、一九九八年）を擧げることができる。同書は、征服した郢の地に秦が南郡を置いた二七八年以降、睡虎地秦簡『語書』（二二七年）以前の秦の楚地支配が、楚の從來の風俗・習慣を重んじたゆるやかな支配であったことを多くの出土資料によって實證している。特にその「終章　睡虎地秦簡よりみた戰國秦の法と習俗」、三六三〜三九五ページを參照。

そうだとすれば、郭店楚墓の下葬年代は、紀元前二七八年〜二二七年であっても別段不合理ではないことになる。少なくとも「白起抜郢」以降である可能性を排除することはできず、また排除する必要もないのである。

以上から考えて、文物出版社本のように郭店楚墓の下葬年代を、戰國中期の紀元前三〇〇年ごろとする説に問題があることは明かである。筆者はこの説に不賛成であり、中國古代思想史の諸事實に合致する、もっと合理的な見解を多角的多面的に探求すべきであると考えている。それだけでなく、世界の郭店楚簡の研究事情にうとい日本の入門者が、從來どおりの戰國中期の三〇〇年ごろ説にいつまでも束縛されているのでは、世界の研究の進展に遅れを取るのではないかと恐れる者である。と言うのは、中國大陸においてすら、以上に氏名を擧げた研究者たちを除いても、例えば、中國社會科學院語言研究所の王志平副研究員という若手研究者などの仕事を見ると、すでにこの三〇〇年ごろというハードルを突破してしまっているからである。

（二〇〇二年二月五日擱筆、二月二十日修正）

目 次

楚地出土資料

と

中國古代文化

郭店楚簡から見た『老子』の形成

楠 山 春 樹

はじめに

1993 年冬、湖北省荊門市の郭店楚墓一號墓から、夥しい種類の竹簡が出土し、その中に三種の『老子』殘簡が含まれていた。調査に從事した中國學者、及びその後に續出した日中研究者のほぼ一致する推論によれば、一號墓の造營された時期は前 300 年前後ということであるが、筆者の想定する郭店本の成立年次に照らすと、やや早期に失するようで、前 3 世紀初頭とでも稱すべきかと考える。ともあれ最古の『老子』殘簡であることは確かであり、しかも、それは帛書・現行本とほぼ合致する本文の相當量を含み、さらにそれを遡る原本の存在をも想定させるテキストである。

因みに『老子』の形成に關して 20 世紀以後におけるわが國の通説は、早くとも前 300 年ころに、まず原本の『老子』が作られ、その後漸次に附加され、改訂が加えられて、最終的成立は漢代に入ってからであろう、ということであった。（注 1）この通説に對しては、1973 年、馬王堆漢墓から出土した甲乙二種の「帛書老子」の内、甲本の書寫年代が、漢の高祖の即位する以前、おそくとも直後であることが明らかとされたことによって、最終的形成の時期については、既に改訂の必要を生じていたのであるが、（注 2）それから僅々 20 年の内にさらに「竹簡老子」の出現を見たことは、『老子』の原初的成立に關する從來の研究を根底から搖るがすものであるように想われる。

小論は以上の觀點に立ち、郭店本を軸として改めて『老子』の形成を考え直すことを意圖するものであって、主たる論點は次の通り。

（一）殘闕とされる郭店本全書の樣相はどの程度まで想定できるか。

（二）郭店本の成書年代について。

（三）孟子との接觸によって生じた思想の變化。

（四）郭店本以後、帛書・現行本に至る『老子』の思想の展開。

さて、既に周知の資料ではあるが、論述の便宜もあるので、まず調査報告として刊行された荊門市博物館編『郭店楚墓竹簡』（文物出版社、1998 年 5 月刊、以後博物館本と稱する）によって、郭店本の狀況を略記しておこう。

博物館本は三種の『老子』殘簡を甲乙丙と稱する。甲簡は 39 枚、乙簡は 18 枚、丙簡は 14 枚。殘存の狀況を三種別に記すと次の通りである。

甲　簡

①第十九章→第六十六章→第四十六章（中段下段）→第三十章（上段中段）→第十五章→第六十四章（下段）→第三十七章→第六十三章→第二章→第三十二章　［一～二〇簡］

②第二十五章→第五章（中段）［二一～二三簡］

③第十六章（上段）［二四簡］

④第六十四章（上段）→第五十六章→第五十七章　［二五～三二簡］

⑤第五十五章→第四十四章→第四十章→第九章　［三三～三九簡］

乙　簡

①第五十九章→第四十八章（上段）→第二十章（上段）→第十三章　［一～八簡］

②第四十一章　［九～一二簡］

③第五十二章（中段）→第四十五章→第五十四章　［一三～一八簡］

丙　簡

①第十七章→第十八章　［一～三簡］

②第三十五章　［四～五簡］

③第三十一章（中段下段）［六～一〇簡］

④第六十四章（下段）［一一～一四簡］

各章は原則として、改簡することなく連續して記されているが、時に某章が簡末に近い箇所で終る場合、若干字分の餘白を殘して改簡され、次章は簡頭から始まることとなる。①②③…の記號は、各簡の連續によるまとまりを示すものである。なお總字數は 2046 字、散佚の理由は長年月にわたる盜掘によるというが、異論も多く、今は不詳としておく。

ところで、ここに問題は甲乙丙三種の『老子』の副葬時における狀況如何ということである。思うに三種の『老子』は、それぞれが［當時における］完本のまま副葬されたのではなく、そのいずれもが破本となったことから、三種を縫合して一冊の完本に仕立てた、という次第なのではなかろうか。すなわち、もし三種のすべてが完本であったとすれば、殘闕部分には相當量の重複があってしかるべきである。ところが重複例はわずかに第六十四章下段が甲①と丙④とに見えるにとどまる。これは何らかの事情によって生じた特例と解すべきであろう。三種の性質について特に先學の論はないようであるが、小論は以上のように考えておく。

次に現行本との相違について。まず上表によって明らかなように、甲④第五十六→第五十七章を除いて、章の順序がまったく異なることに留意される。また第六十四章は、甲①丙④に下段が、甲④に上段があることから、郭店本では、前半と後半とで別の一章であったことが知られる。その他、上中下を附した章が 8 個あるが、第六十四章の例から推すと、その片割れが別の一章として散佚部分に含まれていた可能性もあるが、また郭店本以後の附記であるかも知れない。この點は第一節の課題である。

第十八章冒頭の「大道廢有仁義」の首に「故」字があり、それは帛書でも同様であることから、既に第十七・十八兩章の合して一章を成していたことが疑われていたが、郭店本の狀況は、まさにその事實を歴然と示すものとなっている。關連して留意されるのは第十九章であって、それに相當する文は第十八章と離れて位置しているばかりか、「絶聖棄智」が「絶知棄弁」と、「絶仁棄義」が「絶僞棄慮」(注 3) と表記されて、反儒家色が希薄となっているのである。つまり現行本は、第十八章を亂世のさま、第十九章を無爲の世への復歸と解したことから、それに相應しく本文を改めたのである。

以上は、先學によって論じ盡くされている感もあり、略說にとどめた。詳しくは下記池田氏『研究』の第一編を參照されたい。ただ甲①第六十三章が現行本の三分の一にとどまることについては、筆者に別の見解があるので、次にやや詳しく述べておこう。

甲①第六十三章

為亡為、事亡事、未味亡味。大小〔之〕多易必多難。是以聖人、猷難之。故終亡難。

亡(無)爲を爲し、亡事を事とし、亡味を味ふ。大小の易しとすること多ければ、必ず難多し。是を以て聖人は猷ほ之を難しとす。故に終に難きこと亡し。

現行本　第六十三章

爲無爲、事無事、味無味。大小多少、報怨以德。圖難於其易、爲大於其細。天下難事、必作於易、天下大事、必作於細。是以聖人終不爲大。故能成其大。夫輕諾必寡信、多易必多難。是以聖人、猶難之、故終無難。

以上から知られるように、郭店本第六十三章は、現行本中傍線を附した部分に「之」字を加えただけで、分量としては精々三分の一というところであろう。博物館本はこの點を無視するかのように全文として處理しているが、その「注釋」には、「大小」以下を書寫に際しての脱字か、或いは現行本（帛書もほぼ同じ）が注釋の文を誤入したものか、と述べている。しかし、もし前者とすれば「之」字の處置が問題であり、後者とすれば「大小之多易」の句は如何にも不自然な表現であるように思われる。思うにこれは郭店本以前、既に書寫に際しての脱落があり、その讀解に苦しんだ郭店本もしくは先行者が、「之」字を加えたという次第なのではなかろうか。

要するに郭店本を現行本と較べると、章次・章の單位など、その樣式において大きく異なることは確かである。しかし各章各段の内容をなす文についていうと、一々の文字に多少の相違はあっても、その論旨や構成は現行本と殆ど合致している。さきに述べたように第十九章の文字には、重要な所で違いはあるが、その構成は同じであり、三分の一程度の分量でしかない第六十三章にしても、假にこれが當時の正文であったにせよ、現行本と論旨に變わりはないのである。

さて、それならば散佚部分をも含む郭店本の全書は、ほぼ現行本に匹敵する量の本文を具えていた、と解してよいであろうか。この點については若干の疑問がある。第一には、「道」をことさらに神祕化して説くかに思われる第一章・四章・十四章・二十一章の文がまったく見えないことである。しかし、これは單なる偶然であろうかとも考えられるので、ここでは論外とする。第二には、第六十七章以下に相當する文が皆無であること。この點について筆者は、末尾の第八十・八十一の兩章を除く第六十七章から第七十九章まで、もともと郭店本には無かった文であることを疑っている。この點は第三節で述べるが、それとは別に郭店本以後、帛書に至る間に増補のあったことは、第一節に記す經緯に照らしてやはり想定せざるを得ないようである。

散佚部分を含む郭店本の全書が、現行の五千言をどの程度に含むテキストであったか、それは不明というほかはない。ただ現行本と合致する文を相當量に含んで、かなり現行本に近いテキストとして形成されていたことは確かであろう。さて、それならばそのテキスト、つまり前300年ころの『老子』とは、いったいどのようなものであったろうか。小論はまずこのこの點を檢討することから始めたい。なお、以下に引用する郭店本は、原則として博物館本の「釋文」に據ったが、同類の書として時に次の著を參照したことを附記しておく。

O魏 啓鵬　『楚簡《老子》柬釋』(1998.8　萬巻樓圖書有限公司)
O崔 仁義　『荊門郭店楚簡《老子》研究』(1998.10　科學出版社)
O池田知久　『郭店楚簡老子研究』(1999.11　東大中國思想文化學研究室)

第一節　推定される郭店本の全書

郭店本の全書、すなわち前300年ころの『老子』は、既に帛書・現行本と同じ本文を相當量含むテキストとして形成されていた。しかし、その様式はかなり相違するものであって、すなわち第一には章次はまったく異なるものであり、第二には、現行本の上下2段、或は上中下三段の、いずれかの部分を一章とする例の見えることである。

ここに問題は、第二の場合についてであって、つまり郭店本が、現行本各章の上中下いずれかを一章とする場合、いま第六十四章の狀況からすれば、その片割れは別の一章として竝存していたことが予想される。しかし、中には片割れが獨立の一章というより、むしろ殘存部分の解説・補足であることを思わせる例もあり、その場合の片割れは郭店本以後に附加されたものと解される。そこで次には、第六十四章を除く上中下の附せられた8個の章について、その文を含む現行本(注4)を記して、以上の點の檢討を試みることとしたい。なお各資料は、一應次のように類別してある。

たとえば「某章上段」とあるときの下段は、

［A］同じく郭店本の一章として竝存していた、と推定される例。

［B］もともと郭店本には無く、それ以後に解説・補足として附記された、と推定される例。

［A］に相當すると思われる例

I　第五章中段　甲②

天地之間、其猷橐籥與。虛而不屈、動而愈出。

現行本　第五章

O天地不仁、以萬物爲芻狗。聖人不仁、以百姓爲芻狗。

◎天地之間、其猶橐籥乎。虛而不屈、動而愈出。（17字）

？多言數窮、不如守於中。

第五章を構成する三段の内、上段は天地と聖人とが萬物萬民を自然のままに放置して無干渉であるさまを述べ、中段は天地の間が空虛に見えながら、次々と萬物を生み出してゆくはたらき（實質的には「道」のはたらき）の無限であるさまを說き、下段は自己を顯示する饒舌よりも、内に藏して寡默を持することをよしとする、というように、三段相互の間には特に論理的な脈絡がない。三段は、それぞれ格調高い名言ではあるが論旨は別個のものといってよく、短い斷章を強引に取りまとめて1つの章とした、という印象である。その意味で、郭店本における中段の別行は十分に首肯できる。そしてその場合、上段もまた1つの章として獨立していたと解してよいのではないか。下段も『老子』に相應しい文であるが、これだけで獨立の一章と見るには、短か過ぎるようである。或は別の章に含まれていたかも知れない。

いま郭店本の一章であったことが明白である中段には◎印を附し、一章として竝存していた可能性の大である上段にはO印を附し、また、いずれとも定め難いものには？印を附した。以下の例文についても同樣である。

Ⅱ　第二十章上段　乙①

絶學亡憂。唯與呵、相去幾何。美與惡、相去何若。人之所畏、亦不可以不畏。

現行本第二十章

◎絶學無憂。唯之與阿、相去幾何。善之與惡、相去何若。人之所畏、不可不畏。(28字)［荒兮其未央哉。］

O衆人熙熙、如享太牢、如春登臺。我獨泊兮其未兆、如嬰兒之未孩。儽儽兮若無所歸。衆人皆有餘、而我獨若遺。我愚人之心也哉。沌沌兮。

俗人昭昭、我獨若昏。俗人察察、我獨悶悶。澹兮其若海、飂兮若無止。衆人皆有以、而我獨頑似鄙。我獨異於人、而貴食母。

三段から成る第二十章は、老子の獨白の文として知られる。ところが郭店本では、その上段だけが單獨の一章とされている。いま第二十章を讀むと、中段は快活に振舞う世人とそれに與し得ない我、下段は利口氣に立ち回る世人とそれに同調できない我、という對照によって構成されている。ところが上段は、儒家の禮學や世の價値判斷の煩わしさを慨嘆する趣旨であって、後の二段と論調を異にすることは確かである。その意味で郭店本の狀況はもっともであるといえよう。そしてその場合、二・三段は別の一章として竝存していた、と解してよいのではないか。つまり郭店本以後、帛書に至るまでの間に2つの章がまとめられて第二十章とされ、またそれに伴って上段の末尾には「荒兮其未央哉」の句が書き足された、という次第に解されるわけである。

Ⅲ　第四十六章中段下段　甲①

辠（罪）莫厚乎甚欲、咎莫憯乎欲得、禍莫大乎不知足。知足之爲足、此恆足矣。

現行本第四十六章

O天下有道、却走馬以糞、天下無道、戎馬生於郊。

◎罪莫大於可欲、禍莫大於不知足、咎莫大於欲得。故知足之足常足矣。(27字)

第四十六章は、まず前半で馬の使われ方に託して戰爭の慘禍、特に農村の疲弊を訴え、後半でその原因は偏えに君主の飽くなき欲望にあることを述べて、その節制を要望するものである。ところが郭店本では、後半のみが1つの章とされており、その場合前半は、戰爭の釀し出す慘禍をいう警句として竝存していたと解してよいのではないか。なお王弼本には「罪莫大於可欲」の句がないが、帛書に加えて郭店本にも見えることからすると、王弼本の脱落は明らかである。

Ⅳ　第五十二章中段　乙③

閉其門、塞其兌、終身不𤰞(孜)。啓其兌、濟其事、終身不來。

現行本第五十二章

O天下有始、以爲天下母。既知其母、復知其子、既知其子、復守其母、没其不殆。

◎塞其兌、閉其門、終身不勤。開其兌、濟其事、終身不救。(20字)

O見小曰明、守柔曰強。用其光、復歸其明、無遺身殃。是謂習常。

第五十二章は三段からなるが、その上段は母である「道」を體しながらも、子としての現實世界に留意すべきこと、一方、現實世界のさまが分かったら、また母なる「道」に立ち返るべきことをいい、下段は、得道の聖人が世間を治める場合、時に内に祕めた光を輝かせることも必要となるが、終わればまた本來の明に返るさまをいう。その意味で上段と下段には、「道」の世界と世俗を往來する聖人の在り方を説くところに共通點があるようにも思われる。ところが中段は、もっぱら外に對して内を閉ざすべきことの主張であって、やや論調を異にしており、その意味で中段の別行は頷けるようである。一方、その場合における上段と下段であるが、思うに上述の經緯からすると、兩段が合わせて一章を成していたとも考えられるし、またそれぞれ別の一章であった、とも想定されよう。

［B］に相當すると思われる例

Ⅴ　第十六章上段　甲③

至（致）虛極也、獸（守）中篤也、萬物方（旁）作、居以須復也。天道員員、各復其根

現行本第十六章

◎致虛極、守靜篤、萬物竝作、吾以觀復。夫物芸芸、各復歸其根。（23字）

▽歸根曰靜、是謂復命、復命曰常。知常曰明、不知常妄作凶。知常容、容乃公、公乃王、王乃天、天乃道、道乃久、沒身不殆。

第十六章上段に相當するという郭店本の文は、現行本に較べてかなりの相違が認められるが、論旨はほぼ同じと思われるので、いまその點は不問に附しておく。問題は中下段てあるが、これは別の一章を成していたというよりも、むしろ上段を解說する文と解すべきであろう。とすれば、この部分は、郭店本には無く、それ以後帛書に至る間に附け加えられたものと考えられる。なお、このような文には▽印を附しておく。以下同じ。

Ⅵ　第三十章上段中段　甲①

以道佐人主者、不欲以兵強於天下。善者果而已、不以取強。果而弗伐、果而弗驕、果而弗矜。是謂果而不強。其事好。

現行本第三十章

◎以道佐人主者、不以兵強天下。［其事好還。▽師之所處、荊棘生焉、大軍之後、必有凶年。］善者果而已。不敢以取強。果而勿矜、果而勿伐、果而勿驕、果而不得已。是謂果而勿強。

▽物壯則老、是謂不道、不道早已。

いま郭店本を現行本と較べると、末尾の「物壯則老…」の文が見えない。博物館本が「下」を欠くとして「上中」と表示したのは、その意味からであろう。しかしさらに留意すべきは、「天下」と「善者」との中間にある「其事好還。師之所處、荊棘生焉、大軍之後、必有凶年」の句の見えないことである。もっとも上記の内傍點の8字は、敦煌鈔本や碑刻本には見えず、もちろん帛書にも無い。おそらくは唐代以後の附加と思われるので、まずこの8字は論外におく。また「其事好還」は郭店本の文末に「其事好」とあるのに對應するらしく、とすれば現行本は位置を前に移したものということになろう。しかし「還」の字の有無は不明であって、そもそも「其事好［還］」の句は、現行本にせよ、郭店本にせよ、前後の文との接續に疑問があり、これも不問に附しておこう。

そこで問題は「師之所處、荊棘生焉」の8字と末尾の「物壯則老、……」であるが、後者は別に第五十五章（甲⑤）にも見える文であることからすれば、或はそれを取って重出させたのであろうか。一方「師之所處、荊棘生焉」の句は有名であるが、しかし郭店本當時の『老子』に、この一句のみで獨行していたとは思われず、いずれかの章に含まれていたか、或は郭店本以後新たに挿入されたものであろう。いずれにせよ本章の趣意は、「善者果而已、不以取強」（いくさの意義をよく心得た人は、勝つことだけを目的とし、それによって國の強大を圖ることはしない）、つまり、戰國の世の常として兵を用いることもあろうが、その場合、勝利を得ることだけを目的とせよ、それによって國の強大を圖ってはならない、ということである。ところが「師之所處、荊棘生焉」は、それによる慘禍を強調して戰爭そのものを否定する句である。趣意を異にするこの句を挟む現行本に比して、初めの一節から直ちに「善者果而已」へ繋がる郭店本は、はるかに論旨明快である。第三十章は、むしろ郭店本こそが本來の形であった、と解すべきであろう。有名なこの一句は、本章を純粋な反戰論と誤解した後人が加えたらしく、本來の第三十章には無かったのである。

Ⅶ　第三十一章中段下段　丙③

君子居則貴左、用兵則貴右。故曰兵者□□□□□。□（不祥之器也。不）得已而用之、恬淡爲上、弗美也。美之、是樂殺人。夫樂□□、□（殺人、不）以得志於天下。故吉事上左、喪事上右。是以偏將軍居左、上將軍居右。言以喪禮居之也。故殺□□（人衆）、則以哀悲莅之、戰勝則以喪禮居之。

現行本第三十一章

▽夫佳（惟）兵者、不祥之器、物或惡之。故有道者不處。

◎君子居則貴左、用兵則貴右。兵者不祥之器、[非君子之器]。不得已而用之、恬淡爲上、勝而不美。而美之者、是樂殺人。夫樂殺人者、則不可以得志於天下矣。吉事尚左、喪事尚右。是以偏將軍居左、上將軍居右、言以喪禮居之。殺人之衆、以哀悲泣（莅）之、戰勝以喪禮處之。

冒頭の一節は帛書にもあり、そこでの初句は「夫兵者、不祥之器也」。これが本來の姿であって、現行本の「佳兵」は、おそらく一本に「夫惟兵者」とあった、その「惟」の譌であるらしい。ともあれ冒頭の一節は、全文の序であって、これがなくとも文意は疎通する。しかもその序は、「兵者不祥之器」の句を重出させ、また第二十四章から「物或惡之、故有道者不處」の句を取って作文したものと思われる。長文にわたる論旨を分かりやすくするために設けたのであろうが、むしろ無い方がすっきりとした感じである。本章もまた、本來の姿は郭店本にあると解すべきであろう。

Ⅷ　第四十八章上段　乙①

學者日益、爲道者日損。損之或（又）損、以至於亡爲也。亡爲而亡不爲。

現行本第四十八章

◎爲學日益、爲道日損。損之又損、以至無爲。無爲而無不爲。(22字)

▽取天下常以無事。及其有事、不足以取天下。

下段の文は『老子』の言葉として、いささか格調に欠けており、これが郭店本で一つの章を成していたとは、到底考え難いようである。郭店本では獨立の一章であった上段に添えるために、第五十二章の「以無事取天下」に據って急遽作成した文であったか、と推定される。

以上、博物館本が上中下を附している八つの章の現行本について、郭店本には見えない片割れが、別の一章として郭店本全書の中にあったと推定し得るか、それとも郭店本以後に附加されたものと解すべきか、卑見を述べてきた。その結果を取りまとめるに當り、まず『老子』各章における短文と長文とについて一言しておこう。

さて、現行の八十一章の中、短文の例としては、まず「反者道之動、弱者道之用。天下萬物生於有、有生於無」(第四十章) の 21 字があり、次に「谷神不死、是謂玄牝。玄牝之門、是謂天地根。綿綿若存、用之不勤」(第六章) の 25 字がある。續いては第十八章の 26 字であるが、郭店本では第十七章と合して一つの章を成していたと考えられるので、これを別にすると、あとは第四十四章が約 40 字であるのを始めとして、40 ～ 45 字の章は枚擧に遑がないといえよう。以上から、30 字以内を短文の章と解しておく。

一方長文の章としては、第二十章・三十一章・三十九章（昔得一者章)は約 135 字から成り、第三十八章（上德不德章)・六十四章は約 130 字である。そして、これらに續くのが第六十七章の約 105 字、第十四章の約 100 字であることからすると、まずは 130 字以上を長文の章と見做してよいであろう。

いま郭店本全書の狀況を、ⅠからⅧまでの檢討を通して推察すると、次の諸點が留意されてくる。

①Ⅰ～Ⅴ、Ⅷの「◎印」によれば、28 字以内の短章が確實に 6 個ふえる。またⅠ・Ⅲ・Ⅳの「○印」によれば、同じく短文の一章を成していたと推定される例が 3,4 個ある。

②一方、上記長文の章の内、第六十四章が二分されていたことは明白であるとして、Ⅱによれば第二十章は三分の一と二とでそれぞれ別の章である。またⅦによれば第三十一章は約 18 字を減ずる。かくて長文の章として殘るのは第三十八章と第三十九章だけ、ということになる。(その外、Ⅵによれば第三十章は 28 字減となる。)

③かくて郭店本の全書は、現行本に較べて概して長文の章が少なく、むしろ短文の章を多く含むものであった、と解してよいのではないか。

以上は、部分を殘す章と、それを含む現行の各章とを照合しての考察である。部分すら殘さない 50 の章の内、同じような例がさらにどの程度にあったものか、この點に關しては推測のすべは無い。ただ現存する分量が二千餘字に達していることからすると、散佚部分にも同じような例が相當數あったことは、想像して大過は無いのではなかろうか。

たとえば長文の第三十九章は、ほぼ三分の二を費やして「得一」の功を説くが、あとの三分の一は「貴・高は、賤・下を以て、本・基と爲す」の句に始まり、侯王たる者すべからく謙虚を旨とせよとの論であって、前半の論旨とは繋がらない。これは前半の末尾に、侯王の貴・高も「一」によってこそ維持される旨の文があることから連想されて、ここに附加されたもののようである。もしそうとすれば、第三十九章もまた、郭店本では二つの章に分れていた可能性が大である、といえよう。

ところで郭店本は、殘存部分だけについて考えても、既に雜多な思想を内包しており（次節を參照)、さらに遡る原本のあったことを思わせる。一方、郭店本は多くの短章を含むテキストであったと想定されるが、さて、その短章は概していえば警句的な斷章であることに留意すると、その原本の『老子』とは、主として警句的な斷章を羅列する風の書だったのではなかろうか。つまり郭店本とは、原本以來の短章をかなり殘しながら、一方、論説的・解説的記述を加味したやや長文の章を交えて、帛書・現行本に一歩近附いたテキストであった、と推定されるようである。

第二節　郭店本の成書年代

郭店本副葬の年次について、先學のほぼ一致する見解は前 300 年前後ということであるが、もし然りとすれば、それに先立つ書寫年代からさらに先行する成書年代ということになると、前 340 年ころに遡る可能性を想定しなければならない。因みに『老子』の原初的成立を早くとも前 300 年とするわが國の通説の主要な根據は、『老子』の思想に孟子の影響を見出したことによる。特に第十八章冒頭に「大道廢有仁義」とあって、儒教を批判するのに「仁義」の語の使用されていることは、その影響を決定附けるものである。ところが、その第十八章に相當する文は郭店本丙①に歴然と見えており、いまその影響を書物としての『孟子』によるものとすれば、郭店本の成書年代は、早くとも前 300 年を遡るものではないはずである。

いったい孟子の生没年は古來不詳とされているが、たとえば錢穆は「前 390 ？～ 305 ？年」とし、楊寛は「前 380 ？～ 300 ？年」とするように、いわば前 4 世紀を生き抜いた長壽の人であったことは確かであろう。しかし、その前半生の經歴はまったく不明であって、彼の活動が顯著となるのは、晩年に近い前 320 年、梁の惠王にまみえて王道を説いた時に始まる。二度目の王位にあった惠王の後元 15 年に當たっており、既にかなりの高齢に達していたと思われる王は間もなく没する。次いで前318年、太子であった襄王が即位するが、初對面で王の器量に失望した孟子は、そのまま梁を去って齊に行く。齊では宣王の厚遇を得て卿位に叙せられ、滯在は5,6年に及んだと思われる。その間、齊の君臣を相手に自説を開陳し、時に政治の樞機に參畫してもいたようであるが、對燕政策について宣王と意見が合わず、前312年、遂に齊を去った。その後は小國滕の文公に身を寄せたり、宋・魯に赴いたといわれるが、最終的には故郷の鄒に歸って著作に從事し、前300年ころに没したものと推定される。そして、その著作は彼の生前から死の直後にかけてなされたもののようで（注5）、とすればその影響の見える書の成立は、前300年を遡ることはないことになろう。

しかし、孟子の影響は必ずしも著書を俟つものではなかったとも考えられる。すなわち、孟子の社會的活動は、文獻の上からは前320年に始まるが、しかし孟子には、それに先立って長期にわたる前半生があった。前320年以降、梁（魏）・齊といった當時の大國の君主に相次いで謁見をゆるされ、しかも兩國において相應の待遇を得ていたように思われる狀況から推すと、孟子の思想名聲は、それ以前既に風聞によって天下周知のものとなっていた、とも推測されるからである。もし然りとすれば、郭店本の形成を假に前320年ころと見ても、その書に孟子の影響を思わせる文の含まれていることは、必ずしも異とするには當たらないであろう。

いま郭店本の成書年次を定めるについて、孟子との關連に留意したのであるが、以上の經緯に照らすと、前320年から前280年に至る間ということになろうか。要約していえば前300年ころの『老子』である。そして副葬の年次を前300年前後とする通説は、それを遡る書寫年代を經て、成書年代のあることから推すと少し早すぎるようで、まずは前三世紀初頭とでも稱すべきであろうか。

ともあれ郭店本の出土は、『老子』の成立は早くても前300年ころ、それも現行本とは程遠い原本と見る通説を、根底から覆すものである。同じ前300年のころ、既に現行本と合致する文を相當量に含む『老子』が行なわれており、しかもその『老子』には、さらに遡る原本の存在が予想される、という次第であって、『老子』の形成史は、ここにさらに半世紀ほど遡って考察することが必要となってきたのである。

第三節　孟子の影響による思想の變化

郭店本には歴然と孟子の影響が看取されるが、しかし、それに先行する原本は當然のこととして無關係である。つまり郭店本は、『孟子』の影響の見える最初のテキストということになるが、さて、當初は無關係であった孟子の影響が加味されたことによって、『老子』の思想には注目すべき變化が現われてきたように思われる。

郭店本丙①に「大道廢、安有仁義」を含む第十八章の文の見えることは上述したが、さらに注目されるのは、甲①に第六十六章に相當する文が次のように見えることである。（注6）

> 江海の百谷に王と爲る所以は、其の能く百谷の下と爲るを以てなり。是を以て能く百谷に王爲り。聖人の民の前に在るや、身を以て之を後にすればなり。其の民の上に在るや、言を以て之に下ればなり。其の民の上に在りて、民は厚（重）しとせざるなり。其の民の前に在りて、民は害とせざるなり。天下は進む（推す）を樂《ねが》いて厭かず。其の爭わざるを以てや、故に天下能く之と爭うもの莫し。

上文は現行本に比して未整備の感はあるが、論旨には殆ど變わりがない（括弧内は現行本の文字）。まず江海は低所に位置しておればこそ、諸々の小川の水（民）を集めて帝王然としていられるのだという譬えを述べることに始まって、柔弱謙下を旨とした古の聖人（聖王）は、「我が身を後にして民の先となり、その言を謙虚にして民の上に立った」。「上にあっても民に壓迫感はなく、前にいても民は邪魔だとは思わない」。このようなわけで「天下は王者として推戴することを願って厭くことを知らない」。「不爭を旨とする聖人には、天下に敵對するものは無く、まさに王位は安泰であった」というのである。

因みに郭店本では第十八章に先行して「大道の世」を説く文とされる第十七章によれば、民は君主の存在することを知るだけ。民はそれぞれに所を得るが、それは［君主の絶妙な無爲の治によるものとは露知らず］ひとりでにそうなったと考えている、とある。いったい『老子』の理想とする聖王は、「道」の體得者であり、そのありさまは「道」そのものである。「道」は日々に造化の大功を成し遂げながら、その功を誇示せず、人もまた「道」の功を意識しない。第十七章の論は、「道」にもとづく無爲の治の極致を示すものではある。餘りにも理念的であって、世の君主に對する現實的教訓とは爲しがたい氣もするが、ともあれこれが老子のいう無爲の治の基本であることは確かであろう。ところが第六十六章は、王者となる條件を柔弱の振舞い、及びそれによる民の支持にあるとし、「天下は推すを樂いて厭かず」とまでいう。思うにこれは、孟子の王道政治論にいう「仁政」を「柔弱謙下」の政治に置き換えたものであろう。

これと同じ聖王像を説くものとして、郭店本には見えないが、第七章の後半に次の文がある。

　　是を以て聖人は、其の身を後にして身先だち、其の身を外にして身存す。其の私無きを以てに非ずや、故に能く其の私を成す

聖人はわが身を後回しにすることによって民の先となり、わが身を度外におくことによって王としての地位を確保した。わが身を後・外にすることは、すなわち私を無にする柔弱の行爲であるが、かくて成し得たという私とは、世俗の私を超えたまことの私であって、老子流にいえば「大私」である。第六十六章に比して婉曲な表現ではあるが、本文に即していえば天下に王となることである。

もう一例として第二十二章があるが、まずその形成に關係があろうと思われる第二十四章の文を掲げ、次に第二十二章を記す。

企者不立、跨者不行。自見者不明。自是者不彰。自伐者無功。自矜者不長。其在道也、餘食贅行。物或惡之、故有道不處。（第二十四章）

曲則全、枉則直、窪則盈、敝則新。少則得、多則惑。是以聖人、抱一爲天下式。不自見故明。不自是故彰。不自伐故有功。不自矜故長。夫惟不爭、故天下莫能與之爭。古之所謂曲則全者、豈虛言哉。誠全而歸之。（第二十二章）

この二章は、傍線の箇所を較べて明らかなように相互に關連している。また第二十二章末にいう「夫惟不爭、故天下莫能與之爭」は、第六十六章にも見えた句であって、同じく柔弱謙下を持することによって天下統一を遂げた聖人のさまを述べる文であることが知られる。

いま第二十四章を讀むと、まず冒頭に「爪立ちの姿勢や大股の歩行は、長くは續かない」（不立・不行は誇張の言）とあって、不自然な（剛強の）振舞いを戒めることに始まり、次に傍線の箇所となる。「自ら見す者は明らかならず。自ら是とする者は彰われず。自ら伐る者は功無し。自ら矜る者は長からず」とは、自己を顯示すれば、折角の聰明さも色褪せる。自己の正義を言い張れば折角の正義も認められない。自己の功績を自慢すれば折角の功績も台無しになる。自己の地位を誇れば折角の地位も長くは止まれない、ということであって、これは自己顯示等々の剛強の行爲が、かえってマイナスになることを述べるものである。そして結語では、傍線部にいう自己顯示等の行爲を「餘食贅行」（餘った食事・無用の行爲）と決め附ける。本章は、剛強の振舞いを戒めて、ひたすら柔弱謙下そのものをすすめる趣意の文といえよう。

一方第二十二章は、「曲則全（曲なれば則ち全し）」、己れを屈してこそ我が身は安全、一説に曲がりくねった木は、そのゆえに伐採を免れて天壽を全うする、という古諺を中心とする文であって、まず古諺と同じく世俗的にはマイナスである狀態に甘んずることが、却って成功をもたらすとする六句を竝べ、次にそのことの正當性を聖人の在り方によって證明する。

「聖人は……自ら見わさず、故に明なり。自ら是とせず、故に彰わる。自ら［功績を］伐らず、故に功有り。自ら［地位を］矜らず、故に長し」とあるのは、聖人は柔弱謙下を旨とする四箇條を信條としたからこそ、「聰明は世に轟き、主張は正論として顯彰され、功績は稱えられ、長く榮位に止まり得た」ということである。そしてそれを承けて、柔弱を持する聖人の態度を「不爭」の語で總括し、その上で「天下莫能與之爭」と斷ずるのは、聖人が柔弱を持することによって天下に王となった經緯を述べるものである。

いま兩章を較べると、第二十四章は一氣に所信を述べた文であることを思わせるが、第二十二章は「曲則全」という古諺を軸として、聖人のありさまを叙するという技巧が弄せられており、それだけに先行する文を寄せ集めた感が深い。思うに第二十二章の傍線部は、第二十四章のそれを、そのまま裏返しにして、ここに挿入した、ということであろう。（帛書では、第二十四章が第二十二章の前に置かれている。この事實は、おそらく兩章の本來的關係を如實に示すものであろう。）

以上に述べてきた第六十六・七・二十二の三章は、いずれも聖人（古の聖王）が、柔弱謙下を持することによって天下に王となった次第を述べるものであるが、それは『老子』に當初からあった所説でなく、郭店本によって初めて登場する聖人像である。そのことは、第二十四章に對する第二十二章の後出ということによっても知られるが、それ以上に見逃せないのは孟子の聖王像からする示唆であったと考えられる。

さきに柔弱謙下による天下統一の論は、孟子のいう仁政による天下統一の主張の焼直しではないか、との推論を呈しておいたが、さらにいえば次の點に留意されよう。すなわち『孟子』には、「國君好仁、天下無敵」の句が離婁上と盡心下の二ヶ所にあり、また、公孫丑上には仁政を行うための五ヵ條を實踐した場合のこととして、滕文公下には殷の湯王の討紂に關連して、「無敵於天下」の句が見える。思うに第二十四章・六十六章に重出する「以其不爭、故天下莫能與之爭」の中、「不爭」とは「仁」の置き換えであり、「天下莫能與之爭」は「天下無敵」の言い換えではあろう、と考えられるのである。

これを要するに郭店本は、孟子の影響の見える最初の『老子』ということになるが、關連して留意されたのは甲①六十六章に見える聖人像（同趣意の論は第八章、二十二章にも）である。それも孟子の影響によると考えられるが、また從來の『老子』には無かった新しい聖人像である。次節では、原本→郭店本→帛書・現行本と續く『老子』の形成を、この聖人像をめぐって検討することとしたい。

第四節　郭店本以後における『老子』の展開

郭店本に始めて見える新説とは、要するに「聖人（古聖王）は、柔弱謙下を信條とすることにより、天下に王となった」という趣旨である。この新説は、柔弱の當事者が聖人であること、その効驗は天下に王となること、この二點において、『老子』の柔弱論に畫期的意味をもたらしたものと考えられる。また『老子』を特色づけている「柔弱は剛強に勝つ」というスローガンは、これからして発生したもののようである。既に與えられた紙數は盡きかけているので、最後にこの點について略論し、結語に代えることとしたい。

『老子』にいう聖人とは、「道」を身に體した至上の人格である。その聖人は、漠然と理想的人格を示す場合もあるが、多くは古代の聖王を思わせる存在であって、それは世の君主に對して、模範的帝王像を提示する意味を持っていた。しかし、その場合でも、その聖人のありさまは、たとえば第二章に「無爲の事に處り、不言の教を行う」、第五十七章に「我れ無爲にして民自ら化す」などとあるように、「道」の無爲に即して説かれるのが通例であって、柔弱が適用される例はなかった、と考えられる。たとえば第三十七章に「道は常に無爲にして、而も爲さざるは無し。侯王（世の君主）若し能く之を守れば、萬物（萬民）將に自ら化（歸服）せんとす」とあるように、王者への途は、無爲を守ることにあると、されていたのである。

一方柔弱についていうと、上述した第二十四章は柔弱論の一典型であるが、それはもっぱら柔弱の處世をすすめるにとどまり、特にその効驗には言及がない。「上善若水」を首句とする第八章末に「夫れ唯だ爭わず、故に尤（災禍）無し」とあり、「名と身と孰れか親しき、身と貨と孰れか多れる」に始まる第四十四章の結句に、「足るを知れば辱められず、止まるを知れば殆うからず、以て長久なる可し」とある場合、「尤無し」「長久なる可し」の二句は柔弱の効驗を述べるものではあるが、これは亂世に處する人々のささやかな願望の成就という程度のことであろう。

不爭無欲を主旨とする柔弱は、むしろ富國強兵に狂奔して民の困苦を顧みない世の君主に對しての要請であった。戰國の世の常として止むを得ず戰うこともあろうとしつつも、第三十章では勝つことだけを目的とせよ、それによって國の強大を計ってはならないとし、第三十一章では、戰いは最小限に處理せよ、勝利を美とするなかれ、戰爭には悲哀の念をもって臨めと述べ、第十二章・五十三章では豪華奢侈を戒め、第五十八章では苛政の弊を説いて寛容の統治を旨とすべきことを主張する等々、いずれも君主に對する柔弱謙下のすすめである、といってよい。しかし、これらの文中に、天下に王となるという類の句は皆無なのである。

柔弱の當事者を聖人とし、その効驗を天下の王とする新説が、まさに新説と稱するに相應しいことは、以上によって了解せられたものと考える。もちろん本文に即していえば、それは古聖王が柔弱を持して天下に王となった、というだけのことである。しかし、これを世の君主に示した模範的帝王像として解すれば、新説は「君主たる者、天下に王となることを志すのなら、すべからく柔弱を旨とせよ」という教訓である。いま王業の成就を一般論としていえば、現實的成功の最たるもの。新説の登場は、まさに現實的成功を期待する趣旨での柔弱論の登場ということである。「無爲而無不爲」における「無不爲」が天下統一に當たるとすれば、柔弱はまさに「無爲」に匹敵する所為であることになったのである。

いったい老子の「道」は、儒家を始めとして百家の道をその中に包み、唯一絶對を誇號するものであって、從ってその「道」を身に體した聖人は、儒家の聖人を超越する存在であったはずである。また「無爲而無不爲」という聖人像の正當性は、既に「道」の在り方によって根據づけられており、その正しさを證明する必要など當初からなかったのである。

ところが、理念的・抽象的な無爲とは異なり、現實的・具體的である柔弱を旨として天下に王となったという聖人は、既に儒家の聖人に竝ぶ存在である。第四十章に「弱者道之用」とあるように、柔弱もまた「道」に基礎附けられており、無爲のいわば屬性である。とはいえ、世間一般の用語でもある柔弱が、それによって最大の現實的成功を期待し得ることを主張するとなれば、やはりそれ相應の配慮を必要とする。「柔弱は剛強に勝つ」とは、そのために展開された一大キャンペーンだったのである。「柔弱は剛強に勝つ」という趣旨の句は、第三十六章・七十六章・七十八章に見え、『老子』の思想を特色づけているが、思うにこれらの章は、郭店本以後、上來の趣旨を誇張し、より鮮明にするために案出されたものと考えられる。

以上の三章の内、第七十八章の場合は、結句に「聖人云う、國の垢（恥辱）を受くる、是れを社稷の主と謂う。國の不祥を受くる、是れを天下の王と謂う」とあり、これは柔弱による天下統一の論を忠實に發展させて、獨特の帝王論を提示したものといえよう。しかし第七十六章に、剛強に對する柔弱の優位を述べる文は、こじつけともいえる強引さだけが目立つ拙劣な論説であって、特に末句の「強大は下に處り、柔弱は上に處る」は、王弼のいうように、これが樹木に關しての論であるとすれば、強大な根と、柔弱な枝葉とを對照的に説く句となる。とすれば、これは根の在り方に「道」を想起する第十六章の思想とまったく相反することとなろう。

特に問題となるのは、次に記す第三十六章である。

「將に之を歙めんと欲せば、必ず固（姑）く之を張れ。將に之を弱めんと欲せば、必ず固く之を強くせよ。將に之を廢せんと欲せば、必ず固く之を興せ。將に之を奪わんと欲せば、必ず固く之に與えよ。」是を微明と謂う。柔弱は剛強に勝つ。

魚は淵を脱すべからず、國の利器は以て人に示すべからず。

上文のうち「　」内は、一讀して明らかなように、強大となった敵が、それに溺れて自滅するのを待つ、という策略を述べる文である。『戰國策』魏一に「周書曰」として、ほぼ同じ文が引用されいるが、「周書」とは合縱連衡を説いたとされる縱横家の論説を集めた書。「微明」という老子流の言葉で評してはいるが、まさしく權謀術數の論である。

末尾の二句、『韓非子』喩老篇によれば、魚は君主、淵は權勢を指すという。君主たる者、臣下に權勢を委ねたり、奪われたりすれば、たちまちにその座を失う。しかと權勢を保持せよとの意である。また後句にいう「國の利器」を、同じく喩老篇は賞罰の二權とする。君主たる者、賞罰の二權は胸中に祕めて滅多なことで臣下に洩らしてはならない、ということである。以上は法家、もしくは道法を折衷する黄老を思わせる思想である。

孟子と接觸する以前の『老子』は、おそらく「道」に關する諸論説、

「無爲而無不爲」を基本的在り方とする聖人論、世の君主を含む一般人を對象とする柔弱謙下の處世訓、を主とするものであった。無爲による天下統治の論は、世の君主に對する模範的帝王像の提示というよりも、むしろ世相風刺の意をこめたいわば批評家的発言であった。

ところが柔弱による天下統一の主張は、孟子と張り合うことによって生じた現實的政治論であって、ここに百家の思想との接觸が始まることとなる。一方、現實的成功を期待する趣旨での柔弱論は、ともすれば、成功を勝ちとるための柔弱論となりかねず、ここに功利的発想を生ずることになる。さらに成功を得るために柔弱を装うことともなって、權謀術數の世界に接近することとなる。「柔弱の剛強に勝つ」ことが、一面の真理として世にあることは確かであるが、戰國の常識としては、やはり「剛強は柔弱に勝つ」のである。その常識を覆して、「柔弱は剛強に勝つ」ことを全面的真理として主張するとなれば、やはり雑多な思想言説を借りることが必要となってくる。

第三十六章は全面的に他學派に負うものであって、これが『老子』中の一章であるとは到底考え難い内容である。おそらくは最も後れて附加された章であって、『老子』の思想の廣がりの最終段階を示すもののようである。なお第三十六章ほどの異様さはないが、「柔弱勝剛強」の意を體する文として、以下の例がある。

第六十七章に理想的帝王の保持したという「三宝」の第一である「慈」について、「慈以て戰えば則ち勝つ」とあるのは『荀子』の義兵篇を思わせる論であり、第三に擧げる「敢えて天下の先と爲らず」は柔弱の統治を説くが、また黄老の人臣統御の術を想起させる。また兵家言を思わせる第六十八章・六十九章に、「善く戰う者は怒らず、善く敵に勝つ者は與せず（不與は真っ向から勝負しないさま）」「吾れ敢えて主と爲らずして客と爲る、敢えて寸を進まずして尺を退く」とあるのは、要するに柔弱による勝利を説くものである。さらに六十八章に「善く人を用いる者は之が下と爲る」とある句は、謙下の功を説くが、黄老へ繋がる面もあるような氣がする。

さきに小論は、郭店本に第六十七章以下の文の皆無であることに留意し、それ以後の附加であろうか、との疑義を呈した。いったい第六十七章から第七十九章に至る十三章中には、『老子』の全般とは論調を異にして後出を思わせる文が多いようである。柔弱論と關係はないが、第七十三・七十七・七十九の三章には天・天道の語が頻出しており、それは一般には難解である「道」を世俗的な言葉に置き換えたものかと思われ、やはり後出の文と解すべきであろう。

因みに帛書では、第六十六章の次に第八十章・八十一章が位置し、そのあとに第六十七章から第七十九章に至る十三章が續く形になっている。この事實もまた、上來の論旨に關係するものであろうか。(注 7)

小論を結ぶに當たって、本來は四節を總合しての結語を示すべきであろう。しかし、既に予定の紙數を超過しており、またそのためには、なお論じ足りない部面も多々ある。ただ未熟ながらも、四節それぞれに若干の問題を提起し得たとは思うので、識者の叱正を切望しつつ、ここに一應の筆を擱く。

注

(1)20 世紀に入ってからの代表的老子研究として、武内義雄『老子原始』(1926)、『老子の研究』(1927)、津田左右吉『道家の思想と其の展開』(初版『東洋文庫論叢』八　1927)、木村英一『老子の新研究』(1959) がある。以上は研究の方法をまったく異にするが、『老子』形成の年次に關しては、ほぼ同じ結論に達している。なお中公文庫『老子』(小川環樹譯注、1973) の「解説」も同様の説を述べている。

(2)周知のように「帛書」は、上篇を德經、下篇を道經とする特異なテキストである。しかし。内容をなす本文についていうと、ほぼ現行本と一致しており、その相違は、精々『老子』の一異本という程度にとどまる。その意味で、「帛書」は現行本の最終的形成を示すテキストであるといえよう。

(3)「絶僞棄慮」の「僞」字の讀解については、池田氏『研究』59頁を參照。

(4)現行本のテキストは、王弼本中の善本として定評のある宇佐見惠考訂「王注老子道德經」(明和 7 年刊) を底本とし、時に諸本を參照して精善を期した。

(5)『史記』は『孟子』を孟軻の自著とする。確かに梁惠王篇など、孟軻自身の關與がなければ書き得ないと思われる篇もあるが、全篇を自著と見るのはやはり無理であろう。生前から進められていた計畫が、死後に弟子たちによって完成した、というのが實情であろうか、と考えられる。

(6)『老子』八十一章中、孟子の影響に成ることを思わせるものとして、さらに「大國者下流、天下之交」に始まる第六十一章がある。本章は、戰國の世の平和を維持するための、大國と小國との交わり方を述べるが、その論旨は、『孟子』梁惠王下に、齊の宣王の「鄰國と交わるに道有るか」という問に答える文に酷似する。拙稿「孟子と老子ー大國・小國の論をめぐって」(内藤幹治編『中國的人生觀・世界觀』所収　1994・3　東方書店刊)を參照。

(7)現行本の第八十・八十一兩章を巻末におく傳統が早く「帛書」以前にあり、その後新しく加えられた第六十七〜七十九章を、巻末であった兩章の後に附したことから「帛書」の形態を生じた。現行本が「帛書」系のテキストによるものであるか、別系統に據るものか、それは不明であるが、いずれにせよ傳統に從って兩章を巻末に移した、ということなのではあるまいか。

以上は、筆者の抱くおぼろ氣な臆測である。なお、最も後れて『老子』の一章とされたと思われる第三十六章の文が、なぜそこに位置しているのか、それはわからない。

『老子』の二種類の「孝」と郭店楚簡『語叢』の「孝」

池田知久

1　始めに

本稿は、２００２年１月１０日～１２日、シンガポール國立大學哲學部藝術社會科學科（Department of Philosophy, Faculty of Arts and Social Sciences, National University of Singapore）が主催する「孝」に關する國際會議（"Xiao: Nature and Practice of Filial Piety in Chinese Tradition"）に、私が提出した論文である。

本稿は、この會議においては、私が中國語版を自ら用意してその一部を中國語で口頭發表し、同時にシンガポール國立大學側が英語版を用意してそれを公表する預定になっている。しかし、日本の讀者には日本語版を提供することが必要であると思う。

このような事情と考慮との結果、このたび本誌に掲載していただくことにしたものである。

2　『老子』の二種類の「孝」

今本『老子』の中には、周知のとおり、「孝」ということばがただ二つだけ存在している。王弼本（道藏本）によれば、第十八章に、

　大道廢、有仁義。智慧出、有大僞。六親不和、有孝慈。國家昬亂、有忠臣。

とあり、また第十九章に、

絶聖棄智、民利百倍。絶仁棄義、民復孝慈。絶巧棄利、盜賊無有。

此三者以爲文不足、故令有所屬。見素抱樸、少私寡欲。

とあるのが、それである。

ところで、この二つの「孝」に對する『老子』の價値評價は、一方の第十八章の「孝」は否定的であるか、もしくは少なくとも低い評價である。それに反して、他方の第十九章の「孝」は肯定的であり、高い評價である。兩者の評價は、明らかに反對の方向を向いており、それ故、二種類の「孝」を整合的に解釋することは相當に困難である。これは『老子』の思想を正しく解釋する上で、解決しなければならない一つの問題である、と言うことができよう。こういうわけで、從來の研究は、以上の二種類の「孝」を何とか整合的に解釋するために、多大の努力を拂ってきたのであった。

『郭店楚墓竹簡』が公表されて、その中に含まれている『老子』および『語叢』などの儒家系の資料を研究した後、私は以上の問題に答えを與えることができるのではないかと考えるようになった。今回はその答えを發表してみたいと思う。しかし、『郭店楚墓竹簡』に入ってその「孝」を論ずる前に、まず最初に、同じ道家であり『老子』との關係が密接な『莊子』に現れている「孝」を檢討しておくのが、便利である。

3　『莊子』における「孝」の否定と肯定

『莊子』の「孝」は、人間世・天地・天運・外物・盜跖・漁父の六篇の中に現れる。なお、ついでに言えば、現在本『莊子』三十三篇の中で、内篇は莊子の自著であり、外篇・雜篇は莊子の門弟・後輩あるいは亞流の作である。だから、内篇は成立が最も早く價値も最も高く、外篇は成立がやや新しく價値も低くなり、雜篇ともなれば成立が最も新しく價値も最も低いと、今日の通説は考えている。しかし、この通説が正しくないことについては、拙著『莊子——「道」的思想及其演變』（２００１年、中華民國國立編譯館）、第二章を參照。

これらの「孝」に對する『莊子』の價値評價は、これらの資料を表面的に見るならば、『老子』の二つの「孝」とほぼ同じ。すなわち、ある場合には否定的あるいは低い（以下、單純化して「否定」と稱する。）評價をし、ある場合には肯定的あるいは高い（以下、單純化して「肯定」と稱する。）評價をする、というように、同じ書物の中に相互に反對の方向を向き矛盾しあう評價が共存している。

一方の、否定的評價をしている例とは、天地篇に、

> 赤張滿稽曰、「天下均治之爲願、而何計以有虞氏爲。有虞氏之藥瘍也、禿而施髢、病而求醫。孝子操藥以脩慈父、其色燋然。聖人羞之。至德之世、不尚賢、不使能。上如標枝、民如野鹿。端正而不知以爲義、相愛而不知以爲仁、實而不知以爲忠、當而不知以爲信、蠢動而相使不以爲賜。是故行而無迹、事而無傳。」

とあり、天運篇に、

> 商大宰蕩問仁於莊子。……莊子曰、「至仁无親。」大宰曰、「蕩聞之、『无親則不愛。不愛則不孝。』謂至仁不孝、可乎。」莊子曰、「不然。夫至仁尚矣。孝固不足以言之。此非過孝之言也。不及孝之言也。夫南行者、至於郢、北面而不見冥山。是何也。則去之遠也。故曰、『以敬孝易、以愛孝難。以愛孝易、而忘親難。忘親易、使親忘我難。使親忘我易、兼忘天下難。兼忘天下易、使天下兼忘我難。』夫德遺堯舜而不爲也。利澤施於萬世、天下莫知也。豈直太息而言仁孝乎哉。夫孝悌仁義忠信貞廉、此皆自勉以役其德者也。不足多也。故曰、『至貴國爵并焉、至富國財并焉、至願名譽并焉。』是以道不渝。」

とあり、外物篇に、

> 外物不可必。故龍逢誅、比干戮、箕子狂、惡來死、桀紂亡。人主莫不欲其臣之忠。而忠未必信。故伍員流于江、萇弘死于蜀、藏其

血三年而化爲碧。人親莫不欲其子之孝。而孝未必愛。故孝己憂而曾參悲。木與木相摩則然、金與火相守則流、陰陽錯行、則天地大絯。於是乎有雷有霆、水中有火、乃焚大槐。有甚憂、兩陷而无所逃、螴蜳不得成。心若縣於天地之間、慰暋沈屯、利害相摩、生火甚多。衆人焚和、月固不勝火。於是乎有僓然而道盡。

とあり、盜跖篇に、

盜跖聞之大怒、目如明星、髮上指冠。曰、「此夫魯國之巧僞人孔丘非邪。爲我告之。爾作言造語、妄稱文武、冠枝木之冠、帶死牛之脅。多辭謬説、不耕而食、不織而衣。搖脣鼓舌、擅生是非、以迷天下之主。使天下學士、不反其本、妄作孝悌、而儌倖於封侯富貴者也。子之罪大極重。疾走歸。不然、我將以子肝益晝餔之膳。」

とあるのが、それである。

他方の、肯定的評價をしている例とは、人間世篇に、

仲尼曰、「天下有大戒二。其一命也、其一義也。子之愛親、命也。不可解於心。臣之事君、義也。无適而非君也。无所逃於天地之間。是之謂大戒。是以夫事其親者、不擇地而安之、孝之至也。夫事其君者、不擇事而安之、忠之盛也。自事其心者、哀樂不易施乎前、知其不可奈何、而安之若命、德之至也。爲人臣子者、固有所不得已。」

とあり、天地篇に、

孝子不諛其親、忠信不諂其君、臣子之盛也。親之所言而然、所行而善、則世俗謂之不肖子。君之所言而然、所行而善、則世俗謂之不肖臣。而未知此其必然邪。世俗之所謂然而然之、所謂善而善之、則不謂之道諛之人也。然則俗故嚴於親而尊於君邪。謂己道人、則勃然作色、謂己諛人、則怫然作色、而終身道人也。終身諛人也。合譬飾辭聚衆也、是終始本末不相坐。垂衣裳、設采色、動容貌、以媚一世。而不自謂道諛。與夫人之爲徒、通是非、而不自謂衆人。

愚之至也。

とあり、盜跖篇に、

（盜跖曰、）「世之所高、莫若黃帝。黃帝尚不能全德、而戰涿鹿之野、流血百里。堯不慈、舜不孝、禹偏枯、湯放其主、武王伐紂、文王拘羑里。此六子者、世之所高也。孰論之、皆以利惑其眞、而強反其情性。其行乃甚可羞也。」

とあり、漁父篇に、

客曰、「眞者、精誠之至也。不精不誠、不能動人。故強哭者、雖悲不哀。強怒者、雖嚴不威。強親者、雖笑不和。眞悲无聲而哀、眞怒未發而威、眞親未笑而和。眞在內者、神動於外。是所以貴眞也。其用於人理也、事親則慈孝、事君則忠貞、飮酒則歡樂、處喪則悲哀。忠貞以功爲主、飮酒以樂爲主、處喪以哀爲主、事親以適爲主。功成之美、无一其迹矣。事親以適、不論所以矣。飮酒以樂、不選其具矣。處喪以哀、无問其禮矣。禮者、世俗之所爲也。眞者、所以受於天也、自然不可易也。

とあるのが、それである。『莊子』の「孝」は、以上に擧げたもので全てである。

これらの內、まず、「肯定的評價」の例を檢討してみよう。人間世篇の例は、一見、高く評價しているように見える。しかし、作者によれば、「夫事其親者」と「夫事其君者」とよりも「自事其心者」の方がレベルの高い人間であり、それ故、「孝之至也」と「忠之盛也」とは、作者の理想とする「德之至也」の下位に位置する道德、もしくは「德之至也」に包攝される道德である。（「孝」と「忠」とが「德」に包攝される道德である、と私が解釋するのは、引用文の中では、「德」の內容である「知其不可奈何、而安之若命」が、「命」「義」としての「孝」「忠」を行うことを意味しているからである。）したがって、この「孝」はやむをえず行うものであり、肯定されてはいるけれども消極的な肯定であり低い肯定である。

天地篇の例は、今、検討した人間世篇の「孝」に似ている。しかし、その肯定の契機（moment）は人間世篇よりもさらに消極的でさらに低く、むしろ「否定的評價」の例の中に入れるべきかもしれない。なぜなら、この文章の「孝子不諛其親、忠信不諂其君、臣子之盛也。」は、「世俗」の行う判斷であって、作者はその判斷の正しさに對して根本から疑問を持ち、「愚之至也」と批判しているからである。

盜跖篇の例は、今、検討したその天地篇の「孝」とほとんど同じ。「孝」それ自體に對する作者の評價は、確かに肯定的であるように見えるが、しかし、その「舜不孝」は「世之所高」の一つである「舜孝」に反對するために述べた句であり、この文章の目的は、「世」の行う判斷の正しさに對して根本から疑問を持ち、それを根本的に批判することにある。（盜跖篇の直ぐ下文には「世之所謂賢士、伯夷叔齊。……。世之所謂忠臣者、莫若王子比干伍子胥。……。自上觀之、至于子胥比干、皆不足貴也。」とあって、作者は一貫して「世」の行う判斷を根本的に批判している。）したがって、作者にとっては、「舜」が「孝」であるかそれとも「不孝」であるかなどは、根本的にどうでもよいことなのであるから、この例はむしろ「否定的評價」の例の中に入れるべきであろう。

漁父篇の例は、「眞者、精誠之至也。」という道徳が、「事親」という「人理」において作用する場合に「孝」となって現れる、というものである。これは、全く疑問の餘地のない「肯定的評價」の例であり、その上、『老子』第十九章の「孝」の解釋に重要なヒントを與えるものであるが、その解釋は後の「５」に詳しく述べるので、ここではこれ以上深く議論しないでおきたい。ただあらかじめ觸れておかなければならないのは、漁父篇は、成書年代が『莊子』諸篇の中で最も新しい文章の一つであって、多くの研究者はこれを前漢初期の作品と見なしていること、その「眞」が、古くから存在していた道家の思想概念であって、『老子』王弼本（道藏本）第二十一章に「孔德之容、惟道是從。道之爲物、惟恍惟惚。忽兮恍兮、其中有象。恍兮忽兮、其中有物。窈兮冥兮、其中有精。其精甚眞、其中有信。」とあること、の二點である。

以上に検討してきたところを要約するならば、『莊子』の「孝」の「肯定的評價」の例も、全く疑問の餘地のないものはただ漁父篇の一例だけであって、しかもそれは前漢初期に成書された新しい作品の中にある。また、漁父篇の例をも含めてその全ての「孝」が「忠」と竝んで現れる顯著な事實にも注意すべきである（この問題については後に「7」に簡略に述べる。）けれども、漁父篇以外のいくつかの例は、肯定されてはいるが消極的な肯定、低い肯定であるか、それとも「否定的評價」の中に入れるべきものであるか、のどちらかである。したがって、『莊子』に現れる「孝」の評價は、否定的評價を受けている例が多い點に特徴がある、と言うことができよう。（ちなみに、「肯定的評價」の例の中で、「孝」が「忠」と竝んで現れているのは、外物篇の例だけである。）そして、この特徴は、『老子』第十八章の「孝」の否定的評價に連なるものである。

それでは、『莊子』諸篇は、なぜ「孝」を否定したのであろうか。次に「否定的評價」の例を検討しながら、この問題を考えみよう。天地篇の例は、「慈父」の身體の健康が損なわれ「病」に罹ってからその後に、「薬を操って」それを治療しようとする「孝子」が生まれる、という「孝」である。この「孝」を「聖人羞之」である、すなわち作者が否定する理由は、そもそも「孝」という道德が、「父」の身體にとって理想的な狀態である健康、すなわち人類にとって理想的な狀態である「至德」が、何らかの原因によって損なわれてからその後に、その空缺を彌縫するための代替物、すなわちその疎外（Entfremdung、alienation）された形態である「義・仁・忠・信・賜」などの儒教道德の一つとして作り出されたものだからである。端的に言うならば、「孝」が、人類にとっての理想狀態「至德」からの、疎外（Entfremdung、alienation）あるいは歴史の退歩の結果、作り出されたものだからである。

天運篇の例は、今、檢討した天地篇の「孝」に似ている。作者によれば、「孝」は、儒教の唱える世間的な「孝・親」を遙かに超越した、絶對的な「至仁」に到底及ばず、「以敬孝→以愛孝→忘親→使親忘我→兼忘天下→使天下兼忘我」という道德的修行の一系列の中で、人類にとって理想狀態である「使天下兼忘我」すなわち「德」、と比較すると、最下等の段階の道德であるにすぎない。それだけでなく、「孝」は、諸他の儒教道德「悌仁義忠信貞廉」などと一緒になって、今日、人類にとっての理想狀態「德」を疎外する役割を演ずる惡德でさえあるのである。

外物篇の例は、「忠」と竝んで「孝」を取り擧げ、それを必ずこうなるとは定められない「外物」の代表であると説明する。そして、このように當てにならない「外物」と深く關わることにより「外物」に翻弄されることは避けて、その窮極的な根源である「可必」の「道」を捉えなければならないと示唆している。（下文に「於是乎有僓然而道盡」とあるのを參照。）以上の本篇の「孝」に對する否定の中にも、上の天運篇と外物篇との場合と同じような、作者の反疎外論に基づく理由づけを見出すことができよう。すなわち、この否定によれば、「忠」「孝」と竝んで「外物」の一つである人間の「心」の、必ずこうなるとは定められない性質から生み出される不安定性が、窮極的根源の「道」を「僓然而道盡」という狀態に至らしめて、一層その疎外・退歩を激化する、と言うのである。

盜跖篇の例は、孔子の唱える「孝悌」の行いを「封侯富貴」の僥倖を當てこむものと否定しているが、ここでは、それを「本」の對極にあるものと位置づけている點に注目すべきであろう。この「本」が道家の唱える「道」を指すことは改めて言うまでもない。こうして、「孝」は、窮極的根源の「道」の反對物なのであるから、當然、否定されなければならないものであった。

以上の検討を要約するならば、『莊子』の「孝」の「否定的評價」の例は、いずれもみな反疎外論あるいは退歩史觀に基づく理由でもって否定されている、と言うができる。世界の窮極的根源であり、人類にとっての理想狀態である「道」や「德」が、何らかの原因によって損なわれ始め、また歴史の退歩が積み重なったその後に、ここにその空缺を彌縫するための代替物、その疎外された形態として、「孝」を始めとする種々の儒教道德が作り出されたのであるが、それだけでなく「孝」などの儒教道德は上述の「道」や「德」を、現在もさらに疎外し續け、現在もさらに歴史的に退歩させせつつある惡德に他ならない、という主張である。そしてまた、「孝」に對する『莊子』の價値評價は、以上の反疎外論あるいは退歩史觀による否定が、その主流であり中心であると言っても、決して誤りではないと思う。

4　『老子』諸本における「孝」の否定

『老子』第十八章の王弼本（道藏本）が、

大道廢、有仁義。智慧出、有大僞。六親不和、有孝慈。國家昏亂、有忠臣。

に作っていることは、「2」に見たとおり。馬王堆漢墓帛書『老子』甲本は、

故大道廢、案有仁義。知快出、案有大僞。六親不和、案〔有〕畜茲。邦家閪亂、案有貞臣。

に作り、同じく乙本は、

故大道廢、安有仁義。知慧出、安有〔大僞〕。六親不和、安又

孝茲。國家悶亂、安有貞臣。

に作っている。その文章は、馬王堆甲本・乙本から王弼本（道藏本）に至るまで、基本的に同じであり、大きな變化もなくテキストとしての安定期に入っている、と認められる。そして、その「孝」の否定の理由は、先に見た『莊子』の場合と完全に同じである。すなわち、作者は、世界の窮極的根源の「大道の立」と、それに伴う人類にとっての理想狀態の「知慧の入」「六親の和」「國家の治」とが、何らかの原因によって損なわれた後に、それらの空缺を彌縫する代替物、それらの疎外形態として、「仁義」「大僞」「孝茲」「貞臣」の儒教道德やそれを有する人物が生み出された、と考えているのだ。ここで我々は、「孝」に對する「否定的評價」の內容や理由の點で、『老子』第十八章が「3」で檢討した『莊子』の主流・中心と完全に同じであることを確認しなければならない。

ところで、第十八章の第二文は、後述するとおり、郭店楚簡『老子』丙本第十八章には存在していない。もともと古い『老子』にはなかった文であり、馬王堆甲本・乙本の形成過程で新たに增補されたものと推測される。しかし、馬王堆甲本・乙本では、この一文はすでに第十八章中の不可缺の要素となっているから、上下の三文と十分に整合するように解釋される必要がある。それ故、「知快出」は「大道廢」「六親不和」「邦家悶亂」と同樣に、否定的なマイナスの貶義句でなければならず、「有大僞」は「有仁義」「有畜茲」「有貞臣」と同樣に、世間的に肯定的なプラスの褒義句であり、なおかつそれらに對する風刺・批判の意味が籠められていなければならない。そうだとすれば、「知快出」は、道家の「知」に對する低い評價が世間に浸透してそれが常識化した後の產物であろうし、また「有大僞」は、その「僞」ということばを詐欺という否定的なマイナスの貶義語として解釋することは不可能であって、荀子の唱えた「僞」のように人間の持って生まれた自然な本性に對して人爲・作爲を加えることと解釋するのが適當である。したがって、「僞」は、文字としては「爲」の異體字あるいは假借字なのであり、「有大僞」は、荀子の「爲」の思想を風刺・批判した句である可能性が大きい。(以上の點から振り返って考えてみると、第二文の存在していない郭店『老子』丙本の成書は、荀子の思想が廣く知られるようになる少し前にあるのではなかろうか。そして、この一文「知快出、案有大僞。」の趣旨は、本來の無知のよさが忘れられて「知快」が世に出現したために、偉大なる人爲などといった低級の道德がもてはやされるようになった、ということである。)

「孝」を除外した「孝」以外の種々の儒教道德についても、以上のような反疎外論や退歩史觀に基づく理由でもってそれらを否定するのが、『老子』や『莊子』の中に常に現れる基本的な思想の表現であることは、周知のとおりである。ここでは、二三の例を擧げるに止める。『老子』第三十八章の馬王堆甲本に、

〔●上德不德、是以有德。下德不失德、是以无〕德。上德无〔爲而〕无以爲也。上仁爲之〔而无〕以爲也。上義爲之而有以爲也。上禮〔爲之而莫之廱也、則〕攘臂而乃之。故失道矣。失道而后德、失德而后仁、失仁而后義、〔失義而后禮。夫禮者、忠信之泊也〕、而亂之首也。〔前識者〕、道之華也、而愚之首也。是以大丈夫居亓厚、而不居亓泊。居亓實、〔而〕不居亓華。故去皮取此。

とあり(ちなみに、第三十八章の文章は、馬王堆甲本・乙本が最も優れており、王弼本(道藏本)などの今本には混亂がある。また、郭店三本には第三十八章は含まれていない。)、『莊子』馬蹄篇に、

夫至德之世、同與禽獸居、族與萬物竝。惡乎知君子小人哉。同乎无知、其德不離、同乎无欲、是謂素樸。素樸而民性得矣。及至聖人、蹩躠爲仁、踶跂爲義、而天下始疑矣。澶漫爲樂、摘僻爲禮、而天下始分矣。道德不廢、安取仁義。性情不離、安用禮樂。五色不亂、孰爲文采。五聲不亂、孰應六律。夫殘樸以爲器、工匠之罪

也。毀道德以爲仁義、聖人之過也。

とあり、『淮南子』俶眞篇に、

今夫積惠重厚、累愛襲恩、以聲華嘔符嫗掩萬民百姓、使之訢訢然、人樂其性者、仁也。擧大功、立顯名、體君臣、正上下、明親疏、等貴賤、存危國、繼絶世、決拏治煩、興毀宗、立無後者、義也。閉九竅、藏心志、棄聰明、反無識、芒然仿佯于塵埃之外、而消搖于無事之業、含陰吐陽、而萬物和同者、德也。是故道散而爲德、德溢而爲仁義、仁義立而道德廢矣。

とあり、同じく齊俗篇に、

率性而行謂之道、得其天性謂之德。性失然後貴仁、道失然後貴義。是故仁義立而道德遷矣、禮樂飾則純樸散矣、是非形則百姓眩〈昡〉矣、珠玉尊則天下爭矣。凡此四者、衰世之造也、末世之用也。

とある、等々。

さて、新出土の郭店『老子』丙本は、第十八章を、

古（故）大道𤼷（廢）、安（焉）又（有）𢝊（仁）義。六新（親）不和、安（焉）又（有）孝𢀩（慈）。邦𡨦（家）緍（昏）〔亂〕、安（焉）又（有）正臣。■

に作っている。（ちなみに、郭店甲本・乙本には第十八章は含まれていない。）この文章が上記の馬王堆甲本・乙本・王弼本（道藏本）と最も異なっている點は、ここには第二文の「智慧出、有大僞。」（道藏王弼本）が存在していないことである。これに基づいて考えるならば、第二文は、もともと郭店『老子』のような古い『老子』にはなかったものであり、それ以降、馬王堆甲本・乙本の形成過程で新たに增補されたものと判斷される。

第二文をもともと古い『老子』にはなかったものと判斷して、除外して第十八章を解釋するならば、從來、ここに存在していた難しい解

釋上の混亂（「2」と「4」とに既述）は立ちどころに解消されて、本章は極めてスムーズな一貫した文章として明瞭に捉えることができるようになる。すなわち、世界の窮極的根源の「大道の立」と人類にとっての理想狀態の「六新の和」「邦家の治」とが、何らかの原因によって損なわれた後に、それらの空缺を彌縫する代替物、それらの疎外形態として、「㤅義」「孝𢌿」「正臣」などが生み出された、というわけである。

それだけでなく、以上のように、第二文をもともと古い『老子』になかったものとして除外することを通じて、「大道」からの疎外や歴史の退歩を引き起こした「何らかの原因」（私は今まで何度か「何らかの原因によって」と書いてきた。）について、作者がもともと古くから持っていたにちがいない思想を推測する、新しい解釋の可能性が生まれてくるように思われる。と言うのは、『老子』第十八章の馬王堆甲本・乙本・王弼本（道藏本）は、四文に同じ資格を與えてそれらを竝列することによって、四つのことを疎外・退歩の現象の側に位置づけたのではあるけれども、しかし、實は、郭店丙本などの古い『老子』の作者にとって、第二文は勿論、當時はまだ竹帛に書かれるには至っていなかったものの、三つの現象の原因の側に位置づけられていたものではなかったか。具體的には、「大道の發」「六新の不和」「邦家の緍〔亂〕」という疎外・退歩の現象を引き起こした原因を、もともと古い道家の思想家は「智慧」とそれに基づく「大僞」（偉大なる人爲）とだと考えていたにちがいない。

若干の證據を擧げてみよう。「3」で『莊子』における「孝」の否定の例として引用した天地篇は、必ずしも明言しているわけではないけれども、「至德之世」を疎外・退歩させた原因を大局的には「尚賢・使能」であると見ているようであり、より具體的には「知以爲義、知以爲仁、知以爲忠、知以爲信、以爲賜」、すなわち「義・仁・忠・信・賜」をそれと知って目的意識的に行う人間の理知と作爲とであると見ているらしい。

天運篇の例は、今日、「德」を疎外・退歩させている原因を、一旦形成された「孝悌仁義忠信貞廉」であると述べていたが、しかし、さかのぼってその「孝悌仁義忠信貞廉」自體を生み出した原因は何と考えているかと言えば、「兼忘天下、使天下兼忘我」の「忘」の反對物、あるいは「夫德遺堯舜而不爲也。利澤施於萬世、天下莫知也。」の反對命題、の人間の「爲」と「知」とであると考えている。だとすれば、これはまさしく『老子』馬王堆甲本・乙本・王弼本（道藏本）第十八章の「智慧」と「大僞」とではないか。

外物篇の例は、今、檢討した天運篇の例に少しばかり似たところがある。と言うのは、「道」を「僨然而道盡」の狀態に至らしめて、一層その疎外・退歩を激化させている原因は、作者によれば、「忠」「孝」と竝んで「外物」の一つである人間の「心」の、必ずこうなるとは定められない性質に由來する不安定性だからである。この「心」を理知と作爲との主體と見なしたとしても、それはあながち無理ではないと思う。

盜跖篇の例は、「使天下學士、不反其本、妄作孝悌。」の原因を、孔子の樣々の思想活動であると見ていることは、言うまでもない。具體的には、「爾作言造語、妄稱文武、冠枝木之冠、帶死牛之脅。多辭謬說、不耕而食、不織而衣。搖脣鼓舌、擅生是非、以迷天下之主。」がそれである。これに作者が整理を加えれば、孔子の理知と作爲とにならないであろうか。

なお、直ぐ上に、「孝」以外の儒教道德をも反疎外論や退歩史觀に基づく理由で否定している例として擧げた『老子』第三十八章は、「道＝德＝上德」から始まってついに現代の「禮」に至る、世界の疎外、歷史の退歩を「道＝德→仁→義→禮」のように描寫している。また同時に、それらの實際の內容を、「无〔爲而〕无以爲→爲之〔而无〕以爲→爲之而有以爲→〔爲之而莫之應也、則〕攘臂而乃之。」（作爲もなく作爲する意思もない狀態→作爲はあるが作爲する意思のない狀態→作爲もあり作爲する意思もある狀態→作爲もありかつ亂暴狼藉に及ぶ狀態）とも描いているから、このような疎外・退歩を引き起こした原因を、作者が、「爲之」つまり人間の作爲と「有以爲」つまり作爲する意思と、であると考えていることは、明らかである。（それ故、本章が主な攻撃のターゲットに定めているのは、儒教の作爲の思想、中でも主に荀子の「爲」の思想であることになる。後の「7」を參照。）

同じく『莊子』馬蹄篇の例は、「道德」からの疎外・退歩を引き起こした原因について、極めて明確に「毀道德以爲仁義、聖人之過也。」と論じているが、その「聖人之過」とは、「无知」と「无欲」とから成る「素樸」の反對物つまり「知」と「欲」と、あるいは「及至聖人、蹩躠爲仁、踶跂爲義、而天下始疑矣。澶漫爲樂、摘僻爲禮、而天下始分矣。」とあるような作爲である。

最後に、同じく『淮南子』俶眞篇と齊俗篇との例についても簡單に觸れておく。俶眞篇の「道散而爲德、德溢而爲仁義、仁義立而道德廢矣。」は、「道德」が「散溢」したためにその結果「仁義」が「爲」られたと述べると同時に、その「仁義」が「立」ったためにその結果「道德」が「廢」れたとも述べており、疎外・退歩を引き起こした原因についての思想は、循環論に陷っているように見える。齊俗篇もこの點では全く同じであり、その「性失然後貴仁、道失然後貴義。是故仁義立而道德遷矣、禮樂飾則純樸散矣。」は、「性道」すなわち「道德」が「失」われたために「仁義」が「立」ったと述べると同時に、その「仁義」が「立」ったために「道德」が「遷」ったとも述べている。しかしながら、正しくは、これらは循環論に陷っているのではなく、疎外・退歩を引き起こす原因について、實はそのような原因は存在せず、自然・無爲の内に疎外・退歩が起きてしまうのだ、とする流出論（emanation theory）を拙い表現で述べているのである。そして、疎外・退歩の原因についてのこの流出論による説明は、『老子』に萌芽しそれ以降、次第に盛んになっていった新しい思想なのである。（この問題については、本稿に關係を有する限りの範圍において以下にも述べるが、拙著『莊子──「道」的思想及其演變』、第十二章を參照。ちなみに、『老子』以降の道家思想の中では、「仁義」「孝悌」などの儒教道德に對する否定の契機（moment）が次第に弱まり、それらを次第に肯定するように變化していくが、この事實は以上の流出論の發生と密接な相互關係を持っている。）

以上の檢討に基づいてさらに考察を進めよう。さて、郭店丙本などの古い『老子』は、他の大多數の道家と同じように、「大道の發」「六新の不和」「邦家の緍〔亂〕」の疎外・退歩の現象を引き起こした原因を、人間の「智慧」と「大僞」とであると考えていた。したがって、この段階における「孝」は、人間の理知と作爲とが原因となって「六新の和」を疎外・退歩させた結果作り出された、その代替物であり、當然、それは否定的に價値評價しなければならない惡德の一つでしかなかった。それに對して、やや後の時代の馬王堆甲本・乙本は、第二文の「知快出、案有大僞。」を執筆してこれを增補し、他の三文と同じ資格を與えて四文を竝列することを通じて、四つのことを疎外・退歩の現象の側に位置づけたのであるが、この處置は、同時に、四つの現象を引き起こした原因の存在を曖昧にする新しい思想、あるいは實はそのような原因は存在せず、自然・無爲の内に疎外・退歩してしまうとする、新しい思想を導き出す可能性を秘めた處置でもあった。それ故、この段階において「孝」は、「六新の和」が自然・無爲の内に自己を疎外したり（Selbstentfremdung、self-alienation）、あるいは歷史的に展開したりした結果、發生したものであるから、從來の評價とは異なって肯定してよい正當な道德の一つとなった、より正確に言えば、正當な道德の一つとなる可能性が與えられたのである。『老子』の經文それ自體は、馬王堆甲本・乙本も大幅に改變しているわけではないけれども、第二文の增補という些細な改變の中に、道家の以上のような思想史的な展開の可能性が秘められていたことに、我々は十分な注意を拂う必要がある。

以上のように、道家思想史の展開過程における『老子』の中に、肯定的に評價される可能性のある「孝」の存在を認めることは、「2」に指摘した、『老子』中の二つの「孝」をめぐる解釋上のアポリア（aporia）を解決することに繋がるものではなかろうか。

5　『老子』諸本における「孝」の肯定

『老子』第十九章の王弼本（道藏本）が、

絶聖棄智、民利百倍。絶仁棄義、民復孝慈。絶巧棄利、盜賊無有。此三者、以爲文不足、故令有所屬。見素抱樸、少私寡欲。

に作っていることは、「2」で見たとおり。馬王堆甲本は、

絶聲棄知、民利百負。絶仁棄義、民復畜茲。絶巧棄利、盜賊无有。此三言也、以爲文未足、故令之有所屬。見素抱〔樸、少私而寡欲〕。

に作り、同じく乙本は、

絶耶棄知、而民利百倍。絶仁棄義、而民復孝茲。絶巧棄利、盜賊无有。此三言也、以爲文未足、故令之有所屬。見素抱樸、少私而寡欲。

に作っている。その文章は、馬王堆甲本・乙本から王弼本（道藏本）に至るまで、基本的に同じ。そして、その「民の孝」は、「仁義」の對極にある道德として肯定されている。肯定の理由は、下文の「見素抱樸、少私寡欲。」からある程度、推測することはできるけれども、しかし確かな理由は嚴密には不明としなければならない。

ところが、郭店『老子』甲本は、第十九章を、

𢇍（絶）𣉻（智）弃支、民利百伓（倍）。𢇍（絶）攷（巧）弃利、䝔（盜）惻（賊）亡（無）又（有）。𢇍（絶）𢡺（僞）弃慮、民复（復）季〈孝〉子（慈）。三言以爲叓（事）不足、或命之或虖

（乎）豆（續）。視（示）索（素）保羙（樸）、少ム（私）須〈寡〉欲。

に作っていて、以上の三種類のテキストとは相當に異なっている。本稿では諸他の相異點は全て棚上げして議論せず、ただ「 𢧢 𢡺弃慮、民复季〈孝〉子。」だけを議論することにしたい。この一文の内、まず、「𢡺」の字は、荊門市博物館『郭店楚墓竹簡』（１９９８年、文物出版社）の「釋文注釋」言うように「僞」の假借字かあるいは異體字であろう。ただし、「𢡺」の意味は、その【注釋】〔三〕が言うような、表面上否定的な意味であるはずがない。なぜなら、本章において對句をなす上文の「𥎿𢆯」も「攷利」も表面上肯定的な意味であり、もしもこれが表面上否定的な意味であるとすれば『老子』獨特の風刺・批判の味が消えてしまうからである。したがって、この字の意味は、上の「４」で解釋した『老子』第十八章の「智慧出、有大僞。」の「僞」の意味とほぼ同じである。次に、「慮」は、荊門市博物館『郭店楚墓竹簡』は、上は「虎」、中は「且」、下は「心」の字と見なしている。しかし、中を「且」と見るのは誤りで、「田」の字と見るのが正しい。楷書の「田」の字を楚系文字が「目」の字に作る例は少なくないからである。その上、「慮」の字であるとすれば、前後の韻も合うからである。「慮」の意味については、荊門市博物館『郭店楚墓竹簡』の【注釋】〔三〕の引く裘錫圭教授の説は、「詐」の假借字であるとするが、すでに「４」で述べたように、表面上否定的な意味ではありえない。なお、裘錫圭教授はその後、自分の「詐」の假借字であるとする舊説を改めて、新たに「慮」の字であると見なすに至っている。（拙著『郭店楚簡老子研究』、第二編（１９９９年、東京大學文學部中國思想文化研究室）を參照。）

以上の考證に依據して考えるならば、郭店甲本は、第十九章の「民の孝」を、「𢡺（僞）慮」の對極にある道徳として肯定した。その理由は、郭店甲本にとっては、「民の孝」すなわち民衆の間にかつて行われていた「孝」は、人間の作爲的な努力「愚（僞）」や理知的な思慮「慮」を働かせた結果、作り出された儒教道德ではなくして、全ての人間が例外なく自然・無爲の内に生まれながらにして有していた、その本來的な内面性であったからである。この「孝」は、世界の窮極的な根源であり、人類にとっての理想狀態でもある「道」「德」が、人間の理知と作爲という原因によって損なわれ、また歷史が退步したその後に、その空缺を彌縫するための代替物として、あるいはその疎外（Entfremdung、alienation）形態として、作り出されたものではない。全く逆に、初めからそのような「道」「德」の一部分として、それらの中に含まれるもの、と考えられている。單に「民の孝」だけでなく、それを含む「民の利の百伓」「覜恳の亡又」「民の季〈孝〉子」についても、全く同樣である。そして、郭店甲本のこのような新しい思想は、馬王堆甲本・乙本・王弼本（道藏本）に至っても、表面上、文字や文章は相當に變えられはしたものの、そのまま保持されているのではないかと思われる。（三種類のテキストの「絶聖棄智」は、確かに郭店甲本の「𢇁智弃支」を繼承しているのではあるけれども、郭店甲本の「𢇁愚弃慮」とも非常に近い内容を持っていることに注意されたい。）

ここまで論じてくると、我々は、「孝」を肯定的に評價する郭店甲本・馬王堆甲本・乙本・王弼本（道藏本）の新しい第十九章と、從來とは異なって「孝」を肯定的に評價する可能性を持つに至った馬王堆甲本・乙本の第十八章とが、相互にそれほど反對の方向を向いた矛盾しあう關係ではないことに氣づかされる。ついでに言えば、まちがいなく「孝」を肯定している郭店甲本以降の第十九章の中にも、道家獨特の反疎外論や退步史觀に基づいて、「孝」以外の儒教道德を否定する思想の存在を推測することができる。——王弼本（道藏本）では、儒教道德の「聖智・仁義・巧利」が、郭店甲本では儒教道德の「智支・攷利・愚慮」がそれぞれ、「民」の生まれながらに有していた本來的な内面性を疎外・退歩させたと考えられている、と推測することに誤りはないと思う。だとすれば、郭店甲本以降の新しい第十九章といえども、從來の道家の大枠からはみ出てしまう變わった思想を唱えるようになったのでは、必ずしもないのだ。

「孝」を肯定する郭店甲本以降の第十九章と、肯定する可能性を持つ馬王堆甲本・乙本の第十八章との新しさは、「3」で引用し論及した『莊子』漁父篇の例によっても確認することができる。すでに述べたように、漁父篇が『莊子』諸篇の中で最も新しく成った作品であることは學界の定説であるが、その漁父篇は全く疑問の餘地なく「忠貞」「飲酒」「處喪」と竝んで「慈孝」を肯定的に評價している。肯定する理由は、そもそも「慈孝」「忠貞」「飲酒」「處喪」とが、「眞」という道德の、「人理」において作用しているものだからであるが、その「眞」とは一體どういうものであるかについて、作者は引用文の最後に重要な説明を加えている。――「禮者、世俗之所爲也。眞者、所以受於天也、自然不可易也。」がそれである。ここでは、「禮」が「世俗」（實は儒教道德）の人爲・作爲の所産であるのとは正反對に、「眞」は人類が「天」から「受」けた「自然」であると認められている。したがって、「眞」としての「孝」は、「天」の「道」「德」が自然・無爲の内に自己を疎外した（Selbstentfremdung、self-alienation）結果、發生したものであって、全ての人間に例外なく生まれながらにして具わっているその本來的内面性である、ということになる。『老子』の後に成って『老子』を十分に踏まえているはずの、このような漁父篇の例は、郭店甲本以降の第十九章や馬王堆甲本・乙本の第十八章では、まだ萌芽の段階でしかなかった、「孝」に對する新しい肯定的な評價を、目を奪うほどの鮮やかな開花の段階にまで引き上げ、かつそれを不動の評價として定着させたものと言わなければならない。

郭店丙本第十八章などの古い『老子』は、他の大多數の道家と同樣に、人間の理知と作爲とが原因となって「六新の和」を疎外・退歩させた結果作り出された、その代替物として、儒教道徳の「孝」を否定していた。それに對して、郭店甲本以降の第十九章の新しい『老子』は、全ての人間が自然・無爲の内に生まれながらにして有している、その本來的内面性として、「民の孝」を肯定するように轉じていった。前者から後者に轉ずる中間に位置していたのが、馬王堆甲本・乙本第十八章であり、後者の肯定を開花させ、かつ定着させて不動にしたのが、『莊子』漁父篇である。

そうだとすれば、『老子』『莊子』を始めとする道家の思想は、「孝」に對する價値評價に關して、反疎外論・退歩史観による古い否定から、本來的内面性による新しい肯定へと大きな轉換を經驗した、と認めることができよう。もっとも、大きな轉換を經驗した點は、否定かそれとも肯定かという價値評價、および反疎外論・退歩史觀かそれとも本來的内面性かという理由づけだけはでなかった。さらに言えば、道家にとっての、「孝」の實際の内容とその歴史的社會における役割もまた、大きな轉換を經驗したのであるが、この問題については後の「7」で簡略に述べよう。

6　郭店楚簡『語叢』の「孝」

新出土の郭店楚簡『語叢一』『語叢二』『語叢三』は、儒教の思想をもって書かれている文獻である。ところで、これらの『語叢一』『語叢二』『語叢三』を含めて、『郭店楚簡』の儒教文獻の全部はいずれもみな、孔子から孟子に至る中間の時代に位置するいわゆる「思孟學派」の作品であると主張する見解が、今日、廣汎な範圍で流行している。讀者は、ただ私の以下の分析を一讀しただけで、『語叢』などがそのような「思孟學派」の作品でないことを直ちに理解できるはずであるが、行論の必要上、まず最初に、この問題を正しく處理するために有益な參考文獻を擧げておこう。

一つは、李澤厚教授の「初讀郭店竹簡印象紀要」(『李澤厚哲學文存』下編所收、１９９９年、安徽文藝出版社）である。彼は次のように言う。

> 雖有《緇衣》《五行》《魯穆公問子思》諸篇、却竝未顯出所謂“思孟學派”的特色（究竟何謂“思孟學派”、其特色爲何、竝不清楚)。相反、竹簡明確認爲“仁内義外”、與告子同、與孟子反。因之斷定竹簡屬“思孟學派”、似嫌悤忙、未必准確。相反、竹簡給我的總體印象、毋寧更接近《禮記》及荀子。

周知のとおり、孟子はいわゆる「仁内義外」説に反對した（『孟子』公孫丑上篇・告子上篇）が、郭店楚簡『六德』ではその「仁内義外」説が主張されている（例えば、第二十六號簡）のである。

二つは、任繼愈教授の『中國哲學發展史（先秦)』(１９８３年、人民出版社）である。同書の「孔孟之間的儒家傳承」、三「思孟學派考辨」の中で、彼はその當時、「思孟學派」という學派などは存在していなかったという見解を、詳細に論じている。ちなみに、この見解は馬王堆『五行』に關するものであるが、２０００年3月、北京で開かれた『周易』國際會議の席上、私が任繼愈教授に向かって直接、「郭店『五行』が出土した現在、先生の以上のような馬王堆『五行』に關する見解は、變更する必要がないか。」と質問したところ、彼は「その必要は全然ない。」と答えた。

三つは、拙著の『馬王堆漢墓帛書五行篇研究』(１９９３年、汲古書院）である。その第一部、第二章「『馬王堆漢墓帛書五行篇』の成書年代とその作者」において、私は、その當時、「思孟學派」という學派などは存在していなかったこと、『五行』の中心思想には孟子の思想だけでなく荀子の思想も入っていること、それだけでなく、道家・墨家・法家などの思想からも影響を受けていること、などの諸問題について詳細かつ具體的に論じた。なお、拙論の「郭店楚簡『五行』

の研究」(『郭店楚簡の思想史的研究』第二卷所收、１９９９年、東京大學文學部中國思想文化研究室）をも參照されたい。

以上の諸研究に基づいて考察を進めるならば、『五行』を始めとする『郭店楚簡』の儒教文獻の多くが、孔子から孟子に至る時代のいわゆる「思孟學派」の作品であるとする見解などは、複雑で豐かな内容を有する中國古代思想史の實際の狀況を、極端に狹い視野から見て、不當に單純化した結果であって、今日では、少しも參照すべき學問的價値がないのみならず、その克服を急がなければならない當の對象ですらあるものである。

さて、その郭店『語叢一』に、

> 爲孝、此非孝也。爲弟、此非弟也。不可爲也、而不可不爲也。爲之、此非也。弗爲、此非也。

とある。この文章の意味するところは、從來の儒教の思想圈の内部で解釋していたのでは、十分に正しく理解することができない。『郭店楚簡』の儒教が『老子』『莊子』を始めとする道家の「無爲」の思想を受容した後に書かれたものと考えて初めて、十分に正しく理解することができる。このことは、誰の目にも明らかではなかろうか。すなわち、一方の「爲孝、此非孝也。爲弟、此非弟也。不可爲也、……爲之、此非也。」は、人間が人爲的作爲的に行う「孝」を否定的に評價しており、反疎外論・退歩史觀による古い道家の「孝」の思想を踏まえたものである。他方の「而不可不爲也。……弗爲、此非也。」は、人間が自然・無爲の内に生まれながらに有する「孝」を行わないことを否定的に評價しており（逆に言えば、そのような「孝」を行うことを、肯定的に評價しており)、本來的内面性による新しい道家の「孝」の思想を踏まえたものである。

そして、これをただ表面的にのみ眺めるならば、『語叢一』の作者自身は二つの「孝」の思想の狹間で動揺し逡巡している、ように見えるかもしれない。すなわち、「爲之」と「弗爲」との狹間で、さらには「不可爲也」と「不可不爲也」との狹間で、一體どちらの思想を取るべきか、について動搖し逡巡している、ように見えるかもしれない。しかしながら、後代の儒教であればともかくとして、先秦儒教にとっては、以上のような内容の反疎外論・退歩史觀はほとんど縁の遠い思想であったから、實際には、前者の「爲孝、此非孝也。爲弟、此非弟也。不可爲也、……爲之、此非也。」は、最初から選擇肢の中に入っておらず、單に後者の「而不可不爲也。……弗爲、此非也。」に説得力を持たせるために、修辭的な目的で擧げたにすぎないのではなかろうか。（言い換えれば、道家の反疎外論・退歩史觀のインパクトは、それほどまでに強烈だったのである。）『語叢一』には、他に、

　　父子、至上下也。

とあって、この文なども「孝」についての「而不可不爲也。……弗爲、此非也。」を主張する思想であると考えられるからである。

　また、郭店『語叢三』に、

　　父孝子慼（愛）、非又（有）爲也。

とある。この文の前半は、恐らく「父慼（愛）子孝」誤抄であろう。後半は、道家の「無爲」の思想を踏まえそれを判斷の基準にして、儒教の「孝」を新しく意味づけ直そうとしたものである。一文の意味については、賢明な讀者に對して縷々解説する必要はもはやないであろうが、念のため敢えてもう一度、述べておきたい。――この一文は、儒教の唱える「又（有）爲」つまり人爲・作爲こそが「道」「德」を疎外・退歩させた原因であり、その結果、その代替物として儒教道德「孝」が作り出されたと意味づける、古い道家の「孝」の否定的評價を踏まえた上で、道家の唱える「又（有）爲」の反對つまり自然・無爲を自らの判斷の基準にしながら、自らの「孝」がそのような否定的なものではなく、むしろ道家の唱える、人間が自然・

無爲の内に生まれながらに有している本來的内面性そのものだと述べて、それを新たに肯定的に意味づけ直そうとしたものである。

したがって、儒教文獻である『語叢一』と『語叢三』との「孝」は、「5」に述べた『莊子』漁父篇が、道家にあってその肯定を開花させたのと、同じ段階にあるものと認めなければならない。『語叢一』『語叢三』の中には、『老子』『莊子』を始めとする道家の「孝」に對する價値評價が、反疎外論・退歩史觀による古い否定から、本來的内面性による新しい肯定へと大轉換を經驗した思想史の事實が、鮮やかに反映しているのである。

7　終わりに——中國思想史における二種類の「孝」

『老子』や諸他の文獻に現れた以上のような二種類の「孝」が、より大きな中國思想史の展開の中でいかなる位置を占めるものであるかという問題については、論じなければならないことが甚だ多く存在している。しかし、ここでは、本稿を終えるに當たって、ただ二つのことだけを簡略に述べてみたいと思う。

第一は、以上の「孝」が思想史の過去に向けて見せる顏である。すでに「5」と「6」とで述べたように、『老子』『莊子』を始めとする道家の「孝」に對する價値評價は、反疎外論・退歩史觀による古い否定から、本來的内面性による新しい肯定へと大轉換を經驗したが、このような思想史の事實は儒教文獻である郭店『語叢一』『語叢三』の中にも鮮やかに反映している。

ところで、古く否定の對象であった「孝」と新たに肯定の對象となった「孝」とは、等しく「孝」ということばで表現されているけれども、同じ内容を持っているのであろうか、それとも異なる内容を持っているのであろうか。——勿論、異なる内容である。その理由は、以下のとおり。すなわち、一方の、當時の道家にとって、古く否定の對象であった「孝」は、それ以前の儒教が作り出した道德の一つであり、古來の宗族的親族制度に基礎を置く封建的社會制度を保守しあるいは再建していくための、キーストーンであったのに對して、他方の、新たに肯定の對象となった「孝」は、當時の道家が自らのものと認めた道德の一つであり、現代の家父長的家族制度に基礎を置く郡縣的社會制度を展望しあるいは建設していくための、キーストーンであったからである。

前者つまり宗族的親族制度に基礎を置く「孝」の特徵は、孔子・孟子・荀子などの儒教の段階にあって、血緣的親族の紐帶を他の何にもまして重視しそれを最優先しながら、その基礎の上に西周をモデルとする緩やかな國家・社會秩序を保守・再建しようと考えるので、ややもすれば血緣的親族紐帶と國家・社會秩序との間に對立・矛盾關係が發生する場合があり、それが父子と君臣との對立・矛盾、「孝」と「忠」との對立・矛盾として描かれる場合があることである。本稿では『老子』『莊子』などの諸文獻に現れる二種類の「孝」を檢討してきたが、否定された「孝」の中に「孝」と「忠」とを竝稱する例があまり多くない（例えば、『莊子』天地・天運・盜跖の諸篇）のは、以上のような事情を反映しているものではなかろうか（例外は『老子』第十八章と『莊子』外物篇と）。それに對して、後者つまり家父長的家族制度に基礎を置く「孝」の特徵は、『孝經』や『韓非子』忠孝篇などの段階にあって、「一君萬民」の郡縣的社會制度の建設を何にもまして重視し優先しながら、血緣的親族紐帶をその基礎にあってそれを支えるものに改變しようと考えるので、基本的に血緣的親族紐帶と國家・社會秩序との間に對立・矛盾關係が發生する場合はなく、それが父子と君臣との一致・調和、「孝」と「忠」との一致・調和として描かれる場合があることである。本稿で檢討してきた、肯定された「孝」の中に「孝」と「忠」とを竝稱する例が多い（例えば、『莊子』人間世・

天地・盜跖・漁父の諸篇）のは、以上のような事情を反映しているものにちがいない（例外は『老子』第十九章）。

大雜把に把えるならば、『老子』や諸他の文獻に現れた二種類の「孝」が、以上のような、より大きな中國思想史の展開と、大體のところ軌を一にしていると理解することができる。ただし、やや詳細に把えるならば、次のように言うことができよう。——一つには、『老子』『莊子』を始めとする道家が、反疎外論・退歩史觀によって否定的に評價したその對象は、孔子・孟子・荀子などの古い儒教が唱えていた宗族制度下の封建制度を志向する「孝」であった。その意味で、道家の反疎外論・退歩史觀による「孝」の否定が、孔子・孟子・荀子などの古い儒教に對抗してその後に生まれたものであることは、明らかである。宗族制度下の封建制度を志向する「孝」は、新しい儒教の段階になっても簡單に消え去ることがなく、それ以降の多くの儒教の思想家によってたびたび唱えられたから、對抗する道家の「孝」の理解の中に、いつまでも封建制度を志向する「孝」が殘存したし、また、道家の反疎外論・退歩史觀による「孝」の否定も、たびたび唱えられて簡單に消え去ることがなかった。直ぐ上文で、『老子』『莊子』などの諸文獻中、「肯定された「孝」の中に「孝」と「忠」とを竝稱する例が多い」と書いた後、「例外は『老子』第十九章」と附記し、また、「否定された「孝」の中に「孝」と「忠」とを竝稱する例があまり多くない」と書いた後、「例外は『老子』第十八章と『莊子』外物篇と」と附記した、以上の二種類の例外の存在は、この間の事情を端的に證言するものである。

二つには、『老子』『莊子』を始めとする道家が、本來的内面性によって肯定的に評價したその對象は、『孝經』などの儒教や『韓非子』忠孝篇などの法家が新たに唱えるようになっていたのと同じ、家父長制度下の郡縣制度を志向する「孝」であった。ではあるが、道家の本來的内面性による「孝」の肯定は、『孝經』などの新しい儒教や『韓非子』忠孝篇などの新しい法家を承けてその後に生まれたものでは、恐らくあるまい。家父長制度下の郡縣制度を志向する、多くの樣々の道德のことはさて措いて、「孝」に關する限りは、反對に、道家こそが最も早く本來的內面性によるその肯定を唱え始めたのではなかろうか。なぜなら、郭店甲本以降の『老子』第十九章や馬王堆甲本・乙本の『老子』第十八章において萌芽し、『莊子』漁父篇・『語叢一』・『語叢三』において開花した、本來的內面性としての「孝」は、疑問の餘地なく明確に、人間の理知や作爲の對極にあるもの、人間が自然・無爲の內に生まれながらに有するもの、として描かれていたからである。このような描寫をオリジナルに行うにふさわしい學派は、當時、道家を除いて他に存在したであろうか。

第二は、以上の「孝」が思想史の未來に向けて見せる顏である。『老子』『莊子』を始めとする道家が、儒教の「孝」に對する評價の點で、反疎外論・退歩史觀による古い否定から、本來的內面性による新しい肯定へと大轉換していったことは、それ以降の中國思想史の展開に一體、何をもたらしたであろうか。

すでに「4」で述べたように、馬王堆甲本・乙本の『老子』第十八章では、單に儒教の「孝」だけでなく、それを含む四つの「仁義」「大僞」「孝慈」「忠臣」も、「大道の立」「智慧の入」「六親の和」「國家の治」が、自然・無爲の內に自己疎外（Selbstentfremdung、self-alienation）し、あるいは歷史展開した結果、發生したものであるから、從來の評價とは異なって肯定してよい正當な道德の一つとなる可能性が與えられていた。また、「5」で述べたように、郭店甲本以降の『老子』第十九章では、儒教の「孝」だけでなく、それを含む三つの「民の利の百伓」「䖒悬の亡叉」「民の季〈孝〉子」も、「道」「德」が自然・無爲の內に自己疎外（Selbstentfremdung、self-alienation）し、あるいは歷史展開した結果、發生したものであって、初めからそれらの一部分として、それらの中に含まれるもの、と考えられていた。また、「5」

で述べたように、『莊子』漁父篇では、儒教の「孝」だけでなく、それを含む四つの「慈孝」「忠貞」「飲酒」「處喪」も、「眞」という道德の、「人理」において作用しているものとして肯定的に評價していた。その上、その「眞」は人類が「天」から「受」けた「自然」であると認められていた。ここでは、「禮」は、確かにまだ「世俗」の人爲・作爲の所產であるとして否定的に評價されてはいるけれども。また、「６」で述べたように、郭店『語叢一』『語叢三』では、儒教の「孝」だけでなく、それを含む「孝弟」「慼孝」も、道家の唱える、人間が自然・無爲の内に生まれながらに有している本來的内面性そのものであり、それらを行うことを肯定的に評價していた。（正確を期するために附記すれば、これらの内、儒教の「孝」を人間の本來的内面性として新たに肯定する場合、「自然」や「無爲」といった誤解・疑問の餘地のないことばを明確に用いているのは、ただ『莊子』漁父篇と郭店『語叢一』『語叢三』とだけである。）以上の簡單な調査によって、道家が「孝」に對する評價を新たに肯定へと大轉換した時、それに伴って、古くは否定していた諸他の儒教道德をも新たに肯定するに至ったことが分かる。肯定の理由は、「孝」の場合と全く同じ。すなわち、諸他の儒教道德も、「道」「德」が、自然・無爲の内に自己疎外（Selbstentfremdung、self-alienation）し、あるいは歴史展開した結果、發生したものであって、初めからそれらの一部分として、それらの中に含まれるからだ、と考えられているようである。

これだけに止まらない。私は「４」において、「「孝」を除外した「孝」以外の種々の儒教道德についても、以上のような反疎外論や退歩史觀に基づく理由でもってそれらを否定するのが、『老子』や『莊子』の中に常に現れる基本的な思想の表現である」と述べて、その代表的な例として『老子』第三十八章を擧げた。これは、荀子の「禮」の思想を主な攻撃のターゲットに定めて書かれた文章であって、荀子の「禮」

が、窮極的根源の「道」から始まって、世界が疎外され、歴史が退歩していった一系列「道＝德→仁→義→禮」の末に位置する、「道」を去ること最も遠い下等な道德でしかないと言って否定したものである。（本章の主な攻撃のターゲットが荀子の「禮」であることは、ここに、「禮」が内面的な真心「忠信」に乏しい外面的な規範であるとする把握や、「禮」が「治」をもたらすという期待に反して「亂」を招くものでしかないとする政治レベルでの批判など、があることによって、縷説するまでもなく自明である。先の「4」を參照。）

ところが、『老子』第三十八章の影響を受けこれを踏まえて成った道家系の文章の中には、後の時代に降れば降るほど、「仁・義・禮」などの儒教道德を肯定するものが増加していく傾向が認められる。それらはいずれもみな、『老子』第三十八章の前半にあった文章、

〔●上德不德、是以有德。下德不失德、是以无〕德。上德无〔爲而〕无以爲也。上仁爲之〔而无〕以爲也。上義爲之而有以爲也。上禮〔爲之而莫之應也、則〕攘臂而乃之。

に相當する部分を削っているが、この事實は、かつて疎外・退歩を引き起こす原因であるとされた、人間の作爲と作爲する意思とに代わって、自然・無爲の内に疎外・退歩が起きてしまうのだとする流出論（emanation theory）が有力になっていったことを示している。以上のことを證明する資料を擧げ、その解釋を示し、儒教道德を肯定する理由を分析するなどについては、ここでは省略に從わざるをえない（拙著『莊子——「道」的思想及其演變』、第九章を參照）が、前漢初期の道家系の文獻を二つだけ擧げてみよう。例えば、『管子』心術上篇の經の部分には、

虛無無形、謂之道。化育萬物、謂之德。君臣父子人間之事、謂之義。登降揖讓、貴賤有等、親疏之體、謂之禮。簡物小未一道、殺戮禁誅、謂之法。

とある。ここでは、「道→德→義→禮→法」のような世界の疎外、歴

史の展開の系列を構想しつつ、「禮」ばかりか（道家にとって）最下等の「法」までも、「道」から自然・無爲の内に流出（emanate）してきた正統な嫡子として肯定している。また、馬王堆『經法』道法篇には、

道生法。法者、引得失以繩、而明曲直者殹（也）。

とある。ここでは、もはや否定の契機（moment）を含んだ、一切の中間的な道徳の媒介なしに、窮極的根源の「道」から直接的に、現實の社會を處理する「法」が生まれてきたと見なしている。

そして、このような傾向の行き着く先は、魏晋南北朝時代の玄學における名教自然論――「孝」を始めとして儒教の唱える種々様々の道德は、人間の目的意識的な作爲の所產などではなくして、全ての人間が自然・無爲の内に生まれながらに有する、その本來的内面性である、とする理論――であった。郭店甲本以降の『老子』第十九章や馬王堆甲本・乙本の『老子』第十八章において萌芽し、『莊子』漁父篇・『語叢一』・『語叢三』において開花した、本來的内面性としての「孝」は、ついに魏晋玄學の名教自然論となって結實したのである。

（完）

郭店楚簡『老子』及び「太一生水」から見た今本『老子』の成立

谷　中　信　一

はじめに

1993 年に湖北省荊門市の郭店村で偶然發掘され、1999 年に公開されたいわゆる「郭店楚墓竹簡」(以下「郭店楚簡」と略稱する) は、世界中の中國思想史研究者の耳目を大いに引きつけた。とりわけその中に現行本『老子』とほとんど共通する内容を持つ竹簡群が含まれていたことから、1973 年の馬王堆帛書『老子』甲・乙本の發見に續く貴重な大發見であり、これまでの『老子』研究に新境地を開き得るものとして大きな期待が寄せられた。しかも、馬王堆帛書『老子』が漢墓からの發見だったの對し、郭店楚簡は考古學者らの推定によれば、戰國時代、それも埋葬地點竝びに副葬品の内容から見て戰國時代中期のやや後段(「戰國中期偏晩」)、楚國の貴族墓とされた。これによって郭店楚簡は馬王堆帛書よりも優に一世紀は遡ることのできる古さを持つことが明らかとなり、しばらく停滞していた『老子』研究に新たな展開をもたらすものと期待された。また、これと同時に文物出版社刊『郭店楚墓竹簡』(1999 年 5 月) において「太一生水」と名付けられ、以後もこの名で呼ばれることになる竹簡群も、先秦道家思想を研究する上で非常に貴重な材料を提供するものとして注目された。

本論では、郭店楚簡中のいわゆる『老子』甲乙丙三本竝びに「太一生水」を取り上げて、それらの内容を分析し、その結果を今本『老子』と對比させながら、今本『老子』がどのように成立していったのかを探っていきたいと思う。

第一部で、郭店『老子』甲乙丙三本から見た『老子』の成立を、第二部では「太一生水」から見た『老子』の成立を論じることとする。

第一部　郭店楚簡『老子』から見た今本『老子』の成立

第一章　問題の所在

（1）郭店楚簡『老子』は完本か

今回發見された郭店楚簡『老子』(以下、郭店『老子』と略稱する)が、馬王堆帛書『老子』(以下、馬王堆『老子』と略稱する）と大いに異なるのは、甲・乙・丙三本合わせても二千字を少し超えるに過ぎず、今本全體のおよそ 40 %程度しかない點である。にもかかわらず、われわれが驚いたのは、一讀した限りでは、それが既に今本『老子』の主要な思想成分をほぼ備えているのではないかとの印象を禁じ得ないことであった。

そこで、初めこの郭店『老子』は前 300 年前後において今本『老子』と殆ど同じテキストが既に通行していたことの證據と考えられた。そして郭店『老子』が完備していないのは、盗掘にあったか、又はその他の何らかの理由で、今日まで殘らなかったからであろうと説明された。つまり、郭店『老子』はあくまでも『老子』五千言そのものの一部であり、墓中にあって辛うじて殘存したのが二千餘字に過ぎなかったというものであった（これを「殘本説」と稱しておく)。

しかし、郭店『老子』は分量的には今本『老子』には遙かに及ばないものの、ほぼ埋葬時のままそっくり殘されて發見に至ったと考える方が妥当とされた。假に副葬されてから今日までの間にその一部分が失われたとしても、それは極めて僅かであると推定されたのである（注1）。このことは、文物出版社の寫眞版とその釋文とを對照させながら讀み進んでいけば、比較的容易に確かめることができる（これを「完本説」と稱しておく）（注2）。

しかし、それならばなぜ五千餘言ではなく、全部合わせてもせいぜい二千餘言なのか、その理由が疑問となった。それに對して出されたひとつの假説は、郭店『老子』が當時既に存在していた『老子』五千餘言からの抄節本であるというものであった。つまり、『老子』といっても甲・乙・丙の 3 種類の内容のそれぞれ異なるテキストが同時に出土したのは、それぞれが親本『老子』五千餘言からの抄節本だったからに他ならないというのである。抄節したのは墓主で、おそらく墓主が生前それを愛讀していたのであろうというのである（これを「抄節本説」と稱しておく）。

しかしこれは、春秋末に「老子が書上下篇を著し、道德の意五千餘言を言った」（『史記』老子傳）のであるから、戰國中期の當時、既に十分普及していたとしたうえでの想像であって、何ら具體的な證據があるわけではない。しかも當時一般に多くの典籍が抄節本として讀まれたり所藏されたりしていたというのならばその可能性も考えられるが、しかし今のところはそれも明らかではないのであるから、その可能性ははなはだ小さい(注3)。

そこで以上のような解釋とは別に、郭店『老子』は、當時傳わっていた『老子』(これを傳本『老子』と稱するべきであろうか。いやそもそも竹簡のどこにも書名は記されていないのであるから、これを『老子』であると斷定すること自體愼重であるべきだとの見解もある(注4)。) 三種を全部合わせてもまだ二千餘言にしかならないほどに今本『老子』とは程遠い體裁のテキストであったことの實物證據だと考えることもできるはずである(これを「傳本說」と稱しておく)。

筆者はこの立場から論じようとするものである。ただし、この場合、『史記』の老子傳と整合しなくなってしまい、從來の「疑古」主義の立場からなら可能だと思われる見解でも、近年の「信古」の風潮からすると到底受け入れ難い說だということになってしまう。いずれにせよ、郭店『老子』の詳細な分析研究がなされなければ、確かなことは言えないのであるが、以下に述べるように、若干の分析によって明らかになったことは、郭店『老子』と今本『老子』との間には、字數の上での開きが認められるばかりでなく、實はこれと連動するように思想上にも隔たりが認められるという事實である。そのことから、郭店『老子』甲・乙・丙三本は、『老子』五千餘言からの抄節本でも完本でもなく、差し當たりこれらはそれぞれ戰國中期に通行していた『老子』のテキストすなわち互いに異なる內容をもつ傳本の集まりと見なしてよいのではないかということである。

(2)『老子』研究史上の郭店『老子』の位置

人物としての老子竝びに書物としての『老子』は、周知のごとく、古くから中國思想史研究者の間で多くの論爭を呼んできた。老子の自著非自著をめぐる論爭、そしてそれと連動しての、『老子』の成書年代をめぐる論爭である。この經緯については、既に「新出土資料の發見と疑古主義の行方」(『出土資料研究』第 2 号、1998 年) で卑見を述べたのでここでは繰り返さない。要は、この郭店『老子』の發見によってこの論爭に終止符が打てるかどうかであろう。

確かにこの發見が報じられた當初は、これで永年の論爭に終止符が打たれるだろうと樂觀視されたのだが、事はそう單純ではないことがやがて明らかになっていった。その理由の一つは、前節で述べたように郭店『老子』には、完本か抄節本かというやっかいな問題がつきまとうこと。さらにもう一つは、郭店『老子』そのものの成書年代が依然として確定できないことである。すなわち、考古學上は、郭店楚墓の下葬年代を前 300 年頃、いかに遲くとも 270 年を下ることはないとの一應の結論が出されている(注5)。にもかかわらず、思想史研究者の一部からはさらに下ることもあり得るとの說が出されているからである。

特に、池田知久氏は『窮達以時』に見られる天人論を詳細に分析して、それが荀子の影響下に書かれた文獻であることを論證し、それゆえそれらの下葬年代は、いかに早くとも前 270 年前後、あるいはそれよりもさらに遲れることもあり得るとの見解を示しているのである(注6)。王葆玹氏もやはり、前 278 年から 221 年の間であろうとしている(注7)。こうなると郭店『老子』の成書年代も 1 世紀近いぶれが生じてしまうのである(注8)。

そこで次のように考えるべきであろう。すなわち、郭店『老子』の發見は、戰國時代中期に既に『老子』が今本とほぼ同一內容で通行していたことの直接證據にはならないとしても、今本に極めて近い形で既に通行していたことが明らかになったわけであるから、今後は、『老子』(或いは『道德經』)五千餘言の、先秦から漢初にかけての形成過程を明らかするために極めて貴重な戰國中期頃の『老子』傳本３種として扱うべきである、と。

（３）郭店『老子』二千字の意味

ところでわれわれはこの郭店一号楚墓から出土した竹簡群の一部を、今本『老子』に極めて近い內容であることをもって、郭店『老子』と稱しているわけであるが、この郭店一号楚墓の被葬者がこれを何と稱していたのかはわからない。竹簡に書名が冠せられていないからである。また、現在甲本・乙本・丙本の名で呼ばれているテキストは、それぞれ竹簡の形態も少しづつ異なり、筆跡も異なることから、これらがひとまとまりの書物として扱われていたと考えることはできない。崔仁義氏らのように、『太一生水』と丙本とはもと同一テキストであったとの見解もあるからである。また、甲本・乙本・丙本がそれぞれ獨立した文獻として扱われていた可能性も排除することはできないであろう。その意味では郭店『老子』という總稱が必ずしも正確とはいえないのである。では何と呼べば正確なのかということになるが、『老子』甲・乙・丙三本の相互關係が十分明らかでない以上、現在の所は結局甲・乙・丙本と稱しておくより他にないのである。

假に、『史記』の言うように『老子』五千餘言が當時既に存在していたとしよう。そうすると郭店『老子』によれば、それが楚地では、少なくとも三つ以上のテキストに分割されて通行していたことになる。確かに、甲・乙・丙三本にはほとんど重複したところがないので、そのように考えることも不可能ではない。とすると、郭店『老子』甲乙丙三本合わせて二千餘字と郭店『老子』にない三千餘字の關係はどのようになっているのだろうか。三千餘字部分はなぜ副葬されなかったのだろうか。それに、ごく僅かながら現行『老子』の第六十四章下段に相當する部分が甲本末尾にも丙本末尾にも、文章はかなり異なりながらも重複していることをどう解釋すればよいかという問題も殘る。これが殘本説の問題である。

しかし、こうした疑問はすべて「始めに五千字ありき」から起こってきた疑問なのであって、もともと二千餘字しかなかったのだと考えれば問題はない。從って、やはり『老子』五千餘言のテキストの一部が郭店『老子』二千餘言であるという可能性は却って小さいとしなければなるまい。

また郭店『老子』が、『老子』五千言の抄節本であるとしよう。この方が假説としては立てやすい。五千餘字の中の二千餘字部分が偶然殘ったと見るより、被葬者が生前抄説して愛讀していたものがそのまま副葬されたの想定も可能だからである。

ただ殘本説・抄節本説のどちらを採るにせよ、『史記』の老子傳にある通りに、孔子とほぼ同時代の春秋末期に、老聃が關令尹喜の求めに應じて書き殘したのが「道德之意上下篇五千餘言」であることを前提としているわけで、こうした前提に立つ者には、郭店『老子』の發見はさほど重大な意味を持たないであろう。なぜなら、春秋末期から戰國中期を經て戰國末、さらには漢代に至るまで、『老子』は若干の文字の異同はありはするものの、ほぼ原形のまま傳承され續けてきたことを示す實物證據でしかないと見るからであり、また彼らにとってはそれで十分だからである。せいぜいその傳承過程で、字句がどのように變化したか、章序がどのように移動したかということが關心の對象となるに過ぎない。

ところが、『老子』の成書年代を戰國末とする説を採ってきた者にはどうであろう。郭店『老子』の發見は年來の自説が覆ってしまったかに見える。あたかもかつて馬王堆『老子』の發見によって、『老子』の成立を漢初としていた學説が成り立たなくなってしまったように。ただ、『老子』の成書年代を戰國末と見るにせよ、漢初と見るにせよ、それは今本の體裁が確立したことを指して言うのであって、そこに至るまでの經過を全く考慮の外においていたわけではもちろんない。むしろ今本『老子』が成立するまでの思想史的研究による貴重な成果がその過程で蓄積されてきたと言うべきであって、それを全く否定してしまって、『老子』春秋末著作説一邊倒に立っての議論こそ避けるべきなのである。從ってこの郭店『老子』こそは、馬王堆帛書『老子』の發見の時には證明するに至らなかった、老聃春秋末著作説が傳説に過ぎないことを實物を以て始めて證明しうる重大發見なのかも知れないのである。

（4）郭店『老子』が示唆する事實は何か

郭店『老子』の發見を契機として次のような假説を立ててみたい。つまり、當時は、今本のような體裁を備えた『老子』五千餘言は未だ存在せず、後世一本にまとめられて『老子』の名で呼ばれることになる複數のテキスト群（これを原『老子』と稱する）が存在していたに過ぎない、と。

このような假定は決して根據のないものではない。なぜなら例えば、『論語』とても、今本の體裁に整えられるまでは、齊論語、魯論語、古論語といわれて、複數の異なるテキストが同時に通行していた時代を經てきているのであるし、銀雀山漢墓から出土した『晏子春秋』も全文でもせいぜい全 16 章に過ぎないが、それ自體として一應首尾整った構成を持っており、劉向の「晏子春秋叙録」にも見られるように劉向編纂以前はこのような短編『晏子春秋』のテキストが複數通行していたことがわかっている。しかもこれらは、決して抄節本として通行していたわけではない。いわば傳本と稱すべきものなのである。『老子』とてもその例外ではなく、被葬者が『老子』の傳本三種をコレクションしていたと考えることも可能なのである。

このように假定したうえで、結論を先取りして言えば、『老子』五千言は、前 300 年前後においてはなお形成途上にあったことになる。換言すれば、前 300 年頃の郭店『老子』から前 200 年頃の馬王堆『老子』までの凡そ百年の間に、『老子』は今本とほぼ變わらない體裁を漸く備えるに至ったのだと考えるべきではなかろうか、ということである。

だとすれば、その百年の間に、『老子』というテキストはいかなる歴史的經過を辿って形成されたのであろう。このことを考察することによって上に述べた假説を證明することが可能であろうと思う。

なお、このような觀點から考察した論文に、郭沂氏の「楚簡『老子』與老子公案」(『中國哲學』第20輯、1999年1月）がある。氏も始めに郭店『老子』があり、その後に今本『老子』が成立したというべき二段階成立説を唱える。つまり、郭店『老子』二千餘字こそはまぎれもない老聃の原著であり、これに太史儋がさらに三千餘字を書き加えて『老子』五千餘言として完成させたのが戰國中期のことだというのである。この太史儋補作説についてはなお検討すべき點もあり、俄かには同意しがたい。むしろ、筆者はこの點については郭氏と見解を異にするものである。

簡單にその理由を一，二擧げると、戰國中期から末期にかけての時代は、思想界が最も活況を呈した時でもあり、わけても齊の稷下を中心とする黄老思想の發展展開は、『老子』との關わりにおいて最も特筆すべきことであろうと思われるが、その點からの考察がなされていないことである。また武内義雄氏が夙に指摘しているように、今本『老子』中には齊地に由來すると思われる思想成分が混在していることを考慮しなくてはならないのに、もし太史儋の手になるとした場合、この齊地との關連が見えなくなってしまう虞れがあることである。

そこで、やはり齊地における黄老思想の發展展開と『老子』が二千餘言から五千餘言に增加していくこととの間には何らかの關係があったのではないかという視點から考察を進めていくこととしたい(注9)。

郭店『老子』では、同時に多くの儒家文獻も發見されたことから、道家思想と儒家思想とはさしたる對立や相克もなく共存できていたらしいことが知られたのであるが、漢初の馬王堆『老子』に至ると、特に『老子』乙本の巻前古佚書の思想内容の分析からも明らかなように、黄老思想の中に『老子』がしっかりと組み込まれていることが知られ、ここに間接的ながら『老子』を取り巻く思想界の變化を見て取ることができる。

また道家と儒家との關係で言えば、『史記』老莊列傳に、「莊子…作漁夫・盜跖・胠篋、以詆訿孔子之徒、以明老子之術」とあるように、『老子』を支持する者の中から、次第に反儒家の立場に立つ者が現れてきたのであり、今本『老子』が嚴しい反儒家的立場に立っていることから考えて、まさにその過程において今本『老子』は成立していったと考えられる。そしてこうした道家側からの儒家批判と時を同じくして、儒家側からの道家批判も、『荀子』に見るように、次第に激しくなっていったのである。

確かに荀子は戰國末期の思想家として諸學融合的な性格を持つとされてはいるものの、實は非十二子篇に見るように他派に對する嚴しい批判が目立っている。その一方で、戰國末から漢初にかけて述作されたとされている『莊子』外雜篇中のいくつかの篇における儒家批判も、それに劣らず相當に嚴しいものであることは周知の通りである。

第二章　郭店『老子』から馬王堆『老子』までに増加した三千字を分析する

前章で論じてきたように、郭店『老子』は、これをざっと見ただけでは今本『老子』の主要な思想成分を皆持っているかに思える。しかし、五千餘言對二千餘言という文字數の差はもっと注目されてよい。つまり、「郭店『老子』に何が書かれているか」という問いと同様にあるいはそれ以上に、「郭店『老子』に何が書かれていないか」という問いこそが重要なのではないかと思われる。馬王堆帛書『老子』と今本『老子』との違いは道經と德經の順序が入れ替わっていること、また行文に若干の異同が見られるくらいで、ほぼ馬王堆『老子』においては既に今本と大差ないまでに完成していたと思われる。そこで問題になるのは、郭店『老子』から馬王堆『老子』乃至今本『老子』に至るまでに新たに加わった思想成分は何か、であり、またそれが思想史的に何を意味するか、であろう。以下は便宜上、郭店『老子』と今本『老子』とを對比させながら考察していくことにする。

（1）郭店『老子』には、「一」の概念が見えない

今本『老子』に見られる「一」が、「道」を言い換えた鍵概念として極めて重要な思想的意味を担っていることは言うまでもない。

例えば、第十章の、

載營魄抱一、能無離乎。專氣致柔、能嬰兒乎。滌除元覽、能無疵乎。愛民治國、能無知乎。天門開闔、能無雌乎。明白四達、能無爲乎。…

第十四章の、

視之不見、名曰夷。聽之不聞、名曰希。搏之不得、名曰微。此三者不可致詰。故混而爲一。…是謂道紀。

第二十二章の、

曲則全、枉則直、窪則盈、敝則新、少則得、多則惑。是以聖人抱一爲天下式。…

第三十九章の、

昔之得一者、天得一以清、地得一以寧、神得一以靈、谷得一以盈、萬物得一以生、侯王得一以爲天下貞。其致之。天無以清、將恐裂。地無以寧、將恐發。神無以靈、將恐歇。谷無以盈、將恐竭。萬物無以生、將恐滅。侯王無以貴高、將恐蹶。…

第四十二章の、

道生一、一生二、二生三、三生萬物、萬物負陰而抱陽、沖氣以爲和。…

など、その用例はひとつやふたつに止まらない。ところが不思議なことに、郭店『老子』にはそのどれをも見出すことができない。果たしてこれは單に偶然に過ぎないのであろうか、それとも理由のあることなのであろうか。大いに檢討を要する問題ではなかろうか。なお、丙本と一體の文獻として論じられることもあった『太一生水』篇には、「太一」の語が頻繁に出てくるが、それでも「太一」が「道」と直接結びつけられて論じられることはないのである。

そうすると、「道」の概念が「一」の語で説明されるようになるのは、郭店『老子』より後のことではなかろうかと思われる(注10)。

(2) 郭店『老子』には、「水」の「柔弱謙下」な性質に範をとった議論がない

郭店『老子』にも、川谷と海の關係を例に取った議論が見える。例えば、甲本第18簡から20簡にかけて、

道亙(恆)亡名，僕(樸)唯(雖)妻(微)，天陞(地)弗敢(臣)，侯王女(如)能獸(守)之，萬勿(物)牆(將)自實(賓)■天陞(地)相合也，以逾甘零(露)。民莫之命(令)天〈而〉自均安。訂(始)折(制)又(有)名。名亦既又(有)，夫亦牆(將)智(知)止，智(知)止所以不訂(殆)。卑(譬)道之才(在)天下也，猷(猶)少(小)浴(谷)之與江海(海)。

とあるのがそれである。今本第三十二章とほぼ一致している。

しかし、例えば、

上善若水、水善利萬物而不爭、處衆人之所惡。故幾於道。居善地、心善淵。與善仁、言善信、正善治、事善能、動善時。夫唯不爭、故無尤。(第八章)

や、

天下莫柔弱於水、而攻堅強者莫之能勝。以其無以易之、弱之勝強、柔之勝剛、天下莫不知、莫能行。是以聖人云、受國之垢。是謂社稷主。受國不祥、是爲天下王。正言若反。(第七十八章)

などに典型的に見られる「水」そのものの「柔弱謙下」な性質に着目して、これに範を取ろうとする議論となると郭店『老子』には見られない(注11)。「老耼貴柔」(『呂氏春秋』不二篇)と言われるのに、これはどうしたことだろうか。

老耼の言う「柔」とはそもそも柔弱な嬰兒や柔脆な萬物草木が、外見とは裏腹に生成もしくは成長のエネルギーを秘めていることに着目したものであろう。なお、嬰兒や草木に範を取って柔弱の意義を強調することは、郭店『老子』にも見えているのである。

「水」を柔弱なるものの象徴的存在と見るのは、考えてみればおかしなことで、むしろ「水」ははじめ「萬物を利して爭わず、衆の惡む處に居る」という「謙下」の象徴として扱われていだけなのではないかと思われる。例えば、『管子』水地篇に「人皆赴高、己獨赴下。卑也。卑也者、道之室、王者之器也、而水以爲都居」とあるのなどはまさにその典型である。そうすると、初めは水を柔弱の象徴とみる發想はなかったのであるが、やがて「柔弱」と結びつけられて、ついに「柔弱謙下」の象徴となっていったものと考えられる。

(3) 郭店『老子』には「德」の概念についての積極的な言及が少なく、かつ「道」についての哲學的思索が乏しい

周知のように、『老子』は別名『道德經』とも稱されるように、「德」

の概念は、「道」と竝んで極めて重要な位置を占めていた。特に、前半38箇章を道經、後半43箇章を德經と稱したのはその典型であり、實際例えば、第十、五十一、六十五章に見える「玄德」、第二十一章に見える「孔德」、第二十八章に見える「常德」、第六十八章に見える「不爭之德」などはまさにその具體例であろう。

ところがこれら「玄德」「孔德」「常德」「不爭之德」などの語は郭店『老子』には全く見えない。とはいえ、郭店『老子』に「德」の語が全くないわけではない。第四十一章の「上德」「廣德」「建德」、第五十九章の「重積德」など、乙本に集中して見えており、これに甲本の1例を加えて、計7例を數えるのみである。しかも、丙本には「德」の用例が全く見えないことにも留意すべきであろう。

だが、ここでより重要なことは、郭店『老子』甲本・乙本にそれぞれ「德」の用例が見えているにせよ、例えば今本『老子』の、

・孔德之容、惟道是從、道之爲物、惟恍惟惚。…（第二十一章）
・…故從事於道者。道者同於道。德者同於德。…（第二十三章）
・…故失道而後德。失德而後仁、失仁而後義、失義而後禮。…（第三十八章）
・道生之、德畜之、物形之、勢成之。是以萬物莫不尊道而貴德。道之尊、德之貴、夫莫之命、常自然。故道生之、德畜之、…是謂玄德。（第五十一章）

などのように、「德」の語が「道」と關連づけて全く論じられていないことである。これは無視できない事實である。これをも偶然として片付けてしまってよいはずはない。

例えば、「道」と「德」の出現度數を比較してみると、今本『老子』では、「道」が79例、「德」が47例と、ほぼ10對6の比率で見えている。ところがこれに對し、郭店『老子』では、「道」が25例、「德」が7例と、ほぼ10對3の割合になっている。特に總字數では最も多

い甲本での徳の用例が僅か1例という事實が、何よりも郭店『老子』における「德」概念の位置を暗示している。

こうしたことから、初め「道」の思想は「德」と關連づけられることなく展開していたのであったが、やがて「德」の思想が「道」の思想に有機的に組み込まれていくようになった。そしてそれは、郭店『老子』よりも後のことだったのではないかと推測されるのである。

さらに言えば、今本『老子』と郭店『老子』の違いを、「道」それ自體への言及のしかたにおいても見出すことができる。

もちろん郭店『老子』にも「道」についての言及は少なくない。けれども、今本『老子』の、

・道可道、非常道。名可名、非常名。無名天地之始、有名萬物之母。故常無欲以觀其妙、常有欲以觀其徼。此兩者同出而異名、同謂之玄、玄之又玄、衆妙之門。（第一章）

・道沖而用之、或不盈。淵兮似萬物之宗。挫其鋭、解其紛、和其光、同其塵、湛兮似或存。吾不知誰之子、象帝之先。（第四章）

・視之不見、名曰夷。聽之不聞、名曰希。搏之不得、名曰微。此三者不可致詰。故混而爲一、其上不皦、其下不昧、繩繩不可名、復歸於無物、是謂無狀之狀、無物之象。是謂惚恍。迎之不見其首、隨之不見其後。執古之道、以御今之有、能知古始。是謂道紀。（第十四章）

・大道氾兮。其可左右、萬物恃之而生、而不辭、功成不名有。衣養萬物而不爲主、常無欲可名於小、萬物歸焉而不爲主、可名爲大、以其終不自爲大、故能成其大。（第三十四章）

や、既に引いた第二十一、四十二、五十一章などのように、「道」についての宇宙論的生成論的、言い換えれば「道」の形而上學が『老子』の「道」の哲學を特徴づけているのであるが、こうした言及は

郭店『老子』には殆ど見られず、せいぜい甲本第18簡に「道亙（恆）亡名」、同第 13 簡に「衍（道）亙（恆）亡為也」、同第 37 簡に「返也者，道僮（動）也。溺（弱）也者，道之甬（用）也。」とあるのに止まる。このことは、郭店『老子』から今本『老子』に至る間に、「道」の哲學が深化したことを意味するのであろう（注 12）。「道」が「無名」「無爲」であることを言うだけでは、「道」の形而上學を説いていることにはならない。「道」の擬人化とは言えても、これを例えば宇宙生成論として解釋するのは行き過ぎであろう。とすれば第 37 簡の記述はどうかということになるが、これも「道」の融通無碍なる働きをいうものに他ならないと言えよう。つまり存在の根據としての「道」の意味は全くないということである。

（4）郭店老子には「仁・義・聖・智」に對する極端なまでの否定的態度が見られない。

この事實は既に指摘されていることであり、贅言するまでもないが、例えば今本『老子』第十八章では、

大道廢有仁義、慧智出有大僞、六親不和有孝慈、國家昏亂有忠臣。（大道が廢れたために仁義が現れた、慧智が現われたために大僞が行われるようになった、六親が不和になったために孝慈がもてはやされるようになった、國家が道理に暗くなったために忠臣がもてはやされるようになった。）

と、仁義・大僞・孝慈・忠信といった儒家においては價値的な概念（「大僞」はとりわけ荀子及び荀子学派の強調するところであった）すら、所詮は大道が衰退した後の亂世において出現した價値の低いものに過ぎないと切り捨てる。これに對し、丙本第 2 ～ 3 簡には、

古（故）大道登（廢），安有㤻（仁）義。六新（親）不和，安有孝孳（慈）。邦家（家）緍（昏）□，安又（有）正臣。（注 13）

とあり、これを「古（故）に大道發(廢）れて、安んぞ悳(仁）義有らん。六新（親）和せずして、安んぞ孝拏(慈）有らん、邦豥(家)緍(昏)□して、安んぞ正臣又（有）らん」(大道が廢れてしまたならば、一體どこに仁義を求められよう。六親が仲睦まじくなくなってしまったならば、一體どこに孝慈を求められよう。国家が道理に暗くなってしまったならば、一體どこに正臣を求められよう）と訓讀すれば、今本のように「大道」を高く位置づけることによって、その對極に「仁義」を置いて、これを貶めていることにはならず、あくまでも「仁義」が存在する根據として「大道」を立てていると解釋せざるを得ない。そうすると、丙本は決して今本のようには「仁義」を根底から否定しているわけではないことがわかる。また今本に見られるような「慧智」を否定する句が、丙本にはそっくり抜け落ちていることにも注目すべきである。

第十九章の場合は、さらに顯著である。今本では、

絶聖棄智、民利百倍、絶仁棄義、民復孝慈、絶巧棄利、盜賊無有。

とあって、「聖」「智」「仁」「義」及び「巧」「利」をすっかり捨て去るべきことを言う。ここで特に注意すべきは、「聖智仁義」であろう。なぜなら、これらの四概念に「禮」を加えると、当時の儒家が標榜した「仁・義・禮・智・聖」のいわゆる「五行」を構成することになるからである。かくてこそ、この一節が從來から嚴しい儒家批判の章であるとされてきたのである。

ところがこれに對し、甲本第１簡では、

㡭(絶)智(知)弃卞(辯), 民利百伓(倍)。㡭(絶)攷(巧)弃利, 覜(盜)惻(賊)亡又(有)。㡭(絶)憍弃慮(慮), 民复(復)季〈孝〉子(慈)。

とあって、その求める結果（民利百倍・盜賊亡有・民復孝慈）は同じであるにも拘わらず、捨て去るべき對象として列擧するのは「知」

「卞(辯)」「愢」「慮(慮)」である。すなわち、それらはいわば人の知的營みとしての「人爲」一般の否定と見るべく、特定の學派を徹底して否定しようとの意圖までは窺えないのである。それゆえ今本『老子』の如く「聖」「知」「仁」「義」を具體的な標的として特定したうえで否定していく態度は、郭店『老子』では未だ確立していなかったと推測される。從って、今本『老子』の如き鋭い儒家批判は、それ以後の思想界の儒道の對立の先鋭化という現實が生み出した『老子』の變容と理解されるのである。

こうした分析からも、郭店『老子』が親本『老子』からの抄節本などではなく、馬王堆『老子』を通して今本『老子』が形成されていく途上のテキストであった可能性が見えてくる。

さらにはここと良く似た文章が『莊子』胠篋篇にも見えていることから、これとの關連も考えられねばならない。そこで章を改めて、今本『老子』の形成に果たした『莊子』の役割について考察していく。

第三章　『莊子』胠篋篇竝びに知北遊篇における『老子』の引用句と郭店『老子』の關係

本章では、『莊子』から郭店『老子』を考察してみたい。『莊子』33篇中、今本『老子』との密接な關係が見られる外篇第十胠篋篇と同第二十二知北遊篇を取り上げる。

（1）胠篋篇と郭店『老子』の關係

この胠篋篇の述作年代の上限は、文中に「田成子…十二世有齊國」と、いわゆる田齊が十二世續いたことを述べていることから、田成子から數えて十二代目の齊王建の在位期間（前 264 ～ 221 年）を遡ることはできないとされる。從って郭店『老子』が言われるとおり戰國中期のものであるとすれば、それよりも新しい成立であると一應推定できる。ただし、その下限については、これを判定する材料が無く、特定は難しいが、諸家の説を斟酌すると、おそらくは戰國末期を下ることはあるまいと思われる。とすれば該篇はほぼ戰國末期の述作と見てよい。

次にその思想傾向を確認しておく必要があるのだが、その前に該篇の述作の背景を一瞥しておきたい。それは、該篇と齊との關連である。

福永光司氏はこの點に關して、「田成子および田氏の齊國簒奪に對するこの篇の作者の根強い反感と、手厳しい批判に注目すべきであろう。…從って、田氏の齊國簒奪に對する非難攻撃はまた田氏の保護を受ける稷下の學問に對する否定的な態度をも意味しうるであろうが、このことは胠篋篇の作者の思想的社會的立場を示すものとして興味深いように思われる。…この篇の作者の社會環境が村落的な田園の自然、そしておそらくは齊の國とは對立する政治勢力の圏内にあった…」(『莊子 外篇』64 － 65 頁) とあたかも楚地との關連を示唆するかのようであるが、むしろ述作者の齊に對することさらなまでの激しい憤りと嚴しい批判とから、逆に何らかの形で齊との結びつきが窺えるのである。

また、胠篋篇をめぐっては、もう一つ齊との關連を示唆する興味深い事實がある。それは、武内義雄氏が『鬼谷子』にも胠篋篇がかつて存在し、その内容が『莊子』胠篋篇と同じだったのではないかと指摘していることである(注 14)。武内氏はさらに、『長短經』反經篇に「鬼谷子曰」として、『莊子』の胠篋篇の文がほぼそっくり引用されていることも指摘しており、この推測もあながち的外れとはいえない。やはりここでもわれわれの注意を引きつけるのは、縱横家の鬼谷子が齊地と密接な關係にあったとされる事實である。福永氏が推測するように本篇が假に齊以外の土地で述作されたにせよ、そこに盛られた思想は齊地の思想と十分な影響關係を予想しうる。

本篇の思想傾向は、『史記』の老莊列傳に「莊子者…作魚父・盜跖・胠篋、以詆訿孔子之徒、以明老子之術」とあるように、まさしく「孔子の徒」(＝儒家思想) 批判を梃子にしつつ「老子の術」(道家思想) を敷衍している點にその特色がある。この點は莊子内篇とは違った思想傾向となっている。なお、胠篋篇が戰國末の述作であることから考えて、『史記』の言うように莊周の自著とすることができないことは言うまでもない。

ところで、今本『老子』や馬王堆『老子』にも、本篇と同樣な儒家批判が見られるので、これまでわれわれは、これを根據に、『老子』本來の思想的特徴の一つにこうした嚴しい儒家批判があることをいわば「常識」としてきた。例えば、

・大道廢有仁義、慧智出有大僞、六親不和有孝慈、國家昏亂有忠臣。(第十八章)

・絶聖棄智、民利百倍、絶仁棄義、民復孝慈、絶巧棄利、盜賊無有。此三者以爲不足。故令有所屬、見素抱樸、少私寡欲。(第十九章)

・上德不德、是以有德。下德不失德、是以無德。上德無爲而無以爲、下德爲之而有以爲、上仁爲之而無以爲、上義爲之而有以爲、上禮爲之而莫之應、則攘臂而扔之。故失道而後德、失德而後仁、失仁而後義、失義而後禮。夫禮者忠信之薄而亂之首。前識者道之華而愚之始。是以大丈夫處其厚、不居其薄、處其實、不居其華。故去彼取此。(第三十八章)

などは、まさしくその典型とされてきた。ところが、こうした嚴しい儒家批判の言辭が郭店『老子』には見られないことがそもそも問

題なのであった。

さて福永氏は、胠篋篇の思想的立場は、『老子』のそれとほとんど同じであるとして、本篇中には今本『老子』の第三、十九、三十一、三十六、五十五、五十六、八十の諸篇と共通する語句の見えていることを言う。(これに第四十五章も加えるべきである。) 以下、郭店『老子』も交えて『老子』の思想と比較對照していこう (以下①～⑥はすべて『莊子』胠篋篇からの引用)。

まず、

①絶聖棄智、大盜乃止、擿玉毀珠、小盜不起、焚符破璽、而民朴鄙、掊斗折衡、而民不爭、殫殘天下之聖法、而民始可與論議。

である。

ここで、「絶聖棄智」の句は今本『老子』第十九章に見える。本篇ではその結果「大盜乃止」というが、今本『老子』では「絶聖棄智」の結果は「民利百倍」で、「絶巧棄利」の結果の方が「盜賊無有」となっている。「擿玉毀珠、小盜不起」は今本『老子』第三章の「不貴難得之貨、使民不爲盜」に當たる。いずれにせよ、細部においては表現が異なるだけで、その思想は全く共通していることがわかる。ふつうに肯定されている「聖」「智」が、かえって人の世に不幸をもたらすとして否定されるのである。ところが郭店『老子』では、前章でも述べたことだが、「聖」「智」「仁」「義」が全然否定されていない。もちろんこれは、書寫の段階で誤ったというものではあり得ないし、どちらの表現をとっても思想的意味は變わらないなどと言うものでもあり得ない。「聖」「智」「仁」「義」の否定こそは、郭店『老子』の成立の後に、第十九章を書き改めるという方法によって、『老子』に新たに加わった思想的要素と見なすべきなのである。そうすると、①は、郭店『老子』ではなく今本『老子』を踏まえて述作されたということになろう。あるいは、郭店『老子』と今本『老子』との中間に該篇をおけば、①を踏まえて郭店『老子』が今本のように書き換えられたとすることも可能であろう。

なお、「世俗之所謂知者、有不爲大盜積者乎、所謂聖者、有不爲大盜守者乎」（胠篋篇）とあるのも、世俗のいわゆる「聖」「知」を批判していることから、①と同様に「絶聖棄知」の思想に通じる。

また、

②削曽史之行、鉗楊墨之口、攘棄仁義、而天下之德、始玄同矣。

ともあるが、ここでの「攘棄仁義」も今本『老子』第十九章の「絶仁棄義」に當たる。その結果として『莊子』は「天下之德、始玄同」と言っているが、今本『老子』は「民復孝慈」と言っている。またここに「玄同」の語が見えるが、今本『老子』第五十六章にも文脈は異なるもののやはり見えている（注 15）。なお②においてもはっきりとした仁義批判がなされており、この點も郭店『老子』には見えなかったところである。

③聖人生而大盜起、掊擊聖人、縱舍盜賊、而天下始治矣。

とあるのは、「大道廢有仁義、慧智出有大僞、六親不和有孝慈、國家昏亂有忠臣」（第十八章）という逆説的表現によって、常識的觀念を覆そうとしたものである（金谷治『莊子』第 2 冊 49 頁參照）と同時に、先に見たような「絶聖棄知」を説くもので、これも郭店『老子』には見られない思想成分である。

④故曰、大巧若拙

⑤故曰、魚不可脱於淵、國之利器不可以示人。

④は第四十五章、⑤は第三十六章をそのまま引用している。おそらく當時通行していた『老子』からそのまま引用したのであろう。「故曰」とあるのがそのことを證明している。ただ、④は王懋竑によると挿入的なので後人の付加ではないかと疑っている（金谷治『莊子』第 2 冊 54 頁參照）という。とすれば、もともと「故曰…」として『老

子』から引用されたのは⑤だけということになる。④は郭店『老子』（乙本）にも見えるのであるが、⑤は見えない。郭店『老子』ではない別の『老子』傳本から引用されたものと見なければならないであろう。

⑥子不知至德之世乎。…民結繩而用之、甘其食、美其服、樂其俗、安其居、隣國相望、鷄狗之音相聞、民至老死而不相往來、若此之時、則至治已。

は、小國寡民の理想郷を描いた『老子』第八十章の、

小國寡民、使有什伯之器而不用、使民重死而不遠徙、雖有舟輿無所乘之、雖有甲兵無所陳之、使人復結繩而用之、甘其食、美其服、安其居、樂其俗、隣國相望、鷄犬之聲相聞、民至老死、不相往來。

とほぼ同じであるにもかかわらず、前二例（④⑤）と異なり「故曰」となっていない。なぜであろうか。これが⑤のような『老子』からの直接の引用ではないからであろう。「至德之世」の描寫の一部分として『老子』第八十章の一部分が利用されたと見てはならず、逆にこの描寫の一部分が『老子』第八十章に取られたと見るべきである。なぜなら本篇に「昔者齊國、隣邑相望、鷄狗之音相聞、…」とあることも、その推定の正しさをある程度裏書きしている。武内義雄氏は夙に、「この章が老聃の語であることはよほど疑問としなければならぬ。…この章は老莊派の理想の社會を描寫したものである。」(注 16) との愼重な言い回しで、この可能性を指摘している。確かに、この第八十章は大國を上手に治めることを言う第六十章や、天下に君臨したりするための秘訣を説く第二十九章・四十八章・七十八章などとは大いにその性格が異なることを考えれば、いっそうその蓋然性は高まる。

このことと關係があると思われるのが、郭店『老子』は今本の第

六十七章から第八十一章までの 15 章分がそっくり含まれていないこと、そして、馬王堆『老子』では第六十七章の前に第八十・八十一章が置かれているという事實である。

つまり、馬王堆『老子』を基準にしていえば、この小國寡民の章を境にして最後の章までの凡そ 15 章分が、郭店『老子』には全くないことになる。これも單なる偶然なのであろうか。到底、偶然とは思われない。第八十章が戰國末期の新たな付加であっただけでなく、第六十七章から第八十一章までがまとまって、郭店『老子』以後新たに付加されたと考えるべきである。

以上見てきたように、從來は、該篇は『老子』からの直接間接の引用をしながら後世のいわゆる老莊學派が述作したと考えられてきたのであるが、少なくとも郭店『老子』からの直接にせよ間接にせよ引用を示唆する事實はなく、むしろ郭店『老子』と相違し、しかも今本『老子』と一致することが明らかとなった事実は重大である。つまり、郭店『老子』の述作と今本『老子』の述作の間に該篇が述作された可能性があると考えられるのである。換言すれば、今本『老子』の形成にこそ、本篇の述作者、すなわちいわゆる「老莊學派」が關與していた可能性が考えられねばならないのである。

（2）知北遊篇と郭店『老子』の關係

『莊子』外篇の末尾に知北遊篇が置かれている。この篇は 11 の説話と 2 つの論説からなる篇で、これまで内篇の特に大宗師篇の思想を基調とするとされるが（金谷治『莊子』第 3 冊 139 頁、福永光司『莊子』外雜篇 631 頁參照)、それは全體としての思想傾向を大局的に見てのことで、各説話が相互に有機的な關係を持って配置されているわけではないようである。そうしてその述作年代は確定し難いものの、概ね「戰國末期の中國思想界の動向を反映する作品」（福永前掲書 650 頁參照）であると見られている。してみると、前節に檢討した胠篋篇の述作年代との隔たりはほとんどないと言ってよいであろう。

ところで本篇の冒頭は、「知」と「無爲謂」「狂屈」という全く架空の登場人物とそれに「黃帝」が加わっての四者による「道を知る」ことについての問答説話である。その中に、「黃帝」が「無爲謂」と「狂屈」を評した後に次のように述べる一節がある。

①夫知者不言、言者不知、②故聖人行不言之教。③道不可教、道不可致、德不可至、仁可爲也、義可虧也、禮相偽也。④故曰、失道而後德、失德而後仁、失仁而後義、失義而後禮、禮者道之華、而亂之首也。⑤故曰、爲道者日損、損之又損之、以至於無爲、無爲而無不爲也。⑥今已爲物也、欲復歸根、不亦難乎。其易也、夫唯大人乎。

今、これを今本『老子』と對照すると、
下線部①は第五十六章「知者不言、言者不知」からの、下線部②は第二章「聖人處無爲之事、行不言之教」からの、下線部④は第三十八章「故失道而後德、失德而後仁、失仁而後義、失義而後禮。夫禮者、忠信之薄而亂之首。前識者、道之華而愚之始」からの、下線部⑤は第四十八章「爲學日益、爲道日損、損之又損、以至於無爲、無爲而無不爲」からの、下線部⑥は第十六章「吾以觀復夫物芸芸、各復歸其根。」からの引用であることが明らかである。そしてこれらのうち、④を除く①②⑤⑥は全て郭店『老子』にも見えている。そして④は「道」と「德」とが竝び稱されていると同時に、「仁」「義」「禮」など儒家の德目が批判されている。下線部③も、④と同樣な思想傾向を持っているが、今本『老子』にこれと同じ文章はない。

今本『老子』と郭店『老子』との比較を進めていく上で問題になりうるのは③と④の部分であろう。③と④に共通しているのは、「道」

「德」「仁」「義」とともに、「禮」を問題にしている點である。明らかに、前節でも檢討した胠篋篇と同樣な儒家批判が窺われるのである。特に、ここでは「禮」に對する批判のあることに注意したい。しかも③に見られるように「禮相僞也」と述べて、禮が極めて作爲性の強いものであることをもってこれに批判を加えている。こうした批判が、「性僞之分」を立てて「僞」の重要性を強調するとともに、「禮義法度」による政治を説いた荀子（もしくは荀子學派）に向けられたものであろうと推測することはさほど困難なことではない。

また知北遊篇の作者がその當時の『老子』を踏まえてこの①から⑥までの部分を述作したことは確かであろうから、傍線部④の部分は、郭店『老子』以後に『老子』中に組み込まれた成分だったのではなかろうかと推測される。しかし、③はそうではなかった。その理由はよくわからない。さらにもう一つ疑問がある。それは老子の言葉がなぜ黄帝に假託されているのかという問題である。

本篇の登場人物はもともとが荒唐無稽な架空な人物ばかりだから、老子の言葉を誰に假託しようと述作者の恣意に委ねられていると言ってしまえばそれまでである。それならば、例えば『列子』天瑞篇に、「黄帝書曰」として「谷神不死、是謂玄牝。玄牝之門、是謂天地之根。綿綿若存、用之不勤」と、『老子』第六章の語があるのをどう解釋したらよかろう。これも、老子の言葉を勝手に黄帝の言葉に書き換えてしまった結果と見るべきなのだろうか。

そうなるとここで、『列子』天瑞篇における老子と黄帝との關係もいささか考察しておかねばなるまい。

天瑞篇では、上記のほかに、もう一例「黄帝書」からの引用がある。

　形動不生形而生影、聲動不生聲而生響、無動不生無而生有。

また、「黄帝曰」として、

精神入其門、骨骸反其根、我尚何存。

とあり、また、今本『老子』との關連が指摘されている箇所に、「視之不見、聴之不聞、循之不得。故曰易也。」があり、これは『老子』の、

視之不見、名曰夷。聴之不聞、名曰希。搏之不得、名曰微。此三者不可致詰。故混而爲一。(第十四章)

が踏まえられており、また「其在嬰孩、氣專志一、和之至也。」ともあるが、これは、

專氣致柔、能嬰兒乎。(第十章)

及び

含德之厚、比於赤子、蜂蠆虺蛇不螫、猛獸不遽、攫鳥不搏、骨弱筋柔而握固、未知牝牡之合而全作、精之至也。終日号而不嗄、和之至也。(第五十五章)

と、關係があろうとされている。

天瑞篇の述作年代に關して正確なことがわからないのであるが、もしも『老子』が思想界にあまねく普及していたならば、述作者の恣意に委ねられているとはいえ、『老子』第六章をそのまま引用して「黄帝書曰」とは到底言えないはずであり、またもう一つの黄帝書からの引用文が今本『老子』にはないことから判斷すれば、天瑞篇述作時に黄帝書なる書物が實在していた可能性も出てくる。しかも郭店『老子』には第六章の文がないのである。(ついでに言えば第十章と第十四章の當該部分もないのであるが、これは自ずから別に考えられねばなるまい。)

このように見ていくと、どうやら黄帝書の一部分が、戰國中期から末期までの間に、今本『老子』に組み込まれたのではなかろうかと思われてくる。このように考えてこそ、『莊子』における黄帝と老子の關係も、『列子』における黄帝と老子の關係も、矛盾なく納得で

きるのである(注 17)。

ところで今本『老子』に見られる儒家批判の鋭さは、既に觸れたように、具體的には荀子學派との嚴しい對立を背景にしていたと考えてよかろう。というのも、この頃、荀子學派は、戰國末期において、來るべき統一帝國のイデオロギー構築を目指して、思想界においても「非十二子篇」や「解蔽篇」などに見られるように容赦のない他學派批判を積極的かつ廣範に展開しており、例えば老子に對しては「老子有見於詘。無見於信」(天論)と批判していたからである。

では、こうした荀子學派に對抗して舊來の『老子』、すなわち郭店『老子』に、新たな思想成分、すなわち反儒家の立場を鮮明に打ち出すことや、黄帝にちなむ思想を組み込んでいったのはいかなる思想勢力だったのかが疑問となろう。それは、やはり戰國末から齊に流行した黄老學派以外にはなかろうと思われる。ところが前節に考察したように、いわゆる老莊學派の存在も無視できない。そこで、黄老學派と老莊學派との關係如何ということになろうが、この問題についての詳細な考察は後日を期することとして、ひとまずこれまでに明らかになったことを結論として以下に記しておくことにしたい。なおこの老莊學派と黄老學派との關係に一言するならば、老莊學派の手になったと見られる『莊子』外雜篇のいくつかには黄帝説話が隨所に見えており、黄老學派と老莊學派との關係が斷絶していたわけではないことがわかる。

むすび

以上述べてきたように、郭店『老子』の發見は、われわれに先秦思想史の再檢討を迫るものであったことは間違いない。

その第一は、『老子』という文獻が當初から五千餘言としてまとまった體裁を備えて通行していたわけではないことである。馬王堆『老子』にしても、戰國末から漢初にかけて通行していたテキストに過ぎないことが改めて明らかになった。馬王堆『老子』と今本『老子』との差が僅かだということと、『史記』の老子傳に、老聃が「道德之意五千餘言」を言い「書上下篇」を著したとあることとを根據に、老聃の手になる『老子』五千餘言が春秋末から既に通行していたなどとは言えないことも、郭店『老子』は實證して見せたのである。

第二は、『老子』の反儒家的傾向は、當初からのものではなく、戰國中期から特に末期にかけて黄老家ないしは老莊學派が儒家（とりわけ荀子學派）との嚴しい對立が深まっていく過程で、新たに加わった要素だったということもほぼ明らかになったことである。

第三は、黄老思想と『老子』との關係が、從來考えられてきたように、『老子』が先行して黄老思想の形成發展に一方的に影響を與えてきたのではなく、實は相互に影響しあって、一方で黄老思想が形成され、また一方で『老子』のテキストが現在見るような體裁に形成されていったのだと考えられたことである。馬王堆『老子』が巻前巻後に黄老思想を備えているのはまさにそうした黄老思想の流行が背景にあったからであろう。

第二部「大一生水」から見た今本『老子』の成立（注18）

はじめに

「大一生水」と郭店『老子』丙本を同一テキストと見るか、それとも別テキストと見るか、見解が分かれている。例えば、荊門市博物館編『郭店楚墓竹簡』（文物出版社、1999）は後者の立場を取っており、崔仁義著『荊門郭店楚簡老子研究』（萬巻樓、1999）は前者の立場を取っている。崔氏も整理作業に携わった荊門市博物館員であるにもかかわらず、「大一生水」の扱いをめぐってこのように見解が對立しているのを見逃すわけにはいかない。

文物出版社本は「大一生水」と『老子』丙本とを別々のテキストとして獨立させているわけであるが、それならばなぜ竹簡の體裁・筆跡などにおいて兩者は共通しているのか、その凡例において自らも言及するごとく、その合理的説明が難しい。何よりもその内容において、「大一生水」部分には今本『老子』と同様な言い回しが目立つことも、兩者をそれぞれ獨立したテキストであると結論づけることには、より愼重でなければならないであろう。

しかしその反面で、兩者がもと同じテキストであったとした場合、そこに全く問題はないかといえば、決してそうではない。丙本部分は今本『老子』テキストとほぼ變わらない表現で綴られているのに對し、「大一生水」部分は今本『老子』のどの部分とも表現の上では一致していないことが今度は疑問となってくる。つまりあるひとまとまりのテキストが先にあって、それが後に丙本部分と「大一生水」部分とに二分されて、丙本部分だけが今本『老子』に取られ、「大一生水」部分はそれから排除されたと推測するにもいささか無理があるといわざるを得ないからである。

つまり總じて言えば、どちらの説を採用しても少しずつ無理が殘る。

小論では、こうした問題を踏まえつつ、丙本と「大一生水」とがやはりひとまとまりのテキストと見なすべきであることを論證していこうと思う。そこで、先ず「大一生水」部分の思想を分析してそれがいかなる特色を持つかを明らかにし、次ぎにそれが今本『老子』とどれほど近似するところがあるかにつき考察していく。

第一章　「大一生水」の思想

（1）「天」概念

該篇の冒頭には、こうある。

大一生水，水反補(輔）大一，是以成天。天反補(輔）大一，是以成陸(地)。□□□…

該篇の思想を「天」を中心に分析すると、次のようなことが言える。すなわち、「天」の前に「水」が置かれ、更に究極の存在として「大一」を措定するという發想は、「天」よりも遙かに高次の實在を既に想定していたことを窺わせる。

そもそも、中國思想史において「天」という概念は、熊十力氏によって中國哲學史上の二大魔物のひとつに數え上げられているほどにやっかいな代物である(注 19)。「天」の意味が容易に測り難いことからこのように言われるわけであるが、通説に従えば、「天」の意味は、①「蒼天」という“物理”的存在、②「天帝」「上帝」などと稱されて神格を備えて天下に君臨する人格神としての性格を持つ、“主宰”としての存在、③「天理」「天道」の語が意味するごとき天地人を貫く“理法”(“義理”）としての存在、などの諸點を通して、「天」は至高無上な存在として崇拝されてきた(注 20)。ところが、「大一生水」はこうした「天」に關する傳統思想とは全く一致しない。その理由はやはり「天」の思想とはその淵源が異なるからと考えてよかろう。なお、このことは今本『老子』における「道」の思想も同樣で、やはり『天』より高次の實在として想定されている。

では該篇の「天」はどのようなものとして考えられていたと言えるだろうか。「天」は「地」の對極にある存在として、いわば①の物理的實在として捉えられているに過ぎない。しかも、「天」が「大一」

と「水」とから生成されたとするところに、驚くべき「水」の重視、そして相對的に見て「天」の位置付けの低さがあることに氣付かされる。

このように該篇が「天」よりも「水」をいっそう根元的存在として位置づけていることによって、これを「水」の哲學と名付け、そこに最大の特色があると強調されたのももっともなことであった(注21)。しかも、その「水」の哲學は、五行思想における「水火金木土」(相克説による配列。相生説では「木火土金水」)における「水」とはむろん異なった文脈の中で語られているのであって、從っていわゆる五行思想とは無關係であることは言うまでもない。ちなみに、五行思想はやがて「土」をその中心に据えることになり、そうなるといよいよこの「水」を中心に据えた思想とは相容れなくなるわけである(注 22)。該篇では、一箇所だけ「土」の用例が見え、そこでは、

下，土也，而胃(謂)之陸(地)。上，槩(氣)也，而胃(謂)之天。

とあって、「天」の「氣」が「地」の「土」と對になっており、しかもその中で「氣」と「土」とが對になっている。このことからもわかるように、木火土金水の五行ではなく、いわば「水」「氣」「土」の三行から天地萬物の生成が説明されていると見るべきであろう。ここにも該篇の思想史上の一大特徴が見られる。

(2)「陰陽」概念

また該篇には、

神明復相補(輔) 也，是以成会(陰)昜(陽)。会(陰)昜(陽)復相補(輔)也，是以成四時。…四時者，会(陰)昜(陽)之所生。会(陰)昜(陽)者，神明之所生也。…此天所不能殺，陸(地)之所不能釐，会(陰)昜(陽)之所不能成。

と、「陰陽」の語も見え、これは、他にも『管子』四時篇、『淮南子』天文訓や『禮記』禮運篇等にも類似の表現が見えることからも、當時の典型的な陰陽思想の影響をそこに見て取ることができると指摘されている(注23)。

これを例えば、『老子』中の唯一の用例である、第四十二章の、

道生一、一生二、二生三、三生萬物。萬物負陰而抱陽、沖氣以爲和。

と對照するとどうであろう。道から萬物が生じるまでの過程に「陰陽」の語はないが、この「二」は陰陽の二氣のことであるとの解釋が一般であることからすれば、兩文は些かも矛盾するものではないことがわかる。なお、郭店『老子』にこの部分がないことに注意しておきたい(注24)。

(3)「神明」概念(注25)

次に問題にしたいのは「神明」概念である。該篇では次のように言われる。

大一生水，水反桶(輔)大一，是以成天。天反桶(輔)大一，是以成陸(地)。□□□也，是以成神明。神明復相桶(輔)也，是以成会(陰)易(陽)。会(陰)易(陽)復相桶(輔)也，是以成四時。…会(陰)易(陽)者，神明之所生也。神明者，天陸(地)之所生也。天陸(地)者，大一之所生也。

すなわち、天地という莫大な質量を持った實在から、神明が生成され、やがてその神明が、天地間の萬物に生氣を與え變化を促していく根據としての陰陽を成すというのである。

さて、そもそも「神明」とはいかなる意味を持つ概念として解すべきであろうか。天地・神明・陰陽・四時・燥濕・寒熱などの中では、その實體が最も捉えにくい概念であることは間違いない。天地

のように見ることも、四時・燥濕・寒熱のように體感することも困難だからである。

おそらく「太一生水」の作者は、「天地」は人にとっての單なる物理的存在には違いないが、これを千變萬化させている形而上的實在がその天地間に見えないけれども確かに内在し、それが天地間の複雑微妙なはたらきを直接的に主宰していると考えた。それこそがまさに「不可視にして靈妙なる神明」であったと考えられる。それはちょうど人が肉體という物理的存在の中に、その内部にあってそれをコントロールする形而上的實在、すなわち精神作用としての「こころ」を宿していると考たように、「天地」という物理的存在の内部に、人におけるこころ（＝精神）と同じようなはたらきをするある何者かが内在していると「類推」したわけである。それこそがここに言うところの「神明」なのである。中國思想史における共時的特色である「類推思弁法」がここでも取られていることは間違いないであろう。換言すれば、「神明」とは全知全能の神のごとき超越的な實在を指すのではなく、天地を擬人化することによって必然的に構想された天地の心理的なはたらきをこの語で表現したもので、これはちょうど人の精神的能力に相當する。さらに言えば、『老子』における「道」にとっての「德」に近い概念と言えようか。なぜなら「德」とは「道」という偉大な實在が内在させているこれまた偉大なはたらきを概括的に言い表したものと解しうるからである（注26）。

こうした意味を持つ「神明」概念から逆に「大一」に遡ってみると、天地を生じ、神明を生じたところのいわば究極的實在としての「大一」それ自體は、その生成論の發端にあって物質的實在であるばかりでなく、精神的實在としての性質をも兼有するものとして考えられていたろうと思われる。このことは「大一」が一方で「萬物之母」といわれ、また一方で「萬物之經」とも規定されていることからも確かめられる。こうした特色を付與された「大一」(＝「太一」)はやがて擬人化されて宇宙神信仰、すなわち太一信仰に結びついていったのだと思われる(注27)。

（4）「水」の哲學

大一生水，水反楠(輔)大一，是以成天。天反楠(輔)大一，是以成陸(地)。

この冒頭の一節こそは、該篇の特異な生成論に他ならない。これは今本『老子』にもない。そのために『老子』丙本と切り離されて、一般に水の哲學、とりわけ宇宙生成論における水の役割が強調された特異な思想として位置づけられることとなった(注28)。

しかしそもそも「宇宙生成論」という表現は果たして適切なのだろうか。むしろ「天地生成論」というべきではないか。なぜなら、天地を包む廣大無邊な宇宙が生成されていくプロセスというよりはむしろ、人の環境としての天地、人の目に見える範囲での天地或いは經驗することのできる四時・冷熱・燥濕などが次々に繼起するプロセスが説明されるにすぎない。その意味では、あくまでも經驗的な世界が生成されていくプロセスが説かれるに過ぎない。それはすなわち經驗世界の生成論、つまり空想的・神秘的、或いは哲學的生成論というよりは、體驗的・經驗的・環境論的生成論というべきである。

ではそうした生成論において「水」の果たした役割は如何なるものであるとされたか、それを考えるために、再び冒頭の一節に戻ろう。

水は天地間に瀰漫する存在である、というのがこの作者の水に對する經驗的認識だったと思われる。これは今も地球は水の惑星といわれていることからも頷ける。ところが初めに存在したのは「水」

ではなく「大一」であったとしたところに、該篇の哲學的思索の跡が窺われるのである。すなわち、「初めに天地に瀰漫する水ありき」ではなく、「初めに大一ありき」であり、「大一」こそは第一原理に相當する實在と構想された。その「大一」が最初に創造したのは光ではなく「水」であった。（光は、その後になって生まれた。陰陽というのがそれに當たるであろう。）しかも、それは次ぎの段階では、「大一」を助けて「天」を成し、さらに「地」が生成されていく。これは『老子』が萬物の根源に「道」をおくのと全く同じ發想である。

さて「大一」は「水」を生み出した後、今度は「水」の中に藏せられる（「大一贓（藏）於水」）わけであるが、その「大一」が「水」に藏せられるということの意味は、天地間に瀰漫する「水」の中に「大一」が包み込まれて常在しているということであろう。つまり、「大一」は「水」や「天」「地」を生成した後も、依然「大一」として存在し續けている。そうなると「大一」と「水」の關係が微妙になる。そこで思い合わされるのが『老子』第一章に言う「兩者同出異名」ということである。すなわち「大一」と「水」は、「同出」にして「異名」なるものと認識されていたのである。それゆえ、「大一生水」の語句の後に、「天地者大一之所生也」ということもいわれる。言い換えれば、「大一」はそれ自體では天地を生み出せず、「水」の助けが必要だった。しかも、このとき「水」はそれ自體 a priori（先天的）に存在しており、「大一」もむろん同樣に a priori な存在であったわけである。とすれば、ここからも、「大一」と「水」は結局究極の實在（すなわち「道」）の異名であるという理解が可能となる。それゆえ「大一」は、當然に「𡑞（萬）勿（物）母」としての尊敬を受けると同時に、「𡑞（萬）勿（物）經」として、萬物を生成した後もこれらを主宰し續けるのである。またそれは、「水」が天地萬物を生み、育むばかりでなく、すべての生物の體内に内在し、生命を維持する源となっていることを經驗的に知っていた古代人の知恵の産物であったと言える。

「大一」が第一原理であるとすれば、「大一」を藏している「水」は何であろう。やはりそれと同等の存在であるとしなければならない。とすると「水」は單なる「道」の比喩的表現ではなくて、「道」そのものの現實態であったとも言えよう。その意味で『老子』のいう「水幾於道」(第八章) とは、道の偉大なはたらきと同樣なはたらきを水が持っているというばかりでなく、まさに「水」のはたらきそれ自體が「道」そのものであるということなのである。

ここで、「大一」が『老子』の「道」と同一概念であるとすれば、「大一生水」とは、つまり『老子』の「道生一」(第四十二章) と同じこととなる。「一」とは「道」の現實態ということになろう。しかもそれが「水」を想定しているとすれば、「一」は同時に「大」でもあることが直ちに納得できる。なぜなら水は雨になって天から降り、大地にしみわたって、やがて大河となって海に注ぎ込むなど、融通無碍にその形を變えて留まることがないからではなかろうか。

さてこのように考えていくと、現行『老子』には「道」が「大」にして「一」であるとの言明がなされているにもかかわらず、郭店『老子』では「道」が「一」であるとの言明がなく、また「水」に範を取った表現のなかったことが疑問であったわけであるが、該篇において、「道」が「一」にして「大」、しかも「水」と密接な關連を持って叙述が展開されていると見ることができたのであるから、郭店『老子』に「大一生水」の要素を加えることで現行『老子』にさらに一歩近づくことができることとなったと言えよう(注 29)。それゆえ先の疑問は、「大一生水」部分を丙本と連續させて讀むことによって、今や氷解したと言うべきである。

以上述べてきたように、「大一生水」中の「天」・「水」・「神明」・「陰陽」などの諸概念を分析した結果として、「大一生水」と名付けられた該篇をどうして『老子』と別なテキストとして扱わなければならないのか。このことがいっそう疑わしく感じられるといわざるを得ない。否、これまで考察してきたところによれば、丙本それ自體が『老子』の原型をなしている一テキストに他ならないとして、「大一生水」を丙本と一體的に扱うべきであると考える方が、より妥當であろうと思われる。

そこで、章を改めて、「大一生水」と今本『老子』との近似性をさらに探っていくことにする。

第二章　「大一生水」と今本『老子』の近似性

本章では、そもそも「大一生水」と命名されているけれども、それ自體首尾の一貫した內容をなしているわけではなく、大まかに言って二つの文章からなっていることを確認した上で、いずれもその一部の記述が今本『老子』と極めて近似していることを明らかにしつつ、その事實が持つ意味を考察する(注30)。

まず「大一生水」における「大一」は、あの北の夜空に小さく瞬く北極星「太一」のことであるという解釋については、「大一」が「水」を生じたというスケールの大きさから見て、いかにも不釣り合いな印象を受けるので、暫く疑問としておきたい。後代になって北斗信仰と太一信仰が結びついた結果、そのようなことが言われるようになったとしても、少なくとも「大一生水」それ自體からそうした觀念を直接導き出すことには愼重でなければなるまい。

（1）構成について

文物出版社本は、第 1 ～ 8 号簡、第 9 号簡、第 10 ～ 14 号簡の三段落に分けている。この中で、命名の由來となった語を含む段落が最も長い。崔仁義氏は、これらを丙本とひとまとめにして扱っているが、「大一生水」部分の竹簡の配列のしかたは文物本とほぼ同じ。

ところが、こうした配列に對して劉祖信氏は、配列の一部を組み替えた上で、第 1 ～ 8 号簡、第 10 ～ 12・9・13・14 号簡に二分すべきことを言う(注 31)。

該篇の竹簡全 14 枚は、『老子』甲乙丙本に比べ欠損部分が多く、いずれの説も結局推測の域を出ることはできないのだが、相對的に見て劉説が優れているように見える。そこで本論では、劉説に従って上下二段落からなるものとして考察していくこととしたい。

さて、このように該篇を上下二段落に分けてその内容を吟味した場合、第 10 号簡の「下、土也、而謂之地。上、氣也、而謂之天」は、下＝土＝地、上＝氣＝天と等式化できる。また天地がそれぞれの成分を異にして上下に向き合っていること、しかも、「天」が「氣」であると言っている點が注意される。なぜなら、上段落の「大一」と「水」が「天」を生じ、次いで「大一」と「天」が「地」を生じたことを述べる生成論において、こうした「天」「地」の区別を立てることは、「天地」から「神明」が生まれることを言う觀念とむしろ理論的整合性が失われると思われるからである。そう考えるならば、この上下二段落は天地觀については些か異なった認識を持っていたと推測される。つまり端的に言えば、「天は輕い氣から、地は重い土からできている」という觀念は、「天」も「地」も「大一」と「水」とから生成されたとする「大一生水」と直接關係なかろうと考えられるのである。

つまり「大一生水」篇といっても首尾の整った文章というわけではなく、複數の短文の集積だということである。とすると、ここで

『老子』甲乙丙本も皆短文の集積であったことを想起すれば、丙篇と「大一生水」との間には何ら構成上の違いはなく、むしろ一連の文獻であったと斷定しても全く差し支えないのである。

（2）句法について

今本『老子』に「是以」という句法が 38 例を數え、「大一生水」でも上段落において 7 例とやや目立つ。また、同様に「故に云々」については、同様に 64 例を數えるのに對して、「大一生水」では下段落に 3 例。上段落では「是故…」とあるのが 1 例。これが今本『老子』では 2 例。

以上から見て、句作りの點で兩者に特別な親近性があるとまでは證明できない。また、「A生B」という句法について『老子』と注目すべき共通點のあることは既に指摘のあるところであるが、この句法そのものはそれほど希有のものではない(注 32)。

むしろ注意すべきは、『老子』の生成論として最も注目される第四十二章の「道生一、一生二、二生三、三生萬物。…」に相當する一文と、内容の上からは、「大一」からやがて萬物が生成されていくプロセスが語られる「大一生水」とは、「大一」＝「道」という等式を當てはめれば、全く同じことを言葉を換えて言っているに過ぎないということである。ここでは、句法の共通性と、さらにそこに盛り込まれた思想の近似性とが確認できる。また、郭店『老子』にはこの部分がないことも注意しておくべきである。

（3）語彙について

語彙についてはどうであろうか。例えば今本『老子』では、聖人の用例 32 例と多い反面、君子の用例は僅か 2 例と少ない。「大一生水」は、聖人一例（下段落）、君子 1 例（上段落）と、兩方とも用例數が少ない。「大一生水」は『老子』と比べても文字數が極めて少ないのだから、こうした語彙の比較はさしたる意味を持たない。從って、この點から際立った類似性を實證することは難しい。そこでやはり對照すべきは兩者の思想内容ということになる。

（４）思想について

先ず第一に、『老子』は「道」を「無名」と言ったりしながら（第一・三十二・三十七の各章）、第二十五章のように「大」という「名」を與えたり、「道」という「字」を與えたりと、擬人化して扱っているところに、われわれは『老子』獨特の雰囲氣を感じ取ることができるのであるが（第二十五章部分は、郭店甲本にある）、「大一生水」でもその點では全く共通しており、下段落では「道亦其忐(字)也。青(請)昏(問)其名。」「亦怋(託)其名」「天陞(地)名忐(字)並立」と、やはり「名」「字」へのこだわりが見られる。

第二に、『老子』では、「道」が「萬物之母」（第一章）「食母」（第二十章）「天下母」（第二十五・五十二章）「國之母」（第五十九章）など、いわば母性の觀點から捉えられている所に極めて大きな特徴を見ることができる一方で、「大一生水」にも「萬物母」と見える。これは、『老子』の思想的特色のひとつに母性原理を強調することがあげられることと切り離しては考えてはなるまい(注 33)。なおこの場合も、郭店『老子』にはこうした語が見えないことも注意されよう。

第三に、『老子』では母性原理を根本とする世界觀が、ほぼそのまま處世觀としての「柔弱謙下」の尊重に向かうわけで、これもまた『老子』の思想構造を特色づけていることは周知のことである。例えば「柔弱勝剛強」（第三十六章）・「弱者道之用」（第四十章）・「人之生也柔弱、其死也堅強、萬物草木之生也柔脆、其死也枯槁。故堅強者死之徒、柔弱者生之徒。是以兵強則不勝、木強則兵。強大處下、柔弱處上」（第七十六章）・「天下莫柔弱於水、而攻堅強者莫之能勝。以其無以易之、弱之勝強、柔之勝剛、天下莫不知莫能行」（第七十八章）などは、『老子』の世界觀であると同時にそれが處世觀ともなっていることは言うまでもない。それゆえ『呂氏春秋』審分覽不二篇に「老耼貴柔」とあり、『荀子』天論篇に「老子有見於詘、無見於信」とあるのは、直接には老子の處世觀について論評したものであろうが、その根本にあったのは老子のかかる世界觀だったのである。「大一生水」が「天道貴溺(弱)」という世界觀から出發して、「雀(爵)成者以益生者，伐於弜(強)，責於…」と處世上の教訓のごときことを述べているのは、かかる意味でまさしく『老子』の思想と些かも徑庭のないことを如實に示している。

第四に、『老子』において特徴的なのは、「功成而弗居、夫唯弗居、是以不去」（第二章）・「聖人後其身而身先、外其身而身存、非以其無私邪。故能成其私」（第七章）・「功遂身退、天之道」（第九章）「不自見故明、不自是故彰、不自伐故有功、不自矜故長」（第二十二章）などに見られるように、手柄をあげながらもそれを誇らず、地位を得ながらそこに執着しないことで、却っておのれの身を長く保たせることができるという逆説的な處世の教訓がしばしば説かれる點である。「大一生水」に「聖人之従事也，亦怋（託）其名，古（故）社（功）成而身不剔（傷）」と、聖人が事を行えば常に成功と身の安泰を得るとあるのは、まさにかかる『老子』の思想と同質であると見なすことができる。

第五に、「大一生水」の下段落に、「□□□□（不足於上）者，又（有）余（餘）於下；不足於下者，又（有）余（餘）於上。」とあるのは、「天」の不足は「地」が補い、「地」の不足は「天」が補うというように、「天」「地」が相互にバランスを取り合って安定していることをいっている。たしかにこれは自然の摂理の巧みさを説明するものであって、必ずしも處世の秘訣を説くものではない。しかし、例えば「天之道、其猶張弓與。高者抑之、下者擧之、有餘者損之、不足者補之。天之道、損有餘而補不足、人之道則不然、損不足以奉有餘。…」（第七十七章）のように、「人之道」が「有餘」「不足」のアンバランスを解消するどころかさらに助長するのに對して、「天之道」はこのアンバランスを解消する方にはたらくことをいい、そのゆえにこそこれを處世治國の範としようとしていることが窺われるわけで、やはりこの點においても兩者の間に共通した發想を見出すことができるであろう。

むすび

以上述べてきたように、「大一生水」は、その語彙・語法上の比較からは今本『老子』との近似性について明確な結論は引き出せなかったものの、その思想内容の分析を通して相當に近似していることが明らかとなった。いずれも道家の思想を述べているのだから近似しているのは當然であるという見方もできようが、問題の發端は、文物本がかくも類似している内容のテキスト（卑見によれば、ひとまとまりのテキストとして扱うべきである）を、一方は丙本と命名し、一方は「太一生水」と命名してことさらな区別を立てているのはなぜかということであった。これは、その背景には、「道德經之意上下五千餘言」は老聃によって春秋末に著作されたと記す『史記』老子傳をそのまま史實として認定してしまうという重大な過誤がある、と言わなければならない。それゆえ甲乙丙三本は、『道德經』五千餘言の抄本だということが自明の前提とされて、整理作業が行われたのであろうと推測される。従って、この前提さえ取り払ってしまえば、丙本と「大一生水」とをそれぞれ獨立したテキストとして分けて扱う意味は殆どなくなるのである。

そのうえ竹簡原文には「大一」とあるのに、これをことさらに「太一」と書き換えることも、却って事實を見えにくくさせていると言わなければならない。なぜなら、今本『老子』において「道」が「大」であり「一」であるということは最も強調されていることであり、まさに該篇における「大一」とは『老子』の「道」と全く同じ意味であることはこれまでもそして本論においても十分すぎるほどに論證してきたことだからである。なお、郭店『老子』甲乙丙本には「道」が「大」であるとの論述はあるが「一」であるとの論述はないことも十分考慮すべきであろう(注34)。

丙本と「大一生水」を同一テキストとして扱うと、郭店『老子』甲乙丙はそれぞれ、今本『老子』とさして違わない老聃著作の「道德之意上下五千餘言」の抄節本であったと見る考え方は全く成り立たなくなってしまう。

郭店『老子』の發見は、現段階では、少なくとも戰國中期に原『老子』と稱しうるテキストは複數存在していたことは明らかになったものの、今本のような體裁を整えたテキストが既に述作されていたことまでを證明するものではないのである。戰國中期においては、いまだ今本『老子』(むしろ馬王堆本『老子』というべきであろう)に相當するようなテキストはなく、郭店『老子』甲乙丙本や「大一生水」篇などが一本にまとめられて、さらにそこに新たに書き加えられたり、また書き換えられたりして、戰國末から漢初にかけて『老子』五千言が成立していく途上にあったものと見るべきであろう。その意味において、今本『老子』の形成には、甲乙丙三本とともに「大一生水」も大きく關與したといわねばなるまい。

注

(1) 彭浩氏「望山・包山・郭店楚墓的發掘與楚文化」(1999年6月　日本・東京における第44回東方學者會議シンポジウム「楚簡より見た先秦文化の諸相」)

(2) とはいえ、崔仁義氏のようなテキスト整理もあって、文物出版社のテキスト整理が完善というわけではないではなかろうが、それでも、竹簡の多くが盜掘などにより失われた後に殘った斷簡であると考えねばならない理由はなさそうである。

(3) 甲乙丙三本はそれぞれ字數が異なっているばかりでなく、主題も異なっているのは、それが抄節本であることの證據であるとする見解もある。しかしこの主題の異なりということは一讀した限りでは認められないので、いっそうの分析が必要となろう。

(4) 澤田多喜男氏は、この『老子』という書名の成立は漢初文帝期を遡ることができないとしている。「帛書『老子』考 ── 書名〈老子〉成立過程初探」(『中國 ── 社會と文化』第四号　1989) 參照

(5) この點については、注 1 の會議で筆者が彭浩氏に直接問いただしたのであるが、彼は、きっぱりと考古學に基づく年代判定に誤りはあり得ないと斷言しておられた。

(6) 池田知久「郭店楚簡『窮達以時』の研究」(『郭店楚簡の思想史的研究　第三巻』2000年1月) に詳しく述べられている。

(7) 同氏著「試論郭店楚簡各篇的撰作時代及其背景－兼論郭店及包山楚墓的時代問題」(『中國哲學』第20輯「郭店楚簡研究号」366 － 389頁　1999年1月) 參照

(8) 郭店楚墓の下葬年代はともかくとしても、郭店『老子』の述作年代は、その思想内容から見れば、やはり荀子以前と見て差し支えないように思われる。

(9)『老子』が楚において原型が形成され、齊において今本の體裁をなしたのではないかということについては、既に「『老子』と『管子』── その成立史的背景の一考察 ──」(『東方學』83 輯　1992 年) で卑見を述べたことがある。

(10) 拙稿前掲論文第四節「『管子』と『老子』の思想比較」において、『管子』中では「道」と「一」の概念が極めて緊密な關係にあることを指摘している。これはなにも『管子』に限ったことではなく、『莊子』においても見られるところである。それだけに、郭店『老子』中に一の概念が見えないことに注意しなければならない。

(11)「水」の語は直接見られないけれども、「柔弱」の德はこの他、第三十六章の「柔弱勝剛強」とか、第四十三章の「天下之至柔馳騁天下之至堅、無有入無間 (この「無有」というのは微量な水を指していうのであろうか)」とか、第七十六章の「堅強者死之徒、柔弱者生之徒」「強大處下、柔弱處上」などは皆そうしたことを言うものであるのに、郭店『老子』中にはこれに類した言及すら全く見られないのである。

(12) なおこれとの關係で見落とすことができないのは、『管子』にも「道」と「德」が緊密に關係づけられていると同時に、「道」の形而上學が見られるという事實である。

(13)「安」を「焉」字と同じく、文頭に置かれて「いずくんぞ」「なんぞ」と讀み反語もしくは疑問の意を表す助字と解しておく。丁原植著『郭店竹簡老子釋析與研究』329－332頁参照。

(14) 武内義雄「鬼谷子を讀む」(全集第六巻 294 － 304 頁) 參照。

(15) 郭店『老子』甲本にも、「玄同」を含む第五十六章に相當する文章はある。「玄同」という語は、老子の思想を端的に表現する用語だったのであろう。ただそれをどのように敷衍するかに違いが現れたと思われる。

(16) 武内前掲書 392 頁參照。

(16) 戰國時代において黄帝を最も尊崇したのは齊であった。姜氏から齊を簒奪した田氏 (宋を故国とする) は、自らの權威の據り所として黄帝を祭り上げ、威王（在位前 358 － 320）の時には、祭器を鑄て、その銘文に「皇祖黃帝…」と刻したことはよく知られている。（郭沫若『十批判書』、淺野前掲書 188 － 189 頁參照）つまり、この「黃帝銘」も戰國中期以降の齊において述作された可能性が高いと言える。

ところで『說苑』敬愼篇所引「黃帝銘」中の「熒熒不滅、炎炎奈何。涓涓不壅、將成江河。緜緜不絶、將成網羅。青青不伐、將尋斧柯」は、『老子』との關連はなく、『周書』もしくは『周書陰符』として引用されることがある。(『戰國策』魏策一、『史記』蘇秦傳)。また『逸周書』和寤篇、『六韜』守土篇にもほぼ同樣な語が見えている。『周書陰符』とは、蘇秦が齊地に赴いて縱橫家としての策略を鬼谷子から學んだ際に持ち歸って、後に六國の相印を帶びるまでになったといわれる傳說の書である。もちろんその內容は權謀術數の極意を說くものであったろう。『六韜』はこれも『太公六韜』の別名を持つようにその述作はやはり齊地であった。

『老子』と『周書陰符』との關連で言えば、第四十七章「不出戸知天下、不窺牖見天道、其出彌遠、其知彌少、是以聖人不行而知、不見而名、不爲而成」も忘れてはいけない。これについて、武內は「『鬼谷子』本經陰符篇に、「不出戸而知天下、不窺牖而見天道、不見而命、不行而至」という文を典引しているが、これおそらくはこの章の古い形で、…而してこの章は鬼谷子に典引されている點から推測すると、これおそらくは周書陰符の語で老子の言ではあるまい。その思想から見ても術策家の言に見える」（前掲書 348 － 349 頁）という。なお、この第四十七章も郭店『老子』には見えない。

ここに『老子』が、その先後關係は後に改めて考察するとしても、『周書』を介して縱橫家などの術策と少なからぬ關連を持っていたことはまず間違いない。また、『黃帝銘』といい、『周書陰符』といい、『六韜』といい、いずれも齊地と密接な關連を持ち、しかも、戰國中期以降の黃老思想の展開が齊地を中心としていたこと等を考え合わせると、間接的ながら『老子』と齊との關係も見えてくるであろう。

なお天瑞篇にはもう一箇所黄帝書を引用したところがある。すなわち、

形動不生形而生影、聲動不生聲而生響、無動不生無而生有。

とあるのがそれである。こちらの方は、今本『老子』にはない。そうすると、前者も、『老子』からの引用でありながら何らかの理由でこれを「老子書曰」とせずに「黄帝書曰」としたのではなく、もともと『黄帝』書にあったものを引用したと見るべきである。というのも、續く黄帝篇では、

老子曰、而睢睢、而盱盱、而誰與居。大白若辱、盛德若不足。

老聃曰、兵彊則滅、木彊則折。柔弱者生之徒、堅強者死之徒。

というように、『老子』からの引用も實際なされているからである。（なお、前者は第四十一章、後者は第七十六章とほぼ同文である。）

天瑞篇に、

其在嬰孩、氣專志一、和之至也。

とあるのも、『老子』もしくは『黄帝』書からの引用としていないにも關わらず、氣志を專一にして柔弱を極めることによってかの嬰兒のように優れた德を身に備えようとする發想はそのまま第十章の「專氣致柔能嬰兒乎」と同じであり、こうした嬰兒の柔弱なる樣こそ「和之至也」という表現も第五十五章に見えている。この第五十五章部分は、郭店『老子』にも見えている。

要するに、黄帝の言葉とされるもののうちの相當部分が『老子』と共通しているということに注目せざるを得ない。しかも、それらは皆郭店『老子』にはない部分ばかりであった。

老聃の語を書き記したとされる『老子』が存在したように、黄帝の語を書き記したという『黄帝』書も確かに存在したであろう。もちろん、黄帝自身が殘したとは考えられないから後人の假託である。『老子』と『黄帝』は同時に存在したのである。しかし、『老子』が齊の稷下にもたらされ、それを契機にいわゆる黄老思想が形成されていく過程で、黄帝書の一部が『老子』中に取り込まれていったとは考えられまいか。もちろん

このとき原『老子』の中に新たに取り込まれていったのは『黄帝書』だけではない、『周書陰符』のごとき、權謀の書の中からも取り込まれていくことがあったのである。

(18) 文物本その他は本篇を「太一生水」と稱しているが、竹簡には「大一生水」となっているので、それをそのまま篇名とすることとした。本論の主意とも大きく關係してくるからである。

(19) 同氏著『乾坤衍』參照

(20) 津田左右吉「上代支那に於ける天及び上帝の觀念」(1922) は、①仰ぎ見られる天（＝目に見える天、青い空)、②人間らしい天（＝人格神というより單なる概念の擬人化)、③理法としての天（＝抽象的道德的政治的意義。公平無私、人の德を助ける)、④人爲に對する自然としての天の４種に分類し、馮友蘭『中國哲學史』(1930) は、①物質之天（＝即與地相對之天)、②主宰之天（＝即所謂皇天上帝、有人格的天、帝)、③運命之天（＝乃指人生中吾人所無奈何者、如孟子所謂「若夫成功則天也」之天是也。)、④自然之天（＝乃指自然之運行、如荀子天論篇所說之天也。)、⑤義理之天（＝乃謂宇宙之最高原理、如中庸所說「天命之爲性」之天是也。）の五種に分類し、張立文『中國哲學範疇發展史』(1988) は、①指人們頭頂上蒼蒼然的天空…屬于自然之天（馮氏の①④)、②指超自然的至高無上的人格神。…屬于主宰之天（馮氏の②③)、③指理而言、有以理爲事物之客觀規律。…屬于義理之天（馮氏の⑤）の３種に分類しているが、ほぼいずれも同樣な解釋を示していると言ってよい。

(21) 魏啓鵬氏著『楚簡《老子》柬釋』(萬卷樓、1999 年）にそうした見解がある。

(22) こうしたことが、該篇が佚書になっていったことと關係があるのかどうかは後考を待ちたい。

(23) 池田知久著『郭店楚簡の研究（一)』「大一生水」譯注參照。なお、該書も「太一生水」とは稱さずに「大一生水」と稱している。小稿を草するに當たり多くの示唆を得た。

(24) 郭店楚簡中の「陰陽」の語の用例はここ「大一生水」のみである。この外には僅かに「陰」の語が、語叢四に「利木陰者，不折其枝」として見えているだけであることから、陰陽思想の影響そのものはさして大きくなかったと考えられる。

(25)「神明」についての考察は、管見では、許抗生「初讀《太一生水》」（陳鼓應主編『道家文化研究』第 17 輯　郭店楚簡專号　1999 年 8 月）・李零「讀郭店楚簡《太一生水》」（同所収）・趙建偉「郭店楚墓竹簡《太一生水》疏證」（同所収）などがある。

(26) 中國思想において「類推法」による思考が傳統的特色をなしていることについては、拙論「中國古代の天人論管見」（日本倫理學會編『倫理學論集 30』　1995. 10) 參照。

(27) D・ハーパー氏が、「大一（太一)」を人格神として後世、形象を與えられていき、画像石などにその形跡を確かめることができるとして、本篇も「太一」神の天地創造の神話として解釋できることを言うが、その可能性は高い。郭店楚簡國際學術シンポジウム（2000 年 12 月　日本女子大學）における Donald Harper 氏報告：「The Nature of Taiyi in the Guodian Manuscript "Taiyisheng shui": Abstract Cosmic Principle or Supreme Cosmic Deity?　郭店竹簡《太一生水》太一的性格：抽象的宇宙原則或者宇宙最大神」に詳しい。本論文集所載

(28)「宇宙生成論」という用語は廣く用いられており、例えば池田前掲書などにも見える。

(29) 郭店『老子』と今本『老子』との道をめぐる注意すべき相違點については、本論第一部第二章參照。

(30) この「大一生水」と今本『老子』との近似性にいち早く注目した論文には、管見では、陳鼓應「《太一生水》與《性自命出》發微」(『道家文化研究』第１７輯　郭店楚簡專号　1999 年 8 月）などがある。

(31)「《太一生水》淺議」（簡帛國際學術研討會資料　2000 年 8 月）參照。またこれに對し裘錫圭氏は、これを三つの章に分かち、第 1 ～ 8 号簡を太

一生水章、第 10 ～ 13 号簡を名字章、第 9・14 号簡を天道貴弱章と名付けている。「《太一生水》“名字”章解釋－兼論《太一生水》的分章問題」（『古文字研究』第 22 輯所載）參照

(32) 池田知久監修『郭店楚簡の研究（一）』31 － 32 頁參照。

(33) 北方で發達した「天」の思想は父性原理であったことと好對照をなしていることにも注意したい。

(34) 前掲拙論參照。

【付記】

なお、本論の第一部は、1999 年 10 月中國湖北省武漢大學にて開催された「郭店楚簡国際學術研討會」において發表した論文「從郭店《老子》看今本《老子》的完成」を骨子として、また第二部は、2001 年 8 月中國湖南省長沙市にて開催された「長沙呉簡暨百年來簡帛發現與研究國際學術研討會」において發表した論文「『大一生水』考釋－論述其與《老子》的關係－」を骨子として、改訂増補したものである。

郭店楚簡『太一生水』における太一の性格
——抽象的な宇宙の理法なのか、宇宙の至上神なのか？——

ドナルド・ハーパー
（池澤　優　譯）

譯者記

ハーパー氏には本研究會が二〇〇〇年十二月九日に開催したシンポジウムにおいて本稿表題のタイトルで發表していただいた。その時點において既に發表原稿を翻譯して科研報告書に掲載することを豫定していたのであるが、その後、シンポジウムにおいて通譯を務めた譯者がたまたま『中國出土資料研究』編集責任者であった緣で、發表原稿に手を入れていただいた上、『中國出土資料研究』第五號（2001）に英文にてご寄稿いただいた。本稿はその日本語譯である。

この發表では、湖北省荊門市郭店１號墓（下葬紀元前300頃）から出土した14枚の竹簡に書かれた、宇宙生成論に關わるテキストである『太一生水』（圖一參照）を私がどう讀んだかを提示したい[1]。ここではテキストをして「自ら語らしめる」という方法を採らせていただきたい。性格不詳の古代テキストが考古學によって日の目を見るに至ったことは今までもあったが、それらの場合と同じく、このテキストが發表されるとすぐに、——卽斷に過ぎるかもしれないが、私の見るところ——テキスト上、思想上の所屬に關する議論がなされてきた。それは『老子』42章の有名な「一、二、三」の宇宙論や『易經』繫辭傳の太極との關わりで説明されたり、散逸した『關尹子』との類似が指摘されたりしてきた[2]。私が問題に思うのは、傳世文獻に基づく枠組みの中にテキストをはめ込もうとする過程の中で、テキスト自體の特徴が脇に置かれていた點である。私にとって、出土文獻が引き起こす興奮の一部は、それが傳世文獻によって構築されてきた解釋を脱構築する可能性にあるのであり、それが傳世文獻の權威を掘り崩し、古代の中國文明に關するより正確な説明を再構成できるのではないかという點について再考させる點にあるのである。

最初に私の主な假説を述べよう。『太一生水』の太一は戰國時代の太一神に關係する神的存在の名であると思う。最近の紀元前四世紀後半の考古學的資料は、紀元前二世紀後半に漢の武帝が支持した太一信仰の起源が戰國時代の民間信仰にあることを示している(3)。民間信仰における太一と哲學者における太一の正確な關係は不明である。『呂氏春秋』大樂には「太一出兩儀（高誘注：兩儀、天地也）、兩儀出陰陽」とあり、また後文で萬物がそこから出現したことを言う文脈で、「萬物所出、造於太一、化於陰陽」と言う(4)。この宇宙生成論的な太一に關する有名な文句において、「道」と「至精」としての太一が結びつけられているのは明らかであり、かつ、『老子』や繫辭傳の場合と同様、宗教的な觀念としての至上神とはかかわらない哲學的宇宙生成論の表現であると理解されてきた。私は『太一生水』を宗教的宇宙生成論として讀むのが最良であると考える。より明瞭に言うなら、創世というものがある神によって創始されたことを説明する生成論の、中國で最も古いものとして理解されるべきであることを本稿で論じるつもりである。同時に、『太一生水』は水が創世の第一段階であることを直裁に表現している點で驚くべきものであり、宇宙生成論の比較研究は水からの生成に關する新しい資料を得たと言うべきだろう。

本格的な議論はこの後に來るのであるが、まずは讀者に愼重さと文書を注意深く評價する必要を喚起することにとどめておきたい。『太一生水』が同じ郭店から出土した三篇の『老子』と關係することは確かである。形態上の特徴から言うなら、それは『老子』丙篇と同じ形

・大きさの竹簡に書かれ、四つのテキストは書體も類似する。『太一生水』の幾つかの部分では『老子』甲本の文章と重要なテーマにおいて相似する箇所もある。しかし、四つのテキストが同じ見方を提示していると考えるべきではあるまい(5)。『老子』四二章（「一、二、三」の文章）は郭店楚簡には存在せず、『太一生水』の生成論は質的にも内容的にも『老子』とは異なるのであって、『太一生水』の類例のない言明をねじ曲げないように、その違いこそが注意深く評價されなければならない。例えば、『呂氏春秋』が陰陽が兩儀から生まれたとするのに對し、『太一生水』では陰陽が「神明」の後に生成していることを言及しておきたい。『太一生水』の陰陽二元は『呂氏春秋』や繫辭傳の陰陽が有しているような理論的な重みを持たないのである。繰り返すが、違いこそが決定的に重要なのだ。『太一生水』は陰陽説の理論的枠組みに合致せず、むしろ紀元前四世紀後半から三世紀にかけての宇宙論的な思索の多樣性を反映しているのである。

以上のことをふまえた上でテキストを見てみよう。『太一生水』は内容から二つの部分——１～８號簡の前半部と９～14號簡の後半部——に分けることができる。前半部は太一に關わり、その主題は宇宙生成論である。後半の主題は「天道」に移り、それは『老子』で「道」と名付けられる存在であると言える(6)。この存在の名前に關する議論は『老子』二五章の道の名のそれに比類できるもので、『太一生水』の水の生成論の見地からすれば、郭店『老子』甲本の文言が特に比較するのに適當と思える。太一は後半部では觸れられない。『太一生水』の前半と後半がどのように繋げられているかはわかるし、後半部が『老子』が言っているようなことに呼應していることも認められるが、前半部の生成論は我々が殆ど知らないような戰國時代の宗教的・思想的な潮流の産物として獨自なものであるように思われる。その理解のために『老子』のみでは充分ではないことは確かであるし、『呂氏春秋』の太一を典據としても『太一生水』前半の生成論に思想的なラベルを貼るには充分な根據とはならない。

釋文と翻譯[7]

簡1　大一生水=反補(薄)大一是以成天=反補(薄)大一是以成墬(地)天墬(地)[復相補(薄)]

簡2　也是以成神=明=復相補(薄)也是以成会=昜=復相補(薄)也是以成四=時=

簡3　復[相]補(薄)也是以成倉=(滄)然=(熱)復相補(薄)也是以成溼=澡=(燥)復相補(薄)也是以成歳(歲)

簡4　而止古歳(歲)者溼澡(燥)𡿧=(之所)生也▁ 溼澡(燥)者倉(滄)然(熱)𡿧=(之所)生也▁ 倉(滄)然(熱)者四時

簡5　[𡿧=(之所)生也▁ 四時]者会昜𡿧=(之所)生也▁ 会昜者神明𡿧=(之所)生也▁ 神明者天墬(地)𡿧=(之所)生也▁ 天墬(地)

簡6　者大一𡿧=(之所)生也▁ 是古大一贜(藏)於水行於時▁ (*-*əg*)逈(周)而或(又)[始(*-*əg*)以己爲]

簡7　薑(萬)勿(物)母▁ (*-*əg*)罷(一)块(缺)罷(一)浧(盈，*-*ing*)以忌(己)爲薑(萬)勿(物)經▁ (*-*ing*)此天𡿧=(之所)不能殺▁ 墬(地)𡿧=(之所)

簡8　不能釐(埋，*-*əg*)会昜𡿧=(之所)不能成(*-*ing*)君子智此之胃(謂)[？]

簡9　天道貴溺(弱)雀(削)成者以益生者伐於勥(强)責(積)於[？]

簡10　下土也而胃(謂)之墬(地)上㷊(氣)也而胃(謂)之天▁ 道亦丌(其)志(字)也青(清)昏丌(其)名▁ 以

簡11　道從事者必㤅(託)丌(其)名古事成而身長聖人之從事也亦㤅(託)丌(其)

簡12　名古𥘅(功)成而身不剔▁ (傷)天墬(地)名志(字)竝=(竝立)古怭(訛)丌(其)方不田(思)相[當天不足]

簡13　於西北丌(其)下高以勥(强)墬(地)不足於東南丌(其)上[3][不足

於上]

簡14 者又(有)余(餘)於下不足於下者又(有)余(餘)於上■

太一は水を生んだ。水は再び太一に結びつき、それにより天を完成した。天は太一に再び結びつき、それにより地を完成した。天と地は再び相結び、[簡1]それにより神明を完成した。神明は再び相結び、それにより陰と陽を完成した。陰と陽は再び相結び、それにより四季を完成した。[簡2]四季は再び相結び、それにより寒と暑を完成した。寒と暑は再び相結び、それにより濕と燥を完成した。濕と燥は再び相結び、それにより歲を完成し、[簡3]終わった。故に歲は濕と燥により生まれた。濕と燥は寒と暑により生まれた。寒と暑は四季により生まれた。四季は[簡4]陰と陽により生まれた。陰と陽は神明により生まれた。神明は天と地により生まれた。天と地は[簡5]太一により生まれた。故に太一は己を水の中に藏し、四季を通して動く。巡ってまた始まり、己を[簡6]萬物の母とする。枯渇したり充満したりしながら、己を萬物の樞軸とする。それは天も殺すことができないもの、地も[簡7]埋めることができないもの、陰陽も完成させることができないものである。君子がこれを知るのを……と言う。[簡8]

天の道は弱きを貴ぶ。完成を削ることで、それは生を益す。それは強いものを減少させ、……を蓄積する。[簡9]下は土であり、これを「地」と言う。上は氣であり、これを「天」と言う。「道」はその字であり、「清昏」はその名である。[簡10]道により事に從う者は、必ずその名に依らなければならない。そうすることで事は完成し、身は成長する。聖人が事に從う時には、やはりその[簡11]名に從う。故に業績は完成し、身は傷つかない。天地の名と字は竝立する。故にそれらの領域を變化させ、それらが相應することを意圖しないのである。天は[簡12]北西に足りず、その下にあるものは高く強い。地は南東に足りず、その上にあるものは……と……。上に不足がある場合には、[簡13]下には餘りがある。下に不足がある場合には、上に餘りがある。[簡14]

前半部を要約するに先立ち、文獻學的な注釋を加えておきたい。ここで「薄」と釋し「結ぶ」（譯者注：原文はjoinである）と解した文字は、郭店竹簡の編集者が「輔」（たすける）と釋したものである。それが郭店『老子』丙本の同じ文字（譯者注：丙本13簡、今本六四章）の解釋――今本は「輔《たすく》」と讀む[8]――により影響されていることは疑いない。『太一生水』の「ＸＹ相薄」（ＸとＹが相結ぶ、譯者注：原文はconjoin）という文言は初期の宇宙論の中でよく擧げられるものである。『淮南子』天文訓「陰陽相薄」や『易』説卦傳（譯者注：「雷風相薄」）などを代表例として擧げることができるだろう[9]。明らかに『太一生水』のテキストはここを「相補的扶助」ではなく、一連の「相補的交合(coupling)」として讀むことを求めているのであり、一種の兩性生殖といっても不適當ではあるまい。

しかしながら、宇宙の生成は太一による水の生成――「神による單性生殖」の行爲――で始まる。生物學的な比喩をもう少し許していただくなら、水と天が太一に「反薄」（再び結ぶ、譯者注：原文はrejoin）する、一種の無性發生が續いた後で、最初のカップルとしての天地が生まれ、兩性生殖の條件が成立するのである。この生成過程における不可欠の段階は、生成過程を反對の順序で要約した部分では省略され、ただ「天地は太一の生む所なり」[10]と述べられるに過ぎない。「太一は水に藏し」の文言に表れる、水の太一に對する特別な關係については後述する。

天地が「相薄」（相結ぶ）することで「神明」が生成される。テキストは創世を「歲」――それ自體が繰り返す循環である――の生成に至る一連の交合として表現する。天地は最初のカップルとして、この過程を起動するのであり、『太一生水』前半部において生成の諸段階を表す全ての二字句を天地のようなカップルであることを意味していると考えたくなる（「四時」という熟語も、その語彙上の形態にもかかわらず、二つの季節のペアであると論じることは可能であろう）。しかし、先秦時代の「神明」という語句の使用例には、神と明がそれぞれ天・地と結びつくような獨立の存在とする分析を支持するものはない。漢代の文獻を證據として擧げることはできるが、その神明の分析は『太一生水』の精神を反映しないと考えられる(11)。『太一生水』には二元性とともに動態性が内在しているのであり、神明の意味においても神/天と明/地に分ける必要はないと言えるだろう。

ここでは『太一生水』における神明の正確な意義を明らかにできる譯では決してないが、神靈界における神々という原義的な意味と次にあげる『淮南子』兵略訓の「道」の描寫において示された意味の中間ぐらいに位置するに違いない(12)。

變化無常、得一之源、以從應無方、是謂神明。

神明は宇宙と人間の小宇宙に遍在する靈性——個別の神靈を含んで——の無限の應答性であり、人間存在の精神的・知的な核となるものを意味しているのである。

天地から神明、更に陰陽に至る連鎖は、神明に重點が置かれている點で注目すべきである。『呂氏春秋』大樂では兩儀（天地と言える）から出てくるのが陰陽なのである。陰陽説の重要性が上昇し、『易』により宇宙論が再解釋されることで、漢代以降の生成論の大部分において陰陽が突出した重要性を持つに至ったことは疑えない。それに對し、『太一生水』では陰陽説は支配的な要素になっていない。『太一生水』の靈的な語調を理解する鍵が『淮南子』精神訓にあり、そこでは天地の存在に先立つ無形なものの描寫から始まり、「二神」による天地の秩序化が續く(13)。

有二神、混生、經天營地、孔乎莫其所終極、滔乎莫知其所止息。

於是乃別爲陰陽、離爲八極、剛柔相成、萬物乃形。

高誘注では「二神、陰陽之神」とするが、「別爲陰陽」というのだから、當たっていない解釋である。

「二神」が神明であるとする證據もないが、この部分の少し後に『淮南子』は『老子』四二章の「一、二、三」の文章を引用し、高誘注は『老子』の「一生二、二生三、三生萬物」に對して二つの解釋を提示する。第一の解釋は神明に關わるものである。

一謂道也、二曰神明也、三曰和氣也。或説、一者元氣也、生二者、乾坤也、……

「或説」は疑いもなく紀元一世紀頃に「元氣」説が流行していた時の標準的な宇宙論（乾坤を陰陽にあてる）に基づいている。『老子河上公注』は「二」を直接的に陰陽としている(14)。

以上の内、第一の解釋は以下のような嚴遵（紀元前59-24）の『老子』注によると思われ、そこでは以下のようにある(15)。

天人之生也、形因於氣、氣因於和、和因於神明、神明因於道德、道德因於自然。

『老子』三九章の「一」に對する嚴遵の注釋は更に明瞭である(16)。

一者道之子、神明之因、太和之宗、天地之祖。

『太一生水』と嚴遵の注において共に神明が突出した重要性を持つことは、後者の『老子』の鍵となる文章の理解には戰國時代に遡る先行するものがあったことを示唆している。

天地と個々の人間における神明の間に關係が存在することは、『論衡』の卜筮に關する（というより、王充は卜筮の占いの信仰を否定したから、「反卜筮」というべきか）エッセイの中に極めて明瞭に表現されている。次の引用は王充は反對したが、その時代には流行していたに違いない占いに對する王充の見方を明確に表現している(17)。

人懷天地之氣、天地之氣、在形體之中、神明是矣。人將卜筮、告令蓍龜、則神以耳聞口言、若己思念、神明從胸腹之中聞知其旨。

ここで王充の反論にこだわることはしない。基本的に彼の反論は、龜と蓍は死物であるのに對し、天地と人の中に內在する神明は生きた存在であり、交流というものが生きた存在の間のみでおこる以上、死んだ龜と蓍は役に立たないというものである。更に、この內在する神靈は內面的な思考のプロセスと占いの解釋を説明するのもので、よって占いとは自分自身の神明の活動の外在化に他ならない。王充の議論は內在的な神靈（神明）が天地の氣であるという考えを明瞭に否定するものではなく、嚴遵の場合と同様、その戰國時代の先行形態が『太一生水』であるのかもしれない。

初期の生成論における神明の問題を要約するなら、『太一生水』は『老子』四二章の「二」が指すものに關する嚴遵の注釋の解釋を支持する證據であり、それは『河上公注』が「二」を陰陽であるとしたのとは異なると言える。『太一生水』の創世の觀念において陰陽説が支配的ではないということは、必ずしもそれが『太一生水』がより古い生成論であることを意味するわけではない。というのは、『太一生水』と同時代の生成論の説明において、既に陰陽により重要な地位を與えるものがあったが、それが我々には知られていないということであるかもしれないからである。紀元前四〜三世紀の精神的・思想的に豐かな環境の下で、多くの新しい考えがエリート層の注目を浴びようと爭っていたのであり、『太一生水』はそのような思索の多様性の證言者なのである。

陰陽以外にも、詳しく見ていくと、『太一生水』には傳世文獻とは全く異なる點が多々ある。やはり、その時代の證據があまりに少ない狀況で明確な結論を述べることは憚られるのだが、例えば、「氣」はテキストの後半部で一回しか言及されず、そこでは天を構成する物質であって、地の土と對になるものである。『管子』內業のような文獻において提出される氣の概念が前半部の生成論の中で暗黙の內に理解されていたと考えることも、『太一生水』の生成論が形成された時に内業の氣理解が存在しなかったと結論することもできないだろう。

興味深いことに、『太一生水』における水の重要性を理解する重要な證據は『管子』の別のエッセイ、水地篇にある。これら二つのテキストにおいて、水の概念は自然界の五つの基礎物質——それは後に鄒衍によるとされる「五德」說の基盤となるが——の觀念とは別のものである。水地篇の時代は紀元前三世紀前半であり、「五行」說が生成論的思索の中で影響力を增していったのはその後の時代であると考える點で、私はＡ・Ｃ・グラハムと同意見である[18]。『管子』の文章の中でも重點の移動が存在するのであり、最初の部分で地が「萬物の本源、諸生の根菀」とされる一方で、水は「地の血氣」とされる。そして最後の文章では水は地の媒介を經ることなく稱揚され、最初の部分で地に配當されていた範型的な役割を與えられている[19]。

是故具者何也。水是也。萬物莫不以生。唯知莫託者、能爲之正。具者、水是也。故曰水何也、萬物之本源也、諸生之宗室也。

『太一生水』において水は、やはり太一に再び結ぶことで地を完成する天を例外として、創世過程における他の存在とは異なる。しかし、天地のカップルが存在し、兩性生殖の過程が始まっても、水は太一とのユニークな關係を維持する。創造された宇宙の中で太一は「己を水に藏し」、連續する循環の中で「時に行す」。太一が「時に行す」とは、それがアクティヴに顯現した狀態を表し、「水に藏」するのは靜止的な狀態であるだけでなく、水というものが太一が顯現しない狀態であることも示していると思う。『淮南子』原道訓の水を稱揚する長い文章が、この概念を說く鍵を提供するであろう[20]。

夫無形者、物之大祖、無音者、聲之大宗也、其子爲光、其孫爲水、皆生於無形乎。夫光可見而不可握、水可循而不可毀、故有像之類、莫尊於水、……虛無恬愉者、萬物之用也、肅然應感、殷然反本、則淪於無形矣、所謂無形者、一之謂也。

『淮南子』は水を無形（それは水を生むものでもある）と有形の中間

存在として扱っているのである。水は光（無形の子であるとされる）のような完全に非物質的という屬性は持たないが、完全に有形な狀態にある物質のように毀損することはない。最後の文で「本に反る」というのは、それが「一」と同一視される無形の中に融合することである。明瞭ではないが、水は顯現の時を待っている無形なる「一」を収藏する媒體なのである。

『太一生水』の生成論における水と太一のユニークな關係、特に「太一は水に藏し」の文言に示される關係は、「無形」とは生成以前の起源的な狀態を維持している「一」を顯現しない狀態で保存する液體狀のものを指しているという『淮南子』の二元論と類似の考えであることを示唆している。また、天地出現以前の太一に關するこの考えは『老子想爾注』一〇章の「一」に關する記載を連想させる[21]。

　一者道也。……一在天地外、入在天地之間。

『想爾注』は更に「一」の神的な性格を描寫して「一は形を散じて氣と爲り、形を聚めて太上老君と爲る」と言う。創造された世界に外在すると同時に、世界の内にあって世界を運營する、『想爾注』における神としての道の概念に先行するのが、『太一生水』の「太一は水に藏し、時に行じ」の文言であると考えることは不可能であろうか。

「一」を保った「水」というイメージは、「水」という文字の形を連想させる。『説文解字』の語源説明は妥當ではあるが、『易經』の陰陽説と卦の形の影響を受けている[22]。

　巛、……象衆水竝流、中有微陽之氣也。

段玉裁の注を通して明らかになる許愼の意圖は、「水」字を「坎」の卦と比較し、中央の陽爻が上下の陰爻によって圍まれているというものである。『易經』説卦傳の有名な文言では坎と水を同定しており[23]、出土した多くの楚簡における「水」字の正字法は、それが偏旁となっている場合は、文字の中央または下部に水平に書かれることがよくあり、まさに陰爻の間に陽爻が置かれた形態を持つ（例えば、「漸」字を「𨑮」に、「涉」字を「𣥠」に作る)[24]。これは意識的に何かを象徴させる行爲ではなく、正字法のしきたりに過ぎないが、『太一生水』がその生成論の考えを提出した時に、水の正字法を利用してその考え方を補强しようとしたように見える。換言するなら、『太一生水』は讀者が「水」字を太一が水の中に存在することの生成論的紋章と感じることを期待していたのではないか。この連想への期待が卦のシンボリズムと係わっていたとは思わないが、むしろ逆に卦のシンボリズムが既に存在していた水と他の文字との象徴的な結びつきを取り込んだということは、ありえることである。

『太一生水』前半の生成論の目的は、創世を循環的で終わることのない過程として説明し、この過程を太一に歸せしめる點にあった。ここでは四時と歲の完成の間の二つの段階にこだわる必要はないと思うが、「寒と暑」のペアが紀元前三・二世紀の宇宙論−政治論的文獻（傳世文獻と出土文獻の兩方）にも現れることを見ておきたい[25]。張家山漢簡「引書」のような醫書においても氣候上の周期的變化が言及され、個人が熱・溼・風・寒・雨・露などの季節的な狀況と調和していくことに失敗すると、機能障害や病氣が起こるとされる[26]。『太一生水』においては、生成論上の循環は一年と一致するもので、それが全ての生物が従うべき基本的準則であると理解されているのである。

前半部の最後は太一を稱揚する韻文である。

是故大一藏於水、行於時。周而又始、以己爲萬物母。一缺一盈、以己爲萬物經。此天之所不能殺、地之所不能埋、陰陽之所不能成。

この韻文部分に現存する韻律と對句表現から、6簡の最後の四文字の脱落を復元することが充分に可能である。この太一への贊歌は『老子』二五章の「周行して殆れず、以て天下の母爲るべし」という道の稱揚と類似することが注目される。郭店『老子』甲本には「周行而不殆」の部分がなく、馬王堆の帛書のどちらにもない點も注目に値する[27]。

韻文の次の、8簡の下の三分の一の部分の君子に關する最後の文言は完全に脱落している。９簡の下三分の一も脱落するが、竹簡が丸ごとなくなっていることはなさそうである。というのは、９簡の脱落にもかかわらず、10～14簡は「天道」を全般の主題とする點で連續性があるようであり、14簡の最後に文書における完結した段落であることを示す印である太綫があるからである。おそらく脱落している８簡にも元は同樣の分段記號があったのであろう。

『太一生水』後半部は「天道」または「道」に主題が變換する。この主題變換の論理、および前半と後半を一つのテキストに統合している理由が、『太一生水』と『老子』二五章の間の相似性に係わることは疑いあるまい。しかし、既に指摘したように、『太一生水』前半部は太一の生成論の記錄として、現存の資料の中には先行する材料を見つけることができない獨自のものである。『太一生水』の太一が純粹に哲學的な構築物ではなく、一個の神であるという結論を證明することはできるだろうか。既に言及した考古學の證據から戰國時代に供犠的な崇拜と暦を用いた占星術との關連で太一信仰が存在したことを證明することができるが、率直に言って、民間の太一信仰と『太一生水』に見られるような生成論的な思索における太一の間に直接的な關係をうち立てるのに充分な證據はない。

しかしながら、『太一生水』によって我々に提供された太一、「道」、「天道」のイメージはむしろ、『太平經』や『老子想爾注』のような、漢代に發展する道教と關係するテキストで提出される神格化された道によく合致するものである。太一が「己を以て萬物の母と爲し」「己を以て萬物の經と爲し」たという時、「己」という語を使用することで、ある機能を達成する神的な行爲者を示唆している。そのような表面的な太一の人格化は文字通りに讀まれるべきではないという議論もありえるであろう。しかし、『太一生水』後半部で天と地が完全に相應することを「不思」（思わざる）ものが「天道」であるとされる時に、その神的なものの正體はいかなる意義のものなのか。それは宇宙の形狀を操作する行爲者ではないのか。

『淮南子』の中に何度か登場する太一は、注によって天神の名とされており、それが『淮南子』の原著者たちが有していた理解でもあることを疑う理由はない[28]。更に、『淮南子』說林訓の興味をそそる文言の中で「黄帝は陰陽を生み…」とあり、その後の女媧の創造行爲に先行するものとされている[29]。太一が民間信仰の神であったことを示す戰國時代の證據と照らした場合、『淮南子』の左證を、その中の樣々な生成論上の神を紀元前二世紀のものであるとして、排除することはできないであろう。

古代中國の宗教的生成論の別の證據は漢代の石刻にも見られる。河南省南陽市麒麟崗の紀元二世紀の墓には天井の畫像石（圖二）に、天の四靈（東-龍、南-鳳凰、西-虎、北-玄武）に圍まれ、かつ宇宙を創造した伏羲と女媧（各々、太陽と月を持つ）と竝んで、中央に座る神の姿を描く。外側には北斗と南斗が現れる[30]。石刻は九枚の石版に刻まれている。石刻の構成と天井における配置は、それが創造の段階と創造された世界の秩序であることを示している。墓は小宇宙に變容しているのだ。

石刻には中央の神が太一であることを示す題記はないが、著者はそのように比定した幾人かの南陽の研究者に同意する。その比定には更なる證據が必要であろうが、『太一生水』の前半における宇宙生成の過程は九つの段階からなること（卽ち、1）水、2）天、3）地、4）神明、5）陰陽、6）四季、7）滄熱、8）溼燥、9）歲である）を注記しておきたい。この九段階は天井石刻の九枚の石版と關係づけるべきないのか。兩者とも太一に關連した生成論的な考えを反映しているように思われる。以前、道教の老子九變のモチーフについて、一箇の神の形成を表しているだけでなく、宇宙が神と同一視される宗教的生成論における生成過程をも表しているのであって、それは盤古神に由來するものかもしれないことが論じられたことがある。しかし、神としての老子が九回變化するという話は既に漢代の資料に現れるのに對し、盤古の最も古い記載は漢代以降のものである[31]。『太一生水』の生成論と麒麟崗墓天井石刻を參照するならば、神としての老子のイメージは太一と關連する諸觀念の影響を受けている可能性の方が高いであろう[32]。

『淮南子』のような漢代文獻（既述）や麒麟崗墓のような漢代考古遺物は太一が宗教において役割を持っていたことを證明している譯であるが、それは『太一生水』において太一が創造行爲者になっていることを理解するための補助的な背景を提供していると言えるだろう。私自身の理解は、『太一生水』は創世の責任を果たす神の戰國時代における先行形態を示しているのだというものである。私は『老子』と關連する思想の傳統は完全に知的なものであると考えてきており、ここで『老子』が戰國時代において既に神としての道のバイブルであったなどと論じるつもりはない。しかし、『太一生水』は神としての道の概念が、太一を主要な思索の對象として、紀元前四～三世紀において起ころうとしていたことを示唆すると考える。少なくとも『太一生水』は今まで殆ど知られていない戰國時代における宗教と思想傳統の間に相互影響が存在したことの證據であるのである。

後半部の最初（「天道は弱を貴ぶ、成を削る者は以て生を益す者」）は『老子』の文章のように見える（實際にはそうではない）。10簡の冒頭で、宇宙構造論への主題の明らかな移行が見られる。宇宙の二つの基本的構成要素は土と氣であり、下にある土が地を、上の氣が天と名付けられる。紀元前四世紀の終わりまでに氣の遍在性の理論は存在していたが、それは『太一生水』では觸れられない。輕い氣と重い氣の二つがあり、前者が上昇して天を形成し、後者がが下降して地を形成するという考えは『淮南子』天文訓に見えるが[33]、『太一生水』の理論はこれまで見られなかったものである。後半部の最後の部分で、その理論の宇宙論的な意義を述べる。その第一の關心は名辭學的な本質を扱うことにあり、下なる土の正しい名が「地」であり、上なる氣の正しい名が「天」であるとして、天地の名を確定してから、それらの混合體に正式な名を付けていく。卽ち、その字が「道」であり、正式な名が「清昏」である（「清昏」は明暮であると同時に天地と關係する）(34)。

この宇宙論的な名辭學は『老子』二五章と關係がある一方で、重要な違いがある。『老子』二五章では名付けることが暫定的な行爲（最善の方法としての錯誤）として扱われているのだが、『太一生水』ではそれを知ることによって宇宙というものが理解できる無條件の名前のリストになっている。つまり名前こそが重要なのだ。『太一生水』が言うように「道を以て事に從う者は必ず其の名に託す」(35)のである。そして、『老子』二五章では名前は條件付きではあるが、やはり名前が問題であることは明らかである。ここに郭店『老子』甲本の關連部分の釋文と翻譯を載せておくが、それはこの部分が水に關する重要な異同を含んでいるからである。以下の部分が名前に關係する部分である(36)。

未智丌(其)名、孳(字)之曰道、虐(吾)勥(强)爲之名曰大、大曰讋(衍)、讋(衍)曰連(傳)、連(傳)曰反。

その名を知らないため、私はそれに字《よびな》をつけて「道」と呼ぶ。私は强いてそれに名をつけて「大」と呼ぶ。「大」とは「沸き立つ」を指し、「沸き立つ」は「傳わる」を指し、「傳わる」は「反《かえ》る」を指す。

翻譯の中で「沸き立つ」(surging)としたのは「衍」の譯であり、これは簡文の文字（譯者註：讋）に對する私の讀みである。郭店楚簡の編集者は未詳としているが、他の郭店楚簡に類似の文字があり（但し、水旁はない）、裘錫圭は私の釋を左證する充分な古文字學の證據を提出している(37)。現本では「逝」であるが、郭店楚簡で「衍」「傳」「反」が押韻している（*-*an*）ことは、郭店楚簡の方がここの文言のオリジナルな語句であったことの有力な證據となろう。郭店楚簡の「傳」は今本では「遠」であるが、やはり前者の方が良い讀み方である。郭店楚簡の「大」で始まる連鎖（譯者注：「吾强いてこれに名を爲して大と曰い、大を衍と曰い、衍を傳と曰い、傳を反と曰う」の部分）は、『太一生水』における太一による水の創造に呼應したもので、「大」（「太」と讀むべきだろうか）が水の「衍」を生み、「衍」が生成的な展開を通して「傳」を生み、「傳」が宇宙の永續的な過程としての循環である「反」をもたらすのである。

この連鎖は、例えば紀元前300年頃の十二角柱の玉（譯者注：行氣玉銘）に刻まれた有名な胎息法の技法における諸段階を思い起こさせる[(38)]。呼吸を通して氣を鍛錬する技法は、「衍」「傳」「反」の諸段階に分析できないであろうか。言いたいことは、結局のところ『老子』二五章とそれに相當する郭店楚簡の部分は積極的な意味で「名に託」しているのであり、『太一生水』の「道を以て事に從う者は必ず其の名に託す」と一致しているということである。

『老子』はしばしば「名」「名曰」という語句を冠して重要な用語のリストを擧げるが、『老子』二五章では「字」と「名」——それぞれが「道」と「大」に相當——をペアにすることによって、「混成」したものの内容を明らかにしようとしている。人間における習慣と同樣に、この存在は子供の時の「名」（生後三ヶ月の時に與えられる）と大人の「字」（男子が二十歳の時に與えられる）を持つ。『太一生水』において「字」と「名」が賦與されていることから考えて、『老子』二五章でも道が潛在的には人格化されていると言える。但し、その人格化は道を個性のある神的行爲者とするようなものではなく、この議論を『老子』にも當てはめるつもりはない。『太一生水』の場合は『老子』とは異なる。後半部の「天道」と「天地」は同じものであると推測される。さもなければ道が天地の「字」である理由が不明になろう。だから、「字」と「名」は天道と天地の双方を指しているのである。多樣な内容規定は全て一つの起源を指しているのだが、それは『老子』

一〇章の「抱一」に對する注釋の中で『想爾注』が「一」と「道」を同一視してることを思い起こさせる(39)。

> 一者道也。……一散形爲氣、聚形爲太上老君、常治崐崘。或言虛无、或言自然、或言无名、皆同一耳。今布道誡教人、守誡不違、卽爲守一。

どの程度まで『太一生水』後半部はこれと同樣の神としての道の概念を含んでいると考えられるであろうか。多くの名前（太一もその中に入れるべきだろうか）で認識される神的行爲者を理解する最大のヒントが、天地の名と字を正式に確立した後に遂行される行爲にある。何らかの存在が「其の方を訛し、相い當たるを思わず」という部分である。天地の再編成をもたらす意圖が、天道（道でもある）のものでないとしたら、誰のものなのか。當然、諸々の名は同等であって、究極的には同じものを指しているのだから、天道が自分自身を再編成するのだ。

ここで「訛其方」という句に對する私の解釋が李零によっていることを注釋しておく必要がある。李零が「訛」と讀んだ文字は郭店楚簡の編集者によって「過」と讀まれており、この讀み方は郭店の他のテキストでは正しいが、『太一生水』には當てはまらない。というのは、李零が注を加えるように、「天地の名字は竝立す」は活動する宇宙にとって不可欠である動態性が存在しない、ある種の宇宙的な停滞を指しているからである(40)。名辭的な宇宙から物質的な宇宙へ視點を變えて言うなら、地の土の上に天の氣が位置することによって、完全にバランスのとれた二つの層（人間の名と字の相補性に相當するような）を形成する。しかし、『太一生水』前半部で述べていたように、太一は消耗と充足を交代させ、連續的な循環の中で動いていく（この考えは『老子』にも見られるが、そこでは太一に歸されていない)。天道により遂行された宇宙の變動が、北西における土・地の過剰と天の不足、東南における氣・天の過剰と地の不足をもたらす。この計畫的な不均衡が充足と不足の連續的循環の中で動き續ける動態的な宇宙をもたらすのである。

この天地の宇宙モデルは、『楚帛書』と『淮南子』天文訓に見られる建築物的なモデルとは異なる。後者には共工が天地を固定していた北西の柱である不周山に頭をぶつけて破壞したことによって、天地が分離し、地が北西で持ち上げられ、南西で傾くという結果がもたらされるという神話を載せる(41)。『太一生水』の説明は宇宙を建築構造とする考えとは關係がなく(42)、最も類似するものは『太平經』の中の南西が陽であり「地戸」、北西が陰であり「天門」である理由を説明する文章の中に見られる(43)。

> 然門戸者、迺天地氣所以初生、凡物所出入也。是故東南、極陽也、極陽而生陰、故東南爲地戸也。西北者爲極陰、陰極生陽、故爲天門。

細かい點では『太一生水』は『太平經』とは異なる。前者には天地の氣の説も、宇宙的循環を決定する要素としての陰陽の考えもない。むしろ、同樣の循環的な動きをもたらすのは土と氣の相互作用なのである。

そして、ここで『太一生水』は終わる。三つの結論となる指摘を行っておきたい。第一に、『太一生水』の宗教的・思想的な背景を正確に特定するだけの充分な證據はないが、その文獻自體が戰國時代の思想を宗教的な觀念と孤立させる形で考察することはできないことを示す新たな考古學的な證據なのである。第二に、それを後代のいわゆる道教の戰國時代における先行形態と見なすことが妥當であることは確かであり、研究者が『太一生水』の獨自性を理解し、『老子』の飾りに過ぎないものと扱わないように希望するものである。第三に自分が生きている間にこのような文獻に會えた幸運に感嘆するばかりである。

圖一　『太一生水』摹本（Xu Datong氏による）

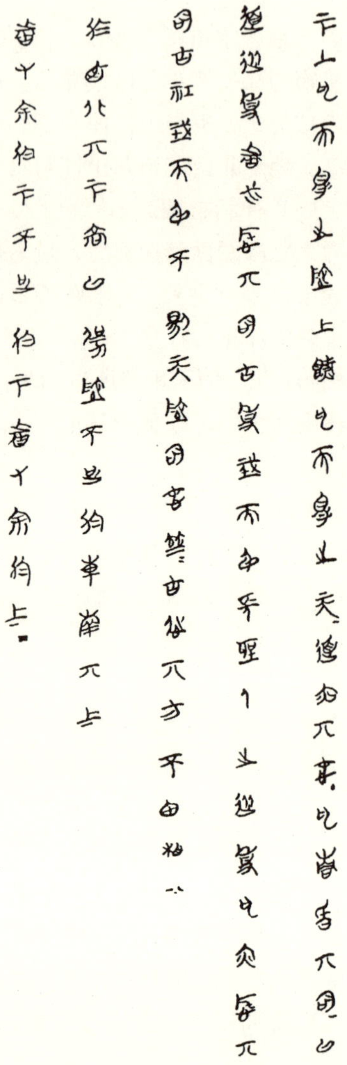

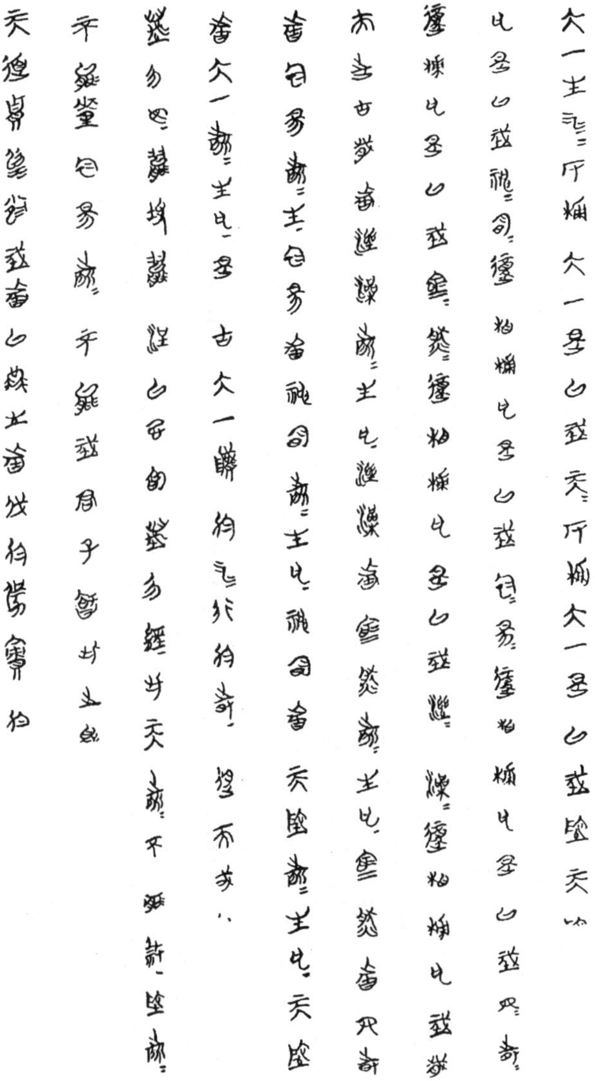

圖二　麒麟崗畫像石の太一像

（『南陽漢代畫像石墓』、河南美術出版社、鄭州、1998、143頁、圖25による）

注

(1)『大一生水』の寫眞と釋文は荊門市博物館『郭店楚墓竹簡』（文物出版社、北京、1998。寫眞は13-14、釋文は125-126）による。圖一のテキスト原文の摹本はアリゾナ大學東アジア學科の大學院生、Xu Datong氏によるものである。郭店テキストでは「大一」と表記されるが、本稿では「太一」の釋を採用した。

(2)李學勤、「荊門郭店楚簡所見關尹子遺說」、『中國文物報』1998年4月8日。

(3)詳細は、Li Ling（李零），“An Archaeological Study of Taiyi（Grand One）Worship,” *Early Medieval China* 2（1995-96），1-39參照。

(4)陳奇猷、『呂氏春秋校釋』（學林出版社、上海、1984）「大樂篇」巻五、255頁。

(5)『郭店楚墓竹簡』125頁の「說明」は『太一生水』と『老子』丙篇の竹簡と書跡の類似性について注記し、もともと兩者が同じ簡册になっていた可能性があることを論じている。『老子』三篇と『太一生水』の書跡は類似するが、それが一人の手になるのか、複數の書者によるのか、決定することは不可能である。ウィリアム・ボルツは『老子』テキストの初期の歷史に對する廣い視點からの推測を背景に、『老子』丙篇と『太一生水』が一つの文獻であったと論じている（William G. Boltz, “The Fourth-Century B. C. Guodiann Manuscripts from Chuu and the Composition of the *Laotzyy*,” *Journal of the American Oriental Society* 119.4 (1999), pp. 595-96）。確かに『老子』丙篇と『太一生水』は形態的に同じ文書として記錄されていたかもしれないが、これを『老子』の成立に關する議論において證據とすることに著者は懷疑的である。發掘された文獻の中に異なる種類のものを含んでいる例は幾つか擧げることができる。『太一生水』を獨自のテキストとして扱うべきであると論じる場合、『太一生水』と『老子』三篇が内容と思想において重要な點で異っていることを强調するのが著者の意圖である。

(6)このことは『老子』73章と77章には當てはまるようである。

(7)釋文では各簡の區別して釋した。字に對する筆者の讀は( )内に表示してある。また簡6～8では幾つかの文字の韻をやはり( )内に表示した。欠字を補った字は[ ]内に示し、原簡の脱落の場合には推定される文字數を[ ]内に示した。[?]は欠字の數が正確に推定できないことを示す。翻譯では[ ]は各簡の末尾を意味する。『太一生水』の英語による他の釋文と翻譯については、Boltz, "The Fourth-Century B. C. Guodiann Manuscripts," pp. 605-8を參照されたい。

何人かの研究者が、テキストの意味に對する各々の解釋を根據に、『太一生水』の竹簡の順序を變更することを提案している。例えば、裘錫圭、「太一生水名字章解釋：兼論太一生水的分章問題」、『古文字研究』第22輯、219-26頁、及び陳偉、「太一生水校讀竝論與老子的關係」、同書227-31頁參照。テキストに關する彼らの議論は私には納得できるものではないし、竹簡の順序を變更するという説に同意しない。私の見るところ、『郭店楚墓竹簡』の竹簡の順序がこのテキストの最良の復原であることは變っていない。

(8)『郭店楚墓竹簡』121頁。

(9)『淮南子』(諸子集成) 天文訓、巻三、35頁。『周易正義』(十三經注疏)、説卦傳、巻九、3頁b。

(10)有性生殖（兩性生殖）と無性生殖（單性生殖)、及び前者の基盤は配偶子（譯者注：半數體、生物細胞が分裂して半數の染色體を持つようになった片割れであり、典型的には卵子と精子を指す）にあるとする理論は十九世紀に遡る。古代中國にはそれに比類できる理論はなかった。私が用いた比喩は、『太一生水』の生成プロセスの始めの部分――そこでは太一が單系的に水を生み出し、そして水が、次には天が「反」「薄」する――を、それに續く交合の段階、「相」「薄」と對比することを意圖している。「反薄」という用語は傳世文獻によっては證明されない。テキストにおける「反」の使用は、それが起源にもどろうとする退行的運動であることをも示唆しており、天地の生成に始まる進化的運動と對照的である。

全ての「相薄」の前に「復」字が加えられることは、その交合が進化的な連鎖であることを明らかに示している。

(11) 神明を天地と同様に二元的に分析する議論については、李零「讀郭店楚簡太一生水」、『道家文化研究』第17輯、318頁參照。李零は『鶡冠子』から明白な例を二つ引くが、この文獻の時代には問題がある。ブラッシャーは魂魄という合成語が先秦時代の二元相關體系の中で二つの獨立の靈的實體からなると理解されなかったことを示している。漢代においてすら、この語は「靈魂」の意味を保っており、一般にはこの語の使用の關係するとされる二つの靈魂の概念は、先秦兩漢時代を通じて決して一般に受け入れられた理解ではなかった（K. E. Brashier, “Han Thanatology and the Division of ‘Souls,’” *Early China* 21, 1996, pp.125-58)。『太一生水』における神明の語句を二元的概念とできる明瞭な證據がない以上、その解釋あたっては誤りであっても愼重な立場を採りたい。

(12) 『淮南子』兵略訓、巻一五、253頁。

(13) 『淮南子』精神訓、巻七、99頁。

(14) 『道德眞經註』(『道藏子目引得』、Harvard-Yenching Institute Sinological Index Series, no. 25 [Taibei: Chengwen, 1966]) のtext no. 682, 3.5b-6a。（譯者注：『河上公注』「一生陰與陽也。」)

(15) 『道德眞經指歸』、Harvard-Yenching Institute Sinological Index Series, no. 25, text no.693, 8.2a.

(16) 『道德眞經指歸』、7.9a.

(17) 劉盼遂、『論衡集解』(古籍出版社、北京、1957)、卜筮篇、巻二四、483頁。

(18) グラハムは水に關する水地篇の概念は、陰陽五行の主要な理論が形成される紀元前250年以前の可能性が高いとする（A. C. Graham, *Disputers of the Tao* (La Salle: Open Court, 1989), pp.356)。リケットは中國人・日本人研究者の見解を引き、水地篇が紀元前三世紀末より遡ることはないとする（W. Allyn Rickett, *Guanzi*, vol. 2, Princeton: Princeton University Press,

1998, pp.98-99).

(19)『管子』(諸子集成) 水地篇、巻一四、237頁。

(20)『淮南子』原道訓、巻一、10-11頁。

(21)饒宗頤、『老子想爾注校證』(上海古籍出版社、上海、1991)、12頁。

(22)段玉裁、『説文解字注』(上海古籍出版社、上海、1991), 巻十一上一、1a頁。

(23)『周易正義』説卦傳、巻九、3b頁。

(24)滕壬生、『楚系簡帛文字編』(湖北教育出版社、武漢、1995)、806、813頁 (更なる例については兩頁の間を參照されたい)。

(25)例えば、『逸周書』(四部備用)周祝解、巻九、10b頁、「天地之間有滄熱、善用道者終不竭。」『馬王堆漢墓帛書』巻一(文物出版社、北京、1980)稱篇(81頁、col. 149)「天制寒署、地制高下、人制取予。」

(26)張家山漢簡整理組、「張家山漢簡引書釋文」、『文物』1990-10、86頁。Donald Harper, "The Bellows Analogy in *Laozi* V and Warring States Macrobiotic Hygiene," *Early China* 20 (1995), pp.387. (譯者注：張家山『引書』「人之所以得病者、必于暑濕風寒雨露、…起居不能與寒暑相應、故得病焉、…」)。

(27)『郭店楚墓竹簡』、112頁。『馬王堆漢墓帛書』巻一、121頁。

(28)例えば、『淮南子』天文訓、巻三、39頁では、高誘注は太一を「天神」と同一視し、詮言訓、巻十四、235頁では許愼注は太一を萬物を支配する「元神」とする。

(29)『淮南子』説林訓、巻十七、292頁。

(30)韓玉祥・牛天偉、「麒麟崗漢畫像石墓前室頂畫像考釋」、韓玉祥編『南陽漢代天文畫像石研究』(民族出版社、北京、1995)、23-25頁、圖48。『南陽漢代畫像石墓』(河南美術出版社、鄭州、1998)、136、143頁、圖25。後者に擧げられているような、中央人物を黄帝とする比定は受け入れがたい。また、この人物の獨特の冠は、それを西王母に比定することに對する强い反證となろう。

(31)Anna Seidel, *La divinisation de Lao tseu dans le taoisme des Han* (Paris:

Ecole Française d'Extrême-Orient, 1969), pp.93-94參照。

(32) 現在まで漢代畫像石で盤古と比定されてきた巨人の像が、實は太一であるということはあり得る。例えば、『南陽漢代畫像石墓』、61頁、圖36參照。著者はこの比定の證據を"Early Worship of the Deity Taiyi" (the Symposium on Taoism and the Arts of China, Chicago Art Institute, December 2000)と題した發表で檢討したことがある。

(33) 『淮南子』天文訓、巻三、35頁。

(34) 「青昏」を「清昏」と讀むのは馬王堆帛書『卻谷食氣』中の「昏清」という語に基づく。『馬王堆漢墓帛書』巻四（文物出版社、北京、1985)、85頁。馬繼興『馬王堆古醫書考釋』(湖南科學書籍、長沙、1992)、834頁、注7はこの語を「清昏」と解する。魏啓鵬・胡翔驊、『馬王堆漢墓醫書校釋』巻一（成都、1992)、4頁、注16は「昏」を地、「清」を天とする。

(35) 『太一生水』が「以道從事者」と「聖人」を區別し、前者を後者より上とするのは注目に價する。馬王堆の醫書『十問』には「道者」と「聖人」について同じような區別をしている。『馬王堆漢墓帛書』巻四、146頁（slip 27)。

(36) 『郭店楚墓竹簡』、112頁。

(37) 『郭店楚墓竹簡』、219頁、注17。

(38) 陳邦懷、「戰國行氣玉銘考釋」、『古文字研究』第七輯、187-93頁の釋に從った。またDonald Harper, *Early Chinese Medical Literature: The Mawangdui Medical Manuscripts* (London: Kegan Paul, 1998), pp.125-26參照。

(39) 饒宗頤、『老子想爾注校證』、12頁。

(40) 李零、「讀郭店楚簡太一生水」、320頁。

(41) 『淮南子』天文訓、巻三、35頁。楚帛書の宇宙構造については『長沙子彈庫戰國楚帛書研究』(中華書局、北京、1985)、68頁參照。

(42) Boltz, "The Fourth-Century B. C. Guodiann Manuscripts," pp. 608は同じような考察を行っている。

(43) 王明、『太平經合校』(中華書局、北京、1979)、227頁。

郭店楚簡『唐虞之道』の社會的「利」思想について
――「利天下而弗利」を中心にして――

李　承　律

一　はじめに

本稿は、郭店楚簡『唐虞之道』(以下、本篇と略記)に見えるいくつかの思想の内、「利天下而弗利」を分析の對象とし、それを中國古代の文獻資料に現れている「利」思想と比較考察することによって、本篇の社會的「利」思想の思想的特徴、思想史的位置を明らかにすることを目的とするものである。

周知のように、本篇の中心思想は堯舜禪讓説にあるが、それはさらに「愛親・尊賢」の兩思想によって支えられている。ところで、本篇の堯舜禪讓説については、拙稿「郭店楚簡『唐虞之道』の堯舜禪讓説と中國古代の堯舜帝位繼承説話の研究」(池田知久監修『郭店楚簡の思想史的研究』第五巻、東京大學文學部中國思想文化學研究室、二〇〇一年二月)で、先秦時代から前漢初期にかけての諸文獻と比較考察を行って綿密に分析したが、その結果、次のようなことが判明した。すなわち、本篇は、先秦時代において禪讓を自分たちの帝位繼承論・王朝交替論としているという意味で、希に見る特徴を帶びており、かつ非常に畫期的な資料であることが明らかになった。そして、その成立時期や所屬學派については、恐らく戰國後期以降、禪讓否定論が稱揚論に切り替えられる際の嚆矢あるいはきっかけとなったもの、より具體的には『荀子』正論篇よりやや後れて、それ以前の諸學派のいくつかの最も特徴的でかつ重要な諸思想を積極的に旺盛に取り入れて、既存の堯舜禪讓説を再構築しようと試みた儒家の一派の手になるもの、ということが浮き彫りにされた。

さて、本篇の堯舜禪讓説を支える思想には、「愛親・尊賢」以外に、「利天下而弗利」、養生説、「知命」、謙遜思想などがある。就中「利天下而弗利」（以下、本句と略記）は、禪讓とともに「唐虞」の歩んだ二つの「道」の一つとして、非常に重視されている。したがって、本句は、本篇の思想的特徴・成立時期・所屬學派などの諸問題と密接な關わりを有しており、そういった意味でその解明は緊急を要する問題である。本稿で本句を問題とする理由はまさにここにある。

本稿では、以上のような重要な意義を持つ本句を考察の對象とするが、その際、次のような手順で分析を行うことにする。まず、本句の思想的特徴を明らかにし、次に從來の研究に潛んでいる諸問題點を指摘する。そして、先秦時代から漢代初期に成立した諸學派の文獻に見える「利」思想と比較考察し、最後に、以上のような作業を通して、本句の思想史的位置を論じてみたい。

二　郭店楚簡『唐虞之道』の「利天下而弗利」の思想的特徴

「利天下而弗利」と關連する文章は、本篇では以下の三箇所に見られる。

①湯（唐）吳（虞）之道、⿰彳亶（禪）而不⿰彳專（傳）。埜（堯）⿱夋虫（舜）之王、利天下而弗利也。⿰彳亶（禪）而不⿰彳專（傳）、𦔻（聖）之盛也。利天下而弗利也、忎（仁）之至也。古（故）昔（昔）臤（賢）忎（仁）𦔻（聖）者女（如）此。身躳（窮）不聖（惌）、及（？）而弗利、躳（躬）忎（仁）歖（矣）。（第一～三號簡）

唐虞の歩んだ道は、（賢者に位を）讓って（血筋に）傳えなかったことである。堯舜が王となったときは、天下に利益を與えることはあっても(天下の利を)自分の利益とはしなかった。(賢者に位を)讓って(血筋に)傳えないことは、最上の聖であり、天下に利益を與えることはあっても(天下の利を)自分の利益としないことは、最上の仁である。だから昔の賢人・仁者・聖人はこのようであった。我が身が窮地に陥っても憂えず、(天子の位に)ついても(天下の利を)自分の利益としなかったのは、仁を體得していたからである。

②亟(極)忎(仁)之至、利天下而弗利也。(第一九～二〇號簡)

この上なく最上の仁は、天下に利益を與えることはあっても(天下の利を)自分の利益としないことである。

③古者聖(聖)人廿而冒(冃)、丗(卅)而又(有)家、五十而紿(治)天下、七十而至(致)正(政)。亖(四)枳(肢)胅(倦)陸(惰)、耳目耻(聰)明衰、禪(禪)天下而受(授)臤(賢)、退(退)而羕(養)丌(其)生。此以智(知)丌(其)弗利也[一]。(第二五～二七號簡)

昔聖人は二十歳で成人となり、三十歳で家庭を持ち、五十歳で天下を統治し、七十歳で政治の職を退いて賢者に讓った。(老衰して)四肢が疲れ、耳目の聰明さが衰えてくると、天下を讓って賢者に授け、退いて自己の身體の生命を養う。このことから(天下の利を)自分の利益としなかったことを知ることができるのである。

上記の三つの文章を分析すると、次のような點がその特徴として浮き彫りにされる。第一に、本句は、「禪(禪)而不傳(傳)」とともに、本篇の主旨を最も集約的に表す一句であり、堯・舜が王となったときに行った政治のありかたの一つとして強調されている點。第二に、「利天下」と「弗利」は同じ意味の違う表現であることは言うまでもないが、「利」を社會的「利」(「利天下」) と個人的「利」(「弗利」) とに使い分けていることが明確に看取される點。この場合、「弗利」の主體は最高統治者、つまり天子であることは言うまでもない。第三に、本句を「仁」と結びつけている點。①では本句を最上の「仁」(「忎 (仁) 之至」) とし、②ではそれをさらに強調して「亟(極) 忎(仁)之至」として、「仁」の最高峰として位置づけている。そこには「仁」の意味への新しい定義が行われている。第四に、「弗利」を自覺している聖人の政治術・處世術として、老衰による政界引退 (「至 (致) 正 (政)」) →賢者への讓位 (「禮 (禪) 天下而受 (授) 臤 (賢)」→養生 (「遉 (退) 而羧 (養) 丌 (其) 生」)
のように具體的に描かれている點。このことは、「弗利」の中には禪讓だけでなく、養生もまた重要な一要素として内包されていることを意味しており、これは本篇の思想的特質を窺える一つの鍵となる[二]。

三　「利天下而弗利」に關する先行研究概觀

ところで、本句について、中國ではおおむね次のような見解が出されている。すなわち、鄧建鵬氏は、「《唐虞之道》由“利天下”展開論述，通過禪讓達到利民宗旨，最后的歸結點落到民上，初步體現了“民貴”思想趨勢。探索這一思想歸屬，對研究先秦民本思想發展脈絡有重要意義。」[三]と言って、「利天下」を『孟子』盡心下篇の民貴思想と直接結びつけて解釋している。また彭邦本氏は、「《唐虞之道》開篇即説：“唐虞之道，禪而不傳；堯舜之王，利天下而弗利”。作者認爲，把天下禪讓於賢才而不是傳位於子，這是利天下而不利一己之私的至聖至仁之擧。這也是儒家崇尚的“人不獨親其親，子其子”，“天下爲公，選賢與能”的理想社會境界。很顯然，“唐虞之道”正是

《禮記・禮運》篇借孔子之口描述的“大同”社會實行的所謂“大道”。」[四]と言って、『禮記』禮運篇の大同のユートピア思想と結びつけている。そして丁四新氏は、「但由此也不否認《唐虞之道》在某些觀念，甚至是在非常重要的觀點上與墨家有相一致的地方；然而這種相一致只能是在更崇高、更普遍觀念上的相一致，如“利天下而弗利”這一條，依《墨子》及《莊子・天下》的論述，而認爲墨家持有此等思想是毫不過份的。此一觀念雖爲墨家所有，但亦非墨家所獨有，自《詩》、《書》到《論語》、《禮記》、《孟子》諸書，此等思想以不同的語言表達形式一再地反復出現過。」[五]と言って、『墨子』にもあるが、『論語』『孟子』などの儒家系の文獻にも別のことばで同樣の思想が表現されているとして、『墨子』との關係を斷ち切り、「《唐虞之道》宣揚的是唐堯虞舜“禪而不傳”、“利天下而弗利”（第1簡）的仁聖王道，其實質與被攻擊爲僞書的《尚書・大禹謨》“人心惟危，道心惟微，惟精惟一, 永執厥中”之旨基本一致：堯舜的人格生命完全是道心流行的生命，无一絲一毫人欲之私。」[六]と言って、僞古文『尚書』大禹謨篇によって無理に解釋しようとする。

これに對して、錢遜氏は「利天下而弗利，爲天下治天下的思想，无疑有着重要的意義。但在《論語》、《孟子》等書中却未見有此思想。」と言って、本句のような思想は『論語』や『孟子』にないことを指摘し、また『孟子』萬章上篇で、天子となった舜の不仁な弟への待遇の問題に關する孟子の答えには、肉親への差別愛を重視する親親主義を示す文章があるが、錢氏はそれを「明確肯定身爲天子就應該使弟弟富貴，這就有悖于“利天下而弗利”的精神了。」と言って、本句に相反するという[七]。一方、程一凡氏は本篇を基本的に儒家典籍と認めるものの、墨家の「利」との關係に着目して上引の研究とは別の角度から本句の解釋を試みている。程氏はまず「「利」在墨子思想中功用極廣，他構思時常用得著它。」と言って、墨子思想の中で「利」

が重要な位置を占めていることを指摘し、次にそのような「利」は郭店楚簡『尊徳義』や『性自命出』にも見えるが、特に本篇に最も普及されているとし、それは「在墨學政治社會價値系統之風靡之下可見。」という。しかし、「總之,〈唐〉篇成功地説明了所有德性須以儒學掲示的基本德行爲始，要先有德方有政,即使在「愛親」、「尊賢」二懿行之間也以前者爲先。況且説到「賢人」本身，我們儒家也提出了精妙的從政素養，非汝墨學可及。相形之下，墨學所提的「尚賢」不過只強調了「不用親」之義，而我們儒家家國兼顧，政治理論的提出比墨者更圓融。〈唐虞之道〉作爲一篇戰國的儒學文字頗可自圓。」[八]と言って、結局は墨家との影響關係をほぼ捨象してしまっている。

四　『論語』及び『孟子』における「利」

(一)『論語』における「利」

上記の諸見解の眞僞の如何及び本句の思想史的位置を解明するためには、當然のことながら、先秦時代において各學派が「利」をどのように捉えていたかを考察することから論を始めなければならない。そこで、まず『論語』[九]において「利」がどのように捉えられているかを考察するが、その際衞靈公篇の「必先利其器。」(鋭利にする、研ぐ)、陽貨篇の「惡利口之覆邦家者。」(口達者) などのような「利」の別の用例を除き (『孟子』の場合も同じ)、「利害」という場合の「利」の用例だけに絞ってまとめてみると、以下の通りである。

【『論語』に見える「利」】

①「子曰、不仁者不可以久處約。不可以長處樂。仁者安仁、知者利仁。

」（里仁篇）

②「子曰、放於利而行、多怨。」（里仁篇）

③「子曰、君子喩於義、小人喩於利。」（里仁篇）

④「子罕言利與命與仁。」（子罕篇）

⑤「子夏爲莒父宰、問政。子曰、無欲速。毋見小利。欲速則不達。見小利則大事不成。」（子路篇）

⑥「子路問成人。子曰、若臧武仲之知、公綽之不欲、卞莊子之勇、冉求之藝、文之以禮樂、亦可以爲成人矣。曰、今之成人者、何必然。見利思義、見危授命、久要不忘平生之言、亦可以爲成人矣。」（憲問篇）

⑦「子張問於孔子曰、何如斯可以從政矣。子曰、尊五美、屛四惡、斯可以從政矣。子張曰、何謂五美。子曰、君子惠而不費。……子張曰、何謂惠而不費。子曰、因民之所利而利之。斯不亦惠而不費乎。……」（堯曰篇）

以上を簡略に要約すると、次のようになろう。①は「知者」を「仁者」よりワンランク下に位置づけているが、「知者利仁」とは「仁」より利益を優先する意[一〇]。意味としては③と大差なかろう。②と⑤は「利」による行動や政治への戒めであり、③は「君子」と「小人」を區分するものとして「義」と「利」が對蹠的に捉えられているが、言うまでもなく「利」は價値的道德的に低い次元のものとされている(⑥も「利」より「義」に重きをおいている)。また④は「與命與仁」をいかに解釋するかという難題は殘るが、いずれにせよ、孔子が「利」を口にすることを憚ったことを意味することは間違いない。⑦は言うまでもなく孔子の政治思想の一端を示す文章であるが、ここにきて②③⑤などとは明らかに違って「民利」の肯定へと「利」の捉え方が一變している。このような現象について渡邊卓氏は、戰國中期以後における墨家の影響をうけた儒家の擬作である[一一]、と指摘したが、これと同様の現象が『孟子』（下引⑤）にも見えており、儒家内部における重要な變化の一端を示すものと考えられる。以上によれば、『論語』における「利」の捉え方は、③が最も典型的で代表的であり、⑦を除けば、「利」より「義」に重きをおいていると言えよう。ただし、「利」に對する態度は、「拒利」という「利」の完全否定よりは、緩やかな「抑利」の立場に近いように思われる。

（二）『孟子』における「利」

このような『論語』の「利」の捉え方を受けて、より強い「拒利」的立場を打ち出したのは、言うまでもなく『孟子』[一二]である（勿論「拒利」という語が『孟子』にあるわけではないが、「利」に對するその全體的な主張から判斷して「拒利」に近いという意）。

【『孟子』に見える「利」】

①「孟子見梁惠王。王曰、叟、不遠千里而來。亦將有以利吾國乎。孟子對曰、王何必曰利。亦有仁義而已矣。王曰何以利吾國、大夫曰何以利吾家、士庶人曰何以利吾身、上下交征利、而國危矣。……苟爲後義而先利、不奪不饜。未有仁而遺其親者也。未有義而後其君者也。王亦曰仁義而已矣。何必曰利。」（梁惠王上篇）

②「陳代曰、不見諸侯、宜若小然。今、一見之、大則以王、小則以霸。且志曰、枉尺而直尋。宜若可爲也。孟子曰、……且夫枉尺而直尋者、以利言也。如以利、則枉尋直尺而利、亦可爲與。」（滕文公下篇）

③「齊人有一妻一妾、而處室者。其良人出、則必饜酒肉、而後反。其妻問所與飲食者、則盡富貴也。其妻告其妾曰、良人出、則必饜酒

肉、而後反。問其與飲食者、盡富貴也。而未嘗有顯者來。吾將瞯良人之所之也。蚤起、施從良人之所之。徧國中、無與立談者。卒之東郭墦閒之祭者、乞其餘。不足又顧而之他。此其爲饜足之道也。其妻歸、告其妾曰、良人者、所仰望而終身也。今若此。與其妾、訕其良人、而相泣於中庭。而良人未之知也。施施從外來、驕其妻妾。由君子觀之、則人之所以求富貴利達者、其妻妾不羞也、而不相泣者、幾希矣。」(離婁下篇)

④「宋牼將之楚。孟子遇於石丘。曰、先生將何之。曰、吾聞秦楚搆兵。我將見楚王、説而罷之。楚王不悦、我將見秦王、説而罷之。二王我將有所遇焉。曰、軻也請、無問其詳、願聞其指。説之將何如。曰、我將言其不利也。曰、先生之志、則大矣。先生之號、則不可。先生以利説秦楚之王、秦楚之王、悦於利、以罷三軍之師、是三軍之士、樂罷而悦於利也。爲人臣者、懷利以事其君、爲人子者、懷利以事其父、爲人弟者、懷利以事其兄、是君臣父子兄弟、終去仁義、懷利以相接。然而不亡者、未之有也。先生以仁義説秦楚之王、秦楚之王悦於仁義、而罷三軍之師、是三軍之士、樂罷而悦於仁義也。爲人臣者、懷仁義以事其君、爲人子者、懷仁義以事其父、爲人弟者、懷仁義以事其兄、是君臣父子兄弟、去利懷仁義、以相接也。然而不王者、未之有也。何必曰利。」(告子下篇)

⑤「孟子曰、霸者之民、驩虞如也。王者之民、皞皞如也。殺之而不怨、利之而不庸。民日遷善、而不知爲之者。夫君子所過者化、所存者神。上下與天地同流。豈曰小補之哉。」(盡心上篇)

⑥「孟子曰、鷄鳴而起、孳孳爲善者、舜之徒也。鷄鳴而起、孳孳爲利者、跖之徒也。欲知舜與跖之分無他、利與善之閒也。」(盡心上篇)

⑦「孟子曰、楊子取爲我。拔一毛而利天下、不爲也。墨子兼愛。摩頂放踵、利天下爲之。子莫執中。執中爲近之、執中無權、猶執一

也。所惡執一者、爲其賊道也。擧一而廢百也。」（盡心上篇）
⑧「孟子曰、周于利者、凶年不能殺。周於德者、邪世不能亂。」（盡心下篇）

①は「利」の『孟子』的捉え方の最も典型的な類型（「何必曰利」）であり、②③④⑥にもそのまま受け繼がれているが、まず①からは次のことが言えよう。第一に、當時諸子百家の樣々な理論攻防があったにもかかわらず、自家說である「仁義」を損なうものとして最も危機感を抱いていたのが「利」とされていた點。第二に、說得對象が『論語』よりさらに限定されてきている點（主に國君や卿大夫などの爲政者）。第三に、「利」をあらゆる鬪爭の原因、人倫を亂すものとしている點。第四に、利益追求という人間の自然な欲望の問題に對して最初から倫理道德的にマイナスの評價を下し、その當然の結果として「利」をニュートラルに見る視點を最初から遮斷してしまっている點。第五に、以上の四點から推察するに、①の最大の論敵は、墨子學派や宋鈃學派以外に考えられない點（この點については後述）。そして、⑤については先に述べた通りだが、⑧のように「利」と「德」とをただ併稱し、かつ竝立的でニュートラルな立場からする分析も見られるのは、恐らく墨家の「利」思想から影響を受けたものと思われる點。

以上『論語』や『孟子』における「利」を檢討したが、總じて言えば、「利」と「義」を二分法的に捉えて全く別物化し、一部の例外を除き、倫理道德的な見地から「利」の追求を抑制あるいは排除しようとしていたと結論づけられよう。

このように見てくると、次に問題となるのは墨子學派及び宋鈃學派において「利」がどのように捉えられているのかということになる。そこでまず墨子學派の「利」思想を考察し、引き續き宋鈃學派について考察する。ここで宋鈃學派を取り上げる理由は、言うまでもなく『孟子』上引④にその名が見え、そこに①のような典型的な論理をもって孟子が彼を論破しようとする場面が描かれているからである。のみならず本篇の「利」思想を解く重要な端緒となることは言をまたない。

五　『墨子』の「利」—社會的「利」思想の誕生とその展開

さて周知のように、中國古代において、『論語』『孟子』流の儒家とは反對に、プラスの方面において「利」に道徳的價値を付與し、生身の人間の自然な欲求と認め、「利」の追求という自然な感情に自己の思想や理論を託して論理を展開しかつそれを最初に實現しようとしたのは、墨家である。このような「利」思想は、墨家の各口號の至る所において、それらを根據づける、あるいはそれらに現實味を與えるものとして定着していることは、すでに指摘されている事實である。

しかし、『墨子』の「利」に關する從來の研究に全く問題がないわけではない。それどころか、そこには大きな誤解が潜んでおり、しかもその誤解が『墨子』テキストの中で中期以降の作品とされる諸篇に見える「利」の解釋にも影響を及ぼしてさらなる誤解を招いている。その最初の誤解は、『墨子』[一三]諸篇のうち最も古い層に屬するものといわれる兼愛上・非攻上篇[一四]における「利」についての解釋から起きている[一五]。

(一) 兼愛上篇・非攻上篇の「利」—いわゆる拒利説をめぐって

まず兼愛上篇についてであるが、そこでは説得の對象が明確に示されていない。主旨は次の通り。まず「聖人」の責務は天下を治めることにあるとし、そのためには必ず「亂」の原因を知らなければならないが、「虧某自利」という「亂」の現象を分析した後、その原因は結局「不相愛」にあり、その解決策として「兼相愛」を提起するという論理の流れになっている。その際注意しなければならないのは、上篇における「聖人」の役割や位置づけである。すなわち、同篇の末尾に「聖人以治天下爲事者、悪得不禁悪而勸愛。」といい、また最後に「故子墨子曰、不可以不勸愛人者、此也。」と開祖の言を引いて上篇全體の主張を立證しているところにも見えるように、他者への愛を勸める微々たる存在にすぎない。

次に非攻上篇は、説得對象が「天下之君子」となっている。冒頭では日常發生する諸犯罪の輕重を分析して（「入人園圃、竊其桃李」「攘人犬豕雞豚」「入人欄廏、取人馬牛」「殺不辜人也、扡其衣裘、取戈劍」）、人に損害を與える（「虧人自利」「虧人」）犯罪の度が増すにつれ、人を思いやらぬ心がますます增え（「其不仁茲甚」）、罪の度もいよいよ增す（「罪益厚」）ことを示し、それが「不義」であることは「天下之君子」も知っているという。しかし、「攻國」という最大の犯罪についてはそれが「不義」であることを知らずに、それを書物に記録して正當化したり擁護したりして、「義・不義」を辨える辨別力に混亂がある、ということを指摘することで終わっている。

ここで先ほど述べた從來の研究の問題點とは、ほかならぬ「自利」の理解・解釋の仕方にある。すなわち、兼愛上篇では「亂」の現象として、非攻上篇では「不義・不仁」とされ非難や處罰の理由として掲げられているが、それを「亂」の原因と間違って解釋することにより、兩篇において個々の「利」の追求そのものが否定されているかのように結論づけられているのである。この點を最も強調したのは、渡邊卓氏である。例えば、次のような文章がその一例である

（下線は引用者による）。

特に注意すべきは、「子自愛不愛父。故虧父而自利。弟自愛不愛兄。故虧兄而自利。臣自愛不愛君。故虧君而自利。此所謂亂也。雖父之不慈子、兄之不慈弟、君之不慈臣、此亦天下之所謂亂也。父自愛也不愛子。故虧子而自利。兄自愛也不愛弟。故虧弟而自利。君自愛也不愛臣。故虧臣而自利」といい、「不相愛」の發露として「自利」を考え、自己だけを愛し他者を侵害する點が排撃されている。上篇の立場は明らかに兼愛拒利である。……さらに特に注意すべきは上篇において「不相愛」の發露であり、「天下之亂」の根源であった「自利」という語は中篇においては影を沒し、最初から「天下之利」が提起される。換言すれば「利」という語はひたすら《利他》の意に限定されて「愛」のなかに包攝され、墨家に特有な「兼相愛、交相利」という口號が初めて成立する。……つぎに非攻篇はどうであろうか。……まず上篇は日常的な生活經驗を譬喩にとって、侵略戰を否定し「天下之君子」を啓蒙しようとする。……注意すべきは「利」が「仁」または「義」の反對概念だと考えられている點である。すでに兼愛上篇において「利」は「相愛」に反對する概念だという主張に接したわれわれは、同じような主張が非攻上篇にも確實に存在することを承認しなくてはならない。換言すれば非攻上篇は兼愛上篇と同じ段階にある拒利思想によって全體が構想されているのである【一六】。

このような論調は渡邉氏の書全體において首尾一貫している。つまり、兼愛上・非攻上篇では「自利」を「亂」の根源（あるいは原因【一七】）として否定する「拒利」の立場を取っていたが、中・下篇になるとそれが「交利」に轉換するようになる、という論旨である。

しかし、そこには次のような大きなミスがある。

第一に、「虧某自利」は「亂」の原因ではなく現象にすぎない點。「亂」の原因は「不相愛」に求められている。それは「當察亂何自起、起不相愛。」から議論が始まっており、また渡邉氏所引の文章の直後にも「是何也。皆起不相愛。」と中間結論し、同樣な手法で「雖至天下之爲盜賊者、亦然。盜愛其室、不愛其異室。故竊異室、以利其室。賊愛其身、不愛人〔身〕【一八】。故賊人〔身〕、以利其身。此何也。皆起不相愛。」、「雖至大夫之相亂家、諸侯之相攻國者、亦然。大夫各愛〔其〕【一九】家、不愛異家。故亂異家、以利〔其〕家。諸侯各愛其國、不愛異國。故攻異國、以利其國。天下之亂物具此而已矣。察此何自起、皆起不相愛。」とあるのによっても明らかであろう【二〇】。

第二に、最も重要なことであるが、決して「自利」そのものを否定しているわけではない點。兼愛上篇には勿論「拒利」という言葉はない。そして「自利」を言う前に必ず「虧某」（「某」には父・兄・君・子・弟・臣がそれぞれ入る）という限定語が付き、續く「〜以利某」（「某」には其室・其身・其家・其國がそれぞれ入る）にも同樣に「竊異室・賊人・亂異家・攻異國」という限定語が付いている【二一】。つまり、直接的にはこれら限定語にあたる事柄こそ「亂」の原因である「不相愛」から起きているのである。このことは非攻上篇においても全く同じである。そこにおいて「自利」は兼愛上篇とはやや違って、「不義・不仁」とされ非難や處罰の理由として掲げられているが、その場合も「虧人」が限定語として必ず付いており、しかもその直後の六例の「虧人」には「自利」という語が一切付いていない。よって、そのような限定語を除いた「自利」そのものは「自愛」がそうであるように【二二】、決して否定されていないのである。この點にいち早く注目して渡邉氏の説に批判したのが千葉仁氏である。しかし、千葉氏も半分は合っているが半分は間違っている。千葉氏は次のようにいう（下線は引用者による）。

墨子の拒利の主張は利全般の拒絶ではなく、利己的利の拒絶である。その表現は、利する對象が兼愛上篇では「利其身・利其家・利其國」など必ず利的行爲者自身とされているのに對して、中下篇では「利人・天下之利・交相利」などと自己以外の者とされている。つまり拒絶すべき利は他を賊害し亂を招く自利であり、拒自利の主張はそのまま利他の主張を、利他の主張はそれ自體、交相利・天下之利の主張を内含しているわけで、墨子において拒自利と交利は同一主張である。拒自利という個人的・利己的利の拒絶の上にこそ天下的・普遍的な兼愛交利が成立し、かく拒自利こそ兼愛論成立の基盤である。この論理は尚同論で一人一義を拒絶して初めて天下の義の統一ができ、一人一義の拒絶そのものが天下の義の統一に他ならないとする論理と同一である。故に拒自利は兼愛と矛盾せず、却ってその基盤であると言えよう【二三】。

千葉氏の「墨子の拒利の主張は利全般の拒絶ではなく、利己的利の拒絶である。」とする最初の指摘は筆者も賛同する。しかし「拒自利」を主張したという見解には賛同できない。その理由は次の通りである。

第一に、利する對象が上篇では「利其身・利其家・利其國」と利的行爲者自身とされているとするが、その「利」の前には先ほど指摘したように「竊異室・賊人・亂異家・攻異國」という限定語が付いていることを全く無視している。

第二に、中下篇では「利人・天下之利・交相利」などと自己以外の者とされているというが、「利人・天下之利」をなす主體は「仁人」(＝最高統治者としての君主) とされているから論外にして、「交相利」の場合は自己を排除した利他を意味するものではない。というのは、例えば中篇に「若視其國・若視其家・若視其身」とあるのは自己を利することを意味し、「若」の前にそれぞれ「視人之國・視人之家・視人之身」があって「利他」の意味になる。したがって、「相利」とは自己を利する程度の利し方を自己と他者と（中篇では國同士・家同士・個人同士・君臣・父子・兄弟）が相互に行うことを意味し[二四]、「交相利」は恐らくそのような相互利を全天下的全社會的規模で實踐することを意味するものと思われる。

第三に、「拒絶すべき利は他を賊害し亂を招く自利」と的確に指摘したにもかかわらず（ただし「自利」を「亂を招く」ものとしたのは誤り）、利己的行爲を伴わない「利」的行爲（千葉氏の表現を借りれば個人的「利」）もひとまとめに「拒自利」としている。しかし、「自利」はすでに述べたように、他者への「利」の實行を可能ならしめる自分の中の基盤として作者によって肯定されているのである。

結局千葉氏は、渡邉氏の「拒利」説を批判しながらも、「拒自利」＝利他とし、それをさらに「交相利」と混同したことによって、兼愛上・非攻上篇全體の主旨を損なうに至ったと言えよう。

このように、兼愛上・非攻上篇で「自利」そのものは否定されることはなかったにもかかわらず、「利」は全體として「愛」に包攝されて表面に出ることはなかった。しかもその場合の「利」とは「自利」の範囲を超えるものではなかった。したがって、この段階においては「利」への道徳的價値付け、あるいは根據付けはまだなされていなかった。そして聖人（實際には君主）の役割・影響力・位置づけも特に兼愛上篇で確認したように、非常に微々たる存在にすぎなかった。「利」の意味や範囲が全天下的全社會的な規模にまで擴大されるには中・下篇を待たなければならない。そしてそれは聖人の役割・影響力・位置づけにも跳ね返って、畫期的な變容を成し遂げるようになる。

（二）兼愛中篇・非攻中篇の「利」—社會的「利」思想の誕生

それをまず兼愛中篇で確認してみよう。中篇では、まず説得對象が「上・士」とあるように爲政者階級に限定されるが、主には最高統治者である君主を對象としていると思われる。次に上篇で「聖人」とあったのが「仁人」に變わり、その「仁人」の政治的責務は、「必興天下之利、除去天下之害」にあるとして、問題の所在をより直截かつ現實化し、「天下之害」の發生の原因を上篇と同じく「不相愛」に求める。ここで注目すべきは、「天下之利」を興すことを君主の「仁」的行爲として意義づけている點、及び中篇において初めて「天下之利」と、全天下的あるいは全社會的「利」という觀念が見られる點である。ただし、全天下的全社會的といっても、前にも述べたように社會單位においては「國同士・家同士・身(個人)同士」の、人倫關係においては「君臣・父子・兄弟」の相互利（相互愛も含めて）という基盤が前提になっていることは勿論のことであるが[二五]。こうしてこの段階において「利」を道徳的に根據づけること[二六]及び墨家的な社會的「利」思想が定立される[二七]ようになるのである。このように見てくると、『孟子』上引⑦で「墨子兼愛。摩頂放踵、利天下爲之。」とあるのは、的確な指摘であったことが確認される——ただし、その文章を素直に讀めば、墨子（恐らく墨子學派）が「利天下」の主語となっており、その點、君主を主語とする兼愛中篇とのずれが窺われる[二八]。

さて「天下之害」の發生の原因である「不相愛」を撥無するための對策案としていよいよ「兼相愛交相利」を主張するようになるが、その直後に「法」とあるように、この段階ではその口號が徐々に教條化・定型化し、かつ當の政治權力への接近が始まる。それは「特上弗以爲政、士不以爲行故也。」が二度出てくることからも容易に看取される。そこにはまた報酬的効果を期待する打算的關心に説得の基礎が置かれるようになる（「夫愛人者、人必從而愛之、利人者、人必從而利之。惡人者、人必從而惡之、害人者、人必從而害之」）。それは恐らく兼愛論を自己の生きている時代にすぐ實現させようとする焦りの結果とも想像されるが、それと同時に己れの「利」のためでもあるのである。その場合の己れとは終局的には君主であり、人（＝民）を愛利しなければならないというのは、天下のすべての民からの愛利を期待するため、すなわち天子の利のため、君權の強化のために違いない[二九]。これは上篇には見られなかった重大な變質である。

このような君權への接近は、上篇において微々たる存在にすぎなかった聖人觀にも影響を及ぼすようになるが、それは、「兼相愛交相利」は昔の聖王（禹・文王・武王）によってすでに實行濟みであることを證明するという手法を取ってなされる。特に「利」と關連しては「禹」の事績について「古者禹治天下、西爲西河漁竇、以泄渠孫皇之水、北爲防原泒、注后之邸嘑池之竇。洒爲底柱、鑿爲龍門、以利燕代胡貉與西河之民。東方漏之陸防孟諸之澤、灑爲九澮、以楗東土之水、以利冀州之民。南爲江漢淮汝、東流之、注五湖之處、以利荊楚〔干〕越與南夷之民。此言禹之事。吾今行兼矣。」[三〇]とあって、もっぱら治水事業によって東西南北四方、すなわち全天下の民利を開いた聖王として描かれている。そして「此言禹之事。吾今行兼矣。」とあるのは――他の二王についても同様の形式を取っているが――そのように締めくくることによって、「兼相愛交相利」の理論を權威づけ客觀化する効果が期待されている。しかしその反面、上篇において子墨子の言とされていたのは、もはや拋棄されてしまっている。ここで注目すべきは、「兼相愛交相利」は聖王が實踐したこととなり、以後古の理想的聖王とされるものであれば、だれでも當てはまってしまう一つの枠組みが形成されるようになったという點である。この點は下篇において確認される。こうして「兼相愛交相利之法」が「聖王之法」とされ「天下之治道」とされるのは、以上の論理からすれば當然の歸結であろう。

兼愛中篇ではこのように「天下之利」、すなわち社會的「利」を興すことが全面に打ち出されているが、非攻中篇ではそのような「利」思想は見えない。それは恐らく侵略戰爭否定という消極論的傾向に起因するものかも知れない。さりとて「民之用・民之利」が配慮されていないわけではないが、説得對象が「王公大人」であったがゆえに、非攻論を論ずる際の焦點が、侵略戰爭が果たして君主にとって實利的か否かに集中されてしまったことに起因するとも考えられる。それは、侵略戰爭が結局消耗戰にすぎないにもかかわらず、戰爭が起こる原因はどこにあるかと質問した場合に、戰爭を肯定する君主たちが「我貪伐勝之名、及得之利、故爲之。」と答えることを予想し、それを「子墨子言曰、計其所自勝、無所可用也。計其所得、反不如所喪者之多。」と駁論し、また「子墨子言曰、古〈今〉者王公大人、情欲得而惡失、故〈欲〉安而惡危。故當攻戰、而不可不非。」[三一]とし、また篇末で「是故子墨子言曰、古者有語。曰、君子不鏡於水、而鏡於人。鏡於水、見面之容。鏡於人、則知吉與凶。今、以攻戰爲利、則蓋嘗鑒之於智伯之事乎。此其爲不吉而凶、既可得而知矣。」とするのによっても明らかであろう。これを要するに、非攻中篇において社會的「利」思想は見えないにしろ、非攻論を支える中核概念は兼愛中篇と同様「利」にほかならず、君主を説得對象にしている面も兼愛中篇と軸を同じくすると言えよう。

（三）末期墨家における社會的「利」思想の展開

このような兼愛中・非攻中篇の「利」思想は、下篇になると中篇で形成された理論や論理の枠組みを繼承しつつ、新しい要素を加味してさらなる展開・變容を遂げることになる。それはまた君權にほぼ完全に密着した形を呈する。ここでは繼承している部分と新しい要素を加味して展開・變容している部分とを對比させつつ、それをまず兼愛下篇において考察する。

第一に、説得對象が中篇と同樣君主となっている(「王公大人・君子」)。

第二に、「仁人」の責務を「必務求興天下之利、除天下之害。」としている點はそのまま繼承されている。ただし、「務」字を加えることによって社會的「利」を興すことをさらに強調している。

第三に、中篇では「天下之害」の原因を「不相愛」に求めたが、下篇では天下の諸害の原因を「愛人利人」の對蹠的概念である「惡人賊人」に求めている。これは中篇の「夫愛人者、人必從而愛之、利人者、人必從而利之。惡人者、人必從而惡之、害人者、人必從而害之。」から展開されたものと考えられる。

第四に、「兼」(「愛人利人」を縮約した語)が一つの固有の概念として定立されている。これも下篇になって初めて見える現象である。それと反對する概念として「別」(「惡人賊人」を縮約した語)を想定し、後者は全社會の諸害(=「天下之大害」)をもたらすもの、前者は全社會の諸利(=「天下之大利」)をもたらすものとして後者を退ける。

第五に、第四を受けて「士」を「兼士」(「執兼」する士)と「別士」(「執別」する士)とに、同樣に「君」も「兼君」と「別君」とに二項對立させて前者を選擇させる。

第六に、中篇で「兼相愛交相利」は古の聖王(禹・文・武)により實行濟みであるとして、兼愛論の權威づけ客觀化が試みられたが、下篇でも同樣の試みがなされている。ただし、その試みは中篇とは違って泰誓・禹誓・湯説・周詩のような古書を引用する手法を用いている點においてより洗練さ·徹底さが看取される。それに古の理想の聖王として「湯」が追加されることにより數が增えている。この現象がまさに、前にも指摘したように、一度枠組みが形成されれば誰を當てはめても通用してしまう、ということの一例になろう。このような現象は時代が下がれば下がるほど增えることになるが、例えば、天志中篇には「夫愛人利人、順天之意、得天之賞者、誰也。曰若昔三代聖王堯舜禹湯文武者、是也。」とあり、下篇には「昔也三代之聖王堯舜禹湯文武之兼愛天下也、從而利之、移其百姓之意。」とあって、「堯舜」も兼愛論の實踐者とされるに至っている。それに「雖子墨子之所謂兼者、於文王取法焉。」(他の三聖王も同じ)と兼愛論が開祖の獨創説ではないとしたことにより、中篇より自己疎外の度を增している。

第七に、中篇における君權への接近よりさらに進んで、君權へのほぼ完全な密着が見られる。すなわち、まず兼愛反對論として實行が困難であるという主張を想定しそれへの答えとして、荊の靈王・越王の句踐・晉の文公がそれぞれ「小要・勇・苴服」を好んだ際、皆が過度に節食したり身を燒いたり粗服を着たりした理由は、いずれも「求以鄉其上也。」にあったと分析し、兼愛論はそうした目的の實現にとって効果的な手段である上に、それよりも斷然實行容易なものであることを強調する。にもかかわらず、兼愛論が實行されない理由は「我以爲、則無有上説之者而已矣。」、つまり君主が喜び好まないことにあるとし、引き續き「苟有上説之者、勸之以賞譽、威之以刑罰、我以爲、人之於就兼相愛交相利也、譬之猶火之就上、水之就下也、不可防止於天下。」といって、兼愛論の強制的實行を君主に強く要請する。このような「賞譽・刑罰」による強制的執行の主張は、誰もが指摘するように、君權へのほぼ完全な密着であると同時に、上篇以來の本質的な變質にほかならない。

その他、中篇で上篇からの變質とされた點、すなわち説得の基礎を君主への報酬的効果を期待する打算的關心においていた點は、下篇では「故兼者聖王之道也。王公大人之所以安也。萬民衣食之所以足也。……此聖王之道、而萬民之大利也。」と、やや反省も込めてより愼重に、民利を考慮する立場へ變更されている點も、看過できない重要な違いである。

次に非攻下篇でも、説得對象は「王公大人・好攻伐之君」とあるように君主である。下篇において上・中篇からの展開・變容のうち著しいものとしては、誰もが指摘しているように、戰爭を正義の戰爭と侵略戰爭とに分けて、前者を「誅」、後者を「攻」とすることが擧げられよう。これは從來の非攻論から見れば大きな變質であることは言うまでもない。

さて「利」思想と關連して、同じ上・中篇は勿論、兼愛下篇にもない思想が見られる。すなわち、冒頭に「今、天下之所譽善〈義〉者、其説將何〔哉〕。……必將曰、爲其上中天之利、而中中鬼之利、而下中人之利、故譽之。今、天下之所同義者、聖王之法也。」【三二】とあるように、「利」をさらに三つに分けた、いわゆる「三利」思想がそれである。ここで「三利」は、天下の人々が譽めて「義」とするものとはあっても、それはそのような一般的なレベルでものを言う立場ではなく、結局は當篇の作者の考え方を示すものと考えられる。その考え方とは、「三利」を「義」、すなわち社會的正義の準則であり、かつすべての行動の準則であるとする考え方である。次の「古之知者之爲天下度也、必順慮其義、而後爲之行。……而順天鬼百姓之利、則知者之道也。」というのもそれを意味する。これが恐らく經上篇・經説下篇の「義、利也。」、大取篇の「義、利」の原型となるものではなかろうか。

「三利」というのは具體的には「率天下之百姓、以農臣事上帝山川鬼神、利人多」という行爲を指す。ところで、それをなす目的はどこにあるのだろうか。それは結局「天賞之、愚〈鬼〉[三三]富之、人譽之、使貴爲天子、富有天下、名參乎天地、至今不廢。」、すなわち君主が「三利」に基づいて思慮し行動しさえすれば、最高の名譽・富、絶對權威・絶對權力は「天・鬼・人」によって保證されるというところにある。これは先ほど兼愛中篇で見た報酬的効果・打算的關心に説得の基盤をおいていたのとなんら變わりがない。つまり君主の一元的支配を擁護・強化するためのものである。このような「三利」思想が一旦確立すれば、侵略戰爭への反對理論の組み立てがより容易になることはいうまでもない。つまり、まず侵略戰爭のマイナスの側面を取り上げ、それが「三利」にもとることを機械的に指摘し否定していけば濟むのである。それは、この「三利」思想が他の篇でどのように應用されているのかを見れば一層明らかになろう。

【『墨子』の「三利」思想】

①「……然、則富貴爲賢、以得其賞者、誰也。曰、若昔者三代聖王堯舜禹湯文武者、是也。所以得其賞、何也。……又率天下之萬民、以尚尊天事鬼、愛利萬民、是故天鬼賞之、立爲天子、以爲民父母。萬民從而譽之、曰聖王、至今不已。則此富貴爲賢、以得其賞者也。」（尚賢中篇）

②「昔者堯之擧舜也、湯之擧伊尹也、武丁之擧傅説也、豈以爲骨肉之親、無故富貴、面目美好者哉。惟法其言、用其謀、行其道、上可而利天、中可而利鬼、下可而利人、是故推而上之。」（尚賢下篇）

③「尚賢者、天鬼百姓之利、而政事之本也。」（尚賢下篇）

④「子墨子言曰、昔三代聖王禹湯文武、此順天意、而得賞也。……然

則禹湯文武、其得賞、何以也。子墨子言曰、其事上尊天、中事鬼神、下愛人。故天意曰、此之我所愛、兼而愛之、我所利、兼而利之。愛人者、此爲博焉。利人者、此爲厚焉。故使貴爲天子、富有天下。業萬世子孫、傳稱其善、方施天下、至今稱之、謂之聖王。」（天志上篇）

⑤「順天意者、義政也。反天義者、力政也。然義政將柰何哉。子墨子言曰、處大國、不攻小國、處大家、不篡小家。強者不劫弱、貴者不傲賤、多詐者不欺愚。此必上利於天、中利於鬼、下利於人。三利無所不利。故擧天下美名加之、謂之聖王。力政者、則與此異。言非此、行反此、猶倖〈偝〉[三四]馳也。處大國、攻小國、處大家、篡小家。強者劫弱、貴者傲賤、多詐〔者〕[三五]斯愚。此上不利於天、中不利於鬼、下不利於人。三不利無所利。故擧天下惡名加之、謂之暴王。」（天志上篇）

⑥「夫愛人利人、順天之意、得天之賞者、誰也。曰、若昔三代聖王堯舜禹湯文武者、是也。堯舜禹湯文武、焉所從事。曰、從事兼、不從事別。……觀其事、上利乎天、中利乎鬼、下利乎人。三利無所不利。是謂天德。聚斂天下之美名、而加之焉。曰、此仁也義也。……不止此而已、書於竹帛、鏤之金石、琢槃盂、傳遺後世子孫。……帝善其順法則也。故擧殷以賞之、使貴爲天子、富有天下。名譽至今不息。」（天志中篇）

⑦「夫憎人賊人、反天之意、得天之罰者、誰也。曰、若昔者三代暴王桀紂幽厲者、是也。……觀其事、上不利乎天、中不利乎鬼、下不利乎人。三不利無所利。是謂天賊。聚斂天下之醜名、而加之焉。曰、此非仁也非義也。……」（天志中篇）

⑧「今天下之士君子、欲爲義者、則不可不順天之意矣。曰、順天之意者兼也。反天之意者別也。兼之爲道也、義正。別之爲道也、力正。曰、義正者何若。曰、大不攻小也。強不侮弱也。衆不賊寡也。

詐不欺愚也。貴不傲賤也。富不驕貧也。壯不奪老也。……若事上利天、中利鬼、下利人。三利而無所不利。是謂天德。故凡從事此者、聖知也、仁義也、忠惠也、慈孝也。是故聚斂天下之善名、而加之。是其故何也。則順天之意也。曰、力正者何若。曰、大則攻小也。強則侮弱也。衆則賊寡也。詐則欺愚也。貴則傲賤也。富則驕貧也。壯則奪老也。……若事上不利天、中不利鬼、下不利人。三不利而無所利。是謂之〈天〉[三六]賊。故凡從事此者、寇亂也、盜賊也、不仁不義、不忠不惠、不慈不孝。是故聚斂天下之惡名、而加之。是其故何也。則反天之意也。」(天志下篇)

⑨「今用執有命者之言、則上不聽治、下不從事。……故命上不利於天、中不利於鬼、下不利於人。而強執此者、此持〈特〉[三七]凶言之所自生、而暴人之道也。」(非命上篇)

⑩「子墨子曰、凡言凡動、利於天鬼百姓者爲之、凡言凡動、害於天鬼百姓者舍之。……」(貴義篇)

⑪「魯君謂子墨子曰、吾恐齊之攻我也、可救乎。子墨子曰、可。昔者三代之聖王禹湯文武、百里之諸侯也、説忠行義、取天下。三代之暴王桀紂幽厲、讐怨行暴、失天下。吾願主君之上者尊天事鬼、下者愛利百姓、厚爲皮幣、卑辭令、亟徧禮四鄰諸侯、敺國而以事、齊患可救也。非此顧無可爲者。」(魯問篇)

①④⑪には「利」字はないが内容上「三利」をふまえていると判斷しても差し支えあるまい。このように「三利」思想をやや廣く緩やかに取ると、①は「堯舜禹湯文武」が「天子」となり「聖王」と呼ばれるようになった理由の一つ、②は賢人登用の重要な根據、③は結論として尚賢論が「三利」にあたることを主張する。また④は「禹湯文武」が兼愛の實踐とともに「三利」政策を通じて「天」の賞を勝ち取ったとし、しかも⑥はさらに「堯舜」が加えられており、

（兼愛とともに）「三利」を實行して「天」の賞を勝ち取って、「仁・義」の聖王と呼ばれるまでになったとする。ここでも「利」は「仁・義」と自然に結びついているのが確認できる（⑦はその反對のケースを想定して記述したにすぎない。⑧には「仁義」のみならず、「聖知・忠惠・慈孝」とも結びついている。）。⑤は「天意」に順う「義政」とその反對の「力政」とを對比させつつ、前者は「三利」を行うもの、後者は「三不利」を行うものであるという。ここで初めて「三不利」という概念が派生している（⑧も同じ。ただ、より詳細になっている）。⑨は有命論が「三利」にもとることを、⑩はあらゆる「言・動」の準則の一つ、⑪は他國の侵略から國を守る一方法となっている【三八】。

このように「三利」思想は、兼愛論・非攻論のみならず、尚賢論・天志論・非命論などにも浸透し、しかも古の理想の聖王とされる「堯舜禹湯文武」によってすでに實行濟みであるという考え方が定着している。特に注意すべきは、①④⑤⑥⑧は「三利」を實行すれば、最高の名譽・富、絶對權威・絶對權力は「天・鬼・人」によって保證されるという、報酬的効果・打算的關心に説得の基盤があるということである。これを要するに、兼愛中・下篇以來、一方では「興天下之利、除天下之害」あるいは「萬民之大利」を提唱するものの【三九】、他方では一君主の名譽・富、絶對權威・絶對權力の擁護・強化をはかる、といった兩方の傾向が、十論の各三篇の中で相互補完し、かつある程度バランスを保ちつつ、主張されているのである。

しかし、その内部においては各口號の性質上、「利」が上下の間で一方に偏って強調される現象が生ずる場合もあった。例えば、尚同三篇は上の「利」に偏りが生じた例で、特に上・中篇では「尚同一義」や「賞罰審察」が強調される一方で、そこには社會的「利」の觀念や思想は殆ど見えない【四〇】。それに對して、節用二篇では「民利」

の立場から「無用之費」をなくすことが力説されており[四一]、節葬下篇では「厚葬久喪」を批判する論據として「三務」[四二]が提唱されている。よって、そのような「利」のアンビヴァレントな性質は兼愛中・下篇以來、尾を引いていたと言えよう。

六　宋鈃學派と「利」

次に宋鈃學派についてみてみよう。宋鈃學派の開祖であり戰國中期頃に活躍したと言われる「宋鈃」は、『孟子』上引④にはその名が「宋牼」となっているが、一般的には「宋鈃」(『荀子』非十二子篇・『莊子』天下篇）という名でより多く知られており、別名「宋榮子」(『莊子』逍遥遊篇・『韓非子』顯學篇)・「宋榮」(『韓非子』顯學篇）・「宋子」(『荀子』天論・解蔽篇)・「子宋子」(『荀子』正論篇）ともいう。宋鈃については、『孟子』以外に上記のような文獻に斷片的にしか殘っていないため、周知の如くその著作や根本思想、學派所屬などの諸問題においていまだ謎めいた部分が多く、今でも喧しい議論の對象となっている。したがって、ここで交錯状態にある從來の宋鈃研究について、ひとまず整理してみる必要がある。

まず、著作についてみてみると、一般的に『漢書』藝文志に著録されている『宋子』十八篇が彼の著作とされているが、それよりもかつて劉節・郭沫若兩氏[四三]がいわゆる『管子』四篇の全部あるいは一部を宋鈃の作品と發表して以來、それについて賛同したり批判したり、あるいは賛否を示さずに自説を展開する研究が續々と出されたことで一気に世間の注目を浴びるようになったと思われる[四四]。しかし、すでに諸家によって樣々な角度から分析がなされているように、それらを直ちに宋鈃の作と認めるのはやはり無理のようである（この問題については本稿注【四四】のⅡに擧げた諸研究を參照)。

次にその思想的特徴として特に有名なものを掲げると、①非戰と軍備の撤廢による平和論（『孟子』告子下篇の「吾聞秦楚搆兵。我將見楚王、説而罷之。楚王不悅、我將見秦王、説而罷之。」、『莊子』[四五]天下篇の「禁攻寢兵、救世之戰。」・「以禁攻寢兵爲外」）、②獨特の榮辱觀による鬪爭の否定（『莊子』逍遥遊篇の「擧世而譽之、而不加勸、擧世而非之、而不加沮。」・「辨乎榮辱之竟」、『荀子』[四六]正論篇の「子宋子曰、明見侮之不辱、使人不鬬。人皆以見侮爲辱、故鬬也。知見侮之爲不辱、則不鬬矣。」・「子宋子曰、見侮不辱。」、同正名篇の「見侮不辱」、『韓非子』[四七]顯學篇の「宋榮子之議、設不鬬爭、取不隨仇、……見侮不辱」、『莊子』天下篇の「見侮不辱、救民之鬬。」）[四八]、③情欲寡淺説（『荀子』天論篇の「宋子有見於少無見於多」、同正論篇の「子宋子曰、人之情欲寡、而皆以己之情爲欲多、是過也。」、同解蔽篇の「宋子蔽於欲而不知得」、同正名篇の「情欲寡」、『莊子』天下篇の「以情欲寡淺爲内。」）[四九]、という三大スローガンが最も代表的であり、戰國後期から前漢初期にかけて當時の思想界によく知られていたようである。勿論さらに細部にわたって檢討すると、『荀子』非十二子篇の「不知一天下建國家之權稱」「上功用」「大儉約」「僈差等」、『莊子』天下篇の「白心」「別宥」「心之容」など、墨家や道家思想との關連を思わせる語句や言葉も見えるが、そこにはその篇の作者が宋鈃を意識的に墨家や道家に引きつけて理解しようとした嫌いが看取されなくもない——ただし、これは彼の思想の中にそのような要素が全くなかったということを主張するものではない。

最後に學派所屬の問題に關しては、一般に宋尹學派と稱する場合が多く、特に中國の學者たちの間ではそれを前提にして學派の問題を論ずる研究が大半を占めている。ここでは一々その例を擧げることは割愛して、宋鈃だけに限定して整理してみると、①墨家とする説、②名家とする説、③黄老派とする説、④稷下黄老派とする説、

⑤道家あるいは道家の先驅とする説、⑥學派的分類に拘らずに戰國時代の獨立した一流派とする説、等々がある【五〇】。尤も、この問題を解くためには各文獻の性質に留意しながら、實際どのように記載されているのかを見て判斷するのが最も有効であろう。それを念頭においてみてみると、『孟子』上引④、『莊子』逍遥遊篇、『荀子』天論・正論・解蔽篇、『韓非子』顯學篇のようにその名が單獨に見えるのが最も多い。また周知のように『荀子』非十二子篇には墨翟と、『莊子』天下篇には尹文と竝稱されているが、それだけでなく『韓非子』外儲説左上篇に「李・惠・宋・墨」とあるように、四人が竝稱されている例もある。そして誰もが指摘しているように、『漢書』【五一】藝文志・諸子略には宋鈃の作と言われる宋子十八篇が小説家に著録されているが（尹文子一篇は名家に著録されている）、續く班固の「孫卿道宋子、其言黄老意。」【五二】という表現によれば、小説家でありながら黄老思想を説いていたということになる。こうしてみると、いずれの學派にも屬するかのように見えると同時に、いずれの學派とも限定し難いことが分かる。

以上によって次の三つのことが考えられよう。第一に、先秦諸子との師承關係や學派の所屬を明確に示す文獻がない點。第二に、他説を否定して自説を主張するために、あるいはある一定の觀點から哲學史・思想史を描くために、あるいは文獻整理の必要上、作者の主觀的判斷（極端に言えば恣意的判斷）が介入されていることを否めない點。第三に、『荀子』正論篇に「今子宋子嚴然而好説、聚人徒、立師學、成文典。」とあるように、正論篇が成書された現時點において宋子學派がすでに形成されていたようなことを窺わせる記事がある點。これらの情況を斟酌した場合、結局特定の學派に無理矢理結びつける必要はないのではなかろうか。よって、唐鉞氏や赤塚忠氏が指摘したように【五三】、先秦時代の諸子との思想上の相互的影響關係は認められるものの、學派上は獨立した一派をなしていたと考える方が穩當のように思われる。

こうして宋鈃學派は獨立した一派をなして戰國中期頃に上記の三大スローガンを主として實踐的に活動したことが明らかになったが、ここで本篇の「利」思想の來源の問題と關わる『孟子』上引④の文章に論を戻そう。そこには三大スローガンの一つの非戰を王に説得するために楚國へ行こうとする宋牼が石丘という地で孟子と會って會話を交わす場面が描かれているが、その要點について孟子に質問された時、「我將言其不利也。」、すなわち、戰爭が國利にもとることを言おうとすると答えている。ここで兩者の問答をまとめてみると次のようになろう。まず説得對象が楚王・秦王のように君主になっている。次に三大スローガンの一つである非戰を裏付ける最大の根據が「利」とされている。そして孟子は『孟子』上引①と同樣、得意の「仁義」によってそれを論破しようとしている。その内、最も重要なのは、「利」が非戰を説得する際の中核概念となっている點である。この點は先學によってすでに指摘されているように墨家が非攻を論じる際の論法と酷似していることは言うまでもなかろう【五四】。またこれはあまり注目されていない事柄であるが、『莊子』天下篇で宋鈃尹文の學説を説くところに「以爲無益於天下者明之、不如已也。」とある文章も、上引④の「利」と關連して考えると宋鈃思想の重要な一面を示唆していると思われる。これは胡家聰氏も指摘しているように【五五】、『墨子』非樂上篇の「利人乎、即爲、不利人乎、即止。」という文章と相似ている。それと同時に、君主を説得の對象としているのは中期以降の墨家思想と相通じる點、そして先秦諸子の中で全天下的全社會的な規模での「利」を自家の中核概念として全面に打ち出しているのは墨子學派以外に見受けられない點などを考慮すると、宋鈃の「利」思想は墨家から直接影響を受けたと認めてもよかろう。このように見てくると、文獻資料による限り、孟子以前あるいは孟子が活動していた當時、「利」を一つのスローガンとしていたのは墨家及び宋銒學派ということになり、彼らは『孟子』の仁義説の最大の脅威・障害物であったことは『孟子』の上引の文章によっても垣間見ることができよう。

七　戰國後期以降の社會的「利」の思想―「弗利」という理想

（一）法家系の諸文獻における社會的「利」思想の特徴

ところで、中期墨家以降の「利」思想には、各口號の性質上、「利」が上下の間で一方に偏って強調される現象が生ずる場合もあった。そのような「利」のアンビヴァレントな性質は、十論の各三篇の中で相補完し、かつある程度バランスを保ちつつ主張されていたことも事實である。しかし、特に兼愛中篇に端を發し、尚同三篇、尚賢中篇、天志三篇に顯著に見られたように、各口號が徐々に教條化・定型化し當の政治權力へ接近・密着していくにつれ、最高の名譽・富、絶對權威・絶對權力が「天・鬼・人」によって保證されるという、報酬的効果・打算的關心に説得の基盤が置かれ、その傾向がいよいよ強くなっていったのも事實である。それに對して、本句には「弗利」（君主に對する語）とあって、天下の利を君主に歸することをあえて斷ち切っている。この點、上記のような墨家内部の君權依存への強い願望とは異なる、あたかもそれへの強い反撥を示すようなものとも思われる。次はこの「弗利」の問題について考察することにする。この問題を解くのに有効な資料は、戰國後期から前漢初期に成立したと思われる法家系の文獻や『呂氏春秋』『淮南子』などにいくつか見える。『商君書』[五六]修權篇（錢遜氏所引[五七]）には、次のような文章がある。

凡人臣之事君也、多以主所好事君。君好法、則臣以法事君。君好言、則臣以言事君。君好法、則端直之士在前、君好言、則毀譽之臣在側。公私之分明、則小人不疾賢、而不肖者不妬功。故堯舜之位天下也、非私天下之利也、爲天下位天下也。論[五八]賢擧能而傳焉、非疏父子親越人也、明於治亂之道也。故三王以義親、五伯以法正諸侯、皆非私天下之利也、爲天下治天下。是故擅其名而有其功、天下樂其政、而莫之能傷也。今亂世之君臣區區然、皆擅一國之利、而管一官之重、以便其私。此國之所以危也。故公私之交、存亡之本也。

いったい臣下が君主に仕える際、多くの場合、君主の好むところに基づいて君主に仕える。君主が法を好むと臣下も法によって君主に仕える。君主が言論を好むと臣下も言論によって君主に仕えるようになる。君主が法を好むと端正・正直な士が君主の前にあり、君主が言論を好むと毀譽褒貶の臣がその側にある。公私の區別が明らかであれば、小人は賢者を憎まず、愚かな者は功勞者を嫉妬しない。だから堯舜が天子となっては、天下の利益を自分のものとすることなく、天下のために天下に位したのである。賢者を採用し有能者を擧用して位を傳えたのは、父子の愛情を蔑ろにし人を越えるというのではなくて、治亂の道を明らかにすることに本質がある。だから三王が義をもって親しみ、五覇が法をもって諸侯を正したのは、いずれも天下の利益を自分のものとするためではなく、天下のために天下を治めるためであった。それゆえその名譽をほしいままにしその功績もあがり、天下の人々はその政治を樂しんで損なうことはなかった。今、亂世の君臣は小さなことにこだわり、いずれも一國の利益を自分の専有物とし、一官の重さだけを管理して、私利だけを求めている。これこそ國が危うくなる原因である。だからこそ、公私の關わりは國が存亡する基本である。

とある。君主の「好」に作者の思想の實現を依託していることや、「堯舜」や「三王」の時代の政治のありかたを「非私天下之利也」と表現しているのは、恐らく兼愛中篇などの中期墨家以降、兼愛論の實現を君主に依存したことや社會的「利」の思想をふまえていると思われる。ただし、ここで「堯舜・三王」を登場させたのは、禪讓や「義」による政治を主張するためではないことは言うまでもなかろう。それは恐らく「五伯」の「法」による政治を導くための伏線として示しただけのものと考えられる。というのは、上引文章の前後に「公私之分明」「公私之交」とある「公」は、具體的には「法」を指し、「法」による政治の實現にその眞の目的があるからである。したがって、「五伯」の時代の政治が「堯舜・三王」と同等のレベルで語られているのは、修權篇の作者にとってはごく自然なことであったろう【五九】。というより、その底辺には『商君書』の獨特の歴史觀がそれを支えていると思われる。その歴史觀とは、修權篇にも「不以法論知能賢不肖者惟堯、而世不盡爲堯。是故先王知自議譽私之不可任也。故立法明分。」と見えるが、八説・開塞篇に典型的に見られ、『韓非子』五蠹篇とも深く關連しあっている。それは一言で言えば、「時」や「事」の歴史的・時間的變化を正確に捉えることを主眼とする歴史觀と言えよう【六〇】。

いずれにせよ、「堯舜・三王・五伯」の政治を「非私天下之利也、爲天下位天下也。」とする主張に、墨家の社會的「利」思想をふまえながらも、本句のような「弗利」の側面が全面に出されているのは、墨家思想とは違う一つの特徴と言えよう。ただし、修權篇に「君臣釋法任私必亂」、「立法明分而不以私害法、則治。」、「惟明主愛權重信、而不以私害法。」、「世之爲治者、多釋法而任私議。此國之所以亂也。

」、「法者、國之權衡也。夫倍法度、而任私議、皆不知類者也。」等々とあるような特有の公私論、君臣という爲政者全般に對して終始「拒私」を力説していることから見れば、修權篇に「弗利」の側面が全面に出されるのは當然の歸結とも思われる。しかし、注意すべきは「弗利」の論理が一貫されてはいないことである。すなわち、修權篇にはまた「是故擅其名而有其功」とあって、中期墨家以降に見られた報酬的効果や打算的關心は、それほど強くはないにせよ、ここにも依然存續している。このような公私論的見地から「弗利」の思想が展開されているのは、戰國最末期に成立したといわれる『呂氏春秋』貴公篇にも「昔先聖王之治天下也、必先公。公則天下平矣。平得於公。嘗試觀於上志、有得天下者衆矣。其得之以公、其失之必以偏。凡主之立也、生於公。……天下非一人之天下也。天下之天下也。陰陽之和、不長一類。甘露時雨、不私一物。萬民之主、不阿一人。伯禽將行、請所以治魯。周公曰、利而勿利也。」とあって、「弗利」の思想を「周公」に言わせているのはこの篇だけに見える特徴と言えよう（これも前に墨家の社會的「利」を説いたところで、一つの枠組みが形成されれば、古の理想的聖王（もしくは聖人）とされるものなら、だれでもあてはまってしまうもう一つの例になろう）。このように、「弗利」や「拒私」の立場が全面に打ち出されているのは修權篇と同じである。ただし、この場合の「公」が「法」ではないことは言うまでもない。

「弗利」と關連する思想は、特に『管子』の中にもいくつか見える。まず戒篇（王博氏所引【六一】）の桓公・管仲問答に管仲の言葉として、

仁從中出、義從外作。仁故不以天下爲利。義故不以天下爲名。仁故不代〈伐〉【六二】王。義故七十而致政。是故聖人上德而下功、尊道而賤物。道德當身、故不以物惑。是故身在草茅之中、而無

懾意、南面聽天下、而無驕色。如此而後、可以爲天下王。

仁は心の中から發動し、義は外物との對應から發動します。仁の心を持っていればこそ、天下を自分の利益とはしません。義の立場に立てばこそ、天下を治めることを自分の名譽とはしないのです。また仁の心を持っていればこそ、王者であることを誇るようなことはしません。義の立場に立っていれば、七十歳になったときに政治の職を退きます。このように聖人は徳を尊んで功績のことなど後回しし、道を尊んで財貨などは輕視するのです。道徳がしっかりと身に備わっており、だからこそ外物に心を惑わされるようなことはありません。それゆえ自身がたとえ在野に身を置いていても憂える心がなく、天子の位について天下の政治を行うようになったとしてもおごり高ぶるような樣子はありません。以上のような狀態に到達してこそ、はじめて天下の王となることができるのです。

とある。この文章には本篇と類似の句が次のようにいくつか見える。第一に、「仁故不以天下爲利。」と「弗利」の立場が明確に打ち出されており、それを「仁」と結合しているのも本篇と類似している。第二に、「義故七十而致政。」も本稿の第二章で引用した③の文章に類似の句が見える。第三に、「聖人上德」は、本篇の「遆（禪）也者、上直（德）受(授) 臤（賢）之胃（謂）也。」と文字面は相似ているが、戒篇では禪讓の意味としては使われていないところに相違がある。第四に、最後に下線を引いた部分は本篇の「夫古者夋（舜）佢（居）於艸（草）茅之中而不息(悥)、斗〈升〉爲天子而不喬（驕)。…君民而不喬（驕)、卒王天下而不矣(疑)。」と酷似している。このように戒篇に禪讓説についての言及はないにせよ、本篇との類似性や本篇と同樣「弗利」の立場が明確に示されている點などは、單なる偶然の一致とは思えない。兩篇の間に何らかの連絡があったとい

うことは十分予想される。また『管子』版法解篇には、

凡衆者、愛之則親、利之則至。是故明君設利以致之、明愛以親之。徒利而不愛、則衆至而不親。徒愛而不利、則衆親而不至。愛施俱行、則説君臣、説朋友、説兄弟、説父子。愛施所設、四固不能守。故曰、説在愛施。凡君所以有衆者、愛施之德也。愛有所移〈私〉[六三]、利有所并、則不能盡有。故曰、有衆在廢私。……凡人者、莫不欲利而惡害。是故與天下同利者、天下持之、擅天下之利者、天下謀之。天下所謀、雖立必隳、天下所持、雖高不危。故曰、安高在乎同利。

およそ民衆というものは、愛すれば親しみなつき、利益を與えれば集まり寄るものである。それゆえ明君は民衆に利益を設けて、民衆を自分のもとに寄せ集め、（民衆への）愛を明らかに示して、民衆を自分に親しみなつかせるのである。むやみに利益を施すだけで愛を示さないと、民衆は寄り集まってはくるが、君主に親しみなつくことはない。またむやみに愛を施すことを示すだけで利益を與えなければ、民衆は親しみなつきはするが、寄り集まってはこない。愛と利益の施しとがともに行われれば、君臣・朋友・兄弟・父子を喜ばせることになる。愛と利益の施しとがともに行われれば、四方の堅固な國でも、民衆の流出を防ぎ止めることはできないのである。さてこそ、（民衆を）喜ばせる手段は愛と施しにある、と言われるのである。およそ君主が民衆を自分のものとして保有するための手段は、愛と施しの恩徳である。しかし、愛に私的な感情があり、利益が特定の者に集中すると、民衆すべてを自分のものとして保有することはできなくなる。さてこそ、民衆を保有する手段は私心を捨て去ることにある、と言われるのである。……およそ人間というものは、利益を望み損害を憎まない者はない。それゆえ天下の人々

と利益を共有する君主は、天下の人々も支持するが、天下の利益を獨占する君主に對しては、天下の人々が謀略を企てることになる。天下の人々が謀略を立てれば、たとえ君主の位についたとしても必ず失墜し、天下の人々が支持する君主は、高い地位についても危險はないのである。さてこそ、高い地位に安定しているための手段は利益を共有することにある、と言われるのである。

とあり、中期墨家以降の「愛・利」思想をふまえながらも、もう一歩踏み込んで「愛・利」の同時遂行を主張し、またそれらがある特定の者に集中されることや君主一人が天下の利を獨占することも警戒されている。しかし「愛之則親、利之則至。」のような報酬的心理、「凡君所以有衆者、愛施之德也。」のような打算的關心を喚起する表現が殘存しており、その點では先の戒篇と少々違っている。ただし、同じ篇（周鳳五氏所引【六四】）には、

所謂能以所不利利人者、舜是也。舜耕歷山、陶河濱、漁雷澤、不取其利、以教百姓。百姓擧利之。此所謂能以所不利利人者也。

利益を自分のものとしないという政治手段で、民衆に利益を與えることができると言われている者は、舜がそれである。舜は歴山で耕作し、黄河のほとりで陶器を作り、雷沢で魚を取りながら、その利益を自分のものとせずに、その方法を民衆に教えたのである。そこで民衆は皆利益を得ることになった。これが利益を自分のものとしないという政治手段で、民衆に利益を與えることができると言われる者である。

とあって、本句とほぼ同様の思想が述べられている。内容から判斷して恐らく末期墨家（尚賢中・下篇、天志三篇）の「利」思想から影響を受け、さらには戒篇をもふまえて書かれたものと思われる。版法解篇の上引の文章が「舜」の場合だとすると、「堯」の立場から

「弗利」の實態を說明している文章もある。時代は下がるが、『淮南子』[六五]主術篇に「堯之有天下也、非貪萬民之富而安人主之位也。以爲百姓力征、强凌弱、衆暴寡。於是堯乃身服節儉之行、而明相愛之仁、以和輯之。是故茅茨不翦、采椽不斲、大路不畫、越席不緣、大羹不和、粢食不毇。巡狩行教、勤勞天下、周流五嶽。豈其奉養不足樂哉。以爲社稷、非有利焉。年衰志憫、擧天下而傳之舜、猶卻行而脫蹝也。」とあって、文章全體が墨家思想の影響を濃厚に被っていることは言うまでもないが、最後に書かれているのは、「弗利」の立場を示しており、養生思想はないものの、それが禪讓によって根據づけられているのは、本篇の「亖(四) 枳（肢）朕(倦) 陸（惰)、耳目眲（聰）明衰、徸（禪）天下而受（授）臤（賢)、遉(退)而羧（養）丌（其）生。此以智（知）丌（其）弗利也。」と全く同じである。このことは、「君根本也、臣枝葉也。根本不美、枝葉茂者、未之聞也。有道之世、以人與國。無道之世、以國與人。堯王天下而憂不解、授舜而憂釋。憂而守之、而樂與賢、終不私其利矣。」とある繆稱篇の文章において再度確認できる。

（二）『荀子』の欲望論と「利」

このように、墨家から端を發した社會的「利」思想が、戰國中期以降各學派に受容され、それぞれの理論や聖人觀などに深く浸透していくにつれ[六六]、儒家の内部においてもそのような時代の流れに敏感に反應する動きが出始める（『論語』上引⑦・『孟子』上引⑤でも確認されたごとく)。それは言うまでもなく荀子學派である。ただ、荀子やその學派のテキストである『荀子』によれば、「保利棄義、謂之至賊。」(修身篇)、「……卑溼重遲貪利、則抗之以高志、……夫是之謂治氣養心之術也。」(修身篇)、「利少而義多爲之。」(修身篇)、「君子之求利也略。」(修身篇)、「有通士者、有公士者、有直士者、有愨士者、有小人者。……言無常信、行無常貞、唯利所在、無所不傾。若是則可謂小人矣。」(不苟篇)、「有狗彘之勇者、有賈盜之勇者、有小人之勇者、有士君子之勇者。……義之所在、不傾於權、不顧其利、擧國而與之、不爲改視、重死持義而不橈、是士君子之勇也。」(榮辱篇)、「然而仲尼之門、五尺之豎子、言羞稱乎五伯、是何也。……依乎仁而蹈利者也、小人之傑也。」(仲尼篇)、「君子無爵而貴、無祿而富、不言而信、不怒而威、窮處而榮、獨居而樂。……鄙夫反是、比周而譽愈少、鄙爭而名愈辱、煩勞以求安利、其身愈危。」(儒效篇)、「故有俗人者、有俗儒者、有雅儒者、有大儒者。不學問無正義、以富利爲隆、是俗人者也。……」(儒效篇)、「國者巨用之則大、小用之則小。……巨用之者、先義而後利、……小用之者、先利而後義」(王霸篇)、「大國之主也、而好見小利、是傷國。」(王霸篇)、「上好貪利、則臣下百吏乘是而後豐取刻與、以無度取於民。」(君道篇)、「人君者、隆禮尊賢而王、重法愛民而霸、好利多詐而危、權謀傾覆幽險而亡。」(彊國篇)、「君人者、隆禮尊賢而王、重法愛民而霸、好利多詐而危、權謀傾覆幽險而亡矣。」(天論篇)、「亂世之徵。其服組、其容婦、其俗淫、<u>其志利</u>、其行雜、其聲樂險、其文章匿而采、其養生無度、其送死瘠墨、賤禮義而貴勇力、貧則爲盜、富則爲賊。治世反是也。」(樂論篇)、「君人者、隆禮尊賢而王、重法愛民而霸、好利多詐而危。」(大略篇)、「上好義則民闇飾矣、上好富則民死利矣。二者治亂之衢也。」(大略篇)、「君子苟能無以利害義、則恥辱亦無由至矣。」(法行篇)、などとあるように、個人（主に君子)の修養論、君子小人の辨、王霸の辨、義利の辨、上位者の私利私欲、治亂の辨、等々のような立場から「利」が議論される場合は、たいてい低い評價が與えられている。これは言うまでもなく初期儒家からの根強い傳統であり、『荀子』においても變えられぬ原則であった。

しかし、「欲利而不爲所非。」（不苟篇）、「先義而後利者榮、先利而後義者辱。」（榮辱篇）、「論法聖王、則知所貴矣、以義制事、則知所利矣。」（君子篇）、などとあるように「利」を『孟子』のように野放しで否定することはしない。『荀子』において「利」が否定されない理由は、「材性知能、君子小人一也。好榮惡辱、好利惡害、是君子小人之所同也。若其所以求之之道則異矣。」（榮辱篇）、「凡人有所一同。飢而欲食、寒而欲煖、勞而欲息、好利而惡害、是人之所生而有也。」（榮辱篇）、「堯禹者非生而具者也。夫起於變故、成乎脩爲、待盡而後備者也。人之生固小人、無師無法、則唯利之見爾。人之生固小人、又以遇亂世得亂俗。」（榮辱篇）、「飢而欲食、寒而欲煖、勞而欲息、好利而惡害、是人之所生而有也。是無待而然者也。」（非相篇）、「義與利者、人之所兩有也。」（大略篇）、などという一連の文章に示されているように、人間が「利」を追い求めることを生身の人間の自然の欲求と認めているからである。これは荀子學派の欲望論と深く關連している――この點、墨家の「利」の見方と基本的には同質のようであるが、しかし『荀子』はそれを欲望論を基盤にして展開しており、そこに相違がある。

では、『荀子』の欲望論とは如何なるものであるか。『荀子』が欲望を人間の本質的なものとして認めていることは、周知のことである（「性者天之就也。情者性之質也。欲者情之應也。以所欲以爲可得而求之、情之所必不免也。」（正名篇））。「利」は當然欲望の格好の對象であるから、人間が「利」を好むこともまた生まれつきのものとしなければならない（「今人之性、生而有好利焉。」「夫好利而欲得者、此人之情性也。」（性惡篇））。しかし、その生まれつきの本性を放任しておけば、當然社會は大混亂に陥るので、それをコントロールする装置が必要になってくる。それが「禮」とされるものである（「禮起於何也。曰、人生而有欲。欲而不得、則不能無求。求而無度量分界、則不能不爭。爭則亂、亂則窮。先王惡其亂也。故制禮義以分之、以養人之欲、給人之求、使欲必不窮乎物、物必不屈於欲、兩者相持而長。是禮之所起也。」(禮論篇))。その際、「禮」を支えているのは「度量分界」、すなわち「分」にほかならない。それは王制篇に「人何以能羣。曰、分。分何以能行。曰、義。故義以分則和、和則一、一則多力、多力則彊、彊則勝物。故宮室可得而居也。故序四時、裁萬物、兼利天下、無它故焉。得之分義也。」とあり、富國篇に「人之生不能無羣、羣而無分則爭、爭則亂、亂則窮矣。故無分者人之大害也。有分者天下之本利也。」とあるのによって明らかである。人間が「羣」をなす以上、まず「分」(分業論)が守られなければならない。そしてその「分」を規定するのは、「義」すなわち社會的規範としての「禮」にほかならず【六七】、「禮」の基盤の上ではじめて全天下的全社會的「利」の實現が可能であるとするのが、『荀子』の社會的「利」思想の特徴である。

『荀子』の社會的「利」思想のもう一つの特徴は、特有の富國論にある。その富國論を支える基本論理は、「下貧則上貧、下富則上富。」(富國篇)にある。すなわち、「上」が富裕になるためにはまず「下」を富裕にしなければならない、というのが大前提である。では、「下」を富裕にするためにどのような方法が考えられていたのか。富國篇によれば、それは「節用・裕民」によってもたらされるが、「節用・裕民」はまたそれぞれ「禮」と「政」によって實現される(「足國之道、節用裕民、而善臧其餘。節用以禮、裕民以政。」)。ここで「禮」というのは、「禮者、貴賤有等、長幼有差、貧富輕重皆有稱者也。」とあるように、身分・階層・年齢などによる差等、すなわち「分」を意味する。ところで、この「分」を統制するものは「人君」である(「人君者所以管分之樞要也。」)【六八】。そういうわけで、最も尊貴な存在として下々の頂點に立ち、政治・社會・日常生活のあらゆる面において最高の待遇をされることになるわけであるが(「故美之者、是美天下之本也。安之者、是安天下之本也。貴之者、是貴天下之本也。」)、その代わりに「若夫重色而衣之、重味而食之、重財物而制之、合天下而君之、非特以爲淫泰也、固以爲一天下、治萬變、材萬物、養萬民、兼利天下者、爲莫若仁人之善也。」という責務が伴われる。よって、君主にはその責務を遂行できるような能力が要請されるのに對して（「夫故其知慮足以治之、其仁厚足以安之、其德音足以化之。得之則治、失之則亂。」)、民衆はその能力に頼りそのために勞苦する(「百姓誠賴其知也、故相率而爲之勞苦、以務佚之以養其知也」)、という「分」によって守られる相互依存關係が形成されるのである。そのような相互依存關係は君主と民衆の間だけでなく、支配層と被支配層の全般にわたって形成される（「君子以德、小人以力。力者德之役也。」「兼足天下之道、在明分。擽地表畝、刺屮殖穀、多糞肥田、是農夫衆庶之事也。守時力民、進事長功、和齊百姓、使人不偸、是將率之事也。……若夫兼而覆之、兼而愛之、兼而制之、歲雖凶敗水旱、使百姓無凍餒之患、則是聖君賢相之事也。」)。これがいわゆる縱の分業論である。この縱の分業論は、また横の分業論とあいまって十全たる分業が成り立つ（「百技所成、所以養一人也。而能不能兼技、人不能兼官。離居不相待則窮、羣而無分則爭。窮者患也、爭者禍也。救患除禍、則莫若明分使羣矣。」）わけであるが、このような横的縱的分業によって社會の生産力がアップし上下の利益がともにもたらされるというのが、『荀子』の富國論の概略である【六九】。墨家の社會的「利」思想より影響を受けながらも【七〇】、欲望論から出發して「分」と「禮」を徹底的に主張し、それによって全社會のシステムを構想するところは、墨家思想との相違を歴然とさせるものである。

　こうして「分」によってもたらされた民利を全天下的全社會的規

模で實現させることが君主の責務（「分」）とされた以上、富國篇で「不利而利之、不如利而後利之之利也。不愛而用之、不如愛而後用之之功也。利而後利之、不如利而不利者之利也。愛而後用之、不如愛而不用者之功也。利而不利也、愛而不用也者、取天下矣。利而後利之、愛而後用之者、保社稷矣。不利而利之、不愛而用之者、危國家也。」というのは、上記の論理からすれば當然の歸結であろう。この點は『荀子』の聖人觀にも投影されて、「一天下財萬物、長養人民、兼利天下、通達之屬莫不從服、六説者立息、十二子者遷化、則聖人之得勢者、舜禹是也。」(非十二子篇)、「用國者、得百姓之力者富、得百姓之死者彊、得百姓之譽者榮。三德者具而天下歸之、三德者亡而天下去之。天下歸之之謂王、天下去之之謂亡。湯武者、循其道、行其義、興天下同利、除天下同害、天下歸之。」(王覇篇)、「世俗之爲説者曰、桀紂有天下、湯武簒而奪之。是不然。……湯武非取天下也。脩其道、行其義、興天下之同利、除天下之同害、而天下歸之也。」(正論篇)、「請成相、道聖王。堯舜尚賢身辭讓。……堯讓賢、以爲民、氾利兼愛德施均、辨治上下、貴賤有等、明君臣。」(成相篇)、などとあるように、「堯・舜・禹・湯・武」を社會的「利」の實現者とする認識は、今まで述べた『墨子』『商君書』『管子』などと共通している。ただし、注意すべきは、『墨子』『荀子』兩方とも、「利」を全天下的全社會的規模で實現させることが君主の責務とされているが〔七一〕、『荀子』の方が「弗利」の側面をより強く全面に打ち出している點である。この點に限ってみれば、むしろ『商君書』『管子』『呂氏春秋』などと共通している。

八　おわりに

以上全六章にかけて、本句の思想的特徴を考察し、それを、先秦時代から漢代初期に成立した諸文獻、すなわち『論語』・『孟子』・『墨子』・『商君書』・『管子』・『荀子』・『呂氏春秋』・『淮南子』などに見える「利」と比較考察しながら論じてきた。では最後に、いままで論じてきたことを再確認しつつ、本句の思想史的位置を考察することで本稿の結びとしたい。

まず『論語』や『孟子』においては、「利」と「義」を二分法的に捉えて全く別物化し、一部の例外を除き、倫理道徳的な見地から「利」の追求を抑制あるいは排除しようとしていたと結論づけられよう。

次に先秦時代において、『論語』『孟子』流の儒家とは反對に、プラスの方面において「利」に道徳的價値を付與し、生身の人間の自然な欲求と認め、「利」の追求という自然な感情に自己の思想や理論を託して論理を展開しかつそれを最初に實現しようとしたのは墨家であった。しかし、同じ墨家と言っても、「利」が初期から末期に至るまで、決して同一の思想内容をもって主張されていたわけではない。

すなわち、初期墨家の思想においては、「利」そのものは決して否定されることはなかったが、しかし全體として「愛」に包攝されて表面に出ることはなかった。しかもその場合の「利」とは「自利」の範囲を超えるものではなかった。またその當然の歸結として、「利」への道徳的價値付けや根據付けはまだなされていなかった。そして聖人（實際には君主）の役割・影響力・位置づけも非常に微々たる存在にすぎなかった。

それが中期になると、説得對象が君主に限定され、「天下之利」を興すという墨家的な社會的「利」思想が初めて誕生し——ただし、同じ中期の作品であっても論點の相違のため、社會的「利」思想が見えない場合もあった——かつそれを君主の「仁」的行爲とすることによって「利」の道徳的根據づけがなされるようになった。またその口號が徐々に教條化・定型化し當の政治權力への接近が始まったが、それは報酬的効果や打算的關心に説得の基礎があった。換言すれば、人（＝民）を愛利することは、それによって天下の萬民からの愛利が期待されるからであるとされたが、それは結局、君權の強化に働きかけるものとなったのである。このような君權への接近は、上篇において微々たる存在にすぎなかった聖人觀にも影響を及ぼしたが、それは、「兼相愛交相利」は昔の聖王によってすでに實行濟みであることを證明する方法をもってなされた。その結果、「兼相愛交相利」の理論は權威づけられ客觀化されるようになり、また理想的聖王とされるものであれば、だれでも當てはまってしまう一つの枠組みが形成されるようになった。

さらに末期になると、中期に現れた諸特徴は一層強化されるようになる。すなわち、社會的「利」思想の強調、「兼―別・兼士―別士・兼君―別君」などの固定概念の定立、兼愛論の權威付け・客觀化の徹底化、社會的「利」を實踐する聖人觀の完成（三聖王→四聖王→六聖王）、社會的「利」思想の細分化（「三利」）、社會的「利」の道徳的根據付けの強化（「三利」と「仁・義」をはじめとする諸徳目との結合）、戰爭觀の變容、君權への完全な密着（賞罰による兼愛の強制など）、などといった方向へと向かうものであった。ただし、末期墨家の内部においては各口號の性質上、「利」が上下の間で一方に偏って強調される現象が生ずる場合もあった。そのような「利」のアンビヴァレントな性質は、十論の各三篇の中で相互補完し、かつある程度バランスを保ちつつ主張されていたと言えよう。『孟子』告子下篇に映し出されている孟子と宋牼との對話は、非攻論の思想的展開から見れば、恐らく中期から末期に至る期間に成立したものと推量される。

このように見てくると、「利」の全天下的な規模における實現という考え方は、文獻資料による限り、基本的には墨子學派に最も顯著な思想であることが判明した。それは特に中期墨家以降になって現れはじめたが、それを理論的に根據づけるために古代の聖王を引き合いにしたり、現實の政治に一刻も早く實現させるために君權へ密着していったのは、恐らく戰國後期以降、官僚制が整備され君主の一元的支配が強化されていく中で、そのような時代的要請に順應していこうとする側面の現れのように思われる。そして、それは恐らくそれ以後の中國思想史に多大な影響を及ぼして、宋銒學派のようにそれに共感を覺えた學派もあれば、孟子學派のように批判的に取り入れていた學派もあったと思われる。

そうすると、本句の思想史的位置も自ずと決まってくるだろう。すなわち、社會的「利」の實現を強調し、それを堯舜が王となった時に實行されたものであるとし、しかもそれを最上の「仁」と言って道德的に根據づけている點は、中期墨家以降、というより殆ど末期の社會的「利」思想・聖人觀と連絡し合っていると考えられる。なぜなら、『論語』や『孟子』の中で比較的古い層に當たる部分には、古の聖王を社會的「利」の實現者と意義づける思想は全く見えず、しかも「利」は「仁義」の對蹠的な概念にすぎなかったからである。また『墨子』テキストの中で「堯舜」が社會的「利」の實現者として初めて登場するのは、末期に成立したといわれる諸篇（特に尚賢中・下篇、天志中・下篇）に見えるからである。そのように考えてこそ、本篇の「利天下而弗利也、忎（仁）之至也。古（故）昔（昔）臤（賢）忎（仁）聖（聖）者女（如）此。」という考え方が始めて成立可能と思われる。勿論『墨子』のテキストも中期から末期に至る間に他學派の思想から影響を受けていると思われるので、本句の成立を單線的に決めることはあまりにも危險である。しかし、少なくとも古い儒家思想では「利」が抑制・拒否されており、たとえ社會的「利」であるにせよ、「仁」や「義」によってそれを道德的に根據づけることは考えられておらず、よってその聖人観においても『墨子』のような聖人観は最初から成立不可能であることは、ほぼ間違いなかろう。『荀子』解蔽篇の「墨子蔽於用而不知文、……故由用謂之道、盡利矣。」は、その間の消息を如實に示している。

さて、中期墨家から端を發した社會的「利」の思想は、各口號の性質という内的條件及び君權強化という時代的變化への適應という外的條件によって、「利」が上下の間で一方に偏って強調される現象が生じたが、特に兼愛中篇、尚同三篇、尚賢中篇、天志三篇に顯著に見られたように、報酬的効果・打算的關心に説得の基盤が置かれ、その傾向がいよいよ強くなっていった。そのような思想的傾向は本句の「弗利」思想と究極において両立できないことは言うまでもない。ところで、戰國後期以降成立したと思われる諸篇、すなわち『商君書』『管子』『荀子』『呂氏春秋』『淮南子』の上引の諸篇などには、報酬的効果・打算的關心に説得の基盤を置く傾向が完全に拂拭されてはいないものの、たてまえとしては、本句のような君主の「弗利」を理想とし強調する傾向が強かった。特に『荀子』においてはそれが「分」と「禮」によって支えられ、いわゆる儒家的な徳治の一つのあり方として完全に定着していることが確認された。この點から見る限り、本句の社會的「利」思想を成立可能にする儒家思想史の内的外的條件として、『荀子』及びそれを前後する諸學派の「利」思想を決して看過できないことは明らかであろう【七二】。

注

【一】拙稿「郭店楚簡『唐虞之道』譯注」（東京大學郭店楚簡研究會編『郭店楚簡の思想史的研究』第一巻、一九九九年十一月）では「此以智（知）

亓(其)弗利也。」を「此れ以て亓（其）の利とせざるを智（知）ればなり。」と訓讀したが、「此を以て亓（其）の利とせざるを智（知）るなり」と讀む方が文意が通じると思われるので、ここで修正する。その根據については、拙論「郭店楚墓竹簡の儒家思想研究――郭店楚簡研究序論――」(東京大學博士學位論文、二〇〇一年二月)、譯注編Ⅰの注【一三五】（四〇三〜四〇四頁）を參照。

【二】本篇に見える養生思想については、前掲拙論（一)、本編第二章を參照。

【三】鄧建鵬「《唐虞之道》的民本思想」(『武漢大學學報』哲學社會科學版一九九九―五、一九九九年九月)、四六頁。

【四】彭邦本「郭店《唐虞之道》初論」(武漢大學中國文化研究院等主辨『郭店楚簡國際學術研討會　論文匯編』第一冊、武漢大學・珞珈山莊、一九九九年十月)、七四頁。

【五】丁四新「愛親與尊賢的統一――郭店簡書《唐虞之道》思想論析」(武漢大學中國文化研究院等主辨『郭店楚簡國際學術研討會　論文匯編』第一冊、武漢大學・珞珈山莊、一九九九年十月)、八七頁。

【六】丁四新「郭店簡書的天人之辨」(武漢大學中國文化研究院等主辨『郭店楚簡國際學術研討會　論文匯編』第一冊、武漢大學・珞珈山莊、一九九九年十月)、三一三頁。

【七】錢遜「對堯舜禪讓意義的認識」(『紀念孔子誕辰二五五〇周年國際學術討論會論文』(下)、北京―山東、一九九九年十月、八二三・八二五頁)。ただし、『唐虞之道』の「愛親・尊賢」が孟子と一致するとしたり、あるいは盡心上篇の「舜視棄天下、猶棄敝蹝也。」や離婁上篇の「天下大悅、而將歸己。視天下悅而歸己、猶草芥也、惟舜爲然。」が本篇の「不以天下爲重（重)」と意味が近いなどとする説には贊同できない。「愛親・尊賢」については、前掲拙論（一)、本編第六章及び第七章に詳述しているので、そちらを參照されたい。そして、盡心上・離婁上篇の場合は、「父」と「天下」、もしくは父子關係と君臣關係を鋭く對立させ、兩者が矛盾・衝突する際、前者を選擇することを意味し、家族ないし宗族を基盤とする『孟子』思想の一端を示す文章である。しかし、「不以天下爲臿（重）」は、勿論そのような意味で天下を重しとしないという意味ではない。本句の直後に「又（有）天下弗能益、亡天下弗能員（損）。亟（極）忎（仁）之至、利天下而弗利也。」とあり、また第二六號簡〜第二七號簡に「亖（四）枳（肢）胅（倦）陸（惰）、耳目聇（聰）明衰、徸（禪）天下而受（授）臤（賢）、退（退）而羖（養）丌（其）生。此以智（知）丌（其）弗利也。」とあるのを併せて考えると、恐らく天下より身を重視するという養生思想と密接な關連があろう。

【八】程一凡「墨孟之間：以智性資源觀念看郭簡儒籍」（武漢大學中國文化研究院等主辨『郭店楚簡國際學術研討會　論文匯編』第二冊、武漢大學・珞珈山莊、一九九九年十月）、一八六〜一八八頁。

【九】『論語』からの引用は、注疏本『論語』（『十三經注疏』附校勘記、新文豐出版、一九七七年）を底本とした。

【一〇】類似の思想や文章が、天下の「五達道・三達徳」を述べる『禮記』中庸篇に「或安而行之、或利而行之、或勉強而行之。」とあり、同表記篇に「仁者安仁、知者利仁、畏罪者強仁。」とある。ただし、中庸篇の場合はそのすぐ後に「及其成功一也。」とあって、行動を起こす際、動機よりも結果を重視するような表現になっており、その點、里仁篇・表記篇とは趣が異なっていることに注意。なお、『禮記』からの引用は、注疏本『禮記』（『十三經注疏』附校勘記、新文豐出版、一九七七年）を底本とした。

【一一】渡邊卓『古代中國思想の研究――〈孔子傳の形成〉と儒墨集团の思想と行動――』（創文社、一九七三年第一刷、一九八四年第三刷）注（三三）、六二九頁。

【一二】『孟子』からの引用は、注疏本『孟子』（『十三經注疏』附校勘記、新文豊出版、一九七七年）を底本とした。

【一三】『墨子』からの引用は、孫詒讓『墨子簡詁』（諸子集成四、中華書局、一九五四年第一版、一九九三年第八次印刷）を底本とした。そして、王念孫『讀書雜志』（中華書局、一九九一年）、蘇時學『墨子刊誤』（中華書局、一九二八年）、兪樾『墨子平議』（『諸子平議』所収、中華書局、一九五四年）、呉毓江『墨子校注』（西南師範大學出版社、一九九二年）、渡邊卓『墨子』上（集英社、一九七四年一刷、一九八三年三刷）などの諸説も參照した。

【一四】渡邊前掲書（一一）、五九二頁。

【一五】以下、渡邊卓氏の時期區分にそって、十論二十三篇のうち兼愛・非攻三篇の「利」をまず考察し、それが他の八論でどのように展開されているかを論じてみたい。そして十論以外の諸篇に見える「利」については本稿では割愛するが、その點に關しては別の機會に稿を改めて論じてみたい。

【一六】渡邉前掲書（一一）、四七七・四八〇頁。なお、渡邉氏に先立って大塚伴鹿『墨子の研究』（森北書店、一九四三年、一四三頁）も「兼愛は自利自愛の否定的媒介によつて可能であることは既に墨經に於て看てきたところである。」と言って、「自利・自愛」を否定しているという。

【一七】渡邉前掲書（一一）、六五五頁。なお、大久保莊太郎「墨子の自利思想」（『羽衣學園短期大學紀要』四、一九六七年十二月、九頁）も「兼愛の上篇においては、一切の社會秩序の混亂が、互に相手を踏み台にし犧牲にする人間の自利心にもとづくことを細かに説明し」たといって類似の見解を示しており、佐竹靖彦「義の觀念の社會的展開について――殷周～前漢――」（『史林』五六―三、一九七三年五月、七八頁）も「亂の原因として「虧人自利」が、治の原因として「兼相愛」がとかれる。」という。

【一八】ここの「身」字と二番目の「身」字は、兪樾・孫詒讓・呉毓江などの説に従って補った。

【一九】ここの「其」字と二番目の「其」字は、孫詒讓・呉毓江などの説に従って補った。

【二〇】池田知久「『墨子』の兼愛説と尚賢説」(『中哲文學會報』六、一九八一年六月、五三頁) を參照。

【二一】それは他の篇、例えば明鬼下篇においても「……奪人車馬衣裘、以自利者、竝作由此始、是以天下亂。」とあるように、「自利」の前に限定句が付いている。

【二二】池田知久「『墨子』の經・經説と十論」(『中哲文學會報』一〇、一九八五年六月) 注八 (二二頁) は、「自愛」(=「若其身」「若其室」等) は他者への愛を實行することを可能にする自分の中の基盤として作者によって肯定されているという。

【二三】千葉仁「墨子原初思想試探――兼愛論と非攻論――」(『日本中國學會報』二〇、一九六八年十月)、三六頁。

【二四】「相利」ではないが、「相愛」に關する池田知久氏の分析を參照されたい (池田前掲論文 (二二)、注八、二二頁)。池田氏の分析は「相利」の場合にもそのまま適用できると思われる。

【二五】小島祐馬『中國思想史』(創文社、一九六八年第一刷、一九八七年第二刷、八六頁) は、この社會的「利」と關連する問題について、「もっとも墨子に從えば、「義、利也」(經上) (義は、利なり) とあるごとく、墨子のいう利には道德的意味が含まれる。むしろ利自體が道德であると解する方が適切である。ただその利は、個人的な利、もしくは一部の階級の利ではなく、社會全體からみての利である。社會全體の立場からみた利を計ることが、墨子のいう義、すなわち道德と一致する。」という。

【二六】この點については大塚伴鹿氏も「戰國末期に於ける墨家の所謂利な

る觀念は既に義と同じ倫理的意義を有し」(大塚前掲書（一六)、一四五頁）と指摘しているが、渡邊卓氏の時期區分によれば、その動きは既に中期にも見えている。

【二七】佐竹前掲論文（一七)、七九頁。ただし、社會的「利」といっても、それは赤塚忠氏が指摘したように、天下を「利」という共同目的營爲の全體として捉え、それを志向する程度の意味でおさえておきたい（「墨子の天志について――墨子の思想體系の復元――」(『研究』哲學篇、神戸大學文學會、一九五五年三月、一九七頁）を參照)。

【二八】渡邊卓氏は、『孟子』上引⑦を兼愛・非攻上中下篇の各成立時期を判斷する際の一つの基準として重視している。渡邊前掲書(一一)(四八五頁）を參照。

【二九】中篇の最後に「子墨子言」として掲げられている「今天下之君子、忠實欲天下之富、而惡其貧、欲天下之治、而惡其亂、當兼相愛交相利。」とあるのは、それを如實に示している。なお、この點については増淵龍夫『新版　中國古代の社會と國家』(岩波書店、一九九六年、一六三頁）を參照した。

【三〇】「漁」は、孫詒讓は「渭」の誤りではないかとするが、呉毓江は「漯」の誤りではないかとする。「渠孫皇」は、孫詒讓は「蒲弦澤」に作るべきとする。「后之邸」は、孫詒讓は「昭余祁」ではないかという。「干」は、王念孫・孫詒讓・呉毓江などの説に從って補った。

【三一】「古」は、王念孫・孫詒讓などの説によって「今」に改めた。「故」は、呉毓江の説によって「欲」に改めた。なお、呉氏によれば、潛本・寶暦本・緜眇閣本・陳本はいずれも「欲」に作る。

【三二】「善」は、呉毓江所引の王景羲の説に從って、「義」に改めた。「哉」は、王念孫・孫詒讓・呉毓江などの説に從って補った。「必將日」の「將」は底本は「日」の直後にあるが、渡邊卓の説に從って「日」の直前に移した。

【三三】呉毓江によれば、寶曆本は「鬼」に作る。

【三四】「倖」は、呉毓江によれば、潛本・緜眇閣本・繹史本は「倩」に作る。

【三五】「者」は、呉毓江によれば、寶曆本にはある。

【三六】「之」は、兪樾・孫詒讓・呉毓江などの説に従って、「天」に改めた。

【三七】「持」は、呉毓江によれば、寶曆本・李本は「特」に作る。

【三八】法儀篇にも「昔之聖王、禹湯文武、兼〔愛〕天下之百姓、率以尊天事鬼、其利人多。故天福之、使立爲天子、天下諸候皆賓事之。」と、「三利」思想を思わせるものが見える。なお「愛」は底本にはないが、呉毓江によれば、潛本・緜眇閣本・陳本・『羣書治要』には「愛」字がある。

【三九】「興天下之利、除天下之害」や「萬民之大利」と同樣または類似の文章は、尚同中・節用上・節葬下・天志中・明鬼下・非樂上・非命下・非儒下篇などにも見える。

【四〇】尚同中篇にも「故古者聖王明天鬼之所欲、而避天鬼之所憎、以求興天下之利、除天下之害。」とあるが、また下文に「故古者聖王、唯而以尚同爲政。是故上下請通。上有隱事遺利、下得而利之、下有蓄怨積害、上得而除之。」とあって、ここでは「利」する對象が顚倒している。よって、前者が常套語以上の意味を持たないことは明らかであろう。ただし、下篇には「子墨子曰、今天下王公大人士君子、中情將欲爲仁義、求爲〔上〕士、上欲中聖王之道、下欲中國家百姓之利、故當尚同之説、而不可不察。尚同爲政之本而治要也。」とあって、上下の「利」のバランスを取り戻そうとする試みも見られる。下篇で下線を引いた部分は、他にも尚賢下・尚同下・非攻下・節葬下・天志下篇といずれも下篇にだけ見える。

なお、中篇の「唯而以尚同爲政。是故上下請通。」は底本は「唯而審以尚同、以爲正長。是故上下情請爲通。」に作るが、「唯而審以尚同」は呉毓江の説に從って「唯而以尚同」に、「以爲正長」は兪樾の説に從って「爲政」に、「是故上下情請爲通。」は王念孫の説に從って「是故上下請通。」に、それぞれ改めた。そして下篇の「〔上〕士」は底本は「士」に作るが、王念孫・孫詒讓・呉毓江の説によって「上」を補った。

【四一】上篇に「無不加用而爲者」「故子墨子曰、去無用之費、聖王之道、天下之大利也。」とあり、中篇に「諸加費不加于民利者、聖王弗爲。」とあるのを參照。

【四二】「三務」とは、(一)「天下貧、則從事乎富之。」(經濟政策)、(二)「人民寡、則從事乎衆之。」(人口政策)、(三)「衆而亂、則從事乎治之。」(治安維持政策)、の三つを指す。「三務」は下文では「計厚葬久喪、奚當此三利者。」とあるように、「三利」という語に言い換えられている。

【四三】劉節の説は、最初羅根沢『管子探源』(中華書局、一九三一年、四七一頁)に紹介・論駁されたが、その後「管子中所見之宋鈃一派學説」(『古史考存』、人民出版社、一九五八年、二三八～二五八頁)を著して正式に公表、これに同調したのが郭沫若「宋鈃尹文遺著考」(『青銅時代』、群益出版社、一九四六年)である。なお、郭氏の説については「稷下黄老學派的批判」(『十批判書』、東方出版社、一九九六年)も併せて參照。

【四四】Ⅰ、劉・郭兩氏の説に賛同する研究

①杜國庠『先秦諸子思想概要』(三聯書店、一九四九年)・①――『先秦諸子的若干研究』(三聯書店、一九五五年)。

②侯外廬・趙紀彬・杜國庠『中國思想通史』第一巻(人民出版社、一九五七年第一版、一九九二年第六次印刷)。

③關鋒「論宋尹學説」(『哲學研究』一九五九―五、一九五九年)。

④貝塚茂樹『諸子百家』(岩波書店、一九六一年)。

⑤任繼愈主編『中國哲學史』第一冊（人民出版社、一九六三年第一版、一九八五年第四版、一九九四年第十三次印刷）。

⑥福永光司『莊子』雜篇下（朝日新聞社、一九七八年）。

⑦潘富恩・施昌東「論宋尹學派形而上的思想特徵」（『復旦學報』一九八〇—五、一九八〇年九月）

⑧胡家聰「稷下學宮史鉤沈」（『文史哲』一九八一—四、一九八一年七月）など。

Ⅱ、劉・郭兩氏の説に異説を唱えたり批判的立場に立つ研究

①馮友蘭「先秦道家所謂道底物質性」（『中國哲學史論文集』、上海人民出版社、一九五八年）・①——『中國哲學史新編』一九八三年修訂本第二冊（人民出版社、一九六四年第一版、一九八四年第二版、一九九二年第二次印刷）

②町田三郎「管子四篇について」（『文化』二五—一、一九六一年三月）。

③山田統「宋鈃という人間とその思想」（『國學院雜誌』六三—一二、一九六二年十二月）。

④金谷治「宋鈃の思想について」（『中國古典研究』一四、一九六六年十二月）・④——『管子の研究——中國古代思想史の一面——』（岩波書店、一九八七年）。

⑤赤塚忠「道家思想の原初の形態」（『東京大學文學部研究報告』三、一九六八年三月）・『莊子』下（集英社、一九七七年一刷、一九八二年三刷）。

⑥祝瑞開「《管子・心術上、下》等篇非宋鈃、尹文遺著辨——兼説其在中國哲學史上的地位和影響」（『西北大學學報』哲學社會科學版一九七七—三、一九七七年八月）・⑥——『先秦社會和諸子思想新探』（福建人民出版社、一九八一年）。

⑦北京大學哲學系中國哲學史教研室編寫『中國哲學史』上冊（中華書局、一九八〇年第一版、一九八二年第二次印刷）。

⑧裘錫圭「馬王堆《老子》甲乙本巻前後佚書與“道法家”——兼論《心術上》《白心》爲慎到田駢學派作品」(『中國哲學』二、三聯書店、一九八〇年三月)・⑧——「稷下道家精気説的研究」(『道家文化研究』二、一九九二年八月)。

⑨張岱年『中國哲學史史料學』(三聯書店、一九八二年)・⑨——「管子的《心術》等篇非宋尹著作考」(『道家文化研究』二、一九九二年八月)。

⑩胡家聰「稷下道家從老子哲學繼承并推衍了什麼？——心術上和内業的研究」(『中國社會科學戰線』一九八三—四、一九八三年十月)・⑩——「《管子》中道家黄老之作新探」(『中國哲學史研究』一九八七—四、一九八七年十月)。

⑪池田知久『莊子』下(學習研究社、一九八六年初版、一九九二年第六刷)。

⑫白奚『稷下學研究：中國古代的思想自由與百家爭鳴』(三聯書店、一九九八年)など。

ただし、『管子』四篇の文獻上の價値や宋・尹と四篇の密接な關係を指摘した學問上の貢獻は認めるべきだと再評價を促す意見もある(Ⅱ—①・Ⅱ—⑨——・Ⅱ—⑪など)。

Ⅲ、賛否を示さずに自説を展開する研究

①陳麗桂『戰國時期的黄老思想』(聯經、一九九一年)「第三章　《管子》中的黄老思想」。

②史華慈(Benjamin Schwartz)「黄老學説：宋鈃和慎到論評」(『道家文化研究』四、一九九四年三月)

③胡家聰「宋鈃思想及其道、墨融合的特色」(『道家文化研究』八、一九九五年十一月)・『稷下爭鳴與黄老新學』(中國社會科學出版社、一九九八年)など。

なお、上記中一九六〇年代中半以前の宋鈃の研究動向については、主に山田・金谷兩論文を參照した。

【四五】『莊子』からの引用は、續古逸叢書本『宋刊南華眞經』（江蘇廣陵古籍刻印社、一九九四年）を底本とした。

【四六】『荀子』からの引用は、南宋台州刊本（四部叢刊本）を底本とした。

【四七】『韓非子』からの引用は、王先愼『韓非子集解』（中華書局、一九九八年）を底本とした。

【四八】あるいは（實踐的）無抵抗主義と定義する意見もある（山田前掲論文（四四）（一〇～一一頁）、福永光司『莊子』内篇（朝日新聞社、一九七八年第一刷、一九八七年第三刷、四〇頁）・同前掲書（四四）（二〇八頁）、池田知久『莊子』上（學習研究社、一九八三年初版、一九九二年第四刷）の逍遥遊篇の補註三三～三五六頁））。なお、「見侮不辱」の解釋は、金谷前掲論文（四四）「宋鈃の思想について」（四三～四六頁）及び『管子の研究』（二六一頁）を參照。當句を「侮らるるも辱じず」あるいは「辱とせず」と解せず、「辱ならず――辱ではない」の意とし「「何事かを恥ずかしいと思う、」とか「思わない」というような主觀的なことではなくて、「見侮」という事實を説明するもつと客觀的な判斷を示すもの」と指摘するところに特徴がある。

【四九】「情欲寡淺」は郭沫若氏が最初寡欲説と解釋して以來、おおむねこのような方向での解釋が主流をなしていた。しかし、それに對して馮友蘭氏は『管子』四篇を宋鈃尹文の作とする劉節・郭沫若兩氏の説を批判するところで、「《管子》四篇是認爲人應該“寡欲”，不是説人本來“欲寡”。這四篇講“寡欲”，目的在于保存“精気”以求長生。宋鈃、尹文講“欲寡”，目的在于禁攻寢兵。這其間有很大的不同。」（馮前掲書（四四）、一〇一頁）と言って、寡欲の意味ではないことを明らかにし、金谷治氏も「人間の情として欲望は本來少ないものだということを述べているのであつて、欲を寡なくせよとか無くせよといつているのではない。」（金谷前掲論文（四四）「宋鈃の思想について」、四六頁）と言って同樣の意見を述べている。他にも白前掲書（四四）（一八八～一八九頁）も同樣の見解を示している。以上馮氏らの說が妥當のように思われる。

【五〇】學派所屬の問題に關する研究史の整理については、山田前掲論文（四四）（三～一〇頁）が最も詳しい。ただ、六〇年代以前の研究史整理という限界があるので、それ以後出された研究の一部を整理してみると、以下の通りである（「※」を付けたのは、宋銒・尹文を同一學派と認めそれを前提としていることを意味する）。なお、山田氏自身は、何學派と明確な見解は示していないが、今本『老子』と『莊子』天下篇記載の宋銒の思想との對比を通じて、その來源を『老子』に求めている（山田前掲論文（四四）、一五～二〇頁）。

Ⅰ、宋尹學派を獨立した學派とする說

①張前掲論文（四四）→「宋尹學派可以說是戰國時期的一個獨立的學派」

②胡前掲論文（四四）「宋銒思想及其道、墨融合的特色」・同前掲書（四四）『稷下爭鳴與黃老新學』→「宋銒、尹文及其弟子結成一個學派，自當以宋銒爲首。」

Ⅱ、墨家とする說

①※馮前掲書（四四）→「後期墨家的支流」

②渡邊前掲書（一一）→「墨家またはそれに近い指導的思想家」

③白前掲書（四四）→「墨學的支裔流亞」（宋尹學派の存在を否定している）

Ⅲ、稷下黃老派（もしくは稷下道家）とする說

楊寬『戰國史』增訂本（上海人民出版社、一九五五年第一版、一九九八年第三版）

Ⅳ、老莊思想の先驅もしくは道家とする說

池田知久『老莊思想』（改訂版）（放送大學教育振興會、二〇〇〇年）（た

だし、道家とはしていない)

Ⅴ、學派的分類に拘らずに戰國時代の獨立した一流派とする説

①唐鉞「尹文和尹文子」(『清華學報』四——、一九二七年六月)。

②赤塚前掲論文及び前掲書(四四)。

【五一】『漢書』からの引用は、『漢書』(中華書局、一九六二年第一版、一九九二年第七次印刷)を底本とした。

【五二】宋鈃を墨子學派とする白奚氏は、この文章を孫卿が「黃老意」をもって宋子に言った、すなわちこの場合の「黃老意」というのは孫卿にかかるものであり、それが班固の原意であるという(「"孫卿道宋子,其言黃老意" 正解」(『中國哲學史』一九九六—四、一九九六年)及び前掲書(四四)(二〇一頁))。しかし、そのように解釋してしまうと、「宋子十八篇」に對する説明としてはあまりにも貧弱になり、殆ど意味を持たなくなる。從來の解釋の方が穩當のように思われる。

【五三】本稿注【五〇】のⅤを參照。

【五四】錢穆氏は「宋牼欲罷秦楚兵而説之以利,孟子則主説之以仁義,此亦儒墨之異同也。」(『先秦諸子繫年』「宋鈃攷」、東大圖書公司、一九三五年商務印書館初版、一九五六年香港大學增訂初版、一九八六年台北東大初版、一九九〇年台北東大再版、三七六頁)といい、馮友蘭氏は「據孟子所説,宋牼將見秦楚之王,説令罷兵。其所持理由,爲戰之「不利」,是亦墨家之説也。」(『中國哲學史』上冊(中華書局、一九六一年新一版、一九九二年第三次印刷、一八九頁)。なお馮前掲書(四四)(九七頁)も併せて參照。)といって、いずれも墨家との關連性を指摘している。その他、山田前掲論文(四四)(三頁)、史華慈前掲論文(四四)(一三二頁)、胡前掲論文(四四)「宋鈃思想及其道、墨融合的特色」(一九五・二〇九頁)なども參照。

【五五】胡前掲論文(四四)「宋鈃思想及其道、墨融合的特色」、二〇九頁。

【五六】『商君書』からの引用は、嚴萬里校『商君書』(諸子集成五、中華書

局、一九五四年第一版、一九九三年第八次印刷）を底本とした。

【五七】錢前揭論文（七）、八二二〜八二三頁。

【五八】「論」は、好竝隆司『商君書研究』（溪水社、一九九二年、四〇七頁）は「論じ」と譯するが、『呂氏春秋』當染篇の「古之善爲君者、勞於論人。」の高誘注に「論、猶擇也。」とあるのによって、「採用する」と解した。なお、『呂氏春秋』からの引用は、許維遹『呂氏春秋集釋』（世界書局、一九六一年）を底本とした。

【五九】『管子』形勢解篇には、「堯舜」はないが、「古者三王五伯、皆人主之利天下者也。」とある。なお、『管子』からの引用は、郭沫若・聞一多・許維遹『管子集校』（北平科學出版社、一九五六年）を底本とした。

【六〇】『韓非子』五蠹篇・『商君書』八説・開塞篇の歴史觀については、拙論「『莊子』の「知」とその思想的展開――『莊子』中の歴史叙述および歴史觀の考察を中心にして」（『中國哲學研究』一三、一九九九年十二月、七五〜七六頁）を參照。

【六一】王博「關于《唐虞之道》的幾個問題」（『中國哲學史』一九九九―二、一九九九年五月）、三一頁。

【六二】「代」は、陶鴻慶の説に從って「伐」に改めた。

【六三】「移」は、豬飼彦博の説に從って「私」に改めた。

【六四】周鳳五「郭店楚墓竹簡〈唐虞之道〉新釋」（『中央研究院歴史語言研究所集刊』七〇―三、一九九九年九月）、七四三頁。

【六五】『淮南子』からの引用は、劉文典『淮南鴻烈集解』上・下（中華書局、一九八九年）を底本とした。

【六六】なお、郭店楚簡『老子』の假借字・異體字・錯字を判定する際には底本以外に、丁原植『郭店竹簡老子釋析與研究』（萬巻楼圖書有限公司、一九九八年）、崔仁義『荊門郭店楚簡《老子》研究』（科學出版社、一九九八年）、劉信芳撰『荊門郭店竹簡老子解詁』（藝文印書館、一九九九年)、魏啓鵬『楚簡《老子》柬釋』(萬巻楼圖書有限公司、一九九九年)、池田知久『郭店楚簡老子研究』(東京大學文學部中國思想文化學研究室、一九九九年) などを參照した。

道家系の文獻、例えば郭店楚簡『老子』甲本には「㡭(絶) 智(智) 弃卞(辨)、民利百(百) 伓(倍)。■㡭(絶) 攷(巧) 弃利、覜(盜) 悬(賊) 亡又(有)。■㡭(絶) 憍(僞) 弃慮(慮)、民复(復) 季〈孝〉子(慈)。■三言以爲叀(辨) 不足、或命之或唐(乎) 豆(續)。■視索(素) 保菐(樸)、少ム(私) 須〈寡〉欲。■」とあって、「民利」は肯定されている。「民利」の場合の「利」と「㡭(絶) 攷(巧) 弃利」の場合の「利」とは區別しなければなるまい。後者の「利」は『莊子』胠篋篇などに見えるような、爲政者側の私利を意味するものと思われる。

ただし、「天」の領域と「人」の領域を畫然と區別し、あらゆる人爲的なものを排除した上に「天」の意義を求める『莊子』においては、「利」は人爲的なものであり、排除されるべきものにすぎないとされる傾向が強く、それが様々な角度や立場から議論されている。それについては前掲拙論(一) 譯注編Ⅰの注【七一】に若干言及されているが、その他にも、例えば讓王篇に「不以利累形。」「見利輕亡其身。」とあるように、養生説の立場から「利」を身體(の生命) を害するものとして排除する場合もある。このような考え方は、『呂氏春秋』審爲篇にも「世之走利、有似於此。危身傷生、刈頸斷頭、以徇利、則亦不知所爲也。」、「重生。重生、則輕利。」などと見える。

【六七】王制篇の「義」は、その下文に「不可少頃舍禮義之謂也。」とあるように、「禮義」とほぼ同義語である。

【六八】王覇篇にはまた「若夫論一相以兼率之、使臣下百吏莫不宿道鄉方而務、是夫人主之職也。……人主者以官人爲能者也。匹夫者以自能爲能者也。」とある。

【六九】「横の分業論」「縦の分業論」というタームは、内山俊彦『荀子』（講談社、一九九九年、一七六～一八〇頁）による。

【七〇】この點に關しては、渡邊前掲書（一一）（四八四頁）も併せて參照。

【七一】『荀子』の場合は、君道篇の「君者民之原也。原清則流清、原濁則流濁。故有社稷者、而不能愛民不能利民、而求民之親愛己、不可得也。」という文章に、そのことが端的に示されている。

【七二】時代は下がるが、『史記』五帝本紀に「堯知子丹朱之不肖、不足授天下、於是乃權授舜。授舜、則天下得其利而丹朱病。授丹朱、則天下病而丹朱得其利。堯曰、終不以天下之病而利一人。而卒授舜以天下。堯崩、三年之喪畢、舜讓辟丹朱於南河之南。諸侯朝覲者不之丹朱而之舜、獄訟者不之丹朱而之舜、謳歌者不謳歌丹朱而謳歌舜。舜曰、天也。夫而後之中國踐天子位焉、是爲帝舜。」（錢前掲論文（七）（八二七頁）・周前掲論文（六四）（七四三頁）所引）とあって、後半は『孟子』萬章上篇を踏襲しているが、前半は天下の「利」が堯舜禪讓の最も重要な論據となっている。後半部分はともかく、前半部分は本篇の「利」思想と直結している。

郭店楚簡與早期儒學

姜　廣　輝

一　郭店楚简儒家文献研究的参考坐标

1993年10月，在湖北省荆门市郭店村的一座战国时期的楚国贵族墓葬中（考古学界命名为郭店一号墓），出土了一批竹简。经过古文字专家的整理识读，楚简图版及释文已于1998年5月由文物出版社发行，书名定为《郭店楚墓竹简》。《郭店楚墓竹简》有道家著作两种四篇，即《老子》三篇、《太一生水》一篇；有儒家著作（简称“儒简”）十一种十四篇，即《缁衣》、《鲁穆公问子思》、《穷达以时》、《五行》、《唐虞之道》、《忠信之道》、《成之闻之》、《尊德义》、《性自命出》、《六德》、《语丛》四篇。

《郭店楚墓竹简》发表之后，在国内外学术界引起很大的反响。海外学者誉之为“中国的死海遗书”。

从《郭店楚墓竹简》本身而言，有相当大的解释空间。而从已经发表的论文看，可以说见仁见智，异彩纷呈。每位学者的见解都可以说是个人观点，我们很难说在什么问题上已经有了定论。在研究中大家发表不同意见，可以广开思路，但我们也不希望发表的意见太过离谱。在研究过程之中难免有推测的成分，问题是哪些推测更具有合理性。这里，我提出一个“参考坐标”的概念，即把我们所研究的问题作一种相对的定位，方法是从传世古籍文献中找出关联性最强的资料作为“坐标”，但这一“坐标”又有一定的弹性，并不是绝对的，所以我称之为“参考坐标”。本着这一基点，对我先前所发表的意见有所坚持，也有所修正。

（一）　墓葬时间及墓中文献成书时间的参考坐标

关于楚墓，中国考古界已发掘数千座之多。考古学界根据墓葬形制、随葬物品，以及其中的简帛字体等的变化特点，已发展出一套称作“考古发掘类型学”的学科。考古学界根据这些变化特点来确定墓葬时间。关于郭店一号墓的墓葬时间，考古学界大致确定为公元前350－300年。下限定在公元前278年，这一年秦将白起拔郢，“烧先王墓夷陵。楚襄王兵散，遂不复战，东北保于陈城。”（《史记·楚世家》）楚都纪南城废弃，贵族墓地遭到严重破坏，楚国贵族集团由江陵一带向陈城转移。这意味着纪南城公墓区贵族墓葬于此年终止。目前学术界比较重视考古学界的意见。而墓中的儒家文献，思想史界倾向于认为是在“孔、孟之间”。我本人通过研究也基本同意这样的意见。当然，也有学者认为墓葬时间以及文献成书时间可能较后。

墓中各种文献成书的时间，可能同时而略有先后，也可能并不同时。因为墓中文献提到子思与鲁穆公这两个历史人物，其上限可大致定于子思和鲁穆公同世之年。按照钱穆先生《先秦诸子系年》的考证，子思大约生活于公元前483－402年，鲁穆公开始执政于公元前415年，《史记》说鲁穆公在位33年，应该执政到公元前383年。这样子思和鲁穆公同世之年就是公元前415－402年。这是上限。当然也不能完全排除郭店楚简中的其他篇章早于此上限的可能性。墓葬下限既然定于公元前278年。自然，墓中文献的成书不能晚于此下限。这是一种保守的、较宽的估计。孟子的生平（公元前390？－305年？）即在此时段之内。

（二）　墓主身世的参考坐标

儒学兴起于中原，楚国一向被称为“南蛮”的国度，本无儒学传授。墓葬中有儒学典籍，说明墓主生前研习儒学，并与儒学南宗有渊源，或墓主本人就是南传儒学宗师。就我个人的看法，更倾向于是后者。

1、郭店一号墓随葬品中有一漆耳杯，底部有“东宫之师”的刻铭，据此推断墓主可能是楚国太子的老师。有人提出，“师”可能是“乐师”或“匠师”，不一定就是太子的老师。我以为，单就“师”字而言，当然可以有多种理解。但既称“东宫之师”，当以理解为太子的老师为允当，“乐师”或“匠师”不能称作“东宫之师”。而且同其他随葬品结合起来看，墓主随葬品中既有许多儒学典籍，也反证墓主不可能是一般的“乐师”或“匠师”。

2、随葬品中有鸠杖，依古礼，年七十授玉杖，八十九十礼有加，赐鸠杖（杖端以鸠鸟为饰，鸠者，不噎之鸟，欲老人之不噎），墓中有两根鸠杖，可能墓主曾两次受赐鸠杖。以此推测墓主年纪在八十以上。

3、据考古学界称，郭店一号墓的墓葬形制与竹简字体，同相距9公里的包山二号墓的墓葬形制与竹简字体完全一致。而包山二号墓可以确定为公元前323年。依考古发掘类型学的方法看，郭店一号墓的下葬年代应距此年代不远。

有鉴于此，我提出陈良作为墓主参考坐标。

《孟子·滕文公上》：“陈良，楚产也，悦周公、仲尼之道，北学于中国。北方之学者未能或之先也。”陈良本是楚国人，有楚文化的背景，后来他到北方求学，成为学识渊博的学者。儒学的产地和大本营在北方，陈良的儒学素养竟然连北方的学者也赶不上！《孟子》一书中虽未明言陈良曾做过太子的老师，但他既是“北方之学者未能或之先”的饱学之士，大概最有资格做太子老师。

问题还在于在公元前323年前后曾发生过什么事情。公元前322年滕文公继位，孟子于此年来到滕国，并于公元前320年离开滕国。在此期间孟子曾与投奔许行门下的陈相辩论。陈相本是陈良的学生，他来滕国的时间与孟子相近。孟子批评陈相从师数十年，“师死而遂倍（背）之”。这个“遂”字点明陈良刚死，陈相便背叛师门，以致招到孟子的痛斥。由此推断大约陈良去世上限在公元前325年，下限在公元前320年。上述的公元前323年恰在此两数而且，陈良既有“北学于中国”的经历，又有“数十年”教授的经历，其年纪想必较为老寿。

孟子还批评陈良说：“今也南蛮鴃舌之人，非先王之道。子倍（背）子之师而学之，……吾闻出于幽谷迁于乔木者，未闻下乔木而入于幽谷者。”这里“南蛮鴃舌之人”虽是指许行，但既称楚地为“南蛮”，则在孟子看来当时楚地尚未完全开化，如陈良之“悦周公、仲尼之道”，“北方之学者未能或之先”，因而被誉为南方“乔木”者，实数难能可贵。而且我们有理由认为“周公、仲尼之道”即儒学主要是由陈良传到楚国的。由孟子的言论，似乎可以认为陈良是南传儒学的宗师。从郭店一号墓随葬品中有大量儒家文献看，墓主即使不是陈良，也是与陈良有学术渊源关系的人，为此我提出陈良作为墓主参考坐标。

如墓主是陈良，应年长于孟子。我们假定陈良卒于公元前320年，而其生前得授鸠杖，那么他的享年至少八十岁，那么他的生年应在公元前400年之前。（我希望有可能的话，考古学界对墓主的年龄作一次科学的鉴定。）

那么，陈良是哪位楚太子的老师呢？我们翻阅一下资料，知道楚怀王太子横，即后来的楚顷襄王在公元前328—前299年为楚太子，陈良去世时间既在公元前325—前320年期间，可以说他是太子横早年的老师。当然，前提是陈良真的曾做过楚国太子的老师。

（三）　文献类别的参考坐标

下面我们来探讨《郭店楚墓竹简》中的儒家文献可能属于哪一类著作。这些儒家文献大体上可以认为是孔子“七十子及其后学所作”，但具体落实到哪些人和学派呢？

1、以《荀子·非十二子》之语为参照，审查《郭店楚墓竹简》内容：

我们研读郭店楚墓竹简的儒家文献，有一重要发现，就是《荀子·

非十二子篇》批评子思、孟子的许多话，句句藏锋芒，不是无的放矢的。依笔者的浅见，《郭店楚墓竹简》中至少有三篇曾是《荀子·非十二子篇》所指涉和批评的内容，即《唐虞之道》、《缁衣》和《五行》。下面次第论之：

(1) 荀子批评子思说："略法先王而不知其统"——儒家所许为"王"者，为王道之"王"，其当之者为尧、舜、禹、汤、文、武。儒家"祖述尧舜，宪章文武。"所祖述者为"先王"，所宪章者为"后王"。荀子主张"法后王"，因而批评子思、孟子"言必称尧舜"、"略法先王而不知其统"，所谓"不知其统"是不知尧、舜、禹之间的"继统"原则，即认为子思一派相信上古有"擅让"制度。《郭店楚墓竹简》中的《唐虞之道》一篇所讲的正是擅让之道："唐虞之道，(擅) 而不传。尧舜之王，利天下而弗利也。(擅) 而不传，圣之盛也；利天下而弗利也，仁之至也。故昔贤仁圣者如此。"而《荀子》一书有针锋相对批评"擅让"说的文字："世俗之为说者曰'尧、舜擅让。'是不然。天子者，势位至尊，无敌于天下，夫有谁与让矣！……曰：'死而擅之。'是又不然。……圣王已没，天下无圣，则固莫足以擅天下矣。天下有圣而在后子者，则天下不离，朝不易位，国不更制，天下厌然与乡 (向) 无以异也；以尧继尧，夫又何变之有矣？圣不在後子而在三公，则天下如归，犹复而振之矣，天下厌然与乡 (向) 无以异也；以尧继尧，夫又何变之有矣？"(《荀子·正论》) 在荀子看来，舜继尧、禹继舜是各以其"三公"的重臣身份自然继统的，而不是由尧或舜相让的。所以荀子批评子思说："略法先王而不知其统"。以此可以推定《郭店楚墓竹简》中的《唐虞之道》一篇为子思所作。

(案：古人立言在行世，无私人著作权之观念，孟子与万章之徒著书，并不联署万章之徒的名字。同理本文说"子思所作"云云，也不排斥有子思弟子参与的可能。下同。)

(2)《荀子》批评子思托名孔子，造作语录，"案饰其辞而祗敬之曰：此真先君子之言也"——郑玄《三礼目录》说："子思作《中庸》，以昭明圣祖之德。”《孔丛子・公仪篇》载鲁穆公谓子思曰：“子之书所记夫子之言，或者以谓子之辞。”子思曰：“臣所记臣祖之言，或亲闻之者，有闻之于人者，虽非正其辞，然犹不失其意焉。”这些资料都在说子思在其著作中记述了许多孔子的话，由于孔子这些话世无述闻，当时已有人怀疑是子思自己的话。

那么，哪些篇章属于这类著作呢？就我们所知，是《礼记》中的《中庸》、《缁衣》、《表记》、《坊记》四篇。《隋书・音乐志》引沈约之言：“《中庸》、《表记》、《坊记》、《缁衣》，皆取《子思子》。”今考《缁衣》等四篇的特点是每篇全部或大部系引用孔子之语。可能正因为载有孔子的许多话，此四篇被收入《礼记》之中。

《郭店楚墓竹简》中有《缁衣》一篇，由上所论，可以认可《缁衣》一篇为子思所作。

(3)《荀子》批评子思说：“案往旧造说，谓之‘五行’”——《郭店楚墓竹简》中有《五行》一篇。与此前出土的马王堆汉墓帛书《老子甲本卷后古佚书》中《五行》篇之经部大体相同，文中的“五行”指仁、义、礼、智、圣。庞朴先生《马王堆帛书解决了思孟五行说古谜》(《文物》1977年10期）与帛书整理者皆已指出，此即《荀子・非十二子》所批评的子思、孟子的五行说。《郭店楚墓竹简》中《五行》篇出土，我们可以进一步推定《五行》为子思所作。

这里尚须补充说明的是，荀子的批评是针对子思、孟子两人的，《唐虞之道》、《五行》等篇应不排除为孟子一系所作的可能性。但荀子对子思、孟子的批评还是有区分的，他说：“子思唱之，孟轲和之。”所谓“唱之”是首发其论，所谓“和之”，是赞扬其说。而《唐虞之道》、《五行》等篇皆专论性文章，且风格平实审谛，与孟文雄辩犀利的文风大不相侔，故以归于子思名下为当。

2、以《中庸》为参照，审查《郭店楚墓竹简》内容：

《中庸》为子思的代表作，《史记・孔子世家》说“子思作《中庸》”，

《孔丛子》说子思作《中庸》四十九篇，皆以《中庸》为其代表作。

《中庸》一书反映了子思的成熟的思想，其起首言“天命之谓性，率性之谓道，修道之谓教。”此三语隐括了《郭店楚墓竹简》中《性自命出》的内容。

《性自命出》说：“性自命出，命自天降。”《中庸》“天命之谓性”一句隐括之。

《性自命出》说：“四海之内其性一也。其用心各异，教使然也。……道者，群物之道，凡道，心术为主。……教，所以生德于中者也。”《中庸》“率性之谓道，修道之谓教。”二语隐括之。

由上所论，可见《性自命出》与《中庸》思想脉络一致。而“天命之谓性”或“性自命出”这类思想言论并不见于其他先秦古籍。又因为《中庸》较《性自命出》更为凝炼而概括，所以《性自命出》应早于《中庸》。如果说《中庸》一书为子思所作，那我们可以据此推断《性自命出》亦为子思所作。

这里需补充说明的是，现代学者怀疑《中庸》为子思所作，主要根据是《中庸》中有“今天下车同轨，书同文，行同伦”之语，认为反映的是秦统一全国之后的事实，子思时代不当有此事实。但此语中的“今”字或作“令”字，是“假令”之意，并非既成事实。“今”字本身亦可作设辞，王引之《经传释词》“今，犹若也。”《礼记·曾子问》：“今墓远，则其葬也如之何？”《孟子·梁惠王上》“今王与百姓同乐，则王矣。”其中的“今”皆作“若”解。因此，不能因为《中庸》中有“今天下车同轨，书同文，行同伦”之语，就推翻“子思作《中庸》”的成说。

3、从子思“求己”的学术主旨出发，审查《郭店楚墓竹简》内容：

子思的学术主旨在重“修己”，民国年间罗庶丹所著《诸子学述》已先言之：

孔子有言：“古之学为己，今之学为人。”又言“君子求诸己，小人求诸人。”又言：“苟正其身矣，于正人乎何有？不能正其身，如正人何？”子思进一步阐明孔子之义，其所著《中庸》言：“君子之道，本诸身，征诸庶民。”又述孔子之言曰：“射，有似乎君子，失诸正鹄，反求诸其身。”而唐代马总《意林》引子思曰：“言而信，信在言前也；令而化，化在令外也。”同书又引子思曰：“国有道，以义率身；无道，以身率义。”徐干《中论·修本篇》引子思曰：“能胜其心，于胜人乎何有？不能胜其心，如胜人何？”上书《贵验篇》又引子思曰：“谁谓华岱之不高，江汉之不长与？君子修德，亦高而长之，将何患矣？故求己而不求诸人，非自强也，见其所存之富耳。”“事自名也，声自呼也，貌自眩也，物自处也，人自官也，无非自己者。”等等。从传世文献上可证子思学术以“求己”为主旨。

根据此点，我们来审查《郭店楚墓竹简》内容：

(1)《郭店楚墓竹简》中《穷达以时》篇说：“有天有人，天人有分。察天人之分，而知所行矣。有其人，亡其世，虽贤弗行矣。苟有其世，何难之有哉！”又说：“初滔贿（韬晦），后名扬，非其德加。”“遇不遇，天也。动非为达也，故穷而不……为名也。”“穷达以时，德行一也。……故君子□于反己。”此处讲“天人之分”，内涵不同于《荀子·天论》中“天人之分”的观点，《荀子》的“天人之分”是一种“戡天”、“制天命而用之”的思想。《穷达以时》篇所谓的“天”意谓客观条件，所谓“人”，是指“己”，意谓主观条件。文章结语落在“反己”，即反求诸己。此篇以穷和达的不同境遇来说明恒常修德的重要性。而这正是子思的学术主旨。由此可以推定《郭店楚墓竹简》中《穷达以时》一篇为子思所作。

(2)《郭店楚墓竹简》中有《成之闻之》篇，篇题是整理者拟加的。按：此篇错简严重，很难复原。依笔者拙见，此篇实为两篇：前二十简为一篇，后二十简为一篇。前者可名为“求己”篇，后者可名为“天常”篇。在《求己》篇中第四、五、六简应置于第一简之前。

《求己》篇中说：“古之用民者，求之于己为恒。行不信则命不从，信不著则言不乐。民不从上之命，不信其言，而能含德者未之有也。”

又说："……是故君子之求诸己也深。不求诸其本而攻诸其末，弗得矣。是君子之于言也，非从末流者之贵，穷源反本者之贵。苟不从其由，不反其本，未有可得也者。"又说："是故欲人之爱己也，则必先爱人；欲人之敬己也，则必先敬人。"由此可见，此篇主旨为"求己"，而这也是子思思想的主旨。

由此可以推定《郭店楚墓竹简》中《求己》篇（原题《成之闻之》篇之前半部）为子思所作。

4、透过子思的思想性格，审查《郭店楚墓竹简》内容：

子思所处的战国时代，道德大废，"捐礼让而贵战争，弃仁义而用诈谲。"（刘向《战国策书录》）儒家讲仁爱忠信之道，这对当时各诸侯国统治者而言，可以说是格格不入，所以"儒术之士，弃捐于世，而游说权谋之徒，见贵于俗。"（同上）当时以子思为代表的儒者为了维护道德理想和人格尊严，抗节守道，不降其志。《孔丛子·抗志篇》载"曾申谓子思曰：'屈己以伸道乎，抗志以贫贱乎？'子思曰：'道伸，吾所愿也。今天下王侯，其孰能哉？与屈己以富贵，不若抗志以贫贱。屈己则制于人，抗志则不愧于道。'"在"道"与"势"的对峙上，子思表现出一位真儒"不事王侯，高尚其事"的风骨，下面我们透过两则谈子思交友的资料，来看子思的从道不从势的风骨。《孔丛子·公仪篇》载"鲁人有公仪潜，砥节砺行，乐道好古，恬于荣利，不事诸侯。子思与之友。"而《孟子·万章下》记载鲁穆公访晤子思说：千乘之国的国君若同士人交友是怎样呢？子思很严肃地回答说：恐怕应该说国君以士人为师吧，怎么能说交友呢！子思性刚而傲，曾子曾对他说："吾观子有傲世主之心，无乃不容乎？"（《孔丛子·居卫》）讲真理、说真话是要有勇气的。我们了解了子思的刚风傲骨，便知有些思想言论非他莫属。

(1)《郭店楚墓竹简》中有《鲁穆公问子思》一篇。文中记"鲁穆公问于子思曰：'何如而可谓忠臣？'子思曰：'恒称其君之恶者，可谓忠臣矣。'"子思当着鲁穆公的面这样说，引起鲁穆公的不悦。后世儒生阿世取容，见到君王就说“臣罪当诛兮，天王圣明！”虽然子思时代知识分子地位较高，但说出“ 恒称君之恶者可谓忠臣”这样的话，在当时也是惊世骇俗的，以致成孙弋说：“非子思，吾恶闻之矣！”意思是：这样的话，只能出自子思之口。由此可见子思超凡脱俗的鲜明思想个性。

古人著述，常自称其名，或以某子自称，如孟子著书，自称孟子。故此篇之中虽然见子思之名，不碍其为子思自作。由此我们可以推定《郭店楚墓竹简》中《鲁穆公问子思》篇为子思所作。

(2)《郭店楚墓竹简》中有《六德》一篇。文中提出君、臣、父、子、夫、妇“六位”，而以圣、智、仁、义、忠、信“六德” 配“六位”，因而认为“义”为君德，“忠”为臣德，“智”为夫德，“信”为妇德，“圣”为父德，“仁”为子德。又以父、子、夫为内，以君、臣、妇为外，从而提出“为父绝君，不为君绝父；为昆弟绝妻，不为妻绝昆弟；为宗族杀（意谓“降低一等”）朋友，不为朋友杀宗族。”的主张。这种思想反映出早期儒家的思想特点：一、君权不是绝对的；父的观念高于君的观念。“为父绝君，不为君绝父”，有不为君主攻伐政策作牺牲之意，因而法家韩非曾针锋相对批评说：“父之孝子，君之背臣也。”（《韩非子·五蠹》）二、“圣”不是绝对的，尚未超出其他德目之上，此在《五行》篇中也如此。三、血缘宗族观念较後世更为浓重。四、在处理复杂的人际关系问题上，表现出某种极端性的特点，而较少後世儒家的那种折衷色彩。总之，《六德》篇是考察早期儒家的一篇奇文，尤其是“为父绝君，不为君绝父”的思想可谓前无古人，后无来者。这样的思想，我们也可套用成孙弋的话说：“非子思，吾恶闻之矣！”

由上所论，我们可以推定《郭店楚墓竹简》中《六德》篇也为子思所作。

结语：由上文所论，《郭店楚墓竹简》中《唐虞之道》、《缁衣》、《五行》、《性自命出》、《穷达以时》、《求己》（原题《成之闻之》前半部）、《鲁穆公问子思》、《六德》诸篇为子思或其后学所作。

二　郭店楚简与早期儒学

顾炎武曾指出，周贞定王二年（公元前467年）至周显王三十五年（公元前334年）凡一百三十三年间“史文阙轶，考古者为之茫昧。”（《日知录》卷十三《周末风俗》）为什么会出现这种“史文阙轶”的情况呢？孟子曾说“诸侯恶其害己，皆去其籍。”这是说一些对诸侯不利的文献典籍被人为地有意地毁掉了。当然，“史文阙轶”可能也还有别的原因。

顾氏所说的时代正是孔子之后七十子及其后学的时代。正因为“皆去其籍”、“史文阙轶”，以致于韩非所说的“儒分为八，墨离为三”等先秦思想史的具体情形，我们不甚了了，所知甚少。

郭店一号墓的下葬时间，考古学界初步确定为公元前350年—300年，墓中的文献成书年代应当较墓葬时间为早，正是顾炎武所说的“史文阙轶，考古者为之茫昧”的时期。《郭店楚墓竹简》的出土正好可以补某些“阙轶”。

当然，《郭店楚墓竹简》并未给我们提供确凿的材料使我们得到所期待的确定的结论，我们所能得到的不过是些蛛丝马迹，这需要结合前人的研究来深化或修正一些已有的认识。

（一）早期儒学的分派

韩非子说：孔子之后，儒分为八。其说语焉不详。以今考之，孔子的学生中学问成就最高，从而成为大宗师者有三人：一为子游；一为子夏；一为曾子。兹略述之：

1、子游一系，可称为“弘道派”。《礼记·礼运篇》所述孔子的“大同”、“小康”之说系子游所记。在孔门中，子游所传理想最为高远，议论最为深闳，所谓“贤者识其大，不贤者识其小”，子游可谓孔门之大贤。子游、子思、孟子一脉相承，这一派秉承孔子“天下为公”的思想，主张“君宜公举”，“民可废君”。在早期儒家之中，这一派人民性、主体性、抗议精神最强，是早期儒家的嫡系和中坚。郭店楚简儒学部分多半是子思一系所作，其中《唐虞之道》一篇歌颂尧、舜“擅让”的盛德；而《性自命出》一文录有子游的一段遗文。子思、孟子出于子游，荀子已先言之。《荀子・非十二子篇》说子思、孟轲“案饰其言……以为仲尼、子游为兹厚于后世。”这从侧面说明子游、子思、孟子为一派。宋代朱熹等理学家出于建构“道统”论的需要，虚构了孔子、曾子、子思、孟子的“道统”系谱，认为子思出于曾子。对此康有为正确地指出：“著《礼运》者，子游。子思出于子游，非出于曾子。颜子之外，子游第一。”（《康南海先生口说・礼运》）“孟子受业子思之门人，有《史记》可据。子思受业曾子，无可据。子思作《中庸》，精深博大，非曾子可比。惟孟子确传子思之学。子思高出于曾子。”（同上书，《孔子改制一》）章太炎也辩子思不师曾子说：“宋人远迹子思之学，上隶曾参。寻《制言》、《天圆》诸篇，与子思所论述殊矣。《檀弓》篇记曾子呼伋，古者言质，长老呼后生则斥其名，微生亩亦呼孔子曰丘，非师弟子之徵也。《檀弓》复记子思所述，郑君曰：为曾子言难继，以礼抑之。足明其非弟子也。”（《太炎文录・徵信论》）

2、子夏一系，可称为“传经派”。子游、子夏在孔门中以通晓文献典籍著称，《论语・先进篇》说“文学：子游、子夏。”但子游教育学生注重“上达”功夫，子夏教育学生注重“下学”功夫。子夏一派对传统文化，尤其是对元典的全面研习有很大贡献。后来的荀子除继承子弓一系外，也继承了子夏一系的学说，成为传经之儒。汉以后经学的发展，主要是这一派的推动。这一派比较注意与统治者的合作，与子思、孟子一派的抗议精神和批判精神不同。康有为说：“传经之学，子夏为多。”（同上书，《学术源流七》）“传经之功，荀子为多。”（同上书，《学术源流二》）“孟子之后无传经。……二千年学者，皆荀子之学也。”（同上书，《荀子》）

3、曾子一系，可称为“践履派”。主要人物有曾子（曾参）及其子曾申（在《礼记》中有时曾申亦被称为曾子）、其弟子乐正子春等。这一派重孝道的践履，其基点落在家庭父子关系上。这一派所讲的“孝道”是广义的。曾子认为，居处不庄、事君不忠、莅官不敬、朋友不信、战阵无勇甚至不以时伐山林、杀禽兽等，会给父母带来恶名，皆不可谓孝。这一派也讲天道阴阳问题，可能是儒家最早重视阴阳问题的学派。康有为说：曾子之学守约，治身笃谨；曾门弟子宗旨学识狭隘。但他又说：“曾子得成就为孔学大派，皆弘毅之功，力肩孔道为己任也。……曾子盖能行而後言者，虽守约，亦可法矣。”（《论语注》页112）

在《郭店楚墓竹简》中《尊德义》有孔子语而未称引孔子：“德之流，速乎置邮而传命。”此在《孟子·公孙丑上》中则明确称引孔子：“孔子曰：德之流行，速于置邮而传命。”《尊德义》之所以有孔子语而未称引孔子，有学者认为是孔子自作。同理，《穷达以时》中有一段话，未说明是何人所说，而《荀子·宥坐》与《韩诗外传》卷七都称“孔子曰”，亦认为是孔子所作。在《性自命出》一文中有“喜斯陶，陶斯奋，奋斯咏，咏斯犹，犹斯舞，舞，喜之终也。愠斯忧，忧斯戚，戚斯叹，叹斯舞，舞斯踊，踊，愠之终也。”这段话亦见于《礼记·檀弓下》，称子游所说，其文为：“人喜则斯陶，陶斯咏，咏斯犹，犹斯舞，舞斯愠，愠斯戚，戚斯叹，叹斯辟，辟斯踊也。”北宋刘敞已疑其中有阙文。另外，这批竹简中，如《鲁穆公问子思》、《缁衣》、《五行》等篇当与子思有关。《荀子·非十二子》已隐言子思之学由子游上溯孔子，这已是当时儒者较为普遍的看法。而孔子、子游、子思的思想作品同存于这批楚简当中，是否说明这批竹简主要是子游、子思一派的作品？

（二）早期儒学的经典

大家知道，儒家经典为“六经”。经学史上常用以下两条材料指陈“六经”的原始出处，一是《庄子·天运篇》记孔子对老聃之言：“丘治《诗》、《书》、《礼》、《乐》、《易》、《春秋》六经以为文。”二是《礼记

·经解篇》，篇中依次论列《诗》、《书》、《礼》、《乐》、《易》、《春秋》的教化功效，虽未迳称此六书为经，然既以“经解”名篇，似亦以《诗》、《书》、《礼》、《乐》、《易》、《春秋》为六经。

上述两条材料，一条明言“六经”，一条隐言“六经”，但学者于此总未能心安，原因在于，对《庄子·天运篇》以及《礼记·经解篇》的年代问题不能确切考订。庄子“寓言十九”，其说未必可信；其书中各篇亦未必皆其自著。南宋黄震说：“‘六经’之名始于汉，《庄子》书称‘六经’，未尽出庄子也。”（《黄氏日抄》卷五五）近代学者罗根泽撰《庄子外篇探源》，认为《天运篇》是汉初作品。《庄子·天运篇》或系晚出，但亦不足证明先秦一定不能出现“六经”字样。

《郭店楚墓竹简》中提供了两条新资料，对解决上述问题会有一定的帮助。

1、《郭店楚墓竹简·语丛一》说：“《易》所以会天道、人道也；《诗》所以会古今之恃也者；《春秋》所以会古今之事也；礼，交之行述也；乐，或生或教者也；……者也。”

2、《郭店楚墓竹简·六德》说：“夫夫，妇妇，父父，子子，君君，臣臣，六者各行其职而狱讼亡由作也。观诸《诗》、《书》则亦在矣，观诸礼、乐则亦在矣，观诸《易》、《春秋》则亦在矣。”

考古学界确定郭店一号墓的下葬年代在公元前300年之前，学术界亦认为墓中资料当在孟子之前。上述两条材料中都将《诗》《书》《礼》《乐》《易》《春秋》六者相提并论（其中第一条材料略残，可推知是讲《书》），虽未明言为“六经”，说明在孟子之前的年代，这六种书的内容已经为孔门儒者所研习了。其中第二条材料尤显重要，我们可以从中分析出如下意义：第一、六经虽为体裁很不同的六种书，但还是有其共同的思想倾向，即都重视夫妇、父子、君臣的伦常关系。第二、可以印证先秦原本有《乐经》的看法。六经中的《乐经》至汉代失传，对此，历史上曾有两种解释：古文经学认为《乐经》毁于秦火；今文经学认为乐本无文字，不过是与《诗》、礼相配合的乐曲。在我们看来，乐只有乐曲而无文字，是不可思议的；今《礼记》中的《乐记》应是解释《乐经》的说记，《乐》若无经文，又如何有“记”？而从上面的第二条材料看，若乐仅是乐曲，如何从中来“观”夫妇、父子、君臣的伦常关系？由此看来，古文经学认为先秦原本有《乐经》的看法可能更接近历史的真实。

由上可知，在孔子之後儒家学者已将《诗》、《书》、《礼》、《乐》、《易》、《春秋》作为研习科目；加上战国时期诸子百家已多有立“经”之事，我们似乎可以这样认为，即使《庄子·天运篇》关于“六经”的说法不足据，“六经”之名实已呼之欲出。

关于《尚书》原典，先秦的儒家学者喜欢援引《诗》、《书》，《书》即《尚书》，《尚书》到底有多少篇？《尚书》纬《璇玑钤》说：“孔子求书，得黄帝玄孙帝魁之书，迄于秦穆公，凡三千二百四十篇，断远取近，定可以为世法者百二十篇，以百二为《尚书》，十八篇为《中侯》，去三千一百二十篇。”纬书之说，谬悠难信。而《汉书·艺文志》说：“《书》之所起远矣。至孔子纂焉，上断于尧，下迄于秦，凡百篇。”孔子定《书》百篇之数，亦不可深信。惟《史记·儒林传》说“秦时焚书，伏生壁藏之；其后兵大起，流亡。汉定，伏生求其书，亡数十篇，独得二十九篇。”我们可以相信，《尚书》绝不仅仅只是二十九篇，在此之外，至少还有数十篇，只是篇名与内容为何，我们已不得而知。

简本《缁衣》除了引用孔子的话之外，例皆引用《诗》、《书》之语，其中引《尹诰》一次；《君□》一次；《吕刑》三次；《君陈》二次；《祭公之顾命》一次；《康诰》一次；《君□ 》一次。这些篇名及其中的内容无疑都是《尚书》原典的内容。下面就其中的内容作些分析，以便从中捕捉《尚书》原典的信息。

一、《祭公》篇或称《祭公之顾命》篇，不见于传世本今、古文尚书，而见于《逸周书》。《尚书》本可分虞夏书、商书、周书三部分。按《缁衣》引书之例，推测《祭公之顾命》应属《尚书》中的周书部分。祭公，字谋父，为周公之孙，周穆王时以老臣当国，此篇是祭公将死时告诫穆王之辞，是一篇重要的政治文献，原是列于《尚书》诸篇之中的。那为什么历代学者有这样大的失误，不把《祭公之顾命》作为《尚书》的内容呢？这是因为传世本的《礼记・缁衣篇》误将“祭公之顾命”的“祭”隶定为“叶”，变成了“叶公之顾命”，自郑玄至孔颖达皆因错就错，以“叶”为本字，误注为叶公子高。叶公子高是春秋末期人，这样不仅时代相差太远，人物的份量也远远不够了。因此也就不会有人去想这可能是《尚书》原典的内容。

二、以《缁衣》引书之例，《尚书》原典中有《尹诰》一篇。简本《缁衣》引《尹诰》云：“惟尹躬及汤，咸有一德。”《尹诰》原是《尚书》原典的一篇，应是伊尹告太甲之言。但传世本《礼记・缁衣》将“诰”误为“吉”字，这样就好象是一位姓尹名吉的人所讲的话。大约汉人发现古文尚书，其中有《尹诰》一篇，当时可能无篇题，汉人见其中有“咸有一德”之语，遂用以名篇。后此篇失传，造作伪古文尚书者，便从传世《缁衣》中抄撮“惟尹躬及汤，咸有一德”之语，敷衍成篇。这就是伪古文尚书的《咸有一德》篇。不知《尚书》原典中“咸有一德”出自《尹诰》中。汉儒已误，造作伪古文尚书误信其说而造假，正好露出造假的破绽。

（三）早期儒学的精髓

上已言及，子游、子思、孟子一系所代表的弘道派是早期儒家的嫡系与中坚，下面我们重点来考察一下弘道派的思想纲领。弘道派的主要思想纲领有三：一为“大同”说的社会理想；二为“禅让”（或曰“擅让”）说的政治思想；三为贵“情”的人生哲学。

1、“大同”说。“大同”说见于《礼记・礼运篇》中孔子与子游的对话，孔子对子游说：

“大道之行也，天下为公。选贤与能，讲信修睦，故人不独亲其亲，不独子其子。使老有所终，壮有所用，幼有所长，矜寡、孤独、废疾者，皆有所养。男有分，女有归。货，恶其弃于地也，不必藏于己。力，恶其不出于身也，不必为己。是故谋闭而不兴，盗窃乱贼而不作。故外户而不闭，是谓大同。”

宋儒关于“大同”说曾有过一番讨论。南宋经学家胡安国著《春秋传》，屡引《礼记·礼运篇》“天下为公”，认为孔子作《春秋》有意于“天下为公”之世。吕祖谦写信给朱熹表示不同意见，认为《礼运篇》中讲“不独亲其亲，子其子，而以尧、舜、禹、汤为小康，真是老聃、墨氏之论”，“自昔前辈共疑之，以为非孔子语。”（《吕东莱文集》卷三《与朱侍讲元晦》）从这些话中不仅看出吕祖谦缺乏见识，而且连最基本的东西都弄错了，因为《礼运篇》并未以尧舜时代为“小康”，而是将尧、舜时代归为“大同”、将禹、汤、文、武、成王、周公归为“小康”的。以今日观之，禹夏时代是私有制的国家产生之时，这是一个重要的分界，此前的“大同”之世是原始公产制的时代，以“天下为公”为准则，所以“不独亲其亲，子其子。”这曾是一段历史，先秦诸子多不怀疑这段历史。吕祖谦见到老子、墨子称述这段历史的话，便认为《礼运篇》的“大同”思想是“老聃、墨氏之论”。到底还是朱熹多些见识，他在回信中指出，《礼运篇》以五帝之世为“大道之行”，三代以下为“小康”之世，是不错的；并认为“小康”之世像禹、汤、文、武、成王、周公那样的“大贤”就可以达到，而“大同”之世则需要有更大政治智慧的“圣人”如尧、舜才能达到。朱子虽有此见识，但并未认为“大同”说即是儒学“道统”的内容。

2、“禅让”说（附“汤革武命”说）。康有为曾揭示“禅让”的意义说：“公天下者莫如尧舜，选贤能以禅让，太平大同之民主也。”（《孟子微·总论》）“孔子最尊禅让，故特托尧舜。”（《康南海先生口说·孔子改制二》）“禅让”说是以尧舜禅让为模式的政治权力转移的主张，《郭店楚墓竹简》中的《唐虞之道》即是阐明其意义的理论文章。“唐虞”即指唐尧、虞舜，儒家“祖述尧舜”，主要即在弘扬尧舜“天下为公”的政治品德。《唐虞之道》开篇即说：“唐虞之道，（擅）而不传。尧舜之王，利天下而弗利也。(擅) 而不传，圣之盛也；利天下而弗利也，仁之至也。故昔贤仁圣者如此。"“禅让”说在孟子那里有进一步的解释。孟子说舜有天下是“天与之，人与之”，又说“天视自我民视，天听自我民听”，则“天”只是虚悬一格，归根到底是“民与之”。“与”即是大同说的“选贤与能”之“与”，其繁体字形作“与”，与“举”字形、音、义皆相近，以“与”、“举”解之皆可通。就是说君主的权力是民众给与的，民众本有选举君主的权力。可以说，这是中国古代带有民主色彩的政治思想。

另一方面，儒家又盛称“汤武革命”，认为君主若“德不称位”，甚至残虐臣民，臣民有革命的权利。孟子和荀子都有这样的看法。

3、贵“情”说。《郭店楚墓竹简·性自命出》有一套相当完整精致的心性理论。《性自命出》指出人类有“自由意志”，这是与天地间所有生物不同的特点：“凡人虽有性，心无奠志。”这种“自由意志”又有其特点：“待物而后作，待悦而后行，待习而后奠。”人的个性在形成过程中，会受到许多因素的影响，比如，外物引诱、内心嗜好、时势引导，传习沿袭、友朋样榜、道义激励等等，因此个性的形成也就有多种发展的可能性。然而人是一种群体生活的动物，在群体生活中，要做到共存共生，人类社会便需要一些最基本的行为规范即儒家所说的“道”和“礼”，但怎样的“道”和“礼”才是最符合人性，最能使人心悦诚服的呢？由此《性自命出》提出了它的心性理论的核心思想，即贵“情”的思想。我们来看看它是怎么说的：

(1)　“道始于情，情生于性。”

(2)　“礼作于情。”

(3)　“凡声，其出于情也信，然后其入拨人之心也厚。”

(4)　“凡至乐必悲，哭亦悲，皆至其情也。”

(5)　“信，情之方也。情出于性。”

(6)　“用情之至者，哀乐为甚。”

(7)　“凡人，情为可悦也。苟以其情，虽过不恶；不以其情，虽难不贵。苟有其情，虽未之为，斯人信之矣。未言而信，有美有情者也。”

在《性自命出》的作者看来，合乎情的“道”和“礼”即是群体的价值取向，这也便是教育的内容，而教育可以引导个性的健康发展，由自然的可能性走向必然的合理性。社会政治建立在“人情”的基础上，是人们所乐于接受的。以“人情”为基础，即使做错了什么事，也会得到大家的原谅；不以“人情”为基础，即使做了多么了不起的事业，人们也不会觉得可贵。总之，不能离开“人情”而谈社会政治的“道”和“礼”。“情”成了衡量善恶是非的尺度。这种思想与后来从汉儒到理学的“性善情恶”观念完全相反。

由上所述，我认为以孔子、子游、子思、孟子为代表的儒学之“道”，主要是就上述“大同”说、“禅让”说、贵“情”说而言的。“大同”说反映了他们的社会理想，“禅让”说反映了他们的政治思想，而贵“情”说则表达了他们的人生哲学。这三个方面可以视为孔孟儒学的真正“道统”。

（四）重新审视儒学的“道统”说

《郭店楚墓竹简》的发现可能导致儒学史乃至整个中国思想史的重写和改写。郭店楚简所反映的是孔子之后一、二传弟子的思想，透过它可以反观孔子学说的核心思想。以此核心思想审察后世的“道统”说，便会对儒学传统作出新的诠释。

“道统”是指儒学的真精神、真血脉。“道统”说最初由唐代韩愈提出，此后又有各种各样的“道统”说，而最具代表性和涵盖性的是南宋朱熹的“道统”论。依朱熹的看法，“道统”的内涵或者说儒学的真精神是出自伪《古文尚书》的“人心惟危，道心惟微，惟精惟一，允执厥中”的所谓“十六字心传”；而“道统”的系谱或者说儒学的真血脉是孔子、曾子、子思、孟子，此后千载不传，直至周敦颐、二程方始接续孔孟的道统。

我的看法是，可以承认历史上有儒家道统的存在，其内涵是由“大同”说的社会理想、“禅让”说的政治思想和贵“情”说的人生哲学所构成的思想体系；后世继承“道统”的不是汉、唐、宋、明的儒者，宋明理学家曾经宣称他们发现了孔孟“道统心传”，可是宋明时期几个有代表性的心性理论，无论是朱熹的重“性”（性即“天理”）说，还是王阳明的重“知”（知即“良知”）说，抑或刘宗周的重“意”说，都不符合早期儒学的思想。

走出理学，始近“道统”。真正继承“道统”的倒是以黄宗羲、戴震、康有为等人为代表的清代儒者。在这些思想家那里，先秦儒学重视人民性、主体性、抗议精神的思想得到了弘扬，诸如重“情”说的人生哲学和“大同”说的社会理想也在新的社会条件下得以重构和发展。

现代新儒家牟宗三说程朱理学是“别子为宗”，阳明心学才是儒学的正脉嫡系。郭店简的发现，对现代新儒家的道德形上学构成了一种严峻的挑战。

从今日的观点看，儒学先秦、清代两段有许多人民性、民主性的精华。这种思想史的发展正是采取否定之否定的形式。我们似乎可以说，中国明清之际的思想也类似西方文艺复兴的性质。

郭店楚墓竹簡中的孝與忠

胡 平 生

孝與忠是儒家道德學說的核心之一，不過在《論語》中直接論述孝與忠的話並不很多，以至有人因此而懷疑儒家經典《孝經》所論孝與忠的觀念非常之晚，不可能是春秋戰國的著作，乃是漢以後的人僞造的。我們曾考訂《孝經》是孔子向曾子講述孝道，並經過學生整理加工的書，指出"從這個意義上說，孔子、曾子和他的學生（或學生的學生）都是《孝經》的作者"。我們也在前輩研究的基礎上指出過《孝經》與荀、孟的關係，認爲《孝經》可能成書於戰國晚期。（《中國古代佚名哲學名著評述・孝經》112、116 頁，齊魯書社，1984）現在越來越多的出土資料讓我們已經了解儒、道等各家學說的發展軌跡，郭店楚墓竹簡公布後不少學者指出，它使我們找到了從孔夫子到孟子、荀子的一個中間環節，而郭店楚墓竹簡中關於孝與忠的論述，可以說也是一個"中間環節"，它是孔子的孝、忠思想與孟、荀及《孝經》所代表的孝、忠觀之間的一個中間環節。有了郭店楚墓竹簡這個中間環節，可以看清從孔子的孝、忠思想到《孝經》及孟、荀所代表的孝、忠觀的承繼、發展和變化。以下試從幾個方面加以闡述。

一 孝爲德之本

"孝"本是一個很古老的觀念，孝的觀念也是隨著時代而發展的，其初義是養 —— 贍養、奉養、祭祀供養等。我們曾說過，在兩周金文裡，孝的對象不僅有父母，還包括了祖妣、宗室、兄弟婚媾諸老等：（《孝經

譯注》32 頁，中華書局，1996）

郭遣簋：用追孝于其父母

陳逆簋：以享以孝于大宗皇祖皇妣

曼龏父盨：用享孝于宗室

殳季良父壺：用享孝于兄弟婚媾諸老

年仲姬鼎：其子子孫孫用享孝于宗老

孝養、享孝著重於物質的方面，在儒家的孝道中這當然也是一個很重要的方面，然而作爲思想家的孔子，更強調的是“孝”的精神內涵。他說：“今之孝者，是謂能養，至於犬馬，皆能有養，不敬，何以別乎！”（《論語・爲政》）我們認爲，郭簡《語叢一》所說“爲孝，此非孝也；爲弟，此非弟也。不可爲也，而不可不爲也。爲之，此非也；弗爲，此非也”，講的就是這個意思。爲孝，僅僅“能養”，非孝。“不可爲也”，是說不能不“孝養”；“而不可不爲也”，是說不能僅僅祇是“孝養”。“爲之，此非也”，是說祇是“孝養”此非“孝”；“弗爲此非也”，是說不“孝養”，此非“孝”。孔子還講孝就是“無違”於禮，“生事之以禮，死葬之以禮，祭之以禮”；（《爲政》）孝就是“三年無改於父之道”（《里仁》）等等，都是從精神的方面講孝。

《論語》裡並沒有提到“夫孝，天之經，地之義，民之行”之類的話，不過這也是符合孔子的“天生德於予”思想的。人的倫理與道德觀念都是天性，都是天給予的，聖人效法天道，以理人倫。所以，孔子說：“大哉，堯之爲君也。巍巍乎，唯天爲大，唯堯則之。”（《泰伯》）這種觀點在郭簡中得到進一步的發揮。《成之聞之》說：“天降大常，以理人倫。制爲君臣之義，著爲父子之親，分爲夫婦之辨。是故小人亂天常以逆大道，君子治人倫以順天德。”《忠信之道》說：“大忠不兑（說），大信不期。不兑（說）而足養者，地也；不期而可遇者，天也。□天地也者忠信之謂此。”也是說天地之大道是忠信，天地是忠信之榜樣。《唐虞之道》說：“夫聖人上事天，教民有尊也；下事地，教民有親也；時事山川，教民有敬也；親事祖廟，教民孝也；大教（太學）之中，天子親齒，教民弟也。”相同的思想亦見於《孝經》，且表述往往更加明確。

《孝經・三才章》云："天地之經而民是則之，則天之明，因地之利，以順天下。"《感應章》云："昔者明王事父孝，故事天明；事母孝，故事地察，長幼順，故上下治。"《聖治章》云："父子之道，天性也，君臣之義也。"上事天、教民有尊，也就是孝父；下事地、教民有親，也就是孝母。更進一步，則以父子之道擬於君臣之義。

雖然郭簡文字涉及的面更爲寬泛，但其中的邏輯關係是一致的，《論語泰伯》中的堯，《唐虞之道》中的"聖人"與堯、舜，《孝經》中的"聖人"、"明王"，概念都是相同的。

在孔子看來，孝是道德之根本，教化人民從提倡孝道開始。《論語》中說："孝悌也者，其爲仁之本與"，"君子務本，本立而道生。"（《學而》）郭簡中《六德》說："孝，本也"，"先王之教民也，始於孝悌。"《唐虞之道》說："孝，仁之冕也。"《五行》說："愛父，其稽（繼）愛人，仁也。"《孝經》則說："人之行，莫大於孝。"（《聖治章》）"夫孝，德之本也，教之所由生也"。（《開宗明義章》）"教民親愛，莫善於孝。教民禮順，莫善於悌。"（《廣要道章》）"聖人之教，不肅而成，其政不嚴而治，其所因者本也。"（《聖治章》）這些觀點是完全一致的。

儒家的兩位大師孟子和荀子在這個問題上觀點則有些不同。比較而言，孟子較重視孝悌，認爲"堯舜之道孝悌而已"（《告子下》），實際上就是"先王之教民也，始於孝悌"的意思。而荀子已經不是很看重孝道教化人民的作用。《荀子・儒效》在講到孔子爲魯司寇時對人民"孝弟以化之"，除此之外，《荀子》裡是完全不提以孝悌教化人民的。在《宥坐》中，荀子大講孔子誅少正卯，又說道：

> 孔子爲魯司寇，有父子訟者，孔子拘之，三月不別，其父請止，孔子舍之。季孫聞之不說，曰："是老也欺予，語予曰'爲國家必以孝'，今殺一人以戮不孝，又舍之。"

於是，孔子又講了一番"義刑義殺"的道理。在這裡，荀子似乎是借用季孫之口對孔子的"爲國家必以孝"的學說提出了質疑，他以新的概念“禮義”取代了早期儒家的“ 孝悌”，試圖使用禮義、禮法來建立新的封建秩序。

二　明王以孝治天下

在儒家經典中，“孝”不僅是個人與家庭的道德的觀念與行爲，更是治國平天下的根本大計。《論語》中雖然説得不是那麼明顯，但意思還是很清楚的。像《爲政》説：“季康子問使民敬忠以勸，如之何。子曰：‘臨之以莊，則敬。孝慈，則忠。舉善而教不能，則勸。’”孔夫子是説國君臨民以莊，則民敬君；國君臨民以孝慈，則民忠君……即君王能够以身作教導人民以孝慈，則人民忠於國君，則國家必能治理得好。講到“爲政”，孔子説：“《書》云：‘孝乎惟孝，友于兄弟，施于有政。’是亦爲政。”直接把弘揚孝道與爲政聯係在一起。

郭簡裡也講“孝之𧉧（方），愛天下之民”；(《唐虞之道》)“愛親則其𧉧（方）愛人”。(《語叢三》)“𧉧”，整理者讀爲“方”。陳偉以爲“𧉧”是“殺”字之訛變，是衰減之意。(《郭店楚簡別釋》，《江漢考古》，1998年4期。）又，李零讀“𧉧”爲“放”。(《郭店楚簡校讀記》，《道家文化研究》17輯，1999年)。按，戰國楚文字有添加“虫”形爲附件之例。今不採陳、李之説，仍從整理者讀爲“方 ”。“方”是並、比、齊等之意，意謂與孝齊等，則愛天下之民。《唐虞之道》説：“古者堯之與舜也，聞舜孝，知其能養天下之老也；聞舜悌，知其能嗣天下之長也；聞舜慈乎弟，……【知其能】爲民主也。”能够孝悌，才能够爲民主，才能够治天下。“先聖與後聖，考後而甼先，教民大順之道也。”孝悌之道，就是使民大順之道，也就是治天下之道。

《孝經》則很明確地提出“明王之以孝治天下”，(《孝治章》)“教以孝，所以敬天下之爲人父者也；教以悌，所以敬天下爲人兄者也”；(《廣至德章》)“聖人因嚴以教敬，因親以教愛。”“故愛其親，不敢惡人；敬其親，不敢慢人。愛敬盡於事親，光耀加於百姓，究於四海，此天子之孝也。”天子之孝，就是爲天下之表率，推廣弘揚孝道，教化人民，最終實現天下大治。我們可以看到，從《論語》到郭簡，再到《孝經》的“以孝治天下”思想的發展過程。

當然，這衹是儒家中的一派。時勢變易，到了戰國中晚期完全靠道德的教化來治理天下實際上是行不通了。儒家傳人中亦有與時俱進者，因時制宜，提出了新見解。孟子講“仁”仍有較多的傳統道德宣教色彩，他講治天下靠施仁政，具有道德感化的意味。“三代之得天下也以仁，其失天下也以不仁”，“天子不仁，不保四海；諸侯不仁，不保社稷；卿大夫不仁，不保宗廟；士庶人不仁，不保四體”。(《離婁上》) 已有研究者指出，孟子的這一表述方式和體系 —— 天子、諸侯、卿大夫、士、庶人，與《孝經》相同。荀子則講禮義、禮法，“是聖王之治而禮義化之也”。(《性惡》) 前節已說過，他強調的是約束、改造的功能，很有法家的味道，他的學生中産生了韓非、李斯，實良有以也。

三 “移孝作忠”：儒家孝、忠觀的發展

儒家所講的忠，實際上有兩個既有聯係又有差別的概念，一個是與孝相關的忠，一個是忠信、忠恕之忠。前者適用於君臣上下關係，後者適用於朋友關係及其他人際關係。我們在這裡主要討論的是前者。

《論語》裡有兩處談到孝、忠關係，一見於《學而》，記録的是有子的話，應當也是孔子的思想。“有子曰：‘其爲人也孝弟，而好犯上者鮮矣。不好犯上，而好作亂者，未之有也。君子務本，本立而道生。’”似乎比較低調，僅僅是不犯上作亂就好。另一處見於前引之《爲政》。孔子説的很清楚：“臨之以莊則敬；孝慈，則忠。”郭簡中對孝、忠關係的論説還比較“含蓄”。如《唐虞之道》説：“古者虞舜篤事瞽寞（瞽叟），乃弋其孝；忠事帝堯，乃弋其臣。愛親尊賢，虞舜其人也”；“故其爲瞽寞子也，甚孝；及其爲堯臣也，甚忠。”《六德》也説：“忠者，臣德也。”這是説虞舜能够孝順瞽叟，能够忠事帝堯，因爲“君猶父也”。(《語

叢三》）“父子不親，君臣無義，是故先王之教民也，始於孝弟。”（《六德》）“親父子，和大臣”；“父孝子愛，非有爲也”；“友，君臣之道也。長弟，孝之蚄（方）也”；（《語叢三》）“ 父子，至上下也”；“父，有親有尊”；“長弟，親道也；友，君臣，無親也。”處理君父與臣子的關係雖有相同之處，不過仍然以父子關係擺在首位。這與《孝經》中所説“父子之道，天性也，君臣之義也”（《聖治章》）是吻合的，但《孝經》中沒有“父子，至上下”一類的論説。另一方面，郭簡還強調了推己及人的觀念：“古者堯之與舜也：聞舜孝，知其能養天下之老也，聞舜弟，知其能嗣天下之長也……”（《唐虞之道》）這同孟子“老吾老以及人之老，幼吾幼以及人之幼”（《梁惠王上》）與“愛人者人常愛之，敬人者人常敬之”（《離婁下》）之義相近。在《論語》與郭簡中，君臣關係是雙向的，要“各行其職”，即臣對君要忠，君對臣要義、要和，君臣關係是可以選擇的。孔子説：“君使臣以禮，臣使君以忠”；（《論語・八佾》）郭簡有“父聖子仁”，“君義臣忠”；“……父兄任者，子弟大材藝者大官，小材藝者小官，因而施祿焉，使之足以生，足以死，謂之君，以義使人多，義者君德也”，“苟濟夫人之善也，勞其臟腑之力弗敢憚也，危其死弗敢愛也，謂之【臣】，以忠事人多。忠者，臣德也”。（《六德》）這與後世一味地以孝勸忠似乎還有些不同。《孟子》也有類似的表述：“欲爲君，盡君道，欲爲臣，盡臣道。二者皆法堯舜而已矣。不以舜之所以事堯事君，不敬其君也，不以堯之所以治民治民，賊其民也”。（《離婁上》）在郭簡中君臣關係還是可以選擇的，“君臣、朋友，其擇者也”。（《語叢一》）“君猶父也，其弗惡也，猶三軍之旌也，正也”；“君臣不相戴也，則可已；不悅，可去也；不義加諸己，弗受也”。（《語叢三》）《孝經》講孝忠關係，更明確地提出了“移孝作忠”的理論，所謂“君子之事親孝，故忠可移於君，事兄悌，故順可移於長”，雖然道理是一樣的，惟表述更爲清晰。

孟、荀在論説孝、忠關係也有些差別。除前述郭簡與孟子相近者外，孟子也説“孝悌忠信”，如《梁惠王上》中説：“壯者以暇日修其孝悌忠信，入以事其父兄，出以事其長上。”孝與忠一內一外，互爲表裡，但這個話題他說得不多。孟子講孝，總是比較具體，比較“世俗”：“世俗所謂不孝者五：惰其四肢，不顧父母之養，一不孝也；博弈好飲酒，不顧父母之養，二不孝也；好財貨，私妻子，不顧父母之養，三不孝也；從耳目之欲，以爲父母戮，四不孝也；好勇鬭狠，以危父母，五不孝也。”（《離婁下》）甚至說“不孝有三，無後爲大”。（《離婁中》）《荀子》中沒有直接講到孝、忠關係，但荀子也是把“忠臣孝子”掛在一起的，如《禮論》講天子、諸侯、大夫、脩士、庶人之喪，棺槨重數，衣衾厚薄之數等，“是先王之道，忠臣孝子之極也”。他說君喪三年爲期，因爲“彼君子固有爲民父母之說焉，父能生之，不能養之；母能食之，不能教誨之；君者已能食之矣，又善教誨之者矣”，三年爲期才初步表達了哀思。這類的見解似乎已經將君臣關係凌駕於父子關係之上了。不過，荀子認爲要使臣忠君須“衡聽顯幽重明進良之術”，要靠制度與方法，譬如不聽“朋黨比周之譽”，不近“隱忌雍蔽之人”等等，這樣“忠言、忠說、忠事、忠謀、忠譽、忠愬，莫不明通方起以尚盡矣”。（《致士》）了解儒家孝、忠觀的發展和孟、荀差異對於我們深入研究儒家思想具有重要的意義。

四　諫諍與“恒稱其君之惡”

郭簡《魯穆公問子思》記，子思云：“恆稱其君之惡者，可謂忠臣矣。”《孝經》有《諫諍章》，其文曰：“故當不義，則子不可以不爭於父，臣不可以不爭於君，故當不義則爭之。”姚際恆《古今僞書考》說：“孔子曰：‘事父母幾諫，見志不從，又敬不違，勞而不怨。’多少低迴曲折！今《諫諍章》云：‘父有爭子，故當不義，則子不可以不爭於父。’從父之命，又焉得爲孝乎？又何徑直而傷於激也！其言絕不倫類。” 斷然否認孔子可能有這樣的思想。現在我們看到在郭簡中有《魯穆公問子思》，謂“恆稱其君之惡者可謂忠臣矣”，不僅是“當不義則爭之”，而且是“

恆稱” —— 經常地、沒完沒了地去指出、去批評 ——“其君之惡”，這就要比一般的“諫諍”厲害得多。從傳世文獻看，孟子的忠臣觀亦與子思相似。他認爲：“分人以財謂之惠，教人以善謂之忠，爲天下得人者謂之仁。”（《滕文公上》）在這裡，忠不是敬順服從，而是勸人從善，從善當然就要改惡，改惡就要“恆稱其惡”。“教人以善”與“恆稱其惡”是正反兩個方面，總之都不是君王喜歡的那種順從馴服的工具。

孟子的君臣思想還有進一步的發展：“君之視臣如手足，臣之視君如腹心；君之視臣如犬馬，臣之視君如國人；君之視臣如土芥，臣之視君如寇讎”，“賊仁者謂之賊，賊義者謂之殘，殘賊之人謂之一夫，聞誅一夫紂，未聞弑君也”，體現了孟子的平等與民主思想。荀子的君臣思想，則更強調君的主導作用，“法者治之端也，君子者法之原也”；“君子者治之原也”；（《君道》）有什麼樣的君就有什麼樣的臣，如“態臣、簒臣、功臣、聖臣”等等，事聖君、中君、暴君各有不同的態度和方式；所謂“逆命而利君謂之忠”。

從孔子說“事父母幾諫”，“勞而不怨”；到子思子說“恆稱其君之惡者可謂忠臣”，到孟子的“教人以善謂之忠”，到《諫諍章》，雖然在表述形式上各有特色，但那完全是一種一以貫之的思想。

過去的研究者已指出《諫諍章》可能與《荀子・子道》有關。《子道篇》云：“魯哀公問於孔子曰：‘子從父命，孝乎？臣從君命，貞乎？’三問，孔子不對。孔子趨出，以語子貢。……子貢曰：‘子從父命，孝矣；臣從君命，貞矣。夫子有奚對焉。’孔子曰：‘……昔萬乘之國，有爭臣四人，則封疆不削；千乘之國，有爭臣三人，則社稷不危；百乘之家，有爭臣二人，則宗廟不毀；父有爭子，不行無禮；士有爭友，不爲不義。故子從父，奚子孝；臣從君，奚臣貞；審其所以從之之謂孝、之謂貞也。”《韓詩外傳》卷十第十四章也有相似的內容：“天子有爭臣七人，雖無道，不失其天下。……諸侯有爭臣五人，雖無道，不失其家。……大夫有爭臣三人，雖無道，不失其家。”或許正如我們曾經指出過的那樣，不需要對這種又相同又不相同的傳本大驚小怪。郭簡的出士業已證明《諫諍章》的用語並不算過分激烈。

五 從郭簡孝、忠內容，看郭簡學派性質

綜上所述，郭簡論述孝、忠的內容是十分典型的儒家思想，根據發掘與整理者的報告，我們知道，郭簡的年代約爲戰國中期偏晚、公元前300年左右，上距孔子逝世約180年，下距孟子去世僅5年左右。已有學者指出，郭店楚墓中的典籍都爲孟子所能見，郭簡中的儒家著作可能是子思一派的作品；（李學勤《先秦儒家著作的重大發現》，《中國哲學》第二十輯，15頁，遼寧教育出版社，1999）也有的學者認爲，斷定竹簡屬思孟學派未必準確，印象是"毋寧更接近《禮記》及荀子"。（李澤厚《初讀郭店楚簡印象紀要》，《道家文化研究》，第十七輯，420頁）

根據我們對儒家孝、忠思想發展的考察，郭簡有關孝、忠的觀念似乎與荀子有較大差異。如關於孝是人之天性、本性，孟子雖然沒有直接説過此類的話，但"孟子道性善，言必稱堯舜"（《滕文公上》），他引用孔子之言"大哉堯之爲君，唯天爲大，唯堯則之"，（《滕文公上》），説"堯舜之道孝悌而已"，（《告子下》）講教育是"申之以孝悌之義"，可見他還是認爲孝悌乃天性，是道德的根本。荀子則不以孝悌爲天性，反而認爲"子之讓乎父，弟之讓乎兄，子之代乎父，弟之代乎兄，此二行者皆反於性而悖於情也"，（《性惡》）因爲荀子主張性惡："人之性惡，其善者僞也"，"孝子之道，禮義之文理也"，"然則禮義積僞者，豈人之本性也哉。凡人之性者，堯舜之與桀蹠其性一也，君子之與小人其性一也"；"曾騫孝已獨厚於孝之實而全於孝之名者何也，以綦於禮義故也"。（《性惡》）孝，是靠禮義修飾、裝扮起來的，講孝悌是反於性而悖於情的，堯舜、桀蹠、君子、小人都一樣，必須靠後天的禮義教化，去除其惡，曾騫、孝已能够行孝道，獲孝名，就是靠禮義實現的。這些觀點與郭簡儒家著作中所反映出來思想大不相同。另外，郭簡中還把孝與禪讓聯係在一起。《唐虞之道》説：" 堯舜之行，愛親尊賢。愛親故孝，尊

賢故禪。……孝，仁之冕也；禪，義之至也。六帝興於古，皆由此也。”而《荀子》説：“世俗之爲説者曰堯舜擅讓，是不然”，“是虚言也”，“是淺者之傳，陋者之説也”，（《正論》）根本否認有禪讓之事。凡此種種，可知郭簡相關的篇章與荀子學派關係較疏。

馮友蘭先生在《儒家對于婚喪祭禮之理論》一文中説：“孟子在儒家，可謂爲左派的代表，荀子則可謂爲右派的代表。……儒家左右二派都崇拜孔子，而其所崇拜之點都在孔子之‘集大成’，不過孟子是就人格方面説，而荀子卻是就孔子的政治社會意見方面説。”（《古史辨》二，215頁，上海古籍出版社，1982）按照 1949 年解放以來的觀點，也許應當視孟子爲右派，而荀子才是左派，不過名之以“左派”、“右派”無礙大局，能够反映出他們的差別就好。儒學由孔子奠基，孔子死後，儒分爲八，有子張之儒、有子思之儒、有顔氏之儒、有孟氏之儒、有漆雕氏之儒、有仲良氏之儒、有孫氏之儒　、有樂正氏之儒。（《韓非子・顯學》）郭簡中的儒家文獻，如《魯穆公問子思》、《五行》及《性自命出》等篇是子思的著作，我亦贊成此説。陸德明引鄭玄説，孔子之孫子思作《中庸》。以我們的淺見，儒家思想從孔子到子思（從傳世文獻及郭簡觀之）的發展大體循著一條“中庸”的路綫，至孟子轉向左翼發展，馮先生所謂孟子崇拜孔子的人格方面，正是我們上文所説的孟子提倡以道德教化、感化人民的意思；而荀子則向著右翼發展，馮先生所謂荀子推崇孔子的政治社會意見，正是我們所説的荀子提倡禮法改造社會的意思。《荀子・非十二子》中將子思、孟子劃爲一派，爲了宣傳自己的主張，而貶抑思、孟。他説：“略法先王而不知其統，猶然而材劇志大，聞見博雜，案往舊造説，謂之五行，甚僻違而無類，幽隱而無説，閉約而無解，案飾其辭而祇敬之，曰此真先君子之言也。子思唱之，孟軻和之。世俗之溝猶瞀儒，嚾嚾然不知其所非也，遂受而傳之，以爲仲尼、子游爲茲厚於後世，是則子思、孟軻之罪也。”舊不解“五行”真義，待馬王堆帛書及郭簡出土，知是“仁義禮智聖”，仍是以道德教化人民的“案往舊造説”。“真先君子”當指孔子之言，因爲子思有孔子之孫的特殊身份，想來更具號召力。然而從郭簡資料所見孝與忠的見解看，子思與孟子還是有區別的。據此可以認爲，郭簡墓葬年代雖正當孟子在世（前 390 ～ 305）之時，但隨葬主要典籍成文的年代可能要早數十年，約在子思（前 483 ～ 402）去世後數十年間，有的書如《唐虞之道》也許會更早一些。

太一信仰の考古學的檢討から見た『楚辭』の篇名問題
―「東皇太一」―

石川　三佐男

はじめに

本論考にいう「太一」信仰は、太一という天地宇宙の根元的存在に對して人々が生死を越えた永遠なる神として敬信したり身を委ねる心的情況を指している。

中國古代における「太一」信仰の諸相は歷史上の諸文獻、及び考古出土資料によって確認することが可能である。具體的には、郭店戰國楚墓出土の竹簡「太一生水」篇に見える天地宇宙の創生者としての「太一」をはじめ、馬王堆三號漢墓出土の太一將行圖に見える

「太一」、先秦の諸文獻に見えるすべての現象の唯一の根元という哲學的意味での「太一」、またそれが人格化された資料、漢代以降の諸文獻に見える哲學的議論の對象としての「太一」、氣の類を司る絶對神的「太一」、天文觀測上の問題と關わる「太一」、祭祀の對象としての「太一」、天界の方位神としての「太一」、詩文に歌われた「太一」、またその異名、別名等々をもって十分に確認することが可能である。

本論考では、「太一」信仰の流れと「太一」に附與された諸概念の變遷に留意しつつ、特に近年出土の考古資料を活用し、戰國中期及び戰國後期以降の思想史、文化史の問題、及び『楚辭』九歌十一篇の成立時期の問題とも關わる『楚辭』九歌の篇名問題「東皇太一」について考察する。

一　問題の所在

『楚辭』九歌は東皇太一・雲中君・湘君・湘夫人・大司命・少司命・東君・河伯・山鬼・國殤・禮魂の順で十一篇から成っている。本論考が問題とする東皇太一篇は祭主以下による歌舞詩で、文意は讀み下し文に示したようになっていると解される。

吉日兮辰良	吉日にして辰も良し
穆將愉兮上皇	穆しんで將に（天上界の）上皇を愉しましめんとす
撫長劒兮玉珥	（祭主）長劒の玉珥を撫すれば
璆鏘鳴兮琳瑯	璆鏘として琳瑯鳴る
瑤席兮玉瑱	（祭主以下）瑤の席に玉の瑱
盍將把兮瓊芳	瓊芳を盍せ將ち把り
蕙肴蒸兮蘭藉	蕙肴を蒸め蘭を藉き

奠桂酒兮椒漿	桂酒と椒漿を奠ふ
揚枹兮拊鼓	枹を揚げて鼓を拊ち
□□□□□□	(一句、脱するならん)
疏緩節兮安歌	節を疏緩にして安らかに歌ひ
陳竽瑟兮浩倡	竽瑟を陳ねて浩倡すれば
靈偃蹇兮姣服	(陰なる) 靈、偃蹇として姣服す
芳菲菲兮滿堂	芳菲々として堂に滿ち
五音紛兮繁會	五音紛として繁會すれば
君欣欣兮樂康	(陽なる) 君、欣々として樂康す

この詩の題名「東皇太一」について後漢の王逸『楚辭章句』に「吉日兮辰良、穆將愉兮上皇。上皇、謂東皇太一也」とある。つまり詩にいう上皇は東皇太一のことであるとする以外、特に注をつけていない（これはあるいは、王逸は「東皇太一」という神概念ひいては九歌という歌群の性格を正確に把握していなかったことを示しているのではあるまいか)。

唐代以降になると、「東皇太一」については、たとえば『文選』五臣注に「五臣云、每篇之目皆楚之神名。所以列於篇後者、亦尚毛詩題章之趣。太一、星名、天之尊神。祠在楚東、以配東帝、故云東皇」とあるように、具體的な注が施されるようになってくる。そしてこの五臣注の「太一、星名、天之尊神。祠在楚東、以配東帝、故云東皇」という解釋が、後世の「東皇太一」の理解に大きな影響を及ぼすようになる。宋の朱熹『楚辭集注』東皇太一の条に「太一神名、天之尊神。祠在楚東、以配東帝。故云東皇。漢書云、天神貴者、太一。太一佐曰五帝。中宮天極星、其一明者、太一之常居也。淮南子曰、太微者、太一之庭。紫宮者、太一之居」とあるのは、五臣注が『漢書』の記事等を巻き込んでさらに敷衍されていく事例である。

現代に至ると、たとえば二十世紀の中國楚辭學の指導者的存在であった姜亮夫は「東皇太一」について次のように述べている。

五臣云「毎篇之目、皆楚之神名。所以列於篇後者、亦猶『毛詩』題章之趣」。一本題上有祠字、下諸篇同。今洪補本則於篇題處言之。又『文選』六臣本東皇太一諸小題、亦列於毎篇之首。「太一」一名、其意至雜、『禮運』「禮本於太一」(此言出『荀子』)、指混沌元氣而言、即一之又一之義、雜見『易』道兩家之書者是也。有以爲居紫宮之神、其神最貴者、見『淮南』及『郊祀志』。有以爲北極附近之一星名者、見『天官書』。有以爲即北極星者、西漢緯書多言之。其説至紛雜不可理。

按宋玉『高唐賦』云「進純犧、禱琁室、醮諸神、禮太一」、劉良注云「諸神百神也、太一天神也、天神尊敬禮也」。此楚人之所自言。以「九歌」按之、則「東君」「雲中君」以下所謂百神也。「東皇太一」即天神、明矣。以『周禮』按之、則正南郊午位、去國一里許、依泰壇以祭祀昊天、即圜丘之祭也。圜丘所祭之昊天、天之総神也。其神爲太弌、居天之中。昊天爲生物之始、故於神爲最貴、則太弌不得爲星名而純爲神名矣。惟太弌之名、則始自周末。蓋戰國諸子、喜求一切事物之端始、以探其最高概念。在儒家則稱爲太極、在道家則謂之道、道之別名「太」、太即『老子』之所謂「有物混成、先天地生、吾不知其名、字之曰道、強爲之名曰太」是也。於是凡足以當一事一理之極之始者、皆可曰太、始而又始曰太始、極之又極曰太極、伯之又伯曰太伯、初之又初太初、上之又上曰太上、祖之又祖曰太祖、質之始曰太質(見『乾坤鑿度』)。

一者、亦周末諸子用表天地萬物混然不可分析最高觀念、與道相同、道者一之運行之全德。雜見於『老子』、『韓非』諸書(淮南王言之益悉)、至莊子而言「關尹老聃、聞古道術而悦之、建之以常無有、主之以太一」。太弌爲一哲學中至高概念、此南楚哲人之言、與『易經』所謂太極生兩儀者、義不相謀而相合。戰國之世、不入於儒、則入於道、而『易』以陰陽五行之説類、於是文人學者、取哲家之義、推至天人之際、而巫祝方士羨門高羨上鬱林之等、侈言天神人鬼之事者、相與附會、而太一遂昇爲天神、且以「太」、「一」兩字推極之義、而爲皇天上帝之名矣。楚俗好巫、度其接受此種思想固極易、漢祖父子、本楚人、好楚聲、於是楚民俗崇祀之風、隨帝室以北、文景雖未發皇、而武帝恢廓似高祖、好神仙鬼異、巫風亦極盛、故漢儀遂亦有太一之祠矣。

然何以曰東皇。按東皇即文中之「上皇」、『莊子・秋水』云「彼方跐黃泉而登大皇」。疏云「大皇、天也」。此言上皇、猶『秋水』之大皇矣。尊之則曰上皇、狀之則曰太皇。以皇指天、蓋南楚有是語也。然古説昊天、本亦有指春天之説。『爾雅』及『今文尚書』歐陽説是也。『説文』亦云「昦、春爲昦天、元氣昦昦」。昦昊即昦之隸變。春於方位屬東、而皇者戰國以來所以謚天與人之主宰及君王之義、故東皇亦如今世稱玉皇矣。則「東皇太一」、蓋名之重疊累贅者與。與今人稱玉皇太帝相類。楚自靈王好巫、懷王且思祀神以助攻秦、則祀祠神多矣。疑其崇祀太一爲昊天之神、與高帝之祀五帝、武帝之祀太一、皆有巫祝方士之導。則吾人正不必以先世之有無、而論其是非有無矣。殊方異俗、文獻多缺、吾人固不必強説其有、而亦不必定指其無。古人往矣、又誰與定其得失。(『楚辭通詁』第三輯)

姜亮夫は五臣注説をはじめとする諸説を概觀し、また廣く關係資料に當たり、新たな視點を導入するなどして廣範な角度から篇名の「東皇太一」について考察している。しかし色々な可能性はあるが、實際のところはよく分からないというのが結論のようである。

ちなみに我が國の藤野岩友は漢詩大系『楚辭』(集英社・一九七三年）のなかで傳統的楚辭學の立場に立って次のように述べている。

（東皇太一は）中宮天極星中に鎮座した星神で、祠堂が楚の都の東に在り、東の天帝に配せ祀ったので東皇と稱し、偉大な唯一神という意味で太一と名づけ、楚における最高の神であった。戰國以來福祥を祈り、漢代から唐代にわたり朝廷で重く奉祀した。歌詞からの印象では尊貴な天神で男性らしく感ぜられる。この篇は陸侃如氏も斷じて民間の祭祀ではなく郢都において作られたものであろうといっている。

また星川清孝は新釋漢文大系『楚辭』（明治書院・一九七〇年）のなかで次のように述べている。

これ（東皇太一）は楚人が天帝、すなわち上帝を稱する別名であって、篇中に「上皇」と呼ぶのがそれである。その祠の所在によって、東皇、大いなる一元神という意味で太一と呼ぶのである。また太乙とも書き、天帝・北極神の別名という。

いっぽう、こうした傳統的楚辭學の立場とは一線を畫する形で、我が國の津田左右吉は疑古の立場から「東皇太一」について次のような疑義を呈している。

東皇太一は、太一が東皇の名であるならば、春の神を指すのではないかと思はれるが、辭には上帝の意であらうと思はれる「上皇」の名が出ているのみで太一は無く、またそれに春の神を祀る意味も現はれていないから、此の題目には疑問があり、また九歌が果して傳へられる如く屈原の作であるといふことも、他の例から見て、絶對に信用はしかねる。また高唐賦の太一も如何なる神か不明である上に、此の賦は、其の著想から見て、襄王の話が傳説として語られるやうになった時代の作らしく、從って宋玉の筆になったといふことは甚だ疑はしい。（「神としての太一」『津田左右吉全集』所収）

津田左右吉の疑義にはある種の示唆が含まれており、看過できないものがあるように思われる。

以上、これまでの諸家の説に當たってみた。いずれの所説が妥當であろうか。場合によってはこれまでのいずれの説も眞解を得ていない可能性もある。近年、金開誠等が「東皇太一」について次のように述べている。

本篇「太一」爲何冠以「東皇」、其故不可確考。據文選五臣注説、「太一、星名、天之尊神。祠在楚東、以配東帝。故云東皇」。説雖可通、但竝無根據。有的研究者認爲東皇即篇中所謂上皇、是尊之之詞、非僅指方位言。又有研究者認爲、本篇是九歌的迎神之曲、非專祀天神太一、其題爲東皇太一者、是漢人所加。均録以備考。(『屈原集校注』中華書局・一九九六年)

筆者は、金開誠等が「本篇『太一』爲何冠以『東皇』、其故不可確考」と述べていることは、ある意味では楚辭學者としての正直な感慨であると考える。そしてここにこそ「東皇太一」という題名の眞意が依然解明されておらず、現代的課題しとてなお殘されていると考える。

以上要するに「東皇太一」は果たして一語で一神を表すのか、「東皇」と「太一」の二語から成って二神を表すのか、だとすればこの二語・二神はいかなる關係なのか。あるいは兩者は「東皇にして太一」という關係であって、時には一神であり、時には二神となるなるような複合的神格なのか。以下にはこれらの視點に絞って考察を試みる。

二　問題點の背景にあるもの（１）

前項に提示した「東皇太一」の篇名問題と關わって、『楚辭』諸篇のなかから「皇」「帝」「王」「太一」等の語を含む詩句を列擧してみると、およそ次のごとくである。下線を施した語は「皇」「帝」「王」「太一」等の語と特に關わり深いことを示す。

1「穆將愉兮上皇」（九歌、東皇太一）
2「龍駕兮帝服」（九歌、雲中君）
3「靈皇皇兮既降」（九歌、雲中君）
4「帝子降兮北渚」（九歌 、湘夫人）
5「導帝之兮九坑」（九歌、大司命）
6「夕宿兮帝郊」（九歌、少司命）
7「令五帝以折中兮、戒六神與嚮服」（九章、惜誦）
8「皇天之不純命」（九章、哀郢）
9「后皇嘉樹、橘徠服兮」（九章、橘頌）
10「朕皇考曰伯庸」（離騷）
11「皇覽揆余于初度兮」（離騷）
12「恐皇輿之敗績」（離騷）
13「皇天無私阿兮」（離騷）
14「皇剡剡其揚靈兮」（離騷）
15「詔西皇使涉予」（離騷）
16「陟升皇之赫戲兮」（離騷）
17「帝高陽之苗裔兮」（離騷）
18「昔三后之純粹兮」（離騷）
19「及前王之踵武」（離騷）
20「吾令帝閽開關兮」（離騷）
21「哲王又不寤」（離騷）
22「命天閽其開關兮、集重陽入帝宮兮」（遠遊）
23「遇蓐收乎西皇」（遠遊）
24「指炎帝而直馳兮、吾將往乎南疑」（遠遊）
25「帝告巫陽、巫陽對曰、掌夢、上帝其命難從」（招魂）

26 「君無上天些、致命于帝、然後得冥些」(招魂)
27「順欲成功、帝何刑焉」(天問)「帝降夷觀」(天問)
28「何獻蒸肉之膏而后帝是饗」(天問)
29「登立爲帝、孰道尚之」(天問)
30「縁鵠飾玉、后帝是饗」(天問)
31「帝乃降觀、下逢伊摯」(天問)
32「不勝心伐帝、夫誰使挑之」(天問)
33「既驚帝切激、何逢長之」(天問)
34「西伯上告、何親就上帝罰、殷之命以不救」(天問)
35「皇天集命、惟何戒之」(天問)
36「彭啃斟雉帝何饗」(天問)
37「厥嚴不奉帝何求」(天問)
38「皇天平分四時兮」(九辯)
39「皇天淫溢而秋霖兮」(九辯)
40「賴皇天之厚德兮」(九辯)
41「乃集大皇之壄」(賈誼、惜誓)
42「靈皇其不寤如兮」(莊忌、哀時命)
43「駕太一之象輿」(賈誼、惜誓)
44「北斗爲我折中兮、太一爲余聽之」(劉向、遠逝)

この表に據るかぎり「東皇太一」という表現は見えず、まず離騒篇と遠遊篇に「東皇」と關わることが予想される「西皇」の語が見える。このことから推せば、離騒篇や遠遊篇が作られたころに「西皇」の神概念と對應する「東皇」の神概念があったことは容易に想像できる。ただし現行の『楚辭』諸篇のなかには「東皇」は單獨では見えない。また賈誼の惜誓篇に至ってはじめて「太一」の語を確認することができるが、惜誓篇は二次的「楚辭」に屬し、いわゆる『楚辭』主要作品であるとは言いがたい。それとても「東皇太一」

という形にはなっていない。この點、劉向の遠逝篇の「太一」も同樣である。ただし遠逝篇の「太一」は「北斗」と一對になっている點、興味深いものがある。

ちなみに前項に引用の朱熹『楚辭集注』東皇太一の条に據れば「太一神名、天之尊神。祠在楚東、以配東帝。故云東皇。漢書云、天神貴者、太一。太一佐曰五帝。中宮天極星、其一明者、太一之常居也。淮南子曰、太微者、太一之庭。紫宮者、太一之居」とあった。しかしこれを『史記』封禪書等によって漢初の長安における巫祝による祭神の記録を見てみると、次のようにある。

　漢興後四歲、天下已定、詔御史、令豐謹治枌楡社、常以四時春以羊彘祠之。令祝官立蚩尤之祠於長安。長安置祠祝官、女巫。其梁巫、祠天、地、天社、天水、房中、堂上之屬。晉巫、祠五帝、東君、雲中、司命、巫社、巫祠、族人、先炊之屬。秦巫、祠社主、巫保、族累之屬。荊巫（楚巫）、祠堂下、巫先、司命、施糜之屬。九天巫、祠九天。皆以歲時祠宮中。其河巫祠河於臨晉、南山巫祠南山秦中。秦中者、二世皇帝。（『漢書』も參照）

つまり「荊巫（楚巫）、祠堂下、巫先、司命、施糜之屬」とあるのと、上記「太一神名、天之尊神。祠在楚東、以配東帝。故云東皇」という記事内容とは、明らかに齟齬があるように思われる。『史記』封禪書の記事を信用すれば、漢初の楚には堂下、巫先、司命、施糜の屬を祭る習慣はあっても、「太一」それも「東皇太一」という概念をもった神を祭る習慣はまだなかった可能性がある。

さらにこのことと關連し、『漢書』禮樂志に見える「樂府設立」「采詩」「趙、代、秦、楚之謳」等の語に注目してみると、次のようにある（なお劉向の遠逝篇では「太一」は「北斗」と一對になっていることと關連し、ここでも「太一」は「乾位」つまり北の方位と關係することを注意しておきたい）。

初、高祖既定天下、過沛、與故人父老相樂、醉酒歡哀、作風起之詩、令沛中僮兒百二十人習而歌之。至孝惠時、以沛宮爲原廟、皆令歌兒歌習吹以相和、常以百二十人爲員。文、景之間、禮官書肄業而已。至武帝定郊祀之禮、祀太一於甘泉、就乾位也、祭后土於汾陰、澤中方丘也。乃立樂府、采詩夜誦、有趙、代、秦、楚之謳。以李延年爲協律都尉、多擧司馬相如等數十人造爲詩賦、略論律呂、以合八音之調、作十九章之歌。以正月上辛用事甘泉圜丘、使僮男女七十人倶歌、昏祠至明。夜常有神光如流星止于祠壇、天子自竹宮而望拜、百官侍祠者百人皆肅然動心焉。（『漢書』禮樂志）

つまり漢初の高祖のときは、今日に傳わる『楚辭』諸篇のようなものはまだなく、やがて中興の主武帝のときに至ってはじめて「太一」神を甘泉に祭ったかのごとくである。しかも「樂府」を設立し、廣く「采詩」を行い、そこには「楚之謳」が歴然と含まれていた。にも關わらずこの時點では依然、今日に傳わる『楚辭』諸篇に直接つながるものは見えていない。このことは『史記』樂書篇に所傳の太一祭祀歌「青陽」「朱明」「西皞」「玄冥」の四篇に照らしても、ほぼ同樣のことが指摘できる。

漢家常以正月上辛祠太一甘泉、以昏時夜祠、到明而終。常有流星經於祠壇上。使僮男僮女七十人倶歌。春歌青陽、夏歌朱明、秋歌西皞、冬歌玄冥。世多有、故不論。

なお參考までに『漢書』所傳の太一祭祀歌「青陽」「朱明」「西顥」「玄冥」の四篇を掲げておく。『楚辭』九歌の東皇太一篇との關係はほとんど認めがたい。

・青陽開動、根荄以遂、膏潤并愛、跂行畢逮。霆聲發榮、壧處頃聽、枯槀復產、乃成厥命。衆庶熙熙、施及夭胎、群生噿噿、惟春之祺。（青陽篇）

・朱明盛長、旉與萬物、桐生茂豫、靡有所詘。敷華就實、既阜既昌、登成甫田、百鬼迪嘗。廣大建祀、肅雍不忘、神若宥之、傳世無彊。（朱明篇）

・西顥沆碭、秋氣肅殺、含秀垂穎、續舊不廢。姦僞不萌、祆孽伏息、隅辟越遠、四貉咸服。既畏茲威、惟慕純德、附而不驕、正心翊翊。（西顥篇）

・玄冥陵陰、蟄蟲蓋臧、屮木零落、抵冬降霜。易亂徐邪、革正異俗、兆民反本、抱素懷樸、條理信義、望禮五嶽、籍斂之時、掩收嘉穀。（玄冥篇）

また文獻資料に據るかぎり、『楚辭』離騷篇が歴史上に具體的に登場してくるのは淮南王劉安のもとからであって、その間のことを『漢書』淮南王傳は次のように傳えている。

淮南王安爲人、好書鼓琴、不喜弋獵狗馬馳騁。亦欲以行陰德、拊循百姓流名譽。招致賓客方術之士數千人。作爲内書二十一篇、外書甚衆。又有中篇八卷。言神仙黄白之術、亦二十餘萬言。時武帝方好藝文、以安屬爲諸父、辯博善爲文、甚尊重之。（中略）初安入朝、獻所作内篇。新出上愛秘之。使爲離騷傳、且受詔日食事上。又獻頌德及長安都國頌。

「内書二十一篇」「外書」「中篇八卷」「神仙黄白之術二十餘萬言」等と竝び、「離騷」も淮南王劉安のもとで作られた可能性なしとしない。

この場合、何天行が『楚辭作於漢代考』（中華書局）「九歌作於漢代諸證」のなかで九歌諸篇は漢代に作られたものであることを幅廣く論じ、近くはまた徐中舒が「九歌九辯攷」（『中國文化研究所集刊』第一卷第三號）のなかで『楚辭』九歌の成立時期について「九歌絶非戰國時代所作、而實爲漢武時代前後之詩歌」と論じていることは、看過し得ないものがあるように思われる。しかも何天行と徐中舒の指摘は、筆者が考える「東皇太一」という神概念の成立時期とも附合するものがある。

三　問題點の背景にあるもの（２）

ここで後世の楚辭學に絶大な影響を及ぼしている王逸『楚辭章句』の九歌等に關する所傳を見ておきたい。

・九歌者屈原之所作也。昔楚國南郢之邑・沅湘之間、其俗信鬼而好祠、必作歌舞以樂諸神。屈原放逐、竄伏其域、懷憂苦毒、愁思怫鬱。出見俗人祭祀之禮、歌舞之樂、其詞鄙陋。因爲作九歌之曲、上陳事神之敬、下以見己之冤結。託之以風諫。故其文意不同、章句雜錯、而廣異義焉。（九歌序）

・九章者屈原之所作也。屈原放於江南之壄、思君念國、憂心罔極。故復作九章。章者著明也。言己所陳忠信之道、甚著明也。卒不見納。委命自沈。楚人惜而哀之、世論其詞、以相傳焉。（九章序）

・九辯者楚大夫宋玉之所作也。…九者陽之數、道之綱紀也。故天有九星、以正機衡。地有九州、以成萬邦。人有九竅、以通精明。屈原懷忠貞之性、而被讒邪、傷君闇蔽、國將危亡、乃援天地之數、列人形之容、而作九歌、九章之頌。以諷諫懷王。明己所言與天地合度、可履而行也。（九辯序）

これが九歌等に關する歴代の楚辭研究の最も規範とされてきた王逸『楚辭章句』の序文の内容である。しかし筆者の見るかぎり、最初の東皇太一篇に祭神歌の要素を認めることは可能であっても、九歌諸篇は楚の神々を樂しませることを主題にしている歌群ではない。九歌諸篇に天界や自然界の神々が登場しているのは、祭禮は葬禮であって、その目的は天界の最高神である上皇以下諸神の靈威を借りて死者の魂（詩中の「美人」）を天上界に送り、その永遠を願うためである。死者の魂はかくして昇天したが、地に獨り取り殘された者がいる。山鬼篇の山鬼、すなわち死者の魄である。九歌を貫く命脈はこれら神々と美人（死者の魂）と地に取り殘された山鬼（死者の魄）の關係にある。最後の禮魂篇は嚴密に言えば禮魂魄篇とすべきであるが、魂は魄に比して尊いので「禮魂」と命名されているのであると考える。したがって九歌諸篇は、王逸のように「寓意説」を強引に導入しないかぎり、そこに屈原という人物の冤罪を晴らそうとする心情や主君懷王を諷諫しようとする心情を讀みとることはできない。同樣のことは、九歌・九章の名稱に人道上の綱紀等が假託されていることも考えがたい。つまり王逸の所傳に對して過度に依存することは、極めて問題があると言わざるを得ない。

なお『史記』『漢書』等には「楚辭」は次のように傳えられている。

・始長史朱買臣、會稽人也。讀春秋。莊助使人言買臣、買臣以楚辭與助倶幸。(『史記』酷吏傳)

・朱買臣、字翁子、呉人也。家貧、好讀書、不治產業。常艾薪樵、売以給食、擔束薪、行且誦書。…會邑子嚴助貴幸、薦買臣。召見、説春秋、言楚詞。帝甚説之、拜買臣爲中大夫、與嚴助倶侍中。(『漢書』朱買臣傳)

『漢書』ではまた「楚辭」の發祥地に關して次のように傳えている。

壽春、合肥受南北湖皮革、鮑、木之輸、亦一都會也。始楚賢臣屈原被讒放流、作離騷諸賦以自傷悼。後有宋玉、唐勒之屬慕而述之、皆以顯名。漢興、高祖王兄子濞於呉、招致天下之娯游子弟、枚乘、鄒陽、嚴夫子之徒興於文、景之際。而淮南王安亦都壽春、招賓客著書。而呉有嚴助、朱買臣、貴顯漢朝、文辭竝發、故世傳楚辭。(『漢書』地理志)

また『史記』太史公贊評に據るかぎり、司馬遷は離騒篇や天問篇等の存在は知っていても、九歌十一篇については關知していなかったかのようである。

太史公曰、余讀離騷、天問、招魂、哀郢、悲其志。適長沙、觀屈原所自沈淵、未嘗不垂涕、想見其爲人。(『史記』屈原傳)

四　九歌、及び東皇太一篇の主題に關する假説と檢證

『楚辭』九歌十一篇の主題について筆者は次のように考えている。

すなわち、九歌十一篇は死者の魂（詩中の美人）を神々（雲中君、湘君、湘夫人、大司命、少司命、東君、河伯等）の靈威をかりて天上界（上皇のもと）に送り、その永遠を願う主題に一連する歌群である。後述の長沙馬王堆一號漢墓等出土の帛畫（「昇仙圖」）、重慶等出土の棺飾用銅牌の畫像群、河南新野縣發見の「天公行出鏡」の畫像等はその明證となる考古資料である。

また東皇太一篇の主題については次のように考えている。

すなわち、東皇太一篇は死者の魂（九歌中に見える「美人」）の昇天を祈願するために祭主等が歌舞・音樂・酒食・香草の奠羞等誠意を盡くして上皇（東皇太一）を祭り、併せて陰陽の諸神を合祀する詩である。以下、雲中君、湘君、湘夫人、大司命、少司命、東君、河伯等の夫婦神は上皇の命を受けて死者の魂（美人）の昇天に關與している。この場合、河伯篇の直後に山鬼篇が配置されていることは極めて注意を要する。というのは、河伯篇の美人（魂）は河伯夫婦二神によって崑崙山の方位へ送り導かれるが、直後の山鬼篇の山鬼（魄）はその遠逝に同行しそびれ、地に獨り取り殘された形となっているからである。これら神々と美人（魂）、及び地に取り殘された山鬼（魄）の關係が九章諸篇、さらに離騷篇や遠遊篇に發展して

いっていることについては、別稿で述べたことがあり省略する。

筆者が考える九歌の主題等はおよそ以上のごとくであるが、この考えは郭慶藩『莊子集釋』「疏」にいう「精靈」と「太一」の關係と附合する。特に下線部分に注意したい。

封人曰、始也我以女爲聖人邪、今然君子也。天生萬民、必授之職。多男子而授之職、則何懼之有、則何事之有。夫聖人、鶉居而鷇食、鳥行而無彰、天下有道、則與物皆昌、天下無道、則脩德就閒、千歲厭世、去而上僊、乘彼白雲、至於帝鄉、三患莫至、身常無殃、則何辱之有。（注）氣之散、無不之。（疏）精靈上升、與太一而冥合、乘雲御氣、屆於天地之鄕。（『莊子集釋』天地篇「疏」）

また『史記』孝武帝本紀を踏まえる『抱朴子』論仙篇、及び『漢書起居』には死者の魂が昇天するに當たって「太一」神が深く關わることを記録している。

・居久之、李少君病死。天子以爲化去不死也、而使黄錘史寬舒受其方。求蓬萊安期生莫能得、而海上燕齊怪迂之方士多相效、更言神事矣。（『史記』孝武帝本紀）

・少君之將去也、武帝夢與之共登嵩山。半道有使者、乘龍持節、從雲下云、太一請少君。帝覺、以語左右曰、如我之夢、少君將舍我去矣。數日而少君稱病死久之。帝令人發其棺、無尸、唯衣冠在焉。（『抱朴子』論仙篇）

・李少君將去、武帝夢與共登嵩高山、半道、有使乘龍時從雲中云、太一請少君。帝謂左右、將舍我去矣。數月而少君病死。又發棺看、唯衣冠在也。（『史記正義』引『漢書起居』）

緯書等には「太一」、及び「魂氣」と「太一」の關係等が次のように記されている。

・故太一取其數以、行九宮四正四維、皆合於十五。（鄭玄注引星

經曰、天一、太一、主氣之神）（『易緯乾鑿度』卷下）

・用鼓和樂於東郊、爲大皞之氣、句芒之音、歌隨行出物氣、歌雲門、致魂靈、下太一之神。（『玉燭寶典』孟春引『樂稽曜嘉』）

・鼓和樂於東郊、致魂靈、下太一之神。（『初學記』卷十五引『樂叶圖徵』）

また「晉成公綏天地賦」と「晉郭璞釋天地圖贊」は筆者の言う『楚辭』九歌の主題と緊密に關わる要素があるので、參考までに揭げておく。特に下線部分に注意したい。

【賦】晉成公綏天地賦曰、天地至神、難以一言定稱、故體而言之、則曰兩儀、假而言之、則曰乾坤、氣而言之、則曰陰陽、性而言之、則曰柔剛、色而言之、則曰玄黃、名而言之、則曰天地、若乃懸象成文、列宿有章、三辰燭燿、五緯重光、衆星回而環極、招搖運而指方、白虎時據於參代、青龍垂尾於氐房、玄龜匿首於女虛、朱鳥奮翼於星張、帝皇正坐於紫宮、輔臣列位於文昌、垣屏絡驛而珠連、三臺差池而鴈行、軒轅華布而曲列、攝提鼎峙而相望。【贊】晉郭璞釋天地圖贊曰、祭地肆瘞、郊天致煙、氣升太一、精淪九泉、至敬不文、明德惟鮮。（『藝文類聚』卷一天部上）

九歌十一篇の主題、また東皇太一篇の主題に關する筆者の假說は、以上の文獻資料によっても檢證できるのではあるまいか。

五　考古學的檢討から見た九歌の篇名問題―「東皇太一」―(1)

筆者はかつて『楚辭』九歌諸篇と馬王堆一號漢墓出土の帛畫（昇仙圖）との比較考證を試み、その結果、兩者は同一主題の異表現の關係にあることを明らかにし、これをさらに揚子江流域、楚地等出土の棺飾用銅牌や天公行出鏡等鐵證とも言うべき考古資料を活用して實證的に論證した（『楚辭の九歌の意味するものについて』私稿本・一九八七年はその初期の成果である。詳細は博士學位論文『楚辭新研究』二松學舍大學・二〇〇〇年に譲る）。

その間、九歌の篇名「東皇太一」は陰陽二神を體する神名であって、時として「東皇太一」で一神、しかし時として「東皇にして太一」で二神という複合的性格をもつのではないかと考え續けてきた。折しも近年、平勢隆郎の『中國古代紀年の研究』（汲古書院・一九九六年）との出會いを得、特にその第一章第五節「木星紀年と大歳紀年」に關する明解にして詳細な議論、及び「太歳、およびその木星との交會軸の發想された時期は、十二年の木星周期がずれたと認識された可能性が濃い前二七〇年頃以後としておくのが、史料狀況からは妥當である」等の提言に強く啓發される機會に惠まれた。そこで「出土資料から見た『楚辭』九歌の成立時期について」（『中國出土資料研究』創刊號）のなかで次のような假説を試みた。

中國古代の天文觀測において木星（歳星）と太歳（歳星の影で歳陰・太陰とも）の交會點（冬至點）や交會軸（丑未線）のことが議論されるようになるのは戰國末期（前二七〇年）以降であること、二星の交會によって初めて歳星太歳（歳星にして太歳）という概念が生ずること等から推せば、『楚辭』九歌の篇名に關わる東皇太一（東皇にして太一）という神概念も、戰國末期以降に生じたものであると判斷される。しかも歳星太歳（歳星にして太歳）という概念こそ東皇太一（東皇にして太一）という神概念發生の直接的重要要因であるに違いない。

なお東皇太一（東皇にして太一）に陽神にして陰神という概念があるとすれば、その命名には「氣」の類が巡り動く方位順や『淮南子』地形篇の平面圜道に見られる、氣は東方より起こって南西を經て北方に歸るという方位順、及び『禮記』檀弓篇等に見られる招魂の呪儀「復」を行う際の東からはじめて南西を經て北に及ぶ方位順、等が密接に關係していると思われる。前引の緯書『樂叶圖徵』に「鼓和樂於東郊、致魂靈、下太一之神」とあるのは人の死後の享祭の事例だが、東郊（東方）と太一神（北方）と死者の魂靈の三者が結びつく必然性はそうした方位順が深く關係するためであると思われる。

その後、こうした問題と直接的に關わる興味深い考古資料が出版公開された。『郭店楚墓竹簡』太一生水篇がそれである。太一生水篇は次のような内容から成っている。

大（太）一生水、水反楠（輔）大（太）一、是以成天。天反楠（輔）大（太）一、是以成𡐦（地）。天 𡐦（地）【復相輔】也、是以成神明。神明復相楠（輔）也、是以成侌（陰）昜（陽）。侌（陰）昜（陽）復相楠（輔）也、是以成四時。四時相楠（輔）也、是以成倉（滄）然（熱）。倉（滄）然（熱）復相楠（輔）也、是以成溼澡（燥）。溼澡（燥）復相楠（輔）也、成 戢（歲）而止。古（故）戢（歲）者、溼澡（燥）之所生也。溼澡（燥）者、倉（滄）然（熱）之所生也。倉（滄）然（熱）者【四時之所生也】。四時者、侌（陰）昜（陽）之所生。侌（陰）昜（陽）者、神明之所生也。神明者、天𡐦（地）之所生也。天𡐦（地）者、大（太）一之所生也。是古（故）大（太）一 贓（藏）於水、行於時、迵（周）而或□□□□堣（萬）勿（物）母。罷（一）块（缺）罷（一）浧（盈）、以忌（紀）爲堣（萬）勿（物）經。此天之所不能殺、𡐦（地）之所不能釐（埋）、侌（陰）昜（陽）之所不能成。君子智（知）此之胃（謂）……（下略）

（『郭店楚墓竹簡』文物出版社・一九九八年）

これを承けて平勢隆郎は次のような興味深い見解を提示している。

太歲の最も古い記述は『呂氏春秋』序意の「維れ秦の八年、

歳は涒灘（申）に在り」（始皇八年、前二三九年）であり、この太歳の位置は、前二七〇～前一八八年の木星位置に對應する（前二三九年は、木星は天の方位の午にあった）。このことを踏まえ、『尚書』の五行の生成、『管子』四時の五德竝びにその生成を圖化して得られる五行生成の想定圖式からさらに推論すると、中央歳德を天の方位たる丑に配當する考えは戰國後期に位置づけられる。この丑は太歳と木星とが交會するとされた方位に他ならない。太一と太歳をからめての議論はこの戰國後期から始まると考えておくのが妥當だろう。

では、「太一生水」の説話は、戰國後期のものだろうか。答えは否である。太一が太歳紀年と結びついた時點で、太一である太歳、すなわち木星の影の衛星は、一年に一次づつ天の方位を右回りに移動していく。木星とは逆回りになる。木星と太歳とが交會するのは、丑・未の二方位と決められた。言い方を換えれば、天の方位における丑未線を交會軸とする。太歳と木星（歳星）とは天の方位上で逆になる。その木星にまつわる「歳」は、

太一→天地→神明→陰陽→四時→滄熱→溼燥→歳

という生成の最後に出てきていて、なおかつ對になっていない。

太歳と木星とが對をなす前に、前三五四～二七一年においては、木星だけが天の十二方位を左回りにまわっていた。この段階における宇宙觀は、天地があり、天の方位と地の方位が論じられ、日（太陽）と月と星が論じられ、その星のうち、歳の移り變わりを具體的に方位で知らせる特別なものとして、歳星すなわち木星があった。だから、歳を最後に位置づけて生成を説く「太一生水」の説明は、前二七〇年以後というよりは、前二七一年以前に置いて自然な發想である。

（平勢隆郎「大歳議論の出現から見た郭店楚簡『太一生水』」

『楚簡より見た先秦文化の諸相』）

つまり「太歳と木星とが對をなす前に、前三五四〜二七一年においては、木星だけが天の十二方位を左回りにまわっていた。この段階における宇宙觀は、天地があり、天の方位と地の方位が論じられ、日（太陽）と月と星が論じられ、その星のうち、歳の移り變わりを具體的に方位で知らせる特別なものとして、歳星すなわち木星があった」となるかぎり、前二七〇年以前においては「東皇」（木星）と「太一」（木星の影）がからむ餘地は全くない。このことは九歌の篇名「東皇太一」を考える上で極めて注意しなければならないことである。

ちなみに『爾雅』釋天は「歳」について、次のような諸説を紹介している。『説文』に「歳、木星也」とあるのは上に「東皇」（木星）と記したことと關係する。

> 載、歳也。夏日祀、周日年、唐虞日載。此釋年歳之名。所以代必異名者、書堯典正義引李巡云、各自紀事、示不相襲也。載、歳也者、左氏昭七年正義引李巡日、載一歳、莫不覆載也。孫炎日、四時一終日歳、取歳星行一次也。説文云、歳、木星也。（『爾雅』釋天）

また後漢の鄭玄は『周禮』の注のなかで「歳星」（木星）と「太歳」（木星の影）について、次のように論じている。

> 『周禮』保章氏、以十二月歳之相、觀天下之妖祥。鄭注日、歳謂太歳。歳星與日同次之月、斗所建之辰也。歳星爲陽、右行於天。太歳爲陰、左行於地。十二歳而周。其妖祥之占甘氏歳星經、其遺象也。

したがって鄭玄が「歳星」と「太歳」の關係を辯別していたように、「歳星」（木星）と「太歳」（木星の影）は「十二歳而周」、すなわち「歳星太歳」というあたかも一星のような狀況を呈することは、一部の學者の認知するところとなっていた。

なお鄭玄は『易乾鑿度』の注のなかで「太一」の移動について次のように述べている。

『易乾鑿度』: 太一取其數以行九宮。鄭玄注曰、太一者、北辰神名也。居其所曰太一、常行於八卦日辰之間曰天一、或曰太一出入、所游息於紫宮之内外。其星因以爲名焉。故星經曰、天一、太一、主氣之神。行猶待也。四正四維、以八卦神所居、故亦名之日宮。天一下行、猶天子出巡狩、省方嶽之事。每率則復太一、下行八卦之宮。每四乃還於中央。中央者北辰之所居。故謂之九宮。天數大分以陽出、以陰入。陽起於子、陰起於午。是以太一下行九宮。從坎宮始。坎中男、始亦言無適也。自此而從於坤宮。坤母也、又自此而從震宮。震長男、又自此從巽宮、巽長女也。所行半矣、還息於中央之宮。既又自此而從乾宮。乾父也、自此而從兌宮。兌少女也、又自此從於艮宮。艮少男也、又自此從於離宮。離中女也。行則周矣。上游息於太一天一之宮。而反於紫宮行、從坎宮始、終於離宮也。數自太一行之、坎爲名耳。

「太一」は移動するものであるという鄭玄の考え方は基本的に妥當なものである。

清の王引之は『經義述聞』太歳考のなかで「太歳」について次のように述べている。

古人有言、太歳常與歳星相應。故史記天官書、有歳陰在卯、歳星居丑之説。

新城新藏、及び平勢隆郎には次のような指摘もある。

新城新藏氏が王引之（太歳考）を引き「太歳には太歳・太陰・歳陰・天一・攝提・青龍の六つの異名があるが、其實は一であると云ふのが當然である」と述べている（『東洋天文學史研究』＜弘文堂、一九二八年九月＞五一三頁）。天一は太一の別名である。(「大歳議論の出現から見た郭店楚簡『太一生水』」『楚簡より見た先秦文化の諸相』)

郭沫若は『甲骨文研究』釋歳のなかで「歳」について次のように述べている。

歳字頗有異議。説文解字、以爲木星之本名。曰「歳、木星也。越歷二十八宿、宣徧陰陽、十二月一次。從歩、戌聲」。(中略) 歳戉古本一字。因後用歳以爲年歳歳或歳星字。故二者遂致分化也。歳星運行於天、自地上視之、每贏縮不定。而光度亦若明暗無常。古人甚神異視之。如巴比侖與希腊等國均於歳星賦與以至上神尊號 (中略)。中國亦猶是。星河圖云「蒼帝即木星、名之靈威仰」。周官小宗伯鄭注「五帝、蒼曰靈威仰」。蒼帝即木星、名之曰靈威仰。正言其威靈之赫々可畏。

そして「歳、木星也」、及び「蒼帝即木星」等のことから勘案すれば、「東皇即木星」と考えることはほとんど問題がないように思われる。このことは離騷篇に、

朝發軔於天津兮、夕余至乎西極、鳳皇翼其承旂兮、高翺翔之翼翼、忽吾行此流沙兮、遵赤水而容與、麾蛟龍使梁津兮、詔西皇使涉予。(姜亮夫『重訂屈原賦校注』西皇：西皇、王注以爲帝少皞、據月令言之也。恐未是。此遊行於西極之地、因命西極之神。「西皇」實泛指也)

とある「西皇」、及び遠遊篇に、

風伯爲余先驅兮、氣埃辟而清涼、鳳皇翼其承旂兮、遇蓐收乎西皇。(姜亮夫『重訂屈原賦校注』蓐收：蓐收、左傳「金正爲蓐收」。山海經「西方蓐收」。郭注、金神也。西皇、西方之天神也。西方庚辛、其帝少皓、少皓即西皇矣。離騷、詔西皇使涉予。遇蓐收句、謂遇蓐收之神於西皇帝所也)

とある「西皇」との對應から考えても異としない。

なお馬王堆漢墓出土の帛書『陰陽五行』甲篇上の「天一圖」（**圖一**）に見える西方（金位）の七神は「刑、德、小歲、斗𣄻、太一、太陰、太陽」であり、馬王堆漢墓出土の帛書『刑德』丙篇上の「天一圖」に見える西方（金位）の七神は「刑、德、小歲、斗𣄻、太一、太陰、太陽」である（陳松長「帛書『刑德』丙篇試探」『簡帛研究』第三集・一九九八年）。

このうち「刑」は陰、「小歲」（斗勺の別名）「斗𣄻」（斗極の別稱）は陰、「太一」「太陰」は陰と見てよく、「德」は陽、「太陽」は陽と見てよいであろう。そしてこれら七神はそれぞれの使命を担ってこの西方（金位）からそれぞれ宇宙を日游するものであるらしい。

六　考古學的檢討から見た九歌の篇名問題―「東皇太一」―(2)

表記の問題に關係する考古資料として、包山戰國楚墓出土の占卜類竹簡文に見える「[illegible]」という文字がある（**圖二**）。この包山戰國楚墓出土の竹簡には紀年があり、そのことから前三一八年～前三一六年ころに鈔寫されたものであるとされている。

饋之。盬吉占之曰、吉。　[illegible]、侯土、司命、司禍、大水、二天子、𡶜山、既皆城。　期盬又憙。

ここに「[illegible]」字とともに見える「侯土」（「医土」とも）は后土すなわち土地神であろう。「司命」は文字通り人の生死や運命を司る神であろう。ただしこれが『楚辭』九歌の大司命と少司命に直接關わるものであるとは考えがたい。「司禍」は神格名であることは疑いないが、未詳。「大水」は一説に天水で、大と天の二字は古字では通用すると。假に「大水」が「天水」であるならば、それは『史記』封禪書に「梁巫祠天地、天社、天水、房中、堂上之屬」とも見える。「二天子」は神格名。あるいは前六世紀半ばの喪事に關わる洹子孟姜壺の銘文に「(天子) 曰く、云々。(中略) 齊侯、嘉命を拜せり。上天子に璧玉備一䎜を用ふ。大無䎜誓と大䎜命とに璧・兩壺・八鼎を用ふ。南宮子に璧二備・玉二䎜・鼓鐘一肆を用ふ云々」とある「上天子」と關わる可能性もあるが、未詳。「峌山」は山名。山神の可能性もある。これらのことから、「大」字は當時の楚地のなかでも比較的格の高い神名を表すものであると考えられる。そこで李零は「太一崇拜的考古研究」(『北京大學百年國學文粹・語言文獻巻』一九九八年) のなかで、この「大」字は「太一」を表していると指摘している。このこととの關連で李零はさらに、青銅器の銘文に見える「大」字 (**圖三**) も「太一」を表していると指摘している。諸神のうち「司命」神は九歌の大司命篇と少司命篇に見える二司命と關わる要素がある。しかし「侯土」「司禕」「大水」「二天子」「峌山」等は九歌の神々と直接關わるようには思われない。したがってこれらの資料のかぎりでは、假に「大」字が「太一」神を表すとしても、それはあくまでも當時の楚地における占卜習俗に關わる神格であって、直ちに『楚辭』九歌の「東皇太一」神に發展しているとは考えがたい。

なおこのころの祖先祭祀と卜筮の記録として、江陵望山一號楚墓出土の竹簡がある。そこには「大水」「句土」「司命」の神名が見えるが、「太一」という神名は見えない。同樣に江陵天星觀一號楚墓から出土の竹簡がある。そこには「司命」「司禍」「地宇」「云君」「大水」「東城夫人」の神名が見えるが、「太一」という神名は見えない。このことは、假に當時すでに太一が神格として信仰の對象となっていたとしても、まだ『楚辭』九歌の「東皇太一」神のような神格に發展してない狀況證據となるだろう。

一九六〇年、湖北省荊門市漳河車橋戰國楚墓から出土した巴蜀式の銅戈がある (**圖四**)。この銅戈の兩面には特異な風貌をした「人格神」を見ることができる。圖の上部の穿孔部分の兩側には正背それぞれ二字ずつ銘文が施されている。この銘文を王毓彤は「兵闢大武」と讀み（「荊門出土的一件銅戈」『文物』一九六三年第一期）、馬承源は「大武兵閑」と讀み（「關于大武戚的銘文及圖像」『考古』一九六三年第一〇期）、李學勤や李零は「兵避太歲」と讀んでいる（李學勤「兵避太歲戈新證」『江漢考古』一九九一年第二期、李零「湖北荊門兵避太歲戈」『文物天地』一九九二年第三期）。李零はこの銅戈は『史記』始皇帝本紀等に見える「太一鋒」で、制作時期は戰國中晚期と考えているようだ。制作の時期が戰國中期であるか晩期であるかは微妙な問題だが、李零のこうした解釋は戈の圖像等全體から判斷してほぼ妥當であると思われる。

さて圖の上部（本來柄のなかに隱れる部分）の兩面には、それぞれ長い首を一方に向け、翼を大きく張った鳥が陰刻されている。この鳥は「鶡冠子」傳説の元となる勇猛果敢な鳥「鶡」を表している可能性が高い。圖の中段すなわち戈の本體部分の兩面には「大」字形に戎裝した神物が陽刻（浮雕）されている。その頭部には左右に垂れた鳥の羽狀の冠冕が描かれている。李零の上記論文に據ればその冠冕は「鶡冠」であるという。妥當な判斷であると思われる。神物は全身が鱗狀の鎧甲で覆われ、兩耳にはそれぞれ蛇を飾り、兩手にはそれぞれ一龍を持ち、股下にも一龍を從えている。三龍のうち、左手（各圖右側）の龍と股下の龍は相似通うことから、この二龍は蜥蜴である可能性もある。また右手に持つ龍は雙頭で、足がないことから、その形狀は甲骨文の「虹」字と通じるものがある。この「大」字形の神は、それぞれまた右足（各圖左側）は「日（太陽）」を踏み、左足（各圖右側）は「月」を踏んでいる。右足は「日（太陽）」を踏み、左足は「月」を踏んでいることからすると、この神格は陽神と陰神の二神を兼ねる存在であると考えられる。當該の問題である「東皇太一」の性格を考えるうえで當然注目される。ただしこの場合も、

「太一鋒」に見える人格神からは、例えば冥界における戰争の守護神的要素を窺うことは可能であっても、直ちに『楚辭』九歌の東皇太一神に發展しているとは考えがたい。なおこの巴蜀式の銅戈（李零に據れば「太一鋒」）に見える人格神は、四川船棺葬から發見の銅劍上の符號に見える人格神（**圖五**）（戰國期）とも關係する。兩者とも陽神と陰神の二神を兼ねる存在であることは注意しておきたい。

一九七四年、馬王堆三號漢墓（前漢文帝期）から出土した遺物のなかに「太一將行圖」（**圖六**）という考古資料が含まれている。太一將行圖の命名は圖の上段中央の鹿角の冠を被り、胸に「社」のマークがある神人に「大（太）一將行□□□…」と榜題されていることによる。この「太一將行圖」には他に「社神圖」「神祇圖」「避兵圖」「符禁圖」「太一避兵圖」等の別名があり、多くの先行研究が行われている。今その一々について紹介することは割愛するが、諸家総じてこれを明器とし、特に死者の護符と見ているようである。これを明器ととらえ、かつ死者の護符と見ることは重要な視點であると思われる。その意味ではこの考古資料は前引の包山戰國楚墓出土の占卜類竹簡文の「」字や湖北省荊門市漳河車橋戰國楚墓から出土した巴蜀式銅戈の「人格神」等と明確に辯別する必要がある。

さて「太一將行圖」には死者の護符と見るだけでは濟まない重要な意義が隱されていると思われる。具體的に言えば、「太一將行圖」は死者の魂の昇天を主題とする『楚辭』九歌諸篇と直接關わる要素があり、そこに見える太一神も九歌の東皇太一篇の上皇と緊密に關わる要素があるからである。

まず「太一將行圖」下段の黃龍と青龍の色に注目したい。黃と青の色については『淮南子』齊俗篇に、

　有虞氏（舜）の禮では、その社に土を用い、室の中央に神を祀り、田畝に葬った。音樂は咸池・承雲・九韶を奏で、喪服は

黄色をよしとした。夏后氏の禮は、その社に松を用い、戸に神を祀り、垣根を造ってその中に葬り、棺には羽飾りを施した。音樂は夏籥・九成・六佾・六列・六英を奏で、葬服は青をよしとした。

とある傳説上の葬服の色（黄色と青色の組合わせ）と一致する。このことから、「太一將行圖」の黄龍と青龍の色は傳説上の古代の葬服の色を意識したものであると思われる。この場合、「太一將行圖」が副葬された前漢文帝期と『淮南子』の成書時期はそれほど遠くないことも念頭に入れてよいであろう。

「太一將行圖」下段の兩龍の顎の下に「黄龍持鑪」「青龍奉熨」（「熨」は一説に「容」とも）と榜題されている鑪（火を入れる器）と熨（昔のアイロン）は『史記』扁鵲傳に見える扁鵲が死者を復生させる際に用いた熨と一致し、さらに『捜神後記』巻五に見える家人が死者の頭を熱して復生させた熨の代用品とも一致する。このことから、「太一將行圖」下段の黄龍の持つ鑪と青龍の持つ熨は死者の魂の靈化を圖る醫療器具であると考えられる。またその習いでいえば、この圖の黄龍と青龍は火神・醫神・司命神等に通じる死者の魂の靈化を司る神であると考えられる。

「太一將行圖」中段にあって下段の黄龍と青龍の間を通り、上段の太一神の股間に達するように描かれている龍は、死者の魂（省略されている）を太一神のもとへ導く神であると思われる。また太一神と太一神の股間に達する龍の構圖は、墓券文には天帝が死者の魂を迎えにくるという例（「江妃命終之時、天帝抱花候迎」）もあることから、太一神と死者の魂の出會いをも表していると思われる。龍神（水神）が死者の魂の昇仙に關與する例は、『楚辭』九歌の二湘篇や馬王堆一號漢墓出土の帛畫（**圖八**）やその他の昇仙畫像をはじめ夥しい數に上って確認でき、その十分な證據となる。

「太一將行圖」中段右にあって三つの尖った冠を被り武器を振りかざす二神、及び中段左にあって武器を持つ鹿角鱗身の神と左手を振りかざす羊角裘服の神つごう四神は、曽侯乙墓出土の内棺の東西の側壁板に描かれた神獣（掲圖省略）と相通じ、さらに『楚辭』招魂篇に「魂兮歸來、君無下此幽都些、土伯九約、其角觺觺些」とある角を特徴とする土伯と相通じる。これらのことから、「太一將行圖」中段左右の四神は、死者の魂が太一神のもとへ達する際の軌道に當たる東南西北の四方神を表していると思われる。四神のうち三神に榜題があり、内容は神の獨白形式による靈威の誇示と「～するな」というタブーから成っていることから、死者の魂がタブーを守るかぎり、四神は死者の魂にとって有力な守護神となる存在であると思われる。

「太一將行圖」上段中央にあって鹿角の冠を被り、胸に「社」のマークがある神は太一神で人間の壽夭や運命等を司る神の最高神であると思われる。太一神が死者の魂魄を司ることは『楚辭』九歌によって確認できるほか、漢代の緯書『易緯乾鑿度』巻下鄭玄の注に「太一、主氣之神」とか「太一者、北辰之神名也」とあることによって確認できる。また郭慶藩『莊子集釋』「疏」にいう「精靈上升、與太一而冥合」や『藝文類聚』巻一天部上に引く晉郭璞釋天地圖贊に「氣升太一、精淪九泉」とあること等によって確認できる。

ちなみに太一神の顎の下の榜題は「太一將行□□□…神從之…」と判讀できる。この意味するものは死者の魂を迎えた太一神が配下の神々を従え、これより北方の究極にある太一神の都（太一宮）に向かうことを示したものであると思われる。

「太一將行圖」上段左右にあって「靁（師）」「雨師」と榜題されている二神は、上方北方の太一宮に向かう太一神や死者の魂や神々の先拂い役を担っていると考えられる。靁師や雨師が靈的な者の昇仙に關與することは『楚辭』九歌では雲中君（靁神豊隆）の例があり、また離騷篇では主人公靈均の崑崙山越えに靁神豊隆が重要な役割を果たしている。他には『捜神後記』巻五では死者の魂の昇仙に靁雨が關與する話が見える。なお「雨師」の榜題に「從者死尚云々」とある從者は省略されていることによって圖のなかには見えないが、死者の魂の從者を指すと考えられる。死者の魂に從者が伴う例は、死者の魂の昇天を主題とする馬王堆漢墓出土の帛畫（**圖八**）等によって確認できる。

以上のように「太一將行圖」は死者の魂の昇仙を祈願する主題と緊密に關わるものがある。

具體的には「太一將行圖」上段中央の太一神は、人間の壽夭や運命を司る最高神であること、および「主氣之神」であり、死者の魂魄を天に招く存在であることによって、九歌の東皇太一篇の上皇に比定できる。「太一將行圖」上段の「靁（師）」「雨師」は、廣く靈的な者の昇仙や死者の魂の昇仙に關與する存在であることによって、九歌の雲中君篇の雲中君（靁神豊隆）に比定できる。またそれは山鬼篇に「靁塡塡兮雨冥冥」とある表現、すなわち山鬼自らの魂が天に昇っていったことを暗示する激しい靁雨に比定できる。「太一將行圖」中段にあって下段の黄龍と青龍の間を通り、上段の太一神の股間に達するように描かれている龍は、死者の魂を天上界に導く神であるほか、ともに體容は龍であることによって九歌の二湘篇における湘君と湘夫人に比定できる。この場合、馬王堆一號漢墓出土の昇仙圖（**圖八**）に見られる湘君と湘夫人と對應する龍、すなわち水底から出現し、今にも天上界に騰駕しようとする姿勢を取っている龍形の水神も參考になる。「太一將行圖」下段の黄龍と青龍は、死者の魂を靈化しその運命を司る神であることによって、九歌の二司命篇の大司命と少司命に比定できる。また黄龍と青龍によって行われる死者の魂の靈化は、九歌の國殤篇末句に「身は既に死すれども神以て靈となる、（されば）子の魂魄は鬼の雄と爲らん」とある呪文に比定できる。ちなみに『越絶書』（巻十一）の越王句踐の寶劍鑄造に關する説話に「雨師掃灑、靁公擊橐、蛟龍捧鑪、天帝裝炭、太一下觀、天精下之」とある。これは雨師・靁公・鑪を持つ蛟龍・炭を持つ天帝・太一等が揃って見えることによって、「太一將行圖」に見られる神々が一定のまとまりをもって行動する傳説が確かに存在していたことの證據となる。また「太一將行圖」の「黄龍持鑪」「青龍奉熨」に對應する越王句踐の寶劍鑄造に關する説話では「蛟龍捧鑪、天帝裝炭」とあって、熨を持つ青龍と炭を持つ天帝が入れ替わっている。その理由は用向きを異にするためであると思われる。いずれにせよ、雨師・靁公・鑪を持つ龍・炭を持つ天帝・太一等の諸神が揃って超自然的事象に關與していることは明らかである。所論の有力な傍證になると思われる。

以上によって、馬王堆三號漢墓出土の「太一將行圖」と『楚辭』九歌は重要な部分で對應する。特に「太一將行圖」の太一神と九歌の東皇太一篇の上皇（東皇太一神）との對應は動かしがたいものがある。特に兩者の關係は前引の包山戰國楚墓出土の占卜類竹簡文の「」字や湖北省荊門市漳河車橋戰國楚墓から出土した巴蜀式銅戈の「人格神」と比較しても、比較にならないほど緊密であることが讀みとれる。

一九七一年、長沙馬王堆一號漢墓から出土した遺物のなかに、帛に描かれた「T 型帛畫」「非衣」「幡」「昇仙圖」等の名で稱されている考古資料がある（**圖八**）。この考古資料についても多くの先行研究がある。なかでも曽布川寛が『崑崙山への昇仙―古代中國人が描いた死後の世界―』（中央公論社・一九八一年）のなかで圖像學的研究方法によって、帛畫上段の二本の柱狀の門が崑崙山であることを特定したことは特筆すべき成果といってよいであろう。これと前後して張國榮が「漢墓帛畫天神與九歌天神的比較研究」(『民間文藝季刊』一九八七年)を表し、帛畫と九歌の天神に限っているが兩者の比較研究を試みていることは有益な示唆を投げかけるものであった。さらに蕭兵が「引魂之舟―楚帛畫新解」(湖南省博物館等編『湖南考古輯刊』一九八四年)のほか「引魂之舟：戰國楚《帛畫》與《楚辭》神話」(蕭兵『楚辭與神話』江蘇古籍出版社・一九八七年)のなかで先行研究を踏まえ、人物御龍圖を「引魂之舟」「魂舟」と理解していることも注目すべきことであった。ただし從來の帛畫研究の成果はそれ自體十分に見るべきものがあるが、『楚辭』諸篇との比較研究という點では不十分であったと言わざるを得えない。そうしたなかの一九八七年、筆者は『楚辭の九歌の意味するものについて―離騷篇の構造併せて昇仙圖との比較に及ぶ―』(私稿本)を表し、『楚辭』九歌諸篇と馬王堆漢墓出土から出土した帛畫は同一主題の異表現の關係にあることを論述している。その内容の一端は本論考の「五」の項にも述べた通りである。そのなかでも帛畫に關する基本的理解は曽布川寛の前掲書に據るところが多い。特に曽布川寛は戰國から前漢にかけての墳墓装飾の重要テーマは昇仙圖を作ることにあるとし、昇仙とは死後、人間の靈魂が不死の理想世界へ昇ることをいい、昇仙圖はその昇るさま(あるいは昇った後の生活のありさま)を描いたものであると指摘しているが、以來筆者はこれによって帛畫を主に「昇仙圖」と表現している。

『楚辭』九歌諸篇と長沙馬王堆漢墓から出土の「昇仙圖」との對應は次のごとくである。

まず九歌の東皇太一篇の内容から、詩中の堂すなわち祭場は「昇仙圖」下段の器物をたくさん竝べてある葬祭場に比定できる。瑤席・玉瑱・桂酒・椒漿等もその器物に連なる。第二句目にいう上皇(東皇太一）は天上界の最高神であることによって、「昇仙圖」上段の中央上すなわち天上界の中心に君臨する人面蛇身の女神（女媧）に比定できる。この女神が女媧であり上帝の地位にあったことは次の資料によって確認できる。

・登立爲帝　　登せ立てて帝と爲す
　孰道尚之　　孰かこれを道ひ尚ぶや
　女媧有體　　（帝たる）女媧に體有り
　孰制匠之　　孰かこれを制匠せるや（『楚辭』天問篇）
・女媧、古神女而帝者。人面蛇身。一日中七十變。（『山海經』大荒西經注）
・伏羲鱗身、女媧蛇軀。（『文選』魯靈光殿賦）

上皇（東皇太一）はまた前引の「太一將行圖」（**圖六**）上段中央に見える太一神にも比定できる。

第二句目以降に「穆將愉兮上皇、撫長劍兮玉珥云々」とある主體は祭主だが、この祭主は「昇仙圖」下段に立ち竝ぶ人物のいずれかに比定できる。鼓・竽瑟・五音等の樂器や音樂類は「昇仙圖」下壇の祭場に吊り下げられている樂器・磬に比定できる。靈と君は陰神と陽神だが、二神が鎭座する場所は「昇仙圖」下段の祭場に比定できる。なお少司命篇や河伯篇に見える美人の實體は死者の魂だが、この美人は「昇仙圖」中段の靁紋の台の上に杖をついて立っている老婦人（死者の魂）に比定できる。

以上詩の內容、東皇太一神の神格、語句の意味、および「昇仙圖」との對應から、東皇太一篇は死者の魂の昇天を祈願すべく、祭主等が歌舞・音樂・酒食・香草の奠羞等誠意を盡くして上皇（東皇太一）を祭り、併せて陰陽の諸神を合祀する詩であると推定されるのである。以下、長沙馬王堆漢墓から出土の「昇仙圖」と『楚辭』九歌諸篇との對應は圖八に榜注で示した通りである。このことは更に死者の魂魄の昇天を主題とする河南新野縣發見の「天公行出鏡」（**圖七**）の畫像に見える「天公」（「太一將行圖」の太一神、及び九歌の東皇太一篇の上皇に比定できる）「河伯」（河伯篇の河伯に比定できる）、及び「死者の魂と魄」（魂は河伯篇の美人に比定でき、魄は山鬼篇の山鬼に比定できる）等によって、ほとんど實證的に論證し得るが、その詳細についてはここでは割愛する。

いずれにせよ、「太一將行圖」（**圖六**）や馬王堆漢墓出土の「昇仙圖」（**圖八**）と『楚辭』九歌諸篇との關係は緊密であり、それは前引の包山戰國楚墓出土の占卜類竹簡文の「◯」字（**圖二、圖三**）や湖北省荊門市漳河車橋戰國楚墓から出土した巴蜀式銅戈の「人格神」（**圖四**）の比ではないことは歴然としている。

これを押し進めて言えば、荊門市漳河車橋戰國楚墓から出土した巴蜀式銅戈が制作された時期や、それと相近い包山戰國楚墓出土の占卜類竹簡文が鈔寫された前三一八年～前三一六年ころには、『楚辭』九歌諸篇はもとより東皇太一という神概念もまだ成立していなかった可能性が高い。このことは『郭店楚墓竹簡』太一生水篇に見える「太一」の記述内容もそのことを雄辯に物語っているのではあるまいか。

なお一九五四年、山東省沂南から出土した畫像石上段中央に「人格神」が描かれている（**圖九**）。この人格神は一説に「太一」であるとされる。畫像石下段中央の人格神は圖像の内容から、崑崙山に鎭座する「西王母」であると考えられる。上段中央の太一と目されるこの人格神は、規と矩を持った人面魚身の二神（いわゆる伏羲と女媧か）を両手で抱えていることから、前引の巴蜀式銅戈の人格神が右足は「日（太陽）」を踏み、左足は「月」を踏んでいることと相通じるものがある。つまり太一と目される畫像石上段中央の人格神も、陽神と陰神の二神を兼ねる存在であると考えられる。しかもこの畫像石は死者の魂の昇天を主題としていると考えられることから推せば、『楚辭』九歌諸篇の主題とも深く關わる要素がある。その意味において太一と目されるこの人格神は東皇太一篇の上皇（東皇太一）の性格を考えるうえで參考になる。

以下、一九七二年、陝西省戸縣朱家堡曹氏墓から出土した曹氏解謫瓶上の朱符に見える「大、天一」神（**圖一〇**）についても、ほぼ同様のことが指摘できる。その朱書解除文には次のようにある。

陽嘉二年（１３３年）八月、巳巳朔、六日甲戌徐。天帝使者、謹爲曹伯魯之家移殃去咎、遠之千里、咎□大桃不得留、□□至之鬼所、徐□□、生人得九、死人得五、生死異路、相去萬里。從今以長保孫子、壽如金石、終無凶。何以爲信、神藥厭塡、封黃神越章之印。如律令。

明器と判斷される漢鏡の銘文にも「大（太）一」「泰一」が見えるので、參考に事例を掲げておく。

「半圓方枚神獸鏡」外：今年丙午五月七日丙午清□主吉日志丁弓日每出當須安佳時可住善矣太一
：睹大□日□氏□□月四□□

「吾作明鏡」外：吾作明鏡幽湅三商周刻無極配象萬彊白鳳鼓瑟眾神□容天禽四首銜紐剛邊□大一□□□□□群五帝三皇□□鬼凶富貴安樂子孫蕃昌曾年益壽其師命長

「吾作明鏡」外：吾作明竟幽湅三商雕刻無祉配像萬□白牙擧□□神見容天禽□首糸禱□□遏則泰一福祿是從賞景宗周子孫番昌曾年益壽其師命長

こうした漢鏡が「氣」の類と深く關わるものであることは、『長沙發掘報告』（科學出版社・一九七五年）に所載の「規矩鏡五二西漢後Ｆ」の銘文に、

聖人之作鏡兮取氣于五行生于道康兮□有文章光象日月其質清剛以視玉容兮去不羊中國大寧子孫益昌黄常元吉有紀剛

とあることによって明らかである。

七　九歌諸篇の檢討から見た「東皇太一」

『楚辭』九歌諸篇はそれぞれ個性ある陽陰二神によって構成され、一部魂魄二氣によって構成されている。具體的に言えば次のごとくである。

まず東皇太一篇の「靈」と「君」の對應的表現は陰神と陽神を表現し、それは九歌に登場する陽陰諸神の象徴的表現ともなっていると解される。これを承けて雲中君篇には雲中君（靁神豐隆）とその妻が登場し、明らかに陽陰二神による構成となっている。

續く湘君篇と湘夫人篇ではそれぞれに湘君と湘夫人が登場し、ここでも陽陰二神による構成となっていることが確認できる。なお湘君篇と湘夫人篇には、昇天者の存在が「蹇誰留兮中洲」「吹參差兮誰思」等の表現によって暗示されている。

大司命篇と少司命篇にはそれぞれに大司命と少司命が登場し、明らかに陽陰二神による構成となっている。なお少司命篇では少司命が下界の葬祭場を見下ろす表現のなかに「滿堂兮美人、忽獨與余兮目成、入不言兮出不辭、乘回風兮載雲旗」「望美人兮未來、臨風怳兮浩歌」とあって、昇天者の存在が「美人」という語によって具體的に示されている。また「夕宿兮帝郊、君誰須兮雲之際」とあって「誰」という語によっても暗示されている。

東君篇では東君（太陽の御者・羲和）のみが登場し、ここは必ずしも陽陰二神による構成とはなっていない。ただし東君が天界から下界の葬祭場を見下ろす表現のなかに「駕龍輈兮乘靁、載雲旗兮委蛇、長太息兮將上、心低佪兮顧懷」とあって、天界に昇ろうとする者の樣子を具體的に描寫したくだりがある。

河伯篇では河伯とその妻が登場し、明らかに陽陰二神による構成となっている。なお河伯篇では河伯とその妻が手を携えて昇天者を見送るが、それは「子交手兮東行、送美人兮南浦」と表現されている。「美人」という語は『楚辭』諸篇では死者の魂の忌避表現となっていると考えられる。

山鬼篇では山鬼（死者の魄）とその尊者（死者の魂）が登場し、ここに至ってはじめて魂魄二氣による構成となっている。なお河伯篇と山鬼篇には、前者では美人（死者の魂）が神々によって天界に送り導かれるのに對し、後者では山鬼（死者の魄）が地に取り殘されるという對應關係になっていることが確認できる。國殤篇は戰死者の魂魄の行く末を歌う内容となっており、ここでも魂魄二氣が重要問題となっている。

最後の禮魂篇は「春蘭」と「秋菊」に象徵されるもの、すなわち二つの香草に象徵される陽陰諸神、及び魂魄二氣の永遠を願う内容となっている。篇名は魂魄二氣のうち特に「魂」は尊いのでそこに重きを置いた感があるが、禮魂魄篇でも通用しよう。また九歌諸篇を貫く命脈は、陽陰の神々と昇天者としての美人（死者の魂）と地に取り殘された山鬼（死者の魄）にあると判斷される。

九歌諸篇はそれぞれ陽陰の神々（雲中君夫婦、湘君、湘夫人、大司命、少司命、河伯夫婦等）、ないしは死者の魂魄二氣等によって構成されている。東皇太一篇に見える上皇は、天上界の最高神としてこれら陽陰の神々、魂魄二氣等を統べる存在である。その上皇の具體的神名として「東皇太一」とある。

筆者は九歌諸篇に關する以上の檢討に基づくかぎり、この「東皇太一」という神名には陽神としての「東皇」と陰神としての「太一」

という概念が含意されていることは、必然的なものがあると考える。繰り返すことになるが、中國古代の天文觀測において木星（歳星）と太歳（歳星の影で歳陰・太陰とも）の交會點（冬至點）や交會軸（丑未線）のことが議論されるようになるのは戰國末期（前二七〇年）以降であること、二星の交會によって初めて歳星太歳（歳星にして太歳）という概念が生ずること等から推せば、この『楚辭』九歌の篇名に關わる東皇太一（東皇にして太一）という神概念も、戰國末期以降に生じたものであると判斷される。しかも歳星太歳（歳星にして太歳）という概念こそ東皇太一（東皇にして太一）という神概念發生の直接的重要要因であると推定するのである。

「東皇太一」という、ともすれば一語に見える語に陽陰二神の神概念を含意させるような考え方は、時代思潮も關係するであろう。その具體例として、漢初における陽陰二元を體した「刑德」（甲・乙・丙）という神名を參考として掲げておく。

・『馬王堆漢墓帛書(壹)』十六經、姓爭

凡謀之極、在刑與德。刑德皇皇、日月相望、以明其當。望失其當、環視其央（殃）。天德皇皇、非刑不行。繆（穆）繆（穆）天刑非德必頃（傾）。刑德相養、逆順若成。刑晦而德明、刑陰而德陽、刑微而德章（彰）云々。

・同十六經、觀

不靡不黑、而正之以刑與德。春夏爲德、秋冬爲刑。先德後刑以養生。

・『淮南子』天文訓

德在室則刑在野、德在堂則刑在術、德在庭則刑在巷、陰陽相德則刑德合門。八月、二月、陰陽氣均、日夜分平、故曰刑德合門。德南則生、刑南則殺、故曰二月會而萬物生、八月會而草木死。

この「刑德」という神名を參考にすれば、『楚辭』九歌における「東皇太一」という天界の最高神は「東皇にして太一」という關係であって、陽陰二元相巡るように補いあい、時には一神、時には二神となる複合的神格であると考えられる。

結びにかえて

（前三〇〇前後以降？）

（●王逸の所傳では『楚辭』九歌諸篇はこのころ、南郢・沅湘の間に追放され憂き目に遭っていた屈原によってまとめられた）

●包山戰國楚簡（占卜類）

[illegible]・侯土・司命・司禍・大水・二天子・峌山

●江陵天星観一號楚墓出土竹簡（祖先祭祀の卜筮記録）

（司命・司禍・地宇・云君・大水・東城夫人）

●郭店戰國楚墓出土竹簡「太一生水」篇

（太一・歲（木星））

●荊門市戰國楚墓出土の「兵避太歲」戈

（太歲（太一）？）

（前二七〇年以降）

●「歲星（木星）と太歲（木星の影）」を巡る議論起こる

（「太歲常與歲星相應。歲陰在卯、歲星居丑」

「歲星爲陽、右行於天。太歲爲陰、左行於地」）

儒家・道家等の間で宇宙萬物の根元的存在としての「太一」に關する議論が行われる

『莊子』徐无鬼篇・列禦寇篇・天下篇、『荀子』禮論篇、『呂氏春秋』大樂篇、『韓非子』飾邪篇

（「初時者、魏數年東鄉、攻盡陶衛、數年西鄉、以失其國。此非豐隆・五行・太乙・王相・攝提・五括・天河・殷搶・歲星數年在西也。又非天缺・弧逆・刑星・熒惑・奎・臺數年在東也」）

『鶡冠子』泰録篇
（「中央者、太一之位、
百神仰制焉」）

（前二〇二年前漢初期以降）

●太一信仰の盛行

●天文觀測・宇宙論の盛行

（帛書「天文氣象雜占」「五星占」「篆書陰陽五行」
「隸書陰陽五行」「天一圖」「刑德九宮圖」「太歲游日圖」
『淮南子』天文訓、『史記』律書・天官書・歷書、
『石氏星經』『甘氏歲星經』等）

●帛書「天一圖」等では太一は西方位に配當

●魂魄二元論の盛行

（「身既死兮神以靈、子魂魄兮爲鬼雄」（九歌、國殤篇）他、
「人失其魂魄者死、得其魂魄者生」「清軽者魄從魂升、重濁者魂　從魄降」
「人精氣曰魂。形體謂之魄。合陰陽二氣而生、形勞神逝」
「衆生必死、死必歸于土。此之謂鬼。骨肉斃于下、陰爲野土。其氣發揚于天、爲昭明」
「天氣爲魂、地氣爲魄。反之玄房、各處其宅、守而勿失、上通太一。太一之精、通合於天」等）

（前一八〇年前漢文帝期以降）

●安徽省阜陽縣雙古堆一號漢墓出土の竹簡資料は「楚辭」の主題と關わる

「橐旖兮北辰游」

（墓主は汝陰侯。出土器物の銘文及び漆器銘文紀年等から文帝一五年すなわち前一六五年に死亡したことが特定されている。該句は現行「楚辭」に

は見えない。「楚辭」の影響を受けた可能性もあるが、逆に現行「楚辭」離騒篇、遠遊篇等の原資料（濫觴）である可能性もある

ほかには「寅吾以降」（離騒篇の「惟庚寅吾以降」句と關係）

「不進兮奄回水」（渉江篇の「船容與而不進兮、奄回水而凝滞」の句と關係）

●天帝及び諸自然神が出揃う「帛畫（昇仙圖）」の盛行。文帝期に顯著

（長沙馬王堆一、三號漢墓出土の「帛畫（昇仙圖）」「太一將行圖」等）

●『楚辭』九歌は馬王堆漢墓出土「帛畫（昇仙圖）」と同一主題の異表現の關係

（前一四一年前漢武帝期以降）

●淮南王劉安、武帝に離騒篇を獻上。武帝、劉安に離騒傳を作らせる

●河南發見の「天公行出鏡」の畫像と銘文

（「天公」が「河伯」等を從えて死者の魂（及び魄）を天界に導くことを描いている）

●このころより太一は北極神であるという議論が起こった痕跡が見られる

（『漢書』所傳、「漢甘泉宮太一壇」復元圖、劉向「遠逝」等）

（●劉向『楚辭』を編む）

（二五年後漢以降）

●太一は北極神であるという議

論が廣まる

文獻資料のほか曹氏解謫瓶上の朱符「大、天一」神はその典型

（●王逸『楚辭章句』成る）

（六一八年唐以降）

●五臣注以後、諸家「東皇太一」を東帝に配する解釋を踏襲

以上要するに、祖先祭祀のト筮記録である江陵天星觀一號楚墓出土竹簡の「司命」「司禍」「地宇」「云君」「大水」「東城夫人」、郭店戰國楚墓出土竹簡「太一生水」篇の「太一」、荊門市戰國楚墓出土の「兵避太歲」戈の（太歲（太一））等は、『楚辭』九歌諸篇の東皇太一（上皇）・雲中君・湘君・湘夫人・大司命・少司命・東君・河伯等の神格を生成する濫觴となった可能性はあるが、それが直ちに『楚辭』九歌諸篇の成立につながったとは考えがたい。分けても「太一生水」篇の「太一」、及び「兵避太歲」戈の「太歲（太一）」が即「東皇太一」という篇名や神名に發展したとはとうてい考えがたい。

いっぽう、『楚辭』九歌の篇名にいう「東皇太一」（上皇）は天界の最高神を意味することは間違いないと思われる。ただし「東皇太一」をもって直ちに「東帝」に配して解釋できるような神格であるとは考えがたい。それは篇名は「東皇」ではなく「太一」も加わって「東皇太一」となっていること、及び東帝という神格だけでは雲中君、湘君、湘夫人、大司命、少司命、東君、河伯等の夫婦神との關係が定かではないこと、さらに考古出土資料との比較考證によって見えてきた九歌の主題とも脈絡しないこと、等の理由による。「東皇太一」に關する解釋上の混亂は、本來「歲星」と「太歲」の關係

に由來しているものでありながら、その議論に關する認識の不徹底、及び屈原傳説に依存するあまりの九歌の主題に關する誤解に起因していると考えられる。

以上を踏まえると、九歌の篇名「東皇太一」の問題については次のようにまとめることができる。

「東皇太一」という命名は戰國後期（前二七〇年以降）に起こる「歲星」と「太歲」の運行を巡る議論の影響を受けている。その結果として「東皇太一」という篇名また神名には「東皇（陽）にして太一（陰）」という天地宇宙の陽陰二元を體する概念が含意されている。「東皇太一」と類する語に「刑德」の例がある。「東皇太一」という篇名は死者の魂魄の昇天に關わる九歌の主題を十分に體した命名となっている。その成立時期は葬送習俗の盛行、太一信仰の盛行、天文觀測や宇宙論や崑崙山信仰の盛行、魂魄二元論の盛行、天帝及び諸自然神が出揃う「帛畫（昇仙圖）」の盛行等と時期を等しくする前漢文帝期前後、ないしは武帝期ころと推定される。

なお上海博物館所藏の戰國竹簡資料『賦篇』は戰國期の文化史や文學史や『楚辭』研究上、新しい局面を拓く可能性を秘めており、一日も早い出版公開が期待される。

圖版資料

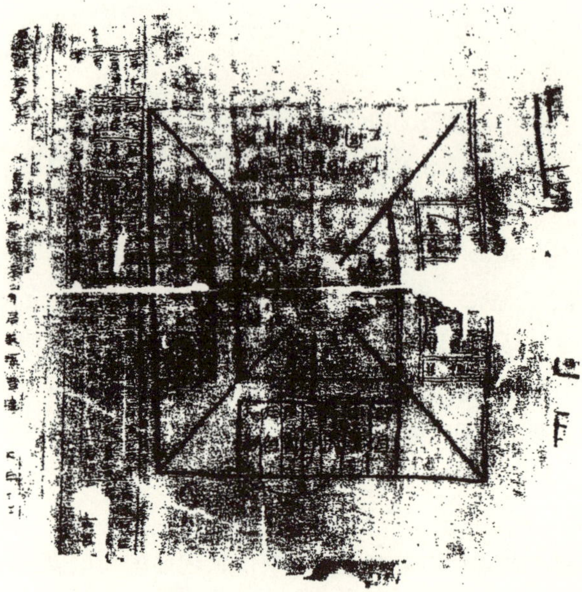

圖一　馬王堆漢墓出土帛畫『陰陽五行』甲篇上「天一圖」

圖二　包山戰國楚墓出土竹簡

圖三　青銅器の銘文等に見える「大」字

（李零「太一崇拜的考古研究」による）

圖四　「兵避太歲」戈

（李零「太一崇拜的考古研究」による）

圖六　馬王堆漢墓出土の「太一將行圖」

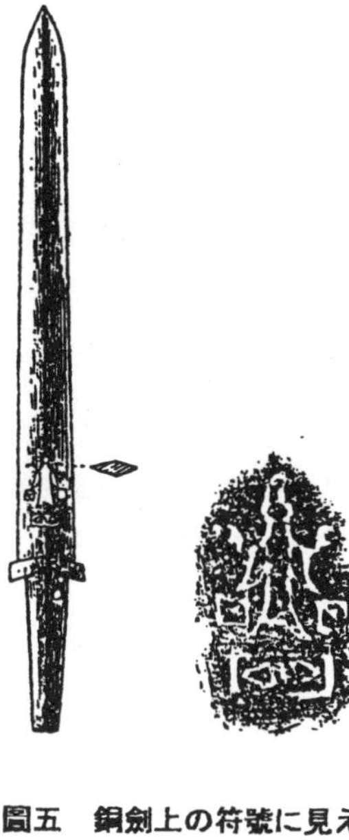

圖五　銅劍上の符號に見える「人格神」

（『四川船棺葬發掘報告』による）

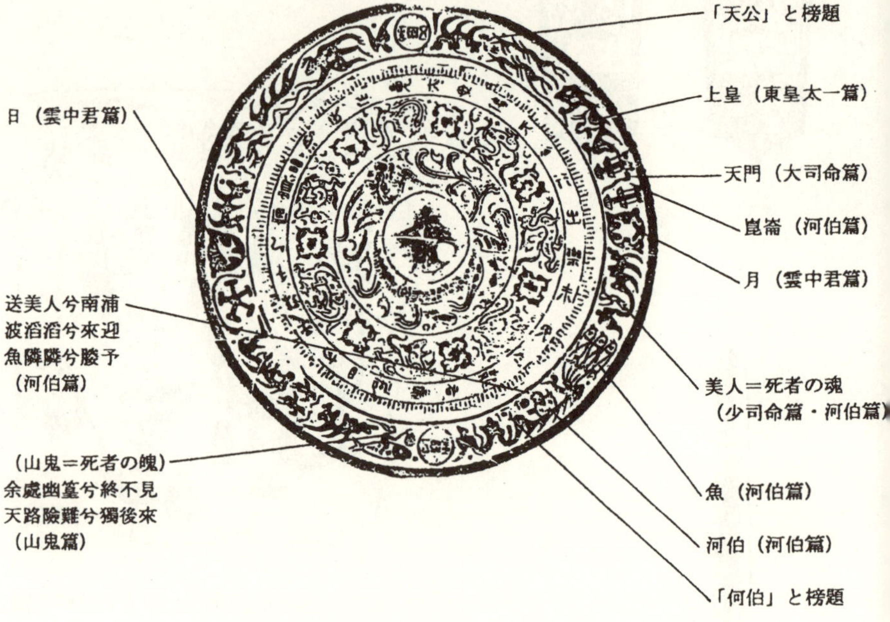

圖七　河南省新野縣發見の「天公行出鏡」と「楚辭」九歌對照圖

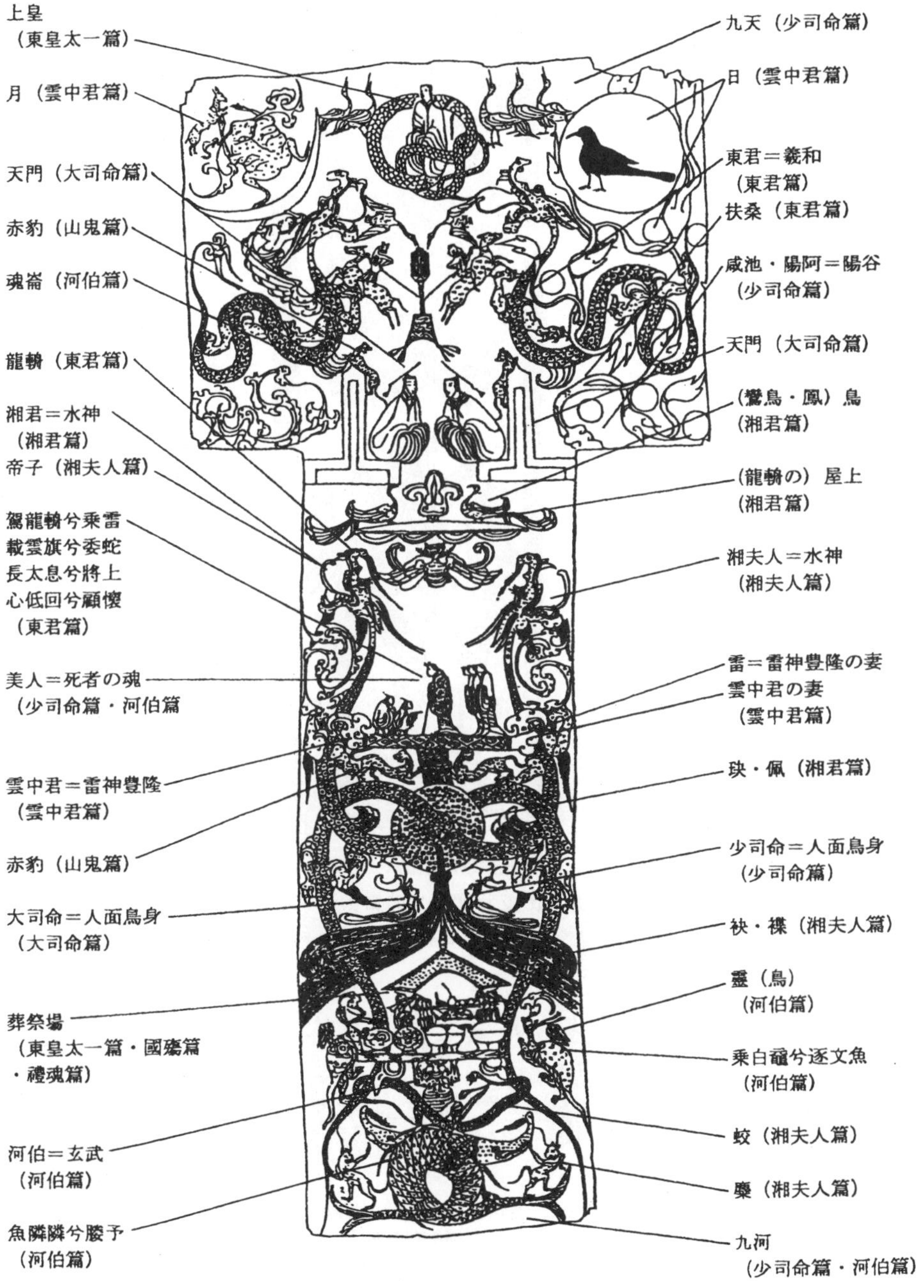
上皇
（東皇太一篇）
月（雲中君篇）
天門（大司命篇）
赤豹（山鬼篇）
魂崙（河伯篇）
龍輈（東君篇）
湘君＝水神
（湘君篇）
帝子（湘夫人篇）
駕龍輈兮乘雷
載雲旗兮委蛇
長太息兮將上
心低回兮顧懷
（東君篇）
美人＝死者の魂
（少司命篇・河伯篇
雲中君＝雷神豐隆
（雲中君篇）
赤豹（山鬼篇）
大司命＝人面鳥身
（大司命篇）
葬祭場
（東皇太一篇・國殤篇
・禮魂篇）
河伯＝玄武
（河伯篇）
魚隣隣兮媵予
（河伯篇）
九天（少司命篇）
日（雲中君篇）
東君＝羲和
（東君篇）
扶桑（東君篇）
咸池・陽阿＝陽谷
（少司命篇）
天門（大司命篇）
（鸞鳥・鳳）鳥
（湘君篇）
（龍輈の）屋上
（湘君篇）
湘夫人＝水神
（湘夫人篇）
雷＝雷神豐隆の妻
雲中君の妻
（雲中君篇）
玦・佩（湘君篇）
少司命＝人面鳥身
（少司命篇）
袂・褋（湘夫人篇）
靈（鳥）
（河伯篇）
乘白黿兮逐文魚
（河伯篇）
蛟（湘夫人篇）
麋（湘夫人篇）
九河
（少司命篇・河伯篇）

圖八　馬王堆漢墓出土の「昇仙圖」（前漢初期）と「楚辭」九歌對照圖

圖九　山東沂南出土の畫像石上の「人格神」

(『沂南古畫像石墓發掘報告』による)

圖一〇　曹氏解讁瓶上の朱符に見える「大、天一」神

(王育成「東漢道符釋例」による)

參考所見文獻

（考古出土資料關係）

01、『長沙馬王堆一號漢墓（上・下）』（文物出版社・一九七三年）
02、『包山楚簡（上・下）』（文物出版社・一九九一年）
03、『望山楚簡』（文物出版社・一九九五年）
04、『郭店楚墓竹簡』（文物出版社・一九九八年）
05、王青『漢朝的本土宗教與神話』（聯合出版・一九九八年）
06、程憬「泰一考」（『文史哲季刊』二卷一期）
07、曾布川寛『崑崙山への昇仙—古代中國人が描いた死後の世界—』（中央公論社・一九八一年）
08、劉弘「漢畫像石上所見太一神考」（『民間文學論壇』一九八九年第四期）
09、陳松長「馬王堆漢墓帛畫《太一將行》圖淺論」（『美術史論』一九九三年三期）
10、李家浩「論《太一兵避圖》」（袁行霈主編『國學研究』第一卷・北京大學出版社・一九九三年）
11、郭沂「試談楚簡『太一生水』及其與簡本『老子』的關係」（『中國哲學史』季刊・一九九八年第四期）
12、李零「太一崇拜的考古研究」（『北京大學百年國學文粹・語言文獻卷』北京大學出版社・一九九八年）
13、李學勤「太一生水的數術解釋」（『本世紀出土思想文獻與中國古典哲學研究論文集』輔仁大學出版社・一九九九年）
14、平勢隆郎『中國古代紀年の研究』（汲古書院・一九九六年）
15、平勢隆郎「從大歲議論的出現看郭店楚簡『太一生水』」（第四十四回東方學者會議『楚簡より見た先秦文化の諸相』一九九九年）
16、李零「三一考」（前揭論文集輔仁大學出版社本・一九九九年）
17、莊萬壽「太一與水之思想探求—『太一生水』楚簡之初探」（同上・一九九九年）

18、葉海煙「『太一生水』與莊子的宇宙觀」（同上・一九九九年）
19、林亨錫「郭店楚簡『太一生水』篇與緯書」（『郭店楚簡の思想史的研究』第一卷・一九九九年）
20、黄占竹『郭店一號楚墓和最早版竹簡老子及太一生水』（私稿本・一九九九年）
21、李零「論郭店楚簡『太一生水』」（『道家文化研究（『郭店楚簡』專號）』生活讀書新知三聯書店・一九九九年）
22、強昱「『太一生水』與古代的太一觀」（同上・一九九九年）
23、趙建偉「郭店楚墓竹簡『太一生水』疏證」（同上・一九九九年）
24、龐朴「"太一生水"説」（『中國哲學』第二十一輯・二〇〇〇年）
25、邢文「『太一生水』與『淮南子』:『乾鑿度』再認識」（『中國哲學』第二十一輯・二〇〇〇年）
26、丁四新「『太一生水』考論」（『郭店楚墓竹簡思想研究』東方出版・二〇〇〇年）
27、魏啓鵬「『太一生水』札記」（『郭店楚簡國際學術研討會論文集』湖北人民出版社・二〇〇〇年）
28、艾蘭「太一・水・郭店『老子』」（『郭店楚簡國際學術研討會論文集』湖北人民出版社・二〇〇〇年）
29、陳松長「『太一生水』考論」（『郭店楚簡國際學術研討會論文集』湖北人民出版社・二〇〇〇年）
30、彭浩「一種新的宇宙生成理論—讀『太一生水』」（同上・二〇〇〇年）
31、馮時「郭店楚簡『太一生水』研究」（『出土古代天文學文獻研究』台灣古籍出版・二〇〇一年）
32、王博「『太一生水』研究」（『簡帛思想文獻論集』台灣古籍出版・二〇〇一年）
33、陳松長『馬王堆帛書≪刑德≫研究論稿』（台灣古籍出版・二〇〇一年）

（近數十年來「楚辭」研究論著關係）（「楚辭」研究注釋論著は除く）

01、謝無量『楚詞新論』(商務印書館・一九三〇年)
02、呉越史地研究會『楚詞研究』(一九三五年)
03、何天行『楚辭作於漢代考』(中華書局・一九四八年)
04、作家出版社編集部編『楚辭研究論文集』(北京作家出版社・一九五七年)
05、王宗樂『屈原與屈賦』(華岡出版社・一九七四年)
06、張壽平『九歌研究』(廣文書局・一九七五年)
07、胡子明『楚辭研究』(華聯出版社・一九七六年)
08、蘇雪林『屈賦論叢』(中華叢書・國立編譯館中華叢書編審委員會・一九八〇年)
09、林庚『詩人屈原及其作品研究』(上海古籍出版社・一九八一年)
10、蒋天樞『楚辭論文集』(陜西人民出版社・一九八二年)
11、聶石樵『屈原論稿』(人民文學出版・一九八二年)
12、姜書閣『先秦辭賦原論』(齊魯書社・一九八三年)
13、北方論叢編集部編『楚辭研究』(哈爾濱師範大學・一九八三年)
14、何劒熏『楚辭拾瀋』(四川人民出版社・一九八四年)
15、湯炳正『屈賦新探』(齊魯書社・一九八四年)
16、姜亮夫『楚辭學論文集』(上海古籍出版社・一九八四年)
17、馬茂元主編『楚辭研究論文選』(湖北人民出版社・一九八五年)
18、馬茂元主編『楚辭評論資料選』(湖北人民出版社・一九八五年)
19、余崇生『楚辭研究論文集』(學海出版社・一九八五年)
20、馬茂元主編『楚辭資料海外編』(湖北人民出版社・一九八六年)
21、周勳初『九歌新考』(上海古籍出版社・一九八六年)
22、朱碧蓮『楚辭講讀』(華東師範大學出版社・一九八六年)
23、蕭兵『楚辭與神話』(江蘇古籍出版社・一九八六年)
24、翁世華『楚辭論集』(文史哲出版社・一九八七年)
25、楊白樺『楚辭選析』(江蘇古籍出版社・一九八七年)
26、譚介甫『屈賦新編』(中華書局・一九八七年)
27、湖南省屈原學會編『屈原研究論文集』(「船山學報」專號・一九八七年)

28、中國屈原學會編『楚辭研究』(齊魯書社・一九八八年)
29、蕭兵『楚辭新探』(天津古籍出版社・一九八八年)
30、游國恩『游國恩學術論文集』(中華書局・一九八九年)
31、史墨卿『楚辭文藝觀』(華正書局・一九八九年)
32、湯漳平・陸永品『楚辭論析』(山西教育出版社・一九九〇年)
33、陳怡良『屈原文學論集』(文津出版社・一九九一年)
34、蕭兵『楚辭的文化破譯』(湖北人民出版社・一九九一年)
35、曹大中『屈原的思想與文學藝術』(湖南出版社・一九九一年)
36、藍海文『今本楚辭』(文史哲出版社・一九九一年)
37、中國屈原學會・貴州省古典文學學會編『楚辭研究』(文津出版社・一九九二年)
38、蘇雪林『楚騷新詁』(中華叢書・國立編譯館中華叢書編審委員會・一九九二年)
39、蘇雪林『屈原與九歌』(文津出版社・一九九二年)
40、周建忠『當代楚辭研究論綱』(湖北教育出版社・一九九二年)
41、金開成『屈原辭研究』(上海古籍出版社・一九九二年)
42、聞一多『聞一多全集』五（楚辭編）(湖北人民出版社・一九九三年)
43、朱碧蓮『楚辭論稿』(上海三聯書店・一九九三年)
44、徐志嘯『楚辭綜論』(東大圖書公司・一九九三年)
44、趙沛霖『屈賦研究反思』(天津教育出版社・一九九三年)
45、張崇琛『楚辭文化探微』(新華出版社・一九九三年)
46、楊采華『屈原及其辭賦新解』(武漢大學出版社・一九九四年)
47、張正體『楚辭新論』(台灣商務印書館・一九九四年)
48、曲德來『屈原及其作品新探』(遼寧古籍出版社・一九九五年)
49、鄭在瀛『楚辭探奇』(萬卷楼圖書有限公司・一九九五年)
50、趙逵夫『屈原與他的時代』(人民文學出版社・一九九六年)
51、孫常叙『楚辭九歌整體系解』(吉林教育出版社・一九九六年)
52、黄震雲『楚辭通論』(湖南教育出版社・一九九七年)

53、楊義『楚辭詩學』(人民出版社・一九九八年)
54、趙逵夫『屈騷探幽』(甘肅人民出版社・一九九八年)
55、劉道中『屈原九歌眞解』(各大書局・一九九九年)
56、楊仲義『詩騷新識』(學苑出版社・一九九九年)
57、彭毅『楚辭詮微集』(學生書局・一九九九年)
58、潘嘯龍『屈原與楚辭研究』(安徽大學出版社・一九九九年)
59、洪順隆『辭賦論叢』(文津出版社・二〇〇〇年)
60、熊任望『楚辭探綜』(河北大學出版社・二〇〇〇年)
61、藤野岩友『巫系文學論』(大學書房・一九五一年)
62、星川清孝『楚辭の研究』(養德社・一九六五年)
63、竹治貞夫『楚辭研究』(風間書房・一九七八年)
64、赤塚忠『楚辭研究』(研文社・一九八六年)
65、拙稿(博士學位論文)『楚辭新研究』(二松學舍大學・二〇〇〇年)

(近三十年來「楚辭」研究論文關係)

01、徐中舒「九歌九辯攷」(『中國文化研究所集刊』第一卷第三號)
02、蘇雪林「東皇太一與木星之神(上・下)」(『東方雜誌』復刊第一卷五期・六期)
03、聞一多「東皇太一考」(『文學遺産』一九八〇年第一期)
04、阜陽漢簡整理組「阜陽漢簡『楚辭』」(『中國韻文學刊』創刊號・一九八七年)
05、小南一郎「王逸『楚辭章句』をめぐって—漢代章句の學の一側面—」(『東方學報』第六十三冊・一九九一年)
06、稻畑耕一郎「『楚辭』殘簡小考—淮河系流域における『楚辭』の流傳—」(早稻田大學大學院文學研究科『文學研究科紀要本冊第三七輯』文學・藝術學編・一九九一年)
07、蘆川敏彥「『楚辭』天問の篇名をめぐって」(『大東文化大學中國學論集』一九九二年)

08、湯漳平「從江陵楚墓竹簡看『楚辭・九歌』」（中國屈原學會編『楚辭研究』齊魯書社・一九九八年）
（以下「楚辭」研究論文關係等略）

試析上博楚簡《孔子詩論》中有關“闔疋”的幾條竹簡

曹　峰

【中文提要】

本文將《孔子詩論》中的“闔疋之攺”的“攺”讀爲“巳”，釋作“止”，並爲這種解釋找到了思想史上的根據，基於這樣的解釋，筆者重新調整了部分簡序。筆者認爲《孔子詩論》中有關“闔疋”的論述只能産生於一個較短的特定的歷史時期，它主要受到的影響可能來自於《孟子》的思想、與《孟子》有關的馬王堆帛書《五行》篇第二十五章説文的思想以及《荀子》的思想。僅就《孔子詩論》有關“關雎”的論述來看，它的寫作時代當在馬王堆帛書《五行》説文完成之後。

【日本語提要】

本文は『孔子詩論』に見える「闔疋之攺」の「攺」を「巳」の假借字とし、「止」の意味として解釋し、またこの解釋を成立することができるための思想史上の根據も提出している。この解釋に基づき、一部分の竹簡の順序を調整することも行っている。筆者は『孔子詩論』に見える「闔疋」の論述は比較的短く、特定の歷史時期にしか成立することができず，主に『孟子』の思想、『孟子』と關係がある馬王堆帛書『五行』篇の第二十五章説文の思想、及び『荀子』の思想から影響を受けていると考える。『孔子詩論』に見える「關雎」の論述から見れば、その文章の成立は恐らく馬王堆帛書『五行』説文が完成された後になるのであろう。

在《上海博物館藏戰國楚竹簡（一）》（馬承源主編，上海古籍出版社，2001 年 11 月，以下簡稱上博本）的《孔子詩論》第十號簡（注1）中，有這樣一段話。

> 閘疋之攺▬，梂木之旹▬，灘生之智▬，鵲樔之逯▬，甘棠之保▬，綠衣之思，鰃鰃之情▬。害？曰童而皆臤於丌初者也▬。（注2）

這段文字中所羅列出的篇名均在《詩經》國風（《孔子詩論》稱作“邦風”）範圍內。其特徵是先用一個字來概括一篇的主旨，然後在下文中再進一步對主旨加以展開性的論述。例如，與“閘疋”有關的論述，下文中還有：

1．閘疋目色俞於豊……（第十號簡）

2．閘疋之攺，則丌思賹（注3）矣。（第十一號簡）

3．……好（注4）反内於豊，不亦能攺虐（注5）▬。（第十二號簡）

4．目琹瑟之敓，㤥好色之忈，目鐘鼓之樂……（第十四號簡）（注 6）

第十二、十四號簡中未見“閘疋”的篇名，但第十二號簡出現有“攺”字，第十四號簡的“目琴瑟之敓”和“目鐘鼓之樂”當是關雎“琴瑟友之”“鍾鼓樂之”之引用，所以可以認爲都是與“關雎”相關的內容。

本文試圖通過對“閘疋之攺”的“攺”字作出合理的解釋，在此基礎上對《孔子詩論》中有關“閘疋”的所有論述加以詮釋，並對上博本的簡序作一點修改，最後對《孔子詩論》中所見“色”及“色”與“豊（禮）”的關係作一點分析。

一

無疑，“閘疋”如上博本釋文所指出的那樣，就是“關雎”的假借字。楚系文字中與“關”類似的字形也見於鄂君啓節與包山楚簡，鄂君啓節“女（如）載馬牛羊台（以）出内（入）闖、則政於大府、毋政於闖。”中所見“闖”釋作“關”是正確的。包山楚簡中多見同類字形（如 34 號簡二處、39・91・138・121 號簡各一處、149 號簡二處），均可釋爲“關”。如將“串”看作此字的聲符，據郭錫良編《漢字古音手冊》（北京大學出版社，1986 年 11 月，以下涉及通假關係的地方，均據此書），“關”爲見母元部、“串”爲昌母元部，兩者可以通假。“疋”字是疑母魚部，“雎”是清母魚部，兩者也可通假。“疋”和“雎”的通假關係在楚系文字上也可找到例證，在此不作展開。

上博本釋文引用了《説文》對“攺”字的解釋，“攺，毅攺，大剛卯，目逐鬼魅也。从支巳聲，讀若巳。”但顯然考慮到該解釋與本書文義不合，所以推斷“攺”字爲“怡”的假借字，並據《説文》、《爾雅》、《玉篇》，釋“怡”字義爲“和也”、“樂也”、“悦也”，認爲“怡”在《孔子詩論》中意爲“心中的喜悦”。“巳”爲邪母之部，“怡”爲餘母之部，假借是可能的。但此字是否果然如上博本所釋是“怡”的假借字，筆者認爲還有探討的余地。

本字左旁在包山楚簡及郭店楚簡中多見，包山楚簡中均可釋其爲干支的“巳”字。郭店楚簡中除《成之聞之》第四十號簡（是古（故）君子訢（慎）六立（位）以巳（祀）天祟（常））中似可釋作“巳”外，其餘似均當釋作「已」，就其意義而言，似可分以下數種。

1．作爲語助辭。例如，《老子》甲本第十五號簡“天下皆智（知）敚（美）之爲敚（美）也，亞（惡）已。皆智（知）善，此其不善已。”《語叢四》第二十七簡背“内之或内之，至之或至之，之至而亡及也已。”《老子》甲本第七號簡“善者果而已”，《性自命出》第十五號簡“亓（其）厽（三）述（術）者，衍（道）之而已。”《六德》第三十八號簡“君子不帝（啻）明虖（乎）民敚（微）而已。”《尊德義》第二十五號簡“訂（治）民非遝（還）生而已也。”

2．作“止”解。如《老子》甲本第三十七至三十八號簡“朱（持）而浧（盈）之，不不若已。”《老子》丙本第七號簡有“古（故）日兵者□□□□□□得已而甬（用）之。”《成之聞之》第三十六號簡“丌（其）勳（勝）也不若丌（其）已也。”《語叢三》第三至第五號簡中“君臣不相才也，則（則）可已。不敓（悅），可去也。”的“已”似也可作“止”解。

3．作“甚”解。《緇衣》第二十號簡有“而賙（富）貴已祧（過）也。”

4．作“完畢”解。《性自命出》第六十一號簡有“已𠬝（則）勿復言也。”

其實，“巳”與“已”不僅在字形上相似可以混用，在字音上也是相通的（“巳”是餘母之部）。

而與“攺”字近似的字形在《緇衣》中有二處（第十六號簡“子曰，倀（長）民者，衣備（服）不攺（改）”、第十七號簡“㞢（詩）員（云），亓（其）頌不攺（改），出言有丨，利民所信。”），在《尊德義》中有三處（第一號簡“攺（改）忌（忌）勳（勝）”、第四至第五號簡“夻（教）非攺（改）道也，敎（教）之也。斈（學）非攺（改）侖（倫）也，斈（學）𠀠（己）也。”），在《六德》有一處（第十九號簡“能与（與）之齊，冬（終）身弗攺（改）之壴（矣）。”）。可見這個近似的字形在郭店楚簡中都可視作爲“改”的假借字。“改”見母之部字，與“巳”字同部。

雖然近似的字形在郭店楚簡中可以釋作“改”，但“關雎之改”顯然是難於理解的。因爲這個字與後文的“眥”、“晳”、“逮”、“保”、“思”、“情”一樣，不是一個簡單的詞匯，它有着待進一步解釋的更深刻的含義。筆者認爲將視其爲“怡”的假借字是不合適的。

如將“怡”解作“喜悅”，“關雎之怡”從文義表面看可以講得通。但缺乏傳世文獻中的例證。其次也無法將“和悅”之意與下文的“日色俞於豊”“闢疋之攺，則丌思賹矣。”及“好反内於豊，不亦能攺虖。”關聯起來。就是說，“怡”的字義仍然淺短，不足以表達更深刻的含意。

筆者認爲只有同下文中的關鍵字“色”、“好色”結合起來討論，把握本篇中“色”與“禮”的內在關係，才能眞正解開“攺”的含義。在此，先提出結論，這個字應該就是“已”的假借字，義爲“止”。

值得注意的是本篇將“關雎”之詩與“色”、“好色”聯系在一起。從文獻上看，最早將“好色”與《詩經》中的《國風》及關雎篇聯系起來的是《荀子》大略篇“國風之好色也，傳曰，盈其欲而不愆其止。其誠可比於金石，其聲可內於宗廟。”《史記》屈原列傳也說“屈平之作《離騷》，蓋自怨生也。《國風》好色而不淫，《小雅》怨誹而不乱，若《離騷》者，可謂兼之矣。”，“《國風》好色而不淫”之意義與《荀子》大略篇相近。對於《荀子》大略篇這段文字，楊倞作注曰，“好色，謂關雎樂得淑女也。盈其欲，謂好仇，寤寐思服也。止，禮也。欲雖盈滿而不敢過禮求之。此言好色人所不免，美其不過禮也。”由此，我們可以得到一個重要的啓發，即《國風》（或者說關雎篇）的特色在於雖“好色”，但適可而止，不過於禮。因此，在《荀子》大略篇那里，關雎的重要意義就是能盈其欲又有所“止”。《史記》屈原列傳的“國風好色而不淫”，雖沒有直接提到“止”，但其義是相通的。所以筆者認爲，我們有可能將“闢疋之攺”的“攺”讀爲“已”的假借字，釋作“止”。

“闢疋之攺”以外的四条與“關雎”有關的竹簡，在此先解讀第十四號簡“目（以）琴（琴）弫（瑟）之敚（悦），㤅好色之忈，目（以）鐘鼓之樂……”的意義。“目琴弫之敚”與“目鐘鼓之樂”的文章格式是相同的，所以“目鐘鼓之樂”的後面有可能還有一個類似“㤅好色之忈”的五字句。可惜此簡後半段全部殘斷，無法通過後面的類似“㤅好色之忈”的五字句直接對照出“㤅”、“忈”的字義，從而推斷全句的意向。從“目琴弫之敚”、“目鐘鼓之樂”的語義看，“㤅”可能是“怡”

的假借字。兩字均屬之部，通假没有問題。“忎”即“忨”字，或許可釋義爲“貪”。《説文》十下心部“忨，貪也。从心元聲。春秋傳曰，忨歲而潵日。”“忨歲而潵日”可能引自國語晋語八“忨日而潵歲”，段玉裁指出這里的“春秋傳”當指春秋國語。而《左傳》昭公元年則有“翫歲而愒日”，“翫”也是“貪”的意思。“翫”也通“玩”，所以“怠（怡）好色之忨”或許可以釋爲“怡好色之貪”或“怡好色之玩”。

“鎣汧之敓”與“鐘鼓之樂”可以養心怡志，如《荀子》樂論篇云“君子以鐘鼓導志、以琴瑟樂心”、《荀子》禮論篇云“故禮者，養也。……鐘鼓、管磬、琴瑟、竽笙，所以養耳也。”（《史記》禮書有類似文句），但本篇顯然不同，與“怠好色之忎”聯系起來看，整個句意當與“女色”有關。《左傳》昭公元年有這樣一段話：

> 晋侯求醫於秦，秦伯使醫和視之，曰，“疾不可爲也，是謂近女室，疾如蠱。非鬼非食，惑以喪志。良臣將死，天命不佑。”公曰，“女不可近乎。”對曰，“節之。……君子之近琴瑟、以儀節也、非以慆心也。”

這里的“琴瑟”既指音樂，也指女色，所以“醫和”對晋侯提出要“以儀節”，也就是要有節制的意思。當然，《左傳》“以儀節”所要求的對象是君主，而且也未談到要用“色”去“俞於豊”，話題與本篇完全不同，但從“琴瑟”到“以儀節”的文意，可以給本篇的釋讀提供啓示。由於第十四號簡“㠯（以）鐘鼓之樂”後面殘斷，無法得知其最後結論是什麼，但這里既然提到“好色之忎”，即“好色之貪”，那麼其結論很可能與“節制”是相關的。也只有這樣去理解，才最符合“闗疋之攺（已）”的深意，才可以解釋爲何這段也是“闗疋之攺（已）”的延伸和展開。

接下來，討論“闗疋㠯色俞於豊（第十號簡）”、“闗疋之攺，則丌思賹矣。（第十一號簡）”及“……好反内於豊，不亦能攺虐。（第十二號簡）”這三段的含意。筆者認爲，這幾句話的含意都是可以與“闗疋之昽（已)”相互發明相互對照的。

上博本釋文認爲，“俞”即“喩”的假借字，其意與《論語》里仁篇“君子喩於義、小人喩於利”中的“喩”相同，即“懂得”、“知道”、“明白”的意思，筆者贊同這一解釋。但究竟如何“以色”去“明白”“豊”呢，仍然不得甚解。馬王堆帛書《五行》篇中關於關雎有以下這樣一段話：

> 榆（諭）而〔知〕之，胃（謂）之進〔之〕。弗榆（諭）也，榆（諭）則知之〔矣〕，知之則進耳。榆（諭）之也者，自所小好榆（諭）虖（乎）所大好。“茭（窈）芍（窕）〔淑女，唔（寤)〕昧（寐）求之”，思色也。“求之弗得，唔（寤）昧（寐）思伏”，言亓急也。“繇（悠）才（哉）繇（悠）才（哉），婘（輾）槫（轉）反廁（側)”，言亓（其）甚〔急也。急〕如此亓（其）甚也，交諸父母之廁（側)，爲諸？則有死弗爲之矣。交諸兄弟之廁（側)，亦弗爲也。交〔諸〕邦人之廁（側)，亦弗爲也。〔畏〕父兄，亓（其）殺畏人，禮也。繇（由）色榆（諭）於禮，進耳。

（將級別低的東西與級別高的東西）相比較而知道（某種道理)，稱這一現象爲“進一步（領會)”。假如把（級別低的東西與級別高的東西）比較了，就可以知道（某種道理）了。假如知道了（某種道理）就“進一步（領會)”了。所謂“諭”，是拿小的所好跟大的所好相比。《詩經》關雎篇説“窈窕淑女，寤寐求之”，這是描述（男子對女子）的思念。“求之弗得，寤寐思伏”，是説這種思念很切。“悠哉悠哉，輾轉反側”，是説這種思念相當強烈。但如此強烈的思念，在父母面前向淑女表達出來，可以做到嗎？即便用死來威脅也是不做的。在兄弟面前向淑女表達出來，也是不做的。在國人面前向淑女表達出來，也是不做的。首先怕自己的父母兄弟，其次怕其他人，這就是禮。通過好色這件事，再加以比較而知禮，這就是進了一步。（注 7）

有必要注意的是，這里舉的正是關雎的例子。馬王堆帛書《五行》篇將關雎的特點歸結爲“思色”，這與本篇的關鍵詞“色”、“好色”是一致的。更重要的是這里有着與“目色俞於豊”相類同的表達，即“繇（由）色榆（諭）於禮”。通過與馬王堆帛書《五行》篇的比較，我們可以得到以下幾點啓示。

1．從“〔急〕如此亓（其）甚也，交諸父母之廁（側），爲諸？則有死弗爲之矣。交諸兄弟之廁（側），亦弗爲也。交〔諸〕邦人之廁（側），亦弗爲也。〔畏〕父兄，亓（其）殺畏人，禮也。”中可以看出，“弗爲之矣”、“亦弗爲也”的意思正是“止”。所以再次證明“闈疋之攺”的“攺”可以讀爲“已”。其“止”的理由在於“禮”的存在，關於這點，《荀子》大略篇並未明確說明，但楊倞注將其點明了，“止，禮也。……此言好色人所不免，美其不過禮也。”由此，第十二號簡“好反内於豊，不亦能攺虖。”也得到合理解釋，即“好反内（納）於豊（禮），不也就是能止嗎。”

2．上引馬王堆帛書《五行》篇的文字只是第二十五章的一段說文，其經文爲“諭而〔知〕之，胃之進〔之〕。”同第二十三章的經說文“目而知之，胃（謂）之進之”、第二十四章的經說文“辟而知之，胃（謂）之進之”（注 8）相對比，可知“榆而〔知〕之，胃之進〔之〕”的“榆（諭）”與“目（侔）”、“辟（譬）”一樣都是認識論上的推理方法論，所謂“榆（諭）”之方法是“自所小好榆（諭）虖（乎）所大好”。本篇“目色俞於豊”中的“俞”雖然從字義上應該讀作“懂得”、“知道”、“明白”，但是否也包含有馬王堆帛書《五行》篇之“榆（諭）”的意思，帶有以小知大的方法論的意義呢？本篇第十一號簡說“闈疋之攺，則丌思賹矣。”是否正表明通過由“色”的低級階段，比較而導出“禮”的高級階段，因而達到“丌（其）思賹（益）”呢？第十號簡在發問“闈疋（關雎）之攺（已），梂（樛）木之旹（時），灘（漢）坣（廣）之智（知），鵲（鵲）樔（巢）之逯（歸），甘棠之保，綠衣之思，鬖鬖（燕燕）之情。害（曷）？”（注9）後，回答道“曰童而皆臤於丌初者也。”“童”可視爲“重”或“動”的假借，這三字都是定母東部字，可以通假，“臤”可視爲“賢”的省字或異體字。這里是否説的是，“攺（已）”、“岦（時）”、“嶜（知）”、“逯（歸）”、“保”、“思”、“情”所體現的重要意義都已經超出詩本身最初的意義，或者説“攺（已）”、“岦（時）”、“嶜（知）”、“逯（歸）”、“保”、“思”、“情”的文意有變動而都已經超出詩本身最初的意義。如果可以做這樣的解釋，是否表明本篇在思想性方面與《五行》有着一定的關聯呢。這方面的討論，在下文中還將繼續展開。

附帶要指出的是，通過以上的分析，已經可以發現，上博本釋文在簡序排列上存在一定問題。即第十一號簡的後面應該緊接第十四號簡。第十一號簡的最後是“鵲棣之逯則逯者……”，上博本第十二號簡的開頭是“……好反内於豊，不亦能攺虖▬ 。”説的是“關雎”，顯然接不上去。而如果接第十四號簡，文意就格外通順，因爲第十四號簡的開頭是“兩矣”正好與鵲巢的“百兩”相對應，而且第十一號簡末端殘缺甚少，第十四號簡頭部又無殘缺，對接非常順利。原第十四號簡改爲第十二號簡後，其最後的“目琴瑟之敓，憃好色之忈，目鐘鼓之樂……”正好與原第十二號簡（筆者改爲第十三號簡）的開頭“……好反内於豊，不亦能攺虖▬ 。”相對應。原第十三號簡（筆者改爲第十四號簡）的最後一字是“甘”即“甘棠”，正好與第十五號簡的“及丌（其）人，敬蟋（愛）丌（其）亖（注10）（樹）”相對應。也就是説書中的主人公孔子在這一輪講述中没有把第十號簡中出現的七篇詩全部講一遍，到鵲棣那里打住，就又開始講闢疋了。可見，講述方式並不是非常整齊劃一的。現將筆者的修正再完整地排列於下：

第十號簡　闢疋之攺▬ ，梂木之岦▬ ，灘坣之嶜▬ ，鵲棣之逯▬ ，甘棠之保▬ ，綠衣之思，鬖鬖之情▬ 。害？曰童而皆臤於丌初者也▬ 。闢疋目色俞於豊……

第十一號簡　……青㤅也。闗疋之攺，則丌思賹矣。梂木之旹，則目彔矣。灘坐之智，則智不可㝵也。鵲樔之逯，則𢓜者……

第十四號簡　兩矣▬，丌四章則俞矣▬。目琹㚔之敚，惷好色之忎，目鐘鼓之樂……

第十二號簡　……好反内於豊，不亦能攺虖▬。梂木福斯（注 11）在君子，不……

第十三號簡　……可㝵，不攻不可能、不亦智亙唇（注 12）▬。鵲槕出目百兩，不亦又𢓜虖▬。甘……

第十五號簡　……及丌人，敬㤅丌查，丌保厚矣▬。甘棠之㤅目卲公……。

如果說，“青（情）㤅（愛）二字”與“䰍䰍之情”相對應，那麼，到“青㤅也”爲止《孔子詩論》的作者完成了第二輪的論述，這一輪是否都是類似“闗疋目色俞於豊”的句子不清。從“闗疋之攺，則丌思賹矣。”開始第三輪，這一輪以“則……”爲特色，最後用“丌四章則俞矣”來総括。從“目琹㚔之敚，惷好色之忎，目鐘鼓之樂……”開始第四輪，這一輪是否以五字句爲特色尚不清。從“……好反内於豊，不亦能攺虖▬。”開始第五輪，這一輪以“不亦……”句爲特色。從“目琹㚔之敚，惷好色之忎，目鐘鼓之樂……”到“……好反内於豊，不亦能攺虖▬。”甚至有可能是同一輪，但全部作爲“闗雎”的論述又似乎太長了些。如上所述，有時，一輪講述並不完全覆蓋全部七篇詩，不然，從第十號簡到第十一號簡，第十二號簡（原第十四號簡）到第十三號簡（原第十二號簡）之間很有可能存在缺簡。

二

根據以上對本篇所見“闗雎”的綜合分析，可知本篇的“色”、“好色”與色欲、情欲有關，《孔子詩論》的作者没有否定人的這種基本欲望，通過“關雎之改”，作者提出要有所“止”，並將“色”與“禮”聯系起來，認爲如果“好反内（納）於豊（禮）”的話，不就能做到“改”，即適可而止了嗎。筆者認爲，這種既肯定人的情欲，又將情欲與禮關聯起來的思想是一定歷史時代的產物。爲了深入討論這個問題，有必要對先秦兩漢文獻中有關“關雎”的引用和評價作一排比和分析。

《論語》中兩處提到關雎。

子曰，關雎樂而不淫，哀而不傷。（八佾篇）

子曰，師摯之始，關雎之亂，洋洋乎。盈耳哉。（泰伯篇）

“樂而不淫”的“樂”與“哀而不傷”的“哀”是相對應的，所以雖然《史記》屈原列傳有“《國風》好色而不淫”的說法，顯然“樂”不能與“好色”等同起來。《論語》雖然和本篇一樣高度評價關雎篇，但角度顯然不同，《論語》中的關雎没有涉及“好色”，也未涉及“禮”，所以這兩者間似乎没有直接的關係。

按照時代順序來排列的話，接着應該列舉的就是前述的《荀子》大略篇、馬王堆帛書《五行》篇和《史記》屈原列傳三例，這三者都將《關雎》與情欲聯系起來，正視它的存在，前二者更將情欲與禮掛鉤，在意趣上與本篇最接近。《荀子》大略篇是荀子弟子集合荀子言論編成的，所以其成書時代在《荀子》諸篇中應該是較晚的，但引用了“傳曰”，説明“盈其欲而不愆其止”的說法應該是較早時代的產物。對比郭店楚簡與馬王堆帛書兩種《五行》篇，與本篇接近的說法在馬王堆帛書《五行》篇說文中可以看到，在郭店楚簡中却只有經文，如果說本篇有關“關雎”的論述在思想背景上與馬王堆帛書《五行》篇說文有一定關聯的話，這是否説明《孔子詩論》的成文當在《五行》篇說文的形成之後呢。（注 13）之所以這樣說，是因爲就兩者的相互關係而言，只能是《五行》篇說文影響《孔子詩論》，而不是相反。關於“繇（由）色榆（諭）於禮”的來由，《五行》篇說文有着充分的交代，《孔子詩論》則只此一句，未見展開，這是因爲《孔子詩論》把“繇

（由）色椧（諭）於禮”當作廣爲人知的共識，拿來爲己所用，不需要再專門展開論述了。

值得注意的是，在文獻上可以與本篇“關雎”簡文相對照，在思想史意義上最接近的例子，也只有以上《荀子》大略篇和馬王堆《五行》篇説文這樣二處。這完全説明，這種既肯定人的情欲，又將情欲與禮關聯起來的思想只是一段時期的歷史產物。因爲到了漢初以後，對《關雎》的解釋儒教化、政治化的色彩越來越濃厚。這種特色可從以下的文例中反映出來。

> 子夏問曰“關雎何以爲国風始也。”孔子曰“關雎至矣乎。夫關雎之人，仰則天，俯則地，幽幽冥冥，德之所藏，紛紛沸沸，道之所行，如神龍變化，斐斐文章。大哉關雎之道也，萬物之所繫，群生之所懸命也，河洛出書圖，麟鳳翔乎郊。不由關雎之道，則關雎之事將奚由至矣哉。夫六經之策，皆歸論汲汲，蓋取之乎關雎。關雎之事大矣哉。馮馮翔翔，由東自西，自南自北，無思不服。子其勉強之，思服之。天地之間，生民之屬，王道之原，不外此矣。”子夏喟然嘆曰“大哉關雎，乃天地之基也。”詩曰“鍾鼓樂之。”　（《韓詩外傳》卷五）

> 易曰，“正其本而萬物理，失之毫釐，差以千里。”春秋之元，詩之關雎，禮之冠、婚，易之乾、坤，皆愼始敬終云爾。素〔誠繁〕成。謹爲子孫婚妻嫁女，必擇孝悌世世有行義者。
>
> （《賈誼新書》胎教篇）

雖然《孔子詩論》事實上把“闡疋”放在邦風之首，但從現有簡文來看，並没有對此安排作出解釋，而以上諸例，則借此大加發揮，將《關雎》的意義無限拔高，去詩之原意甚遠。漢代還着重從男女夫婦人倫之別去理解《關雎》，借此樹立儒家的道德觀。

> 關雎興於鳥，而君子美之，爲其雌雄之不乖〈乘〉居也。鹿鳴興於獸，〔而〕君子大之取其見食而相呼也。泓之戰，軍敗君

獲，而春秋大之，取其不鼓不成列也。宋伯姬坐燒而死，〔而〕春秋大之，取其不踰禮而行也。（《淮南子》泰族篇）

孔子曰“小辯害義，小言破道。關雎興於鳥，而君子美之，取其雌雄之有別。鹿鳴興於獸，而君子大之，取其得食而相呼。若以鳥獸之名嫌之，固不可行也。”（《孔子家語》好生篇）

故《易》基乾、坤，《詩》始關雎，《書》美釐降，《春秋》譏不親迎。夫婦之際，人道之大倫也。禮之用，唯婚姻爲兢兢。夫樂調而四時和，陰陽之變，萬物之統也。可不愼與。

（《史記》外戚世家）

漢以後，《關雎》被引上政治舞臺，距離詩的原意愈偏愈遠。時代越後，對《關雎》的曲解越甚。

夫周室衰而關雎作，幽、厲微而禮樂壞，諸侯恣行，政由彊國。故孔子閔王路廢而邪道興，於是論次詩書，修起禮樂。

（《史記》儒林列傳）

孔子論詩以關雎爲始，言太上者民之父母，后夫人之行不侔乎天地，則無以奉神靈之統，而理萬物之宜。故詩曰，窈窕淑女，君子好逑。言能其貞淑，不貳其操。情欲之感無介乎容儀，宴私之意不形乎動靜。（《漢書》匡衡傳）

禍敗曷常不由女德，是以佩玉晏鳴，關雎嘆之。知好色之伐性短年，離制度之生無厭，天下將蒙化，陵夷而成俗也。故詠淑女，幾以配上，忠孝之篤，仁厚之作也。（《漢書》杜周傳）

自古聖王必正好匹，好匹正則興，不正則亂。……周之康王夫人晏出朝，關雎起興，思得淑女，以配君子。夫雎鳩之鳥，猶未嘗見乘居而匹處也。夫男女之盛，合之以禮，則父子生焉，君臣成焉。故爲萬物始。（《列女傳》仁智篇）

詩曰，窈窕淑女，君子好逑。言賢女能爲君子和好衆妾。

（《列女傳》母儀篇）

然則關雎、麟趾之化，王者之風，故繫之周公。南，言化自北而南也。鵲巢騶虞之德，諸侯之風也。先王之所以教，故繫之周公。……是以關雎樂得淑女，以配君子。憂在進賢，不淫思色。哀窈窕，思賢才。而無傷善之心焉，是關雎之義也。

（詩大序）

關雎，后妃之德也。風之始也。所以風天下，而正夫婦也。故用之鄉人焉，用之邦國焉。　　（“關雎”篇之毛序）

言后妃之德和諧，則幽閒處深宮。貞專之善女，能爲君子和好衆妾之怨者。言皆化后妃之德，不嫉妬。（“關雎”篇之鄭箋）

與以上文例相對照，《孔子詩論》對《關雎》的解釋要原始純樸得多，幾乎没有多少政治化的色彩。而漢以後對《關雎》的解釋完全拋開了尊重人欲的思路，這是兩者在解釋路線上根本的不同。

接下來，筆者試圖通過觀察先秦文獻中對“色”“好色”作正面評價的情況以及“色”與“禮”關係的有關討論，再進一步分析本篇所可能接受的思想史上的影響。

説到“好色”，很容易聯想到《論語》子罕篇的“子曰，吾未見好德如好色者也”及衛靈公篇的“子曰，已矣乎。吾未見好德如好色者也。”既然都是孔子説的話，又都講到“好色”，是否證明《孔子詩論》與此相關呢？事實上，這兩者很難聯系起來。首先，《論語》中的“好色”並非正面的評價，且與“禮”無關，兩者的話題完全不同。其次，雖也有人將《論語》中這兩處“好色”解釋爲好女色，但顯然這種解釋是不適當的。《論語》中“色”字十分多見，但絶大部分指人的容色、顔氣。雖有時指美色，但其意義是寬汎的，也並不像後代“好色”一詞那樣專指色欲。（注 14）《荀子》王霸篇“故人之情，口好味而臭味莫美焉，耳好聲而聲樂莫大焉，目好色而文章致繁婦女莫衆焉，形體好佚而安重閒靜莫愉焉，心好利而穀祿莫厚焉。”中的“目好色”以及《禮記》大學篇“如惡惡臭，如好好色。”中的“好好色”指的就是這種一般意義上的好“美色”，即色澤華麗的對象，包括人，也包括物。《禮記》坊記有“子云，‘好德如好色。’諸侯不下漁色。故君子遠色以爲民紀。故男女授受不親。”這就完全是後世儒家爲強調其倫理道德的觀念而讓《論語》爲己所用了。

從文獻上講，專門從情欲的角度使用“好色”一詞，是從《孟子》開始的。

> 王曰，寡人有疾，寡人好色。對曰，昔者太王好色，愛厥妃。詩云，古公亶父，來朝走馬，率西水滸，至于岐下。爰及姜女，聿來胥宇。當是時也，内無怨女，外無曠夫。王如好色，與百姓同之，於王何有。 （《孟子》梁惠王章句下）

看得出，孟子並不否定好色的行爲，雖然這里好色的主體是君主，但從“與百姓一同好色”來看，孟子把好色看作人之常情。

> 天下之士悅之，人之所欲也，而不足以解憂。好色，人之所欲。妻帝之二女，而不足以解憂。富，人之所欲。富有天下，而不足以解憂。貴，人之所欲。貴爲天子，而不足以解憂。人悅之、好色、富貴無足以解憂者，惟順於父母，可以解憂。人少則慕父母，知好色則慕少艾，有妻子則慕妻子，仕則慕君，不得於君則熱中。大孝終身慕父母，五十而慕者，予於大舜見之矣。 （《孟子》萬章章句上）

這一段中的“好色”的“好”不作動詞解，但“好色”已專指女色。“好色，人之所欲。”正反映了孟子對情欲正視而不否定的態度。這與他的名言“食、色，性也。”（告子章句上）是一致的。但其最終結論與“孝”相聯。與“禮”没有直接的關係。

在告子章句下篇中孟子討論了“色”與“禮”的關係。

> 任人有問屋廬子曰，禮與食孰重。曰，禮重。色與禮孰重。曰，禮重。曰，以禮食則飢而死，不以禮食則得食，必以禮乎。親迎則不得妻，不親迎則得妻，必親迎乎。屋廬子不能對。明

日之鄒，以告孟子。孟子曰，於答是也何有。不揣其本，而齊其末，方寸之木可使高於岑樓。金重於羽者，豈謂一鉤金與一輿羽之謂哉。取食之重者與禮之輕者而比之，奚翅食重。取色之重者與禮之輕者而比之，奚翅色重。往應之曰，紾兄之臂而奪之食，則得食，不紾則不得食，則將紾之乎。踰東家牆而摟其處子，則得妻，不摟，則不得妻，則將摟之乎。

將這段文字與帛書《五行》篇説文相對比，看得出在説理的方式上有驚人相似之處。顯然帛書《五行》篇的説文受過《孟子》的影響。本篇既然在“目色俞於豊”的表述方式上與帛書《五行》篇説文基本相同，則也有可能直接地或間接地受到過《孟子》影響，不過話題有所轉變，《孟子》告子章句下篇着重講“色”與“禮”孰輕孰重，帛書《五行》篇的説文着重講“繇（由）色榆（諭）於禮”的推論關係，本篇則把重點轉向了“攺（已）”即“止”。通過“攺（已）”將“色”與“禮”結合起來，這點似乎與《荀子》大略篇較爲接近，不過，如上所述的那樣，《荀子》大略篇那段話是轉引自“傳曰”，且自成一段，無前後文可供參照，難以把握荀子引述此文時的原意。一般而言，《荀子》既重視人欲，又注重“禮”的建設。性惡篇中有“若夫目好色，耳好聲，口好味，心好利，骨體膚理好愉佚，是皆生於人之情性也。感而自然，不待事而後生之者也。夫感而不能然，必且待事而後然者，謂之僞。是性僞之所生，其不同之徵也。故聖人化性而起僞，僞起而生禮義，禮義生而制法度。然則禮義法度者，是聖人之所生也。”但是，《荀子》性惡篇中的主人公是聖人，所闡明的“禮”也是通過外在途徑建立起來的，（注 15）而本篇的“目色俞於豊”則是內在的自發的心理活動，兩者還是有區別的。

在以後的《韓非子》等法家著作中，當談論君主品質時，“好色”往往當作亡國之徵，而成爲否定的對象。進入漢代，在重禮的同時有意識地否定“色”的現象更爲多見。所以，綜合以上的分析，可以看出，與討論先秦兩漢對《關雎》篇之評價時得出的結論一樣，本篇所能看到的既肯定人的情欲，又將情欲與禮關聯起來的思想是一定歷史時代的產物。《論語》與之關係並不密切，在思想史背景上，最能與之掛鉤的是《孟子》的思想、與《孟子》有關的馬王堆帛書《五行》篇第二十五章説文的思想以及荀子的思想。比較而言，前一系統的影響可能更大些。(注 16)

小結

以上分析充分説明將“闢疋之攺”的“攺”讀爲“已”、釋作“止”有着思想史脈絡上的根據，基於這種思想史脈絡，筆者重新調整了部分簡序。筆者認爲《孔子詩論》中有關“闢疋”的論述只能產生於一個較短的特定的歷史時期，它主要受到的影響可能來自於《孟子》的思想、與《孟子》有關的馬王堆帛書《五行》篇第二十五章説文的思想以及《荀子》的思想。僅就《孔子詩論》有關“關雎”的論述來看，它的寫作時代當在馬王堆帛書《五行》説文完成之後。本文只是通過“關雎”對《孔子詩論》作了一個縱面的剖析，由此得出的結論也許有失偏頗，對《孔子詩論》思想意趣及寫作時代的完整把握，還有待於更多的縱向和橫向的剖析。

注

(1) 上博本《孔子詩論》第十號簡的釋文參見其書第139～141頁。

(2) 筆者認爲，“害曰童而皆臤於丌初者也”當斷句爲“害？曰童而皆臤於丌初者也。”即“害”是承上句的疑問詞，而非下句句首的疑問詞。

(3) “賹”字，上博本釋文左半从“貝”，右半照原字模寫，筆者認爲按字形將其隸定爲“賹”，應該没有太大問題。

(4) 第十二號簡的簡文，上博本釋文斷句爲“好，反内於豊，不亦能改虖。”筆者以爲，這里的“好”當作動詞理解，故應與後文連讀。

(5)“虖”字，上博本釋文作“虖”，根據圖版，當隸作“虖”。

(6) 第十四號簡的全文是“兩矣▬，丌四章則俞矣▬。吕猌䂔之敓，恖好色之忎，吕鐘鼓之樂……”。上博本釋文（第143頁）認爲“兩矣”與“鵲樔”有關，而“丌四章則俞矣”則與後文連讀，與“關雎”有關。“吕（以）猌（琴）瑟（䂔）之敓（悦），恖好色之忎，吕（以）鐘鼓之樂……”無疑與“關雎”篇有關，但“丌四章則俞矣▬”則未必，它更像一段文章中的一個総結句，而不像一個起始句，更何況此句下還有一個小的墨塊，表示着語氣的中頓，再說，“吕（以）猌（琴）瑟（䂔）之敓（悦）”和“吕（以）鐘鼓之樂……”分別與“關雎”篇第四章“琴瑟友之”、第五章“鐘鼓樂之”相對應，所以僅用“丌四章”是無法概括的。筆者以爲“丌四章”很可能指的是“闡疋”、“梂木”、“灘坣”、“鵲樔”這四篇詩，因爲“兩矣▬”下面也有一個小墨塊，這樣“丌四章則俞矣▬”當是對前面四篇詩的総結。

當然也有可能指的是“鵲樔”的第四章，目前能看到的“鵲巢”只有三章，但不等於《孔子詩論》寫作時代“鵲巢”没有四章，不過這種可能性比較小。

(7) 該段文字的釋文依據池田知久《馬王堆漢墓帛書五行篇研究》（汲古書院，1993 年 2 月）。這里的“榆”應該是“諭”的假借字，因爲這段文字是馬王堆漢墓帛書《五行》篇第二十五章的説文，與其對應的第二十五章的經文作“諭”。

(8) 郭店楚簡《五行》篇中有幾乎相同的經文，只是序列稍有不同而已。即“目而𢘓之，胃之進之。窬（筆者以爲釋作“俞”更合適）而𢘓之，胃之進之。辟而𢘓之，胃之進之。”（第四十七號簡）但没有説文。

(9) 筆者以爲，“旹”字如作“時”解，其思想史上的意義還有待考察，“保”字不必如上博本釋文所言作“褒”的假借，“保”的意思就是保護。

(10)“壴”字，上博本釋文隸作从“木”从“豆”的字，但該字上部並不从木，所以作“壴”爲宜。

(11)“斯”字，上博本釋文隸作从“臼”从“丌”从“斤”的字，該字左半部看似从“臼”，其實就是“其”字。第二十七號簡所見相同字形，上博本也直接釋爲“斯”。

(12)“死”字，上博本釋文隸作“亙”，根據圖版，當作“死”。“死”即“恆”的古文。“虐”字，上博本釋文隸作“虐”字，該字上半部从“虎”，故當作“虐”。

(13)郭店楚簡《五行》篇只有經文没有説文，這是因爲它被抄寫時説文尚未形成，還是因爲説文雖已經形成，只不過偶然没有一起出土呢。對此問題，學界有多種意見。龐樸先生主張郭店楚簡《五行》篇没有説文，他認爲帛書《五行》篇雖然有“經”有“説”，但看上去不像分工明確的兩個部分。“經文”自我圓滿，無須多加解説，没有爲“説”留下多少發揮空間。而且“説文”也没有説出什麽新意來。因此他設想“《五行》早先並没有‘説’或‘解’，帛書所見的‘説’，是某個時候弟子們奉命綴上去的。”(參見《竹帛〈五行〉篇比較》，《中國哲学》第二十輯　郭店楚簡研究專輯　遼寧教育出版社，1999年 1 月)。池田知久先生認爲郭店楚簡《五行》篇的章與章之間在内容上有前後相互説明照應的地方，且有些地方不與帛書《五行》篇説文對照不能解釋，所以無疑當時已形成和馬王堆《五行》大致相同的説文，只不過没有出土而已。(參見《郭店楚簡〈五行〉研究》，《中國哲学》第二十輯　郭店簡與儒學研究專輯　遼寧教育出版社，2000 年 1 月)。徐少華先生也認爲説文是以後完成的，但他指出郭店楚簡的經文，其實並不完全是經文，其中的確包括了“解”的成分，所以才會有章與章之間的照應，按照他的分章，第四章、第十一至十四章提出的命題是“經”，由第五至八章及第十五至二十章的“解”來加以解説。“目而曶之，胃之進之。俞而曶之，胃之進之。辟而曶之，胃之進之。幾而曶之，天也。”這一段，則是對第十五章的“見而曶之”及第二十二章“能進之”“弗能進”之深化，即也可以看作是某種形式的“解”文。(參見《楚簡與帛書〈五行〉篇章結構及其相關問題》，《中國哲學史》2001 年第三期，2001 年 8 月)。筆者比較贊同徐少華先生的意見，我認爲這段表達認識方法論的簡文雖然不是純粹的經文，但它太概括簡練，所以應該又有後起的説文對之加以解説，説文是從郭店楚簡《五行》篇向馬王堆《五行》篇由粗至精的修整過程中形成的。

(14)厲才茂《〈論語〉‘色’的意義的現象學分析》(《孔子研究》2001年4期，2001年7月）一文對《論語》中所見“色”字作了全面的分析。他認爲這兩處“好色”的“色”也應作“顔色”解，即好德者不像好色者那樣容易“作色”，即逞志意於色。這樣的解釋也是有説服力的。

(15)《淮南子》泰族篇“民有好色之性，故有大婚之禮。……故先王之制法也，因民之所好，而爲之節文者也。因其好色而制婚姻之禮，故男女有別。”也談到“好色之性”與“禮”的關係，和《荀子》一樣是聖人（先王）因民之性爲之作禮的思路。

(16)因爲涉及到《孔子詩論》與《五行》的關係，在此還想稍稍談及《孔子詩論》中的“鰓鰓”簡。與第十號簡的“鰓鰓之情”對應的是第十六號簡“鰓鰓之情，目丌蜀也。”上博本釋文把“蜀”釋爲“獨”或“篤”，“篤”爲“言情之厚”(第145頁)。釋作“獨”應該較爲合理，它不僅僅是“孤獨”之意，更有可能含有“慎獨”之意，郭店楚簡《五行》篇講到“君子慼（慎）亓（其）蜀（獨)”時，兩度引詩，其中一次就是“燕燕”，馬王堆帛書《五行》篇也完全一樣，只是所引詩更詳細而已。考慮到《孔子詩論》中“關疋”簡與《五行》篇的特殊關係，或許“鰓鰓”的“蜀（獨)”與簡帛《五行》也有着一定關係，當按“慎獨”去理解吧。這一點，承蒙池田知久先生啓示，特此説明。

（完成於二〇〇一年十二月十五日）

王家臺秦墓竹簡『歸藏』の研究

近藤浩之

はじめに

一九九三年三月、湖北省荊州市郢城鎭郢北村の王家臺一五號秦墓より竹簡が出土した。その中に秦簡『歸藏』と呼ばれる易占に關係する竹簡がある。この竹簡に関する重要な報告・論文等には次のようなものがある。

荊州地區博物館「江陵王家臺一五號秦墓」
（『文物』一九九五年第一期、以下①〔簡報一九九五〕と略稱）
連劭名「江陵王家臺秦簡與《歸藏》」
（『江漢考古』一九九六年第四期、以下②〔連劭名一九九六〕と略稱）
王明欽「試論《歸藏》的幾個問題」
（『一劍集』、中國婦女出版社、一九九六年、以下③〔王明欽一九九六〕と略稱）
李家浩「王家臺秦簡“易占”爲《歸藏》考」
（『傳統文化與現代化』一九九七年第一期、以下④〔李家浩一九九七〕と略稱）
王明欽「《歸藏》與夏啓的傳説—兼論臺與祭壇的關係及鈞臺的地望」
（『華學』第三輯、一九九八年十一月、以下⑤〔王明欽一九九八〕と略稱）

邢文「秦簡《歸藏》與《周易》用商」
(『文物』二〇〇〇年第二期、以下⑥〔邢文二〇〇〇〕と略稱)
王明欽「王家臺秦墓竹簡概述」
(北京・新出簡帛國際學術研討會發表、二〇〇〇年八月二十一日、以下⑦〔王明欽二〇〇〇〕と略稱)[1]
林忠軍「王家臺秦簡『歸藏』出土的易學價值」
(『周易研究』二〇〇一年第二期、二〇〇一年五月、以下⑧〔林忠軍二〇〇一〕と略稱)
廖名春「王家臺秦簡『歸藏』管窺」
(『周易研究』二〇〇一年第二期、二〇〇一年五月、以下⑨〔廖名春二〇〇一〕と略稱)
連劭名「江陵王家臺秦簡『歸藏』筮書考」
(『中國哲學史』(季刊)二〇〇一年第三期、二〇〇一年八月、以下⑩〔連劭名二〇〇一〕と略稱)

しかし、殘念なことに①〔簡報一九九五〕に載るわずかな寫眞圖版以外に秦簡『歸藏』の寫眞圖版は未公開である。筆者はかつて二〇〇〇年十二月に「王家臺秦簡『歸藏』初探」(『中國哲學』第二十九號、以下〔初探〕と略稱)を發表し、王家臺秦簡『歸藏』に關する初歩的な考察を示しておいた。本稿はその續編として〔初探〕の内容を再檢討し、さらに一歩を進めてより確實な基礎的考察を目指すものである。

さて、王家臺一五號秦墓の發掘及び竹簡の出土情況の概要はすでに〔初探〕に述べておいた。ここに改めて重要な事項をまとめるならば、次の諸點であろう。

(a)「占卜用器」として算籌(六十本)と木骰子(木製のサイコロ、二十三件)とが見つかった。特に二件の「一」、「六」の數字のみ刻された小骰子は、おそらく、簡略な方法で易卦を立てる際に「陽」爻か「陰」爻か(また變爻かどうかをも含めて)を決めるのに用いられたのではなかろうか。

（b）墓主は、日書や易占に關する書物を所藏し、占筮用具や式盤（木製、16 × 14cm、厚さ 0.9cm のものが發見されている）を實際に使用して占いを行った、占い師であったと思われる。

（c）①〔簡報一九九五〕によれば、この墓の相對年代は紀元前二七八年「白起拔郢」を上限とし秦代を下限とすると推定される。

（d）①〔簡報一九九五〕の圖一二を見れば容易に確認できるように、他のものが秦隸で書かれているのとは異なり、秦簡『歸藏』の文字は楚系竹簡の文字の風格を遺しており、最も古いようである（この點は、⑦〔王明欽二〇〇〇〕が明確に指摘している。また、竹簡の長さや一簡の字數等についても①〔簡報一九九五〕とは異なる詳細な報告があるので、その正式な發表を待つべきである）。したがって、秦簡『歸藏』は戰國末期に抄寫されたものであろう。

一　『歸藏』を巡る議論

いま一度、〔初探〕でも行った『歸藏』を巡る議論の整理をしておきたい。というのも、〔初探〕執筆以後、⑧〔林忠軍二〇〇一〕、⑨〔廖名春二〇〇一〕、⑩〔連劭名二〇〇一〕の三つの論文が新たに發表され、それに啓發されて若干考え直した所があるからである。

『歸藏』は、王家臺秦墓竹簡の發見以前は、往々にして「僞書」の一言で片づけられてあまり顧みられることがなかった。しかし、再びその成立、傳承、眞僞などについて議論する場合、やはり朱彝尊『經義考』の「連山」「歸藏」の項と、それに依據してその遺漏を補い、項目を分け順序を立てて佚文の出處を明らかにした馬國翰の『歸藏』一卷（『玉函山房輯佚書』所収、以下輯本『歸藏』と略稱）を參考にするのが最もよいと思う。

『歸藏』は、『漢書』藝文志には著錄されていない。『隋書』經籍志(2)に

「歸藏は、漢初已に亡ぶ。案ずるに晉の中經に之れあり、唯だト筮を載するのみにして、聖人の旨に似ず。」とある。晉の『中經』とは、晉の秘書監荀勗が、魏の秘書郎鄭默の『中經』に因って、更に著した所の『新簿』のことである。(3) この『中經新簿』に著錄されたのが、目錄類に『歸藏』が著錄された初めらしい。

「歸藏」の名が現れる最も古い文獻は、おそらく『周禮』であろうが、『周禮』自體が何時成立したのか不明な書であり、ほとんど「歸藏」の内容や成立時期を探る手がかりにならない。(4) むしろ、武帝期以後に『周官』なる書が現れて、王莽の頃に（前漢末から後漢初にかけて）劉歆が『周官經』を『周禮』として杜子春・鄭興・鄭衆・賈逵などに業を授けてはじめて、その中に見える「歸藏」が「連山」「周易」とともに「三易」の一つとして注目され、そもそも「連山」「歸藏」とは何かが議論されるようになったのだろう（筆者は、『周禮』發見以前は「歸藏」も「連山」もその名すらなかったと考える）。

王應麟『玉海』及び同『漢藝文志考證』に引く『山海經』に「伏羲氏得河圖、夏后因之曰連山。黄帝氏得河圖、商人因之曰歸藏。列山氏得河圖、周人因之曰周易。」とあるが、現行の『山海經』には見えない。(5) また、『漢藝文志考證』によれば三國呉の姚信は「連山氏得河圖、夏后因之曰連山。歸藏氏得河圖、殷人因之曰歸藏。伏羲氏得河圖、周人因之曰周易。」と云って(6)『山海經』の説と異なるようだが、いずれにしても、これらの言説はそれほど古い資料に依っているとは思われない。古くとも『周禮』發見以後のことで、これらの説はおそらくは王充『論衡』正説篇の記述する所を源とする派生的な説であろう。その正説篇に云う。

説易者皆謂伏羲作八卦、文王演爲六十四。

夫聖王起、河出圖、洛出書。伏羲王、河圖從河水中出、易卦是也。禹之時、得洛書、書從洛水中出、洪範九章是也。故伏羲以卦治天下、禹案洪範以治洪水。古者烈山氏之王得河圖、夏后因之曰連山、歸藏（孫詒譲の説に依り「烈山」を「歸藏」改めた）氏之王得河圖、殷人因之曰歸藏、伏羲氏之王得河圖、周人〔因之〕曰周易。其經卦〔皆八、其別〕皆六十四。文王、周公因彖十八章究六爻。世之傳説易者、言伏羲作八卦、不實其本、則謂伏羲眞作八卦也。伏羲得八卦、非「作」之、文王得成六十四、非「演」之也。演作之言、生於俗傳。苟信一文、使夫眞是幾滅不存。

既不知易之爲河圖、又不知存於俗何家易也。或時連山、歸藏、或時周易。案禮夏、殷、周三家相損益之制、較著不同。如以周家在後、論今爲周易、則禮亦宜爲周禮。六典不與今禮相應、今禮未必爲周、則亦疑今易未必爲周也。案左丘明之傳、引周家以卦、與今易相應、殆周易也。

王充の當時、「既に易の河圖爲るを知らず、また俗に存するは何家の易たるかを知らざるなり。或いは時に連山、歸藏、或いは時に周易なり。」と云うのは興味深い。當時すでに何が『歸藏』で何が『周易』かを誰も明確に區別できていないのである。

劉歆から『周禮』の學を受けたという前漢末の杜子春はただ「連山、宓戲。歸藏、黄帝。」（『周禮』太卜の鄭注に引く）と云うのみで、三易を夏殷周に配當するものではない。しかし、『禮記』禮運篇の鄭注には「得殷陰陽之書也。其書存者有歸藏。」とあり、また『周禮』太卜の賈公彦疏に引く鄭玄『易贊』には「夏曰連山、殷曰歸藏。」とある。(7) 即ち王充や馬融の頃にかけて定説となり鄭玄が從ったこの説が、『歸藏』と殷を關係づける最初のもののようである。(8) そして、杜子春の説と『論衡』正説篇の説とを折衷するかのような説が『玉海』に引く『山海經』の説となったのではなかろうかと疑われる。いずれにしても、王家臺秦墓竹簡の易占の内容は、黄帝も殷も登場はするが、決してその黄帝や殷の『易』そのものではないことは明らかである。甚しきに至っては、殷より後の周代のト筮記事まで書いてある。(9) したがって、内容から判斷する限りは、杜子春や鄭玄が「歸藏」と呼んだ黄帝易や殷易とは別物だとしなければならない。ただし、杜子春や鄭玄の簡略な言説はその師から聞いたままを述べているだけであって、おそらく彼らは實際には『歸藏』なる書を見たことがなかったと考えられる。(10)

さて、「歸藏」という名は『周禮』發見と同時に知られていたとして、後漢初の桓譚『新論』に「歸藏、四千三百言。」(『太平御覽』卷六〇八)、また「歸藏、藏於太卜。」(『北堂書鈔』卷一〇一）とあるが、この『歸藏』がまさに杜子春や鄭玄のいう「歸藏」の名を持つ書であろう。が、その『歸藏』という書が成立したのは、せいぜい前漢末後漢初であって、それ以前にはそもそも『歸藏』という書は存在しなかったからこそ、結局、劉歆『七略』(のち『漢書』藝文志）に著錄されなかったのだろう。王家臺秦墓出土の竹簡に「歸藏」という名はないし、その易占關係の竹簡が秦代に「歸藏」と呼ばれていた證據は全くない。もともと何と呼ばれていたのかもわからない。その竹簡とは關係なく、ともかく「歸藏」という名を持つ書が成立した（仕立て上げられた）のだとしても、それはどんなに早くとも劉歆『七略』以後のことだったとしか言えないのである。

ところで、時代が降って、南朝の梁の劉勰『文心雕龍』諸子篇に「歸藏之經、大明迂怪、乃稱羿斃十日、嫦娥奔月。」とある。また、阮孝緒は「歸藏、載卜筮之書雜事。」という（朱彝尊『經義考』に引く)。『歸藏』に對するこれらの評は、王家臺秦墓竹簡の易占の内容とかなり符合する。朱彝尊輯、馬國翰校補の輯本『歸藏』の各文句の出處を考慮すると、劉勰や阮孝緒が見た『歸藏』には、王家臺秦墓竹簡の易占の内容とほぼ同じことが書かれてあった可能性は非常に高い。その『歸藏』とは、もちろん杜子春などがいう「歸藏」ではなく、『中經新簿』に著錄された方の『歸藏』である。そう考えて間違いないならば、王家臺秦墓竹簡の易占の内容が、後に『歸藏』(として著錄される書）の中に取り入れられたのは、劉歆『七略』より後、『中經新簿』より前、即ち、後漢から魏晉にかけての時代ということになるだろう。

二　秦簡『歸藏』の釋文と『歸藏』の佚文と

ここで、所謂秦簡『歸藏』と後世に傳わった『歸藏』の佚文（主に輯本『歸藏』に依る）との對應を整理して確認しておこう。

上記①〜⑥及び⑧〜⑩の論文に引用された秦簡『歸藏』の釋文は次の通りであり、冒頭の數字は荊州市博物館による整理編號である。ただし、○は無編號のもの。［輯］はそれに對應・類似する輯本『歸藏』の文、※は輯本『歸藏』の典拠となった『歸藏』の佚文である。各釋文末の（　）内の①②③等は、その文を引用している論文の番號である。なお、〔初探〕の誤りを訂正するとともに、216、307+201、439、181、207、212、214、302、317、334、408、463、501、503、523 等の條項を新たに追加した。

【輯本『歸藏』に對應・類似する佚文があるもの】

182 三亼　同人曰、昔者黄帝與炎帝戰（①②④）

［輯］昔黄帝與炎神爭鬬涿鹿之野。將戰、筮於巫咸、巫咸曰、果哉、而有咎。

※歸藏曰、昔黄神與炎神爭鬬涿鹿之野。將戰、筮於巫咸、巫咸曰、果哉、而有咎。（『太平御覽』卷七九）

※黄帝將戰、筮於巫咸。（王應麟『漢藝文志考證』）

※歸藏經言、黄神與炎帝戰于涿鹿。（羅苹『路史注』）

194 仌亼　節曰、昔者武王卜伐殷。而支占老考、老考占曰、吉。（①②③④⑥）

［輯］武王伐紂。枚占耆老、耆老曰、吉。

※武王伐殷。而牧占耆老、耆老曰、吉。(『博物志』卷九雜說上)

213 ⋀一⋀ 一⋀一　䂓曰、昔者殷王貞卜其邦、尚毋有咎。而支占巫咸、巫咸占之曰、不吉。䂓其席、投之谿、䂓在北、爲牝（①②③④）

［輯］節　殷王其國、常毋谷若。

※按今歸藏、……又見節卦云、殷王其國、常毋谷若。(『周禮』春官太卜賈公彥疏)

※節卦云、殷王其國、常毋谷目。(羅苹『路史注』)

216〔⋀一⋀〕⋀⋀⋀　比曰、比之芣芣、比之蒼蒼、生子二人、或司陰司陽。不□姓□（⑩）

563〔⋀一⋀ ⋀⋀⋀〕　比曰、比之筞筞、比之蒼蒼、生子二人、或司陰司陽。(③⑥)

［輯］空桑之蒼蒼、八極之旣張、乃有夫羲和、是主日月、職出入、以爲晦明。

※歸藏啓筮云、空桑之蒼蒼、八極之旣張、乃有夫羲和、是主日月、職出入、以爲晦明。(羅泌『路史』)

307〔⋀⋀一 ⋀一一〕歸妹曰、昔者恆我竊毋死之□　　201 □□奔月。而支占□□□（⑧）

［輯］昔常娥以不死之藥犇月。

［輯］有馮羿者、得不死之藥於西王母、姮娥竊之以奔月、將往、枚筮於有黃、有黃占之曰、吉。翩翩歸妹、獨將西行、逢天晦芒、无恐无驚、後且大昌。姮娥遂託身於月。(但し、馬國翰は『連山』一卷に收める。)

※歸藏曰、昔常娥以不死之藥犇月（『文選』卷十三　謝希逸月賦注）

※歸藏經曰、昔常娥以不死之藥奔月。(『太平御覽』卷九八四)

※昔常娥以西王母不死之藥服之、遂奔月、爲月精。(王應麟『漢藝文志考證』)

※(李淳風『乙巳占』天象篇)

336〔亖仌〕͏͏ 蓍曰、昔者夏后啓卜䚻帝蓍　(③⑤⑥)

○亖仌　蓍曰、昔者……卜䚻帝蓍之墟、作爲(③⑤)

［輯］昔者夏后享神于晉之墟、作爲璿臺於水之陽。

※易歸藏曰、昔者夏后啓筮享神於晉之墟、作爲璿臺於水之陽。(『文選』卷四六　王元長三月三日曲水詩序注)

※歸藏曰、夏后啓筮享神於晉之墟、爲作璿臺。(『初學記』卷二四)

※歸藏夏后曰、啓筮享神於晉之靈臺、作璿臺。(『太平御覽』卷一七七)

339(不明)〔曰、昔者〕桀卜伐唐。而支占熒惑、熒惑占之曰、不吉。(③)

［輯］昔者桀筮伐唐。而枚占熒惑曰、不吉。不利出征、惟利安處、彼爲狸、我爲鼠、勿用作事、恐傷其父。

※歸藏曰、昔桀伐唐。而枚占於熒、熒或曰、不吉。不利出征、惟利安處、彼貍爲鼠。(『太平御覽』卷八二)

※昔者桀筮伐唐。而枚占熒惑曰、不吉。彼爲貍、我爲鼠、勿用作事、恐傷其父者也。(『太平御覽』卷九一二)

※昔者桀筮伐唐。而枚占於熒惑曰、不吉。不利出征、惟利安處、彼爲貍、我爲鼠、勿用作事、恐傷其父。(王應麟『漢藝文志考證』)

※桀莖伐唐。而牧占熒惑曰、不吉。(『博物志』卷九雜説上)

439 仌仐　師曰、昔者穆天子卜出師。而支占□□□……龍降于天而□

……遠飛而中天蒼（⑧）

［輯］昔穆王天子筮西出于征、不吉。曰、龍降于天、而道里修遠、飛而沖天、蒼蒼其羽。

※歸藏曰、昔穆王天子筮出於西征、不吉。曰、龍降於天、而道里脩遠、飛而中天、蒼蒼其羽。（『太平御覽』卷八五）

470（不明）曰、昔者羿卜畢十日、羿果畢之。思十日竝出、以（③）

［輯］昔者羿善射、畢十日、果畢之。

※歸藏鄭母經云、昔者羿善射、畢十日、果畢之。（『山海經』海外東經郭璞注）

※歸藏易亦云、羿彈十日。（『尚書』五子之歌正義）

※歸藏易亦云、羿彈十日也。（『左傳』襄公四年正義）

550（不明）〔曰、昔者鯀卜注洪水。而支占〕大明、大明占之曰、不吉。有初而無後。（③）

［輯］昔鯀筮注洪水。而枚占大明曰、不吉。有初無後。

※昔鯀莁注洪水。而牧占大明曰、不吉。有初無後。（『博物志』卷九雜説上）

○仌五　明夷曰、昔者夏后啓卜乘飛龍以登于天。而支占（③⑤⑧）

［輯］明夷曰、昔夏后啓筮乘飛龍而登于天。而枚占于皐陶、陶曰、吉。

※明夷曰、昔夏后莁乘飛龍而登于天。而牧占四華〈睪（皐）〉陶、陶曰、吉。（『博物志』卷九雜説上）

※歸藏鄭母經曰、夏后啓筮御飛龍登于天、吉。（『山海經』海外西經郭璞注）

※歸藏明夷曰、昔夏后啓土〈上〉乘龍飛以登于天、睪皐陶占之曰、吉。（『太平御覽』卷九二九）

※史記曰、昔夏后啓筮乘龍以登于夫〈天〉。而枚占于皐陶、皐陶曰、吉。而必同與神交通、以身爲帝、以王四卿。（『太平御覽』卷八二）

※歸藏鄭母經明夷曰、夏后啓筮御龍飛升于天。（羅苹『路史注』）

○（不明）〔曰、〕昔者夏后啓卜觴帝大陵上鈞臺。而支占夸匃、〔夸匃〕□（⑤）

［輯］昔夏后啓筮享神于大陵而上鈞臺。枚占皐陶曰、不吉。

※歸藏曰、昔夏后啓筮享神於大陵而上鈞臺。枚占皐陶曰、不吉。（『太平御覽』卷八二）

※歸藏曰、……又曰、（夏后啓筮）享神於大陵而上鈞臺。（『初學記』卷二四）

【輯本『歸藏』には對應・類似する佚文がないもの】

181 三三 天目、朝朝、不利爲草木。贊贊、偁下□（⑨⑩）

204（不明）　淮、伐之折戈。（③）

207 亼仌 介曰、北北黄鳥、雜彼秀虛、有薿者□□有□□人民（⑩）

212 亼三 蜀曰、昔者赤舄止木之遽、初鳴曰鵲、後鳴曰舄。有夫取妻、存歸其家（⑩）

214 亼亣 鼒曰、昔者宋君卜封□。而支占巫蒼、巫蒼占之曰、吉。鼒之芒芒、鼒之軼軼。初有吝、後果述。（⑩）

215（不明）　□父、夕爲母、朝卜及日中吉、日中及夕凶。（③）

259（不明）　陳、衆龍之囂、群神伏匿、大臣不朝。（③）

302〔亼〕三 右曰、昔者平公卜其邦尚毋〔有〕咎。而支占神老、神

老占曰、吉。有子其□、閒𡑞四旁、敬□風雷、不（⑩）

304〔☳☲〕豐曰、昔者上帝卜處□室、而支占大明、大明占之曰、不吉。磐臣體牝□雉□（③）

317 ☴☱　中絶曰、啻□卜（⑩）

333（不明）曰、昔者禹卜食散實、而支占大明、占之曰、不吉。散其（③）

334〔☱☱〕兌曰、兌兌黄衣以生金、日月竝出獸□（⑩）

408 ☳☰　大〔壯〕曰、昔者　196 …隆卜將雲雨。而支占囷京、囷京占之曰、吉。大山之雲徐（③⑩）

455（不明）　既成其陳、困其士女。（③）

463 ☰☶　逯曰、逯苴以入爲羽。不高不下、即利初事、有利□（⑩）

471 ☰☳　毋亡〔曰〕、出入湯湯、室安處而𡈼安藏、毋亡（③⑩）

473（不明）　不利開事、唯利伏匿。（③）

482（不明）　下、以求不得、以田傷馬。（③）

491（不明）　乘筞黄以游嚣風之陽。而支占夷鳥、夷鳥占之曰、不吉。不偁于室、而偁于野。（③）

501 ☷☷　寡曰、不仁。昔者夏后啓是以登天、啻弗良而投之淵。寅共工队□江□（⑨⑩）

503 ☷☶　陵曰、昔者赤烏卜浴水通、而見神爲木出焉、是啻（⑩）

523 ☳☶　大〈小〉過曰、昔者□小臣卜逃唐。而支占中虺、中虺占之曰、不吉。過其門、言□（④⑩）

536 ☵☵　勞曰、昔者蚩尤卜鑄五兵。而支占赤□（③④⑩）

538（不明）　□于溥、唯花作作、不初而利後之、

亡羊得牛。(③)
560（不明）〔曰、〕昔者夸父卜□爲河□。而支占尚父、尚父占之曰、不吉。俟□而不涉、謀而不□、□齊而不陰、興事不當。□（③）
（以下整理編號なし）
○（不明）邦尚毋有咎。而支占□夫、□夫占之曰、吉。唯山于田、得其□鹿、如□如屋、王用□（③）
○ 夜曰、昔者北□大夫卜逆女（③⑩）
○ 復曰、昔者隋王卜復白雉（③）
○（不明）〔曰、〕昔者夏后啓貞卜其邦、尚毋有咎。(⑤)
○ 臞曰、昔者殷王貞卜其□、尚毋有咎。(⑩)
○ 散曰、昔者……□卜□散實。而支占大夫（⑩）

秦簡『歸藏』と輯本『歸藏』とを比較してすぐに氣づくことは、秦簡『歸藏』の「卜」の字が、輯本『歸藏』では盡く削除されるか「筮」に改められるか、そのいずれかであるということである。

三　「支占」再考

筆者は〔初探〕において、秦簡『歸藏』特有の術語「支占」について考察し、「支」は「枚」の省字であり、「「枚」は「籌」（算籌）の意または算籌で數える意であり、「枚占」とは、算籌で占うこと、まさに占筮という意味で、それ以上でもそれ以下でもない。」という一應の結論を示しておいた。しかし、その後、幸いにも識者の批正を得て[11]、再度「枚占」を檢討すべきであることを痛感し、ここに再考する次第である。

さて、秦簡『歸藏』の「支」が「枚」の省字であるという點は諸研究者の一致する所である。問題は「枚」の意味である。漢初或いはそれよりも少し前から「枚」はかなり普遍的な量詞として、あらゆる種類のものを数えるのに用いられたようである。(12)〔初探〕で掲げた所の『墨子』備高臨篇に「用弩無數、出〈矢〉人六十枚。」(「出」を「矢」とするのは孫詒讓『墨子閒詁』の説に從う。)とあるのも、量詞としての「枚」の一例に過ぎない。「枚」は決して矢のような形狀のものを數える場合だけに限られるわけではなく、他に「槍」「石」「笠〈苣〉」「狗屍」「摶」「杆」「龜」など、(13)不特定の何かを數える場合でも用いることができる量詞であったようだ。それでは、「枚」が量詞として使われ始めた漢初或いはそれよりも少し前（秦の中國統一前後と考える）の竹簡に記してあった「支占」(「枚占」)とは如何なる意味を持っていたのであろうか。「枚」の文字は甲骨・金文にも見えるが、ここでは、その「枚」の原義や本義よりも、むしろ秦簡『歸藏』が抄寫されたと思われる戰國末頃における「枚」の意味や用法をこそ考える必要があろう。しかし、甲骨・金文を除くと、先秦以前であることが確實な文獻自體が少ない上に、その中に「枚」という字が現れるのはさらに少ない。ただし、戰國期における「枚」の意味や用法の變遷はそれほど複雜なものではないだろう。『詩』周南・汝墳篇「伐其條枚」（毛傳云「枝曰條、榦曰枚。」)、『詩』豳風・東山篇「勿士行枚」（鄭箋云「無行陳銜枚之事」、銜枚の枚）などの「枚」は、本義に近く、木の幹であり、ひいては木の棒の類である。そして、それらを數えるのに「一枚二枚」と言ったことが廣く何か物を數える場合にも適用されて量詞となったのであろう。それと同樣に「箇」も量詞として用いられるようになる。『說文』に「箇、竹枚也。」とあり、『方言』卷十二に「箇、枚也。」とあり、郭注に「謂枚數也。」とある通りである。また、あまり確實な文獻ではないが、『左傳』には襄公十八年に「以枚數闔」、襄公二十一年に「識其枚數」とある。この「枚」が何かということについては、嚴密な所は筆者にはよくわからない。ただ、同一人物の同一行爲である「以枚數闔」を後に「識其枚數」と言いっている。即ち、「枚」を以て闔（門扉）を「數」え、その「枚數」を記憶していたということであろう。「枚數」には、「枚もて數ふ」という意味と、（枚もて數えたその）「枚數」という意味があるように思う。いわば、數を「數える」と、數えた「數」という關係である。その關係の中で、「枚」は「馬鞭」であれ「板」であれ「鍾乳」（のような突起物）であれ何か具體的な物を指しながら、その「枚」が別の何物かの數を數えるための依代《よりしろ》となっていると考えてよいならば、それこそがまさに量詞の役割と言えるのではなかろうか(14)。「枚數」を「枚占」に當てはめて考えるならば、「枚もて占ふ」と訓ずることができよう。そして、「枚」は具體的には何か木の棒の類を指すとしても、その「枚」が量詞の役割をしているならば、即ち數を數えるための依代《よりしろ》となっているならば、「枚占」とは「數えること」によって占うという意味だと考えられる。この場合、「枚」は實際は小石であっても棒切れであっても、數を數えることができれば何でもよいことになる。そして、何らかの方法で數を數えること（數とり）によって占うことを（廣い意味で）「筮」と考えるならば、やはり「枚占」は「筮」であると考えられよう。

しかし、「枚」が當時まだ量詞の役割を持っていなかったならば、「枚占」とは特定の「枚」という道具を使って占うという意味か、或いは、かつて龐樸氏が論じたように(15)、「枚占」とは卜でも筮でもない「枚」という某種の占法によって占うという意味か、のどちらかということになろう。

もし「枚」が特定の道具であったならば、長短大小様々な可能性はあるが、字義から言っておそらく木の棒の類であっただろう。もしそれを王家臺一五號秦墓からの出土物の中に求めるならば、筆者には六十本の算籌しか思い當たらないが、どうであろうか。

もし龐樸氏が言うように「枚」が卜や筮とは別種の何らかの占法だったならば、秦簡『歸藏』の記述形式は、一般に、「（卦畫）（卦名）

曰、昔者（某人A）卜（某事)。而枚占（某人B)、(某人B）占之曰、（吉凶判斷)。」という形であるから、一條の中に筮と卜と枚という三種類の占法に基づく記述がなされていることになる。そうなると、秦簡『歸藏』は、もはや易占とは言えないし、ひいては占筮の書と呼ぶこともできないだろう。或いは、筮・卜・枚の三種の占法を列記することが秦簡『歸藏』の目的だったのかもしれない。それも一つの可能性として否定できない。あまり確實な資料ではないけれども『周禮』春官・太卜の記載によれば、古代は「卜・筮・夢」のような數種の占法をまじえて（相い證左して）占ったらしいことが伺われるから[16]、可能性は可能性としておいておこうと思う。

可能性を言えば切りがないが、最後に、「支」を「枚」の省字と考えるという前提自體を疑うならば、次のような假説も成り立つと思う。即ち、「支」を「牧」の省字とし、「牧」は「謀」の假借字と考えるのである。「牧」は明母職部、「謀」は明母之部、雙聲・對轉である。その通假の例として、睡虎地秦簡『法律答問』に「臣妾牧殺主。●可（何）謂牧。●欲賊殺主、未殺而得、爲牧。」(「牧」は明らかに「謀」の意味である）とある。そうすると、例えば秦簡『歸藏』の第一九四號簡は「節。曰く、昔者、武王、殷を伐つを卜して、占を老考に支（謀）る。老考、占ひて曰く、吉。」と讀むことができる。「曰」以下は、すべて昔の占卜の記事（とその卜辭）となる。卜して得られた兆の占斷をしかるべき人物に謀ること[17]、それが「支占（某人)」の意味だったのである。ただし、この假説でも何故「曰」の上に『易』筮の「(卦畫）(卦名)」だけが書かれ、「曰」の下に占卜の記事（とその卜辭）が書かれているのか、という大きな問題が依然として殘る。

筆者は、輯本『歸藏』や『左傳』の卜筮記事等の情況證據から考えて、〔初探〕に述べたように「秦簡『歸藏』の「枚占」は「筮」というのに等しく、その「枚占（某人)」とは「筮於（某人)」の意である。」と考える假説を最も妥當なものだと思う。しかし、この「支占」の解釋が「筮」或いは「謀占」のいずれであったとしても、秦簡『歸藏』の文には「曰」の前後に『易』筮の「(卦畫)(卦名)」と占卜の記事とがあるということの理由を説明できない。それは秦簡『歸藏』を理解するために避けては通れない大きな問題である。章を改めて別の角度から考察する必要があろう。

四　卜筮併用と卜筮代用と

筆者は、〔初探〕において次のように考えた。

「枚占」(筮)の前に必ず「昔者(某人)卜(某事)」と卜を言うのは、傳統的に卜と筮を併用した戰國期當時の慣習を反映してのことだと思う。包山楚簡卜筮祭禱記錄からは、當時の實際の卜と筮の併用の情況が窺える。また、興味深いことに、最近公表された阜陽漢簡『周易』の釋文を見ると、阜陽漢簡『周易』には卦爻辭(いわば筮辭)の他に卜辭が附加されていることがわかる。例えば、その同人六二に「六二、同人于宗、吝。卜子產不孝。弗……」、同人九三に「〔九〕三、伏戎于□……興。卜有罪者兇。」、大有卦辭に「大有元亨。卜雨不雨。」などとあるが、これらはその前半が『周易』の卦爻辭で筮によるもの、後半(傍線部)が卜辭で卜によるものとなっている。これらも卜筮併用の痕跡であろう。

實は、阜陽漢簡『周易』の卜辭の性質を考えることが、ひいては王家臺秦簡『歸藏』の占卜記事の性質を解き明かす最も重要な鍵になる。したがって、先ずは阜陽漢簡『周易』の卜辭の性質についてより詳しく考察しなければならない。

阜陽漢簡『周易』は、一九七七年に安徽省阜陽市の阜陽雙古堆一號漢墓から出土したものである。その墓の墓主は汝陰侯夏侯竈(前漢文帝九年～十五年在位)、埋葬年代は前一六五年(前漢文帝十五年)と推定されている。[18]

すでに韓自強氏が「《龜策列傳》記載的占卜內容、除“撃盜”“請謁”“聞言”之外、其餘貞問內容大致與阜陽《周易・卜辭》類同。[19]」と、胡平生氏が「《史記》褚少孫所補《龜策列傳》言太卜雜占卦體及命兆之辭、可與竹書本卜辭相參看。[20]」と指摘する通り、阜陽漢簡『周易』の卜辭が『史記』龜策列傳の卜辭と同類であることは一見してすぐに明らかである。胡平生氏はさらに『史記』龜策列傳に收められた「雜占卦體」を綱目として、それに對應する阜陽漢簡『周易』の卜辭の占問事項を列擧し整理している。が、それは『史記』龜策列傳に收められている三種類の卜辭例の一つに注目したに過ぎない。

筆者の考えでは、『史記』龜策列傳には、卜某事辭の類、命曰辭の類、此某兆辭の類、という異なる三種類の占卜書（卜兆の吉凶を判斷するためのマニュアル）に由來する卜辭例が收められていると見るべきである。ただし、三種類の卜辭例はその記述形式が異なるだけで、基本的には同じ卜法で得られた兆形に對する吉凶判斷を示している。即ち、三種類の卜辭例は同じ卜法の、同じ兆形に對して、ほぼ同じ成否や吉凶の判斷を下していると思われるが、ただその記述の仕方が異なるだけなのである。

（1）「卜某事辭の類」と言うのは、例えば、

卜繫者出。不出、橫吉安。若出、足開首仰有外。

（繫がるる者出づるを卜す。出でざれば、橫吉なり。もし出づれば、足開首仰にして外にあるなり。）

とあるように、基本的に、

卜（某事）。（肯定）、（某兆形）。（否定）、（某兆形）。

という記述形式である。（胡平生氏の所謂「雜占卦體」とはこの形式の部分を指すようである。）

（2）「命曰辭の類」と言うのは、例えば、

命曰、橫吉、內外自擧。以占病者、久不死。繫者、久不出。求財

物、得而少。行者、不行。來者、不來。見貴人、見。吉。

（命づけて曰く、横吉にして、内外自擧なり。以て病む者を占ふに、久しく死せず。繋がるる者は、久しく出でず。財物を求むるは、得れども少なし。行く者は、行かず。來る者は、來らず。貴人に見ゆるは、見ゆ。吉なり。）

とあるように、基本的に、

命曰、（某兆形）。以占（某事）、（肯定）または（否定）。…（某事）、（肯定）または（否定）。（吉凶）。

という記述形式である。

（3）「此某兆辭の類」と言うのは、例えば、

此、横吉、上柱、外内自擧、足胗。以卜有求、得。病、不死。繫者、毋傷、未出。行、不行。來、不來。見人、不見。百事、盡吉。

（此れ、横吉にして、上柱、外内自擧、足胗なり。以て求むることあるを卜するに、得。病むものは、死せず。繫がるる者は、傷つくこと毋けれども、未だ出でず。行くものは、行かず。來るものは、來らず。人に見ゆるは、見えず。百事は、盡く吉なり。）

とあるように、基本的に、

此、（某兆形）。以卜（某事）、（肯定）または（否定）。…（某事）、（肯定）または（否定）。…。

という記述形式である。

なお、（2）（3）の記述形式の各條の上には、張文虎が「首當有龜兆形、傳寫失之、以下各條放此、又疑上文命曰、各條上亦有之。」（瀧川龜太郎『史記會注考證』所引）と推測したように、きっと龜の腹甲の圖か何かがあって、具體的な卜のひび割れ方（兆形）がいちいち圖示されていたものと思う。

要するに、（2）と（3）の形式は兆形の圖の下に「命づけて曰く、横吉」云々、「此れ、横吉」云々などと、先ずその兆形の名を記して條目を立て、さらにその下に「以て」云々と、その兆形に對する占斷

事項を列擧したものである。それとは異なり、（1）は先ず「(某事)をトす」と書き出して、その事項（某事）によって條目を立て、その成否に對應する各兆形の名を記すという形式である。（1）の形式の場合は、兆形の圖は必要ない。すでに兆形の名を熟知している卜官が用いるようなもので、あまり實用的ではないと思われる。というのも、實際にトして何らかの兆形を得てその占斷を行う時、先ず參照すべきは、兆形別に條目が立てられている（2）や（3）の形式の占卜書であり、決して事項別に條目が立てられた（1）の形式の占卜書ではないだろうと思われるからである。（1）はむしろ、（2）や（3）を參照しても當該兆形の條に占いたい事項が列擧されていない場合に、逆に占いたい事項で檢索してその典型的な兆形を知るのに役立っただろう。

以上のように、これら三種類の記述形式は、兆形として「橫吉」「內外自擧」「足開」「足肣」などの同じ用語を使い、占う事項やそれに對する判斷の用語もほとんど同じで、兆形と占斷の對應關係もほぼ共通している。[21]その記述の仕方が異なるだけで實質的には同じ卜法に屬すると言ってよい。つまり、三種類に別れているのは、その使用目的や傳承流派の違いに由來するもので、それらは基本的には同じ卜法を傳えているのである。[22]或いは、褚少孫が「大卜の官に之き、掌故・文學・長老の事に習ふ者に問ひて、龜策卜事を寫取し、下方に編し」たと言う通り、掌故・文學・長老の三者それぞれに取材したままを記錄したから、三種類の記述形式があるのかもしれない。

さて、阜陽漢簡『周易』の卜辭である。そのほとんどは、『史記』龜策列傳の「以卜（某事)、(肯定）または（否定)。…（某事)、(肯定）または（否定)。」という記述形式を襲い、列擧する占斷事項を少し限定して、『周易』の六十四卦の各卦辭と（乾卦用九と坤卦用六も含めて）三百八十六爻の各爻辭とを合わた計四百五十條の卦爻辭の下に追加したものである。この場合、『周易』の卦爻辭によって條目が立てられていることになり、『周易』の卦爻辭は、ちょうど『史記』龜策列傳における兆形とその名の部分に相當する。即ち、占筮の書たる『周易』が、（2）や（3）の形式に準じた占卜書の役割を果たし得ることになる。正式に龜の腹甲などが手に入らなくとも、『周易』の卦爻辭を特定できる筮を行えば、同時に、卜を行ったのと同じような占斷が得られる仕組みになっていると言えよう。しかも、四百五十條というのは、數だけを比較すれば、『史記』龜策列傳に示された條目數よりもはるかに多い。

筆者は、當初、阜陽漢簡『周易』の卜辭は『周易』の經文（卦爻辭）に對する注解の一種に過ぎないと考えた。(23) しかし、ここに至って、その意義は、もっと重要で、占いの實用的な面にこそ求めるられるべきだ、と考えるようになった。『史記』龜策列傳の記載によれば、漢代は卜筮に用いるのに理想的な蓍・龜が非常に入手困難であったようである。蓍による筮ならば、「支（枚）占」について論じたように、基本的には數を數えることができればよいのだから、蓍の代替物はいくらでも用意できただろう（算籌でもよい）。しかし、龜による卜は、そうはいかなかったのではなかろうか。灼いた龜の腹甲に生じる兆形の圖に基づいて占う（2）（3）の形式の占卜書を使うならば、なおさら他の動物の肩胛骨などでは代替できなかったのではなかろうか。『史記』龜策列傳の卜辭例に見える「首仰」「首俛」「足開」「足肣」「橫吉」などの兆形を表現する用語や「中」「內」「外」「高」「下」などの位置・方向も、龜の腹甲でなければおそらく意味をなすまい。

春秋戰國時代には卜筮は併用されていたし、また、『周易』の卦爻辭に甲骨卜辭と共通する句法・用語が見えるように、筮辭は卜辭を襲用して作られたふしがある。(24) そして、戰國時期に『周易』の卦爻辭として定着した筮辭が難解であるがために、後に再びそれに卜辭を附して注解としたのが阜陽漢簡『周易』のような形態となった、という流れを筆者は想定しているのであるが、戰國末期以降の『周易』卦爻辭への卜辭の添附・追加は、單に注解のためだけではなかったようだ。阜陽漢簡『周易』の形態は、卜に使う龜の入手困難や卜筮の普及と簡易化などの要因のために、筮が（簡便に）卜の代用にもなり得るような形態であり、より實用的な占書の形態を呈しているのかもしれない。それはいわば、卜筮併用から卜筮代用へ、という趨勢である。（そしてそれは、もう一つの趨勢である馬王堆帛書『周易』のような、多くの傳を附されて思想・哲學の書へと變貌する形態とは、まるっきり異なる方向である。）

では、振り返って、秦簡『歸藏』の占卜記事の場合はどういう意味づけができるのであろうか。章を改めて考えてみよう。

五　「卦畫」と「兆形」と

秦簡『歸藏』の記述形式をもう一度確認しておこう。第二章に示した釋文の各條から歸納して得られる秦簡『歸藏』の典型的な記述形式とは、次のようなものである。

（卦畫）（卦名）曰、昔者（某人A）卜（某事）。而支占（某人B）、（某人B）占之曰、吉または不吉（占辭）。……（繇辭）。

この記述形式は④〔李家浩一九九七〕の見解を參考に整理したものだが、「吉」或いは「不吉」などの吉凶判斷の語は必ず「占之曰」の後に現れるようなので、ここでは「占辭」と呼ぶことにする。また、その占辭の後の辭を、ここでは「繇辭」と呼ぶことにする。(25) ただし、占辭（吉凶判斷）のみあって繇辭は省かれる場合もあるし、さらには、この記述形式とは異なる場合（「曰」以下に歷史的神話的な記事しかない條など）もかなりあるようだ。

さて、筆者は、〔初探〕において次のように述べた。

……先ずはその目的や役割を考える場合に、氣になることは「（卦畫）（卦名）曰」の「曰」の意味である。なぜ「曰」という必要があるのだろうか。この易書には卦辭（卦辭と呼んでよいかも疑問だが）しかなく、爻辭はないようである。「曰」以下は、歴史上のある重要な人物（A）がある重要な出來事について卜で占ったことを述べた後、(實はそのとき卜筮併用の慣習に従い)「枚占」即ち筮も行い、別のある人物（B）に「占」を託し、その吉・不吉の判斷（占辭）とそれに附随する占筮の解釋説明（繇辭、省略される場合もある）がどうであったかを述べる、という卦毎の虛構の筮例である。その人物たちは、ほとんどすべて上古の傳説上の人物であり、同じ筮例でも『左傳』や『國語』に見えるものよりも現實らしさがない。包山楚簡などに見えるように卜と筮が併用された戰國中期以降に、すでに傳説となっている上古の出來事の裏にも、卜のみならず筮による占いの存在を勝手に作り上げて、各卦（おそらく六十四卦すべて）に典型的な筮例として附けたというような代物である。それによって、實際に易占を行ったとすると、(爻辭はないので) 卦のみを得ればよく、變爻等で爻位や爻辭を特定し檢討する必要のない、簡單な占いということになる。果たして、これを『周易』のような占筮書と見なしてよいのであろうか疑問である。……それは占筮書ではなく、(虛構ながら) 筮例集の一種であり、裁判に判例集があるように、占筮判斷の參考に供するための書に過ぎなかったのではないかと思う。

「曰」の意味、或いは「曰」の存在意義について、〔初探〕では十分な解答を出すことができないままであった。しかし今、『史記』龜策列傳の卜辭例、特にその（2）命曰辭の類や（3）此某兆辭の類を檢討した後では、次のような假説が考えられる。即ち、「曰、昔者（某人A）卜（某事)。」の「曰」の上には本來、「(卦畫)（卦名)」ではなく、何らかの兆形の圖があったのではないか、という假説である。秦簡『歸藏』の「曰」は、あたかも『史記』龜策列傳の（2）の「命曰」

や（３）の「此」のような、その兆形が如何なる兆であるかを稱するための發語であっただろう。つまり、次のように想定することは十分可能であろう。

卜して龜の腹甲に、ある兆が現れたとしよう。卜人がその兆を、占卜書の兆形の圖の中から探し、その兆形圖の下に「曰、昔者黃帝與炎帝戰〔於阪泉之野〕[26]。」とあったならば、その卜人は、きっと『左傳』僖公二十五年の卜偃のように「吉。遇『黃帝戰于阪泉』之兆。」などと告げたであろう。また、例えば兆形圖の下に「曰、昔者武王卜伐殷。而支占老考、老考占曰、吉[27]。」とあったならば、卜人は「吉。遇『武王伐殷』之兆。」などと告げたのではなかろうか。秦簡『歸藏』の占卜記事は、そのような兆を占斷するための占卜書に由來するものであろう。

實は、このように想定する場合、秦簡『歸藏』の「支占」を「謀占」の意味に解して一條をすべて占卜記事と考える方が、「支占」を「筮」と解して一條の前半を占卜記事とし後半を占筮記事とするよりも優れていると思われる。

ただし、「曰」の上に本來は兆形圖があったはずだという先の推測の重要な證左として引いた「吉。遇『黃帝戰于阪泉』之兆。」という『左傳』僖公二十五年の記事には、この卜の後にすぐ筮を行ったことが書かれている。ならば、やはり「支占」を「筮」と解するのも、卜筮併用の實情（「曰」の上に實際には『易』の卦畫・卦名があることなど）を反映した妥當な解釋だろうと思う。

その『左傳』僖公二十五年には次のようにある。

> 秦伯師于河上、將納王。狐偃言於晉侯曰、「求諸侯莫如勤王。諸侯信之、且大義也。繼文之業、而信宣於諸侯、今爲可矣。」使卜偃卜之。曰、「吉。遇『黃帝戰于阪泉』之兆。」公曰、「吾不堪也。」對曰、「周禮未改、今之王、古之帝也。」公曰、「筮之。」筮之、遇大有䷍之睽䷥。曰、「吉。遇『公用享于天子』之卦也。戰克而王

饗。吉孰大焉。且是卦也、天爲澤以當日、天子降心……。」
秦伯、河上に師し、將に王を納れんとす。狐偃、晉侯に言ひて曰く、「諸侯を求むるは勤王に如くは莫し。諸侯これを信じ、且つ大義なり。文の業を繼ぎ、信、諸侯に宣ぶるは、今を可と爲す。」と。卜偃をしてこれを卜せ使む。曰く、「吉なり。『黃帝、阪泉に戰ふ』の兆に遇ふ。」と。公曰く、「吾は堪へざるなり。」と。對へて曰く、「周の禮未だ改まらず、今の王は、古の帝なり。」と。公曰く、「これを筮せよ。」と。これを筮して、大有☲の睽☲に之くに遇ふ。曰はく、「吉なり。『公、用て天子に享せらる』の卦に遇ふなり。戰ひ克ちて、王、饗す。吉孰れか焉より大ならん。……。」と。

「公用享于天子」は『周易』大有九三の爻辭である。筮して得られた卦（または爻）を「『公用享于天子』之卦」と表現するのは、占筮書（馬王堆帛書『周易』六十四卦のように卦畫が最上段に見出しとして示されているような書を考えればよい）の中に大有の卦畫（☲）を探し出し、その條の下に「九三、公用享于天子。小人弗克。」とあるのに依って占斷したことを意味する。卜して得られた兆形を「『黃帝戰于阪泉』之兆」と表現するのも同樣である。即ち、占卜書（秦簡『歸藏』の「(卦畫)（卦名)」の部分が「(兆形)」となっているような書を考えればよい）の中に、得られた兆形を探し出し、その條の下に「曰、昔者黃帝與炎帝戰〔於阪泉之野〕。」とあるのに依って占斷したことを意味する。このように『左傳』僖公二十五年の記事は、占卜書と占筮書とを別々に使っていると考えられる。

それでは、『易』筮の「(卦畫)（卦名)」を見出しとして條目を立てながら、その各條下に占卜書に由來する「曰、昔者（某人A）卜（某事)。」云々などという占卜記事を記す秦簡『歸藏』は如何なる占書と考えるべきなのであろうか。それは阜陽漢簡『周易』の情況に似ている。阜陽漢簡『周易』が、『周易』の四百五十卦爻辭を兆形の代用としているように、秦簡『歸藏』の場合は『周易』の六十四卦の卦畫（及びその卦名）を兆形の代用としている、と考えられるのである。これもト筮併用からト筮代用へという趨勢を示す形態の一種と言えよう。では、何故に卦畫が兆形の代用たり得たのかと言えば、それはおそらく卦畫の圖象と兆形の圖象との間に何らかの共通性が見つけ出されたからであろう。その似通った卦畫と兆形どうしを結び附けて、六十四條に分類したものが秦簡『歸藏』のようなト筮書（ここではト筮代用の書という意味でこう呼ぶ）の形態を呈したと思われる。殘念ながら、トの兆形の圖象は『史記』龜策列傳にも殘っていないし、新出土資料の中にもまだ見つかってはいない。事實を檢證することは、今のところほとんど不可能である。

おわりに

阜陽漢簡『周易』は、或いは秦簡『歸藏』のようなト筮書の發展型なのかもしれない。『史記』龜策列傳に列擧してあるト辭の條數を見る限りは兆形が四百五十種類もあるとはとても思えないので、阜陽漢簡『周易』の場合も嚴密に言えば、その卦畫が六十四種類の兆形の代用をなし、各卦畫（即ち各兆形）に屬する七つの卦爻辭（一つの卦辭と六つの爻辭）の下にその兆形に對するト辭を分配したものである、と考えるべきかもしれない。その場合、各卦爻辭にそのト辭を配する根據となったのは、多くは恣意的な附會ながらも、各卦爻辭とそのト辭との共通項であったと思う。例えば、阜陽漢簡『周易』の次の條などはその顯著な例であろう。(28)

（否卦）〔・六二、包承。小人〕吉。大人不。49 亨。以ト大人不吉。小〔人吉〕。50

（觀卦）〔・六〕三、觀我產。進退。〔以ト〕吏（事）君先進而後退。復□ 94

傍線部のト辭は、明らかにその直前の『周易』の爻辭と對應するように配されている。「大人」「小人」「進退」などが卦爻辭とト辭との共通項となっている。このように卦爻辭の内容とト辭の吉凶成否を判斷する事柄とに何らかの共通項がある場合には、それを紐帯として卦爻辭とト辭を結び附けて配置したに違いない。これらのト辭は、その日常的な事柄に對する吉凶成否の判斷という性格から考えても、『周易』經文（卦爻辭）に對する單なる注解というよりも、やはり日常的な實際のト筮の場面で用いられた占斷辭であった、と考えた方がよいのである。

秦簡『歸藏』の場合も、單なる虛構の筮例集の一種というよりも、『左傳』僖公二十五年のような場面で、「遇××之兆」という占斷を導くために實際に用いられたト筮書であった、と考えた方がよいかもしれない。ただし、秦簡『歸藏』の歷史的神話的な記述はいかにも虛構である。むしろ『左傳』のト筮記事よりも後に、『左傳』など各種の歷史・神話・傳説の書に見えるト筮記事を參考にして作り上げられた虛構のト筮書というのが本當の所であろう。虛構であっても、實際にそれを使って「遇××之兆」という占斷を導くことは可能であるから、占い師から見れば實用的なト筮書であっただろう。しかも、龜が入手できなくても、算籌や木骰子（サイコロ）などで『易』筮の卦を立てれば、その卦畫（および卦名）から（簡便に）龜卜の兆を導き出せるのだから、非常に便利だったに違いない。

ところで、筆者は〔初探〕において、

①〔簡報一九九五〕の時點ですでに報告されているように、識別できた五十餘りの卦畫や卦名の中には、重複するものがいくつかあるようだ。これはどういうことであろうか。まさかこの易書が複寫されるなどして二セット以上埋葬されていたということになるのだろうか。

という疑問を示しておいたが、⑨〔廖名春二〇〇一〕が「王家臺秦簡

《歸藏》有兩種竹簡、一種竹簡寬而薄、一種竹簡窄而厚。王明欽《概述》据此認定有兩種抄本。此是可信的。」と指摘するように、秦簡『歸藏』の卦畫や卦名に重複するものがあるのは、本當に二セットの抄本が埋葬されていたからであるようだ。

⑦〔王明欽二〇〇〇〕と寫眞圖版の正式な公表を待って確認すべきだが、二種の抄本があったことが間違いないとすれば、墓主はよほど秦簡『歸藏』を重寶していたものと思われる。その墓からは『周易』の卦爻辭は出てきていない。卑見によれば、『周易』の卦名は卦辭や爻辭の語に基づいて命名されている（卦辭の冒頭の語がそのまま卦名になっている場合もある）。秦簡『歸藏』に『周易』の卦名があることからいえば、當時すでに卦辭や爻辭が成立していたことは確實である。それなのに、その墓からは『周易』の卦爻辭は出てきていない。畢竟、墓主にとっては卦爻辭は無用なものだったのだろう。彼には、筮の卦（及びその卦爻辭）を求めるよりも、卜の「××之兆」（及びその繇辭）を求める方が主目的だったのかもしれない。卦畫（及びその卦名）は、單なる兆形の代用であり、あくまでも卜が主、筮が從だったのかもしれない。ただし、卜筮書を利用する者の主觀によってその主從は容易に逆転し得る。秦簡『歸藏』を、占卜書と見るか、占筮書と見るかは、結局どちらをどちらの代用と見なすかによる。どちらも可能であり、また占卜・占筮兼用の書と考えることも可能である。それは阜陽漢簡『周易』についても同様である。

最後に、以上の假說が成り立つならば、そもそも『歸藏』という易の存在を考える必要はない。秦簡『歸藏』に見える卦畫や卦名は、すべて『周易』のものである。その卦名の些細な差異を有力な根據の一つとして『周易』とは異なる『歸藏易』の存在を信じる研究者もいるが、その卦名の差異のほとんどは假借字で、そうでなければ異體字・同義字として說明できる。卦名の差異を示すために『周易』と『歸藏』との卦名の比較表がよく揭げられるが、筆者には、その差異よりも却ってその共通性を示す表のように見える。

⑨〔廖名春二〇〇一〕は、馬王堆帛書『周易』、今本『周易』、傳本『歸藏』(筆者の謂う所の輯本『歸藏』)、秦簡『歸藏』の卦名を比較して次のように指摘している。

> 特別是人們津津樂道的臨卦、帛書《易經》作林、傳本《歸藏》作林禍、而秦簡《歸藏》作臨；咸、帛書《易經》作欽、傳本《歸藏》作欽、而秦簡『歸藏』作咸、全同今本。……帛書《周易》卦名的異文、大多是假借而非本字。……如臨卦、帛書《易經》作林、顯然是借字、因爲傳本《歸藏》作林禍、「禍」如果不誤的話、「林禍」應該讀作「臨禍」、而秦簡『歸藏』作臨、正印證了今本《周易》的正確。

廖名春氏はどうやら、帛書『周易』は非常に假借字が多く、今本『周易』の方が本字が多くてより正確なテクストであり、秦簡『歸藏』の卦名は帛書『周易』ではなくむしろ今本『周易』の方により近い、ということを述べようとしているようだ。が、これらの指摘は、すべての卦名が結局は今本『周易』の卦名に歸着することを示しているようなもので、そもそも『歸藏』と『周易』という區別自體が無意味であることの證明である。傳本『歸藏』に惑わされなければ、秦簡『歸藏』、阜陽漢簡『周易』、帛書『周易』の卦名はすべて同じ一つの『周易』に由來するものであると言える。それらに見える卦名の異文・假借の現象は、戰國期から漢初にかけて抄寫された出土資料にはごく普通に見られる現象である。もしも假借字が多用されていなければ、その方が却って奇妙なことで、その出土資料の眞僞さえも疑われよう。

『連山』『歸藏』という『周易』と異なる易の存在がある、などという傳説的な先入觀に囚われることなく秦簡『歸藏』を見たならば、誰もがその卦畫と卦名は『周易』のものであると言うだろう。秦簡『歸藏』が一見、『周易』とは異質なものに見えたのは、すでに論じたような卜筮代用の構造になっていたからである。王家臺秦簡『歸藏』も阜陽漢簡『周易』も、ひいては馬王堆帛書『周易』も、そしてきっと上海博物館所蔵戰國楚簡『周易』も、現在までに確認されている『易』に關係するすべての出土資料は、同じ『周易』の流れを汲むものである。それらの出土資料は、戰國期から漢初にかけての『周易』が一方では實用的な占卜・占筮に、一方では思想・哲学にと様々な形態で利用され、決して今本『周易』の形態だけに固定していたわけではないことを物語る。けれども、その源泉は一つであると言える。今のところ、『連山』『歸藏』などの別の源泉からの流れを考える必要はないと筆者は思う。

注

(1)⑦〔王明欽二〇〇〇〕は、二〇〇〇年八月に北京大學で開催された「新出土簡帛書國際學術研討會」のときに、關係者に予め配布されていた資料であるが、そこには正式に出版されるまでいかなる引用・公表も愼むようにと注意が書かれていた。（この研討會について、詳しくは池田知久・近藤浩之「中國、北京大學で開催された「新出土簡帛書國際學術研討會」」『東方學』第一百輯、二〇〇一年一月を參照。）王明欽氏は荊州博物館の研究員で、王家臺秦簡『歸藏』の整理者である。おそらく⑦〔王明欽二〇〇〇〕は、『王家臺秦墓竹簡』の寫眞圖版と釋文が出版されるときにその「概述」として收められるべきものであろう。よって、『王家臺秦墓竹簡』がまだ正式に出版されていない現在、筆者は⑦〔王明欽二〇〇〇〕について觸れることは必要最小限に止めようと思う。ただし、⑧〔林忠軍二〇〇一〕と⑨〔廖名春二〇〇一〕はすでにその內容の一部を引用して論じているので、その箇所ついては必要に應じて言及せざるを得ない。なお、⑩〔連劭名二〇〇一〕は「全部簡文尚在整理之中、現在僅就已經公布的資料做些研究」というが、如何なる公布資料によるものか明瞭でない。或いは連劭名氏も王家臺秦簡『歸藏』の整理に携わる一人なのかもしれない。

(2)『隋書』經籍志の内容を検討する場合には、興膳宏・川合康三『隋書經籍志詳攷』(汲古書院、一九九五年七月) を參照した。

(3)『隋書』經籍志に「魏氏代漢、采掇遺亡、藏在秘書・中・外三閣。魏秘書郎鄭默、始制中經。秘書監荀勗、又因中經、更著新簿、分爲四部、總括羣書。」とある。

(4) 宇野精一『中國古典學の展開』(北隆館、一九四九年六月) を參照すればわかるように、『周禮』の成立時期については (西周末説から前漢末説まで) 様々な議論があるが、たとえその成立が宇野氏の言うように戰國時代であろうとも、或いは成立時期如何にかかわらず、『周禮』(『周官』) が經書として世に現れ認知されるのは、どんなに早くとも前漢武帝期以後であることに變わりはない。即ち、『禮記正義』大題疏に引く鄭玄「六藝論」に「周官、壁中所得六篇。」と云い、『禮記正義』大題疏に「漢書説、河間獻王開獻書之路、得周官有五篇、失其冬官一篇。……。」と云い (ただし、現行の『漢書』にこの文は無い)、陸德明「經典釋文序錄」に「河間獻王開獻書之路、時有李氏上周官五篇、失事官一篇。……。」と云い、賈公彦『周禮正義』「序周禮廢興」に引く馬融『(周官) 傳』に「孝武帝始除挾書之律、開獻書之路、旣出於山巖屋壁、復入于秘府、五家之儒莫得見焉。至孝成皇帝、達才通人劉向・子歆校理秘書、始得列序、著于錄略。……」などと叙述される周禮發見の經緯の諸説を見る限り、そのいずれにしても『周官』(即ち『周禮』) の存在が知られるのは武帝期以後のことであり、更に言えばそれが學者に研究されるようになるのは、劉歆以後のことであろう。

(5) 實は『玉海』には「王洙曰、山海經云、伏羲氏得河圖、夏后因之曰連山。黄帝氏得河圖、商人因之曰歸藏。列山氏得河圖、周人因之曰周易。斯乃杜子春之所憑、姚信之言所從、傳者異耳。」とあって、王洙の説の一部として『山海經』が引かれているわけだが、筆者の論述は、杜子春が『山海經』に憑ったとする王洙の見解とは反對に、杜子春の説や後述の『論衡』正説篇の説などを利用して（現行の『山海經』には見えない）「伏羲氏得河圖、夏后因之曰連山。黄帝氏得河圖、商人因之曰歸藏。列山氏得河圖、周人因之曰周易。」という言説が出来たと考えるのである。

(6) この姚信の説は『論衡』正説篇の説とほとんど同じ。また、『周禮』太卜の賈公彦疏に「皇甫謐記亦云、夏人因炎帝曰連山、殷人因黄帝曰歸藏。」とあるが、この皇甫謐の説も同工異曲。

(7) 孔穎達「周易正義序」の論三代易名には「鄭玄易贊及易論云、夏曰連山、殷曰歸藏、周曰周易。」とある。

(8) この説が後漢時代の定説だったらしく、鄭玄は「近師皆以爲夏殷也。」(『周禮』太卜賈公彦疏引）などと云う。注（１０）も參照。

(9) 例えば、「穆天子」「平公」「宋君」などの人物名が見える。

(10) 『周禮』太卜賈公彦疏に引く趙商と鄭玄との問答がそのことを物語っている。即ち、趙商が杜子春の「連山、宓戲。歸藏、黄帝。」の説について「今當從此説以（與）不（否）。敢問、杜子春何由知之。」（皮錫瑞『鄭志疏證』の見解により「以不」は「與否」とする。）と問うたところ、鄭玄は「此數者非無明文、改〈攷？〉之無據、故著子春説而已。近師皆以爲夏殷周。」（賈公彦疏は同じ言を下文では「非無明文、改〈攷？〉之無據、且從子春。近師皆以爲夏殷也。」としている。）と答えている。要するに、その是非を判斷する根據がないからしばらく杜子春の説に從っておくという鄭玄自身も、近師から三易の夏殷周説を聞いているだけで、實際に『歸藏』なる書を見て確かめたわけではない、ということがわかる。

(11) 大西克也氏と林克氏とから、量詞「枚」や「枚卜」に關わる、貴重な御意見と參考となる資料の御教示とを賜った。

(12) 張萬起「量詞“枚”的產生及其歷史演變」(『中國語文』一九九八年第三期）を參照。量詞「枚」が使われ始めた時期については、張氏は「量詞“枚”是產生于漢代初期、或者更早些。」とするのが最も妥當な所であろうという。

(13)「槍」「石」「笠〈苣〉」「狗屍」「搏」「秆」を「枚」で數えることは、いずれも『墨子』備城門篇に見える。「龜」は、『史記』龜策列傳に「廬江郡常歳時生亀、長尺二寸者二十枚輸太卜官。」とある。

(14)錢大昭『廣雅疏義』に「左氏襄十八年傳「以枚數闔」、二十一年傳「識其枚數」、皆謂箇也。」とある通り、『左傳』の「枚數」の「枚」は量詞と考えてよいのかもしれない。

(15)龐樸「"枚卜"新證」(『歷史研究』一九八〇年第一期)を參照。

(16)『周禮』春官・太卜に「以邦事作龜之八命。一曰征、二曰象、三曰與、四曰謀、五曰果、六曰至、七曰雨、八曰瘳。以八命者、贊三兆・三易・三夢之占、以觀國家之吉凶，以詔救政。」とある。

(17)「謀」については、『尚書』洪範篇に「七、稽疑。擇建立卜筮人、乃命卜筮。曰雨、曰霽、曰蒙、曰驛、曰克、曰貞、曰悔。凡七、卜五、占用二、衍忒。立時人作卜筮、三人占、則從二人之言。汝則有大疑、謀及乃心、謀及卿士、謀及庶人、謀及卜筮。」とある。また、『史記』龜策列傳に「故『書』建稽疑、五謀而卜筮居其二、五占從其多、明有而不專之道也。」とある。

(18)安徽省文物工作隊・阜陽地區博物館・阜陽縣文化局「阜陽雙古堆西漢汝陰侯墓發掘簡報」(『文物』一九七八年第八期)を參照。

(19)韓自強「阜陽漢簡《周易》研究」(『道家文化研究』第十八輯、生活・讀書・新知三聯書店、二〇〇〇年八月)を參照。

(20)胡平生「《阜陽漢簡・周易》概述」(『簡帛研究』第三輯、廣西教育出版社、一九九八年十二月)を參照。

(21)嚴密に言えば、同じ兆形に對して同じ事項の成否判斷が異なっている場合もままある。(2)と(3)に掲げた例では、兆形は「横吉」「内外自擧」が同じで、その下に列擧された事項と占斷もほぼ共通しているが、ただ「見貴人、見。」と「見人、不見。」との成否判斷のみが異なっている。

(22)『史記』龜策列傳の末尾には「大論曰、外者人也、內者自我也。外者女也、內者男也。首俛者、憂。大者身也、小者枝也。大法、病者、足胎者生、足開者死。行〈來〉者、足開至、足胎者不至。行者、足胎不行、足開行。有求、足開得、足胎者不得。繫者、足胎不出、開出。……。」とあって、共通する基本法則が概論してある。これも三種類の記述形式が基本的には同じト法を傳えていることの證左となろう。

(23) 二〇〇一年十月に福岡大學で開催された日本中國學會第五十三回大會では、筆者は、「阜陽漢簡『周易』のト辭は、『周易』經文に對する注解のようなものだと思う。」と報告した。けれども、それは單なる注解ではないのである。

(24) 余永梁「易卦爻辭的時代及其作者」(『歷史語言研究所集刊』第一卷第一期、一九二八年、後に『古史辨』第三册に收める)を參照。

(25) ④〔李家浩一九九七〕は、「繇辭」の多くは韻語であるという。例えば『左傳』僖公十五年に「史蘇占之曰、不吉。其繇曰、士刲羊、亦無衁也、女承筐、亦無貺也。」とあり、羊・衁・筐・貺(陽部)という具合に押韻していることを考慮すれば、吉凶判斷を「占辭」、その後の(占いを解釋說明したような)韻語部分を「繇辭」と呼ぶのも、根據のないことではないだろう。因みに、「其繇曰」以下は、『周易』の歸妹上六の爻辭のようだが、今本も帛書本も「女承筐、无實、士刲羊、无血。无攸利。」に作る。

(26) 王家臺秦簡『歸藏』第一八二號簡に「三亼 同人曰、昔者黃帝與炎帝戰」とある。『史記』五帝本紀に「炎帝欲侵陵諸侯、諸侯咸歸軒轅。軒轅乃修德振兵、……、以與炎帝戰於阪泉之野。三戰、然後得其志。蚩尤作亂、不用帝命。於是黃帝乃徵師諸侯、與蚩尤戰於涿鹿之野、遂禽殺蚩尤。」とあるのに依って、今假に「〔於阪泉之野〕」を補ってみる。

(27) 王家臺秦簡『歸藏』第一九四號簡に「亽亼 節曰、昔者武王卜伐殷。而攴占老考、老考占曰、吉。」とある。

(28) 中國文物研究所古文獻研究室・安徽省阜陽市博物館「阜陽漢簡《周易》釋文」(『道家文化研究』第十八輯、生活・讀書・新知三聯書店、二〇〇

○年八月）を參照。

［附記］

本稿は、筆者が平成十二年十二月九日に日本女子大學に於いて開催された「郭店楚簡國際學術シンポジウム—中國古代思想史の再構築に向けて—」で發表した、「王家臺秦墓竹簡『歸藏』について」のレジュメをもととし、またその後の平成十三年十月に福岡大學に於いて開催された日本中國學會第五十三回大會で報告した、「簡帛易の卜辭と筮辭」のレジュメの内容を增補し、さらにそれらに關する識者諸賢の貴重な御批判と筆者自身の再考察とを加味して大幅に書き改めたものである。よって、發表報告の時の見解と若干異なる所もある。なお、本稿は平成十三年度科学研究費補助金（奨勵研究(A)）による研究成果の一部である。

包山楚簡に見える證據制度について

廣瀬薫雄

【論文提要】

筆者希望利用包山楚簡來研究戰國時代楚國的訴訟制度，作爲其中研究之一環，本文在此試圖復元它的證據制度。結論如下：

一、楚國的訴訟審理機構與一般的統治機構沒有什麼區別。就是説，楚國沒有爲處理訴訟而設立的特定司法組織。

二、楚國的訴訟程序中看不到兩當事者的對質。首先接受訴訟人的訴狀，按照他的訴狀來整理其中的問題點，然後聽取被告的主張。

三、包山楚簡中作爲證據來採用的是典、證人、盟證這三項。這三項證據的可信程度非常高，可以無條件認定這三項證據具有不可懷疑性。

四、楚國的證據制度可以説是一種法定證據主義。只有楚王或左尹那樣的中央高層人物擁有證據的採用權，這反映出戰國時代楚國的統治体制是相當中央集權的。

五、楚國的訴訟制度和秦漢訴訟制度不同。自白既非進入下一步訴訟手續的必要條件，也非處罰的必要條件，爲此楚國的訴訟制度中拷問的必要性並不高。

はじめに

包山楚簡の資料價値の高さについては、これまで數多くの先攻研究が様々な角度から示してくれているので、いまさらとりたてて言う必要もないかもしれない。それでも今一度あえて戰國時代の楚における訴訟制度の復元という觀點から述べると、左尹という訴訟處理機構のほぼ頂點に位置する人物の墓から出土したこと、大量かつ多樣な訴訟關係文書が出土したことの二つの理由から、包山楚簡は當時の楚の訴訟制度の全體を俯瞰することのできる稀有な資料と言うことができる。

ところが現在の包山楚簡の研究状況を見てみると、包山楚簡を用いて楚の訴訟制度の全體の復元を試みているものとしてはわずかに陳偉氏の研究が擧げられるのみであり［1］、いまだ研究の餘地が多分に殘されていると言えるだろう。本稿は陳偉氏の研究を出發點として、さらにその研究を發展させるべく、楚の訴訟制度、その中でも特に證據調べ手續きに着目して檢討するものである。

陳偉氏は訴訟手續きを告、「遅」と「執」（被告人の身柄の確保)、聽獄、「盟」と「證」、「斷」と「成」（判決と和解）の五つの段階に分けた。この整理は若干の補正が必要であるもののほぼ妥當な見解であると筆者は考えているが、本稿で檢討するのはこのうち第三段階と第四段階にあたる。簡單に言えばそれは紛爭の兩當事者の主張を聽き、それを何らかの證據で裏付ける手續きということになるが、この二つの手續きによって事實が認定され、訴訟の行方が決定する。その意味でこの二つの手續きは訴訟制度の中核であり、楚の訴訟制度のあり方を規定する最も重要な要素と言うことができる。本稿が特に證據制度を中心として檢討するゆえんである。

第一章　訴訟處理機構

これまで訴訟處理機構について論じたものとしては、まず彭浩氏の研究が擧げられる［2］。その説をまとめてみると大略次のようになる。

①縣廷では縣公が最高責任者である。縣廷は訴えを受理すると一審と復審を行い、左尹に對して直接の責任を負う。しかし實質的に司法に關する責任を負うのは司敗であり、その下に「正」や若干の執事人がいて日常業務の責任を負う。

②司敗は、楚の政府の數多くの職能部門や封君の封邑の中にも設置され、この二種の司敗はそれぞれの長官に對して直接に責任を負う。

③左尹は全國の司法業務について責任を負い、上訴された案件を受理し、復審の指導を行う。そして鄝公賜・儠尹牒・正婁宓・正敀翌・王ム司敗逿・少里喬舉尹翠・郯逄尹廗・發尹利が左尹を補佐し、日常の司法業務の管理を行う。

この説の特徴は、縣廷・中央政府の職能部門・封邑のすべてにおいて司敗が實質的な訴訟事務を行うとし、訴訟に占める司敗の役割が非常に大きいことである。これは、『受期』を「各種の訴訟案件を受理した時間と審理した時間および初歩的な結論の要約を記録したもの」［3］とする理解から導き出されたものである。つまりこの理解によった場合には、『受期』に司敗が頻出しているため、司敗が訴訟を受理し、初歩的な判決を下していたことになるのである。しかし陳偉氏の研究によると［4］、『受期』とは「左尹官署から被告に對して責任を負っている人あるいは被告本人に下された指令の記録」であり、もしそうだとすると彭浩氏の研究はその根底から覆されることになる。陳偉氏の『受期』解釋に基づいて司敗の業務活動を見てみると、ほとんどは訴訟當事者の身柄を確保するというものであり、司敗が實際に訴訟の審理にあたっている記述は見られない。しかも訴訟當事者を連れてくるという業務は司敗以外の官職の人間も行っており、特に司敗だけが身柄確保の業務にあたっているというわけでもない。そうした状況からすると、司敗というのは訴訟事務に攜わる數多くの官吏の中の一つに過ぎず、特に司敗だけが訴訟事務を行っているとは言えないであろう。

このほか訴訟處理機構に關する研究としては陳偉氏の研究が擧げられる［5］。陳偉氏はみずからの地方統治機構に關する研究をもとに、縣—或—敔—邑あるいは里、封邑、州、中央の四つの統治機構に分けて分析している。それを結論だけまとめると次のようになる。

①縣—或—敔—邑あるいは里

縣級の官府が最も基本的な司法機關である。縣以下の末端の地方組織の官吏は縣級の官吏の指示によって法律の執行活動に參加するが、そうした末端の地方組織は正式な司法機關ではなかった。

楚王・左尹は縣級の官府を尊重し、あまり干渉しない。ただし楚王と左尹は縣の居住民の訴訟案件についてかなりの程度關與しており、中には直接中央に訴えられている場合もあるが、縣の居住民に關連する訴訟で直接中央に訴えられるのは異なる地區にまたがっている事案に限られていた。

②封邑

司敗などの官職は設けられておらず、封君が封邑内の治安について責任を負っていた。

封君が訴えを受理して審理にあたっていたかは不明である。

中央が封地の司法問題に干渉する權限を有していた。

③州

加公・里公などの官吏が設けられ、こうした州級の官吏が日常の治安維持の責任を負っていた。

州級の官吏が訴えを受理した記録はなく、州中の司法業務については左尹の直接の管轄下にあった。

④中央

中央政府の職能部門では司敗が設けられ、司敗がその部門の司法業務の責任を負い、治安維持についても責任を負っていた。

陳偉氏の分析は地方統治機構を考慮に入れた緻密なもので、中央政府の各統治組織に對する影響力にそれぞれ強弱があるとしている點が特徴である。しかしこの説によると、封邑や州といった封建的な地方組織に對する左尹の影響力は非常に大きいのに、中央集權的な統治組織と思われる縣に對しては中央政府はほとんど關與せず、中央政府内で發生した事件に至っては各職能部門の司敗に委ねられて楚王と左尹はまったくと言っていいほど關與していないということになる。これでは中央集權的な統治組織であればあるほど楚王と左尹はその訴訟事務に干渉しないことになり、統治機構のあり方と訴訟事務のあり方はまったく正反對となってしまうのではないか。

上記二つの説の最大の問題點は、司敗や地方官吏の訴訟活動を強調している反面、楚王と左尹の訴訟事務に對する權限をかなり限定して考えていることである。しかし實際に包山楚簡を見てみると、楚王や左尹が訴訟に關與している記述は數多くあり、兩説が説いているほど楚王や左尹の訴訟事務に對する權限が小さいとは考えられない。筆者が『所詎』について研究したかぎりでは［6］、告訟はたいていの場合楚王や左尹になされていたと考えられる。また所詎告者のうち「某地之人」＋人名の類型に着目して見てみると、その大半は「縣名之人」＋人名であり、「州名之人」＋人名は五例、「封邑名之人」＋人名と確實に認定できる例は聖夫人之鄗邑人晉（179號簡）の一例のみである。従って、左尹は縣・州・封邑のいずれの訴訟についても受理することができ、その中でも縣の訴訟はかなりの部分を占めていたと考えるべきだろう。ただし、告訟が楚王や左尹になされるとはいっても、彼等が直接事件の審理にあたるのではなく、その告訟を配下の官吏に付託（「詎」）する。その點で楚王や左尹の訴訟に關する權限には制限があるものの、事案を付託するとともに被告訟人の身柄確保や審理、證據調べなどの具體的な處置を指示しており、やはり楚王や左尹の權限は非常に大きいと言わざるをえない。

告訟が楚王や左尹になされ、彼等がその案件を配下の官吏に付託する過程について具體的な事案を通して見てみよう。訴訟案件が楚王や左尹から實際に訴訟の審理にあたる官吏に付託されるまでにどういう人物の手を經ているかを見ることによって、訴訟に攜わる官吏の統括關係について知ることができる。まず15-17號簡の事案では、事案の付託について次のように記している。

僕（僕）以告君王、君王詎（屬）僕（僕）於子左尹、子左尹詎（屬）之新告迅尹丹、命爲僕（僕）至典。（15-16號簡）

わたくしはそこで君王に訴え、君王はわたくしの訴えを左尹樣に付託し、左尹樣はこの事件を新告迅尹の丹に付託し、わたくしのために典を提出することを命ぜられました。

これによると、この事案は楚王→左尹→新告迅尹という順序で付託されている。またこの記述から、楚王が事案を付託すると同時に典によって證據調べを行うように指示していることも分かる。

131-139號簡の事案では事件の付託が二度行われているが、第一次付託については次のように記されている。

僕（僕）以誥告子郙公、子郙公命鄅右司馬彭懌爲僕（僕）笶（券）等（等）、以舍（叙）会（郐）之歏客会（郐）郋（侯）之慶李（李）百宜君命爲僕（僕）搏（捕）之。（133號簡）

私はそこで郙公樣に訴え、郙公樣は鄅の右司馬である彭懌に命じて私の書類を作成させ、郐の歏客で郐侯の慶李である百宜君に述べて私のために苛冒と趄卯を捕らえることを命ぜられました。

つまり鄗公→鄖右司馬→郐之歎客郐侯之慶李百宜君の順序で付託され、それと同時に被告訟人の身柄確保を指示している。

さらに第二次付託については次のようにある。

左尹以王命告湯公。(135號簡反)

左尹が王命を湯公に告げる。

これと同様のことが137號簡反ではこのように述べられている。

以至（致）命於子左尹。僕（僕）軍造言之。視日以郐人舲（舒）慶之告詛（屬）僕（僕)、命速爲之剸（斷)。

これをもって左尹様に報告いたします。わたくし軍が參上して以下の通り報告いたします。視日は郐人舒慶の訴えをわたくしに付託し、速やかにこの者のために判決を下すことを命ぜられました。

この二つの記述をまとめると、楚王（＝視日？）→左尹→湯公競軍の順序で付託がなされ、それと同時に速やかに判決を下すように指示している。そして湯公はそこからさらにみずからの配下に事件を付託している。

郐司敗某𨌲告湯公競軍言曰、秇（執）事人詛（屬）郐人恒䊷・苛冒・𦥑（舒）逬・𦥑（舒）𢓭・𦥑（舒）慶之獄於郐之正、囟（使）聖（聽）之。(131、136號簡［7］)

郐の司敗である某源が湯公競軍に以下のとおり報告いたします。執事人は郐人恒䊷・苛冒・舒逬・舒𢓭・舒慶の訴訟を郐の正に付託し、事件の聽取を命ぜられました。

湯公から郐の正に事件が付託され、それと同時に當事者から事情聽取を行うように指示が下されている。從って、第二次付託は楚王（＝視日？）→左尹→湯公→郐の正という順序でなされていることになる。

以上を總合すると、訴訟制度の頂點に立っているのは楚王であり、その下に左尹がいて王命を各地に傳える役目を果たしていることが分かる。そのとき被告訟人の身柄確保、事情聽取、證據調べなど訴訟進行に關する命令は左尹の名のもとに發せられているが、實際にはその命令は正婁宏・發尹利・郯逄尹䧳・正敵翌・㒼尹・少里喬與尹翠・王私司敗逿という彼の七人の側近が左尹の名で發している［8］。これらの流れをもとにその指揮命令系統を復元してみると、以下の圖のようになる［9］。

【訴訟處理機構】　　　　　　　　　　【統治機構】

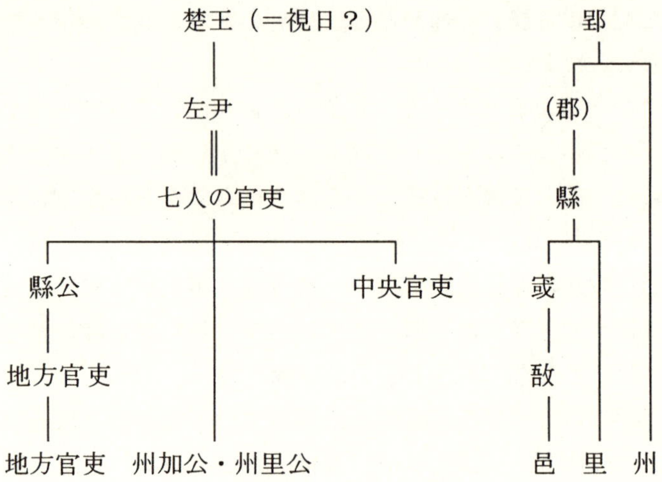

陳偉氏は楚の地方統治機構について①郡（?）—縣—⿱宀或—敔—邑／里、②州、③封邑、の三つの系統に分かれていたことを指摘したわけだが、それとの對比で訴訟處理における指揮命令系統を考えてみると、120-123號簡、124-125號簡、126-128號簡、131-139號簡と

いったほとんどの案件は①や③における地域單位で發生した事件である。この場合、楚王または左尹の命令というのは淀陽公（124-125號簡)、漾陵之邑大夫［10］（126-128號簡)、湯公［11］（131-139號簡）といった縣公に傳えられ［12]、彼等を中繼して郜或之客・𨙮尹癸・東敔公・敔司馬（124-125號簡)、大邑疰・大駐尹帀（126-128號簡)、郐之正（131-139號簡）などの地方の官吏に傳えられている。

②の州で發生した事件としては例えば141-144號簡の事案があるが、そこには「秦大夫悥之州里公周瘢言於左尹與鄝公賜・僻尹𢘍・正婁宏・正敏翌・王ム司敗逿・少里喬㙼尹翠・郯逄尹𪊨・發尹利」とあり、州里公という州の官吏が左尹と直接に連絡をとっている。また『受期』において左尹が州加公や州里公に命令を與えていることからすると（22・24・27・30・32・35・37・42・68・74號簡)、州の場合は左尹から直接に地方官吏に命令が下されていると考えられる。

このほか15-17號簡の事案は五師宵官の司敗という官吏が告訟人であり、また被告訟人も卲行の大夫という官吏である。つまり官吏同士の間で發生した事件であり、地方で發生した訴訟とは別の系統に屬すると考えられる。命令の傳達經路も左尹から新借迅尹に傳えられており、地方の訴訟事案とは異なっている。

以上がおおよその訴訟處理機構の全體圖であるが、訴訟處理機構といっても楚の一般的な統治機構となんら異なるところはない。つまり訴訟を處理するための特別な司法機關が存在しているわけではなく、それぞれの官吏がみずからの管轄内で發生した事件を處理していたものと思われる。そうだとすると、訴訟處理というのは「司法」という特別な統治業務ではなく、他の業務と同じく一般的な統治業務として扱われていたと言うことができるだろう。

第二章　兩當事者の主張と事情聽取

前述したとおり、包山楚簡から聽獄という手續きを抽出したのは陳偉氏である。陳偉氏は聽獄を訊問の意とし、聽獄の際には必ず兩當事者の陳述を聞かなければならず、それが『尚書』呂刑篇にいう「兩辭」であるという。本章では、この指摘をうけて、兩當事者が主張を行う樣子についてさらに具體像を明らかにすることを目的とする。

告訟人は告訟の中でみずからの主張を明らかにし、そしてその後で訴えられた他方當事者（被告訟人）が告訟人の主張に對してその主張を認めるか認めないかを陳述する。包山楚簡に見える訴訟は、常に告訟人が告訟によって主張を行い、被告訟人がその主張に對して認否を行うという形で進行している。

□客監匿逅（蹠）楚之戢（歲）亯（享）月乙卯之日、下鄵（蔡）菽里人酓䦆告下鄵（蔡）咎教（執）事人昜（陽）城公羕睪。䦆言胃（謂）、郙倖敹（竊）馬於下鄵（蔡）秊（而？）儥（鬻）之於昜（陽）城、或殺下鄵（蔡）人酓睪。小人命爲普（契）以傳之、昜（陽）城公羕睪命倞郙解句（拘）、傳郙倖得之。

亯（享）月丁巳之日、下鄵（蔡）山昜（陽）里人郙倖言於昜（陽）成（城）公羕睪・大魰尹屈達・郫昜（陽）莫囂臧（臧）巟・酓牽。倖言胃（謂）、小人不信敹（竊）馬、小人信≠下鄵（蔡）闈（關）里人雇女返・東邘里人場貯・䓍里人競不割（害）習殺酓睪於競不割（害）之官（館）、秊（而？）相≠弃之於大逄（路）。……（120-122號簡）

□客監匿が楚にやってきた歲の享月乙卯の日、下蔡の菽里の人である酓䦆が下蔡の咎で執事人である陽城公羕睪に訴えた。酓䦆が言うには、「郙倖が馬を下蔡で盜んでそれを陽城で賣り、さらに下蔡の人である畬睪を殺しました。わたくしは割り符を作成して郏倷を捕らえるように進言し［13］、陽城公美睪は倞である郏解に拘束することを命じて、郏倷を捕らえました。」と。

享月丁巳の日、下蔡の山陽里人である郏倷が陽城公美睪・大斂尹屈達・郮陽の莫囂臧癒・畬牽に主張した。郏倷が言うには、「わたくしは本當に馬を盜んでおりません。わたくしは確かに下蔡の闕里の人である雇女返・東邗里の人の埸貯・薹里の人の競不害とともに畬睪を競不害の館で殺害し、その遺體を大路に棄てました。」と。……

この事案では、まず告訟人が馬の竊盜と畬睪の殺害という二つの事件について訴えた。そしてその二日後に被告訟人が告訟人の主張に對して陳述を行い、馬の竊盜に關しては否認し、畬睪の殺害については認めた。

東周之客譻（許）捏逅（歸）倈（胙）於栽（戚）郢之戢（歲）頣（夏）柰之月癸丑之日、郐司敗某軌告湯公競軍言曰、䞇（執）事人訨（屬）郐人佢舿・苛冒・豸（舒）遊・豸（舒）捏・豸（舒）慶之獄於郐之正、囟（使）聖（聽）之。遊・捏皆言、苛冒・佢卯丼殺豸（舒）䀝。小人與慶不信殺佢卯、卯自殺。佢舿・苛冒言曰、豸（舒）慶・豸（舒）捏・豸（舒）遊殺佢卯、慶逃。（131、136號簡）

東周の客許捏が祭肉を戚郢に贈った歲の夏柰の月癸丑の日、郐の司敗である某源が湯公競軍に以下のとおり報告いたします。「執事人は郐人佢舿・苛冒・舒遊・舒捏・舒慶の訴訟を郐の正に付託し、事件の聽取を命ぜられました。遊・捏はいずれもこのように言いました。『苛冒と佢卯が舒䀝を殺害いたしました。わたくしと舒慶とは本當に佢卯を殺しておらず、佢卯は自殺したのです。』と。佃鮨・苛冒はこのように言いました。『舒慶と舒捏と舒逰が佃卯を殺し、舒慶は逃亡しました。』と。」

これは舒昄と佃卯の二人の死亡をめぐって爭った事件である。郐の正は、事件の處理を付託されるとともに、あらためて兩當事者から聽取を行うように命ぜられている。まず容疑者として逮捕されている舒逰・舒捏の主張によると、舒昄は苛冒と佃卯の二人によって殺害され、佃卯は自殺したという。そしてそれに對して佃鮨・苛冒の主張によると、苛冒と佃卯は舒昄を殺しておらず、佃卯は舒慶・舒捏・舒逰の三人によって殺害されたという。つまり兩者の主張は眞っ向から對立している。

東周之客譻（許）捏逿（歸）複（胙）於葳（蕆）郢之戢（歲）夏（爨）月乙巳之日、秦大夫恴之州里公周瘢言於左尹與鄴公賜・僠尹𢝊・正婁宖・正敂翌・王ム（私）司敗逷・少里喬𦔻尹羿・郯逄尹虘・發尹利。瘢言曰、甲晷（辰）之日小人之州人君夫人之敀愴之㰤（拘）一夫、遊（失）遫（取）至州衖（巷）、小人𨡓（將）敷（捕）之、夫自剔（傷）。小人安（焉）戰（守）之、以告。郙脅䛐（識）之、𠛬鄵（蔡）爲李（理）。（141-142號簡）

夏（爨）月乙巳之日、鄝𢦚（域）𠩺敔鄴君之𦚢邑人黄欽、言於左尹與鄴公賜・僠尹𢝊・正婁宖・正敂翌・王ム（私）司敗逷・少里喬𦔻尹羿・郯逄尹虘・發尹利。欽言曰、鄗逄尹𢘫䙝（執）小人於君夫人之敀愴、甲晷（辰）之日、小人取愴之刀以解小人之桎、小人逃至州逩（巷）、州人𨡓（將）敷（捕）小人、小人信以刀自䫡（傷）、州人安（焉）以小人告。（143-144號簡）

東周の客許捏が祭肉を蕆郢に贈った歳の爨月乙巳の日、秦の大夫恴の州の里公である周瘢が左尹と鄴公賜・僠尹𢝊・正婁宖・正令翌・王私の司敗逷・少里喬𦔻尹羿・郯逄尹虘・發尹利に言う。瘢が言うには、「甲辰の日、わたくしの州の者である君夫人の敀倉の囚人［14］一名が、拘束を失って町までやってきました。わたくしがこの者を捕らえようとしたところ、彼はみずからを傷つけました。わたくしはそこでこの者を保護し、報告いたします。」と。郙齊がこれを記録し、㓹蔡が審理を擔當した。

爨月乙巳の日、鄝㝢の𩊱敔の鄴君の𦉢邑の者である黄欽が、左尹與鄴公賜・𨛭尹𦛗・正婁宏・正令翌・王私司敗逿・少里喬𦔻尹翆・郯逄尹𢌿・發尹利に言う。欽が言うには、「鄗逄尹の憍がわたくしを君夫人の敀倉で捕らえましたが、甲辰の日にわたくしは倉の刀を取ってわたくしの足かせを外し、わたくしは逃げて町までやってきました。州の者がわたくしを捕らえようとしたので、わたくしは確かに刀でみずからを傷つけ、州の者はそこでわたくしの件を報告しました。」と。

これは囚人の逃亡と自傷をめぐる事件である。ここでは兩當事者の主張は完全に一致している。

以上の三つの事案における兩當事者の陳述の樣子を見てみると、一方當事者が相手方の主張を認める場合には「信」と述べ、認めない場合には「不信」と述べていることが分かる。これを表にしてまとめてみると次のようになる。

事案	論點１	論點２
120-123號簡	竊盜→不信	殺人→信
131-139號簡	殺人→不信	
141-144號簡	自傷→信	

このように、當事者の答辯の內容はみな論理的に明解で、論點がき

れいに整理されている。これはおそらく告訟人によって告訟が行われた時點で審理擔當者によってあらかじめ論點が整理され、その後で被告訟人に尋問がなされているためであろう。そしてそれに對する被告訟人の「信」「不信」の答辯によって兩當事者の主張のどこに食い違いがあるのかが明らかとなる。これは一種の爭點整理と言うことができる。

またここで重要なのは、兩當事者は一つの法廷で主張を交わしているわけではない、つまり對決辯論は行われていなかったということである。120-123號簡の事案を見てみると、兩當事者が日を置いて別々に主張がなされており、兩當事者が同じ法廷において主張を交わしていないことは明らかである。また141-144號簡の事案も141-142號簡と143-144號簡の二つの文書に分けられていることに注意する必要がある。141-142號簡を見てみると、一方當事者の事情聽取のみを行っただけで「郯齊戠之、䣵鄰爲李」と記されている。つまり一方當事者の主張を聞くことだけで一つの手續きが終了しているのである。以上のことから考えれば、兩當事者から事情聽取を行うというのは二つの別々の手續きとして扱われていたことになる。このことと爭點整理が行われていたこととをあわせて考えてみると、まず一方當事者の主張を聞いて、その主張をいくつかの項目に整理し、その後で訴えられた他方當事者の主張を聞くという手續きの流れになっていたものと思われる。

第三章　證據調べ

第一節　「讃」の意義

かくして爭點整理を經て兩當事者の主張の食い違いが明らかにさ

れると、次にその爭點についてどちらの主張が正しいのかを調査するという手續きに移行する。それが證據調べ手續きである。包山楚簡ではそれを「諓」[15] という。「諓」字は字書に見える文字ではなく、この文字については數多くの解釋がなされており [16]、いまだその說の歸一するところを見ない狀況にある。しかし郭店楚簡の「諓」の用例からすると、本字は「察」に相當する文字であるとするのが現時點では妥當であると筆者は考える [17]。つまり「諓」は「察」の假借字で、「調べる」の意味である。

「諓」が證據調べの意味で用いられていることは、次の事案によって知ることができる。

> 僕（僕）五帀（師）宵倌（官）之司敗若敢告視日。卲行之大夫盤㓝咢（今）執（執）僕（僕）之倌（官）登虜・登䇲（期）・登僕（僕）・登壆（㢊）而無古（故）。僕（僕）以告君王、君王詎（屬）僕（僕）於子左尹、子左尹詎（屬）之新告迅尹丹、命爲僕（僕）至（致）典。既皆至（致）典、僕（僕）又（有）典、卲行無典。新告迅尹不爲僕（僕）剸（斷）。僕（僕）裳（勞）倌（官）、頣（夏）事𨟻（將）灋（廢）、不慭（慭）新告迅尹、不敢不告視日。(15-17號簡)
>
> わたくし五師宵官の司敗である若が敢えて視日に申し上げます。卲行の大夫である盤㓝は現在わたくしの部下である登虜・登期・登僕・登㢊を理由もなく執えております。わたくしはそこで君王に訴え、君王はわたくしの訴えを左尹様に付託し、左尹様はこの事件を新告迅尹の丹に付託し、わたくしのために典を提出することを命ぜられました。みな典を提出しおえ、わたくしには典がありますのに、卲行には典がありません。それにもかかわらず新告迅尹はわたくしのために斷を下してくれません。わたくしは部下を疲れさせ、夏の業務

は駄目になろうとしています。わたくしは新偖迅尹による審理を願いません。以上、どうしても視日に申し上げずにはおられません。

これは一種の不當逮捕が問題となっている事件である。これは訴狀であり一方當事者の主張しか記していないため、この事案において兩當事者の主張にいかなる食い違いがあったのかは明らかではないが、左尹は典の有無によって斷を行うように指示している。つまり典を證據として提出するように命じているわけである。この訴狀の裏側には、訴狀の内容が次のように要約されている。

五帀（師）宵倌（官）之司敗告胃（謂）、卲行之大夫唅（今）䞶（執）其倌（官）人、新偖迅尹不爲其謰（察）、不慭。（15號簡反）

五師宵官の司敗が訴えて言うことには、卲行の大夫が現在彼の配下の官吏を執えているのに、新偖迅尹がその「察」をせず、彼は新偖迅尹による審理を願わないという。

ここでは、訴狀の「既皆至典、僕又典、卲行無典。新偖迅尹不爲僕剆」に對應する部分が「新偖迅尹不爲其謰」と述べられている。つまりここでの「謰」の具體的内容は、典の有無を調べてそれにもとづいて斷を行うことである。ここから「謰」は證據調べを意味する語として用いられていることが確認できる。

ただし、「謰」はそれほど嚴密に證據調べの意味で用いられているわけではない。そのことを示す用例としては、例えば次の事案が擧げられる。

八月癸酉之日、邸昜（陽）君之州里公登賧受期。乙亥之日、不以死於其州者之謰（察）告、阩（徵）門（問）又（有）敗。（27號簡）

八月癸酉の日に、邸陽君の州の里公である登賧が期日を授けられた。乙亥の日に、彼の州で死亡した者についての調査を報告しなければ、召喚して取り調べた上で處罰を下すだろう。

これは『受期』中の事案の一つであるが、これと同じ命令が乙亥の三日後に下されている。

八月戊寅之日、邸昜（陽）君之州里公登緩受期。辛巳之日、不以所死於其州者之居凥（處）名族至（致）命、阩（徵）門（問）又（有）敗。(32號簡)

八月戊寅の日に、邸陽君の州の里公である登賬が期日を授けられた。辛巳の日に、彼の州で死亡した者の住所氏名を報告しなければ、召喚して取り調べた上で處罰を下すだろう。

ここでは「不以死於其州者之謏告」と「不以所死於其州者之居凥名族至命」が同義として用いられている。つまりこの事案では、事件の被害者の身元を特定することを「謏」とよんでいる。これは事件捜查の諸段階にあたると考えられるが、おそらく誰かの告訟をうけて左尹が事件の處理に乘り出したのであろう。このように「謏」は證據調べという特定の手續きを指して用いられる語ではなく、一般的に調査するといった意味で用いられていることに注意する必要がある。

第二節　典による證據調べ

包山楚簡における「謏」字の用例は全部で十六例あるが、その中には「謏」の具體的内容が分かる事案がいくつかある。その代表的な例の一つが先に見た15-16號簡であるが、そこでは典の有無を調べることが「謏」とされていた。典とは戸籍のことであり［18］、15-16號簡を見ても分かるように、訴訟の場においてしばしば證據として用いられている。ある人間がどこに住んでいるかというのは當時の訴訟においてしばしば爭點となったようであり、包山楚簡において住所に關する調査命令が多く見られるのはそのためであると思われる。

東周之客譻（許）経至（致）作（胙）於菽（蔵）郢之戢（歳）頣（夏）㞳（夷）之月癸卯之日、子左尹命漾陵之邑大夫譺（察）州里人墬鍴之與其父墬年同室與不同室。大邑疰・大駐（駟）尹帀（師）言胃（謂）、墬鍴不與其父墬年同室。鍴居郢、與其季父鄱連囂墬必同室。大邑痎内（入）氏（是）等（等）。（126-127號簡）

東周の客許経が祭肉を蔵郢に贈ってきた歳の夏夷の月癸卯の日、左尹様が漾陵の邑大夫に命じて州里人の墬鍴が父親の墬年と同居しているかどうかを調べさせた。大邑疰・大駟尹師が言うには、「墬鍴は父親の墬年と同居しておりません。墬鍴は郢に居住しており、叔父の鄱の連囂の墬必と同居しております。」と。大邑痎がこの簡策を入れた。

この事案ではいったいどういう紛爭が發生していたのか分からないが、その紛爭を解決するにおいて墬鍴という者の居住地が重要な鍵になっていたのであろう。そしてその調査もまたおそらく典を用いて行われたと考えられる。

以上の檢討から、典にもとづいて「譺」を行い、斷を行うというのが當時の訴訟の一つの典型として存在していたと言うことができるだろう。この典にもとづく「譺」は、典の内容を確認して、問題となっている人物が本當にその典に記載されているのかどうかを確認するという形で行われる。その典の確認手續きについて詳しく記しているのが次の事例である。

東周之客譻（許）経至（致）傛（胙）於菽（蔵）郢之戢（歳）

> 頣（夏）层（夷）之月甲戌之日、子左尹命漾陵宫大夫讅（察）郜室人某瘽之典之在漾陵之厽（參）鉨（璽）。漾陵大宫痓・大駐（馹）尹帀（師）・郲公丁・士帀（師）墨・士帀（師）昜（陽）慶吉攺（啓）漾陵之厽（參）鉨而在之、某瘽在漾陵之厽（參）鉨、閼（間）御之典匱。大宫痎内（入）氏（是）等（等）。（12-13號簡）
>
> 東周の客許緝が祭肉を葴郢に贈ってきた歳の夏夷の月甲戌の日、左尹様が漾陵の宫大夫に命じて郜室人の某瘽の典［19］が漾陵の參璽にあるかどうかを調べさせた。漾陵の大宫痓・大馹尹師・郲公丁・士師墨・士師陽慶吉が漾陵の參璽を開いてこれを調べたところ［20］、某瘽（の典）は漾陵の參璽、間御の典を入れる箱の中にあった。大宫痎がこの簡策を入れた。

この事案と126-127號簡は命令の發行主體と命令の遂行者、文例に至るまで共通する部分が多い。このことから、この二つの事案はほぼ同じ命令が下されていたことが推測できる。「漾陵之厽鉨」というのは、すでに整理者が指摘しているとおり、三つの部分から成る印璽のことだろう［21］。典の有無を調べるためにはこの參璽を開かなければならず、しかもその典は「閼御之典匱」という名前の付いた仰々しい箱に収められている。そして參璽を開いて中身を確認したときは、いつ、誰が參璽を開いたかを記載しなければならなかった。かくも典は嚴重に保管され、確認作業も愼重に行われていた。またこうしたものであればこそ典に記された内容は信頼性が高く、典は證據として非常に高い價値を有していたのである。

第三節　證人による證據調べ

包山楚簡には、典の有無によって誰かの住所氏名を調べるという以外に、「讙」のもう一つの典型例として被害者の死傷の原因を調べるというものがある。

八月己巳之日、邔司馬之州加公孷（李）瑞・里公隋（隋）得受期。辛未之日、不讙（察）陳（陳）宔（主）䧢之剔（傷）之古（故）以告、阩（徵）門（問）又（有）敗。(22號簡)

八月己巳の日に、邔の司馬の州の加公である李瑞・里公である隋得が期日を授けられた。辛未の日に、陳主䧢が傷ついた原因について調べて報告しなければ、召喚して取り調べた上で處罰を下すだろう。

これは人が負傷した原因について調べよという命令である。これに對して死亡した原因について調べよという命令は『受期』では二例見える。

八月丙（丙）申之日、靁（靈）里子州加公文壬・里公苛誡（誡）受期。九月戊戌之日、不讙（察）公孫軱之偪之死、阩（徵）門（問）又（有）敗。(42號簡)

八月丙申の日に、靈里子の州の加公である文壬・里公の苛誡が期日を授けられた。九月戊戌の日に、公孫軱の偪［22］が死亡した原因について調べなければ、召喚して取り調べた上で處罰を下すだろう。

九月辛亥之日、喜君司敗叀善受期。丙（丙）唇（辰）之日、不讙（察）長陵邑之死、阩（證）門（問）又（有）敗。(54號簡)

九月辛亥の日に、喜君の司敗である叀善が期日を授けられた。丙辰の日に、長陵邑の人々（？）が死亡した原因について調べなければ、取り調べた上で處罰を下すだろう。

これらの死傷の原因について調べよというのは、傷害事件あるいは殺人事件の審理を行っている場面で下されている命令であろう。これらの事件ではいかなる證據が用いられていたのか明らかではないので、他の傷害事件や殺人事件を見ることによって推測したい。まず傷害事件としては141-144號簡の自傷事件が擧げられるが、そこでは兩當事者の主張が一致したため證據調べは行われておらず、傷害事件の際にどのような證據調べが行われていたかを探る手がかりはない。それに對して殺人事件の訴訟については、131-139號簡の事案が證人を用いて證據調べを行っている。これはすでに説明したとおり、舒㫥と佢卯の二人が死亡した原因をめぐって爭っている事件であるが、一方當事者である舒慶の訴狀には次のように記されている。

秦競夫人之人𨋍（舒）慶坦凥（處）鄗夈（侯）之東𨜏（𨛲）之里、敢告於視日。鄗人苛冒・趄卯以宋客盛公𩡽之𢧵（歲）型（刑）㞐（夷）之月癸巳之日、𢧵殺僕（僕）之䩣（兄）㫥。僕（僕）以詰告子𨜏公、子𨜏公命𨛫右司馬彭懌爲僕（僕）笶（券）䇻（等）、以畬（叙）侌（鄗）之㪤客侌（鄗）夈（侯）之慶孛（李）百宜君命爲僕（僕）搏之、得苛冒、趄卯自殺。㪤客百宜君既以至（致）命於子𨜏公、得苛冒、趄卯自殺。子𨜏公詎（屬）之於侌（鄗）之㪤客、囟（使）剸（斷）之。吟（今）侌（鄗）之㪤客不爲其剸（斷）、而倚執（執）僕（僕）之䩣（兄）緹、侌（鄗）之正或執（執）僕（僕）之父逪（逝）。苛冒、趄卯𢧵殺僕（僕）之䩣（兄）㫥、侌（鄗）人陳（陳）𩫖・陳（陳）旦・陳（陳）郯・陳（陳）𨛺・陳（陳）寵・連利皆智（知）其殺之。僕（僕）不敢不告於視日。(132-135號簡)

秦の競夫人の人である舒慶という鄗侯の東𨛲の里に（戸籍上は）居住しております者が、敢えて視日に訴え申し上げます。鄗人の苛冒と趄卯は、宋客盛公𩡽の歲の刑夷の月の癸巳の日に、私の兄の舒㫥を殺害しました。私はそこで𨜏公樣に訴え、𨜏公樣は𨛫の右司馬である彭懌に命じて私の書類を作成させ、鄗の㪤客で鄗侯の慶李である百宜君に述べて私のために苛冒と趄卯を捕らえることを命じ、苛冒を捕らえ、趄卯は自殺しました。數客百宜君は、苛冒を捕らえ、趄卯が自殺したことを鄗公様にすでに報告しております。鄗公様はこの事件を鄶の數客に付託され、この件の判決を下すように命ぜられました。ところが今になっても鄶の數客は判決を下さず、不當にも私の兄である綎を捕らえ、鄶の正はそのうえ私の父である逊まで捕らえました。苛冒と趄卯が私の兄の舒旫を殺害し、鄶人の陳[illegible]・陳旦・陳郕・陳欿・陳寵・連利はみな彼等が旫を殺したことを知っております。私はどうしても視日に訴えずにはおられません。

これは鄶の數客の訴訟進行に不服があるという訴状であるが、ここで注目されるのは舒慶が證人の存在だけを理由に官吏の訴訟進行について不服を訴えていることである。つまり、どうして證人がいるだけでみずからの主張通りの斷を下さなければならないのだろうか。もし舒慶が證人として擧げた陳[illegible]・陳旦・陳郕・陳欿・陳寵・連利の五人が舒慶の息のかかった者だったとすれば、舒慶に有利な證言をするのは當然である。またそうでないとしても、この五人が誤った證言をするおそれはある。そうした證言の眞實性についての審査がないまま、こちらには證人がいるのだから斷を下せというのはあまりにも舒慶に都合がよすぎるのではないか。こうした疑問を解く鍵が包山楚簡には殘されている。それが次の一文である。

左尹以王命告子鄗公。命斃上之戠（識）獄爲鄶人舎（舒）旌盟（盟）。其所命於此箸（書）之中以爲誁（證）。（139號簡反）

囟（使）旌之戟（仇）敍於旌之所誁（證）。與其戟（仇）又（有）悁（悁）不可誁（證）。同社・同里・同官不可誁（證）、匿（暱）至㞷（從）父兄弟不可誁（證）。（138號簡反）

鄶人舎（舒）旌命誁（證）。鄶人御君子陳（陳）旦・陳（陳）

龍・陳（陳）無正・陳（陳）翠與其戳客百宜君・大叓（弁）連中・左闇（關）尹黄愓・酟差鄵（蔡）惑・坪弡公鄵（蔡）冒・大贌尹連虘・大胆尹公孆必與戠卅＝（三十）。（138-139號簡）

左尹が王命を郿公殿に告げる。斁上の識獄に命じて郐人舒捏のために盟を行わせよ。この書状の中で命ぜられている者を證人となせ。

舒捏の相手方に舒捏が證人とした者について述べさせよ。相手方に對して怨みを持っている者は證人とすることはできない。同社・同里・同官の者は證人とすることができない。従父兄弟以内の親族は證人とすることができない［23］。

郐人舒捏が證言を請求した者。郐人の御君子陳旦・陳龍・陳無正・陳翠と、郐の戳客百宜君・大弁連中・左關尹黄愓・酟差蔡惑・坪弡公蔡冒・大贌尹連虘・大胆尹公孆必と、戠三十人。

これは、左尹が郿公に宛てて送った、誰を證人として採用すべきかについての書状である。すでに述べたとおり、この事件は舒慶が郿公に訴え、郿公がそれを郐の戳客に付託したということになっているが、そもそもは左尹に訴えられ、それが郿公に付託されたのであろう。そしてその際に誰を證人として採用するのかを左尹が郿公に命じた。それがこの書状なのではないだろうか。

この書状の内容について検討してみよう。まず最初の段落で「この竹簡に記された者を證人とせよ」という命令を記し、その次の段落で證人選定の基準が示され、最後に證人の名簿が付されている。ここで注目すべきなのは第二段落の證人選定の基準である。それによると、證人として採用するための原則は次の三つである。

①相手方當事者に對して怨みを持っていないこと。

②同社・同里・同官の者でないこと。

③從父兄弟以內の親族でないこと。

この原則に從うと、當事者と關係の深い人物はほとんど證人とすることができなくなる。これは、當事者と關係の深い人物は一方當事者に肩入れして、その當事者に有利になるように事實とは異なる證言をするおそれがあるということを考慮したものであろう。このことは、逆に言えば、當事者との關係が深くなければ中立の立場に立って眞實を證言することができると考えていたということである。確かに、事件とは何の關係もない人物の發言こそ、いかなる利害にも左右されず、眞實を語っていると信用するに足るのかもしれないが、これでは逆に眞實を知っている者はほとんど誰も證人とすることができなくなってしまい、證人として採用される資格があまりにも嚴格にすぎると言えるだろう。

ここで再び告訟人舒慶の主張に立ち返って考えてみよう。舒慶が「苛冒と趄卯が舒昍を殺害したことを知っている」とした陳謷・陳旦・陳邚・陳郤・陳寵・連利の五人のうち、陳旦と陳寵（龍）[24] の二人が證人として採用された人物の中に入っている。從って、少なくともこの二人の發言は眞實として絶對的な信用性を有していた。にもかかわらずこの事件を擔當した郤の斆客百宜君はその證言に基づいて斷を下してくれない。そこで舒慶はたまらず視日に訴えたというのがことの眞相ではなかったろうか。このように考えてみると、證人の證言というのはそれほど信頼性が高く、證據としての價値が非常に高いと考えられていたということになる。

第四節　盟證

盟が證言として事實認定を確定する役割を果たし、「盟證」と呼ばれていることについてはすでに別稿 [25] で論じたところであるので、詳しくはそちらを參照されたい。ただ具體的な手續きだけ述べておくと、盟というのは、第三者がみずから眞實と稱する事實を述べるという形で行われる。

東周之客訐(許)䋎逷(歸)復(胙)於栽(戚)郢之戢(歲)頣(夏)𡑃之月癸丑之日、鄝司敗某𨊠告湯公競軍言曰、𦨖(執)事人誳(屬)鄝人𥿊・苛冒・䢵(舒)遊・䢵(舒)𥿊・䢵(舒)慶之獄於鄝之正、囟(使)聖(聽)之。遊・𥿊皆言、苛冒・𥿊卯𢧀殺䢵(舒)𥅡。小人與慶不信殺𥿊卯、卯自殺。𥿊𥿊・苛冒言曰、䢵(舒)慶・䢵(舒)𥿊・䢵(舒)遊殺𥿊卯、慶逃。頣(夏)𡰥(夷)之月癸亥之日、𦨖(執)事人爲之𥁰(盟)𧫷(證)。凡二百人十一人既𥁰(盟)、皆言曰、「信𧩙(察)𦖞(問)智(知)、䢵(舒)慶之殺𥿊卯、遊・𥿊與慶皆(偕)。𧩙(察)𦖞(問)智(知)、苛冒・𥿊卯不殺䢵(舒)𥅡。䢵(舒)𥿊𦨖(執)、未又(有)剸(斷)、逵𧗿(拘)而逃。」(131、136-137號簡)

東周の客許䋎が祭肉を戚郢に贈った歲の夏𡑃の月癸丑の日、鄝の司敗である某𨊠が湯公競軍に以下のとおり報告いたします。執事人は鄝人𥿊𥿊・苛冒・舒遊・舒𥿊・舒慶の訴訟を鄝の正に付託し、事件の聽取を命ぜられました。遊・𥿊はいずれもこのように言いました。「苛冒と𥿊卯が舒𥅡を殺害いたしました。わたくしと舒慶とは本當に𥿊卯を殺しておらず、𥿊卯は自殺したのです。」と。𥿊𥿊・苛冒はこのように言いました。「舒慶と舒𥿊と舒遊が𥿊卯を殺し、舒慶は逃亡しました。」と。夏夷の月癸亥の日に執事人はこのために盟證を行いました。總勢二百十一人が盟を行って、みな次のように言いました。「確かに以下のことを調べ、問いただし、知っています。舒慶が𥿊卯を殺し、舒遊と舒𥿊は舒慶とともに殺しました。以下のことを調べ、問いただし、知っています。苛冒と𥿊卯は舒眀を殺していません。舒捉は捕えられ、まだ判決が下らないうちに、牢獄を破って逃亡いたしました。」と。

盟辭の中で「譢」という言葉が出てくるが、盟が證據としての機能を果たしていることを考えれば、これもまた「察」の假借字で證據調べをしたという意味だろう［26］。「察問」は通行文獻にも見える語で、人々に問いただして調査するといった意である［27］。こうした用例から考えるに、「譢餌智」は「調査し、問いただし、知っている」という意味で、ある事實を述べる前に置かれる、盟の際の決まり文句であろう。これほど眞實であることを強調して、しかもそれを盟という形で何らかの鬼神にちかっているのだから、もしこれで嘘をつけば罰が下されて死ぬと當時の人々は考えていただろう［28］。そうすると、逆に何事もなく盟を終えることができればそれは眞實であるということになる。つまり盟というのは言わば鬼神の保證が付いた證言だということになる。そのために盟は絶對に眞實を述べた證言として評價されたのであろう。

このほか、ある人物の住所について盟を行っている事案もある。

八月己巳之日、邻少司敗臧（臧）未受期。九月癸丑之日、不遅（將）邻大司敗以䍜（盟）邻之楲里之敀無又（有）李（李）荪囟（思）、阩（徵）門（問）又（有）敗。（23號簡）

八月己巳の日に、邻の少司敗である臧未が期日を授けられた。九月癸丑の日に、邻の大司敗を引き連れて、邻の楲里には確かに李荪思がいないことを盟（ちか）わなければ、召喚して取り調べた上で處罰を下すだろう。

住所を決定する證據としては典があり、普通なら典を用いて證明を行うはずである。そのような場面で盟が行われているということは、盟は典と同じ役割も果たすことができるということを意味している。このことから考えると、盟というのはオールマイティの證據として位置づけられていたと言うことができるかもしれない。つまり盟は、それをちかいさえすれば、どんな事實でも眞實にしてしまう効果を有していたと考えられる。

第四章　包山楚簡に見える證據制度の特徴

第一節　法定證據主義

包山楚簡に見える證據制度を解く鍵として重要な役割を果たしているのが15-17號簡、132-135號簡の二つの訴状である。この二つの訴状は、陳偉氏がつとに指摘しているように［29］、文章の形式・訴訟の經過・登場人物などの多くの點で類似しており、この兩者は全く同じ性質を持つ文書であると考えられる。この二つの事件で興味深いのは、この二つの訴状がいずれも事件の發生を告げるものではなく、審理の擔當者がいつまでも斷を下さないことに對する不服の訴えであるということである。斷を下さないことに不服だということは、斷を下すべきなのに下していないという思いが當事者にあるということであり、ではなぜ斷を下すべきだと當事者が思っているのかというと、それは當事者にみずからの主張を裏付ける證據があるからである。そしてその證據が證人であり典なのである。これらの證據は信頼性が非常に高く、證據として採用されただけでその内容が眞實であると認定されるということはすでに述べたとおりである。

法政策的にいうと、證據制度において最も重要な問題は、いかにして證據の眞實性を擔保するかということにある。そしてその眞實性を擔保する方法としては、證據調べ手續きの性質上、大きく分けて二通りある。すなわち證據調べの手續きというのは次の二段階の審査を經る。

①證據能力の審査（證據として採用することができるかどうかの審査）

②證明力の審査（その證據が當事者の主張する事實を證明する力をどれほど有しているかに關する審査）

つまり、まず證據として採用するかどうかの審査を行い、その審査を經て選ばれた證據のみを對象にその證據がどれだけ信頼できるのかを審査するということになる。ここで證據の眞實性を高めようとすれば、入口をできるだけ嚴格にして本當に信用できる證據のみを證據として採用するか、それとも入口の段階ではできるだけ緩やかにしてその後の證明力の審査をできるだけ嚴格にするかの二つの方法がありうる。

そこで包山楚簡に見える證據制度を検討してみよう。先に見た證據は典、證人、盟證の三つであるが、これらはいずれも證據として非常に信頼性の高いものであった。典は嚴重に管理されていたし、證人には眞實を述べる人物しかなることができず、盟證は鬼神によってその眞實性が擔保されていた。逆に證據として信用性のないものは證據として採用されない。これより、楚の證據制度というのは、證據の眞實性を擔保する二つの方法のうちの前者を採用していたことが分かる。つまり證據として認めるかどうかは嚴格に審査するが、いったん證據として採用されるとその證據はすべて眞實を示しているとする。それに對して今日のほとんどの國の訴訟制度は後者の方法、すなわち當事者の申請するものはほとんど證據として採用するが、相手方當事者の反對尋問などを通して證明力の審査をできるだけ嚴格にするという方法がとられている。ここに證據に對する考え方が今日とはまったく異なっていたことが分かる。つまり、包山楚簡における證據とは「眞實を示しているもの」なのであり、眞實を示していないおそれのあるものは證據として認められなかった。そのために證據として採用される資格は非常に嚴格である反面、證據に對して非常に高い價値が與えられていたのである。

以上の分析をもとに考えれば、單にみずからに有利な證據を示したに過ぎない當事者がどうしてそれだけで斷を下すように要求することができたのかということが分かる。それは、ひとたび證據として認められたものはすべて眞實であると考えられていたからなのである。證據の證明力をあらかじめ定めておく立場を法定證據主義というが、包山楚簡に見える證據制度は法によって證據の證明力を定めているわけではないけれども、證據は常に絶對的眞實という一定の證明力が認められているので、法定證據主義の一類型と言うことができる。法定證據主義であれば、證據の評價の仕方があらかじめ決まっているわけだから、誰が訴訟の擔當官になろうともすべて同じ結論が導かれることになる。つまり訴訟擔當官の個人差が失われることになる。ここで證據の採用の諾否を決定していたのが王命を奉じた左尹であったことが決定的に重要になってくる。證據の評價の仕方があらかじめ定められているということは、訴訟の行方はひとえにいかなるものを證據として採用するかにかかっているということを意味し、それはすなわち證據採用の決定權者の決定いかんにかかわっているということを意味している。そしてその決定權を王または左尹という中央の人物が獨占していたということは、訴訟の行方は王・左尹という中央のごくわずかの人間に委ねられていたことになる。このように、訴訟の決定權を通して戰國時代の楚の權力構造を見てみると、かなり中央に權力が集中していると言うことができるだろう。

第二節　紛爭當事者の自白と拷問

――秦漢の訴訟制度との比較を中心に――

包山楚簡に見える證據調べ手續きをまとめてみると、まず兩當事者が主張を交わし、兩者の主張が合致した點についてはそれで手續きが終了して證據調べを行わず、主張が食い違っている點があった場合に證據調べを行ってその眞僞を判斷するというものであった。これと似た證據調べ手續きを通行文獻から探すとすれば、『春秋左氏傳』襄公十年の次の記述を擧げることができる。

王叔陳生與伯輿爭政、王右伯輿。王叔陳生怒而出奔。及河、王復之、殺史狡以説焉。不入、遂處之。晉侯使士丐平王室、王叔與伯輿訟焉。王叔之宰與伯輿之大夫瑕禽坐獄於王庭、士丐聽之。王叔之宰曰、篳門閨竇之人而皆陵其上、其難爲上矣。瑕禽曰、昔平王東遷、吾七姓從王、牲用備具、王賴之、而賜之騂旄之盟、曰、世世無失職。若篳門閨竇、其能來東底乎。且王何賴焉。今自王叔之相也、政以賄成、而刑放於寵。官之師旅、不勝其富、吾能無篳門閨竇乎。唯大國圖之。下而無直、則何謂正矣。范宣子曰、天子所右、寡君亦右之。所左、亦左之。使王叔氏與伯輿合要、王叔氏不能擧其契。王叔奔晉。

兩者の主張を整理すると、王叔陳生側は、①伯輿は卑賤の者である、②從って上位者にさからうことは許されない、という身分の上下を根據に自己の正當性を主張した。それに對して伯輿側は、①そもそも自分は卑賤の者ではなかった、②たとえ現在は卑賤の者であったとしても、こちらの主張が正しいことには變わりがなく、身分の上下によって正しさを判斷するべきではない、と反論した。このように見てみると、兩者の主張は爭點がはっきりしていて、その主張内容もそれぞれ對應していることが分かる。ここに爭點整理がなされていた可能性を見出すこともあながち無理なことではあるまい。

次に訴訟の解決方法を見てみると、「要を合する」ということがなされている。この「合要」について杜注は「合要辭」と述べ、また「其契」について「要契之辭」と述べていることから、「要」とは「要契」すなわち證文の意味と考えられる。つまりこの訴訟では證據の提出のみによって事件の決着が圖られたということになる。これについて滋賀秀三氏は、「文書の提示によって決着がつくような性質の爭いであったとは思われない」[30] と述べ、「要」も「契」も證據文書の意味ではないとして、「合要」を「伯輿側の主張の要點一つ一つにまともに對應した答辯をなす」、「其契」を「根據のある適切な答辯」と解釋している。しかしこれを包山楚簡の證據制度と照らし合わせて考えてみれば、「文書の提示によって決着をつける」ことがそれほど奇妙なことでもないということが分かる。この訴訟では身分の上下が爭點になっているわけだが、范宣子の「天子が助ける方を晉も助ける」という文言からするならば、范宣子は天子がその者の身分を保障した證據を提出することを要求したのであろう。王叔陳生がいったいいかなる文書を提出しようとしたのかは分からないが、伯輿の側は東遷の際に周の平王が盟ったという「代々その職を失うことなかれ」という盟辭を記した文書を提出したはずである。そして王叔陳生は證據を提出することができず、伯輿は證據を提出することができた。それで伯輿が勝訴したわけである。思うに、周王の盟辭が記されているような文書がそう僞造できるわけがなく、伯輿の提出した證據は證據としての信頼性が極めて高いものだったのだろう。また逆に言えば、（伯輿側の主張によれば）賄賂政治をするようなあくどい王叔陳生が苦し紛れでも證據を提出することができなかったというのは、それだけ提出の許される證據が由緒正しいものに限られていたことを示しているのではないか。つまり、この事件では證據能力に關する審査が極めて厳しかったということである。

『左傳』襄公十年の記事を以上のように解釋できるとすると、兩當事者の主張を交わす樣子や證據に對する考え方というのは、基本的に包山楚簡に見える證據調べの手續きと同じである。そうすると、(もし『左傳』のこの記述が眞實であったならの話だが) 當時の楚の訴訟手續きというのは春秋時代の訴訟手續きの流れを引き繼ぐものであったということになる。

それでは、包山楚簡の訴訟手續きと秦漢の訴訟手續きを比較してみるとどうだろうか。本節では、それを自白という觀點から行ってみることにしたい。自白とは紛爭當事者が自己に不利益となる事實を認めることであり、紛爭當事者に肉體的苦痛を與えて自白を強制することを拷問という。拷問は秦漢の訴訟手續きにおいて最も顯著に見られる特徵の一つと言うことができよう。拷問は『史記』『漢書』等の史書に廣く見られ、また睡虎地秦簡にも拷問を容認する記述があることから、秦において實際に拷問が行われていたことが確認できる。

治獄　治獄、能以書從迹其言、毋治 (笞) 諒 (掠) 而得人請 (情) 爲上。治 (笞) 諒 (掠) 爲下。有恐爲敗。(『封診式』1號簡)

治獄。訴訟を擔當する場合、文書によって當事者の發言を跡づけることができ、笞打つことなく眞實を獲得するのが上策である。笞打つのは下策である。おどすのは失策である [31]。

これは拷問はできるだけ避けるようにという條文であるが、拷問を否定しているわけではない。あくまでも拷問が取調べの一つの方法であることを認めた上で、それをできるだけ行わない方がよいと言っているに過ぎない。

訊獄　凡訊獄、必先盡聽其言而書之。各展其辭、雖智 (知) 其訑、勿庸輒詰。其辭已盡書而毋解、乃以詰者詰之。詰之有 (又)

盡聽書其解辭、有（又）視其它毋解者以復詰之。詰之極而數訑、更言不服、其律當治（笞）諒（掠）者、乃治（笞）諒（掠）。治（笞）諒（掠）之、必書曰、爰書。以某數更言、毋解辭、治（笞）訊某。（『封診式』2-5號簡）

訊獄。およそ訴訟において訊問を行う場合には、必ずまず當事者の言い分をすべて聽いてそれを記錄せよ。それぞれ主張を述べさせ、その主張が僞りであることが分かっても、そのたびごとに詰問してはならない。それぞれの主張をすべて記錄し、辯解がなくなったときに、はじめて詰問せよ。詰問してさらにその者の辯解を聽取し、さらに辯解がなくなってから再び詰問せよ。詰問が行き着くところまで行って、しばしば嘘をつき、言い分を改めて罪を認めず、律に照らして笞打ちに該當する者であれば、そこで始めて笞打て。笞打った場合には必ずそれを記錄して、「爰書。某はしばしば言い分を改め、辯解をしないので、某を笞で打って訊問した。」と記せ。

これは笞掠を行うための要件が記されている一條である。それによると、當事者の主張をすべて聽取し、それから嘘をついていると思われる箇所を詰問するという手順を何度も繰り返した後、それでもしばしば嘘をつき、しかも律で定めた要件に合致している者であった場合に笞掠が許されるという。このように笞掠を行うための要件は非常に嚴格で、しかも報告義務まで課されている。これは1號簡の「治諒爲下」という理念に基づく條文と言うことができるが、逆に言うと以上の要件を滿たせば拷問は許されるということである。

また漢代もこれと同じことが行われていたと考えられる。そのことを示す記述としては、例えば次の一文を擧げることができるだろう。

至周爲廷尉、詔獄亦益多矣。二千石繫者新故相因、不減百餘人。郡吏大府擧之廷尉、一歳至千餘章。章大者連逮證案數百、小者數十人、遠者數千、近者數百里。會獄、吏因責如章告劾、不服、以笞掠定之。於是聞有逮皆亡匿。獄久者至更數赦、十有餘歳而相告言、大抵盡詆以不道以上。廷尉及中都官詔獄逮至六七萬人、吏所增加十萬餘人。(『史記』酷吏列傳)

下線部の「會獄、吏因責如章告劾、不服、以笞掠定之」は先に見た睡虎地秦簡の「詰之極而數訑、更言不服、其律當治諒者、乃治諒」と非常に似ている。おそらく漢代にも睡虎地秦簡に見える規定と似た規定が存在し、詰問を行って、それでも自供しない場合には笞掠を行ってもよいと定められていたのであろう。そして「會獄、吏因責如章告劾、不服、以笞掠定之」はその規定に沿うかたちで取調べを行っていたことを示す記述になっていると考えられる。

このような拷問制度というのは、秦の裁判制度を採用した場合には制度的に當然の歸結であると言うことができる。というのは、秦の訴訟手續きは大まかに言うと告→逮捕・勾留→訊問→判決というプロセスをとり、訊問は被疑者の自白で終わるという形をとっているからである [32]。つまり自白がなければ訴訟手續きは終了して被疑者は釋放されるようになっており、自白は處罰の必要不可欠な要件となっている。そうすると、處罰をするためにはどうしても被疑者の自白を得なければならず、その歸結として拷問にかけてでも被疑者に自白を強要する必要が出てくるのである。

ひるがえって楚における訴訟制度を見てみると、そこでは紛爭當事者の自白は必要とされておらず、たとえ自白がなくとも他の證據によって被疑者を處罰することができる。確かに自白があれば訴訟はそこで終了し、手續きは簡便で濟むけれども、兩當事者の主張が食い違った場合には證據調べ手續きに移行し、事件の第三者や典などを證據として兩者の主張の是非を決することができる。こうした場合、當事者の自白は處罰の要件ではなく、また訴訟の次の手續きに進むための要件でもない。そうであるとすれば、わざわざ拷問を行う必要はないことになる。これは楚と秦漢の訴訟制度の大きな違いとすることができるだろう。

ところが實は、楚においてこうした拷問が存在していたことを示す記述がある。

> 張儀已學而游説諸侯。嘗從楚相飲、已而楚相亡璧。門下意張儀、曰、儀貧無行、必此盜相君之璧。共執張儀、掠笞數百、不服、醳之。其妻曰、嘻、子毋讀書游説、安得此辱乎。張儀謂其妻曰、視吾舌尚在不。其妻笑曰、舌在也。儀曰、足矣。(『史記』張儀列傳)

被疑者の身柄を確保し、拷問をもって訊問し、それでも自供しない場合は釋放するというプロセスは、先に述べた秦漢の訴訟手續きとまったく同じである。それに對して包山楚簡に見える訴訟手續きと照らし合わせて見れば、兩者はまったく異なった手續きであることが分かる。包山楚簡では、例えば120-123號簡の事案では被疑者が犯罪を自供していないのにずっと監獄に留置されたままであり、また131-139號簡では兩當事者の自白のないままに斷が行われている。こうしたことを考慮に入れて考えてみると、張儀のこの説話は秦漢時代の訴訟手續きが常識とされている社會で成立した可能性もあるのではないだろうか。

以上のように楚の訴訟制度と秦漢の訴訟制度の違いを描くことができるとして、この兩者を比較してみると、秦漢の訴訟制度がいかに統治者にとって效率的かということが分かる。つまり楚の訴訟制度だと、證據がないかぎりいつまでも斷を下すことができず、訴訟はいつまでも決着しないことになる。また犯人が分かっていても、證據の採用資格が嚴格なために犯行を立證することができず、處罰することができないこともままあったろう。それに比べて秦漢の訴訟制度であれば、一定期間内に自白がなければ訴訟はそれで終了するわけだから、いかなる事件でも一定期間内に處理することが可能である。しかも拷問によって自白を強制することができれば證據探しも容易になり、訴訟處理の迅速化にもつながる［33］。こうした効率性のよさが漢代にも引き繼がれる一つの要因となったのではないだろうか。

おわりに

以上、包山楚簡をもとに楚の訴訟制度について検討し、それをもとに春秋時代や秦漢時代の訴訟制度との比較も試みてみた。ただし、包山楚簡にしても、また通行文獻にしても訴訟に關する記述というのは内容が偏っており、本稿の検討によって到達した結論はいまだ蓋然性の域を出るものではない。特に包山楚簡に見える訴訟制度というのは果たして當時の楚において一般的なものなのか、それとも特殊な事件のみ記されたものなのか、いまだ検討の餘地を多分に殘していると言わざるをえない。

例えば同じ包山楚簡でも卜筮祭祷簡を見てみると、望山楚簡や天星觀楚簡、秦家嘴楚簡といった同様の文書が多數の楚墓から出土しており［34］、こうした出土状況からすると、それが當時の楚において廣汎に行われていた風習であったと考えてほぼ間違いないだろう。それに對して楚の訴訟關係文書としては、現時點では包山楚簡以外には江陵磚瓦廠M370楚墓竹簡［35］が確認されているのみで、楚の訴訟制度を多角的に検討するだけの資料がいまだ十分に備わっているとは言えない状況にある。

こうした問題を解決するためには、包山楚簡に見える訴訟制度はどこまで一般化することができるのかという、包山楚簡の資料としての性格を明らかにする必要がある。ただ現時點での筆者の見通しとしては、縣や州、封邑といった系統を異にする地方統治機構でも同じ訴訟手續きがとられていること、かなり廣範圍かつ様々な身分の人々が左尹に訴えていることからすれば、包山楚簡に見える訴訟制度はかなり一般的な制度と考えてよいのではないか、と樂觀的に見ている。

注

[1] 陳偉『包山楚簡初探』(武漢大學出版社、1996年) 第五章「司法制度」(132-149頁)。

[2] 彭浩「包山楚簡反映的楚國法律與司法制度」(湖北省荊沙鐵路考古隊編『包山楚墓』、文物出版社、1991年、附録二二)。

[3]「包山二號楚墓簡牘概述」(湖北省荊沙鐵路考古隊編『包山楚簡』、文物出版社、1991年)

[4] 陳偉「關于包山“受期”簡的讀解」(『江漢考古』1993-1、1993年3月)、陳偉『包山楚簡初探』(前掲) 47-57頁。

[5] 陳偉『包山楚簡初探』(前掲) 146-149頁。

[6] 拙稿「包山楚簡『所詎』分析」(東京大學郭店楚簡研究會編『郭店楚簡の思想史的研究』第五巻、2001年2月)。

[7] 131-139號簡の竹簡の排列については、陳偉「包山楚司法簡131～139號考析」(『江漢考古』1994-4、1994年12月) の説に從う。

[8] 拙稿「包山楚簡『所詎』分析」(前掲)。

[9] このうち統治機構の圖を作成するにあたっては、陳偉『包山楚簡初探』(前掲) 第三章「地域政治系統」(67-107頁) を參考にした。

[10] 陳偉『包山楚簡初探』(前掲) は、「宮大夫」とは楚の縣の長官の一種

の呼稱であろうという（98-100頁）。

[11] 陳偉『包山楚簡初探』（前掲）は、鄗公・湯公を經由して郐の官吏に命令が傳えられ、かつ郐侯が封君と考えられることから、鄗公・湯公は郡級の官吏ではないかとしている（101頁）。しかし、鄗公・湯公はあくまでも郐の官吏に命令を傳えているのであって、郐侯その人に命令を與えているわけではないのだから、必ずしも郐侯よりも上級の官吏と考える必要はない。また、包山楚簡には郡の存在を示す記述が他にはまったく見られず、「郡級の官吏」というものを想定するのは現時點では根據不足と言わざるをえないだろう。從って、鄗公・湯公は縣公と考えておくのが妥當ではないか。

[12] このうち陽城公（120-123號簡）と鄗公（131-139號簡）は、告訟人が直接に彼等に訴えたという記述になっており、楚王や左尹に告訟がなされたことを示す記述はない。しかし、まず最初に楚王か左尹に告訟がなされ、左尹が陽城公や鄗公に事案を付託したために告訟人は彼等に再度訴えたと考えられるのではないか。120-123號簡については、この事案に關する記録が左尹の墓に入っている以上、この事案に左尹がなんらかのかたちでかかわっていたことは間違いない。また131-139號簡については、138號簡反に「左尹以王命告子鄗公」とあり、楚王・左尹と鄗公が連絡をとっていたことが確認できる。このことから、この事案はまず左尹から鄗公に付託され、その後で湯公に再度付託したと考えられる。左尹が同じ事案を異なる人物に付託するというのは、例えば『受期』46・52・55・64號簡（52號簡だけ受期者が異なっている）や『所諟』の重複事案（拙稿「包山楚簡『所諟』分析」（前掲）參照）にいくつか見える。

[13]「小人命爲訾以傳之」の「命」の解釋については、周鳳五「《畬睪命案文書》箋釋—包山楚簡司法文書研究之一」（『文史哲學報』第41期、國立台湾大學文學院、1994年6月）が「請求」の意味とするのがほぼ妥當と考える。包山楚簡において當事者が「命」じている用例としては「郐人

豫（舒）握命訵（證）」（138號簡）があり、これも證人の採用を請求していると考えられる。また通行文獻において下位者が上位者に對して「命」じていると考えられる用例としては『尚書』呂刑篇「惟呂命。王享國百年、耄荒。度作刑以詰四方。」があり、この箇所について孔疏は『史記』周本紀の「甫侯言於王、作脩刑辟。」を引用している。さらに孫星衍『尚書今古文注疏』は『礼記』緇衣篇の鄭注に「傳説作書以命高宗。」とあることを指摘している。

[14]「㰹」字は「拘」の假借字と考えられるが、その意味については問題がある。包山楚簡には「㰹」の用例が一例（123號簡「郑倦未至剸、有疾、死於㰹」）、「㰹」の用例が本箇所の他に二例（137號簡「逵㰹而逃」、137號簡反「逵㰹」）あり、すべて「牢獄」の意味で解釋することができる。しかし、本箇所においては、「㰹」を「牢獄」とする解釋では意味が通じがたい。また包山楚簡における文章の體例からすると、本箇所の「㰹」は人であると考えられる。

矪戠之少僮（童）盬族郰一夫・瘓一夫、凥（處）於鄝逄區湯邑。凡君子二夫、敾是其箸之。（3-4號簡）

蒠之子庚一夫、凥（處）郢里。司馬徒箸之。庚之子晤一夫・晤之子疕一夫、未在典。（7-8號簡）

郞戠上連囂之還集（集）瘂族脷一夫、凥（處）於郞彧之少桃邑、在陳（陳）豫之典。（10-11號簡）

以上の用例より本箇所の「小人之州人君夫人之敀愴之㰹一夫」を考えると、「一夫」の前の「小人之州人君夫人之敀愴之㰹」は人を指していると考えられる。從って、通行文獻においてはそのような用例を確認することはできないが、ここでは「㰹」一字で拘束されている者、すなわち囚人の意味と解しておいた。

[15] 楚文字において本字は様々な字形に作っており、その隸定の仕方についても様々な説があるが、本稿では統一して「譈」に作ることにする。本字の字形については『包山楚簡文字編』（藝文印書館、1992年）1147

を參照。

［16］管見のかぎり、以下の七つの説がある。①「包山二號楚墓簡牘釋文與考釋」（『包山楚墓』（前掲）附録一、『包山楚簡』（前掲））は「謹」に作り、その考釋（30）で「謹，讀如對，應對。」と述べる。②劉信芳「包山楚簡司法術語考釋」（『簡帛研究』第二輯、法律出版社、1996年9月）は「謹」に作り、「對」の假借字として「審理對證」の意とする。③葛英會「包山楚簡釋詞三則」（『于省吾教授百年誕辰紀念文集』、吉林大學出版社、1996年9月）は「讃」に作り、「蔽」の假借字として「斷」（裁判の判決を下す）の意味とする。④胡平生「説包山楚簡的『諜』」（『第三屆國際中國古文字學研討會論文集』、香港中文大學中國文化研究所・中國語言及文學系、1997年10月）は「諜」に作り、「驗」の假借字として、「證」「徵」「效」の意味とする。⑤董蓮池「釋楚簡中的″辯″字」（『古文字研究』第22輯、2000年7月）は「辯」字として「明察」の意とする。⑥裘錫圭氏は『郭店楚墓竹簡』（荊門市博物館、1998年5月）「五行釋文注釋」【注釋】〔七〕〔六三〕、「語叢一釋文注釋」【注釋】〔一五〕において「察」字とし、さらに「《太一生水》“名字”章解釋—兼論《太一生水》的分章問題」の「附識」において、本字の右旁を「戔」の變體としている。⑦黄錫全「楚簡「譗」字簡釋」（『簡帛研究2001』、廣西師範大學出版社、2001年9月）は「譗」字として「審査」の意とする。

［17］郭店楚簡において「諓」は四例用いられているが、このうち「察」の假借字と考えられる最も確實な用例としては、郭店楚簡『五行』8號簡「思不清不諓」、同じく12-13號簡「清則諓、諓則安」の二つを擧げることができる。馬王堆帛書『五行』の該當する箇所は、それぞれ「思睛不察」（177行）、「睛則察、察則安」（181行）に作っている。

［18］包山楚簡における「典」の意味については、すでに「包山二號楚墓簡牘釋文與考釋」（前掲）考釋（10）が「典，典册。」と述べ、彭浩「包山楚簡反映的楚國法律與司法制度」（前掲）が「登記名籍的簿册稱作“典”」と指摘している。

[19] 包山楚簡における「～之典」という呼稱は、「玉府之典」（3號簡）・「陳豫之典」（11號簡）・「某瘽之典」（12號簡）・「鴋御之典」（13號簡）の全部で四例がある。これらの意味についてはすでに陳偉『包山楚簡初探』（前揭）に檢討があり、「玉府」は戸籍を保管していた府庫、「陳豫」は年號の省略形（「齊客陳（陳）豫賀王之歲」（7號簡））、「鴋御」も年號の省略形（「□客監匿迈楚之歲」（120號簡））、「某瘽」は戸籍を調査する必要のある者の名前、としている（126頁）。「鴋御」の解釋を除いては妥當な解釋であると思われる。

[20] 「敀漾陵之㕣鈢而在之」の「在」字の解釋については、陳偉『包山楚簡初探』（前揭、125頁）が「察」の假借字として「察看」「查驗」の意とする說に從った。

[21] 「包山二號楚墓簡牘釋文與考釋」（前揭）考釋（32）に「參璽即三合之璽。」とある。

[22] 「佢」字の意味は未詳。「包山二號楚墓簡牘釋文與考釋」（前揭）考釋（79）は「佢，讀作豎」と述べ、「佢」を動詞に讀むが、不適切。また陳偉『包山楚簡初探』（前揭）は「豎」の假借字として「“佢”（豎）大概是未成年的奴隸」と述べている。

[23] 138號簡反の解釋については大西克也「包山楚簡「囟」字の訓釋をめぐって」（『東京大學中國語中國文學研究室紀要』3號、2000年４月）の解釋に從った。

[24] 「寵」は「龍」の假借字だろう。諧聲符が同じなので假借可能である。

[25] 「包山楚簡所見的盟」（百年来簡帛發現與研究暨長沙呉簡國際學術研討會提出論文、2001年8月）

[26] その他本箇所の「謏」字の解釋については、陳偉「楚簡與楚史研究」（中國出土資料學會2001年度第一回例會報告、2001年7月）が「竊」の假借字とし、謙辭としている。また黄錫全「楚簡「誁」字簡釋」（前揭）は「謏䎽智」について「審問便會知道」「審問結果得知」と解釋している。

［27］「察問」という語は管見のかぎり『管子』小匡篇に一例見える。

於是乎郷長退、而修德進賢。桓公親見之、遂使役之官。公令官長、期而書伐以告、且令選官之賢者而復之、曰、有人居我官、有功休德、維順端愨、以待時使、使民恭敬以勸。其稱秉言、則足以補官之不善政。公宣問其郷里、而有考驗、乃召而與之坐、省相其質以參其成功、成事可立而時。設問國家之患而不肉、退而察問其郷里、以觀其所能、而無大過、登以爲上卿之佐。名之曰三選。

これは人材登用の方法について述べた一文であるが、ここでは登用しようと考えている人物の郷里の人々に問うて、その人物がいかなる人物かを調査するといった意味で「察問」が用いられている。

［28］包山楚簡における盟證とは少し異なるが、訴訟で盟を行った際に嘘をついたために死んだ話として『墨子』明鬼下篇を擧げることができる。

昔者齊莊君之臣有所謂王里國、中里徼者。此二子者訟三年而獄不斷。齊君由謙殺之、恐不辜、猶謙釋之、恐失有罪。乃使之人共一羊、盟齊之神社、二子許諾。於是泏〈洫〉洫〈盟〉、㩜羊而漉其血。讀王里國之辭既已終矣。讀中里徼之辭未半也、羊起而觸之、折其脚、祧神之而槁之、殪之盟所。當是時、齊人從者莫不見、遠者莫不聞、著在齊之春秋。諸侯傳而語之曰、請品先不以其請者、鬼神之誅、至若此其憯遫也。以若書之説觀之、鬼神之有、豈可疑哉。

この用例から考えるに、もし嘘の盟を行えば盟辭を述べている途中で死ぬと考えられていたのだろう。

［29］陳偉『包山楚簡初探』（前掲）31頁。

［30］滋賀秀三「左傳に現われる訴訟事例の解説」（『國家學會雜誌』第一〇二巻第一・二號、有斐閣、1989年１月）注（20）。

［31］睡虎地秦簡の解釋については、籾山明「秦の裁判制度の復元」（林巳奈夫編『戰國時代出土文物の研究』、京都大學人文科學研究所、1985年）に從った。

［32］この點には關しては、籾山明「秦の裁判制度の復元」（前掲）が次の

ように的確に指摘している。「要するに「笞訊」は、容易に罪状を自認しない場合に—律の規定に従って—用いられる手段なのである。とするならば、そこから推測して、被疑者の自認をもってして訊問は終了した—むろん有罪の場合—ということが明らかになろう。」

[33] ただしこれはあくまでも制度上はそう言えるというだけで、實際に秦の訴訟手續きが迅速であったとはかぎらない。例えば次のような記述がある。

甲盜牛、盜牛時高六尺、毄（繫）一歳、復丈、高六尺七寸。問甲可（何）論。當完城旦。（睡虎地秦簡『法律答問』6號簡）

これによると、被疑者を一年以上勾留するケースがあったことになり、秦の訴訟も必ずしも迅速ではなかったと考えられる。

[34] 卜筮祭祷簡に關する楚簡の出土状況については工藤元男「包山楚簡「卜筮祭祷簡」の構造とシステム」（『東洋史研究』第59巻第4號、2001年3月）や同「中國古代の社會史研究と出土文字資料」（殷周秦漢時代史の基本問題編集委員會編『殷周秦漢時代史の基本問題』、汲古書院、2001年6月）に要領よくまとめられており、それを參考にした。

[35] 陳偉「楚國第二批司法簡芻議」（『簡帛研究』第3輯、廣西教育出版社、1998年12月）、滕壬生・黄錫全「江陵磚瓦廠M370楚墓竹簡」（『簡帛研究2001』、廣西師範大學出版社、2001年9月）。

[附記]

本稿は筆者が平成十二年度に提出した修士論文の一部をもとに作成したものである。指導教官である池田知久教授には有益な指摘を數多くいただいた。また大西克也助教授（東京大學大學院）の平成十二年度より行われているゼミナール「楚系文字研究」では、包山楚簡の讀解が行われ、その席で多くの貴重な論文や情報を提供していただいた。ここに記して感謝の意を表する。

《五行》補注

龐 樸

1979年和99年，我曾先后对上古佚著《五行》篇的两种版本进行校注，其一是马王堆汉墓帛书本，另一是郭店楚墓竹简本。近日发现，注文有重大不足必得补充处，爰作补注于次。

(一)

《五行》篇可分二十八章(1)。其第一至第九章，为总论，提出“德”“善”两范畴；第十至十八章，主要阐述“德”的五行；第十九章以后，主要阐述“善”的四行。

总论部分含三个单元：一至三章为第一单元，四至六章为第二单元，七至九章为第三单元。竹帛两版本的第一单元中，有一很大不同处，见于第二章。帛书本第二章的全文为：

> 【经2】君子无中心之忧则无中心之智，无中心之智则无中心之悦，无中心之悦则不安，不安则不乐。不乐则无德。
>
> 君子无中心之忧则无中心之圣，无中心之圣则无中心之悦，无中心之悦则不安，不安则不乐，不乐则无德。(“经2”) (2)

此章的第二段，即“无中心之圣”一段，在竹简本中阙如。我和许多校注者，鉴于全文各处多以智圣对言，而竹简此处独缺，便简单地以为“当系（竹简)误夺，应据帛书补”，遂轻易地给补上了。迄今为止，似乎还未有谁认为“当系帛书误衍，应据竹简删”，而认真地给删去的。现在想想，大可商量。

首先，一望而知的事实是，这第二段与上一段的不同，只在一个字，即以“圣”代“智”；除此之外，完全一样。就是说，从内容讲，“智”与“圣”的前因后果，在文中是完全一样的，二者都是由“无中心之忧”导出，都引向“无中心之悦”及其他，等等。

而这样的逻辑，应该说是不能成立的。因为它将排比着的两个不同范畴，完全等同起来，从而放弃了排列比较的初衷；这是有违行文脉络的。而且，如此的等同，在全文的任何其他地方，都是不存在的；相反，在其他地方，凡是并举“圣”“智”之处，无不强调其差别，更勿论对举之时了。例如：

【经4】德弗志不成，智弗思不得。

【经5】不智，思不能长。不圣，思不能轻。

【经6】智之思也长，圣之思也轻。

【经17】闻君子道而不知其君子道也，谓之不圣；见贤人而不知其有德也，谓之不智。见而知之，智也；闻而知之，圣也。明明，智也；赫赫，圣也。

【经18】闻而知之，圣也。见而知之，智也。

在这些例子中，圣与智的前因和后果，都是不同的；从而圣、智本身，也是有别的。如果这些地方都像“经2”一二两段那样，完全等同圣智的前因后果，那就完全没有必要分立两个范畴，作无益的徒劳了。据此，我们应可设想，帛本“经2”在分论圣智时，却将圣智完全等同起来的两段文字，必有一段有误，或者压根儿就是衍文，需要删去的。

在动手删削前，为慎重计，当然还可另作一种想法：从文中往往圣智对举的习惯推断，帛本“经2”的两段文字，本也是圣智对举的；后来传抄时错抄了个别文字，具体说错抄了作为前因的“忧”字和/或后果的“悦”字，以致闹成完全等同的现状。现在我们只要将两段中的这两个字、甚至其中的一个字改换一下，圣和智便可分别开来，上述的错误也便不复存在了。

这是一种想法，一种善良而且合理的想法。不过在此不能成立。因为它有悖于总论以及全文的整个逻辑。

按总论共九章，第一章提出“德”“善”两范畴。谓“德”是天道，天道无形，因人而成形于人心之内，分别呈现五种德行一仁义礼智圣。若天道不成形于人心之内，而落实于人的行动，则分别为四种善行一仁义礼智，是为人道或“善”。

若问天道何以能成形于人心之内，或人们如何能使天道成形于其内，这天人之间的关系是如何链接起来的，则是第二章所在解答的课题。第二章说：“君子无中心之忧则无中心之智，无中心之智则无中心之悦，……”这个忧一智一悦的式子，便是天人交通的轨道。其所谓的“悦”，按全文最后一章即“经28”的说明，乃是一种“形”，是天道在人心之内的一种“形”，即形于内的“仁”，或仁的心情形式。那里说：

【经28】闻道而悦，好仁者也。

【说28】道也者，天道也，言好仁者之闻君子道而以之其仁也，故能悦。悦也者，形也。

“悦”是一种心态，也是天道之仁形于人心的形式。悦之为形，来自闻道。而能以“闻道”，按“经2”的说法，由于有“中心之智”；此“中心之智”，又得自于“中心之忧”。如此这般，天道便自天落地，由外而内，成形于人之中心，而成为人的德行了（此处但举“仁”以“悦”形为说；“义”“礼”等类此而略）。

在这个忧一智一悦的过程中，“忧”是前提。孟子所说的“舜、人也，我、亦人也。舜为法于天下，可传于后世，我犹未免为乡人也；是则可忧也。忧之如何？如舜而已矣”（《孟子·离娄下》），便是这个前提“忧”的最好写照。

“悦”是“忧”的结果或目的，也是“忧”的原因或起点。孟子的“未免为乡人”之忧，便既推动他追求“如舜”之境，也起始于舜的巍巍存在，就是说，这忧悦二者，有着内在的互动关系。下面“经5”引《诗》，正是为了说明这一点。

至于置身于忧悦之间的“中心之智”，则是这个链条中的关键一环。没有这个“智”，忧悦不仅不能互相过渡，而且也将失去存在的意义，从而整个修身养性天人往还的功夫，便随之烟消云散了。

（二）

只是必须特别提请注意的是，这个“中心之智”，或出现在忧一智一悦式子中的“智”，绝非五行仁义礼智圣中的智，亦非四行仁义礼智中的智，而是认识论中的智。它同道德论中的智范畴虽然有关，乃至构成了中国哲学中德知交互的局面，但二者却仍属不同领域，是两种不同的智，不能不分辨清楚。

我们正在与之交道的这些战国时代的哲学家们，虽不像后来的宋儒那样，有什么“德性之知”“闻见之知”的分辨和争论，但对于道德领域里的良知、睿智，和认识领域里的感知、术智，还是知道注意分别的。甚而至于，他们对于闻见之知的细部，也都曾做出过出色的划分。譬如《墨经》在给“知”字下定义时，便列举了三个知字和三条不同界说：

【经3】知、材也。

【经4】虑、求也。

【经5】知、接也。

【经6】知、明也。(《墨经上》)

这里的知字，都属闻见之知领域。其第一个知字指认知能力，第二个知字指认知动作，第三个知字指认知结果。至于夹杂其中而高居颔位的“虑”字，指的则是认知的欲求、冲动或心情，也就是我们现在所说的求知欲。《荀子·正名》说：“情然而心为之择谓之虑”，便是这个意思。

有趣的是，这个虑字，也可改用“知”字来替换。《庄子·庚桑楚》中说：“知者、谟也 。”所谓谟，也就是谋，就是虑。这样一来，我们就有了四个认识论意义上的知字，它们完整地表述了不含实践在内的认识的诸要素。这四层意思的知字，在当时或许曾有一些不同的写法(3)，可惜我们今天已难知其详了；不管怎样，这四个知字，都与道德论意义上的“智/知”不属一个领域，所指全然不同，则是非常肯定的。

据此，我们当能看出，上述忧—智—悦链条中的智字，或《五行》篇“经28”和“经2”所谓的能以闻道得仁的“中心之智”句的“智”或“知”字，应该便是《墨经》的“虑”，或《庄子·庚桑楚》的“知”，是认识活动中的求知之虑，或认知冲动，也可笼统地称之为“思”。它与德行涵养的“圣”字，不在一个层面，不能对举也不足并论；因而帛本“经2”第二段文字，是不能成立的。

只有如此理解，“中心之智”才能和“中心之忧”合榫对接，相得益彰。因为，所谓的“无中心之忧则无中心之智”，说白了，就是“焦虑”，就是“忧思”的意思。儒书中屡有“忧思”之句；其所谓的“忧”，即“忧患意识”之忧，所谓的“思”，即上述的虑求。《礼记·儒行》篇曾提出过儒者有种种忧思之行。《商君书·开塞》亦有“夫民忧则思，思则出度”（度、法度；出、生也）之说。比较一下两家的这两个公式，忧—思—度和忧—智—悦，智之为思的解释，便越发肯定无疑了。

按照如此理解，“经2”的第二段，如果确有其段的话，当不可能像现在的帛书本这样，突然间冒出一个“圣”字，却又并未说出任何与第一段的“智”字有别的新意来；如果确有其段的话，便应该是接着第一段的谈仁（悦）而谈“义”形于内的过程，作“君子无中心之忧则无中心之智，无中心之智则无中心之威(4)，无中心之威则不安，不安则不乐，不乐则无德”之类。如果更有第三段，则应该谈“礼”形于内的过程，作“君子无中心之忧则无中心之智，无中心之智则无中心之恭(5)，无中心之恭则不安，不安则不乐，不乐则无德”等等。接着还可以有四五两段，分谈“智”“圣”如何形于内，以完成整个五行成形的全过程（可参阅“经28”即最后一章的格局)。事实上，文章并未这样噜哩噜嗦地写下去，而是删繁就简，在“经2”只以一个仁形于内作代表，然后在“经3”总括性地说上一句：“五行皆形于其内”；以此表示，在“经2”“经3”之间，省去了一些段落；而且不言而喻，那省去的便是谈“仁”外其他四行成形的段落。

既然如此理解，帛本“经2”第二段谈“中心之圣”云云，便成蛇足；而竹本“经2”之一段便足，则应该是原貌了。

(三)

所以如此理解，还因为有下一单元的文章在作旁证。下一单元的主题是“思”，是对“忧一智一悦”公式的中心环节“智”的展开。其“经4”说：

> 【经4】善弗为无近，德弗志不成，智弗思不得。思不清不察，思不长不得，思不轻不形。不形则不安，不安则不乐，不乐则无德。

这里并列着的“善”“德”“智”三者，是上一单元的缩写。其善、德二者，是“经1”提出来的总目标，两种道德境界；而智，则是“经2”用以回答如何能达目标的手段，一种心理活动。三者联袂而立，形成为目标与手段的序列，描绘出天道与人心的关系。可见这个“智”，也还只是认知的意思，而非德行。应该说，只有这种认知意义上的智，才可以同善德相续，而无懈可击；如果将它视为德行之智，与善、德构成鼎立关系，那时便将不伦不类，出现犬牙交错、轻重失衡的场面，而无法自圆其说了。

认知意义上的智，简单说来，就是“思”。所以，“经4”接着便就思的不同类型、各自如何运作等等予以展开，以架设天人之间的桥梁。

这项劳作，本是思孟学派的头等课题，必须妥贴料理的。众所周知，后来的孟子相信仁义礼智非由外铄，乃我固有，关键在于能思与否，而有所谓“思则得之，不思则不得”之说；便仍保有《五行》篇的重思传统。在《五行》成篇时代，人性善否未定，仁义礼智都还高悬天上，如何能把它们纳入自己心中，更是非“思”莫办，别无他途可供涉足的了。

与孟子之笼统说思不同，《五行》篇更仔细分别“仁之思”“智之思”和“圣之思”，并在三思之间，设想出一定关系。其文有曰：

> 【经5】不仁，思不能清；不智，思不能长。不仁不智。未见君子，忧心不能惙惙；既见君子，心不能悦。“亦既见之，亦既觏之，我心则悦”，此之谓也。
>
> 不仁，思不能清；不圣，思不能轻。不仁不圣。未见君子，忧心不能忡忡；既见君子，心不能降。
>
> 【经6】仁之思也清，清则察，察则安，安则温，温则悦，悦则戚，戚则亲，亲则爱，爱则玉色，玉色则形，形则仁。
>
> 智之思也长，长则得，得则不忘，不忘则明，明则见贤人，见贤人则玉色，玉色则形，形则智。
>
> 圣之思也轻，轻则形，形则不忘，不忘则聪，聪则闻君子道，闻君子道则玉音，玉音则形，形则圣。

所谓“仁之思”，说的是求仁之思，是使天道仁成形于内之思；智之思、圣之思亦然。据说这三种思各有特点，互不相同，仁之思是清的，智之思是长的，圣之思是轻的。其具体状态和彼此差别究竟怎样，我们不甚清楚，亦无需清楚。重要的是由此知道，《五行》篇相信，不同的德行有待不同的忧思，不同的忧思引向不同的境界；而这也就是说，天道之于人心，不仅是“思则得之，不思则不得”的问题，更有一个如何运思的事情首当其冲。思在天人关系中的地位与威力，看来是无与伦比的。

还有一点需要指出的是，上引“经6”强调，求仁之思应该是清的，不清则不察，则不得仁，等等；而“经5”则说，如果不仁，则思不能清。这岂不是说，它一面主张仁是清思的结果，一面又主张仁是思清的原因？这种循环论证法，形式上看去是矛盾的；实质上，它所想要说的，仍然还是上述忧一智一悦公式的内容，不过稍加变换而已。

所谓的“不仁，思不能清”，其直叙式的句子无非是：必先有求仁之忧（或求仁之志），然后始能有求仁之清思（即求仁之智）。可以看得出，这正是“经2”的忧一智步骤，也正是“经4”的“德弗志不成”的实例；并且还是前引的孟子的“如舜”忧思的概括。由此前往，最后便会抵达仁之境界，出现《诗》所谓的既见君子我心则悦，也就是仁形于内情景了。

智圣二德，亦复如此。

这是思孟学派所知的天道形于人心的基本秘密所在。

根据这些分析，我们应能断定，帛书“经2”的第二段，是由于不理解“智”的致思意思、误认其为智德而续貂上去的，与整个《五行》全文及总纲的逻辑不符；宜据竹简本予以删除。

06/26/--07/02/2001

注

(1) 分章及标号，依《帛书五行篇研究》，庞朴，齐鲁书社1980、1988。

(2) 原文的假借字、异体字已换正，下同。又，引文中的“智/知”字，在帛书原本皆作“知”，竹简原本皆作“智”，下同。

(3)《墨经》中最后的知字从“心”。

(4)“经 28”谓义之形为威。

(5)“经28”谓礼之形为恭。

簡牘資料と思想史研究の擴大
── 尹灣漢墓簡牘の分析を中心として ──

李　成珪

はじめに

７０年代以後、戰國末秦漢期の様々な簡牘と帛書が多く出土し、しばらく沈滯に陥っていたといってもよい中國古代史研究が全般的に活氣を帶びるようになったが、とりわけ雲夢秦簡・荊門楚簡・郭店楚簡・銀雀山漢簡・張家山漢簡・馬王堆帛書などの新たに發見された儒家・道家思想及び術數・占卜關係の文書等は中國古代思想史研究に劃期的突破口を與えたといっても過言ではあるまい。ここであえて、郭店楚簡と馬王堆帛書を中心として最近行われている數多くの思想史研究を紹介する必要はないと思う。これらは誰が見ても明らかに思想・哲學資料であり、これらをもって思想史研究をするのは當然であるといってよい。しかし「あらゆる資料をして最大限に語らしめること」が研究者の任務だとすれば、思想史研究者も一見思想史とは無關係のようにみえる資料をできるだけ思想史の視座から分析し、活用することも必要であろう。

本稿ではこのような問題關心から近年私が關心を抱いている尹灣簡牘の一部文書を思想史の觀點から分析し、また紹介してゆきたいと思う。

江蘇省連雲港市東海縣の尹灣漢墓から出土した簡牘は『文物』1996年8期にその一部分が公開され、また1997年9月には『尹灣漢墓簡牘』(中華書局)としてその全體が公刊され、すでに多くの研究が進められてきた。しかし、それらには前漢末の東海郡の行政文書が多數含まれていたため、ほとんどの研究は「漢代地方行政制度とその實際」ということにのみ關心が集中し、この行政文書を思想史研究に活用するには至らなかったと思われる。しかし、上計文書草本の一部と評價される〈集簿〉は太平の理想とその實際を、墓主の一年間の行蹟を簡單に記錄した〈元延二年日記〉は災異政治の具體的樣態と地方高級屬吏の文人化及び民間祭儀の傳統(とりわけ、羽山での春と冬の祭儀)に關する重要な端緒とをそれぞれ提供し、また留守中の長吏の名籍である〈東海郡下轄長吏不在署者名籍〉も地方官民の「帝國意識」を形成させた制度的裝置に對する探索を可能ならしめていると思われる。まず〈集簿〉から注目していきたい。

1　〈集簿〉と虛像の太平[*1]

董仲舒以後、本格的に確立し始めたといわれる漢代の正統統治哲學の要諦はつぎのように要約できる。すなわち、宇宙の軸に位置する聖人天子が自然の秩序に順應し、王道政治を敷くと、調和のとれた自然の中で人間をはじめとする萬物が繁盛する太平が實現し、瑞祥が現れるが、逆に政治が正道を失うと天が災異をもってこれに警告し、それでも改善されないと、天命を取り戻すというのである。それゆえ、皇帝たちは特に災異に敏感な反應を示し、災異が發生すると自省する一方、德政を頒布し革新の意志を誇示するなどの努力したということも周知の事實に屬するであろう。災異思想が皇帝權力を牽制するための政治思想として評價され、ここに多くの研究が集中してきたのもそのためである。これに比べ、災異論の逆論理である太平と瑞祥論が皇帝の政治を粉飾した側面はそれほど注目されてこなかったが[*2]、實際漢代の皇帝たちは瑞祥に一層關心を抱いていたといっても過言ではない。漢代の皇帝たちは瑞祥が報告されると、大赦令、賜爵、牛酒の賜與を伴う大酺令、租税減免、あるいは賑貸不還收などの「德政」を施す一方、瑞祥を記念するため年號をも改めた例は一々紹介し切れないが、たとえば宣帝は在位25年間(B. C. 73-49)に報告された19回の瑞祥中13回は大々的な「德政」を行い、『宋書』符瑞志によると、紀元85年から87年の間に麒麟51回、鳳凰139回、黄龍44回、白虎29回が報告されたという。これは皇帝の當爲的條件は聖人であり、聖人政治の當爲的責務は太平の具現であり、瑞祥は取りも直さず太平の證據になるという一連の論理を思い起こせば別に驚くべきことでもない。災異説に批判的であった王充ですら儒家たちが主張する一部瑞祥の實在を否定し、「瑞祥なき太平」を主張したが[*3]瑞祥が集中的に報告された宣帝と後漢の明帝時代を、未曾有の太平と評價するにはなんの躊躇もなかったのである[*4]。

しかし、瑞祥はその屬性上實在しないことがほとんどであり、それゆえ捏造するしかないとすれば、太平の誇示で皇帝の當爲的資格を立證しようとする皇帝たちが、瑞祥の捏造に絶大な關心を抱いたのも當然のことであろう。また、瑞祥を報告した官民が大々的に褒賞された反面、災異は大小官員の問責條件であり、極端な場合、災異が發生すると丞相の自殺さえ強いられた狀況であったので、官民もまた災異を隱蔽する反面、瑞祥の捏造に夢中にならざるを得なかったといえよう。

しかし、太平はその實質が伴わなければならない。すくなくとも皇帝の德政によって美風良俗が奬勵され、豊饒と安定を標徵する生産と戸口の增殖という條件を無視することはできない。とすれば、災害、凶年、疾病、百姓の夭死と流亡、盜賊の猖獗、刑罰、重税に喘ぐ現實を認知した皇帝が捏造した瑞祥を納得するわけには行かなかったろう。しかし、皇帝が帝國の「現實」を認知できる道は結局地方の上計文書を綜合した丞相・御史大夫府の報告だとすれば、瑞祥を捏造するための太平の捏造はまた地方上計文書の捏造に求めざるを得ないだろう。前漢末東海郡の墾田・人口・財政現況を報告した〈集簿〉はその典型的な實例であるというのが私の結論であるが、以下、その理由について說明しよう[*5]。

まず定墾田の場合、〈集簿〉によると東海郡の總面積(提封)は512,092頃、侯國・邑の土地と屬縣の邑居と園田(侯國邑居園田□) 211,652頃[*6]、193,060頃と推定される非農耕地(□十九萬百卅三萬九千□□□長生)[*7]、宿麥を播いた107,38□頃、春種樹656,794畝、從って現年屬縣の墾田を107,380 頃と一應理解し、これに侯國と邑の墾田を屬縣墾田の凡そ25%と推定すると[*8]、東海郡の現年總墾田は凡そ13萬5千頃と推定され、これは東海郡の總面積の約26%に相當する。『商君書』徠民篇が方百里の理想的な利用として提示した惡田40%、良田20%を想起すると、東海郡の現年播種面積は事實上可能墾田の上限線に到達したことを意味する。ここで東海郡の總戸數(266,290)を思えば、この墾田は1戶當り平均約50畝に當るが、これは當時流行した休耕農法の理想に(5口1戶100畝保有、毎年50畝ずつ輪作)[*9]そのまま符合する。すなわち、東海郡の土地利用數値は事實上最大の墾田實積と理想的な農地の確保を意味するが、これこそ太平を粉飾するための「理想的農耕」の捏造という印象を與えている。一方諸穀收入の約51萬石を屬縣の田租收入とみて(侯國・邑の田租は侯家に屬するため)、1/30 田租を適用し換算すると、1畝平均生產量は約1.5石に過ぎないが、これは當時の生產力に照らすと低すぎるので、租稅の輕減のための捏造と解釋される。從って私は墾田の理想的な數値は生產力の低評價と裏腹になって捏造されたと判斷する。すなわち、理想的な農政狀況を誇示するために墾田を過大報告する一方、これによる追加租稅負擔を避けるため生產力は低く報告したということである。

一方、戶口は前年に比べ約1%增加したと報告されたが、特に流民の定着を意味する「獲流」が戶では約4.4%(11,662戶)、口では約3.1%(42,752)を占めているのがまず注目される。これもまた高すぎる比重であると思われるが、流民の定着が地方統治安定の指標と見なされ、その實績によって地方官の考課も大きく左右されたので、流民の定着を過大報告する事例が多かったこと[*10]、そして流民の定着者はすくなくとも一年間税役が免除されたことを考えると[*11]、この數値もまた善政を誇示するための捏造であったに違いない。獲流戶口に對する免稅役を考慮すると當年東海郡は總人口から少なくとも約2萬5千名(獲流4萬2千の約60%)の免稅役者をさらに確保する效果を擧げたと評價できる。

ところで、性比と年齢構造はもっと大きな捏造と推定される。まず男(706,064)と女(688,132)の性比は103:100であるが、これは現在でも人爲的な規制を加えていない自然で理想的な比率と認められる數値で、陰陽の調和を主張できる狀態である。しかし確認できる前近代中國の人口統計に見られる性比は大體130-120:100程度の深刻な不均衡の狀態が普通である。中國全體の男女性比が120:100以下に落ちたのは1935年になって初めて確認できる[*12]。清末宣統(1909-1911)年間の全國男女の性比は121.7:100で、とりわけ女兒殺害の傳統が强かったとされる山西省の場合は135:100で最も偏差が大きかったといわれ[*13]、また宣統年間に奉天海龍府西安縣の人口210,753人の中で男(122,565) 女(88,188)の性比も[*14]139:100と確認できる。さらに乾隆47年(1782) 直隷・陝西・江蘇・廣西の性比は各々124:100、130:100、131:100、123:100であった[*15]。漢代の性比を具體的に傳えてくれる資料はいないが、居延漢簡中、主に家族の食糧支給のために作成された廩簿29例の男女は各々55と48、性比は115:100であるが[*16]、これは全部夫婦の家庭の例であるから、夫婦を除くと男女の比率は26:19、つまり約 137:100である。漢代に一部地域の一夫多妻が度々報告されていたのもこのような性比不均衡と無關係ではないとすれば[*17]、＜集簿＞の性比はやはり理想的な陰陽調和を誇示するための捏造であったことは明らかである。男女の理想的な性比は少なくとも「配偶者なき成人男女はいない」理想を具現するための條件であり、男女の結合は陰陽調和に基づく多産・豊饒のもっとも重要な太平の表徴であったからである。東海郡が實際120:100の性比をこのように103:100と捏造したとすると、これは總人口の約7%程度の女性人口を虛增したことになり、これは少なくともこれに相當する男子だけに賦課された役を減殺できる根據になったろう。

一方「春令成戶 7,039、27,926口」も男女結合に對する國家の關心を表しているに違いない。戶と口の比が1:2でもなく、成戶の數が總戶數の約2.6%であるが、實際成婚男女は全人口の約1%に過ぎないことを見ると、この結婚は未婚男女の結婚だけでなく、その年に結婚した全體の戸をも含めてもいないことは明らかであると思う。それにも關わらず、國家がこの成戸のために口當り約2斗8升、總7,951石8斗8升を支出しただけでなく、これを「春令」として强制したような印象を與えているのを考えると、これは仲春月に配偶者なき男女に正式聘禮を伴わない結婚を許す『周禮』媒氏の規定や[*18]、『管子』入國篇が「九惠之敎」の一つとして提案した配偶者なき鰥寡の結合を推進する「合獨」政策を實際に行ったものと理解できる。これもまた陰陽調和を試みる德政の一環として行われたと思われる。

幼兒と高齡人口が多すぎるということも〈集簿〉年齡構造のもう一つの特徵である。すなわち、6歲以下(262,588)が約18.8%、80歲以上(33,871)が約2.43%、90歲以上(11,670)が約0.84%で、80歲以上が總人口の約3.27%を占め、70歲以上の王杖受與者(2,823)も約0.2%である。しかし、この統計もまた一般的な年齡構造と比較してみると[*19]、その捏造性が明らかであるので、「高い出産率により幼兒が繁盛し、安定した社會の中で老人が皇帝の恩德で優遇され長生きする理想社會」を誇示するために捏造したに違いない。この統計が全體の年齡構造を提示する代わりに6歲以下と70歲以上の王杖受與者および、80歲と90歲以上を各々區分したのは、彼らがみな一定の稅役の免除と關係があるからである。すなわち、6歲以下は完全に無稅役であっただけでなく[*20]、産母は産後2年の復除が許され[*21]、80歲以上はもちろん本人も復除の對象であったが、その扶養者二人の算賦が免除され、每月米・酒・肉が賜與され、また90歲以上は子一人が復除され、帛絮が追加で下賜されることもあった[*22]。また王杖受與者は扶養者の一人の復除と市租の免除、糜粥の賜與を始めとする樣々な特惠が與えられた[*23]。ここで免役の年齡に至った60歲が見當たらないのは脫漏と推測されるが、鰥寡(60歲以上の無子男女)は市租の免除と扶養者一人の復除が許され、無子の60歲以上の夫婦も市租と田租が免除されていただけに[*24]、この年代のことが虛僞・誇張されたと推定する。ともかく、このような稅役免除對象の虛增は太平を粉飾するための全體人口の虛增によって起こりうる稅役の追加負擔を控除するためのことであろうと推測し、その效果は男子に比べ、稅役の少ない女子の虛增によっても擧げることができたであろう。言い換えれば、人口の增殖を誇張するためにまず全體の人口を虛增した後、これによる追加負擔を避け、また皇帝の慈幼・養老の德をも誇示できる稅役の控除年齡を虛增したことこそがこの統計の眞相であったわけである。

一方、財政現況は錢1億2千60萬8,115錢、穀約94萬石の黑字を示して、これもまた健實な財政であるが、この黑字の錢のかなりの部分は都內へ上供されたようである[*25]。しかし、この黑字の規模から見て70歲以上の人に保障されていたとされる糜粥と酒・肉・帛などの下賜が實際施行された可能性はほとんどないに等しいといってよいだろう。すなわち、東海郡の王杖受與者と80歲以上の總48,310名に文帝元年の賜與基準(註22參照)を適用すると、總經費はおおむね約2億4千700萬錢程度と推算できるが[*26]、これは東海郡總錢收入約2億6千644萬錢に肉迫する水準であるからである。結局老齡層を誇張して作り上げたことは皇帝の養老意志の實現を不可能なものにしてしまったのである。前漢末に編纂された『易林』には百口を食わせる王杖受與者のゆとりのある生活ぶりが描かれてはいるが[*27]、反對に鳩杖を肩に掛けた老人が大きな倉庫前で跪いて頭を下げ、穀物を頂く姿が描かれた四川出土の畫像「養老圖」と[*28]養老政策の實態に對して後漢安帝が次のように嘆いたのはただ後漢だけに限ることではなかったであろう。

また月令によると、「中秋月に衰弱した老人を奉養し几杖を授與し、糜粥を頒行する」という。今は案比の時であるが、(則8月中秋) 郡縣では大部分これを奉行せず、たとえ糜粥を頒行するとしても糠と秕が相半であり[*29]、長吏が怠け、直接に (糜粥を傳える)こともない。養老詔書の趣旨に甚だ背くことである。(『後漢書』巻五 安帝紀、元初4年)

そもそも80歳以上の高齢者に對する酒肉や帛の下賜はその年齢層が極く少數であったので行われたのだと思う。例えば、東海郡の場合、80歳以上が3.27%でなく、0.1%程度であったならば、この政策に必要となる豫算は年間約750萬錢で十分であり、これは決して實現できないことではなかった。しかし、人口の虛增のため、そして「仁壽之域」の理想に合わせるために行われた高齢人口の誇張は逆に養老關係の法令を空文にしてしまったのである。もちろん王杖授與者や80歳以上の老人に全く恩賜がなかったわけではなかろうし、少なくとも見せかけのための極く少數の受惠者はあったろう。しかし、實際にそれほど多くの高齢老人も存在してもいなかったし、國家も實現不可能な恩賜を公式的に拋棄した痕迹もない。そうすると人口の3%以上の老人が孝子・順孫の侍養を受けながら、絹物を着て、米飯に酒肉を樂しむ「太平」の風景は結局文書上の饗宴になるしかなかった。この文書上の「養老」は一應「黑字」と記された錢穀の相當部分を上供の義務から解き放つことができたとすれば、「黑字」自體も「太平」に相應しくいくらでも調整できたといえよう。「黑字」の虛增が大きければ大きいほど文書上の饗宴は一層豊かなものになったであろう。

それだけでなく、東海郡の財政狀況は瑞祥、あるいは災異が報告されると大赦令の宣布、民爵の賜與、牛・酒の下賜、大酺の宣布につながる大饗宴の實現の有無をも疑わせる。こうした饗宴の牛・酒の費用のために一年の上供分の半分を控除せよという新居延漢簡の斷簡を通じても(E. P. F22:63)[*30]饗宴に要する莫大な費用の見當が付けられるが、例えば、宣帝元康4年に神爵の出現が報告されるや、吏民に對する賜爵とともに女子百戶に牛酒、鰥寡・孤獨・高年・三老・孝・弟・力田に各々帛が賜與された狀況を[*31]尹灣漢簡に見られる東海郡を例にとって再び考えてみよう。

三老・孝・弟・力田の568人と高年、すなわち80歳以上と王杖所持者は48, 310人であり、鰥寡・孤獨の數は不明だが、7千戶以上の春令成戶を考え入れると、最少で1萬人と數えて間違いはないだろう。彼らに對する賜帛は總59, 346匹、これを1匹當り350錢で換算すると約2千7萬7千錢である。一方100戶ごとに行われた牛・酒の賜與は大體1里當り牛1頭・酒10石が恒例であるが[*32]、東海郡の里は全部で2, 534で、從って2, 534頭の牛や25, 340石の酒が必要になる。居延漢簡の牛價は1頭で2, 500錢と3, 000錢とがあるが、牛１頭と穀1石の比價を1:60の率[*33]で計算すると、2, 534頭は152, 040石、穀と酒の比價を1:2で計算するなら酒25, 430石は穀50, 460石になる。結局、東海郡で1里當り牛・酒の賜與は穀物でいえば總202, 500石が必要となり、これは1石を100錢で換算すると2千25萬錢になる。結局、東海郡における永光2年のような恩賜饗宴には總約4千33萬錢の經費が必要となるわけである。養老令による經費を一應差し置くと東海郡の9萬4千餘石の諸穀(9百40萬錢)と1億2千60萬餘錢の「黑字」から4千萬錢程度の支出が全く不可能のことではなかったかも知れない。しかし、東海郡も少なくとも5千4百萬錢(人口比率2. 7%に對する20億錢の分擔)[*34]ぐらいは上供せざるを得なかったとすると、恩賜と饗宴に費やすという4千萬錢は　「黑字」餘分の7千600萬錢の約53%に當たる。民爵賜與に伴う恩賜と饗宴の理念的意味と政治的效用は決して過小評價はできない。しかし、そのため事實上、地方財政の餘力を消盡させる經濟的負擔を手輕く受けようとしたかについては疑問である。

太平の實を證明するかのような統計資料に相應しい瑞祥について報告を受けた皇帝の恩德で、大赦令が宣布され民爵を戴いた「天下男子」と婦女たちが一緒になって、酒や肉が具えられた饗宴に參加し、老人を始めとする一部の人たちには帛さえ與えられる風景は實狀はともかく、一時的ではあるものの「太平」が具現したといって差し支えなく、ある意味では捏造された太平が現實の太平をもたらしたと評價できるかも知れない。しかし東海郡の財政がこれさえも帳簿上の饗宴にすぎないことを窺わせるとすれば、皇帝が自負した太平は完全に帳簿上で作られた虛像にすぎないといっても過言ではあるまい。このような事實についてほとんどの官僚はもとより皇帝も知っていたが、こんな具合に帳簿を巧みに捏造できる官吏がむしろ優遇されたことは[*35]「太平」が聖人天子論と天人感應論に基づく瑞祥・災異思想の論理的要請であったからであろう。〈集簿〉はこのような思想的虛構にとらわれた政治的欺瞞の具體的な證據である。

2　〈元延二年日記〉の分析[*36]

前漢末東海郡の卒史・法曹・功曹などを歷任した師饒の1年分の日記といわれるこの文書の目錄が最初に公開されたとき、私は興奮を禁じ得なかった。しかし全文に初めて出會ったときはがっかりしてしまった。一部の缺損は差し置いてもその內容があまりにも貧弱であったからである。すなわち、中身のほとんどが「宿家」、あるいは「宿舍」などといった宿泊場所の明示であり、公務と關聯する活動の記錄は盜追跡(1件)、太守との面談と見られる「謁」(8件)、太守に對する奏記(1件)、自身の職責變化(3件)ぐらいで、非宿泊記錄も一見研究資料としての價値が疑われる節氣と天氣(雨5件、大風1件)、個人の病と喪、房錢支拂(5件)、來往客(4件)、失火事件(1件)などである。しかしこのような無味で短句的な記録が當時の屬吏の生活ばかりでなく、中國思想史において重要な官人の文人化過程のみならず、災異思想と政治との關係、民間祭儀の傳統等に具體的な理解を與えうる端緒になり得るとの結論に至った。まず宿所に關する記録に注目してみよう。

(1)宿所と屬吏の文人化

敍述の便宜のため、〈日記〉の記録者の宿所を整理してみると次のようになる。

月	宿家	宿舍	其他	出張	不明	備考
1月	+4日	+10日		11日	5日	不明の5日は宿家や宿舍
2月	2	1	1	25		楚國出張、宿邸
3月	11	2		13	4	楚國出張
4月	0	0		29		楚國出張
5月	0	0		30		楚國出張
6月	19	3		6	1	楚國、郡內、病。
7月	7	16		7		郡內
8月	0	29		0		
9月	0	23		6		郡內、犯人追跡
10月	7	22		2		郡內
11月	1	24		5		琅邪郡出張
12月	13?	1		15		琅邪郡出張、15日喪告
計	51+13?	131		149	10	

〈日記〉に記された宿所は出張時と非出張時と一應大きく分けら

れるが、ここで先ず檢討しようとするのは、非出張時の宿泊記錄の「宿家」と「宿所」である。約60餘日以上と確認される「宿家」は自宅宿泊が明らかで、「五日一休沐制」を示す資料以上の意味は別にないだろう。また131日と記されている「宿舍」も漢代官吏の吏舍居住の原則を考えるとこの「舍」は吏舍と理解すればそれまでである。實際に1月7日の「夕謁宿舍(夕に太守に謁見して舍に宿す)」という記事はこの「舍」が太守の居處からかなり近い場所であることを窺わせる。左原康夫によると、漢代官衙は長官の公邸としての機能が主で、閤門を境に内外に分けられ、外には一般屬吏の職場である諸曹と宿所や倉庫などといった付屬施設が配置され、内は長官の私的な生活空間となっていて、この内への出入りは一部の屬吏だけに許されたという[*37]。「宿舍」の「舍」は一見この閤門外の吏舍を意味するかのように思われる。しかし、2月6日「夕謁 宿邸」と11月6日琅邪郡出張時の東武縣での「宿府」に注目してみると事態は變わってくる。「夕謁」に次ぐ「宿邸」であるだけにこの「邸」もまた太守の居處から近い場所であることは明らかであるが、當時「邸」は「民疾疫者、舍空邸第」[*38]からわかるように(規模の大きな)住居建物一般を指すこともあり、郡國諸侯と官員たちの在京宿舍を意味する特殊用例でもあり、[*39]居延漢簡中、障卒の仕事として「守閣」とともに登場する「守邸」の「邸」は障侯の宿所を意味すると思われる[*40]。これに對し、11月6日の「宿府」は太守府、あるいは徐州刺史府での宿泊であることは明らかであるが、「府」を閤門外の宿所と見なすのが自然であるなら、「宿邸」の「邸」は閤門内の太守個人の宿所と判斷することはまず無理がないだろう。

そうすると、「宿舍」は結局府内の宿泊である可能性は薄くなるが、4月の楚國出張時5日間泊った「子嚴舍」の「舍」も吏舍である可能性は稀薄である。〈日記〉の主人が友人の私家に泊まったばあいは「宿陳文卿家」のように「宿+姓+字+家」のかたちで表記していたので、この「舍」が子嚴の私家でないことはまず明らかで、また郡屬吏の宿所である吏舍を個人の名儀で稱するのも納得できないことであるが、もしこれが吏舍であったならば友人を私的に泊まらせることはまず考えられないからである[*41]。そうするとこれは子嚴が私的に使っていた個人宿所と見るほかないと思われる。これは、〈日記〉の「舍」は本家でも吏舍でもない個人宿所である可能性を示しているが、〈日記〉の主人が房錢を支拂っていたことは、この問題の解明に決定的な端緒を提供しているように思う。すなわち、彼は3月6日に1,000錢、5月17日に100錢、6月7日に1,000錢、6月21日に280錢、8月24日に200錢、9月25日に800錢、10月2日に400錢を各々支拂っていたのである。この中、5月17日に楚國への出張期間に支拂った100錢を除くと、彼は1年に都合3,680錢を本郡で房錢として支拂ったが、6個の缺簡(36日分)と斷簡の中でも房錢を支拂った日があった可能性をも考えると、その金額はさらに增えるかも知れない。宣帝神爵3年(B.C.58)に100石以下の少吏に對する50%の益俸で、從來月720錢であった屬吏の最高職の百石卒史の月奉は當時1,080錢[*42]であったので、總房錢は彼の四ヶ月俸給に匹敵する少なからぬ金額であった。果たして、この房錢の實體は何であったのか。 いくら考えてみても家賃という文字通りの意味以外には考えられず、また彼の財力(後述)を考慮すると、その本家が房錢を支拂う借家である可能性はほとんどないとすれば、これは彼が使った「舍」に對する家賃であったろう。しかし、彼が結局1年に131日を個人宿所で泊まったということは屬吏の府內吏舍居住の原則に背くことであったというのは明らかである。

ここで、屬吏の官府內居住原則と空間の問題を再び考えてみよう。今、畫像石と壁畫を通じて漢代縣城と官衙の構造に對する研究がある程度進んでいるが、內蒙古和林格爾後漢末漢墓から發見された壁畫の中で、烏丸校尉幕府が設けられている寧城縣城の繪圖はこの問題に最も豊富な情報を提供していると思う。これはわりと詳しい繪とともに各大門の名稱及び各建物の名稱が倉・庫・幕府大郎・司馬舍・齋室・營曹・金曹・倉曹・閣曹・右□□・左□□・塞曹・功曹・左倉曹・右倉曹・左賊曹・右賊曹・尉曹などと一々記録されていた[*43]。しかし、このように長官と長吏の宿舍と諸曹の建物が漏れなく描寫されているのに、多くの人數が宿食する吏舍が書き漏れているというのは單純な省略だとか、缺落などでは片づけられないと思う。實際にこの壁畫の中、烏丸尉長史が駐在した定襄郡武成縣城の繪圖にも長史宮、武成(縣)長舍、(武成)尉の舍はあるが[*44]、一般吏舍は見當たらない。これは結局屬吏らには獨立な宿舍が提供されず、各々の部署で適當に起居したのであろうと推測できるが、その人數が少ない場合はこれも別に問題にならなかったかも知れない。

東海郡太守府の本來の吏員額は太守1人、丞1人、卒史9人、屬5人、書佐9人、算佐1人、少府嗇夫1人と全部で27人で、屬吏は25人であった[*45]。大體5日1休沐を考えると、平均府内の常勤人數は20人程度となり、これぐらいなら各事務室での分散宿食も可能であったかも知れない。しかし、尹灣簡牘〈東海郡吏員設置簿〉によると、當時太守府の掾史の總數は93人、正額以外に「故事」と「請治所」の下に嬴員によって68人が增加した。これは郡が屬縣を總括する地方行政の中心として確立した結果と理解するのが妥當であるが[*46]、ともかくもはや5日1休沐を行っても官舍居住の人數は約75人にまで增加したのである。秦の都官有秩吏と離官嗇夫には一人當り炊事員(養)1人ずつ當てられ、その佐・史たちの食事問題も解決し、都官、佐・史らの人數が多くなると10人當り炊事員1人が當てられたが[*47]、邊境戍卒たちの仕事日誌とみられる居延漢簡も大體仕事人數10人の中1人の「養」が含まれていたことを示している[*48]。從って、秦・漢の兵士・官吏らの集團的炊事がおおむね10人1組として行われたと推定されるが[*49]、これを東海郡太守府に適用してみると、7組以上の炊事組の編成が必要となる。ほかの宿舍もろくになかった狀況で10人1組の炊事が7七カ所以上で行われる慌ただしく煩わしい狀況は改めて指摘するまでもないだろう。

御史大夫が學人出身の屬吏を禮遇するために特別に大舍を提供したという例は[*50]、一般吏舍が豪族出身や學人屬吏にいかに樂でない生活空間であったかをよく物語っているが、縣の公舍・官府・縣廷の改築を一々統制したことを[*51]考えると、漢代にも地方吏舍を任意に擴張することは難しかったろうと推測される。特に平帝元始元年(A. D. 1)の令、すなわち「天下吏舍、亡得置什器儲偫」(『漢書』平帝紀)は吏舍の改善をむしろ禁止したものと解釋される。こうした狀況で、長官がより安樂な吏舍を提供するのも容易ではなかったとするなら、財力のある屬吏が自ら安樂な宿所を整えたいという欲求をてんから無視することもまた難しかったろう。家と官府との間で出勤・退勤ができる場合は家の居住を許容するのも一つの解決方法であったろう。縣吏の場合は縣の廣さも方百里程度であり、縣治が大體縣の中心部に位置していたため家からの出退勤もできたであろう。しかし、郡吏の場合は一日で家と郡府とを往復できない場合も少なくなく、實際〈日記〉主人の鄉里である東安縣(その墓の所在地)と東海郡の郡治郯縣との距離も約100里以上と思われる。彼が吏舍以外の宿所を望むなら、郡府近くに借家を探さねばならなかったのである。

その墓に反映されている〈日記〉主人の家生活は相當裕足であったと思われる[*52]。その墓に副葬された2枚ずつの刀・筆と一緒に『記』1卷・『六甲陰陽書』1卷・『列女傳』1卷・『烏傅』・『弟子職』・『恩澤詔書』・『楚相內史對』等や[*53]名謁木牘第19反面の「弟子追迫疾謹遣吏奉謁再拜問君兄起居卒史憲丘驕孺」は[*54]彼が相當な學識を備え、弟子にも教えた先生としての姿を傳える。東海郡の太守、良成侯、容丘侯等郡内の高官と列侯ばかりでなく、沛郡太守・琅邪太守・楚相等、近隣郡國の守相たちも問安使を送ったり、時には彼の家まで來て問病したということ、特に太守が功曹を送り、中央の侍謁者・郎中・丞相史の挨拶を代わりに傳えたということ[*55]は、このような彼の財力及び學問と決して無關係ではあるまい。すなわち彼は貧賤にして官府に給事した少吏ではなく、富裕な讀書學人として優遇される資格を備えた堂々たる屬吏であったのである。彼が結局、郡屬吏の最高の顯職で長吏の丞よりむしろ實權を握っていたといわれる功曹に[*56]敍任されたのもこのためであったろう。當時、豪族出身の知識人たちはたとえ屬吏の身分であるとしても事實上長官の「師友」として禮遇されることが少なくなく、彼らがほかならぬ門下掾の實體であったということも知られているが[*57]、當時東海郡の太守府にもすでに15人の門下が員外で存在していた(註46參照)。本來は品格のある私生活を送っていた彼らを禮遇するには特別に設備された大舍が多く必要であったが、屬吏の增加、吏舍の擴張と治裝の困難さという狀況の下で、彼らの府内吏舍の居住義務を免除するということは考えられる解決策の一つであっただろう。〈日記〉の主人が房錢を支拂う個人宿所で131日を泊ったことはこうした背景から理解できると思う。

もっとも屬吏の吏舍居住の原則そのものが放棄されたという證據はなく、漢代の史書で吏舍に住む屬吏の例に見當たるのも珍しくはない。しかし、〈日記〉の主人が楚國出張中に泊った「子嚴舍」の例はこのような屬吏の個人宿所もそれほど珍しいものではなかったことを示唆している。豪族出身の讀書人を多く屬吏として包容することが地方統治の重要な課題であり、實際に豪族出身者が地方屬吏として大擧進出したとすれば、默認の慣例により、〈日記〉の主人のごとく、房錢を支拂い、「宿舍」にこだわった例は少なくないだろうと推測されるが、これは文化史的・思想史的に非常に重要な意味を持っていると思う。學術と思想の發展というのは、結局、讀書人に讀書できる環境を作って与えることこそが鍵だとすると、讀書人に士兵幕舍と大差のない吏舍での生活を強いることと、個人宿所を許したこととの差異は明らかである。一般に屬吏を經て、長吏へと進む漢代の官僚制度で屬吏を讀書人から起用した後、彼らに讀書人に相應しい生活環境を與えたということは結局官僚の文人化と文人官僚による學問の發展を支援することであり、これこそ「士大夫・官僚」による學問という中國學術思想の發展方向を前もって規定したこととして評價できるからである。〈日記〉主人が楚國出張中に傳舍でない私設宿舍と推定される南春宅で35日間泊ったことも同じ脈絡で理解できるが、ここでも彼は房錢100錢を支拂っている(5月17日)。

最近、湖北省荊州市周家臺の30號秦墓から出土した〈秦始皇三十四年(B.C. 213)歷譜〉(以下〈歷譜〉と略稱)は[*58]上で述べた私の推論を支持していると思われる。この〈歷譜〉もその主人の簡單な公務活動と宿泊地を注記したもので、〈日記〉と似たものであるが、主人の身分も南郡の屬吏と推定される。この墓は有名な雲夢秦簡が出土した睡虎地11號秦墓に比べ、その規模も小さく、副葬品も少ないので、 墓主は睡虎地11號秦墓の主人に比べ、地位がやや低いものではないかと推測される。しかし、この墓もやはり墓主のある程度の財力と身分を示している。特に、〈歷譜〉とともに出土した秦始皇36年・37年・2世元年の歷譜、五時段占、戎磨日占、28宿占、五行占、醫藥病方、祝由術、擇吉避凶占卜及び農事に關する大量の竹簡は墓主が相當な學識の持ち主であったことを物語っている[*59]。〈歷譜〉の主人も同樣に軍隊幕舍のような吏舍生活のかわりにせめて讀書生活だけでもできる個人宿所を望むべき人物であり、また自力でそれを賄える能力の持ち主であったと判斷される。しかし、〈歷譜〉の宿泊記録は出張時だけに限られ、また行先の地名と官府だけを記録しているのが特徵であるが、これはその宿所は明記するまでもないほど決まっていたからであると解釋したい。すなわち、非出張時には南郡太守府の吏舍、出張時にはそこの傳舍・郵・亭、あるいは吏舍のような官府施設に限られていたのである。これは秦が屬吏の吏舍外居住を許さなかっただけでなく、漢代のような休沐制も確立されていなかったことを強く示唆する。そうすると〈日記〉が宿所を樣々に記録したこと自體が當時の屬吏が官府施設外のところでより安樂で、文化人らしく宿食できる現實を前提にしていると理解して大過はないだろう。そうすると〈日記〉と〈歷譜〉の宿泊記録の性質の差異は、讀書人屬吏に對する秦漢兩帝國の相異なる政策、秦末と前漢末の屬吏と官吏の性質及び學術・思想の性質、さらに秦漢帝國、そのものの性質の差異に至るまでも解明する端緒となり得るといっても過言ではなかろう[*60]。

(2) 羽山行と地方祭儀

〈日記〉主人は私家と太守府の於吹往來ばかりでなく、頻繁な公務出張で旅立つ時間が多かった。その墓に副葬された〈博局占〉・〈刑德行時〉・〈神龜占〉・〈行道吉凶〉は墓主の思想を反映していると思われるが、これらの書物が主に旅行者のための占卜書であったことは彼が數多くの旅行をしたことと無關係ではなかろう。この旅行の中、まず注目したいのが2月初に3日間、10月初に2日間と2回にわたった羽山行である。〈日記〉はこの羽山行の目的については一切語っていない。しかし、羽山の性質と訪問の時點に注目すると、この旅行は當時の地方祭儀に關する非常に興味深い事實を明らかにする端緒となり得る。

羽山は〈日記〉主人の郷里附近にある小さな野山にすぎない。(南北1Km、東西1.5Km、海拔269.5m)[*61]しかし、『漢書』地理志東海郡條と『元和郡縣圖志』臨沂縣・朐縣條がいずれも羽山を明記しているのは、ここがほかならぬ禹の父である鯀が處刑されたあの羽山として知られていたからであり、この羽山の西南近くには鯀が三足鼈に化生したといわれる羽淵もあるという[*62]。先秦以來、鯀・禹の神話的傳承を傳える資料は比較的多いが、要約すると次のようである。

すなわち、鯀は治水に關聯して失敗、あるいは命令に背いて堯帝あるいは舜帝によって羽山で處刑された後、黃熊となり、羽淵に入った。息壤で洪水を防ぎ、九州の治水に成功し、夏王朝の始祖となったといわれる彼の息子の禹は西夷、あるいは西羌出身で、石から生まれたが、特に彼の誕生は鯀の復蘇と知られる傍ら、死後には山川主、あるいは社神后土になったということである。[*63]また、鯀と似たような傳承をもっている共工と鯀が同じ實體であり、從って彼の息子の句龍も禹であり、共工と鯀が死んだ後、化生したといわれる「黃熊」は熊でなく、三足鼈であること、『華陽國志』と『水經注』に傳えられる蠶叢・杜宇望帝・開明(鼈令)の傳承も、鯀・禹傳承の四川版であるということなどが大方に認められていると思う[*64]。

すなわち、鼈、あるいは石を媒介にして誕生した禹の出生地は羽淵であり、禹は死後、祈雨と多產・豊饒を祈る社神になったというのである。言い換えれば、禹はもはや再生と多產・豊饒の象徵であり、漢代郡國の社も禹を社神として祭っていたのである[*65]。

羽山は鯀・禹神話とその傳承の核となる場所であるが、このように羽山が東海郡に設定されたのは『漢書』地理志が『故國、禹後』、つまり 「禹の後裔の故國」と注記した郯縣北西の繒縣と關係があるからだろう。禹と同姓である姒姓鄫國(曾、繒)は、周初に現山東省臨沂地區蒼山縣西北の古鄫城へ遷徙し、魯襄公6年(B.C.567)莒に滅ぼされた。『後漢書』郡國志琅邪郡臨沂縣の叢亭は宋襄公が會盟に遲れた鄫子を犧牲として祭った次睢之社で、『博物志』が傳える俗稱食人社の大叢社であるが、「叢」は「曾」から出た名稱であったということである[*66]。

最近、四川省西北高山地帶の古羌族の後裔が今でも石紐をはじめとする禹の樣々な傳承を地名として保存しているばかりでなく、氐羌の白石信仰の傳統も繼承していることが確認されたが[*67]、そうすると、『漢書』地理志以來、鯀・禹の聖地と特記されてきた羽山でどんな形であれ、ある種の祭儀がなかったと考えるのことの方がむしろ不自然であろう。

10月3日の羽山行を〈日記〉は「立冬從卿之羽」と記録した。したがって、その日が立冬であったことに異論の餘地はないが、『從卿』の「卿」を太守と見て差し支えないとすると[*68]、この旅行は立冬の日に太守に隨行した公務であることは確實であり、從って、郡レベルの公式的立冬祭儀と關係のある可能性が濃厚である。一方、『後漢書』祭祀志と禮儀志によると、四時迎氣儀式の一環である「迎冬(氣)」儀式は立冬日に北郊において京都百官の參加の下で黑帝玄冥を祭ったものだったとされるが[*69]、立春の迎春儀式だけが郡國縣道の大小官員らがもれなく參加する郡縣レベルの儀式であり、立夏・立秋・立冬儀式は京都百官が參加する京師の儀式に限られていたという。一方、祭祀志によると、迎四時氣の儀式は『禮讖』と月令とに基づき、後漢明帝永平年間(A. D. 58-75)、前漢末元始年間(A. D. 1-5)の「故事」を取り入れて、始まったという。[*70]從って、元延2年にはまだ國家祭儀に「迎時氣」が含まれていなかったことは明らかであり、たとえ非公式的に入っていたといっても郡レベルでの立冬祭儀ではなかった。

しかし、鯀・禹傳說の四川版である蠶叢・杜宇望帝・開明の傳說の中、蠶叢は蜀叢、つまり叢社で再生を主管する冬至の太陽神(縦目の)であったとすれば[*71]、漢代人が禹後裔の叢社で立冬日に冬至の太陽神を祭るのは自然であり、特に立冬の「迎冬氣」儀式で北方神の水神玄冥が祭られ、當時同じく北方水神として知られた玄武が蛇と龜の結合體であったこと[*72]、禹の元の形體が蛇であり、羽淵の三足鼈で復蘇した水神であったという神話、禹が冬官司空であったという傳承等を考え合わせると、禹の聖所である羽山である種の冬の祭儀がなかったというのはむしろ異常である。さらに立冬日に郡太守一行がその地を訪れて、何の行事も行わなかったとすればあまりにも不自然ではなかろうか。特に10月4日の宿所「羽北一」がもし羽山の最北端を意味するとすれば、その場所もまた「迎冬氣」の場所である北郊に對應していないだろうか。立冬日に、東海郡太守一行の羽山行を禹の聖地で冬の祭儀を行うためのものと推定することも決して臆斷ではなかろう。

天子が夏至に后土を祭る原則がある狀況で、[*73]地方官が傳統的な禹(后土)の聖地で立冬日の公式規定にもない冬祭儀を行うこと、これは國家の祭祀政策に背くものである。しかし、〈日記〉の立冬羽山行を立冬祭と無關係のものと理解するのがむしろ不自然であるとすると、ここで私は地元の傳統的な民間儀禮を體制內に引き入れようとする地方官の努力と、これを肯定的に容認した國家の政策的配慮とを想定せざるを得ないが、と同時に民間の意識と生活に溶け込み、生きている神話と傳承の具體的な一例を確認できるのである。間もない10餘年後には、立冬祭儀が京師の「迎時氣」に受容され、再び後漢で公式に制度化された事實は、このようにその神話と傳承が民間生活に生きていたからであろう。たとえ後漢でも郡レベルでの立冬祭儀は規定されていなかったとしても羽山の立冬祭は毅然と續いた可能性は高い。

10月立冬日の羽山行の性質を以上のように推定できるとするなら、2月羽山行の性質は容易にわかる。2月3日はその年の春分の2月11日の8日前であるから、これを春分と直接關連づけることは難しいが、漢代民社の祭祀が2月と12月の臘日と指定されており、禹が郡國の社神だからである。すなわち、それは郡の屬吏が參加した2月の社祭である可能性が高いのである。しかし、先に述べた〈集簿〉中「春令成戸」を思い起こすならば、2月羽山祭は單純な社祭ではなかったようである。「春令成戸」は聘財がないために正式に婚姻手續きを取れなかった男女を國家が結び付ける「合獨」政策であるが、7,000餘組を一カ所に集めて合獨式を行うことは難しく、だからといってある行事がなくてはならなかったとすれば、この行事に相應しい場所と時期に象徵的な儀禮を行うことは自然な代案であったろう。先にも指摘したように、この合獨政策は『周禮』地官媒氏に規定された男女相會と(媒を通じていない野合をも許す)事實上同じ性質を持っている。この男女相會の時期も2月であるが、『後漢書』禮儀志は事實上男女相會と同じ性質の祈子儀式高禖をも同じく2月の儀禮として傳えている。したがって、「春令成戸」の時期は一應2月と推定するのが自然であるが、ここで私は、男女間の訴訟を「勝國(亡國の「社」)で受理するという『周禮』媒氏條の記事を思い起こさざるを得ない。羽山の社とはすなわち禹の社であり、これは亡國夏の社であるからである。

一方、「人之先」とでも表現される高禖神の社には石主が代々安置されたとあるが[*74]、禹だけでなく彼の息子の啓もまた石から生まれたという説話は[*75]社神禹が高禖神であったという主張を[*76]裏付けていると思われる。現在、羽山から上古の社の遺址が確認されたという報告はなされていない。しかし、羽山からそれほど遠くない連雲港市西南9Kmの將軍崖の古代岩畫遺址近くで發見された三つの巨石で造成された祭祀遺址と江蘇省徐州市北17Kmの銅山丘灣の人身犧牲を伴った大石祭祀遺址がいずれも上古の社の遺址と推定できるとするなら、[*77]羽山の社もまた大石で造成された可能性が濃厚である。ここで石から生まれたという禹・啓の神話をもう一度思い出すと、禹社である羽山の社の中心に大石が安置される可能性は非常に高いと思われる。さらに戰國末の〈日書〉で禹が嫁娶日の吉凶と關聯のある神として信仰されているとすれば[*78]、羽山の社は高禖祭を行える條件を十分備えていたことになり、したがって、2月「春令成戶」の象徵的な儀式を行うにこの上のない場所であったのである。

したがって、私は東海郡の高級屬吏である〈日記〉主人の2月羽山行について、東海郡が傳統的な民間の高禖儀式が行われる羽山の社祭を、「春令成戶」の宣言とその象徵的な施行の具體的な場として利用したものと理解するが、以上の推論に大過はないとすると、ここから私は當地の神話・傳說を擔持した民間祭儀を通じて國家の「德政」を自然に施す具體的な實例を再び確認し得たといえよう。

(3)　楚國出張と災異政治

〈日記〉主人の郡外出張は楚國と琅邪郡に集中していたが、特に1月中旬以後から6月初まで、4回にわたった楚國出張で、彼は事實上本郡ではほとんど勤務していない。このような短期間に頻繁な回數と長期滯留は（2回目の出張を除く）、一見楚國と東海郡間の行政上の緊密な協力と連絡を意味するかのようで、彼の楚國滯留時、東海郡の屬吏と推定される主簿蔡卿（4月20日）・薛卿（5月15日）・董卿の到着（5月19日）記錄は彼が楚國出張中に本郡と頻繁に協議しながら、仕事をした證據と見られる。また普通は行路とは言い難い郯縣の東北蘭陵を經た2回目の楚國出張と（2月7日）下邳を經た（3月26日）4回目の出張は蘭陵と下邳が各々楚國出張とある關連があったことを示唆していると思う。したがって、彼の出張が實際、楚國と東海郡間の問題であったなら、これは當時近隣郡國間の業務協助と連絡が意外に緊密であったことを示す證據となり得るだろう。しかし、長吏を隨行したわけでもないのに、楚國の治所彭城だけでなく、その屬縣の呂・菑丘・梧をも訪問しているし、特に南春亭・南春宅で長期間滯留したという事實などは楚國出張が單純に東海郡と楚國間の業務連絡だけではない可能性を強く示唆する。

この問題について端緒となり得るのは、彼が1回目の楚國出張に立つ2日前の1月16日の記錄である「旦謁胃?從史休宿家」のみである。ここで「旦謁」と「休宿家」の意味は改めて說明する必要がないだろう。これに對し、第3字は釋讀者も「胃」とは表記したものの、疑問符號をつけており、實際、竹簡寫眞を見ると「胃」字ではないようで、たとえそれが「胃」だとしても「胃從史」の意味は不明である。しかし、少なくとも「從史」は、これが州刺史と關聯する問題であることを示唆する。最初に私は、あるいは州從史に選任されたことの通告である可能性も考えてみたが、その後も彼は依然として郡吏であったことが確認できたから、これは一應排除した。そうするとこれは結局、州從史とある種の連絡乃至協力を指示されたものと解釋せざるを得ないが、その後、彼の行蹟は主に楚國出張に集中している。したがって、1月16日の記錄は太守から楚國に出張して刺史の業務を補佐せよという命令を受けたことと推定するのが自然であろう。もちろん太守は刺史の要請に従ったのであろう。當時刺史の屬吏組織が、嚴耕望の『中國地方行政制度史』が『後漢書』百官志等を根據に紹介した規模と同じであったかどうかはわからない。しかし、元帝時その數は確かではないが、秩百石の治中、別駕、諸部從事が設置されたことは明らかであり[*79]、各郡國は刺史一行の境内巡察を案内・補佐するために卒史1人を配置したようである[*80]。したがって正式の從事として選ばれていない郡國の屬吏が他郡國にまで出張し、刺史を補佐するのは、たとえ當時、刺史が事實上、州牧の性格を強く帶びていた狀況だとしても、非常に異例的であるように思われる。これは當時楚國にある種の追加人員が動員されるべき事態が發生したことを示唆する。

吳楚七國の亂以後、王國が事實上郡縣化されたことは周知のごとくである。しかし、武帝時に刺史を新置した主要目的の一つは諸侯王の監察であったが、[*81]かつて王鳴盛が指摘したように、諸侯王に對する督察は前・後漢刺史らの要務であったという事實[*82]、そして前漢末哀帝時彭宣を左將軍から解任するための口實として「諸侯國人」が「宿衛することはできない」原則とともに國家の制度に背いた將軍と諸侯王家の婚姻が指摘されたことを[*83]見ると、諸侯王に對する皇帝の疑懼心は依然としてあったようである。これは諸侯王も狀況により、皇帝の候補者になれたからであると解釋されるが、特に後嗣が確保されていなかった成帝時代にはこれはさらに深刻な問題であっただろう。

元延2年初、徐州刺史の特別監察をもたらすべき楚相の行蹟は確認できない。一方、當時楚王は思王であるが、彼は甘露4年(B.C.50)定陶王(2年前、被封)から徙封された宣帝の皇子楚孝王の息子として、陽朔2年(B.C.23)繼位一年で死んだ兄懷王の後を繼いで、紹封されて以後、元壽元年(B.C.2)に死亡するまで特記すべき行蹟は傳えられていない。[*84]ただ彼の息子18人が王子侯に被封したことをみると、多くの妻妾を持っていたことは明らかであるが、この程度は他の諸侯王に比べて、別に特徵的でもなく、趙翼が指摘したような「漢諸侯王に蔓延する荒亂」の風潮は[*85]確認できない。

そうすると、この問題の端緒は元延元年に相次いだ異變にあるように思われる。その年、正月朔日には日食が、4月には雷鳴や雷光と東南方向の巨大な流星及び郡國の隕星が報告され、7月には東井の分野に巨大な彗星が現れた。4月の異變に對應して、すでに大赦令を宣布した成帝は7月再び自省とともに臣下らの忌憚なき諫言を求める傍ら、内郡國に能直言極諫者・方正1人ずつの薦擧を命じたが、これらの異變は「王者の失勢と諸侯の起伯」と「後宮女妾の害と諸侯叛逆の禍」を警告したことと各々解釋されたのである[*86]。〈日記〉の4年後の綏和2年に「熒惑守心」という異變が報告されると、丞相翟方進に自殺が強いられたことを思い出すと（『漢書』巻84 翟方進傳）「長さが10丈を越え、大きさが瓶のような流星が太陽の下から現れ、東南へ消えた」異變は東南諸侯王に對する疑懼心を煽り立てたろう。當時、徐州所屬楚國・泗水國はその範圍に當った[*87]。こうした狀況の中で、刺史が東海郡吏を楚國へ動員するという異例的な措置を取ったとすると、その目的は楚王に對する特別監察と推定して大過はないだろう。もっとも徐州刺史は泗水國に對しても同じ措置を取っただろう。しかし、『漢書』地理志に傳えられる元始2年(A.D.2) 泗水國は三つの縣、25,025戸、119,114口にすぎなかったのに對し、楚國は七つの縣、114,738戸、497,804口であり、楚思王の王子中、哀帝建平4年(B.C.3)に2人、 元始元年(A.D.1) 2月に11人、4月に5人を各々王子侯に封じたことを[*88]考えると、元延2年の楚國の規模は遙かに強大であったろう。徐州刺史は楚王の監察に特に關心を集中させたろう。

〈日記〉とともに出土した〈君兄繒方提中物疏〉の目録中〈楚相内史對〉は當時〈日記〉の主人の楚國内での活動の產物と見られる。發掘時、この文件はその痕迹すらなかったので、その内容はもちろんわからない。だが「對」というのは一般的に上級者の下問に對する下級者の答えを意味するが、被疑者あるいは被調査者の陳述、またはその文件を意味する用語としてよく使われた。したがってこの文件は楚國の相と史に對する調査結果である可能性が濃厚であるが、〈日記〉の主人がこれを副葬したということは、つまり彼がこの文件の作成に直接あるいは間接に參加したことを示唆するからである。

〈日記〉の3年後の成帝綏和元年(B.C.8)王國の相と內史の構造的葛藤を解消するために內史を省罷したが、その葛藤の理由は治民權を持った內史が衆官を統領する相[*89]より位階こそ低いが、權限はより大きかったからであると思われる。王國の相と中尉が(內史の革罷後復活した)各々郡の太守と都尉の關係で整理されたことはこの改革以來であったのである[*90]。しかし、この改革後に再び相と中尉が權力を爭い、常に不和であったが、特に彼らは王を互いに引き込んで自分の立場を上奏したというのである[*91]。

そうすると、相と內史の葛藤にも王が介入した可能性は十分推測できることであり、諸侯王に對する特別監察に相と內史に對する訊問調査がないという方がむしろおかしなことであろう。

したがって、私は元延2年上半期の〈日記〉の主人の頻繁な楚國出張は元延元年東南諸侯の變亂を豫告する異變に對する具體的な對應策に彼が動員されたと推定するが、以上の推論に大過がないとすれば、これは實際の政治に適用される災異思想の生き生きとした實例を追究するのに貴重な端緒をなすと評價せざるを得ないだろう。

3　〈東海郡下轄長吏不在署者名籍〉と「帝國意識」の形成

中國の統一帝國が長期間にわたって維持された要因は多角度から考察するべきであろうが、帝國にたいする臣民の歸屬感と相互の一體感もその重要な要因の一つになるだろう。從來この問題と關聯して「一統思想」の論理的發展、帝國統合の範圍である「天下」の概念と範圍などの問題に關心を抱いた研究も多かった。だが、帝國あるいは王朝に對する個々人の歸屬感と相互一體感は抽象的な論理よりはむしろ情緒の問題であるので、この情緒を形成する契機とメカニズムを具體的に究明する必要があるだろう。したがって、全國的な規模の祝祭と節日の確立、同一の生活と風俗に導くための移風易俗、一元的法令と制度、徙民政策による住民の再編成等もこのような觀點から再證明すべきであろうが、頻繁な接觸と往來がこの問題の核といえるなら、これを可能ならしめる政策や條件もまず解明すべき課題の一つであろう。しかし漢代の貧弱な交通手段、居住移轉及び私的旅行を制約する編戶齊民支配體制の本籍主義、鄉里と祖先の墳墓から離れることを忌避する情緒などは、帝國全體成員の一體感を高めるのに大きな障碍となったであったろうし、地方官の任用も本籍地は回避したが、大體近隣方言圈を中心としてなされたため[*92]、地方官らの「帝國意識」を形成させるにあたって積極的に寄與したとは評價できないだろう。これに對し、〈東海郡下轄長吏不在署者名籍〉は（以下〈不在署者〉と略稱）はこの問題を再檢討させるきっかけを提供していると思われる。

この名籍は東海郡所屬の縣・邑・侯國の長吏中、現在その部署を留守にしている長吏をその理由ごとに分けて記錄したもので、告または病告（6人）、歸寧（6人）、死亡（7人）と、免職（3人）、彈劾（2人）、未到官（6人）等との理由で留守中の長吏もいたが、ここで私が注目しようとするのは、郡外出張により、留守中の22人である。敍述の便宜のため、その內譯を整理してみると次のようである。

姓名	職位（秩級）[*93]	出發日	業務
郎(?)延年3	郯縣　右尉（400石）	9月13日	輸錢都內
周便親	海西縣 丞　（400石）	7月 7日	輸錢齊服官

梁 樊	蘭陵縣 右尉	(400石)	9月12日	輸錢都内
朱 博	曲陽縣 丞	(200石)	7月25日	同　上
莊 戍	承縣 丞	(200石)	9月12日	同　上
宣 聖	良成侯國 丞	(200石)	9月21日	同　上
張 良	南城侯國 丞	(200石)	9月21日	同　上
□ □	于鄉侯國 丞	(200石)	9月12日	同　上
陳 順	南城侯國 尉	(200石)	9月21日	同　上
			右 9人	輸錢都内

司馬敞	郯縣 獄丞	(200石)	8月 13日	罰戍上谷
孫 嚴	郯縣 左尉	(400石)	9月 21日	同　上
楊 明	朐邑 丞	(300石)	10月 5日	上邑計
孫 敞	費縣 長	(400石)	10月 5日	送衛士
家 聖	開陽縣 丞	(200石)	9月 21日	市魚就財物河南
周 喜	即丘縣 丞	(200石)	9月 21日	市□□就□□
宗 良	況其邑 左尉	(200石)	9月 23日	守丞上邑計
王 恁	厚丘縣 丞	(200石)	10月 20日	□□邑□
周 竝	厚丘縣 左尉	(200石)	3月 5日	市財
胡毋欽	平曲縣 丞	(200石)	7月 7日	送徒民敦煌
北宮憲	司吾縣 丞	(200石)	10月 5日	送罰戍上谷
唐 湯	建陽侯國 相	(300石)	11月 13日	送保宮□
□ □	山鄉侯國 相	(300石)	10月	不明
			右 13人	繇

日時の先後よりは所屬縣・侯國・邑の序列に沿って最高レベルから最低までの順序のまま[*94]記録されていたことを見ると、内容に漏れはないようである。ここで、まず注目されるのは出張長吏の人數22

人は東海郡所屬の全長吏(長官と鹽・鐵丞を除く)81人の約25%に當るということであるが、當時長吏の久任を考慮し、郡外出張が毎年交代で委囑されたと假定すると、大體すべての長吏は在任中少なくとも1回以上の郡外出張を經驗したとみて無理はないだろう。また長吏の公務旅行に屬吏が隨行するのも常識であるなら、東海郡屬吏の相當な人數が郡外出張を經驗しただろう。次に注目したいのは出張の行先地であるが、その內譯は長安が13(都內輸錢・衛士護送・邑の上計・葆宮護送)、上谷が3、敦煌が1、近隣の郡が3、不明が1に分けられる。長吏の任用は中央政府の權限であるが、すべての長吏が長安で任命狀をもらって赴任したのかは明らかではない。とにかく、京師との業務連絡は長吏と屬吏らをして自分達が皇帝の臣民であり、自分の鄉里と任地、そして旅行中に經由したあらゆる地域が大帝國の一部であることを認識させる契機になったろう。さらに注目されるのは罪囚を上谷と敦煌まで東海郡の長吏が直接護送したことである。敦煌と東海郡との距離は約3,300km。このように中間郡縣の中繼を經ないで發送郡縣が最終的に引き受ける郡縣まで直接輸送する仕方は、最近一部が公開された前漢敦煌懸泉置竹簡にある永始4年(B.C.13) 河南郡の長吏が直接敦煌まで錢を輸送した例と[*95]、また甘露3年(B.C.51)金城郡が遠く西域鄯善國伊循まで施刑士を護送する亭長を派遣した例でも確認できる[*96]。これは當時運送體系の限界による制度と一應理解すべき問題であるが、結果的にこの制度は地方官民の「帝國意識」の形成に大きく寄與しただろうと推測される。敦煌の官吏に罪囚を引渡した東海郡の官吏は關東の諸郡から徵發された戍卒にも會い、かくも遠い西北の邊境も帝國の一部であることを實感しただろうし、敦煌の防衛のため遠く數千キロ離れた東海邊にある東海郡の人的、物的資源が動員される理由も理解し、「天下」・「帝國」に目を向ける餘裕をも得ただろう。逆に河平元年(B.C.28年) 山東の流民を招募するため東海郡と泰山郡まで出張した敦煌の屬吏らも[*97]敦煌から山東に至る郡縣がいずれも一つの帝國として組み込まれていることを再び實感しただろう。

これは數千里離れた邊境へ戍卒と田卒を護送した郡國の官吏はもちろん、ある期間の服務を終え歸還した戍・田卒にも同じことがいえる。懸泉漢簡は神爵4年(B.C. 58)11月23日、丞相史が神爵6年に歸還する(?)河東・南陽等、關東の八つの郡國の戍卒を敦煌・酒泉まで護送し、續いて任期を終え歸還する罷卒を引き受け、河東等六つの郡國へ送致するために長安を出發したことを傳えている。[*98]これだけを見ると、郡國が一應長安まで(あるいはあるところ) その年割り當てられた戍卒を護送し、中央政府がその戍卒を一括して邊境まで護送し、任期を終え歸還する罷卒をまた長安まで護送してその所屬の郡國に引き繼いだようである。しかし、懸泉簡牘にも甘露3年(B.C. 50) に上郡が烏孫遠征に從軍した所屬兵士を迎えるために敦煌郡まで守屬を派遣した事實を傳えているが[*99]、新居延漢簡には縣が郡へ戍卒を護送すると郡の長吏が彼らを邊境の任地まで護送し、その長吏がまた罷卒を護送して歸還する法令[*100]だけでなく、實際、元康2年(B.C. 64)東郡の利昌侯國の相が戍卒を引率し、居延まで出張した事實も[*101]確認される。

敦煌と居延漢簡中に東海郡出身の戍卒がまったく確認されず、東海郡の長吏出張名簿にも戍卒護送者がないことから見て、東海郡には少なくとも西北邊境にまで戍卒を派遣する義務はなかったと推定されるが[*102]、〈不在署者〉は東海郡が衛士を派遣したことを立證する。前漢末衛士の規模は約15,000名[*103]、京師に徵集された衛士の任務は衛尉の指揮下で宮闕と皇帝の宿衛、園陵・寢廟及び主要官署の守衛であるが[*104]、『後漢書』禮儀志は12月にその年の勤務を終え歸還する衛士らに與えられた大々的な慰勞宴を次のように紹介している。

百官が集まり、席が決まると、謁者が符節を持ち、故衛士を引導し、端門に入ってくる。衛司馬は幡鉦を持ち、行列を護衛する。行列が定まると侍御史が符節を持ち慰労するが、詔書を奉じ、今までの苦生を恩惠で慰問し、述べたい言葉が盛り込まれた章奏を接收する。饗宴が終わると音樂が下賜され、角抵を觀覽する。音樂が終わると集いを終え鄉里に歸って農桑に(勵むことを)勸める。

この儀式には皇帝も直接參加したというが、儀式の最後に提供される角抵戲は本來、黃帝と蚩尤の神話的な戰鬪を再演する儀禮に起源するもので、樣々な神話的動物と扮裝した俳優たちの幻想的な舞と歌が繰り廣げられる大規模な演戲であった。主に皇帝の權威と榮光を誇示することとして利用されたと思われるが、武帝時(B.C.108)ある角抵戲は300里離れたところからも見ることができたほど、大壯觀であったという[*105]。この莊嚴なる儀式に參加し、幻想的な壯觀を經驗した衛士らの感激は充分に推し量れようが、鄉里に歸った衛士らは威張りながら皇帝の榮光と恩德を宣傳はずである。衛士制度は單純に勞動力や兵力の動員という意味に止まらず、鄉里で農桑に專念する小農民と皇帝とを禮や德で、さらには心情的に固く結び付け、自分達が帝國と皇帝の臣民であることを深く自覺させ、またそれを宣傳する要員を養成する制度でもあったのである。漢帝國はこの制度を通じ、每年約15,000名の熱烈な宣傳要員を確保したのである。

〈不在署者〉は當時帝國の人的、物的資源が如何に動員され、再分配されたかを究明するのに重要な端緒を與えてくれる。しかし、ここで確認された運送の仕方や人的資源の移動は長吏ばかりでなく、小農民にまでも「帝國意識」を持たせる重要な裝置であったわけである。帝國の廣大は官吏と小農民らに數千里以上を移動せざるを得ない苦痛を強いたが、この苦痛は如何なる說教よりも臣民らに廣大な帝國への歸屬感を深く植え付け得たのである。邊境を公務で旅行した長吏と屬吏の一部は中央高官へと出世して帝國の運營にも直接に參加しただろうが、戍卒と衛士出身の地方民たちと、同じく公務で帝國を步きまわった地方官たちは「帝國」の視野から帝國を運營する政策を支持する連帶感を形成していたと思われる。

結び

以上尹灣簡牘の一部の文書を私の關心を中心にして分析してきたが、飛躍と想像が甚だしいという非難ももちろんありうるし、このような分析を思想史研究の擴大と主張する私のような立場自體に同意できない方々もいるかも知れない。思想史が卓越した少數の哲學者・思想家の文章によって構成されるものなら、このような批判は妥當である。しかし、思想史の目的が論理自體の發展を追究するのでなく、歷史上の具體的な生き方を指導した原理と思考の體系とを確認することであるとするなら、むしろ具體的な行爲、制度、遺物・遺蹟などでこれを抽出する方が、より效果的であることもあるだろうし、特に體系的な論說が足りない場合、このようなやり方がやむを得ないところもある。事實、偉大なる思想というのは時には極めて平凡な「常識」が卓越した學者によって整理されたにすぎない場合が多い。たとえば、天人感應・災異說を董仲舒の學說と認める通說に私は敢えて反對しない。だが、漢代人がこの思想を幅廣く共有し、實生活に適用したのは董仲舒の著書を直接讀んだりしてその影響を受けたからでなく、むしろ先秦以來常識化された人間と自然に對する說明を自ずから受け入れたからであると理解する方が妥當ではないかと思うのである。こうした見方に立つと、たとえば災異思想を比較的に要領よく論述した時代解明の文章を董仲舒以後の著作と斷定する必要もないだろうし、ある時代ある社會の思想を卓越した學者の論說で再構成することに滿足することができなくなり、思想の實踐的問題までも思想史の範圍に引き入れることもできるようになるのである。 私は太平の理想とその論理を强調することよりは、その理想が現實的に如何なる歪曲と虛構として現れたのかをも檢證することが思想史研究の義務だと信じている。「一統思想」の論理よりは、「帝國意識」が形成できるメカニズムを探索し、その意識の實在を推定することが、また單純な神話の思想的分析よりは神話を媒介にして形成され維持された民間祭儀の傳統を確認することによって當代人の神話的意識を理解することが、災異思想自體よりはその適用の多樣なる實例をできるだけ追究して、その範圍と强度とを理解することこそが、思想史研究をより一層發展させることができると思われる。本稿はこうした私の素朴な考えを述べるために構想されたものであるが、事實あらゆる人間の行爲とその結果が人間の思考と無關係であることはあり得ないとすれば、 これまた平凡な常識を繰り返したにすぎないだろう。

注

*1 この問題は拙稿 「虛像の太平:漢帝國の瑞祥と上計の捏造---尹灣簡牘 <集簿>の分析を中心として」(ソウル大学校東洋史學研究室編『中國古代の理解 4』1998)で詳しく論じた。

*2 漢代の瑞祥の事例を文獻及び金石文資料から檢索・整理し、その意味を簡單に考察した出石誠彥「漢代の祥瑞思想に關する一二の考察」(早稻田大學東洋思想研究室年報『東洋思想研究』第2 1938)、漢代救恤及び官僚

選抜制度と混成型瑞祥動物の關連を部分的に考察したMartin J. Powers, "Hybrid Omens And Public Issues In Early Imperial China" (*BMFEA* 55, 1983), 後漢代武梁祠の天井部の瑞祥畫像石の分析を中心に漢代瑞祥の流行とその政治的な機能を考察した Wu Hong, *The Wu Liang Shrine: The Ideology of Early Chinese Pictorial Art* (1989, Standford University Press) chapter 3 The Ceiling: Heavenly Omens などがある。

*3 『論衡』宣漢篇「夫太平爲治定爲效、百姓安樂爲符、…百姓安者、太平之驗也。…安則平也、瑞雖無具、無害于平…、聖主治世、期于平安、不須符瑞…、問曰、文帝有瑞、可名太平、光武無瑞、謂之太平、如何、曰 、夫帝王瑞應、前後不同、雖無其物、百姓安集、風氣調和、是亦瑞也。」

*4 『論衡』宣漢篇「百姓安而陰陽和、陰陽和則萬物育、萬物育則奇瑞出…、天下太平、瑞應各異…、五帝三王、經傳所載瑞應、莫盛孝明、如以瑞應效太平、宣明之年倍五帝三王也、夫如是宣孝明可謂太平矣、…周之受命者文武也。漢則高祖光武也、文武受命之降怪、不及高祖光武初起之佑、孝宣孝明之瑞、美于周之成康宣王、孝宣孝明符瑞、唐虞以來、可謂盛矣。」

*5 以下尹灣簡牘はすべて連雲港市博物館・中國社會科學院簡帛研究中心・東海縣博物館・中國文物研究所『尹灣漢墓簡牘』(1997、 中華書局)による。

*6 これは東海郡の總面積の約40%で、東海郡18侯國2邑の土地を指したようにも見えるが、東海郡の侯國と邑が大體に鄕級に屬したことを考え、屬縣の邑居と園田もふくまれていたことと理解した。

*7 これは頃と畝とを續けて表記したことが明らかであるので、少なくとも「三萬」以下は畝數であるべきであるが、 春種樹の面積6,567頃94畝をわざと656,794畝と表記したことを農耕地でない事實を表記したことと理解するなら、この土地は粟や其の他の穀物を播種したというよりは、それと無關係の植物類が長らく生えていたという程度の意味ではないかと推定される。

*8 尹灣簡牘〈東海郡吏員簿〉によると、18侯國2封邑中複數の鄕嗇夫が配屬

されたのは、昌慮(鄉有秩1人、鄉嗇夫2人)、蘭旗(4人)、容丘(2人)、良成(鄉有秩1、鄉嗇夫1)、南城(2人)、陰平(3人)、新陽(2人)、平曲(2人)、殘り12國・邑は鄉嗇夫1人で、國・邑の鄉嗇夫(30)と有秩嗇夫(2)は都合32人である。東海郡の鄉は全部で170、現在定員簿に記録された有秩嗇夫(25)と鄉嗇夫(144)の合計は169、したがって1人を缺員と見ると、1鄉1(有秩)嗇夫が明らかである。鄉(有秩)嗇夫の比率で、東海郡所屬の縣と國・邑の比は138:32で約4.3:1程度と推算される。私が、侯國・邑の墾田を屬縣墾田の約25%と推定したのもそれゆえである。

*9 拙著『中國古代帝國成立史研究－－秦國齊民支配體制の形成』(1984、一潮閣)pp.89-94參照。

*10 『漢書』循吏傳に立傳された宣帝以後の地方官 5人の治績中、戸口の增殖に直接觸れているのは王成・黃覇・召信臣・龔遂傳には盜賊の解散と農民化、農桑奬勵の成功が大書特筆されたが、特に宣帝初8萬口を定着させ「異等之效」と表彰された王成は後にその捏造したことが暴露されたというが、班固が王成傳を「是後俗吏多爲虛名云」で終えていることは甚だ示唆的である。

*11 たとえば、『漢書』宣帝紀の地節3年冬10月「流民還歸者、假公田、貸種食、且勿算事」及び、松崎つね子「漢代土地政策における貧・流民對策としての公田假作經營」(中國古代史研究會篇『中國古代史研究』第4、東京、1978) pp.346-353參照。

*12 楊子慧主編『中國歷代人口統計資料研究』下 (1996年改革出版社) p.1353。男女性比は1912年112.0:100、928年124.7:100、1933年124.8:100、1935年、1936年、1938年119.4 : 100、1940年115.9:100、1946年109.6:100。

*13 喬志强前揭『中國近代社會史』(1992、人民出版社) pp.67-68。

*14 喬志强前揭『中國近代社會史」p.71.

*15 楊子慧主編『中國歷代人口統計資料』下pp.1190-1191。

*16 簡牘 27・1の男女性比(2:1)、27・4 (2:2)、 29・1 (1:3)、 29・2 (3:2)、55・20 (1:1)、 55・25 (1:2)、 133・20 (3:1)、 161・1 (1:3)、 1

94・20(1:2)、203・3（2:2)、 203・7（1:3)、 203・12（2:2)、 203・13（1:2)、 203・16（1:1)、 203・19（2:1)、 203・23（3:1)、 203・32（2:2)、 254・11（1:2)、 231・25（2:1)（以上 謝桂華・李均明・朱國炤『居延漢簡釋文合校』1987、文物出版社)、 E.P.T 43・335（2:2)、 59・622（3:1)、 65・118（2:2)、 65・121（3:1)、65・288（2:1)、65・411（3:1)、 65・413（3:1)、 65・454（1:2)、 65・455（3:1)、65・478（2:2)（以上、甘肅省文物考古研究所等『居延新簡』、1990、文物出版社)

*17 『太平御覽』卷231所引謝承『後漢書』「范延壽、宣帝時爲廷尉、時燕趙之間、有三男共娶一妻、生四子。」『易林』卷1蒙卦之節卦「三人共妻、莫適爲雌、子無名氏、公不可知」、卷5觀卦之蠱卦「長女三嫁、進退不羞、逐狐作妖、行者離憂」、卷11益之大有卦「一婦六夫、亂擾不治、張王季疾、莫適爲公、政道壅塞、周君失邦」。一方、東海郡からそれほど遠くない江蘇省儀征縣で前漢 元5年(A.D.5) 紀年の遺言狀を殘した女人が3 夫との間で6男妹をもうけた例も(陳平・王勤金「儀征胥浦101號西漢墓≪先令券書≫初考」、『文物』1987-1參照)。いずれもこうした男女性比の懸隔な差を反映していることと理解される。

*18 「令男三十而娶、女二十而嫁…、仲春之月、令會男女、於是時也、奔者不禁、若無故而不用令者罰之、司男女無夫家者而會之」

*19 民國元年(1912) 北京内城・北京外城・順直・直隷全省・山東・山西・吉林・黑龍江省の1-16歳未滿が平均17.60%であり、(喬志強前掲『中國近代社會史』p.71民國元年部分省區人口年齢表參照)、1992年全中國の6歳以下12.77%(國家統計局人口與就業統計司編『中國人口統計年鑑』(1994、國家統計出版社、p.11)、1947年湖北・山西・福建・遼寧・遼北・吉林・臺灣の0-6歳の比率の14.00%という統計は(楊子慧主編『中國歷代人口統計資料研究』p.1367)等を考えると、〈集簿〉の6歳以下は少なくとも3% 以上は誇張したものであろう。一方、80歳以上の人口は、1931年江蘇省の總人口 32,148,447人中、71歳以上が1.851%、81歳以上が0.31%、1946年湖北省21,

329,697人中、70歳以上が1.88%、1947年湖北・山西・福建・遼寧・遼北・吉林・臺灣7省の 71歳以上が1.84%(楊子慧主編上掲書下pp.1364-1367)。また1981年全中國の65歳以上が4.82%にすぎない事實(蔣正華・朱楚珠編「中國人口的年齡結構」中國社會科學院人口研究中心編『中國人口年鑑1985』(1986、中國社會科學出版社、p.235表10「人口年齡構成變化」參照)、1993年中國人口中80-89歳が0.84%、90歳以上は0.06%にすぎない。(前掲『中國人口統計年鑑』p.13。80-84歳0.55%、85-89歳0.19%)。したがって〈集簿〉の80歳以上3.27%中、少なくとも2.5%以上、つまり約3萬5千名以上は增飾とみても大過はないだろう。

*20 『漢書』卷72貢禹傳「起武帝征伐四夷、重賦于民、民產子三歲則出口錢、故民重困、至于生子輒殺、甚可悲痛、宜令兒七歲去齒乃出口錢、年二十內算…、天子下其議、令民產子七歲乃出口錢、自此始」。『漢書』卷7昭帝紀元鳳4年の如淳注「漢儀注民年七歲至十四出口錢、人二十三」。

*21 『漢書』卷1高祖紀7年春「令民產者、復勿事二歲。」この問題について疑問を提起した學者はいないが、後漢光武帝「民有產子者復以三年之算」の規定を(『晉書』食貨志)後漢章帝が「令云人有產子者、復勿算三歲」と言及したことを(『後漢書』卷3章帝紀元和2年春正月詔)見ると高祖の「令」も前漢一代に有効であったと判斷される。

*22 『漢書』卷4文帝紀元年3月詔「又曰、老者非帛不煖、非肉不飽、今聞吏稟當受者、或以陳粟、豈稱養老之意哉、具爲令、有司請令縣道、年八十已上、賜米月一石、肉二十斤、酒五斗、其九十已上、又賜帛人二匹、絮三斤賜物及當稟鬻米者、長吏閱視、丞若尉致、不滿九十、嗇夫令史致、二千石遣都吏循行、不稱者督之、刑者及有罪耐以上不用此令」。『漢書』卷51賈山傳「孝文時、言治亂之道、借秦爲諭、名曰至言、其辭曰…、陛下卽位、親自勉以厚天下…、出帛十萬餘匹以振貧民禮高年、九十者一子不事、八十者二算不事」。『漢書』武帝紀建元元年春2月の「年八十復二算、九十復甲卒」はこれを再確認したものであり、同年夏4月詔「今天下孝子順孫自竭盡以承其親、外迫公事、內乏資財、是以孝心闕焉、朕甚哀之、民年九十以上、

已有受鬻法、爲復子若孫、令得身帥妻妾遂其供養之事」は90歳以上の1子復除を「子あるいは孫の復除」と擴大したと思われる。

*23 甘肅省博物館・中國科學院考古研究所編著『武威漢簡』(1964、文物出版社)pp. 140-147、富谷至「王杖十簡」(『東方學報』64、1992)、武威縣博物館「武威新出王杖詔令冊」(甘肅省文物工作隊・甘肅省博物館編『漢簡研究文集』、1984、甘肅人民出版社)。

*24 前掲「武威王杖詔令冊」p. 35「年六十以上毋子男爲鯤、女子年六十以上毋子男爲寡、賈市毋租、比山東復、復人有養謹者扶持、明爲著令…、夫妻俱毋子男爲獨寡、田毋租、市毋賦」。

*25 尹灣簡牘〈東海郡下轄長吏不在署者名籍〉には、東海郡7個縣の長吏が中央都内に、1個縣の長吏が齊臨淄服官に各々錢を輸送した記録がある。

*26 總48, 310人に米1石・肉20斤・酒5斗を毎月支給するためには年に米579, 720石、肉11, 574, 400斤、酒289, 860石が必要となり、90歳以上に追加支給された帛2匹・絮3斤は1年に1回と(2着用）判斷されるので、90歳以上と王杖受與者14, 493人にこれを支給すると帛28, 986匹、絮43, 479斤の追加費用が必要となる。居延漢簡の物價比率、すなわち、肉10斤、穀1石、穀1石と酒1石價の比率 1:2と換算すると、總579, 720＋1, 157, 440＋579, 720＝2, 316, 880石の穀物となるが、これをまた1石100錢と換算すると總231, 688, 000錢となる。一方、帛は1匹約350錢から450錢、一應350錢と換算すると10, 145, 100錢となる。一方、居延漢簡の「絓絮二斤八兩、直四百」を參考すると、絓絮1斤は160錢、43, 479斤は約695萬餘錢である。結局、年間養老政策で東海郡が必要とする豫算は約2億4千700萬錢である。 以上、物價資料はすべて中國社會科學院歴歴史研究所編『中國古代社會經濟史資料』第1輯(1985、福建人民出版社)を參照した。

*27 『易林』卷12萃卦之井卦「鳩杖扶老、衣食百口、增添壽考、凶惡不起、一云鳩杖扶身、富及其隣、子孫壽考、慶弔不親」。卷13革之升卦「杖鳩負裝、醉臥旁道、不知何公、竊我錦囊」。

*28 沈仲常〈"告貸圖"畫像磚質疑〉(『考古』1979-6)高文編『四川漢代畫像

磚』(1987、上海人民美術出版社)、圖28、29養老圖參照。これを「乞貸圖」または「告貸圖」と理解した見解もあったが、やはり養老圖が正しいだろう。

*29 『宋書』卷17禮志4に引用されたこの詔書にはこの部分が、「糠秕泥土相和半、不可飲食」となっている。

*30 『居延新簡』p. 481、「除天下必貢所當出半歲之直、以爲牛酒之者、民不贅聚、吏不得容姦…。」

*31 『漢書』卷8宣帝紀元康4年3月「詔曰、乃者神爵五采以萬數集長樂、未央・北宮・高寢・甘泉泰畤殿中及上林園…、其赦天下吏爵二級、民一級、女子百戸牛酒、加賜三老孝弟力田帛、人二匹、鰥寡孤獨各一匹」。

*32 西嶋定生『中國古代帝國の形成と構造』(1960、東京)p. 400。

*33 上掲『中國古代社會經濟史資料』第1輯pp. 78-79。

*34 人口は元始2年統計、20億錢は桓譚『新論』(『太平御覽』卷627)「漢定以來、百姓賦斂、一歲四十餘萬萬、吏俸用其半、餘二十萬萬藏於都內爲禁錢」に據った。

*35 『漢書』卷8宣帝紀黃龍元年「上計簿具文而已、務爲欺瞞、以避其課。」同卷72貢禹傳「是以天下奢侈、官亂民貧、盜賊竝起、亡命者中、郡國恐伏其誅、則擇便巧史書習於計簿能其上府者、以爲右職」はこのような現實をよく語っている。

*36 この問題は、拙稿「前漢末郡屬吏の宿所と旅行---尹灣漢簡〈元延二年日記〉分析」(『慶北史學』21輯、1998. 8)の主題である。この文書は以下〈日記〉と略稱する。

*37 左原康夫「漢代の官衙と屬吏について」(『東方學報』61、1989)

*38 『漢書』卷12平帝紀元始2年夏4月

*39 『漢書』卷4文帝紀の顔師古注「郡國朝宿之舍、在京師者、率名邸、邸至也。」

*40 謝桂華・李均明・朱國炤『居延漢簡釋文合校』(1987、文物出版社)p. 448、267・17「八月丁丑障卒十人、其一人守閣、二人馬下、一人吏養、一人

守邸、一人使、一人取狗湛、一人守園、一人治計、一人助。」 彼らはいずれも閣・邸・園等と構成された障候の官舍使役に動員されたと見られる。

*41 『睡虎地秦墓竹簡』p. 108「令人勿近舍、非其官人也、毋敢舍焉」。『漢書』卷77何竝傳「徙潁川太守…性清廉、妻子不至官舍」。

*42 薛英君「居延漢簡通論」(1991、甘肅教育出版社) pp. 367-369參照。

*43 『和林格爾漢墓壁畫』(1978、文物出版社) pp. 48-51、55。左原康夫「漢代の官衙と屬吏について」pp. 100-106參照。

*44 『和林格爾漢墓壁畫』p. 99-145。左原康夫上掲論文pp. 122-12參照。

*45 『尹灣漢墓簡牘』〈集簿〉p. 77。

*46 金秉駿「漢代太守府屬吏組織の變化とその性格---江蘇省連雲港出土尹灣漢牘の分析を中心として」(ソウル大学校東洋史學研究室編『古代中國の理解』3、1998)。特に金の論文は簡牘が「今掾史見九十三人、其廿五人員、十五人郡卿門下十三人以故事治、廿九人請治所治、吏嬴員廿一人」中各項目の合計103人と冒頭の93が合わない問題について實際は各項目に重複があったことを論證し、總93人が正しいことを明らかにした。

*47 『睡虎地秦墓竹簡』p. 58「都官有秩吏及離官嗇夫、養各一人、其佐史與共養…官之佐史冗者、十人養一人。」

*48 『居延漢簡釋文合校』pp. 5-6、4・14A 「二月己卯障卒十人、其一人□、一人削工、一人左□、一人吏養」。 p. 47、30・19A「八月甲辰卒廿九人、□□其一人作長、三人卒養、□□□四人、□□、定作廿五人、二人伐木六人積茭…」。 p. 223、133・21「十一月丁巳卒廿四人、其一人作長、三人養、一人病、二人積葦、右解除七人、定作十七人伐萎五百□、率人伐卅、與此五千五百廿束」 及び註40を參照されたい。

*49 『漢書』卷12平帝紀の顔師古注「軍法、五人爲伍、二伍爲什、則共其器物、故通爲生生之具爲什器、亦猶今之從軍及作役者十人共火、共畜調度」は唐代にも軍隊及び徭役で集團的炊事が10人を一組として組織されたことを傳える。

*50 『漢書』卷77孫寶傳「以明經爲郡吏、御史大夫張忠、辟寶爲屬、欲令授

子經、更爲除舍、設儲倂寶自劾去、忠固還之、心内不平、後署寶主簿、寶徙入舍、祭竈請比隣、忠陰察、怪之、使所親問寶、前大夫爲君設除大舍、子自劾去者、欲爲高節也、今兩府高士俗不爲主簿、子其爲之、徙舍甚説、何前後不相副也」。

*51 『睡虎地秦墓竹簡』p. 77「縣毋敢擅壞更公舍官府及廷、其有欲壞更也、必獻之、欲以城旦舂益爲公舍官府及補繕之、爲之勿獻」。

*52 その墓坑は東西の長さ420cm、南北の寛さは270cm、深さ750cmで、男女を各々副葬した木板槨室内の2棺は彼の宿家を待っていた夫人を想像させる。特に棺と足廂から出土した銅鏡3件、玉璧2件、鐵劍1件、五銖錢38枚、男女木俑7件などをはじめとする漆几、陶器、毛筆、銅樽、銅沐盤、銅帶鉤、陶壺(4件) 等と(『尹灣漢墓簡牘』所收「尹灣漢墓發掘報告」pp. 162-165參照) 副葬目録に收錄された繡被をはじめとする49件の様々な衣物(〈君兄衣物疏〉參照)。彼が生前に男女の下人に付き添われながら、かなり裕福で文化的な生活を營めた情況を推測させる。また、85人による總21,700錢の贈與を記錄した永始2年(B. C. 15) 11月16日付記木牘7號と、100人による總24,700錢の贈與を記錄した木牘8號、特に元延元年(B. C. 12)3月16日一族と見られる師子夏に8萬錢を貸した事實は(木牘10號反面「元延元年三月十六日師君兄貸師子夏錢八萬約五月盡所子夏若□卿奴□□□□□□□□丞□時見者師大孟季子叔」) 彼が相當な財力の持ち主だったことを端的に立證する。

*53 『尹灣漢墓簡牘』p. 131〈君兄繒方緹中物疏〉。滕昭宗「尹灣漢墓簡牘概述」(『文物』1996-8)『記』は〈元延二年起居記〉すなわち〈日記〉、『烏傅』は出土した『神烏賦』と推定する。『管子』弟子職篇と推定される『弟子職』・『列女傳』・『恩澤詔書』・『楚内史對』は出土していない。

*54 『尹灣漢墓簡牘』pp. 135-136。

*55 『尹灣漢墓簡牘』〈名謁〉pp. 133-137參照。

*56 嚴耕望『中國地方行政制度史』上篇pp. 119-122。

*57 左原康夫　「漢代の官衙と屬吏について」pp. 132-135。

*58 彭錦華「周家臺30號秦墓竹簡〈秦始皇三十四年歷譜〉釋文與考釋」(『文物』1999-6)、湖北省荊州市周梁玉橋遺址博物館編『關沮秦漢墓簡牘』(2001、中華書局)。

*59 以上、湖北省荊州市周梁玉橋遺址博物館「關沮秦漢墓清理簡報」(『文物』1999-6、『關沮秦漢墓簡牘』)參照。この墓は1槨1棺の構造であるが、槨室の長さは2.74m、寛は1m、殘高 0.77m、竹簡以外の副葬品は漆器6件、木器13件、竹器6件、陶器5件、銅器3件(盤・帶鉤・鏡)、紡織品及び其他4件と文具(筆・墨・盒・鐵削刀) 程度であるが、特に木器中の模型車馬と人俑(2件)は墓主の社會經濟的地位を推測させる。

*60 以上は、拙稿「秦末と前漢末郡屬吏の休息と節日---〈秦始皇三十四年歷譜〉と〈元延二年日記〉の比較分析を中心に」(ソウル大學校東洋史學研究室編『古代中國の理解』5、2001、5)に詳しく述べた。

*61 「尹灣漢墓發掘報告」p. 155。

*62 『後漢書』郡國志東海郡「祝其有羽山」注「博物記曰、東北獨居山、西南有淵水、卽羽泉也、俗爲此山爲懲父山」　。

*63 顧頡剛「鯀禹的傳說」(『古史辨』7冊、1941)を參考するのが便利である。

*64 童書業「鯀共工與玄冥馮夷」(『古史辨』7冊)、丁山『中國古代宗敎神話考』、(1961、 HongKong) pp. 30-47〈后土爲社〉參照。

*65 『漢書』卷25下郊祀志下「(王)莽又言…、遂於官社後立官稷、以夏禹配食官社、后稷配食官稷」。

*66 何光岳『夏源流史』(1992、江西敎育出版社) pp. 148-150。

*67 工藤元男「禹の傳承をめぐる中華世界と周緣」(岩波講座世界歷史 3『中國の形成と東方世界』、1998) pp. 114-119。

*68 漢代屬吏らが郡太守を稱する最も一般的な言葉は「府君」であるが、尹灣簡牘〈東海郡吏員簿〉の「君卿門下」は 太守を「君卿」とも稱した明白な證據とすれば、この「卿」は君卿の略とみていいだろう。

*69 『後漢書』禮儀志中「立冬之日、夜漏未盡五刻、京都百官皆衣皁、迎氣

於黑郊、禮畢、皆衣絳、至冬至絶事。」祭祀志中「立冬之日、迎冬于北郊、祭黑帝玄冥、車旗服色皆黑、歌玄冥、八佾舞育命之舞」。

*70 『後漢書』祭祀志中「迎時氣、五郊之兆、自永平中、以禮讖及月令有五郊迎氣服色、因采元始中故事、兆五郊于雒陽四方」。

*71 原島春雄「蠶叢考」(中國古代史研究會編『中國古代史研究』7、1977) pp. 15-19。

*72 1978年洛陽車站廣場の西側金谷園村の以東から發見された新王莽期墓の壁畫には「迎時氣」で祭られた東方句芒神・西方蓐收神・南方祝融神・北方玄冥神の形狀が描かれているが、玄冥神の身體は熊を思い出させ、水神に相應しくない。この壁畫に水神玄武がまたあるのはこのためであろうが、中國古代神話で北方水神は大體蛇か龜と關聯するものと認識されるのが普通であった。洛陽博物館共稿洛陽漢代彩畫(1986、河南美術出版社)pp. 40-52參照。

*73 『漢舊儀補遺』卷上「漢法三歲一祭天于雲陽甘泉壇、以冬至日祭天、天神下、三歲一祭地于河東汾陰后土宮、以夏至日祭地、地神出五帝于雍畤」。

*74 Derk Bodde、“*Festivals in Classical China:: New Year and Other Annual Observance During the Han Dynasty*”、1975、Princeton University Press、pp. 250-251。

*75 『太平御覽』卷51「隨巢子曰、禹生於昆石、啓生於石」。

*76 楊寬「中國上古史導論」(『古史辨』7冊)pp. 361-362。楊寬は禹を羌族の高禖神と推定した。

*77 兪偉超「連雲港將軍崖東夷社祀遺跡的推定」、「銅山丘灣商代社祀遺跡的推定」(『先秦兩漢考古學論集』、1985、文物出版社)參照。

*78 工藤元男「禹の變容と五祀」(『睡虎地秦簡よりみた秦代の國家と社會』(1998、東京)pp. 276-282參照。

*79 『漢官儀』上「元帝時、丞相于定國條州大小爲設吏員、治中別駕諸部從事、皆秩百石、同諸郡從事」。

*80 『漢舊儀』上「刺史假印綬、有常治所、奏事各有常會、擇所部二千石卒

史與從」、「丞相刺史、常以秋分行部、御史爲駕四封乘傳、到所部、郡國各遣吏一人迎界上、得載別駕、自言受命、移郡國與刺史從事、盡界罷」これを屬吏組織以前の狀況と見る見解が一般的であるようだが、これほどの案内と協助はその後にも續いたであろう。

*81 紙屋正和「漢代刺史の設置について」(『東洋史研究』33-2、1974) pp. 42-43。

*82 王鳴盛『十七史商榷』卷14 <刺史察藩國>

*83 『漢書』卷71彭宣「乃策宣曰、有司數奏言諸侯國人不得宿衛、將軍不宜典兵馬處大位、朕唯將軍任漢將之重、而子又前取淮陽王女、 婚姻不絶、非國之制…其上左將軍印綬」。

*84 『漢書』卷14諸侯王表、及び卷80宣元六王傳參照。

*85 趙翼『廿二史劄記』卷4<漢諸侯王荒亂>。趙はその原因を「總由於分封太早、無師友輔導之益…、蓋沈溺放恣之中居、勢使然也」と說明する。

*86 『漢書」卷10成帝紀元延元年「春正月己亥朔、日有蝕之。」「夏四月丁酉、無雲有雷、聲光耀耀、四面下至地、昏止、赦天下」「秋七月、有星孛于東井、詔曰、乃者、日蝕星隕、讁見于天、大異重仍、在位默然、罕有忠言、今孛星見于東井、朕甚懼焉、公卿大夫博士議郎各悉心、惟思變意、明以經對、無有所諱、與内郡國擧方正能直言極諫者各一人」。 同卷26天文志「元延元年四月丁酉…、殷殷如雷聲、有流星大如缶、長十丈餘、皎然赤白色、從日下去東南…、郡國皆言星隕、春秋星隕如雨、爲王者失勢諸侯起伯之異也」。同卷27下之下五行志第7下之下「元延元年七月辛未、有星孛于東井、踐五諸侯…、永對曰、上古以來、大亂之極、所希有也、察其步驟…、内乃爲後宮女妾之害、外爲諸侯叛逆之禍」。

*87 廣陵國も徐州に屬するが、廣陵哀王がB.C.17年死亡したとき、嗣子がなかったので、一應廢國され、廣陵孝王の息子を紹封したのは元延2年、しかし、月の明示がないのでここからは除いた。『漢書』地理志が傳えるA.D. 2年廣陵國の戸は36,774、口は140,722。

*88 『漢書』卷15下王子侯表下參照。

*89 『漢書』百官公卿表「諸侯王…掌治其國、有太傅輔王…、内史治國民…、丞相統衆官…、景帝中五年令諸侯王不復治國、天子爲置吏、改丞相曰相。」『漢舊儀』下「王國置太傅相中尉各一人秩二千石、以輔王、僕一人秩千石、郎中令一人六百石、置官如漢官、官吏郎大夫四百石以下自調除國中、漢置内史一人、秩二千石、治國如郡太守、都尉職事、調除吏屬相、中尉傅不得與國政、輔王而已、當有爲移書告内史、内史見傅相中尉、禮如都尉太守」。『後漢書』百官志「景帝惡之、遂令諸侯王不得治民、令内史主治民、改丞相曰相」。

*90 『漢書』卷86何武傳「往者、諸侯王斷獄治政、内史典獄事、相總綱紀輔王、中尉備盜賊、今王不斷獄與政、中尉官罷、職幷内史、郡國守相委任、所以壹統信、安百姓也、今内史位卑而權重位職相踰、不統尊者、難以治、臣請、相如太守、内史如都尉、以順尊卑之序、平輕重之權、制曰、可」。

*91 「成帝時大司空何武奏、罷内史、相如太守、中尉如都尉、參職、是後、相中尉爭權、與王遞相奏常不和」（『漢舊儀』下）

*92 拙稿「前漢縣長吏の任用方式:東海郡の例---尹灣漢牘〈東海郡下轄長吏名籍〉の分析」（『歷史學報』160輯、1998、12)pp. 88-97參照。

*93 この秩級は〈東海郡吏員簿〉を根據に私が付け加えたものである。

*94 仕事の内容と性格を大きく兩分して記錄したのもそうであるが、この順序は屬縣の序列順で作られたことが明らかな〈東海郡下轄長吏名籍〉の順序と一致する。

*95 中國文物研究所胡平生・甘肅省文物考古研究所張德芳編撰『敦煌懸泉漢簡釋粹』（上海古籍出版社、2001、8）p. 38「永始四年九月辛丑朔戊辰、平陰陰虞侯守丞補、行丞事、移過所、丞慶輔爲郡輸錢敦煌、當舍傳舍、從者如律令」。

*96 『敦煌懸泉漢簡釋粹』p. 39「甘露三年四月甲寅朔庚辰、金城太守賢、丞文謂過所縣道官、遣浩亹亭長桼賀、以詔書送施刑伊循、當舍傳舍、從者如律令」。

*97 『敦煌懸泉漢簡釋粹』「河平元年八月戊辰朔壬午、敦煌太守賢、丞信德

謂過所縣道、遣廣至司空嗇夫尹猛、收流民東海泰山、當舍傳舍、從者如律令」。

*98 『敦煌懸泉漢簡釋粹』p.46「神爵四年十一月癸未、丞相史李尊、送護神爵六年戍卒河東、南陽・潁川・上黨・東郡・濟陰・魏郡・淮陽國詣敦煌・酒泉郡 、因迎罷卒送致河東・南陽・潁川・東郡・魏郡・淮陽國・幷督死卒傳槥、爲加一封軺傳、御史大夫蕭望之謂高陵、以此爲駕、當舍傳舍、如律令」。

*99 『敦煌懸泉漢簡釋粹』p.153「甘露三年九月壬午朔甲辰、上郡太守信、丞欣謂過所、遣守屬趙稱逢迎吏騎士從軍烏孫罷者敦煌郡、當舍傳舍、從者如律令」。

*100 甘肅省文物考古研究所・甘肅省博物館文化部古文獻研究所・中國社會科學院歷史研究所編『新居延漢簡』(1990、文物出版社)p.172「制曰下丞相御史臣謹案令曰發卒戍田縣侯國財令史將二千石官令長吏幷將至戍田所罷卒還諸將罷卒不與起居免削爵」(E.P.T.51:15)

*101 『新居延漢簡』p.284「元康二年五月己巳朔辛卯…居延不遣長吏逢迎卒今東郡遣利昌侯國相力白馬司空梁將戍卒」(E.P.T.53:63)

*102 あるいは他の邊境に戍卒を派遣した可能性もあったが、出張目錄にこの項目がないことを見ると、東海郡には戍卒派遣の義務はなかったようである。その理由は東海郡が揚子江河口から山東につながる海岸の警備に當っていたからではないかと思われる。拙稿「前漢末地方資源の動員と配分---尹灣漢牘〈東海郡下轄長吏不在署者名籍〉の分析」(『釜山史學』23輯、1999. 6)pp.22-28參照。

*103 濱口重國「兩漢の中央諸軍に就いて」(『秦漢隋唐史の研究』、1966、東京)p.286註(2)及び283參照

*104 黃今言『秦漢賦役制度研究』pp.311-312。

*105 Michael Loewe、 "The chueh-ti games:a re-enactment of the battle between Ch'ih-yu and Hsuan-yuan?"、" *Divination、mythology and Monarchy in Han China* "(1994、 Cambridge University Press) p.236

「國」の誕生
――出土資料における「或」系字の字義の変遷――[1]

大　西　克　也

一　はじめに

黄金貴1990:74-75は、「国家」を表わす同義語と考えられる「邦」「國」の歴史的な変遷を、概略次のように描写した。「邦」は西周より春秋時代に使用された国家に対する通称であった。「或」[2]は西周金文に使われているが、主に「域」の義で用いられており、これを「國」と解するのは疑問の余地がある。しかし春秋時代以降、「或」系字は国家の意味で用いられるようになり、戦国時代に至って最も広汎に使用される国家の通称となった。

黄氏の研究では、戦国時代の資料は主として伝世文献を用いている。しかし周知のように伝世文献には、漢の高祖劉邦に対する避諱による書き換えの問題が存在し、どの程度当時の実情が反映されているか甚だ心もとない。西周金文から戦国末期に至る出土資料において、「邦」が国家に対する称として高頻度で現れることは、出土資料研究者にとってもはや常識と言ってよい。この点で上述の黄氏の論は再検討を迫られている。問題は「或」系字がいつ頃からどのような経緯で国家を表わす普通名詞として使われるようになるか、という点に絞られる。平勢隆郎2000B:56は、何尊「中或」の解釈に関連して、「『邦』に相当する表現で、戦国時代までの出土史料中、これを『國』と表現した事例を寡聞にして知りません」と指摘している。「戦国時代まで」という表現が、戦国末期までを意味するのかどうか明らかではないが、戦国時代の出土資料の中においても、国家を表わす「國」字が極めて希なことも、また事実である。しかし郭店楚簡等には「國」と解釈されている「或」系字があり、中には該当する伝世文献でまさに「國」と書かれている例がある。また漢初に高祖に対する避諱の代字として「國」が選ばれたとすれば、当時「國」が何らかの点で「邦」に近い意味を表わし得たことが予想される。

かつて劉殿爵1982:14は、今本『老子』の「國家」が、馬王堆帛書甲本では全て「邦家」に作ることを指摘しつつ、『孟子』等先秦文献に見える「國家」が、「邦家」を避諱によって改めた結果であるのか、「邦家」との間に何らかの意味的な違いがあるのか研究に値すると述べた。これは「國」を機械的に「邦」の代字と処理することへの疑問を投げかけるものである。本稿は、出土資料のみを対象として「或」系字の表わす意味の変遷を考察し、国家を表わす名詞として「邦」に代わって定着して行く過程を明らかにすることを目的とする。

二　西周時代の「或」系字

甲骨文には「邦」、「或」系字ともに国家の称として用いられた確実な例は検証し得ない(3)。そこで西周以後の「或」系字の字義の変遷を、「邦」と対比しつつ考えてみたい(4)。

上述の如く黄金貴1990は、西周時代の「或」系字は「域」と解すべきであると指摘した。その根拠として挙げられたのは、数詞や方位詞と結びつく用例が多いこと、単用されるのが極めて希なことなどである。黄氏の見解は基本的に是認すべきものと考えられるが、確認の意味も含めて、両者の用法の違いをまとめておきたい。

(A)「邦」は固有名詞につけることができる。これに対し、「或」系字にはこの用法がない。個々の国家は「或」系字で呼ぶことができなかったのである。

(1)周邦：彔伯𢦚簋(8-4302)、訽簋(8-4321)、師訽簋(8-4342)、師克盨(9-4467)、史牆盤(16-10175)、大克鼎(5-2836)

(2)井邦：禹鼎(5-2833)

(B)「或」系字はしばしば方位詞の修飾を受ける。これに対し、「邦」にはこの用法がない。「或」系字が方位と密接な関係を有していたことが見て取れる。

(3)東或：保卣(10-5415)、保尊(11-6003)、宜侯夨簋(8-4320)、明公簋(魯侯尊)(7-4029)、班簋(8-4341)、史密簋(『文物』1989年第2期)、禹鼎(5-2833)、師寰簋(8-4313,4314)、晋侯穌鐘(『上海博物館集刊』第7期)[(5)]

(4)南或：中方鼎(5-2751,2752)、中甗(3-949)、静方鼎(『文物』1998年第5期)、𪓐鐘(1-260)、禹鼎(同上)、晋侯穌鐘(同上)

(5)中或：何尊(11-6014)

(6)内國：彔𢦚卣(10-5419,5420)

(7)下或：禹鼎(同上)

(C)数詞と連用される際、「或」系字は「四」に限られるのに対し、「邦」には具体的な数詞を加えることができる。これも上項同様「或」と方位との関係を示唆するものと解釈される。

(8)四或：𪓐鐘(1-260)、毛公鼎(5-2841)

(9)萬邦：史牆盤(16-10175)、𤼈鐘三(1-251)、盠方尊(11-6013)、

盠方彝(16-9899,9890)、

(10)廿又六邦：㝬鐘(同上)

特に㝬鐘では、同一銘文中に「或」と「邦」とが使い分けられている。

(11)南或𠬝子敢臽（陷）處我土，王𦡺(屯)伐其至，撲伐氒(厥)都。𠬝子迺遣間，來逆卲(昭)王。南尸(夷)東尸(夷)具見，廿又六邦。……㝬其萬年，畯(駿)保亖(四)或。

昭王に降伏した東夷、南夷の数を数える時には「邦」を用いる一方、周王である「㝬」自身が長寿と永遠の天下統治を祈願する表現には「四或」が用いられていることが注目される。「四或」が「天下」を表わせるのは、「東西南北四つの或」に由来すると考えられる。

以上3項目の対立には「邦」と「或」系字との語義の違いが明白に現れている。「或」系字は方位の概念と密接な関係を持っており、固有名詞をつけて呼ばれる個別の国を表わすことができなかったのである。「或」系字によって表わされた概念が[6]、「國」よりもむしろ「域」（地域、領域）と近接していたと判断される。

かつて白川静1987:299は「或」について次のように説いている。「国はもと國につくる。その初文は或。都邑を示す囗を、戈を以て衛る意。すなわち武装都市をいう。のちさらに外囲を加えて國となった[7]。」しかし金文中に「或」系字が武装都市もしくは都市国家を表す例は存在せず、甲骨文においては「或」字の存在自体が疑わしい。白川氏の解釈は字形からの想像に過ぎず、「或」系字の実際の用例とは相容れないものである。

西周時代は、国家に言及する際には以下のように「邦」を用いるのが通例であった。

(12)王曰：父厝！余唯肇巠（經）先王命，命女（汝）辪（乂）我邦我家。(毛公鼎5-2841)

上例は周王が述べた言葉であるから、「我邦」は周邦を指している。しかしながら、西周金文中にただ1例、「我或」が周邦を指す例がある。

(13) 王曰：父厝！雩之庶出内（入）事（使）于外，尃（敷）命尃（敷）政，埶小大楚賦，無唯正聞（聞），引（矧）其唯王智（知），廼唯是喪我或。（毛公鼎5-2841）

例えば孫稚雛1998:290が「使我們亡国」と訳しているように、この「或」は通常「国」の意味と解釈されており、私も松丸道雄1990:127に発表した訳文で「国」と訳したことがある。しかし西周金文に於ける一般的用例を視野に入れて解釈するなら、「我或」はやはり「我域」である。周王が「我が領域」というのであるから、結果的に周邦全体を指しているのである。それはあくまで「我或」の指示対象が「周邦」と同値ということに過ぎない。この1例によって、直ちに「或」に「国」の意味を認めてよいことにはならないのである。とはいえ、このような用例は、「或」が再解釈（reanalysis）されることによって「国」の意味に変化していく契機を孕んでいると言えよう。

三　春秋時代の「或」系字

春秋時代「或」系字の用法は、西周時代に比べてやや広がりを見せる。西周時代には絶えて無かった固有名詞との連用を始め、「国家」の意味で釈し得る例が明らかに増加する。

(14) 王子剌（烈）公之宗婦鄁嫛爲宗彝𩰫彝，永寶用，以降大福，保辪（乂）鄁國。（宗婦諸器[8]）

(15) 秦公曰：我先且（祖）受天令（命），商（賞）宅受或，……龔（翼）受明徳，以康奠𤔲（協）朕或。（太公廟秦公鐘、鎛1-262

～265、267～269)

(16)秦公曰：不（丕）顯朕皇且（祖）受天命，竈又（有）下國。(伝世秦公鎛1-270)

(17)余恁（信）訇（台）心，征（延）永余徳，龢溺（妙）民人，余尃（敷）旬（恂）于或。(王孫遺者鐘1-261)

(18)公曰：……余咸畜胤士，乍囗左右，保辥（乂）王國。(晋公盆16-10342)

(19)均好（子）大夫，建我邦或。(蔡侯鐘、鎛1-210、211、217～222)

これらの例は、「国家」の義と解釈して、一見何の不都合も無い様であり、また事実そのような解釈をする研究者も多い。しかしそのような解釈は実は妥当でない。

例(14)は陳平(1984:61)によれば、器制が秦の影響を強く受けていること、出土地の鄠県が両周の際には豊王に占拠されていたことから判断して、作器者の鄁嫛は、秦に従属する豊国の王子に嫁いだ宗婦であるという。「永寶用、以降大福、保辥鄁國」とは実家の「鄁國」の安寧を祈願する文言ということになる。鄁の地望や地位等は明らかではないが、豊の宗婦となるからにはやはり諸侯の一つであろう。しかし女性称謂を研究した李仲操1992:400は、女性作器者の自称は本姓に嫁ぎ先の国名を冠すると言う。これによれば兪偉超・高明1978:91ら、従来の解釈通り鄁王国の器である。いずれにせよ「鄁國」は「或」系字が諸侯を表す固有名詞とともに用いられた最初の用例である。けれども「或」系字が固有名詞と連用されるのは、春秋時代を通じてこの「鄁國」のみであり、「邦」を用いるのが通常であった。「晋邦」(晋姜鼎5-2826、晋公盆)、「齊邦」(𬴃鎛1-271)、「楚邦」(晋公盆)、「邾邦」(邾公華鐘1-245)、「黄邦」(曾侯簠9-4595) の例がある他、春秋末期の侯馬盟書には計212例の「晋邦」を検出し得るが(9)、「或」系字は1例も現れない。「鄁國」が極めて特異な表現であることがわかる。

次に上例の「或」系字は、全て「域」の意味で解釈することが可能である。例(14)「鄘國」は文字通りには「鄘の領域」である。それが結果として鄘という諸侯国を表す、即ち「鄘邦」と同値になるのは一種のレトリックであると考えられる。例(15)「受或」は「天から領域を授かった」ことだが、秦邦を領有することを別の言い回しで述べたのである。例(16)「竈又下國」は即ち「下界をあまねく領有した」との意味である。西周の禹鼎「下或」に同じ。伝世秦公鎛、太公廟出土秦公鐘鎛及び天水出土秦公簋は、細かな措辞は異なるものの文章の組み立てはほぼ共通しており、相互に参照しつつ読むことが可能である。太公廟鐘鎛の「商宅受或」は伝世鎛の「竈又下國」に相当し、これを秦公簋では「宅禹責（蹟）」と表現している[(10)]。例(17)「余專（敷）旬（恂）于或」は領域内に真の政を行き渡らせること。例(18)「保辥（乂）王國」は王の領域を保ち治める。「王國」は周王自身の領土である周邦若しくは周の都を指すとも、王の領域としての晋邦を指すとも解釈することができる。白川静1971:105は、大克鼎「保辥周邦」を引いて「王國」を周邦の意と取っている。唐蘭1934:16は定公2年に諸侯を率いて周の為に成周に城を築いたことを指すという。「王都」と理解しているのであろう。例(19)「建我邦或」は「或」系字が「邦」とともに使われた最初の例である。毛公鼎や秦公鐘鎛に「或」が人称代名詞と連用されて自国を指す用例があり、「邦」と「或」とが並立の関係であると見ておく。「建我邦或」は「我が国や領土、即ち蔡邦を建設しよう」という意味である。『漢書・韋玄成伝』に韋玄成が子を誡めるために作った詩が収録されている。金文や『詩経』を思わせる古体の詩であるが、そこに「愼爾會同，戎爾車服，無婧爾儀，目保爾域」という一節がある。顔師古は「域謂封邑也」と注しており、「目保爾域」とはお前たちの領域即ち扶陽侯国を保てとの訓えに他ならない。後世の例であるが、「域」が文脈によっては国を指示し得た類例と言えよう。

このように「或」系諸字は「域」の義で解することが可能である。指示対象としてはもちろん「鄁國」は「鄁邦」に等しく、秦公が言う「受或」は「受秦邦」に他ならないが、指示対象の一致は語彙的意味の一致と必ずしも同義でないことに注意が必要である。しかし「或」系字が結果的に「邦」を指示する用例は西周金文に比べて明らかに増加しており、「或」系字と「邦」との語彙的差異は、前代より幾分薄まったことは認めてよいであろう。

四　戦国時代の「或」系字

1、戦国時代の「邦」

戦国時代の出土資料において、国家を表わす名詞として使われているのは「邦」が大多数を占める。この点をまず国別に確認しておきたい。

(A)三晋

三晋地域における出土資料は、兵器銘文が主である。兵器銘文には器の監造機構や監造者の職称が記されており、これを調べることによって、国家がどのような名詞で呼ばれていたかがわかる。『殷周金文集成』第17、18冊所収の兵器銘文を主たる対象として調べたが[(11)]、三晋地域では全て「邦」を用いており、「或」系字の用例は検出されなかった。「邦」の例を略挙する。「相邦趙豹」(17-11391)[(12)]、「相邦建信君」(18-11619等)、「相邦春平侯」(18-11682等)[(13)]、「相邦陽安君」(18-11712)、「相邦平國君」(許進雄1993:40)、「邦庫嗇夫」(17-11376)、「邦右庫工師」(18-11677等)、「邦左庫工師」(18-11679等)、「邦右伐器工師」(18-11713等)、「邦左伐器工師」(18-11690等)、「邦司寇」（18-11545）。なお「相邦平國君」は封君の称号であるが、この種の「國」については下文で改めて論じる。この他『古璽彙編』(0094)所収の「兇（匈）奴相邦」印について、黄盛璋1983:67-72は戦国趙で作って匈奴に与えたものと推論している。

(B)秦

三晋同様、秦の兵器銘文にも「邦」は多数見られる。「相邦」の例に「相邦樛斿」（17-11361等）、「相邦義」（17-11394等）、「相邦冉」（17-11359等）、「相邦呂不韋」（17-11395等）がある。国家機構を表わす名称は、兵器銘文に見られる「屬邦」（17-11396等）の他、秦印や秦封泥にも検出することができる。官印には「邦尉」（王輝・程華学1999:184、図版無し）、「邦司馬」（同:185、図版143-163）、「邦候」（同:185、図版143-164）がある。近年西安近郊で大量に出土した封泥にも「屬邦工室」「屬邦工丞」（周暁陸・路東之2000:181-183）の職称が見える。西安出土の封泥の総数は1997年11月現在で4460にのぼるとも言われるが（松村一徳1998:7）、その全貌はまだ明らかでない。周暁陸・路東之2000による限り、「或」系字が国の官職名に用いられた例はない。

睡虎地秦簡では国家の通称として「邦」が42例用いられているのに対し、「或」系字は使われない。

(20) 廿年四月丙戌丁亥，南郡守騰謂縣、道嗇夫：古者，民各有郷俗，其所利及好惡不同，或不便於民，害於邦。（睡虎地秦簡『語書』1）

例(20)の『語書』は、秦王政20年（前227年）に南郡守騰が公布した官吏を戒める通達及びそれに付随する文書である。墓主の年譜である『編年紀』を除けば、睡虎地秦簡の中でも最も成立が新しい部類に属する。厳密な意味では出土資料とは言えないが、恵文王時代の成立とされる『詛楚文』では、自国を「秦邦」と自称し、また「両邦若壹」の語が見える。以上の用例は、秦が戦国末期に至るまで、国家の通称として「邦」を用いていたことを示している。なお『後漢書・東夷伝』に「辰韓，耆老自言秦之亡人，避苦役，適韓國，馬韓割東界地與之。其名國為邦，弓為弧，賊為寇，行酒為行觴，相呼為徒，有似秦語，故或名之為秦韓」という一節がある(14)。この資料は、秦の後裔を自称する辰韓の老人たちの言葉がなお秦語の特徴を残していたことを伝えており、その一例として「國」を「邦」と称したことを挙げているのは誠に興味深い。

(C)燕

燕は出土文字資料が少なく、国家の通称としていかなる語が用いられていたか、直接知ることはできない。なお斉の陳璋方壷に次のような用例がある。

(21) 陳璋内（入）匽（燕）亳邦之隻（獲）。(陳璋方壷15-9703)

「燕亳」の語は『左伝・昭公9年』「及武王克商、……、粛慎、燕亳，我北土也」の条に見え、馬承源1990:560はこれを引いて、「燕国」の意と解釈する。しかし楊伯峻1981:1308では「燕」「亳」を別の地名と読み、「亳」の地望は不明とする。一方、林澐1994:187は、「燕亳」は「燕貉」の仮借で、「荊蛮」と同様燕に対する蔑称であるという。いずれにせよ、燕の自称ではないので、この地域は資料的には空白である。

(D)齊

齊においても「邦」が国家の通称として広く用いられていたことは、まず疑いない。青銅器銘文では、十年陳侯午敦、十四年陳侯午敦等に「齊邦」の語が見られ、陳侯因資敦では自国を「其邦」と称している。また齊の貨幣にも「邦」は多く見られる。汪慶正1988によって検索してみると、「齊返邦㭃(長)杏(大)化(貨)」(図版2575-2586)がある。何琳儀1986A:12-14によれば襄王が齊の復邦を果たしたときの記念貨幣であると言う[15]。齊の貨幣には背面に「閅(闢)邦」(同上:図版2541-2546)、「安邦」(同上:図版2547-2550) 等、吉語が鋳込まれているものがある。

齊の資料の中で興味深いのは1930年に山東省章邱県で出土した『簹邦残刀』である[16]。この刀の下部は破断しているが、残画から「邦」と釈されている。第一字は嘗て「簟」と釈されたが、裘錫圭1978:72がこの字の声符を「膚」と認定し、「莒」の仮借として以来、この解釈が有力である[17]。「莒」の声母は見母だが、来母の「呂」を声符としており、同じく来母の「膚」が「莒」に仮借することは音声的にも問題はない。韻母はいずれも魚部である。ところが「莒」国は前431年に楚に滅ぼされている。これについて何琳儀1986A:13は、普通の地名が「邦」と称されるのは古文字資料に例がなく、この貨幣は斉の首都が楽毅の侵攻により陥落し、斉の襄王が莒に逃れていた5年間の間に鋳造されたものであろうと推定している。

(E)楚

楚の出土資料では竹簡、帛書及び璽印から、「邦」が国家の通称として広く用いられていたことが確認できる。信陽、包山、九店、郭店楚簡及び長沙子弾庫楚帛書から合計39例の「邦」を検出することができる[18]。

(22)大司馬悼髓迬(將)楚邦之帀(師)徒以栽(救)郙之戢(歲)。(包山楚簡226) [19]

(23)以見邦君，不吉。(九店楚簡29)

(24)亓(其)邦又(有)大變(亂)。(楚帛書丙8)

(25)⊠□邦以成亓(其)名者（信陽楚簡1-017)

(26)數(竊)邦者爲者(諸)侯。(郭店楚簡『語叢四』8)

信陽及び郭店楚簡の用例は書籍であり、必ずしも楚地方の語であるとは言えない。

楚璽では「新邦官鉨」(『古璽彙編』0143)、「弋昜(陽)邦粟鉨」[20](同:0276)が従来知られている。前者に関しては、鄭超1986:88-89が「新邦官」を「親邦官」と読み、楚と友好的な少数民族国家を司る役所で、秦の属邦のようなものだと推定しており、曹錦炎1996:98もこれに従っている。一方江村治樹2000:228は「新邦」を地名と考える。後者は、文面からは「弋陽県に駐在する国の粟官の印」と考えられるが、呉振武1989:269が「弋昜君鉨」(『古璽彙編』0002)との関連を指摘している。戦国楚では同一地に封君の封邑と県とが並存したことは、陳偉1996:106、藤田勝久1999:26等に議論されている。また馬王堆帛書『戦国縦横家書』第12章では、宋の平陵を攻略した後の処置として、城域のみを薛公に与えて封邑とし、郊外は梁に編入することが画策されている[21]。国の弋陽粟官が弋陽君と同地に別個に存在したことは十分にあり得よう[22]。この他、春申君黄歇の墓とされる蘇州市真山D1M1墓から「上相邦鉨」(蘇州博物館1999:図73)の印が出土しており、戦国晩期の楚では「相邦」の官名を用いていたとされる。

なお、楚簡、楚印には「国家」を指すと思しき「或」系字や、地名に接続する「或」系字が少数使われているが、これらは章を改めて論じることにしたい。

(F)その他の国々

まず、1978年に河北省平山県中山王墓及び車馬坑から出土した前4世紀末の青銅器銘文には計19例の「邦」があるが、「或」系字は使われていない。

(27) 叜（鄰)邦難親，戟（仇)人才(在)彷(旁)。於乎念之𢦏(哉)！子子孫孫，永定保之，毋竝(替)厥邦。（中山王譽鼎 5-2840）

1966年に洛陽で出土した哀成叔鼎に「鄭邦」の語が見られる。

(28) 余鄭(鄭) 邦之産，（哀成叔鼎5-2782）

この器の作器者は、嘉という名の人物であるが、その母国を「鄭邦」と呼んでいるのである。器の年代には諸説があり、戦国説を取るものに趙振華1981、彭裕商1983、春秋晩期を主張するものに洛陽博物館1981、蔡運章1985等がある。

1978年冬河南省泌陽県官荘3号秦墓から出土した平安君鼎には、以下のような銘文が刻まれていた。

(29) 廿八年坪(平)安邦□客枏(鼒)，四分齋，一益七釿半釿四分釿之主(重)。(蓋銘一)

卅三年單父上官□憙所受坪(平)安君者也。(蓋銘二　5-2793)

器にもほぼ同内容（重量が異なる）の銘文が刻まれている。当初発掘報告(駐馬店地区文管会1980:21)は秦器と判断し、李学勤1980:29は衛嗣君の器と考えたが、黄盛璋1982:56-58が字体、制度、用語等から魏の安釐王時代の器であると考証している。ところでこの器の監造者は、「平安邦□客」と考えられる。「□」は銘文では「  」のように見えるが、「司客」と読んで「平安邦の賓客を接待する機関で作られた器」と解する説(朱徳熙・裘錫圭1980:118-119)、「冶客」と読んで「平安邦冶客が作った器」と解する説(黄盛璋1982:59-60)等があって、原状では決め手を欠く。いずれにしても、魏の封君と思われる平安君が「邦」を称していたという認識であろう。何琳儀 1986B:82は平安君が「平安邦」の主君である以上普通の貴族ではあり得ないと考え、「邦」の使用を一つの根拠として平安君が衛嗣君であると論じている。李学勤1983:1-3によれば、梁十九年鼎には「亡智罘宓畣夫庶魔」とあって、監造者が二人記されている。これに倣えば「平安邦□客」は、「平安（君）」と「邦（魏）□客」が監造者であった可能性もあろう。「邦」が一般の封邑を指し得たかについてはなお議論の余地があり、この銘文の解釈は後考に俟ちたい。

(G)「邦」の派生義

これまでは「諸侯国」を意味するものとして「邦」を議論してきたが、その派生義について触れておきたい。王力1981:233が指摘するように、「國」が「首都」の意味を持つのに対し、「邦」はその意味を持たないことが両者の違いとしてしばしば言及される。しかし下例のように都を指す「邦」は出土資料に見られ、「邦」の中心としての都を「邦」と表現することはごく自然な派生であると思われる。

(30)昔者齊人與燕人戰於北地，齊人不勝，北【地】斷而爲燕。戰於濟外，齊人不勝，濟外斷而爲天下。戰於邦蒿(郊)，齊人不勝，邦□□□，不得有亓(其)大呂鄭勞。(馬王堆帛書『明君』440)

「邦郊」は首都の郊外と解せられる[23]。国の郊外では意味をなさない。

睡虎地秦簡には「邑邦門」という表現が見られる。

(31)旞火延燔里門，當貲一盾；其邑邦門，貲一甲。(法律答問160)

工藤元男1998:181-182は、「邑邦門」を県城における大門を指すと考え、ここから「邦」は必ずしも国の意味に限定されず、県や郷里などを含む多義的な語彙であると論じている。しかし睡虎地『日書甲種・置室門』をみれば明らかなように、「邦門」(116正貳)とは「將軍門」(126正貳)、「邦君門」(119正参)と並んで門の名称である。「邦門」が県城に置かれたからといって、県が「邦」と呼ばれたことにはならない。上に述べたように「邦」が封邑を指し得たかについてはなお確証がないが、「邦」の意味は「国」およびその中心である「国都」の範囲を大きく逸脱するものではなかったと考える。

2、戦国時代の「或」系字

上述のように、戦国諸国では「邦」が国家を意味する名詞として広汎に使用されていた。しかし、出土資料において、「或」系字がある種の地理的概念を表わす名詞として使われていることも事実である。そこで、このような「或」系字をとりあげ、用法毎に整理するとともに、果たして国家を表わす名詞としての用法が確立していたか否か考察してみたい。

(A)方位詞との連用

(32)□戠（歳），西郕又(有)吝，女(如)日月既爂（亂），乃又(有)鼠(爽)□；東郕又(有)吝，□□乃兵，𡙇（害）于亓(其)王。(楚帛書乙4)

楚帛書には「郕」が2字使われている。李学勤1982:39は字を「國」と釈した上で、「西郕」は「邦の西土」であると述べた。これに対し高明1985:385は「國」との釈字を明確に否定し、師寰簋の「郕」字を引いて「域」と読むべきであると指摘する。方位詞との連用は西周金文以来の「或」系字の基本的用法であり、高氏の説に従うべきである。李学勤氏の解釈も、事実上「西域、東域」と読んでいることになる。

(33)東郕戠交（『古璽彙編』0310）[24]

この印は字形から判断して楚璽であることは疑いない。「東郕」は史籍に見える楚の「東國」に比定されている。『戦国策・斉策・楚王死章』に「君何不留楚太子、以市其下東國」とあり、『史記・楚世家』では「不若留太子以求楚淮北」という。曹錦炎1995:109はこれらの文献によって「東郕」を「東國」と釈し、楚の淮北の地であるという。しかし陳偉1992:257が「東國」とは発展変化する地理概念であると指摘し、石泉1996:97が「東國」は楚の東部地区の汎称であると言うように、その語彙的意味はまさに「東方地域」に合致する。文献上「東國」の名称が存在するからといって、「鄗」に国家の意を認めることはできないのである。むしろ文献の「東國」が「東鄗」の訛変である可能性の方が大きい。なお「戳交」は何らかの官職と考えられるが未詳である。

(B)数詞との連用

(34)以卲(昭)百眚(姓)，則民至㠯(己)以兑(悦)上。峕(詩)員(云)：「又共?悳(徳)行，三(四)或川(順)之。」(上海博物館蔵楚簡『緇衣』)[25]

「四或」は郭店楚簡『緇衣』12号簡では「四方」に作る。「或」系字が数詞「四」と連用されて「天下」を表わすのは、西周金文以来の基本的な用法である。「四或」は決して「四つの国」ではない。今本『禮記・緇衣』、『詩経・大雅・抑』では「四國順之」に作るが、恐らく後世の書き換えであろう。

(C)地名との連用

上述のように春秋時代までは「或」系字が固有名詞と連用されることは極めて希であった。ところが楚簡、楚璽の中では「或」系字が頻繁に地名を表わすと見られる固有名詞と連用されている。以下に列挙する。

(35)鄓𡨦之桃邑。(包山楚簡10)

(36)章𡨦鄬邑。(包山楚簡77)

(37)羅之廡𡨦之圣者邑人郘女。(包山楚簡83)

(38)郘或東敔卲戊之笑邑。(包山楚簡124)

(39)郘〈邔〉昜公命郘𡨦之客葦歐尹癸讓(察)之。(包山楚簡125)

(40)鄝㝥礵敔𨚵君之泉邑人黄欽。(包山楚簡143)

(41)䢵㝥𧭼邑成田一素畔。(包山楚簡151)

(42)埄𨛦之鉨（『古璽彙編』0204）

(43)良㝥之鉨（『古璽彙編』0206）(26)

楚簡、楚璽の「㝥、𨛦」に関しては、私の知る限りでは概ね以下のような理解がある。まず陳偉1996:74、105は、特定の行政区を表わす名称と考え、県の下に「㝥—敔—邑」という系統が存在したと論じた。また銀雀山漢簡『守法守令等十三篇・田法』に「州、鄉以地次受(授)田於野,百人爲區,千人爲或。人不舉或中之田,以地次相」(938号簡）とあって、ここでの「或(域)」は特定の地理概念であることを指摘し、包山楚簡の「㝥」の意味は『田法』の「或」と最も近いと述べている。藤田勝久1999:28-29は郭店楚簡『緇衣』の「㝥」が「國」と読まれることから、包山楚簡の「㝥」を「國」と解釈した上で陳偉氏の説を検討し、楚では県、封邑とは違った形で「國」が置かれ、その下部単位には邑の他に、里をふくむ場合があるという結論を得ている。両氏の考えはやや異なるものの、「㝥」を特定の行政区の名称と見なす点では共通している。これに対し徐少華1996A:115は、「鄓㝥」が「鄓尹」「鄓命」等県レベルの官と共通することから、「㝥(域)」はある地区の汎称であると考える(27)。顔世鉉1997:229-230は「㝥」に冠せられる地名に県レベルと共通するものがあり、陳偉氏の説と矛盾すること、例(40)のように封君の封邑が「㝥」の下にある場合があるが、楚の封邑の規模や独立性から見て容認できないことを指摘して、徐氏の説に賛同している。しかし、例えば弘農郡の下に弘農県があるように、レベルの違う行政区に同一地名が附されることは珍しくないから、論拠としてはやや薄弱である。この他劉信芳1999B:158は、「㝥」は堤防によって形成された居住耕作区域で、「澁、涘、潏」の仮借であるというが、牽強に過ぎよう。しかし陳、藤田氏の言うように、「⿳宀或土」が楚における何らかの行政区の名称であったとしても、楚簡、楚璽の中で決して「楚」など国名を表わす固有名詞と結びつかず[28]、県もしくはそれ以下の地名に限られることには注意が必要である。この点で「邦」とは大きく用法が異なっており、従って「⿳宀或土」を「邦」の同義字と見なすことはできないし、郭店楚簡を論拠に「國」と読む藤田氏の説にも疑問の余地がある。

(D)封君の称号

封君の称号に「或」系字を有するものは、私の知る限りでは以下の3種がある。

(44) 三(四)年昌國□工帀(師)□伐，冶更所爲。(四年昌國鼎 4-2482)[29]

(45) 十八年相邦平國君（十八年平國君鈹、許進雄1993:40)

(46) 安囯(國)君（山西楡次王湖嶺秦漢之際墓葬出土璽印、王克林1974:73)

例(44)に見える「昌國」は、昌國君楽毅もしくは楽間であるとされる。『史記・楽毅列伝』に「燕昭王…封楽毅於昌國，號爲昌國君」とあり、元々は楽間の父楽毅が燕から与えられた封号である。その後楽毅は趙に亡命し、燕は子の楽間を昌国君に封ずる。楽毅は後に再び燕と通じるようになり、燕趙両国から客卿としての待遇を受けるようになり、趙で没する。楽間も鄗の戦いの後に趙に奔る。黄盛璋1985:341は鼎の銘文、形式、官制は皆三晋に属し、燕には属さないとして、この昌國君を趙に奔った後の楽間が僭称したものと考えたが、後に黄盛璋1989:26では、楽毅が燕の客卿となっている以上、昌国君の称号を用いた可能性があるとして、楽毅、若しくは楽間であるとしている。一方陳平1998:142-145は鼎を燕器とした上で、楽毅が昌國君であったのは昭王28年から33年の間であり、「四年」という紀年はあり得ないとして、昌國君は楽間であると論じた。

『史記』の記載から明らかなように、「昌國君」の「昌國」とは地名である。戦国時代の封君には武信君張儀、文信君呂不韋等のように功徳に因むものもあるが、それには該当しない。従って「昌國」を「国家を昌えさせる」のような意味に取ることはできない。『漢書・地理志』（『漢書補注』巻28上2第80葉）によれば「昌國」は斉郡に属する県で、王先謙は「亦名昌城、楚《ママ》恵文王取之、見趙世家」と注している。そこで『史記・趙世家』を見ると「（恵文王）二十五年，燕周將，攻昌城、高唐，取之」とあって、注に「徐廣曰：屬齊郡」とある。中国では古くから単字の地名は「郡」「県」「城」「邑」など地理名称をともなうことが多い。「昌國」は「昌城」とも呼ばれたことからすると、地名としての実質的な意味は「昌」1字のみによって担われ、「國」は「城」と同様地名に附く言葉であると考えられる。楚では「𡨦」がある種の行政区を表す言葉として用いられていたようだが、「昌國」の「國」もこれに近い性質の言葉かもしれない。漢代の県名に「國」を含むものがあるが、『漢書・地理志』から「昌國」の他に以下の例が検出される。「充國」（巴郡）、「文國」（五原郡）、「襄國」（趙國）、「安國」（中山國）。これらに附く「國」も恐らく国家を意味する「國」ではなく、「昌國」の「國」や楚簡の「𡨦」同様ある種の地理概念を表わす名詞に由来する可能性があろう。なお『史記・項羽本紀』「故立（張）耳爲常山王，王趙地，都襄國」に附された『史記正義』に引く『括地志』によると、「襄國」はもと秦の鉅鹿郡に属する信都県で、項羽が名を襄國に改めたのだという。

例(45)の鈹について、黄盛璋1991:58は銘文様式と器制によって戦国晩期の趙のものと確定されると言う。しかし「相邦平國君」は史籍に見えず(30)、その封号の由来を考察することは現況では不可能である[31]。例(46)の「安國」も地名である。張頷1980:139は上述の安國（中山國）に比定している。また墓主は一介の武夫に過ぎず、「安國君」は楚漢戦争期の趙国の封号で、戦功を賞するために与えられた実質的な領土を伴わない称号であるという。この他秦の封泥に「安國鄉印」（周暁陸・路東之2000:349）があり、「安國」は郷名であるが、その地望や由来については未詳である。

(E)「邦」に相当する「或」系字

「或」系字の指示対象が、文脈によっては「邦」に相当することは春秋時代に既に見られた。戦国時代の出土資料にもわずかながら用例がある。

(47) 愕乍距末、用差(佐)商或。(愕距末18-11915)

上述のように兵器銘文では「邦」が頻繁に用いられるが、これは戦国兵器で「或」系字が用いられた唯一の器である。「商或」は宋を指すが、これはいわば雅称である。文字も一般の兵器が草卒な書体で書かれるのとは異なり、装飾的な文字が使われている。同銘の器が台湾高雄にあり、張光裕・曹錦炎1994:290に著録されているが、こちらの方は鳥篆とも称すべき書体で書かれている。

(48) 邦有木冬生，外入(内)具亂，王國不平，有柳出趣，邦有☐（王家台秦簡784号簡）

荊州地区博物館1995:43によれば、王家台秦簡が出土した江陵王家台15号秦墓の墓葬年代は、上限が白起伐郢の前278年、下限は秦代と言う。例(48)は整理者によって「易占」類に分類された竹簡の一部であり、各簡の冒頭は皆「邦有……」ではじまり、多くは自然界の異常現象や邦国の災難に対する予言が述べられているとされる。紹介されているのは2簡のみであり、他にどのくらい同類の簡があるのかは未詳である。「王國」という語は春秋時代の晋公盆に見える。本来は「王の領域」という意味であるが、文脈によって「王の領域としての邦」や「邦都」などの解釈が可能である。ここでは「邦」と同一文脈で用いられているからそれぞれの指示対象が異なると考えて、「王國不平」は「都に不穏な事態が起こる」と解釈するのが良いだろう。

厳密な意味では出土資料とは言えないが、秦の嶧山刻石を追加しておきたい。唐の封演『封氏見聞記』巻八の伝える所によれば、嶧山刻石は北魏の太武帝によって倒されたが、その後も摹本拓本を取る人が絶えなかった。そのお供に疲れた村人は薪をその下に集め、野火に乗じて焼いてしまったという。その後北宋時代に鄭文宝が、徐鉉の摹本をもとに長安で複刻したものが今に伝わり、西安の碑林に保存されている。ここに「國」が使われている。

(49) 皇帝<u>立國</u>，維初在昔，嗣世稱王，討伐亂逆，……（嶧山刻石、北京図書館金石組1989:8）

あくまで、この「國」が原石の文字であるとの仮定の上でだが、この「國」が指示するものはまさに秦邦、国家に相違ない。しかしこの「國」もまた「域」と解釈することが可能である。「域」が秦邦、国家を指示するのは、その主体が皇帝であるからに他ならない。しかもこの用法が実用的銘文ではなく、荘重で装飾的な文体に現れていることに注意が必要である。上に見てきたとおり、実用的な文体では「邦」が通常用いられていた。「或」系字によって国家を指示することは、戦国末期、秦代に至るまで決して普遍的に行なわれたわけではなかったのであり、ある種の修辞的な文体にその命脈を保ってきたかの如くである。

3、郭店楚簡の「或」系字

郭店楚簡には「邦」15例に対し、「國」と解する余地のある「或」

系字が4例現れる。これらの字は通常現行文献と対照に基づき、或いは機械的に「國」と読まれることが多い。しかし如上の検討で明らかになったように、「或」系字が国家を指示するのはきわめて限定的であり、通常「諸侯国」を意味する「邦」とは大きな違いがあった。それは郭店楚簡等の典籍にも反映されていると考えられる。

(50) 又(有)𤖅(狀)蟲〈蚰(昆・混)〉成，先天陞（地)生，敓纕(穆)，蜀(蜀・獨)立不亥(改)，可以爲天下母。未智(知)亓(其)名，孳（字)之曰道，𡩉(吾)勥(強)爲之名曰大。大曰𧶽(遣)，𧶽(遣)曰逋〈遠〉，逋〈遠〉曰返。天大，陞(地)大，道大，王亦大。囻中又(有)四大安(焉)，王処(處)一安(焉)。人法陞(地)，陞(地)法天，天法道，道法自肰(然)。■（老子甲本21-23）

「囻中有四大焉」の「囻」字は「厷」を声符とすると見られる。「厷」は、『説文』大徐反切は「古薨切」、上古音は見母蒸部で、之部に属する「或」「域」「國」とは陰入対転の関係になる。荊門市博物館1998:112は直接「國」と釈しているが、正確ではない[32]。「囻」の該当箇所を他の版本で調べてみると、馬王堆帛書は甲本(142行)、乙本(240行下)ともに「國」、現行本は島邦男1973:104によれば全て「域」、『淮南子・道應訓』も「域」字で引用している。注目されるのは、「邦」字を避諱しない馬王堆甲本が「國」字に作ることである。これは『老子』のこの箇所の「國」が「邦」を改めたのではなく、郭店本のように本来「或」系字が使われていた可能性が強いことを示している。乙本では「邦」字が「國」に改められたため、本来あった「邦」と「國」即ち「或」系字との違いが失われてしまったのである。従って郭店楚簡の「囻」を、馬王堆本を根拠に国家を意味する「國」と読むことは不適当と言わねばならない。戦国末期に至るまで「或」系字が国家を指示するには文脈上の制約があったことを考えると、私は通行本に従い「域」と読むほうが良いと思う。ここでは「天、地、道、王」が「大」なるものと規定され、「囨」の中に四つの「大」（「天、地、道、王」を指すと解釈）が存在し、王はその一つを占めるという。当時の言語的背景を無視してこの箇所のみを見れば、王がその中に居るのだから、国を表わす「國」とする解釈も成り立つだろう。しかしそのように限定的に解釈するより、抽象的、相対的な「域」とするほうがこの箇所にはふさわしく、また文意に深みが増すように感じられる。「域」であれば特定の地域や範囲に限定されない。大は宇宙、天下、諸侯国から、小は村や家庭に至るまですべてを包摂していると解釈できるのである。そのいずれにとってもこの四者は「大」なるものとして存在したであろう。

(51)絧(紿・治)人事天，莫若嗇。夫唯嗇，是以𣊸（早)，是以𣊸(早)備（備・服)是胃(謂) ☒不㲃(克)，則莫智(知)亓(其)死(極)。莫智(知)亓(其)死(極)，可以又(有)𨛭。又(有)𨛭之母，可以長☒（老子乙本1-2)

『老子』の諸本は、馬王堆甲、乙本、島邦男1973:178に引く全ての現行本、『韓非子・解老』全て「國」に作る。やはり「邦」を避諱しない馬王堆甲本が「國」に作り、例(50)同様もともと「或」系字が使われ、諸侯国を表わす「邦」との間に有意な区別があったと見るべきであろう。ここも「𨛭」は「域」で、「莫知其極，可以有𨛭。有𨛭之母，可以長【久】[(33)]」とは「誰にも窮極の所は分からないから、領域を保つことができる。領域の根本を手にするから、いつまでも存えることができる」という意味と解釈する。もし「𨛭」を「邦」と同義もしくは国家の意を表わすとすれば、この一節は戦国諸侯の政治の心得を説いたものと解釈せざるを得なくなる。「域」と解せば[(34)]、あらゆるレベルの統治者が対象になり得よう。

(52)子曰：又(有)𨛭者章好章亞(惡)，以視民䁐(厚)，則民青(情)不紑(忒)。(緇衣2-3)

「𨛭」は、今本『禮記・緇衣』では「國」に作る。しかし戦国時代の「或」系字の用法に照らして解釈すれば、「国を有するもの」ではなく、「領域を有するもの」と読むべきである。「域」は国家に限定されるものではなく、読む立場によって国家、封邑から郷里に至るまで様々なものになりうる。この解釈を支えるものとして、次の事実を指摘することができる。本章では「𨛭」を有する者が己の好悪を章らかにすべきことが述べられているが、同様の趣旨が「古(故)君民者章好以視民忩(欲)」(6号簡)、「上好㥲(仁), 則下之爲㥲(仁)也叙(爭)先。古(故)倀(長)民者, 章志以卲(昭)百眚(姓)」(11号簡)と繰り返される。つまり「有𨛭者」が「君民者」「長民者」と言いかえられているのである。「君民者」「長民者」は各層の統治者を幅広く表わす語であり[35]、決して戦国諸侯に限定されるわけではない。「𨛭」を国家の「國」とするのは、この点からも賛同できない。

(53) 子曰：民以君爲心, 君以民爲體。心好則體安之, 君好則民忩(欲)之。古(故)心以體法(廢), 君以民芒(亡)。『寺(詩)』員(云)：「隹(誰)秉<u>𢦏</u>成, 不自爲貞(貞), 卒(卒)裳(勞)百眚(姓)。」(緇衣8-9)

上例では「𢦏」が『詩』からの引用部分に現れる。今本『礼記・緇衣』は以下のように作る。

(54)『詩』云：「昔吾有先正, 其言明且清。國家以寧, 都邑以成, 庶民以生。誰能秉<u>國</u>成, 不自爲正, 卒勞百姓。」(嘉慶20年重刊宋本文選樓藏本『禮記正義』巻55第13葉)

これについて『経典釈文』は「從此至『庶民以生』總五句, 今詩皆無此語, 餘在小雅節南山篇。或皆逸詩也」(通志堂本巻14第9葉)と言う。一方、『詩経・小雅・節南山』では以下の通りである。

(55) 不弔昊天, 亂靡有定, 式月斯生, 俾民不寧, 憂心如酲, 誰秉<u>國</u>成, 不自爲政, 卒勞百姓。(嘉慶20年重刊宋本文選樓藏本『毛

詩正義』巻12之1第7葉）

郭店『緇衣』に引かれる詩は『禮記・緇衣』に引く逸詩とも、『詩経・節南山』とも共通し、どちらに基づくものか判断がつかない。「誰」の後に「能」字がない点では『詩経・節南山』にむしろ近い(36)。しかしながら郭店『緇衣』の詩を『禮記・緇衣』『詩経・節南山』のいずれの文脈で解したにせよ、「䧙」は国家を指示すると見て間違いないだろう。「昔吾有先正」以下は、昔国に立派な長たちがいたおかげで、国家、都邑、庶民に至るまで安らいだことが述べられている。すると「誰秉䧙成」以下は、「先正」（昔の大臣たち）に比較して、今の為政者たちが正しい行いをせず、人々を苦しませていることに対する嘆きの言葉と解釈され、国家レベルの話題であると考えられる。『詩経・節南山』は、末章「昊天不平，我王不寧，不懲其心，覆怨其正。家父作誦，以究王訩，式訛爾心，以畜萬邦」等を見れば、この詩全体が国家の苦難を歌っていることは明らかである。しかし、それを根拠として郭店楚簡の「䧙」を国家の「國」と解釈するのは妥当ではない。上に考察したように、「域」を意味する「或」系字は、一定の文脈のもとで結果的に国家を指示することがあった。この詩において「䧙(域)」が国家を指示し得るのは、「誰秉䧙成」の主語である「誰」が原詩の文脈上国家レベルの人物と解される故に他ならない。従って、原詩から切り離された断片が、上文「民以君爲心，君以民爲體。心好則體安之，君好則民欲之。故心以體廃，君以民亡」という文脈に置かれたとき、例(52)と同様に「䧙(域)」は必ずしも国家に限定されず、各層の領主を表わす「君」に何の違和感もなく呼応するのである。

五　「國」の誕生

『漢書・高帝紀』冒頭、顔師古注に引く荀悦『漢紀』に「諱邦，字季，邦之字曰國」とある。これは高祖に対する避諱により、「國」を「邦」の代字として用いることを示したものだが、私はこれを同義語による言い換えであるとずっと思い込んでいた。しかし出土資料を用いて調べた結果、「或」系字の基本的な意味は、後世「域」字で表記される語に等しく、また戦国時代に至ってさほど大きくはないある種の行政区の名称に用いられたことが分かった。「或」系字が国家を指示する例は極めて少数であり、それは文脈に依存した周辺的な意味に過ぎなかった。用法から見ても、用例数から見ても、「或」系字は結局戦国最末期に至るまで、諸侯国を意味する「邦」と同義語にはなり得なかったのである。

漢王朝が成立し、劉邦の諱を避ける必要が生じたとき、採用されたのは「或」系字の派生的な用法であった。「商或」即ち「商の領域」は、指示対象としては「宋邦」に等しい。しかもこのような用例は荘重な文体に使われる傾向がある。そこで「或」系字の周辺的な意味を用いて「邦」を置きかえることが行なわれたのである。ここにおいて「或」系字で表記される語の中心的な意味が「域」から「国」に変化した。これは人工的に新しい語が作り出されたことを意味する。恐らく字形もこの時に「國」に統一されたものと思われる。漢初に突如として大量の「國」が国家を表わす字として用いられるようになるが、このような短期間での激しい変化は、自然言語の中では起こりにくい。国家を表わす「國」という語は、避諱という社会現象によって漢初に人工的に作り出されたというのが、本稿の結論である。

この話題を終えるに当たって、研究の限界を指摘しておきたい。少なくとも中古漢語の段階において、「國」は見母、「域」は匣母と声母が異なっている。言語変化の規則性に照らせば、これら二つの形態素は、上古漢語においても当然声母が異なっていたはずである。上古再構音は「域」が匣母之部で*gwjiək、「國」が見母之部で*kwək である。それでは先秦時代に「域」を意味すると考えられた「或」系字の表す形態素は後世の「域」に相当したのかそれとも「國」に相当したのか？もし両者に派生関係があるとすれば、「域」と「國」との声母及び介音の違いはどのようにして形成されたのであろうか？今回の研究では「或」系字の字義の変化は明らかにしえたが、文字とこれら二つの形態素との関係については手つかずのまま放置せざるを得なかった。語彙史の目的は、語もしくは形態素の意味と形態の変遷を明らかにすることであり、字義の変化との間には明確な一線が引かれるべきことを思うと、資料の制約はいかんともし難いことながら、誠に遺憾である。

六　余論 :「國」と避諱

秦漢の皇帝に対する避諱の規定について、今上の諱を避けるべきか否か異なる見方があり、これが資料の避諱に基づく抄写年代の判定に大きな影響を与えていることは周知のとおりである。これに対し拙稿(大西克也1999)は、睡虎地秦簡『語書』、張家山漢簡『奏讞書』に今上の諱を避けたと思われる例があること、『漢書・宣紀』に宣帝の諱「詢」を避けるよう命じた詔が収録されていることなどを根拠に、今上の諱を避けるのが原則であったと論じた。それを補強する資料が最近公表されたので言及しておきたい。それは馬王堆帛書『刑徳甲篇』である。『刑徳』甲乙両本の比較を行った陳松長2001A : 61-68は、甲篇の「刑徳大遊甲子表」の「乙巳」の欄に「今皇帝十一」と注記があること、同表左欄外に「【今皇】帝十一年太陰在巳，左行，歳居一辰，太陰在所，弗敢攻」とあり、太陰の位置によってこの歳の戦争の吉凶を予測した占語と考えられること、「刑徳小遊」に十一年の年号が2度現れるのみならず、「刑徳小遊」全体がこの一年を対象に刑徳の所在を記していることを挙げ、甲篇は専ら高祖11年という一年のために作成抄写されたのであると結論づけた。陳氏が更に指摘するように、恵帝元年から高后2年の間に抄写されたと考えられる『刑徳乙篇』が特定の歳を対象としておらず、また字体の上でも甲篇のほうが古色を存した隷書で書かれていることを考えれば、上述の陳氏の所説は一定の説得力を持つ。陳氏はまた、高祖11年は戦乱が相次いだ異常な年であり、甲篇は利蒼（墓主の父）がその年のために特に作成して実際に使用していた刑徳図譜であると考えている。

『刑徳甲篇』には「國」が23例使われ、これに対し「邦」は1例も使われていない。

(56) 去請在月中，其國后死，在前，臂(辟)人死。月旬五日不盈，其國亡【地。月光】如張蓋，其國立【君】，三夾之，其國立將軍。(刑徳甲篇5-6)

『刑徳甲篇』の「國」が「国」を意味していることは、次のように類似した占辞で、馬王堆帛書『天文気象雑占』が「邦」に作ることから見て確実である。

(57) 日左耳(珥)，左國有喜。日右【耳(珥)】，右國有喜。(刑徳甲篇7)

(58) 日有珥，邦君有行。……日有三耳(珥)，其邦有大喪。(天文気象雑占・後半幅末段中列14行、下列3行)[37]

高祖11年に作られた『刑徳甲篇』は明らかに「邦」を避けており、「邦」に対する避諱は、高祖在位中から行なわれたことは、まず間違いないだろう[38]。

第五章で、国を表わす「國」という語彙は、高祖に対する避諱によって生み出されたと述べた。避諱が皇帝の在位中に行なわれたことにより、国家を表わす「國」が生まれた時代も、高祖在位期であったことが確認されるのである。

さて、馬王堆帛書『老子甲本』及び巻後古佚書は、同一帛に古隷を用いて一筆で書かれているが、「邦」字が大量に使われており、高祖に対する避諱が行なわれていない資料と考えられている。ところが仔細に見ると「可以有國，有國之母」（老子46行）、「國中有四大」（老子142行）、「有徳則國家與（興）」（五行200行、287行）の4字の「國」が使われている。このうち『老子』甲本の2例は第四章に述べたように、「域」と解される「或」系字に由来するもので、避諱の代字ではない。問題となるのは『五行』の「國家」である。これに着目した池田知久1993:11は、本来「邦家」と書いていたのを避諱によって「國家」に改めたのではあるまいかと推定している。「邦家」を「國家」に改めたという見解には私も賛成だが、その原因が避諱にあるとは考えにくい。帛書の書き手は、他の大部分では「邦」を避けておらず、避諱の意識が極めて希薄である。従ってこの部分だけを意識的な避諱と考えるのは大変不自然である。上述のように「國」「國家」は避諱の結果漢初に生まれた語彙である。新しく成立した漢王朝では国は「國」と呼ばせるという知識は、それが国家の根幹に関わる常用語であったが故に、急速に広まったと思われる。既に「國」「國家」という語彙に馴染んでいた写し手は、無意識に自分の言葉に置き換えてしまった。私は『五行』の2例の「國家」の由来をこのように推測する。「國家」は写し手の意識的な避諱の産物というよりも、同時代の語彙の混入と位置づけるべきものと考えられる。つまり意図的な避諱は認められなくても、「國家」という言葉の存在が、写本年代を決めるメルクマールとなり得るのである。この帛書の抄写年代は早くとも高祖治世期以後ということになり、一部の学者が主張するような、漢以前の写本ではあり得ない。

『老子甲本及巻後古佚書』は高祖治世期以後の写本であるにも関わらず、高祖に対する意識的な避諱が見られないように、漢代の避諱はかなりいい加減であったようである。定州漢簡『論語』は西漢中期から後期の写本と思われるが、避諱は高祖だけを対象としている[39]。最近公表された香港中文大学文物館蔵漢簡『日書』は、「恵帝三年」(17号簡)の紀年を持つ簡を含みながら「邦」(54号簡)字が用いられ、その一方で「正」を避けて「端」に改めた例があることを[40]、陳松長2001B:5が指摘している。避諱の存在は抄写年代の上限の基準にはなるが、避諱の欠如は下限を判断する基準にはならないのである。

註

(1)本稿は、本報告書の科研1999年度第3回研究会(1999年9月25日、日本女子大学)で行った報告をもとに執筆したものである。また私は、2000年8月1日から3日まで、安徽大学で開催された新世紀中国古文字学暨国際学術研討会に、「論古文字資料中的“邦”和“國”」という論文を提出し配布されたが、これも上記報告に基づくものである。なお、私は一身上の都合により当シンポジウムを欠席し、論文の出版の予定もない。

(2)「或」字には「郕」「㦤」「國」等様々な異体字があるが、実質的に用法の違いはないと考えられるので、本稿では「或」ないし「或」系字の称を用いる。

(3)黄金貴1990:70-71を参照。甲骨文の「」は『説文』所収の「邦」の古文「」にしばしば同定される。「貞:勿奉年于邦土」(殷墟書契前編4-17-3)等の用例があり、かつて王国維「史籀篇疏證」は、「邦土」は漢代の「国社」に相当すると説いたが、「」は地名と解すべきであるという議論も少なくない（于省吾1996:1330-1332、2117-2119引用の諸説を参照)。「」は「或」と釈されることが多いが、人名を表わす。また于省吾1996:2312が「金文、篆文皆从、不从ㅂ、與此異」と指摘するように、「或」という字釈自体が疑わしい。陳夢家1956:321は「甲子卜王从東戈乎侯𢦏」(殷墟文字甲編622)等の「戈」が「域」或いは「國」の借字ではないかと考えたが、呉振武2000:126-127は黄天樹、張玉金氏らの説を引きつつ「攻撃」を意味する動詞とし、「戣」の仮借と考えている。

(4) 用例は基本的には『殷周金文集成』（中華書局）の範囲内であるが、新出金文に関しては、『中国考古学年鑑』（文物出版社）や目に触れた範囲で補った。用例検索には『金文総集』の索引である周何総編『青銅器銘文検索』を参考にした。『殷周金文集成』からの引用には、巻数と銘文番号を付す。

(5) この器の年代について、馬承源1996は厲王期に、方述鑫1998、江林昌1999は宣王期に編年している。

(6) 厳密に言えば、字とそれによって表される語とは区別しなければならない。「或」系字が表わした語が、後世の「域」に相当する(*gwjiək)であったのか、「國」に相当する(*kwək)であったのかという問題は、「或」系字の表わした概念とは別に考えるべき問題である。なお、本稿の上古音は李方桂1980に拠っている。

(7) 同様の字釈は白川静1970:150に述べられている。

(8) 『陝西金石志』巻三によると、出土地は陝西鄠県で、同時に鼎7、簋（原文は敦）6、盤1、壺2が出土したという。銘文は全て同じである。『殷周金文集成』での所在は鼎が5-2683～2689、簋が7-4076～4086、壺が15-9698～9699、盤が16-10152である。

(9) 平勢隆郎1988によって用例を検索した。

(10) 秦公諸器の編年は異説が多く、銘文内容のみによる時期の確定は困難だが、陳平1984、岡村秀典1986等の秦国青銅器の器形と文様による編年研究により、秦家溝1、2号秦墓の相対年代が春秋後期（陳平では「春秋中期」

だが、歴史的には春秋後期に相当）に位置づけられ、同墓出土の簋の形態と文様が秦公簋と酷似していることによりおおよその年代が確定してきた。太公廟村出土秦公鐘鎛は器形による編年はできないが、字体は秦公簋に比べて古形を残しており（例えば「皇」が「王」声に従わない）、恐らく秦公簋に先立つと推測される。鐘鎛銘文には「文公、静公、憲公」の3人の秦公の名が記されており、李零1979：516は憲公の子である出子、武公、徳公の中では、武公が居住し葬られた平陽が出土地に最も近いことに基づき、作者は武公、若しくは出子が作って武公時代に入蔵したと推定した。大体春秋中期である。陳昭容1993は、主として銘文内容に関する諸説を再検討し、秦公簋を景公時代としている。これに対し、平勢隆郎（1995：51-52、1996：第二章第一節及び229-230等、その所説は高津純也1999：278-280にまとめられている）では方位観の展開（十二方位の成立）や音楽理論との関連から秦公諸器を戦国中期に配置し直すことを提唱している。この場合従来の器形編年に大きな影響が出るが、平勢1996：229-230は秦公簋が西周末期の師寰簋と器形が類似することを指摘し、戦国中期に復古があって西周後期の器を原型とした青銅器が作られたと説明している。また越王者旨於賜戈の年代を従来より百年ほど引き下げて前376年に系年したことは（平勢1995：52）、戈が出土した高荘10号秦墓の絶対年代を引き下げ、ひいては秦器の編年全体を考え直す必要が出てくることを予想させる。しかしこの新説には以下の疑問点を指摘することができる。師寰簋の文様は獣目交連紋で、蟠虺紋を配する秦公簋と非常に異なっており、師寰簋にある圏足下の小足が秦公簋にはないなど、師寰簋をその原器とするには難がある。近年上海博物館が購入した春秋初期とされる新出秦公簋（李朝遠1996、王輝・程華学1999）も天水秦公簋と器制が異なる。また陳平1984:71によれば高荘10号墓の前後は資料の空白期となっており、該墓の年代の引き下げが、従来の秦墓の編年にどの程度影響を与えるのか議論の余地があろう。秦公諸器の年代問題は今後の研究の進展に俟たねばならない。なお平勢隆郎1996:250は伝世秦公鎛の「下國」について、時代を戦国中期とする立場から「天下の中の國（邦)」と解釈し、前4世紀に入った頃に生じた天蓋を見る視点が極上からのものに変わったということに関連付けている(同書:224)。この解釈の可否は、同時期の「或」系字の用例によって検証されることになる。

(11) この他近年の出土例については、『中国考古学年鑑』や『文物』等の雑誌により、若干を補った。

(12) この銘文の釈字は呉振武1998:170-171を参照。

(13) 『殷周金文集成』所収の春平侯関連の兵器銘文には相当数の倣刻が含まれているという指摘がある。呉振武1997:795-798を参照。

(14) 大櫛敦弘1999:327、332はこの一節を援用して、秦の国内では自国である「秦」のことを単に「国」即ち「邦」と称していた想定している。

(15) この銘文は「返」の字釈に異説が多く、それに伴って貨幣の鋳造事情に対する理解も大きく異なっている。異説については江村治樹2000:165-167を参照。

(16) 郭若愚2001:88-91はこの貨幣を偽造品と見なしている。

(17) 湯余恵1986:34-36、呉振武1992:490-499が同系の文字を幅広く検討している。

(18) 既発表の楚簡では、これ以外に「邦」の用例はないようである。

(19) 簡帛資料は著録によって簡番号が異なっている場合がある。本稿で依拠した著録は文末の依拠簡帛著録一覧を参照。釈文は近年の文字学の進展に鑑み、研究論文や私見によって適宜修正したが、論旨に影響があるものを除き、出典をいちいち明示することはしていない。

(20) この璽の冒頭の字は、『古璽彙編』では未釈であるが、呉振武1989:269が「弋昜(陽)」の合文とするのに従う。弋陽は現在の河南省潢川県の西という。

(21) 『戦国縦横家書』の該当部分は以下の通りである。

韋非以粱（梁）王之令（命），欲以平陵蛇（貤）薛，以陶封君。平陵雖（唯）成（城）而巳（已），亓（其）鄙盡入粱（梁）氏矣。(第12章103-

104行)

(22)封君である弋陽君が「邦」を僭称した、もしくは当時封邑を「邦」と呼ぶ習慣があった可能性も否定できない。曹錦炎1996:110はこの印を根拠に、楚の封君は「邦君」とも称したと述べる。なお曹氏はこの印の「粟」を「栗」と釈し、「栗」とは『周禮・冬官・考工記』に見える「栗氏」で、量器製造機構であるという。『呂氏春秋・離俗覧・上徳』に「墨者鉅子孟勝，善荊之陽城君。陽城君令守於國，毀璜以為符，約曰：『符合聽之。』荊王薨，群臣攻呉起，兵於喪所，陽城君與焉，荊罪之。陽城君走，荊收其國。」という一節があり、陽城君の封邑が「國」と呼ばれている。しかし漢代以降は諸侯の封邑を「國」と称していたから、後世の筆が入っている疑いを拭いきれない。何浩1984:105-106はこれを引いて、楚の封君が封邑に対して直接的な統治権力を有していたと論じている。そうだとすると、封君が「邦」を称しても不思議ではない。しかし陳偉1996:107、110は、包山楚簡に見える封邑は西漢の侯国や景帝以後の諸侯王国に近く、基本的には国家の統治下にあり、封君は恐らく徴税権を享有していたに過ぎないと見る。

(23)「蒿」字の解釈については、国家文物局古文献研究室1980:37注19及び會谷佳光1998:217を参照。

(24)「東郕」以下の2字を、『古璽彙編』(0310)は「戠□」と釈し、未釈の字を『古璽文編』(257頁)は「交」、黄徳寛1996:275-276は「郭」と釈している。一方、鄭超1986:91は裘錫圭氏の教示によって「職室」と釈し、曹錦炎1995:109もこれに従う。しかしこの印の「職」字は『古璽彙編』0205、0309、0213、0217に見える「職」とは字形が明らかに異なっている。0213は「職室」であるが、「室」字も字形が異なる。袁国華1993:432に従い「戠交」と釈するのが良い。「戠」字は包山楚簡「郘之戠客」(135反)の「」字に近く、「交」を「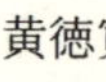」に作るのは郭店楚簡(『魯穆公問子思』6号簡等)に見られる。

(25)上海博物館発行の『上海博物館・中国歴代書法館』という図録に、この楚簡の写真が収められている。

(26)「之鉨」の上2字は『古璽彙編』では未釈。林清源1997:218-219、劉信芳1999:158に従い「良𡩜」とする。なお林氏は第2字を「寇」または「𡩜」とする。

(27)顔世鉉1997:229も指摘しているが、徐少華1996B:60では、「域」がある地区の汎称なのか特定の区域を指すのか研究が必要であると述べている。

(28)包山楚簡168号簡に「墮(隋)宖之人惑」という語があり、『包山楚簡』51頁注(313)で「宖字は𡩜字の誤ではないか、随𡩜は即ち随域であり、随國の故地ではないか」と言うが、同意できない。陳偉1996:109-112が分析しているように、包山楚簡では「人」を修飾する語が土地か人かによって、「某地“人”」と「某人之“人”」という二つの形式に分けて表現される。また李佐豊1998:279-284は『左傳』を資料として、人名が修飾語となるとき、被修飾語が親族名称である場合などを除き、必ず「之」をつけなければならなかったことを論証している。両氏の説によるなら「隋宖」は人名であり、地名ではあり得ない。

(29)銘文第5字の解釈には異説が多い。黄盛璋1985:341-342は「导」と釈し、「导工」を少府に属する器物製造機関で、考工の属だと考えている。この他李学勤1980:31は「庖」と釈し、何琳儀1996:224は「睝(稽)」と釈して「考稽の工師」ではないかと考え、湯余恵1998:63は「䝈(冢)」と釈して「総、統、宰、長」の意であると言う。

(30)許進雄1993:25-26は平都侯田単、信平君廉頗の二人を挙げて平國君に該当する可能性を論じているが、許氏自身も認めているように推測の域を出ない。

(31)『史記・項羽本紀』に、捕虜となった劉邦の父母妻子を、項羽を説得して奪還することに成功した侯公という人物が平國君に封ぜられた記事がある。この時劉邦は「此天下辯士，所居傾國，故號爲平國君」と命名の由来を語っている。これに対し『史記正義』は「按，説歸太公、呂后，能和平邦國」と解説しているが、命名者が劉邦であることを考えると、「國」字の意味を考察する資料として適当とは言えない。

(32)「  」字の声符が「厷」であることは、「 （雄）」（郭店楚簡『語叢四』16号簡）等と比較して明らかである。裘錫圭1999:49は「右」声に従うと見て「囿」と釈し、「囿」「域」に通じると考えている。「右」は「或」と同じく匣母之部に属する。楚系文字では「厷」「右」が同形であった可能性もある。

(33)「久」字を帛書甲本によって補う。

(34)劉信芳1999A:47は、『楚帛書』「西鄌」「東鄌」が実質上「西域」「東域」を意味することを挙げて、楚簡『老子』のこの箇所も「域」と読むべきことを指摘している。

(35)『儀禮・喪服』「傳曰：君至尊也」に附された鄭注に「天子、諸侯及卿大夫有地者皆曰君」とあるように、「君」は各階層の土地領有者を指す。また楚簡においても、包山楚簡135号簡反では楚王を「君」と称する一方、天星観楚簡では「義懇以白靈爲君月貞（貞）」（黄錫全1992:図版179）とあるように、卜筮祭祷簡の記録者が墓主邸旇君を「君」と称している。

(36)王先謙『詩三家義集疏』（中華書局点校本662頁）は、「能」があるのは齊詩であるとする。

(37)釈文は武田時昌・宮島一彦1984、また原文の出所もこれによる。但し、両氏の訳注が依拠する『中国文物』第１期に掲載された写真は、後に帛書の帖り合わせに間違いがあることが確認され、傅挙有・陳松長1992では修正されている。但し後者の図版は帛書の全てではない。

(38)1993年荊州市周家台30号秦墓から出土した歴譜では、始皇34年に「正月」（29号簡）が、二世元年に「端月」（木牘）が使われており、死後に避諱が開始されたとの説に有利なようである。しかし図版を見ると、竹簡と木牘は書き手が異なっており、両者の避諱意識の違いが現れた可能性がある。平勢隆郎2000A:57-65は、この二世元年の暦が陳勝のものであり、彼は始皇帝を積極的に評価する立場にあったと論じている。旧楚領域である南郡での避諱意識は相当複雑な背景があったと想像され、あまり単純に論じることはできないようである。

(39) この資料の避諱については大西克也1999:125-126を参照。

(40) 香港中文大学『日書』33号簡「東北執辱，端東忩(郄)逐，東南啓光，端南吉口」を、睡虎地秦簡『日書乙種』199号簡は「東北執辱，正東郄逐，東南續光，正南吉富」に作る。2000年12月9日日本女子大学で開催された郭店楚簡シンポジウムに提出された陳松長氏の論文「香港中文大学文物館蔵《日書》簡的整理与研究」に指摘されている。

【引用文献目録】

（中国語）

北京図書館金石組1989：『北京図書館蔵中国歴代石刻拓本滙編』第1冊、中州古籍出版社。

蔡運章1985：哀成叔鼎銘文考釈、『中原文物』1985年第4期。

曹錦炎1996：『古璽通論』、上海書画出版社。

陳夢家1956：『殷墟卜辭綜述』、中華書局、1988年。

陳偉1992：『楚“東国”地理研究』、武漢大学出版社。

陳偉1996：『包山楚簡初探』、武漢大学出版社。

陳平1984：試論関中秦墓青銅容器的分期問題（上)、『考古与文物』1984年第3期。

陳平1998：《四年昌国庖鼎》考、『徐中舒先生百年誕辰紀念文集』、巴蜀書社。

陳松長2001A：『馬王堆帛書《刑徳》研究論稿』、台湾古籍出版有限公司。

陳松長2001B：『香港中文大学文物館蔵簡牘』、香港中文大学文物館。

陳昭容1993：秦公簋的時代問題兼論石鼓文的相対年代、中央研究院『歴史語言研究所所集刊』第64本第4分。

大西克也1999：秦漢避諱芻議、『古典文献与文化論叢』第2輯、杭州大学出版社。

方述鑫1998：談談晋侯穌編鐘暦日的有関問題、『徐中舒先生百年誕辰紀念文集』、巴蜀書社。
高明1985：楚繒書研究、『古文字研究』第12輯。
傅挙有・陳松長1992：『馬王堆漢墓文物』、海南出版社。
郭若愚2001：『先秦鋳幣文字考釈和辨偽』、上海書店出版社。
何浩1984：戦国時期楚封君初探、『歴史研究』1984年第5期。
何琳儀1986A：返邦刀幣考、『中国銭幣』1986年第2期。引用は何琳儀『古幣叢考』、文史哲出版社、1996年による。
何琳儀1986B：平安君鼎国別補証、『考古与文物』1986年第5期。
何琳儀1996：戦国文字形体析疑、『于省吾教授百年誕辰紀念文集』、吉林大学出版社。
黄金貴1990：方・邦・國——古漢語詞義辨析、浙江省語言学会編『語言論叢』、杭州大学出版社。
黄徳寛1996：古文字考釈二篇、『于省吾教授百年誕辰紀念文集』、吉林大学出版社。
黄盛璋1982：新出信安君鼎、平安君鼎的国別年代与有関制度問題、『考古与文物』1982年第2期。
黄盛璋1983："匈奴相邦"印之国別、年代及相関問題、『文物』1983年第8期。
黄盛璋1985：新出戦国金銀器銘文研究（三題）、『古文字研究』第12輯。
黄盛璋1989：三晋銅器的国別、年代与相関制度問題、『古文字研究』第17輯。
黄盛璋1991：関于加拿大多倫多市安大略博物館所蔵三晋兵器及其相関問題、『考古』1991年第1期。
江林昌1999：夏商周断代工程金文暦譜研討会紀要、『文物』1999年第6期。
荊州地区博物館1995：江陵王家台15号秦墓、『文物』1995年第1期。
李朝遠1996：上海博物館新獲秦公器研究、『上海博物館集刊』第７期。
李方桂1980：『上古音研究』、商務印書館。
李零1979：春秋秦器試探、『考古』1979年第6期。
李学勤1980：秦国文物的新認識、『文物』1980年第9期。

李学勤1982：論楚帛書中的天象、『湖南考古輯刊』1。引用は『簡帛佚籍與学術史』、時報文化出版、1994年による。

李学勤1983：論梁十九年鼎及有関青銅器、『古文字論集』(一)、『考古與文物』編輯部。

李仲操1992：両周金文中的婦女称謂、『古文字研究』第18輯。

李佐豊1998：《左傳》的体詞性双賓語、『語苑擷英――慶祝唐作藩教授七十寿辰学術論文集』、北京語言文化大学出版社。

劉殿爵1982：馬王堆漢墓帛書《老子》初探（上)、『明報月刊』200期。

劉信芳1999A：『荊門郭店竹簡老子解詁』、藝文印書館。

劉信芳1999B：包山楚簡解詁試筆十七則、『中国文字』新25期。

林清源1997：楚国官璽考釈（五篇)、『中国文字』新22期。

林澐1994：“燕亳”和“燕亳邦”小議、『史学集刊』1994年第2期。引用は『林澐学術文集』、中国大百科全書出版社、1998年による。

羅福頤主編1981：『古璽彙編』、文物出版社。

羅福頤主編1981：『古璽文編』、文物出版社。

洛陽博物館1981；洛陽哀成叔墓清理簡報、『文物』1981年第7期。

馬承源主編1990：『商周青銅器銘文選四』、文物出版社。

馬承源1996：晋侯穌編鐘、『上海博物館集刊』第7期。

彭裕商1983：嘉鼎銘文考釈、『古文字論集』(一)、『考古與文物』編輯部。

裘錫圭1978：戦国貨幣考(十二篇)、『北京大学学報』1978年第2期。

裘錫圭1999：郭店《老子》簡初探、『道家文化研究』第17輯。

石泉主編1996：『楚国歴史文化辞典』、武漢大学出版社。

蘇州博物館1999：『真山東周墓地』、文物出版社。

孫稚雛1998：毛公鼎銘今訳、『容庚先生百年誕辰紀念文集』、広東人民出版社。

湯余恵1986：略論戦国文字形体研究中的幾個問題、『古文字研究』第15輯。

湯余恵1998：読金文瑣記（八篇)、『出土文献研究』第3輯、中華書局。

唐蘭1934：晋公𥂕盦考釈、国立北京大学『国学季刊』4巻1期。引用は『唐

蘭先生金文論集』、紫禁城出版社、1995年による。
汪慶正主編1988：『中国歴代貨幣大系１　先秦貨幣』、上海人民出版社。
王輝・程華学1999：『秦文字集證』、藝文印書館。
王克林1974：山西楡次古墓発掘記、『文物』1974年第12期。
王力主編1981：『古代漢語』(修訂本)、中華書局。
呉振武1989：古璽合文考（十八篇)、『古文字研究』第17輯。
呉振武1992：釈戦国文字中的从「虘」和从「朕」之字、『古文字研究』第19輯。
呉振武1997：趙鈹銘文「伐器」解、『訓詁論叢』第3輯、文史哲出版社。
呉振武1998：趙二十九年相邦趙豹戈補考、『徐中舒先生百年誕辰紀念文集』、巴蜀書社。
呉振武2000：《合》33208号卜辞的文字学解釈、『史学集刊』2000年第1期、引用は『語言文字学』2000年第6期による。
徐少華1996A：古復国復県考、『中国歴史地理論叢』第1輯。
徐少華1996B：包山楚簡釈地十則、『文物』1996年第12期。
許進雄1993：十八年相邦平國君銅劍——兼談戦国晩期趙國的相、『中国文字』新17期。
顔世鉉1997：包山楚簡釈地八則、『中国文字』新22期。
楊伯峻1981：『春秋左傳注』、中華書局。
于省吾1996：『甲骨文字詁林』、中華書局。
兪偉超・高明1978：周代用鼎制度研究、『北京大学学報』1978年第1、2期。
袁国華1993：包山楚簡文字考釈、『第二届国際中国古文字学研討会論文集』、香港中文大学中国語言及文学系。
張光裕・曹錦炎1994：『東周鳥篆文字編』、翰墨軒出版有限公司。
張頷1980：「安国君」印跋、『中国歴史博物館館刊』1980年第2期。引用は『張頷学術文集』、中華書局1995年による。
趙振華1981：哀成叔鼎的銘文與年代、『文物』1981年第7期。
鄭超1986：楚国官璽考述、『文物研究』総第2期。

周何総編1995：『青銅器銘文検索』、文史哲出版社。

周暁陸・路東之2000：『秦封泥集』、三秦出版社。

朱徳熙・裘錫圭1980：戦国時代的“㪷”和秦漢時代的“半”、『文史』第8輯。引用は『朱徳熙古文字論集』、中華書局、1995年による。

駐馬店地区文管会・泌陽県文教局1980：河南泌陽秦墓、『文物』1980年第9期。

（日本語）

會谷佳光1998：『馬王堆漢墓帛書老子甲本巻後古佚書明君篇』訳注、『中国出土資料研究』第2号。

池田知久1993：『馬王堆漢墓帛書五行篇研究』、汲古書院。

江村治樹2000：『春秋戦国秦漢時代出土文字資料の研究』、汲古書院。

大櫛敦弘1999：秦邦、『論集　中国古代の文字と文化』、汲古書院。

岡村秀典1986：秦文化の編年、『古史春秋』第3号。

工藤元男1998：『睡虎地秦簡よりみた秦代の国家と社会』、創文社。

島邦男1973：『老子校正』、汲古書院。

白川静1970：『説文新義』巻六、五典書院。

白川静1971：『金文通釈』第35輯、白鶴美術館。

白川静1987：『字訓』、平凡社。

高津純也1999：「夏」字の「中華」的用法について、『論集　中国古代の文字と文化』、汲古書院。

平勢隆郎1988：『春秋晋国『侯馬盟書』字体通覧』、東京大学東洋文化研究所付属東洋学文献センター。

平勢隆郎1995：『新編史記東周年表』、東京大学東洋文化研究所報告。

平勢隆郎1996：『中国古代紀年の研究』、東京大学東洋文化研究所報告。

平勢隆郎2000A：周家臺三〇號墓木牘に記された「陳勝」暦日について、『中国出土資料研究』第4号。

平勢隆郎2000B：杜正勝先生への質問、『日本秦漢史学会会報』第 1 号、日本秦漢史学会。

藤田勝久1999：包山楚簡より見た戦国楚の県と封邑、『中国出土資料研究』第3号。

松丸道雄編1990：『中国法書選１』、二玄社。

松村一徳1998：秦封泥出土の経緯、『中国出土資料研究会会報』第 7 号。

【依拠簡帛著録一覧】

信陽楚簡：河南省文物研究所『信陽楚墓』、文物出版社、1986年。

天星観楚簡：黄錫全『湖北出土商周文字輯証』、武漢大学出版社、1992年。

包山楚簡：湖北省荊沙鉄路考古隊『包山楚簡』、文物出版社、1991年。

九店楚簡：湖北省文物考古研究所・北京大学中文系『九店楚簡』、中華書局、2000年。

郭店楚簡：荊門市博物館『郭店楚墓竹簡』、文物出版社、1998年。

子弾庫楚帛書：饒宗頤・曾憲通『楚帛書』、中華書局香港分局、1985年。

睡虎地秦簡：睡虎地秦墓竹簡整理小組：『睡虎地秦墓竹簡』、文物出版社、1990年。

周家台秦簡：湖北省荊州市周梁玉橋遺址博物館『関沮秦漢墓簡牘』、中華書局、2001年。

馬王堆帛書『老子甲本及巻後古佚書』：国家文物局古文献研究室『馬王堆漢墓帛書〔壹〕』、文物出版社、1980年。

馬王堆帛書『刑徳甲篇』：陳松長『馬王堆帛書《刑徳》研究論稿』、台湾古籍出版有限公司、2001年。

香港中文大学文物館蔵漢簡：陳松長『香港中文大学文物館蔵簡牘』、香港中文大学文物館、2001年。

帛書《陰陽五行》甲篇的文字識讀與相關問題

陳　松　長

帛書《陰陽五行》(或稱名爲《式法》)(1)共有甲、乙兩種，其中甲種原帛書整理小組定名爲《篆書陰陽五行》，乙種則定名爲《隸書陰陽五行》(2)，本文所討論的主要以甲種，即所謂《篆書陰陽五行》爲主，輔之以乙種的部分材料。

對《篆書陰陽五行》的定名，筆者曾在編撰《馬王堆帛書藝術》(3)一書時就提出過異議，當時主要是從字體和書法的角度考慮，認爲這種文本的字體本不是規範典型的篆書，且以書體的名稱來冠之以文獻的篇名亦頗不妥，因此，當時就改稱爲《陰陽五行》甲篇和乙篇。1996年重新啓動的馬王堆帛書整理小組從內容上考察，認爲該篇的“內容實際是選擇吉凶時日的數術，與雲夢睡虎地十一號秦墓所出土竹簡日書相類，而更多與‘式’的運作有關”(4)。故改題爲《式法》。當然，是否就定名爲《式法》，還可以討論。今年九月在北京召開的“新出簡帛國際學術研討會”上就有學者提出過不同意見。本文爲了免生歧義，暫且沿用原來的定名，稱之不《陰陽五行》甲篇或乙篇。

《陰陽五行》甲篇原件現藏湖南省博物館，因帛質疏薄，現已沿折疊處碎裂成30餘塊大片和一些碎塊，帛書幅寬48公分，至於原帛的長度，最早在周世榮先生的《略談馬王堆出土的帛書竹簡》(5)一文中介紹說是“篆體《陰陽五行》長3.5米，還有圖表。”現經整理拼合，帛書整理小組認爲：“帛書用整幅書寫，原長超過２米”(6)。應該說，這是比較可靠的資料。

《陰陽五行》的抄寫年代非常明確，即帛書中所明載的“廿五年”和“廿六年。”也就是秦始皇廿五年（西元前222年）和廿六年（西元前221年）。這就意味著這是在秦滅楚後不久，在秦即將統一六國之時抄成的，故其所抄的文字乃應是最可信的秦王朝所通用流行的字體墨迹。帛書整理小組認爲：“字體在篆書之間，兼有大量楚文字成分，也使釋讀有不小障礙。”(7)這確實說出了這件帛書文字的基本特徵和文字識讀方面的困難所在。好在地不愛寶，諸如《包山楚簡》，《郭店楚簡》等大批量的楚文字材料相繼出土和整理出版，給我們識讀帛書中的楚文字提供了豐富的參證材料，同時，帛書《陰陽五行》乙篇雖是用古隸抄成，且抄寫時代要晚於甲篇，但其內容與甲篇多有相同之處，故兩相對勘，也可解決很多文字識讀方面的問題。下面，我們且就其文字識讀方面的一些特點舉例作些描述。

一　楚文字的大量存在

1、“”，該字在《陰陽五行》甲篇中出現過兩次，且都筆畫清晰，其中第134行的上下文是“皆而食”，第243行的上下文是“十日以”，該字不見於袁仲一、劉鈺所編著的《秦文字類編》(8)，卻多見於楚文字中。如《包山楚簡》第168簡、156簡、180簡中都有“”字，均釋爲“舟”。而新出的《郭店楚簡》的太一生水”篇亦有一“”字，整理者釋爲“”，讀爲周而復始的“周”。這種釋法，已得到學界的一致肯定，由此而可證帛書此字亦當釋爲“舟”。從字形來說，顯然是楚文字的直接搬用。

2、“”，該字見於甲篇第25行，其文曰：“坆（士）者不遷，。徙者複利，七年而去之。”帛書整理小組將其按字形隸定，然後讀爲“廢”(9)。按，此字之所以讀爲“廢”，可能是依據《說文》“法”字下古文作“”，而《汗簡》所引石經古文亦與此相同而作的解釋。因爲法、發古音相近，例可通假，而在帛書《陰陽五

行》甲篇中“發”又多讀爲“廢”，故將此字讀爲廢，從義理和音理上看，都是無可厚非的。但讓人犯疑的是，既然同一篇中，“發”字反復出現，如果同是讀爲“廢”，那此處爲何又要寫作此形呢？而且理解上還要繞這麽一個大圈才能讀通，這未免有點不可思議。其實，如果我們換一個角度，將其與楚文字作比較，就發現可能有另一種解釋。《包山楚簡》、江陵雨臺山二一號墓楚簡和曾侯乙墓都反復出現過這個字形，均釋作“定”字⑽，對此，學界尚無多少異議，而且楚文字中所從的“”字，絕大多數都寫作“”如《包山楚簡》中的“室”寫作“”，“客”寫作“”，“宮”寫作“”等，因此，帛書中的“”字應即楚文字中常見的“定”字。更能說明問題的是，在用古隸抄成的《陰陽五行》乙篇的同樣文字中，此字就非常清楚地寫作“”，可見此字釋爲“定”當無疑異。至於《說文》中所引古文和《汗簡》中所引古文，當是後起的解說。《說文》:“定，安也”。以之解釋帛書原文，似亦文義可通。因此，我們與其捨近求遠，繞一個大圈來解說，倒不如就字釋義來得簡捷。

3、“”，此字在甲篇中凡三見，字形穩定而無變化，第258行的上下文曰:“帝王□”。該字同樣不見於《秦文字類編》，但在《郭店楚簡》中出現過多次相近的字，其中《老子・甲》第16簡中的“長短之相型也”的“短”字寫作“”，釋文爲“耑”，讀爲“短”。又《語叢》一節98簡中的“喪，仁之端之”的“端”字寫作“”，釋文爲“耑”，讀爲“端”。據此，我們亦可肯定地將此字隸定爲“耑”，在文中讀爲“顓”，而“顓”字後的“王”字亦應該爲“頊”，顓頊正古帝之名。從字形比較來看，帛書與楚文字的差異只是將下部的兩筆邊成了一體而已，這種變化，也許正是秦文字吸收楚文字的構件後向規整方面發展的結果。

4、“”，此字在甲篇中凡四見，其一曰:“親邦治家益先王行此之胃。”該字亦不見於《秦文字類編》，但在楚文字中習

見，如:江陵磚瓦廠370號楚墓出土的竹簡2上有“  ”，簡3上有“  ”字，均釋定爲“含”，又《郭店楚簡》、《語叢》一第38簡中的“《詩》所以會古今之志也者”和第40簡中的“春秋所以會古今之事也”中的“今”字都寫作“  ”，釋定爲“含”，讀爲“今”。由此可證帛書中的該字亦是直接搬用楚文字中的“含”字字形。

5、“  ”此字見於甲篇第202行，其文曰:“複  ☐歲”，從字的構件看，是典型的楚文字的遺存，可從偏旁隸定爲“进”。但此字形同樣不見於秦文字而見於楚文字如湖北江陵天星觀一號墓出土的楚簡中就多次出現此字形，多用作人名，《郭店楚簡》“性自命出”第38簡、“緇衣”中的第20簡中都出現過此字，其形與此完全相同，寫作“  ”，釋定爲“进”，讀爲“過”。

帛書中諸如上述的例子還有許多，如從字寫作“  ”，“安”字寫作“  ”力字寫成“  ”，死字寫作“ 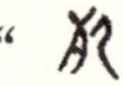 ”，爨字寫作“  ”，逆字寫作“  ”之類，可以說是隨處可見，因此，我們在識讀帛書時， 就不得不借重於已出土的大量的楚文字資料來解讀和隸定其文字，這自然使這件帛書的釋讀增加了不少的難度。但它同時也告訴人們，儘管是抄寫于秦始皇二十六年的以秦文字爲主體的抄本，但它並不排斥其中含有大量的楚文字字形及其戰國文字的構形成分，所以我們在研讀帛書時，自不應僅簡單地將其視爲秦抄本而已。

二　異體字的隨意使用

大家知道，帛書的抄寫年代，尚處於文字没有規範定型的時代，文字的構件和形體尚没完全固定，故抄手在抄寫時， 既可大量地使用戰國時所流行的楚文字，也可隨意地書寫同一個字的不同形體，這樣就造成兩種無法回避的現象，一是同一個字同時以不同的形體出現在帛書中，二是個別怪異字形的出現，給文字的識讀增加了許多困惑。相對來說，對前者比較好識讀，例如：

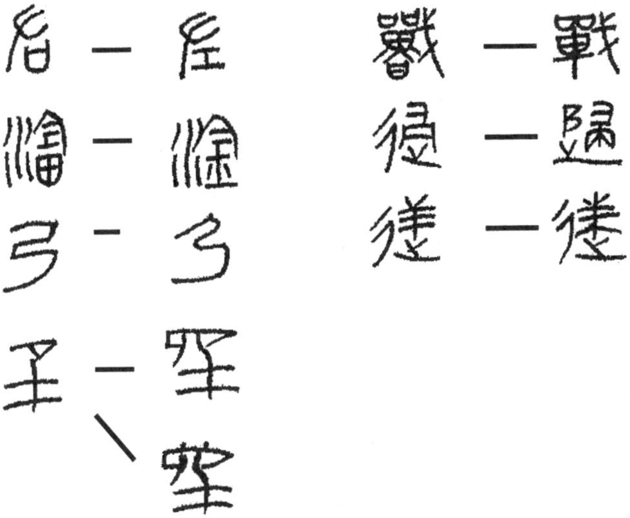

這類異體字，其構成或是構形的偏旁有異，如“”和“”，一字從口，一字從工，或是同一構形偏旁的繁化和省簡變異，如“”的左邊，即“單”的繁化，“”的右邊，即“金”的繁化，而“”的右邊，則顯然是“”的省簡。或是筆劃有異，如“弓”字是將一明顯的斜撇寫成了一横筆，使其字形儼然就是弓字，如果沒有上下文“不三五”的制約，那將其讀爲“弓”，自未嘗不可。但在上下文中一看，該字讀爲“弓”顯然不通，可見只能讀成“乃”。嚴格的說，這還不是異體字，它應屬於用筆隨意而形成的別字。再如逆字寫作“”，它右邊所從的“羊”，就豎筆出頭，横筆變成了撇、捺，這類字如果沒有上下文的比勘，同樣會給人許多困擾。還有一種情況就是增加

構件和筆劃的異體字，如“”與“”，“”這三個字，前者見於《包山楚簡》二、三四三和《信陽楚簡》二·0一八，是楚文字中的“坐”字。後兩個字則很罕見，開始我們將其作不識字處理，後核之文義才發現，它們就是楚文字“坐”的繁化字，其文如下：

“夏三月丙丁昜（陽）”

“冬三月壬癸陰”

“凡陰昜（陽）”

很顯然，從文義上看，這三個字雖形體有異，但字卻是一個。

上述這些異體字都見於同一篇帛書中，且多有上下文義可以驗證其是否異體字的可能性與可靠性。至於第二種情況的個別怪異字的識讀，則往往只能借助于用古隸抄寫的《陰陽五行》乙本來對勘才能解決問題。

例如“”字，在甲篇中過幾次：

“徙者不死，子死，取婦者不利，子生而死。”

“徙者，子有疾，取婦者不利，子生而死。”

這個字筆劃清晰，但其字形既不見於楚文字，也不見於秦文字，在沒找到其他對勘材料的時候，此字還真不好識讀和隸定。所幸的是，在《陰陽五行》乙篇中，有一段與此完全相同的文字，其中這個字就寫作“”，此字亦見於雲夢秦簡日書中，其字形作“”。很顯然，這就是一個很常見的“枳”字。正因爲有此參證材料，故整理者才能毫不猶疑地將此字釋定爲“枳”，讀爲“支”(11)。

再例如“”字，在甲篇中也出現好幾次：

“天一曰困，迎之者死，，則將死。”

“蜀地，，不勝，將死，得[地]弗有。”

“，將利，[得]地有之，利才（在）三年之中。”

該字雖反復出現，但字形一致，清晰肯定。一開始，我們將其視爲“亥”字的變體，但帛書中“亥”都寫作“”，與此明顯不同。經與《陰陽五行》乙篇對勘，我們發現，在乙篇中與此段文字相同的位置上，該字都寫作“師”。由此而可以肯定這個字乃應是“豕”字的異體字，豕字在《包山楚簡》中作“”(二、一四六)，“”(二、一六八)“”(二、二四六) 在《望山楚簡》中作“”，又《包山楚簡》中從豕的豠寫作，豢寫作。據此可知，帛書的字形當是從楚文字的“豕”字變異而成，今加上乙篇文字的參證，故整理者自然很有把握地將此字釋定爲“豕”，讀爲“師”⑿。

三　通假字非常普遍

通假字的廣泛使用，是先秦文獻特別是出土簡帛文獻中的普遍現象，對此，曾有學者指出：“翻閱秦代的簡牘和帛書《五十二病方》，通假字現象非常普遍，數量多得驚人。出現這種現象的原因，主要是當時特定的歷史條件下，漢字的使用沒有規範化，是漢字使用自由化的反映。當時的文牘，書籍全靠手抄，人們在抄寫過程中，爲了抄得便捷，或因方音方言、抄寫人的書寫習慣等原因，往往以簡代繁，以音同、音近的字代替本字，相沿成俗，借聲現象日益增多。”⒀這種通假字衆多的現象，在《陰陽五行》甲篇中自然俯拾皆是，但求證和尋求其本字也頗費斟酌。下面我們且舉幾例以說之：

例如“台”讀爲“始”，這是很常見的通假，如帛書《老子》甲本“百仞之高，台於足[下]。”通行本《老子》：“千里之行，始於足下”，故《陰陽五行》甲篇式圖中的“台”字，在乙篇中正寫作“始”，這種通假現象，是最容易識別和確定的。但有些通假字、其本字或假字並不是很常見，又很難找到現成的書證，遇至這類通假字，就多只能借助同類帛書抄本的比勘才能解決問題。

例如甲篇的式圖中有一個從蟲、亡聲的“虻”字，此字但見於《玉篇》曰：“俗蝱字”。《說文》：“蝱 ，齧人飛蟲，從䖵，亡聲”。《莊子・天下篇》：“由天地之道觀惠施之能，其猶一蚊一蝱之勞也。”由此我們知道，這是一個昆蟲名的俗字。但在式圖中則放在“台”（始）“中”的後面表示一種時間概念，已與昆蟲名相差很遠，很顯然是一個通假字，但它的本字是什麽？如果要找書證，可能就很困難，因爲漢以後文獻中，連這個俗字都很少用，那用它來作借字也就極罕見了。所幸帛書《陰陽五行》乙篇中也有一個同樣的式圖，其中同樣的位置都寫作“孟”，原来“虻 ”乃是“孟”的同音借字，虻（蝱）、孟古音同屬明母陽韻字，讀音完全相同，故抄手就以其習慣，用這個同音的俗字來代替“孟”。這個本字在當時也許是很容易識讀和理解的，但二千多年後的今天，如果沒有帛書乙篇的參照，也許我們就很難證明和斷定其本字到底是什麽。

又如“”字，在甲篇中反復出現，字形也非常清楚。才接觸時，我們還以爲是“攻”字的異體字，因同篇中的“季春不可以東北起土攻”的“攻”字就寫作“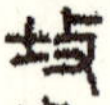”，與此非常相近，而且在文義上，攻與功相通，帛書中的“者不還”“者再還”“者三還”釋爲“攻者”或“功者”似亦未嘗不可。但對勘帛書《陰陽五行》乙篇時則發現，原來此字都是“士”的通假字，在乙篇中都明明白白地寫爲“士”字，因此，帛書整理小組乃明確地將此字隸定爲“坆”，讀爲“仕”。這種通假字，如果沒有乙篇的對校，也許“坆”“士”、“仕”的通假關係就頗難得到證明，因爲“坆”字本就不見於後世字書中，再求其通假就更困難了。

有不同抄本的對勘來確定其通假關係自然是很省心省力的事，但當兩本無法對校來說明問題時，則又只能求之於書證和文義本身，舍此而無它途。

例如“𡧭”字不見於字書，其文曰：“樹杋當戶𡧭之間，必絕。”

從文義看，此字前爲“戶”字，那其字義必與門窗有關。從字形分析，該字從戶，秀聲。秀爲幽部心毋字，而牖乃幽部喻母字，其語音相近，例可通假。《詩·大雅·板》：“天之牖民，如壎如篪”，傳：“牖，導也”。疏：“牖與誘古字通用，故以爲導也。”可見牖與從秀的字古既通用，牖者，窗戶也。《讀·幽風·鴟鴞》：“徹彼桑土，綢繆牖戶。”《漢書·食貨志上》：“行人振木鐸徇于路以采詩，獻之大師，比其律，以聞于天子，故曰王者不窺牖戶而知天下。”可見“牖戶”即門窗的習用語，由此亦可證帛書中的“㦯”乃“牖”此同音借字，所謂“樹杤 於戶▪之間”意即樹杤於門窗之間也。

再例如“毛”字，在甲篇中出現過多次，如：

“大毛，發，徙者，不死，枳子死。”

“小毛，豖，不利，將□。”

“大毛，[豖]，不……遷。”

其字形都作“  ”，一開始我們還以爲是“屯”字，因爲楚文字中屯或作“  ”（信陽楚簡二、0一七）或作“  ”（曾侯乙墓簡五九）“  ”（曾侯乙墓簡九九），與此字形非常接近，而“毛”字在楚簡中多作“  ”（包山楚簡二、一九四），無一例外都是三橫筆，就是以“毛”作偏旁者都如此。後來經與《陰陽五行》乙篇對勘，發現該字在乙篇中亦寫作“  ”或“  ”，字形既象“屯”，也象“毛”。無法斷定其到底是哪一個。但有一點是明確的，無論是釋定爲“屯”還是“毛”在文中都不好理解，因此，這肯定是一個通假字，那其本字是什麽，就只得求助於書證了。

文獻中毛通耗是常例。《漢書·高惠高後文功臣表序》：“訖於孝武後元之年，靡有孓遺，耗矣。”注：“言無有獨存者，至於耗盡也。今俗語猶謂無爲耗，音毛。”而傳統數術理論中，有還“耗日”之名。《月令廣義》曰：“每年正月十六日俗謂之耗磨日。”耗磨日又稱耗日。該日忌磨茶，磨麥，還忌諸業務，一些官司局務，皆停業飲酒。可見，帛書《陰陽五行》中當釋爲“毛”，讀爲“耗”較妥，故整理者在釋文中就將其釋定爲“毛”，讀爲“秏”。而“大秏”、“小秏”在帛書中都是“天一居”的十二神名之一。應該說，這乃是比較正確的釋法。

以上我們對帛書《陰陽五行》甲篇的文字識讀中的一些特點作了例舉性的說明，由這些特點而引發我們思考的問題亦不少，例如，有關古字字研究與秦漢簡帛研究的關係問題，就很值得我們認真地思考。一般來說，都認爲“古文字學研究的物件是待識的先秦文字，其任務是識讀未識及誤釋的先秦文字。”⒁其具體物件也就是甲骨、金文和戰國文字三大塊，因此，有些古文字研究的研討會通知要求所寫論文，必須是以戰國文字的研究爲下限，這就毫不留情地把秦漢簡帛的研究拒之於古文字研究的門外。其字，這是有點偏頗的作法。就以帛書《陰陽五行》甲篇爲例，它抄成于秦王政廿六年以後，其文字顯然已不是戰國古文，但這些文字中又有那麼多楚文字的成分，而楚文字的研究，現在誰也不否定它是古文字研究的範疇，那麽，對帛書中這些楚文字的研究算不算古文字研究呢？如果就稱其爲秦文字的研究，但它又離不開衆多楚文字資料的參證對比和排比求證，這種研究，又怎麽能與古文字研究截然分開呢？因此，我例是很贊成裘錫圭先生的意見，他說：“‘古文字’這個名稱所指的範圍可大可小，本文所說的古文字，主要指見於考古資料上的早於小篆的文字。”⒂這裏要說明的是，裘先生這裏所說的“小篆”並不是有些先生所說的“出現于戰國早期偏晚，至戰國中、晚期在秦國普遍流行”⒃。的小篆，而是指秦朝統一全國後，經李斯等人“取史籀大篆，或頗省改”而成的小篆，而此之前的應該稱秦篆或大篆⒄。照此推理，帛書《陰陽五行》甲篇顯然也屬於古文字的研究範疇。其實，就在裘先生所著的《古文字論集》⒅中，就收有多篇專門研究秦漢簡帛文字的論文⒆，而許多的古文字研究者也非常關注所出秦漢簡帛的研究，並熱心地參與其中。因此，我以爲，古文字研究的下限應延至秦漢之際，而古文字研究的物件應把秦漢簡帛作爲它的第四分支，因爲大部分秦漢簡帛文字都是小篆定形前的珍貴材料，它是漢字隸變過程中文字演變的最生動形象的載體，爲什麼就不能把它作爲早於小篆的文字（確實也是早於小篆的文字）來進行研究呢？

再例如有關秦篆的認識問題，歷來爭論不休。如有的學者認爲："秦篆即是指秦代的小篆，小篆的名稱首先出現于東漢許慎的《說文解字》序上。因知篆書之名始於漢代，爲秦以前所未有。……李斯等人所寫的字書或秦刻石即爲秦篆，它是由大篆（籀文）衍生而來的。此種秦篆的特點爲筆畫首尾中間粗細若一，沒有輕重差別。筆畫起端末端都是圓的，不作方筆尖筆。筆畫多作圓的回轉，少作方折。字體多作長方形。此類排列整齊、行筆圓轉、線條勻淨的小篆，可說是秦代的標準字體(20)。按，這種認識將秦篆和小篆等同起來，這是對秦文字的一種片面認識。這方面，裘錫圭先生作過很明確的分析，他認爲："在戰國時代，文字異形的現象非常嚴重。六國文字與秦國文字的面貌有顯著差別，秦篆本身也不統一。早在秦孝公時代的銅器上，我們就看到既有象商鞅量銘文那樣的很規整的文字，同時又有象商鞅鐓銘文那樣的很草率的文字。往後，文字的使用越來越頻繁，文字的演變也隨著越來越劇烈。在秦篆不斷簡化的過程中出現了大量異體，並且有很多是破壞篆文結構的簡率寫法；用方折的筆法'解散'篆文圓轉筆道的風氣，也逐漸流行了開來。正是由於存在著這種情況，秦朝統一全國後，不但需要廢除六國文字'不與秦文合'的異體，並且還需要對秦國本身的文字進行一次整理。這次整理所規定的字體就是小篆。"(21)

從文字學的角度來認識，這樣劃分秦篆和小篆的區別和界線是比較清楚的。准此，那帛書《陰陽五行》甲篇的字體也許應屬於秦篆中那篆文結構已被破壞的簡率寫法。雖然帛書的"文字在篆隸之間"，是一種未定型的秦文字，儘管其中有"不與秦文合"的楚文字，也有明顯隸化的秦文字，如最明顯的例子就是把水旁簡化成三點的隸書式寫法的大量出現，其次是隸書的波磔筆意，是處可見，因此，筆者曾稱其爲“篆隸體”(22)，但這畢竟是在既是不宜稱帛書爲篆書（小篆）又不宜稱爲古隸或隸書的情況下採取的一種權宜的稱法，如果按裘先生的分析，稱其爲篆文結構已被破壞的秦篆的簡草字體亦未嘗不可。但到底是文字太長，稱其爲“篆隸體”，似乎既方便記憶，又具體反映了這種演變中的秦篆特徵。

再就是文字識讀的書證問題。從訓詁學的角度來說，說無書證是不能成立的，或者說是靠不住的。但從出土文獻的整理來看，這又不可太強求到絕對化的地步，因爲那時抄手們所用的一些同音借字、異體字、俗字本身就沒留存在傳世文獻中，你實際上不可能會找到的書證，如上面例舉的“寍”之通“孟”，“𡉀”之通“士”，“㝑”通“牖”等，可以說完全沒有書證，帛書《陰陽五行》好在有甲、乙兩篇可以互相比勘，能夠解決許多問題，但如果沒有它本校勘的出土文獻，我們在考求其本字時，要例舉其書證那往往是很困難的事，對此，我覺得學界似不應太強求其書證，只要其說能自圓其說，就暫備一說亦未嘗不可。其實，文字識讀中許多爭論不休的問題，隨著地下材料的不斷出土和整理出版而迎刃化解，因爲出土文獻就是最好的書證，它常常令傳統的書證訓詁法相形見絀，因爲事實往往就那麽簡單，有些還僅僅是書手的個人習慣而已，例如《陰陽五行》甲篇中有一句：“尌之正室，必有詯”，其中“尌”是“樹”之通假是一看就知道的，問題是最後那個字，它不見於字書，顯然很難從文獻中找到與它有關的本字的書證，但我們從帛書本身的研究發現，帛書中沒有魂魄二字，但卻有“訟”和“詯”兩個字，且其文義正可與魂、魄義相符，因此，我們就認爲“必有詯”的“詯”乃是“魄”的假字。這種情況的出現也許是當時抄手的個人行爲，象這類情況如要衡之書證，恐怕也是不太可能的事。

注

(1)、(4)、(6)、(7)、(9)、(10)、(12)《馬王堆帛書〈式法〉釋文摘要》，載《文物》2000年第7期。

(2)《長沙馬王堆漢墓帛書概述》，載《文物》1974年第9期。

(3)該書由上海書店出版社1996年出版。

(5)載《馬王堆醫書研究專刊》第2輯，1981年出版。

(8)該書由陝西人民教育出版社1993年出版。

(11)參見滕壬生著《楚系簡帛文字編》，湖北教育出版社1995年出版。

(13)、(16)《秦文字類編》前言，陝西人民教育出版社1993年版。

(14)見林沄《古文字研究簡論》，吉林大學出版社1986年出版。

(15)《談談學習古文字的方法》，載《語文導報》1985年第10期。

(17)、(21) 詳見《從馬王堆一號漢墓‘遣冊’談關於古隸的一些問題》，載《考古》1974年第1期。

(18)該書由中華書局1992年出版。

(19)這類論文如：《馬王堆醫書釋讀瑣議》、《睡虎地秦墓竹簡注釋商榷》、《湖北江陵鳳凰山十號漢墓出土簡牘考釋》、《漢簡零拾》、《新發現的居延漢簡的幾個問題》等。

(20)見鄭惠美《漢簡文字的書法研究》，臺灣故宮博物院1984年印行。

(22)見《馬王堆帛書藝術》上海書店出版社1996年出版。

子彈庫楚帛書八行文譯註

池　澤　優

はじめに

本稿は1942年に湖南省長沙市子彈庫楚墓（湖南省博物館ほか、2000の整理番號ではM365（73長子M1）墓）から盜掘された、いわゆる“楚帛書”（楚繒書、本稿においては子彈庫帛書と呼ぶ）の一部、中央にある二つの文章の內、短い方（本稿では八行文と呼ぶ）の譯注である。當初は子彈庫帛書全體の譯注を予定していたが、分量が多くなりすぎたため、八行文のみの譯注とした（但し、本稿で十三行文・邊文と呼ぶ、八行文以外の部分の釋文は末尾に附載した）。

今更言うまでもなく、子彈庫帛書はいわゆる戰國楚文字文獻の中では早期の出土であるため、それに對する研究は相當の量に達している。實際、大量の楚文字文獻が考古發掘によって知られるようになるまで、それは楚文字に關する唯一といってよい程の情報源であった。包山楚簡・郭店楚簡などの出土によって、それは多くの楚文字文獻の一つに過ぎないものなったと言えるが、傳世文獻には見ることができない戰國楚獨自の宇宙觀や天文觀を傳える文獻であることは變わらず、子彈庫帛書を他の楚文字文獻の中に位置づけて分析する研究は、近年明らかに增加している。本研究會は郭店楚簡を主要な研究對象とするものではあるが、その背景にある戰國楚の宗教的宇宙觀を知るためにも、子弾庫帛書の最近の研究を中心に整理して紹介することを目的としたい。

本稿は子彈庫帛書の内容を分析することは目的としないし（それに對する筆者の所見は別に發表した。池澤、1998、2000參照）、また必ずしも帛書の完全な讀みを提供できる譯でもない。子彈庫帛書の內容はあまりにも獨自であるため、それを中國古代研究にどう導入していくか、道が見えづらいというのが實態であり（それが日本で子彈庫帛書に關する研究が少ない理由であろうか）、そのため今までの研究は帛書と比類できる情報を片っ端から探し出し、戰國楚社會に關する我々の認識枠組みのどこかに組み込む方向を指向してきた。本稿のような整理で見えてくるのは、そのような研究方法で今もって何が讀めないのかであって、それは楚文字研究の課題を指し示しているのである。

先ず、既知の事柄であるが、子彈庫帛書の出土と收藏、それに全體の構成を概觀しておきたい。

(1)　子彈庫帛書の出土と收藏

現在、子彈庫帛書の出自については、1942年に子彈庫墓から盜掘され、最初に地元の好事家（古物收集家）であった蔡季襄の收藏となり、1946年にアメリカ人コックス(John H.　Cox)によりアメリカに渡り、1966年に收藏家サックラー(A.　M.　Sackler)が購入、1987年、サックラー氏の死去に伴い創設されたサックラー博物館の所藏となったことで異論はない。但し、出土については當初から二つの説が並立していたことを記しておく必要がある。一つは上記の1942年出土説であり、中國側の研究者は概ねその説を持していた。もう一つは1930年代に出土し、1937年にアメリカへ渡ったとするもので、梅原末治（1954、35頁）、錢存訓（1962、138頁）、バーナード（1973）が主張した。

第一説は子彈庫帛書に關する最も早い著錄である、收藏者である蔡季襄により書かれた『晚周繒書考證』（1944）に始まる。それに由るなら、「近年」、道路工事によって長沙の東郊、杜家坡の晚周墓から出土したもので、墓は深さ三丈（黄土層一丈五尺の下に、蜃炭層七尺）、横丈余、縦一丈五尺、墓室高八尺の甲字形墓であり、椁室の東側に褐色の絲帛で包まれた棺があって、棺の右の空間には漆盤、銅剣、漆鞘、木匣、「木寓龍」、陶簋、陶鼎、陶壷など随葬器物が収められていた。帛書は縦15吋、横18吋で、高1.5吋、長８吋、幅4.5吋の竹筐（中に薄絹を張りつけてある）の中に折り畳まれた狀態であった。

蔡季襄の情報は明らかに盗掘者から得たものであり、その一部は正しくない。商承祚（1964）はその點、卽ち出土は一九四二年九月、長沙東郊子彈庫紙源沖の木椁墓であり、盗掘者は四名であったことを指摘する。商氏がここまで具體的な情報を入手したのは、自身が一九四二年冬、重慶で長沙の古物商からオファーを受け（但し全て殘片）、更に解放後、盗掘者自身に確認したためである。また、商承祚は帛書は竹匣（縦23cm、横11.5cm）中に三つ折（縦17.5cm、横11.5cm）で發見されたこと、竹匣内面の薄絹と思われたものは別の「殘帛書」であり（蔡季襄は「殘帛書」若干を所有し、それは帛書と共にサックラー博物館の所有となっている）[1]、竹匣は木龍の下に置かれていたこと、蔡季襄は職人に帛書を表装させたこと、そして、帛書は1946年にコックスに騙し取られてアメリカにわたったなどの情報を付け加える（コックス詐取説は1950年に旣に現れる。無署名、1950）。

帛書が發見された子彈庫墓は1973年に考古發掘され（湖南省博物館、1974がその報告である）、そこで盗掘者からの情報として子彈庫墓が出土地であることが確定した（李零、1994に記述があるように、盗掘者は始めから博物館で技師として働いていたのであり、情報を得ることは實は容易であったと推測される）。葬具の概略は次の通りである。

墓制：一椁二棺、封土殘高１m、墓底深7.42m、
　　　墓底から2.77mの所に幅1.5mの墓道一條。

木椁：長3.06m、幅1.85m、高1.33m。棺室・頭箱・邊箱からなる（隔板で隔てられる）。

外棺：長2.3m、幅0.93m、高0.87m

内棺：2.04m、0.63m、0.61m。外は黒漆、中は紅漆、底板には幾何學模樣。

墓主：四〇歳前後の男性人骨。

随葬器物：帛畫（人物御龍圖）・陶器９件・櫛・木戈・漆角狀器・竹席・竹片・玉璧・絹殘片・帶・縄

盗掘者の回顧によると、帛書は頭箱の上部に置かれていたのであり、墓主は士大夫に相當する身分であって、時代は戰國中期と晩期の間であると結論づける。

以上の情報は極めて明瞭であり、一見異論を差し挾む餘地などないように見える。にもかかわらず出土に關し別の説が提起されたのには幾つかの理由がある。先ず、蔡季襄は帛書の現物と所藏について極めて曖昧な表現をしている。『晩周繒書考證』は序に「甲申（1944）夏、倭寇犯長沙、僕擧室避居南鄉石林塘、（中略）倭寇猝至、淫掠屠殺、備極慘毒、室人黄氏茀蓮、及長女鈴儀、知不能免、相繼赴水中死」と言うように、日本軍の長沙侵略で夫人と娘を失うという不幸があり、それを悼むための出版であると言うのだが、それに續く部分で「檢點行篋、得舊所藏長沙出土晩周繒書、及漆盤・劍鞞・銅劍・竹笈等名貴影本數幀」と言い、これでは彼が所藏していたのが現物であるのか、寫眞であるのか不明であり、況や現藏者が誰であるのか分からない書き方になっている(2)。また、盗掘者が解放後に博物館に就職して、考古發掘に協力していたという事情も外からは窺い知ることができず、1973年の發掘が正しい情報に基づいているのか疑念を招いたことも原因の一つであろう。ただ一番大きい要素は、帛書をアメリカに持ち出したコックスが1938年に歸國しており(3)、その後再び中國に赴いたという記録がなかったため、1942年の出土は論理的にあり得ないと考えられたというのが一番大きな理由であろう。

このためノエル・バーナード（1973）は蔡季襄以來の説を全面否定する説を提出した。彼は長沙で盗掘に參加した少年を發見し、そのインタヴュー（その時點でアメリカ居住）を根拠に、帛書は1934年に出土、二椁二棺墓の内椁内側の木板を積み重ねた間に三つ折で置かれていたとする。蔡季襄が所有したのは別の帛書（殘帛書）で、蔡は子彈庫帛書の現物を見ておらず、帛書は盜掘者から古物商を經てコックスの手に渡り、コックスが歸國する時に携帯したというのである。

兩説の對立に終止符をうったのは、李零(1994)が中・米雙方で丹念なインタヴューを行った研究に由るところが大きい。李零の調査に由るなら、コックスは1945年夏（終戰直後である）再渡中していたのであり、1946年に上海で蔡季襄と接触して帛書の賣却を依頼されたのである。コックスは帛書を持って歸國し、フリーア美術館に依頼してカラー写真を撮影、蔡季襄の前掲著書と共に美術館・研究者に送付して買い手を募るが（その過程で帛書の存在が知られるようになる)、高額（一万ドル）のため容易に見つからず、帛書現物はメトロポリタン博物館に保管されていた。1947年、蔡季襄はコックスに違約を詰る手紙を送り、コックスの辨解の手紙に返信はなく、再度コックスが知人に託した手紙は蔡に届かず、以降、中國側ではコックスの詐取が定説になったのである。

その間、帛書の保存狀態は極めて劣悪であった。1961年、バーナードが最初に目驗した時には布制のボール紙に畫鋲で貼られる狀態であり（この時、バーナードの薦めでメトロポリタン美術館は最初の赤外綫寫眞を撮影した。バーナード、1973，6頁、注8)、1964年、ニューヨークの古物商、戴潤齋が買収した後、ボール紙から剥がされ、ガラス板の間に挾まれ展示された。目視によっては文字が認識できず、赤外綫寫眞によって解讀が進んだのは知られている通りである。ただ、サックラー博物館に移管された時にカビが生えており、それが脱落した後、全體が灰白に變色して文字が明瞭になったという（李零、1990)。

(2) 楚帛書の構成

帛書は全體がおよそ48cm×40cmで（ただし周囲には多少の脱落がある）、周邊には四隅に各々白・黒・青・赤で彩色された樹木の繪が（當然、白は輪郭のみを描くことで表現される）四邊には一邊ごとに三つの怪物像が頭を内側に向けて描かれる（四邊で十二の像）。怪物像の左側には二種類の短い文字が配され、内側（頭に近い所）には三文字が、外側（足に近い所）には二・三行の文章が記される。文字の向きは四邊それぞれで異なる。中央には二種類の長文が、一方は八行で、もう一方は十三行で、天地逆に書かれており、やはり帛書が回轉させながら讀む文獻であることを示している。

楚帛書の文章は中央の八行、十三行、周邊の文（怪物像ごとに十二に區畫され、各々内側の三文字と外側の短文からなる）の三部分から構成されていることになる。研究者はこれらについて各々自說に從って名前を付けている（これは帛書はどこから讀み始めるのかという問題と關係するが、それについては以下に論じる）が、各研究者の所見によって異なる名が付いては煩雜に過ぎる。命名には最も私見が入りにくいものを用いるべきであり、それぞれ八行文、十三行文、邊文と名付けられるべきと考える。

この内、邊文に關しては性格が明らかである。李學勤(1960)が論じるように、内側三文字（「取于下」「女(如)材武」「秉司春」「余取(娶)女」「欱出睹」「叡司夏」「倉莫得」「臧杢□」「玄司秋」「昜□義」「姑分長」「荼司冬」）の最初の一文字（それは外側の短い文にも「曰」の後に出現する）は『爾雅』釋天（「正月爲陬、二月爲如、三月爲寎、四月爲余、五月爲皋、六月爲且、七月爲相、八月爲壯、九月爲玄、十月爲陽、十一月爲辜、十二月爲涂」）に擧げる月名と概ね一致することから、三文字の文は十二ヶ月の一種の表題であり（それ故、これは「邊題」と名付けるべきであろう）、二・三行の文はその内容から各々の月の禁忌を述べたものであって、怪物は各々の月の神または物候を圖像化したものと判斷できる。

一方、四隅の樹木が青・赤・白・黒で彩色されていることは、五行説による色彩配置と一致することから、各々が春夏秋冬を表すものと見ることができるが、各邊の最後の月（三月、六月、九月、十二月に相當）の邊題が各々「秉司春」、「䖒司夏」、「玄司秋」、「荼司冬」と記されていることは、各邊三ヶ月が四季のそれぞれに對應し、その最終月が各季節を「司」る構造であることを示している。よって、帛書全體は一年のサイクルを表し、天體が一年で一周するように、時計回りに回轉させながら讀む形式であることが分かるのである。

とするなら、帛書の三つの構成部分（八行文、十三行文、邊文）をどの順序で讀むべきかという問題が生じる。邊文に關しては孟春（「取」）から始めるとして、最も問題になるのは中央の二文をどちらから讀むかであり、これについては意見の分岐が大きい。董作賓、李學勤(1959)、陳夢家、嚴一萍、安志敏、陳公柔、商承祚、李零、何琳儀、陳久金の諸氏は十三行文から先に讀むと考え、その根據として十三行文冒頭の「隹……」は文全體の開頭の辭としてふさわしいこと、正月に相當する邊文「取」月を右上に置くと、十三行文が正しい位置に來ること、邊文が月について述べるのに對し、十三行文は「歲」、八行文は「四時」を論じるのであり、最も大きな時間區分である「歲」から讀むべきであることを擧げる。一方、林巳奈夫、バーナード、李學勤、饒宗頤、劉信芳、馮時の諸氏は八行文から讀み始めるとし、八行文冒頭「曰故……」は西周金文や『尚書』にも見られる冒頭の辭であり、八行文が原初における天地形成の神話を述べるのに對し、十三行文は秩序の失調を述べるもので、順序として前者が先であること、馬王堆出土の地圖（禹藏圖）が南を上とするように、帛書も夏を上に置くなら、八行文が正しい位置に來ることを根據とする。

帛書が表示する一年十二ヶ月の時間は永遠に巡り續けるものであり、どこから始まるかは一種水掛け論の樣相を呈するが、帛書の配置自體は別の可能性を考慮に入れる必要がある。というのは、上述の諸説は八行文と十三行文が左右に並ぶように配置することを前提にするが、李零（1994）が紹介する專門家の鑑定によるなら、48cmの長邊が縱糸であるのであり、そのように配置すれば八行文と十三行文は上下に來ることになるからである（李零は、これは帛書を書いた時の配置であって、讀み方とは異なるとする）。假に八行文と十三行文を上下に配置するのが元來の姿であるとすれば、どちらが正置されるかで前後を判斷する根據はなくなることになる。本稿では專ら內容に卽して、宇宙秩序の形成を言う八行文が先、秩序の失調を言う十三行文が後として考えていきたい。

子彈庫帛書關係主要文獻一覽

本稿で使用した子彈庫帛書關係の文獻を以下に擧げる。但し、全ての文獻が本稿で等しく考察される譯ではない。曾憲通の整理によるなら（饒宗頤ほか、1993）、子彈庫帛書の研究は、蔡季襄の摹本に依據した1940〜50年代中葉、フリーア美術館撮影のカラー寫眞に依據した1950年代後半〜60年代中葉、赤外綫寫眞による1960年代後半以降の三期に區分できるが（おそらくは、他の楚文字文獻との比較が可能になった1980年代後半以降を第四期と考えるべきであろう）、ここで重點的に考察對象とするのは第三期以降の研究であり、それ以外は必要に應じて言及するに止める。

蔡季襄、1944、『晩周繒書考證』、石印本。
蒋玄佁、1950、『長沙』第二卷、上海。
無署名、1950、「美帝掠奪我國文物罪行一斑」、『文物參考資料』1950-11。
陳槃、1953、「先秦兩漢帛書考」、『歷史語言研究所集刊』24。
郭沫若、1953、「關于晩周帛畫的考察」、『人民文學』1953-11。

梅原末治、1954、「近時出現の文字資料」、『書道全集』第一巻、平凡社。
饒宗頤、1954、「帛書解題」、『書道全集』第一巻、平凡社。
饒宗頤、1954、「長沙楚墓時占神物圖卷考釋」、『東方文化』1-1。(『選堂叢書』四)
董作賓、1955、「論長沙出土之繒書」、『大陸雜誌』10-6。
澤谷昭次、1956、「長沙楚墓時占神物圖卷」、『定本書道全集』、河出書房、183頁。
饒宗頤、1958、「長沙出土戰國繒書新釋」、『選堂叢書』四、義友昌記印務公司、香港。
Barnard, Noel、1958、“A Preliminary Study of the Chu Silkmanuscript: a New Reconstruction of the Text”、*Monumenta Serica* 17.
李學勤、1959、「戰國題銘概述」、『文物』1959-9。
李學勤、1960、「補論戰國題銘的一些問題」、『文物』1960-7。
金關丈夫、1961、「楚帛書上の神像」(饒宗頤「楚繒書十二月名覈論」所引)。
錢存訓, 1962, *Written on Bamboo and Silk: the Beginnings of Chinese Books and Inscriptions*、The University of Chicago Press (Revised edition: 1975. 宇都木章ほか譯『竹帛に書す：中國古代書籍史』、法政大學出版局)。
陳夢家、(1962)、「戰國楚帛書考」、『考古學報』1984-2。
Cheng, Te-k’un (鄭德坤), 1963, *Archaeology in China*, Volume 3: Chou China. (松崎壽和譯、『中國考古學大系』第三巻、1979、雄山閣)。
安志敏・陳公柔、1963、「長沙戰國繒書及其有關問題」、『文物』1963-9。
商承祚、1964、「戰國楚帛書述略」、『文物』1964-9。
林巳奈夫、1964、「長沙出土戰國楚帛書考」、『東方學報』36。

李棪、1964、『楚國帛書中間兩段韻文試讀』、油印本（未見）。
李棪、？、『楚國帛書文字近二十年研究之総結』(嚴一萍「楚繒書新考」所引、未見)。
饒宗頤、1965、「楚繒書十二月名覈論」、『大陸雜誌』30-1。
林巳奈夫、1966、「長沙出土戰國楚帛書考補正」、『東方學報』37。
林巳奈夫、1967、「中國古代の神巫」、『東方學報』38。
Sackler, A. M.、1967、『沙可樂所藏楚帛書』、New York（未見）。
李棪、1968、『楚國帛書諸家隸定句讀異同表』、稿本（未見）。
嚴一萍、1968、「楚繒書新考」、『中國文字』26～28。
金祥恒、1968、「楚繒書𩃬虘解」、『中國文字』28。
饒宗頤、1968、「楚繒書之摹本及圖像：三首神、肥遺與印度古神話之比較」、『故宮季刊』3-2。
饒宗頤、1968、「楚繒書疏證」、『歷史語言研究所集刊』40上。
陳槃、1968、「楚繒書疏證跋」、『歷史語言研究所集刊』40上。
唐健垣、1968、「楚繒書文字拾遺」、『中國文字』30。
Barnard, Noel、1971、"Rhyme and Metre in the Ch'u Silk Manuscript Text"（楚帛書文字的韻與律）、*Papers on Far Eastern History* 4, ANU, Canberra.
Barnard, Noel、1971、*Scientific Examination of an Ancient Chinese Document as a Prelude to Decipherment, Translation, and Historical Assessment: the Ch'u Silk Manuscript*（對一部中國古文書：楚帛書進行釋讀、翻譯和考證之前的科學鑑定）、Monograph on Far Eastern History No. 4, Department of Far Eastern History, Australian National University, Canbera (Revised 1972).
李棪、1971、「評巴納〈楚帛書文字的韻與律〉」、『中國文化研究所學報』4-2。
林巳奈夫、1971、「長沙出土楚帛書の十二神の由來」、『東方學報』36。

Barnard, Noel、1971、“The Ch'u Silk Manuscript and Other Archaeological Document of Ancient China”、*Early Chinese Art and its Possible Influence in the Pacific Basim*、New york.

饒宗頤、1971、「從繒書所見楚人對于曆法・占星及宗教觀念」、*Early Chinese Art and its Possible Influence in the Pacific Basim*、New york.

郭沫若、1972、「古代文字的辨證之發展」、『考古學報』1972-1。

Barnard, Noel、1973、*The Chu Silkmanuscript: Translation and Commentary*、Monograph on Far Eastern History No. 5, Department of Far EasternHistory, Australian National University, Canbera.

湖南省博物館、1974、「長沙子彈庫戰國木槨墓」、『文物』1974-2。

錢存訓、1975、『中國古代書史』、香港中文大學（1962の中譯）。

莊富良、1975、『春秋戰國楚器文字研究』、香港中文大學碩士論文。

許學仁、1979、『先秦楚文字研究』、臺灣師範大學國文研究所碩士論文（未見）。

曾憲通、1980、「楚月名初探」、『中山大學學報』(社會科學版) 1980-1。

俞偉超、1980、「關于楚文化的新探索」、『江漢考古』1980-1。

楊寬、1980、『戰國史』、中華書局。

李學勤、1980、「談祝融八姓」、『江漢論壇』1980-2。

李零、1981、『長沙子彈庫戰國楚帛書研究』、油印本（未見）。

陳邦懷、1981、「戰國楚帛書文字考證」、『古文字研究』五。

李學勤、1982、「論楚帛書中的天象」、『湖南考古輯刊』一。

周世榮、1982、「湖南楚墓出土古文字叢考」、『湖南考古輯刊』一。

莊甲、1983、「楚帛書上的繪畫」、『百姓』41、香港（未見）。

許學仁、1983、「楚文字考釋」、『中國文字』新七期。

李學勤、1984、『東周與秦代文明』、文物出版社。

李學勤、1984a、「帛書中的古史與宇宙觀」、張正明主編『楚史論叢』、湖北人民出版社。
楚文化研究會、1984、『楚文化考古大事記』、文物出版社。
饒宗頤・曾憲通、1985、『楚帛書』、中華書局香港分局。
李零、1985、『長沙子彈庫戰國楚帛書研究』、中華書局。
曹錦炎、1985、「楚帛書・月令篇通釋」、『江漢考古』1985-1。
兪偉超、1985、「關于楚文化發展的新探索」、『先秦兩漢考古學論集』、文物出版社。
何琳儀、1886、「長沙楚帛書通釋」、『江漢考古』1986-1・2。
高明、1986、「楚繒書研究」、『古文字研究』12。
林素清、1986、「談戰國文字的簡化現象」、『大陸雜誌』72-5。
田中東竹、1986、『書學體系・碑法帖篇第四巻　木簡　篆隷書』、同朋社。
鄭剛、1986、「戰國文字中的陵與李字」、中國古文字研究會第七次會（未見）。
高明、1987、『中國古文字學通論』、文物出版社、北京、510～530頁。
李學勤、1987、「再論楚帛書十二神」、『湖南考古輯刊』第四輯。
李學勤、1987a、「長沙楚帛書通論」、楚文化研究會編『楚文化研究論集』一、荊楚書社。
蔡成鼎、1988、「《帛書四時篇》讀后」、『江漢考古』1988-1。
李惑之、1988、「試論楚先祖祝融譜系」、『江漢考古』1988-1。
李零、1988、「長沙子彈庫戰國楚帛書研究補正」、中國古文字研究會十周年學術研討會（『古文字研究』第二〇輯、2000）。
陳秉新、1988、「長沙楚帛書文字考釋之辨正」、『文物研究』四期。
何琳儀、1889、「長沙楚帛書通釋校補」、『江漢考古』1989-4。
王從禮、1989、「試論楚人信鬼重祀的習俗」、『江漢考古』1989-4。
田中東竹、1990、『中國法書選10：木簡・竹簡・帛書――戰國・秦・漢・晉』『中國法書ガイド』、二玄社。
連劭名、1990、「長沙楚帛書與卦氣説」、『考古』1990-9。

李零、1990、「楚帛書目驗記」、『文物天地』1990-6
李學勤、1990、「長沙子彈庫第二帛書探要」、『江漢考古』1990-1。
徐山、1990、「長沙子彈庫戰國楚帛書行款問題質疑」、『考古與文物』1990-5。
連劭名、1991、「長沙楚帛書與中國古代的宇宙論」、『文物』1991-2。
葛英會・彭浩、1992、『楚簡帛文字篇』、東方書店。
商志𩡝、1992、「記商承祚教授藏長沙子彈庫楚國殘帛書」、『文物』1992-11。
饒宗頤、1992、「長沙子彈庫殘帛文字小記」、『文物』1992-11。
李學勤、1992、「論長沙子彈庫楚帛書殘片」、『文物』1992-11。
朱德熙、1992、「長沙帛書考釋」、『古文字研究』19。
劉釗、「説“禼・皇”二字來源并談楚帛書“萬・兒”二字的讀法」、『江漢考古』1992-1。
饒宗頤・曾憲通、1993、「長沙子彈庫楚帛書研究」、『楚地出土文獻三種研究』、中華書局（1985の改訂版）
李零、1993、『中國方術概觀　選擇卷(上)』、人民中國出版社。
李零、1993a、『中國方術考』、人民中國出版社（第三章）。
曾憲通、1993、『長沙帛書文字編』、中華書局。
李學勤、1994、『簡帛佚籍與學術史』、時報文化、臺北。
劉曉路、1994、『中國帛書』、中國書店。
劉曉路、1994a、『中國帛書』、上海古籍出版社。。
李零、1994、「楚帛書的再認識」、『中國文化』10。
李零、1994a、「士城讀書記（五則)」、紀念容庚先生百年誕辰暨中國古文字學國際學術研討會（未見)。
伊世同・何琳儀、1994、「平星考：楚帛書殘片與長周期變星」、『文物』1994-6。
劉信芳、1994、「中國最早的物候曆月名：楚帛書月名及神祇研究」、『中華文史論叢』53。

劉彬徽、1994、「楚帛書出土五十周年紀論」、『楚文化研究論集』第四集。
院文清、1994、「楚帛書與中國創世紀神話」、『楚文化研究論集』第四集。
滕壬生、1995、『楚系簡帛文字篇』、湖北教育出版社。
李運富、1995、「楚國簡帛文字資料綜述」、『江漢考古』1995-4。
張君・宋公文、1995、『楚國風俗志』、湖北教育出版社（第十・十一章）。
高至喜、1996、『楚文化的南漸』、湖北教育出版社。
蔡靖泉、1996、『楚文學史』、湖北教育出版社。
徐暢、1996、『中國書法全集四　春秋戰國刻石簡牘帛書考』、榮寶齋出版社。
劉信芳、1996、「楚帛書解詁」、『中國文字』新廿一期。
呉振武、1996、「楚帛書“夸步”解」、『簡帛研究』第二輯。
鄭剛、1996、「楚帛書中的星歲紀年和歲星占」、『簡帛研究』第二輯。
馮時、1996、「楚帛書研究三題」、『于省吾教授百年誕辰紀念論集』、吉林大学出版社。
周鳳五、1997、「子彈庫帛書『熱氣倉氣』説」、『中國文字』新二三期。
江林昌、1998、「子彈庫楚帛書“推步規天”與古代宇宙觀」、『簡帛研究』第三輯。
池澤優, 1998、「書き留められた帝の言葉：子彈庫楚帛書に見る天・神・人の關係」、『宗教研究』三一六號。
陳偉武、1999、「從簡帛文獻看古代生態意識」、『簡帛研究』第三輯。
李零、1999、「讀《楚系簡帛文字編》」、『出土文獻研究』第五集。
陳茂仁、1999、「由楚帛書置圖方式論其性質」、『先秦兩漢論叢』第一輯。
湖南省博物館ほか、2000、『長沙楚墓』、文物出版社。
池澤優、2000、「古代中國の祭祀における“仲介者”の要素――戦國楚の卜筮祭禱記録竹簡・子彈庫楚帛書と『絶地天通』神話を中心に」、田中文雄ほか編『道教の教團と儀禮』、雄山閣。
馮時、2001、『出土古代天文學文獻研究』(第一章「長沙楚帛書研究」)、臺灣古籍出版社。
陳久金、2001、『帛書及古典天文史料注析與研究』(第二章「子彈庫《楚帛書》注譯」、第七章「長沙子彈庫帛書反映出的先秦南方民族的天文曆法」)、萬巻樓圖書公司。
陸思賢　2001、「楚帛書與二十八宿星圖」、陸思賢・李迪『天文考古通論』(第十一章)、紫禁城出版社。

凡例

以下、子彈庫帛書の八行文の釋讀を、釋文、日本語譯、註釋の順に掲げる。ただし、釋文の體例については最初に斷っておく必要があろう。八行文・十三行文ともに方格（分段記號）によって三段落に分かれる（但し、十三行文の方格は文字と同じスペースをとるが、八行文の方格は文字間に配されるという違いがある）。以下の釋文においては、段落は改行によって表す。各段落共に内容から幾つかの節に区分し、節はⅠⅡⅢで表示する。更に註釋を加える必要から、適宜、句に區分し、①②③で表わすこととする。

釋文においては、最初に原文をできる限り忠實に楷書に直したもの(direct　transcription)をあげ、次にそれに相當する現行字を(　)内に挙げた。欠損漫滅している字は□で示し、内容から復元した字は[　]内に表示、重文は「〓」により表示した。

日本語譯においては、文意を補った場合は（　）で、言葉を説明した場合は（＝）として表示した。

註釋で諸説を引用する場合、煩擾を避けるため、原則として頁数は記載しない。また當該著者の帛書關係論文が一本しかなく、混同の恐れがない場合は出版年も省略する。更に饒宗頤、林巳奈夫、バーナード、高明、李零、何琳儀、連劭名、劉信芳、馮時の諸氏は複數の諸作があるが、帛書の通釋としてはそれぞれ、饒宗頤(1985)、林巳奈夫(1964)、バーナード(1973)、高明(1986)、李零(1985)、何琳儀(1986)、連劭名(1991)、劉信芳(1996)、馮時(2001)を主著と見ることができ、これらについては出版年を省略する（饒宗頤(1993)は饒宗頤(1985)の補訂版と見るべきであり、高明(1987)は内容的に高明(1986)と差がない)。また、李學勤の帛書關係論文は李學勤(1994)に収められていると見ることができ、これについては出版年を略す。

諸家の字説を引用する際、原字を字體から別字に解釋している場合は「＝」、音通で解釋する場合は「→」、字義を示す場合は「：」などの記號を使用する。

八行文釋文

Ⅰ①曰、故□竉(熊)靁(雹)虘(戲)、出自□霆、凥(處)于鍰□。②厥□僬=□□□女(如)、夢=墨=、亡章弼(弼)=、□每水□、風雨是於(閼)。③乃取(娶)以上第一行虘(且)遷(徙)□子之子、曰女皇、是生子。④四□是襄(治)、天㳿(踐)是各(格)、曑(參)祡(化)□逃(兆)、爲禹爲萬、㠯(以)司堵(垣)襄(壤)、咎(晷)天步造(進)。以上第二行
Ⅱ⑤乃卡(上下)朕(騰)遙、山陵不斌(疏)。⑥乃命山川四晉(海)、□寶(熾)既(氣)倉(滄)既(氣)、㠯(以)爲其斌(疏)、㠯(以)涉山陵。
Ⅲ⑦瀧汩凼(淵)澫(漫)、未又(有)昌=(日月)。⑧四神以上第三行相弋(代)、乃步㠯(以)爲戠(歲)、是隹(惟)四寺(時)。▪

Ⅳ⑨倀(長)曰青榦(幹)、二曰未(朱)□單、三曰□黃難、四曰□墨榦(幹)。Ⅴ⑩千又百戠(歲)、昌=(日月)以上第四行身(允)生。⑪[九]州不坪

(平)、山陵備(盡)峡(夨)、四神□□、至于逿(復)。VI⑫天旁(方)逩(動)攼(斁)、㪿之青木・赤木・黄木・白木・墨木之楮(精)。以上第五行⑬炎帝乃命祝䚕(融)、㠯(以)四神降、奠三天、□思敄(保)、奠四亟(極)。⑭曰、非九天鼎(則)大峡(夨)、鼎(則)毋敢散(冒)天霝(靈)。⑮帝夋(俊)乃以上第六行爲昷(日月)之行。▪

VII⑯共(共)攻(工)夸步十日、四寺(時)□、[百?]神鼎(則)閏。⑰四□毋思(司)、百神風雨、晨(震)禕(違)亂(亂)乍(作)。⑱乃[逆]昷(日月)、㠯(以)遭(傳)相以上第七行□。思又(有)宵又(有)朝、又(有)晝又(有)夕。▪以上第八行

八行文日本語譯

I①昔、□熊雹戲は□霆から出て、䨲□に居所を定めた。②(この時には)□僬々、□□□如(不明)たる狀態で、茫漠闇昧として、形なく弼々、□每水□(不明)、風雨は閼《ふさ》がり發生しなかった。③そこで(雹戲は)□子の子、女皇という女性を娶り、且つ移居して、子を生んだ。④(雹戲は)四□(≒四方)を治め、天踐(=天體の運行)をもたらし、天地の變化に參晝して大地を區畫し(?)、□と萬を爲し(不明)、それによって垣壤(=大地の區畫)を治め、天の動きを測定して星辰を(規則正しく)運行させた。II⑤(この時には)上下(=天地)の間で(氣は?)騰□(=上昇・下降?)したが、山陵の間では疏通しなかった。⑥そこで山川四海の神に命じて、熾氣と滄氣を(用いて)、その疏通をなし、山陵に涉らしめた。III⑦(この時には)世界は水につかり滿ち、陷沒して

大海をなし、未だ日と月は存在しなかった。⑧そこで四神が交代して歩いて歲（＝一年）を形成し、ここに四時（＝四季）ができた。

Ⅳ⑨四神の長男を青[?]幹と言い、次男を朱□單と言い、三男を□黄難と言い、四男を□墨幹と言った。Ⅴ⑩千百年經過して、日・月（＝十日・十二月）が本當に生じた。⑪（この時に）九州は平らではなく、山陵は盡く傾いていた。四神は□□して、（世界の秩序を）回復するに至った。Ⅵ⑫天はまさに動こうとしたので、（帝は）青木・赤木・黄木・白木・墨木の精を（祝融・四神に）敷し（義不詳）、⑬そして炎帝は祝融に、四神を引き連れて（地に）降り、三天を安定させ、□思保（不明）、四極を安定させることを命じた。⑭（そして祝融に命令して）言った、「九天の法則が大崩落することがない限りは、敢えて天靈を冒してはならない」と。⑮帝は速やかに日・月の運行をなした。

Ⅶ⑯共工は十日を□歩し、四時□（不明）、百神は潤澤に惠み(?)をもたらした。⑰（しかし、それが過度に過ぎたため）四□は統括する者がいなくなり、百神の（もたらす）風雨は激烈で（時期に）違い亂れ起こった。⑱そこで（一つ一つの）日・月（の運行）を迎えて、交代して相□するようにした。ここに宵・朝・晝・夕の區分ができた。

八行文註釋

第一段落の主役は雹戲（伏羲）とその四人の息子（四神）であり、日月生成以前に雹戲が混沌たる狀態から天地の秩序を形成し、四神によって四季の交替がもたらされたことを言う。三節から成る。

第Ⅰ節……雹戲の出自と婚姻、その四子の誕生、および雹戲が天體の運行と大地の區畫を創出したことを述べる。

①「曰、故□熊靁虘(雹戲)、出自□霆、凥(處)于䨥□。」

「曰故」　林巳奈夫、饒宗頤(1968)、バーナード、李學勤、李零、何琳儀は「曰」は「粤」に通じる發語詞（『爾雅』釋詁上「粤、于、爰、曰也」)、「故」を「古」として解し、牆盤・𤼈鐘「曰古文王」、堯典「曰若稽古」、天問「曰遂古之初」などと同じ用法であるとする。劉信芳はほぼ同様であるが、感嘆詞（「嗚呼」、「曰」→「烏」、「故」→「乎」）と理解する。

「靁虘」　金祥恒は「靁」字を「䨻」（『説文』「雹」の古文）の省と「勹」聲からなるとして「雹」と釋し、「虘」の釋は商承祚、林巳奈夫(1964)を受け繼ぎつつ、「虘」＝「戲」と理解する（嚴一萍も同説、金文豆閉敦・曶鼎・戲仲鬲の例を引く)。それ以來、「靁虘」を雹戲、卽ち伏羲に比定することに異論はない。

「□熊」　一字目は最下部を殘して欠文、二字目は「能」と「大」に從うとする説と「嬴」と解する説がある。後者としては商承祚が「嬴」(『楚辭』遠遊の造化の神「黔嬴」と解す)、李零(1985、1988)が「嬴」（根據は詛楚文、子季青嬴簠)、陳久金が「嬴」姓と釋して、伏羲も楚も陝西嬴姓に出自すると考える説があるが、バーナードが論じるように「嬴」または「嬴」と釋するのは無理がある（楚文字では「能」と「嬴」の字體はかなり異なる。滕壬生771、857頁參照)。バーナード自身は「天熊」と讀んで動詞と見るが、饒宗頤は同じく「天熊」、卽ち大熊として（「熊」は「能」の繁形)、『易緯乾坤鑿度』にある「有熊氏」に一致し（鄭注「有熊氏、包犧氏、亦名蒼牙、與天同生」)、大熊は包犧の姓であり、包犧は楚族の始祖であって、楚族は熊を姓としたとする。金詳恒、高明、何琳儀(1986、1989)、劉信芳は「熊」＝「能」＝「熊」とする點では同じであるが、上字を「黄」とし、『禮記正義』月令に引く『帝王世紀』に庖犧氏「一號黄熊氏」とするのと一致するとする。滕壬生(771頁）は「䆀」の「大」の要素は「火」の譌變とする。李零(1999)は前説を訂正して「䆀」と解した上で、「熊」字とは異なるとする。また馮時は上字は「大」、「䆀」は「大能」合文で、鯀が死んで「黄能」に化したという『左傳』昭公七年の話と「黄龍」に化したとする『歸藏』啓筮を合わせて、「大能」は「大龍」であり、伏羲が龍身であることを示すとするが、ここは鯀の話とは關係がない。いずれにせよ、「□熊」は雹戲の號または姓と考えるべきであろう。

「□䨓」　雹戲の祖先か、地名のどちらか、いずれにしても固有名詞である（日本語譯では暫定的に地名として解した)。林巳奈夫、姜亮夫（饒宗頤論文所引)、劉信芳は『史記』楚世家「楚之先祖出自帝顓頊高陽」を根據に「顓頊」と推測する。饒宗頤は「有蟜」と理解（「䨓」→「霱」)、『帝王世紀』「炎帝神農母曰任似、有蟜氏女」を引いて、續けて楚姓熊氏が□霱から脽に入居したことを言うとする。その説は極めて分かりにくいが、この一句を楚の姓は大熊氏、そこから伏犧が出た、大熊氏は有蟜氏を娶って脽に住んだ、と讀むらしい。金祥恒、馮時は「䨓」→「須」→「胥」として、『帝王世紀』に言う伏羲の母の名と解す（「太皞帝庖犧氏、風姓也、母曰華胥」)。一方、嚴一萍、何琳儀は『帝王世紀』「燧人之没、庖犧氏代之、繼天而王、首德于木、爲百王先、帝出於震……」の「震」にあたるとする。

「凥」　曾憲通(1999)は「處」と釋し、「居」とは別字であるが、「處」「居」互換可能であるとして、郭店『老子』甲篇17・18簡、丙6・9・10簡「居」字が今本に「處」に作り、甲篇22簡「凥」字が馬王堆帛書『老子』甲篇で「居」に作る例を擧げる。

「𩕊□」　地名。林(1966)、バーナードは「䨲」、高明は「䨺」＝「擢」→「成」として『帝王世紀』「太皞帝庖犧氏、風姓也、母曰華胥、燧人之世、有巨人跡、出於雷澤、華胥以足履之、有娠、生庖犧、長于成紀」の成紀であるとする。饒宗頤は「䨻」＝「𦝫」→「睢」として、襄陽南漳縣の睢山（沮山）であって、楚族の原住地であるとする（『墨子』非攻下、『淮南子』地形、『山海經』中山經）。何琳儀、馮時は上字を「䨻」→「雷」、下字殘畫を「尺」＝「斥」→「澤」と考え、『帝王世紀』（上引）の雷澤、『書』禹貢の雷夏にあてる。蔡成鼎も同じく雷夏と釋すが、神話上の地名であり、現實のものではないとする。ここは雹戲が「□䨢」なる地から出て（或いは「□䨢」なる族に出自し）「䨻□」なる地に居所を定めたということであろう。

②「厥□僬=□□□女（如）、夢=墨=、亡章弼=、□毎水□、風雨是於（閼）。」
原初の混沌の情況を表現したものである。

「□僬=」　「僬」下に重文（または合文）記號がある（高明は重文記號を認めない）。嚴一萍は「魚人」合文、饒宗頤は「俁々」として「大」または「圉々」（疲れる樣）の義、李零、陳久金、馮時は欠字を「田」と解し『易』繫辭傳下「古者、包犧氏之王天下也、……作結繩而爲罔罟、以佃以漁」の「佃漁」に相當するとする。何琳儀は「僬」→「吾」として、魯鈍無知の貌とする（『國語』晉語二、『列子』黃帝篇）。

「夢=墨=」　諸家は「夢々」を混沌、無形、無秩序の樣と解する。『說文』「瞢、目不明也」の段注に「『周禮』眡祲『六曰瞢』注云『日月瞢瞢、無光也。』按小雅（「正月」）『視天夢夢。』夢與瞢、音義同也」と言い、『爾雅』釋訓に「夢夢、訰訰、亂也」、『詩』正月「視天夢夢」箋には「視王之所爲、反夢夢然而亂、無統理安人之意」、抑「視爾夢夢」箋に「夢夢、亂也」と言うのがそれである。「墨々」について饒宗頤、李零、連劭名、馮時は晦いことと理解する。『管子』四稱「昔者無道之君（中略）政令不良、墨墨若夜」尹知章注「言昏闇之甚也」とあり、『淮南子』道應訓「墨墨恢恢、無心可與謀」、『莊子』知北遊「媒媒晦晦」、『經典釋文』「媒媒、晦貌」とある。高明、劉信芳は「黙々」（無聲の樣）と解する。

嚴一萍、李零、陳久金らは『淮南子』俶眞訓に「至伏羲氏、其道味味茫茫然、吟德懷和、被施頗烈、而知乃始昧昧晽、皆欲離其童蒙之心、而覺視於天地之間」と言うのは「夢々墨々」と正に一致するとするが、確かに同類の表現である（『文選』嘆逝賦に「何視天之芒芒」李善注「茫茫猶夢夢也」と言う）。また、生成論における原初の混沌を表現する文言は類似する表現が多く見られることは周知であろう。

精神訓「古未有天地之時、惟像無形、窈窈冥冥、芒芠閔閔、鴻濛鴻洞、莫知其門。有二神混生、經天營地、孔乎莫知其所終極、滔乎莫知其所止息。於是乃別爲陰陽、離爲八極、剛柔相成、萬物乃形、煩氣爲蟲、精氣爲人。」

馬王堆帛書「道原」「恒先之初、迵(洞)同太虛、虛同爲一、恒一而止、濕濕蒙蒙(夢夢)、未有明晦。」

『楚辭』天問「曰、遂古之初、誰傳道之。上下未形、何由考之。冥昭瞢闇、誰能極之。馮翼惟像、何以識之。明明闇闇、惟時何爲、陰陽三合、何本何化。」

「夢々墨々」は雹戲による天地の經營が始まる以前の茫漠闇昧なる樣を言うということで良いと思う。

「亡章」　嚴一萍、高明は「章」の義を「明」とし、饒宗頤は形がない樣（『呂氏春秋』大樂「合而成章」注「章猶形也」）、林巳奈夫、李零は法度なき樣、何琳儀は區別なき樣と理解する。いずれも「亡」を「無」の義とするものであるが、連劭名は「亡」を「莽」または「茫」の義、「章」は「瘴」：惡氣として理解し、馮時は「亡」＝「盲」（昏冥）で、「亡章」は幽明、明暗の義とする。

「弼〻」　饒宗頤は「弗」として暗闇、馮時は「弼」→「閔」：「昏」「昬」（「亡章弼々」を明暗分かち難しと解する）、李零、陳久金は「拂」

→「治」、何琳儀「瞎」または「瞌」で測り得ないこととする。いずれも可能であるが確定しがたい。高明は「弗」（風の音）とし、連劭名は「沸」とする（「亡章弼々」を「茫瘴沸々」、惡氣が充滿する樣と讀む）が、既知の文獻で原初の狀況を風や惡氣の充滿として描寫したものはおそらく存在せず、無理があろう。

「□毎水□」　一字目を曾憲通は「奮」字の可能性を考え（1985、318頁）、何琳儀は「啚」と推測、「鄙」と讀む。劉信芳は「网」に從うと見て「罾」と推測、「瀰」（水の盛んなる樣）と解す。「网」に從うのは相當の可能性があるが、「罾」とまでは言えないようである。二字目は「毎」とする說（饒宗頤、何琳儀）と「女」に從うとする說（林巳奈夫、李零、劉信芳）があるが、決めがたい。馮時は「毎」として、草木が繁茂する樣（『說文』）とするが、「夢々墨々」の世界に草木が生えるであろうか。四字目は何琳儀（1989）は「沔」と釋し、水の流滿する樣と解する（根據は石鼓文と『詩』沔水）ほかは說がない。陳久金は草廬を結んで風雨を避けるの義かと推測する。欠文が多すぎるため、この句の意味は不明であるが、何か「水」に關係することを言っているようである。他にも⑦「瀧汨淵漫」は原初の混沌が水で滿たされた世界であったことを言うと思われ、「夢々墨々」の狀態の描寫であるようである。

「風雨是於」　バーナードは「是於」が押韻の關係で後置されたか、次句に繫がるのではと疑う。高明は「於」→「越」として「散」「揚」の義、饒宗頤、何琳儀は「於」→「謁」として風雨を致すこと、呼喚することと理解するが、それでは「夢々墨々、亡章弼々」の狀態に合わない。むしろ劉信芳が「謁」として「止」の義とする方が文脈に合う（李零（1988）は「於」と「謁」「越」の通假に疑義を呈する）。李學勤、馮時が言うように、「於」は「閼」「淤」の義（遮・塞・止・遏）で、天地の氣が塞がり風雨が發生しないことであり、「乃」以下がそれに對する包犧の所爲を表し、

⑤「上下朕□、山陵不疏」と對應すると考えるべきであろう。

③「乃取(娶)叡(且)遷(徙)□子之子、曰女䖒、是生子。」　雹戯が□子の子である女䖒という女性のもとに婚入し、子供が産まれたことを言う。

「取」　「娶」と解することでほぼ異論はない（劉信芳は「趣」「趨」と讀む説を擧げる)。

「叡遷」　饒宗頤は「叡」を邊文月名を指し、陳久金は「叡[人][之]子」として女媧の出自であるとするが、二字目は「人」とは全く異なる。李零(1988)、何琳儀(1989)、劉信芳が「叡」を「且」、「遷」を「徙」と讀むのが適解である(『説文』「𨑦、古文徙」)。

「女䖒」　饒宗頤、嚴一萍、高明、連劭名は「女皇」と釋し、『帝王世紀』「庖犧氏没、女媧氏代立、亦風姓。……一號女希、是爲女皇」を引いて、女媧を指すとする。李零は「䖒」を「女媧」の本字とするが、李零(1988)では釋字上、問題があることを認める。何琳儀、蔡成鼎は「女瑨」と釋し、「瑨」→「琚」→「骨」＝咼として女媧に繫げる。劉信芳は「女䖒」と釋し、「䖒」(音は出)→「女」＋「須」→「女媧」とするが、根拠を示さない。女媧に比定するのが多數を占め、「女䖒」が女媧に近い性格を持つことは首肯できるが、上述の紹介が示すように、直接に女媧と釋す文字學上の根據は殆どない。バーナード、李學勤、李零(1988)が斷定する根據は薄弱と言うのも尤もであり、強いて女媧に比定する必要はないのではないか。李零(1999)は前説を訂正して、字を「𧰼」と見、「塡」と釋すが、特に説はない（滕壬生967頁參照)。

「子」　バーナード、李學勤、蔡成鼎以外の研究者は、この「子」は下文の「四神」に他ならないという理由で「是生子四」で句とする（高明、李零は「是生子四□」で句とする)。ただ次句④は天と地について交互に言及し（天體の運行と大地の區畫)、「四□」

（四海、四境と言った意味？）が「天踐」（天體の推步）と對になっており、「子」で句とするべきである（下述）。「是生子」と讀んでも、「子」が「四神」を指すと考えることに支障はないはずである。

④「四□是襄(治)、天䍾(踐)是各(格)、參柰(化)□逃(兆)、爲禹爲萬、以司堵襄(垣壤)、咎(晷)天步造(進)」　大地は治まり、天體の運行がもたらされたことを言う。

「襄」　饒宗頤は「壤」→「襄」「攘」:「除」「治」と解す。高明、連劭名、馮時は「襄」として「成」の義（『左傳』定公十五年）、李零、陳久金は「襄」: 襄理（協力して處理する）とする（ともに「是襄天䍾」で句とする）。何琳儀は「襄」:「駕」（『爾雅』釋言）、劉信芳は「襄」＝「禳」: 磔禳と理解する（兩氏は「是」上の欠文に重文記號があると推測し、「□ₒ是襄」で句とする）。「四□」の正確なところは不明ながら、下の「天踐」と對であり、大地を指していると解すべきであろう。

「天」　嚴一萍、李零(1988)、劉信芳は「而」と認識する。曾憲通(1985)では「天」、(1993)では李家浩を引用して（出典不明）上部下部が分離する點が「天」と異なり、「而」であるとするが、(1999)では郭店『老子』中、「而」「天」混用の例は常見（「天」と書いて「而」と讀むのは甲篇28、31簡、「而」と書いて「天」と讀むのは五行篇30、20、26簡）として、「天」と讀む（下文「咎天步造」も同樣）。確かに該字の字形は「而」に近似することは認めざるを得ないが、文脈的に「天」とする多數意見に從うべきであろう。

「天踐是各」　饒宗頤、李零、陳久金は下文「咎天步造」や十三行文「四淺之常」と同じく天體の推步（曆の制定）を言うものとする。何琳儀「天踐」＝「天錢」として星名とする。高明は「䍾」は「墜」

(『說文』「地」古文）であり、「天埅」は天地、「是襄天埅」は「天地是成」の義（馮時も同意見)、「各」字を「吝」→「隣」と讀んで下に續ける。連劭名は「踐」として「行」の義（『儀禮』士相見禮・鄭注)、「天行」とは「天道」に他ならず、「是襄天踐」で句として天道を完成すると讀む。劉信芳は「踐」＝「殘」: 磔・殺で、「而殘是格」は磔禳除惡の祭りを施行することとする。

「參化」　高明、饒宗頤、李零、陳邦懷は『禮記』中庸「唯天下至誠爲能盡其性。能盡其性、則能盡人之性。能盡人之性、則能盡物之性。能盡物之性、則可以贊天地之化育。可以贊天地之化育、則可以與天地參矣」を引用して、天地の造化、生成變化に寄與することとし、何琳儀、馮時は『楚辭』天問「陰陽三合、何本何化」を引き、萬物生成の活動を指すとする（ちなみに、孫作雲『天問研究』によれば「三合」は「參合」で、陰陽が混ざり合うこと)。ここの「參化」は十三行文④「不得其參職」と對應すると考えるのが自然で、前説の方が可能性が高いであろう。林巳奈夫、劉信芳は「參」を星宿名（二十八宿の一つ）とする。連劭名は「參」＝「祲」で（『漢書』匡衡傳・顔師古注「祲、謂陰陽氣相浸｣)、陰陽の氣が錯雜するの義とし、また「化」は生成を言うとする。

「□逃」　商承祚、陳邦懷は「灋逩」と釋し、陳は「法歩」で四時の推歩を言うとする（『史記』五帝本紀「數法日月星辰」を引く)。饒宗頤は「虩逃」＝「法兆」とし、中山王墓兆域圖「王命貯爲逃(兆)乏(法)」を引用して「兆法」の倒文とする（「兆」は土地の區畫と解するのであろう)。馮時は「法兆」の讀を繼承しながら、下句に續けて禹と契が天地の廣狹・周界の法則を設定したと讀む（正確にどう讀むのか不明)。李零、陳久金は「虩(廢)逃」の釋を繼承しつつ「虩」を「廢」とし、雹戯の四子がその職を廢することと解す。連劭名も「虩」を「廢」と讀みつつ「大」の義とし（『爾雅』)、「逃」＝「兆」→「肇」として、「大始」の義であるとする（「格參化廢逃」を陰陽の氣が錯雜して生成を成す大始をもたらしたと讀むらしい)。しかし、バーナードが指摘するように、上字は「虍」に從う。何琳儀は「唬逃」＝「號咷」として叫ぶの義で、「參化號咷」は雹戲(?)が叫び聲と共に萬物を生成したことと捉える。劉信芳は一字目を「唬」＝「虐」(『説文』古文、これは林巳奈夫の讀である）として虐鬼の義とし、「參化虐逃」は磔禳祭祀によって參星卽ち虐鬼が逃亡することであるとする。一字目は不明であるが（「唬」に從うことは認められるようである)、二字目は饒宗頤の解が當を得ているように思われ、雹戲が天地の造化に參與して大地の區畫を確立したことを言うように思われる。『爾雅』に「兆、域也」、『尚書大傳』虞夏傳「兆十有二州」の鄭玄注に「兆、域也。爲營域以祭十有二州之分星也」とある。

「〓」　饒宗頤、李零、陳邦懷、連劭名、馮時、陳久金は夏禹と認め、バーナード、李學勤は認めない。高明は字は「禹」と認めつつも「虫」と讀み、この一句を毒虫を驅除することと解する。何琳儀は「虫」字で、次の「萬」と同様、虫蛇の類であって、萬物化生の義とする。劉信芳は「蛇」と釋し、參星虐鬼が逃亡して蛇癘に變化したと解する。李零(1990)は目驗により「思」と訂正する。

「萬」　饒宗頤は「萬」→「冥」で玄冥（北方の神）とするが、ここをどう讀むのか不明である。商承祚、陳邦懷、李零、連劭名、馮時、陳久金は「萬」＝「离」:契（殷の始祖）とし、連氏は殷文化の楚に對する影響を示すものと理解する。高明、何琳儀は「萬」で蝎の屬とし、劉信芳は「萬」＝「癘」とする。

「爲〓爲萬」は禹・契と讀むのが多數意見であり、そうであるなら、ここから別の話になることになる。しかし、その説が一人歩きして、文字に對する考察がなおざりにされている傾向は否めない。馮時は禹・契が天地の設定を完成したことを言うとして、禹の治水神話に比定している（56～61頁）が、それを「爲禹爲契」と表現するであろうか。何琳儀が嚴一萍を引用して言うように、上文は雹戯が天地の變化に參加して大地の區畫を設定したことを述べると推測され、それに續いて「爲…爲…」と言うのは何かを創造したと考えるのが妥當であろう。その説に比類できる資料として『淮南子』精神訓「古未有天地之時……乃別爲陰陽、離爲八極、剛柔相成、萬物乃形、煩氣爲蟲、精氣爲人」を擧げることができる。

「以司堵壤」　第三字を饒宗頤、李零、陳久金は「堵」と釋し「垣」と讀む（「以司堵」で句とする。李零（1988）は邊文Ｖ「猷出睹」の「睹」字と偏旁が同じであることを指摘）。連劭名は「堵」を「土」、「壤」を「攘」:「開」の義として下句に續ける。馮時も「堵」は「土」の義とし、「土壤を司る」と讀んで、禹の治水のことを言うとする。高明、何琳儀は「域」と釋し、土地の治理を言うとするが、何琳儀（1989）は「堵壤」とする説を併記し、『説文』「堵、垣也。五版爲堵」、『管子』版法解「衆勞而不得息、必有崩弛堵壤之心」を引用する。土地の區畫を管理することと見ることができよう。劉信芳は城壁を管理することと解釋する。

「咎天步造」　「咎」字は連劭名が音通で「拓」の義とする（「天步を拓く」と讀む）以外は、「晷」と讀むことで饒宗頤以來ほぼ一致していると言える（『釋名』釋天「晷、規也」）。「天」字については嚴一萍、劉信芳は「天踐是各」の場合と同じく「而」と釋す（劉氏は「晷而步達」を測量して交通網を作ると解する）。「步」については、李零は「襄晷天步」で句とし、『詩』白華を引いて「天步」は天道の行なうところと解するが、その意味なら天體の運動と解する方が文脈に合致する（『後漢書』張衡傳に「有風后者、是焉亮之、察三辰于上、跡禍福乎下、經緯曆數、然後天步有常」とある）。もっとも下文⑧「四神相代、乃步以爲歲、是惟四時」と對比するなら、林巳奈夫、饒宗頤、何琳儀、馮時が言うように「推歩」の義（天體を測量して曆を作ること）と理解する方が穩當であろう（『尚書大傳』洪範五行傳「維王后元祀、帝令大禹步于上帝。」注「步、推也。……上帝、謂天也。令禹推演天道、謂覩得失反覆也。」『漢書』藝文志「天文者、序二十八宿、步五星日月、以紀吉凶之象」）。

最後の「造」字は殘文であり、說が分かれる。高明は「造」と釋し、何琳儀は「逜」（「壬」「曰」「辵」から成ると見る）＝「逞」：通、劉信芳、曾憲通（1999）、李零（1999）は九店日書30簡の類似字「逡」に對する李家浩の釋（湖北省文物考古研究所ほか『九店楚簡』2000、87頁）を根據に「達」と釋す。確かに「達」でも通じるが、「逡」字は包山119簡、郭店楚簡『老子』甲篇８簡（「非(微)溺(妙)玄逡」）にも見え、池田知久『郭店楚簡老子研究』（1999、91頁）は「溺」と疊韻であることから該字を「造」とする（今本は「微妙玄通」、馬王堆乙本は「微眇玄達」）。「逆」字ならば「進」の義として無理なく理解できる（『小爾雅』巻一「生、造、奏、詣、進也」、『孟子』離婁下注「造、致也」）。他に「�」と認識し「數」字と釋す馮時の說があり、「步數」は步算により天の赤道と二十八宿の度數を測量することとする。

「晷天步造」が雹戲による創世行爲の一環として現れることは、それが單に曆の制定というようなことではなく、天の規畫を作り天體を運行させることを意味していると考えるべきであろう（下文「四神相代、乃步以爲歲」も同樣の意味での神による時間の創出を意味している）。曆の制定に關する傳承としては例えば

『書』堯典「乃命羲和、欽若昊天、曆象日月星辰、敬授人時、……帝曰『咨、汝羲曁和、期歲三百有六旬有六日、以閏月定四時、成歲。允釐百工、庶績咸熙。』」

『史記』五帝本紀「乃命羲和、敬順昊天、數法日月星辰、敬授

民時。……歳三百六十六日、以閏月正四時。信飭百官、衆功皆興。」

『淮南子』覽冥訓「昔者、黄帝治天下、而力牧・太山稽輔之。以治日月之行律、治陰陽之氣、節四時之度、正律曆之數、……於是日月精明、星辰不失其行、風雨時節、五穀登孰、……」

のように、君主（人間）が天體觀測して曆を作ることで時間の流れと天體の運行が保證されるという考え方が見られるが、多くの神話研究が既に明らかにしているように、それらは神による時間の創出の神話が人間化したものであり、その原形の一例を子彈庫帛書に見ることができるのであろう。

この部分（③から⑤にかけて）は句讀の切り方を含めて論者による理解が錯綜しており、その原因の一つは「是生子」で句とするか、「四」まで繫げるかにある。主な論者による句讀の違いを整理すると次のようになる（下に論者による當該文字の讀み方を( )で記す。李學勤には通釋がなく、陳久金は李零と全く同じ句讀であるため省略した）。

Barnard：…是生子。四□是□、天□是恪、參化□逪。爲□爲萬、以司□□、咎天□□、乃卡朕□、山陵不□、乃命山川回□、□…

饒宗頤　：…是生子四、□是襄(治)、天戋(踐)是各(佫)、參集(化)䗂逃(兆法)、爲禹爲萬(冥)、以司堵壤(垣)、咎(晷)天步□。乃卡朕(騰)速(傳)、山陵不斌(殺)。乃命山川四督(海)、□…

李　零　：…是生子四□、是襄(襄理)天戋、是各參集。䗂(廢)逃、爲禹爲萬(契)、以司堵、襄咎(晷)天步。□乃卡朕迴(斷)、山陵不斌(疏)。乃命山川四督(海)、□…

高　明　：…是生子四□。是襄(成)天戋(地)、是吝(隣)參集(化)。□逪(驅除)爲禹(蟲)爲萬、以司域襄(壤)。咎(晷)天步、造(?)乃卡。朕傳(傅)山陵不疏、乃命山川四督(海)、□…

何琳儀：…是生子四。□ₘ是襄(駕)、天𡉚(踐)是各(格)、參柰(化)唬逃(咷)、爲虫爲萬、

以司堵襄(壤)、咎(極)天步适(通)。乃卡朕(騰)𨘔(傳)、山陵不斌(疏)。乃命山川四𣅀(海)□…

連劭名：…是生子四□、是襄(成)天踐(天行)、是各參(祲)化𧇊逃(大始)。爲禹爲萬(契)、

以司堵(土)。襄咎(開拓)天步、逞乃卡朕傳(騰轉)。山陵不疏、乃命山川四晦(海)、□…

蔡成鼎　：…是生子。四□是襄、天𡉚(錢)是各(格)。參柰唬逃(咷)、爲虫爲萬、

以司域襄(?)、咎(晷)天步适。乃卡朕(騰)𨘔(傳)、山陵不斌(疏)。乃命山川四𣅀(海)、□…

劉信芳：…是生子四。□□ₘ襄(穰)、而𡉚(磔)是各(格)。參柰(化)唬(虘)逃、爲蛇爲萬(癘)、

以司堵(垣)襄(壤)、咎(晷)而步達。乃卡朕(騰)𨘔(傳)、山陵不斌(疏)、乃命山川四𣅀(海)、□…

馮　時　：…是生子四□、是襄(成)天𡉚(地)、是各(格)參柰(化)。𧇊(法)逃(兆)爲禹爲萬(契)、

以司堵(土)襄(壤)、咎(晷)天步遈(數)。乃卡朕(騰)𨘔(傳)、山陵不斌(疏)。乃命山川四𣅀(海)□…

このように整理すると、各論者の讀み方の妥當性が概ね認識できる。「爲禹爲萬」、「上下朕𨘔」の下で句とし、基本的に四字句から成ることは殆どの論者に共通しており、認めることができよう。特徴的なのは、この部分は天に關する言及と地に關する言及が交互に現れることである。「天𡉚」「咎天步造」は天にかかわり、「□逃」「堵襄」は地にかかわる。これは雹戲の創世が天地を照應するような形でなされたことを反映すると思われるが、これらの條件を滿足させるためには、「是生子」の下で句とし（何琳儀、劉信芳は「是生子四」で句とするため、重文記號を假定せざるを得なくなっている）、「四□は是れ襄《おさ》まり（地を言う）、天踐は是れ格《いた》る（天を言う）、化に參じて兆（大地の區畫）を□し、□を爲し萬を爲す（何かを創造したこと）、以て堵壤を司り（地を言う）、天を晷りて步造(進)せしむ（天を言う）」と讀むのが現狀においては最良ではな

いかと思う。

この部分の主語が雹戲（伏羲）であることは既に確定したと考えてよく、諸家は概ね伏羲に關する所傳からこの部分を讀もうとしていると言えるであろう。しかし、帛書が述べる創世神としての雹戲の姿が傳世文獻の伏羲と一致するか否かは別の問題であるように思われる。伏羲に關する帛書の記述が本質的に傳世文獻と一致すると見る論者としては、嚴一萍が帛書の記述は『淮南子』俶眞訓「至伏羲氏、其道昧昧芒芒然」と一致するとするもの、馮時が帛書は楚地の古い傳説を傳えるもので、漢代以降の伏羲に關する情報の淵源になったものとするのが擧げられる。馮氏は『楚辭』天問「登立爲帝、孰道尚之、女媧有體、孰制匠之」を王逸注に從って、伏羲・女媧を併言すると理解した上で、そのような兩神開闢型創世説が盤古型、女媧補天型、また伏羲・女媧を兄妹とする所傳（『風俗通』所引）に先行するもので、また『書』堯典の羲和も伏羲・女媧からの變僞とする（伏羲→羲、女媧→和）。ただし、馮氏が「夢々墨々」は天地に關する明確な概念が存在しなかった舊石器時代の狀況を追憶したものとする（48頁）のは無理があろう（どのようにして舊石器時代の記憶が戰國時代まで保たれたと言うのだろうか）。羲和が伏羲・女媧に由來するとの見解は李零(1985)にもあり、四時四方の神としての四神（伏羲の子）は羲和（および重黎）の傳説と同類であり、それは帛書の背景にある（と李零は考える）曆法・數術家の思想において四時神が重要な位置を占めていたからである（『漢書』藝文志「數術家、明堂羲和史卜之職也」）と指摘する（おそらく、帛書の伏羲・女媧(?)—四神が數術家の羲和傳承の原形であると言いたいのだと思われる）。

一方、帛書の所傳が傳世文獻のそれと本質的に異なると見る論者としては、蔡成鼎が伏犠を王者とする『易』繋辭傳と楚の始祖とする帛書は根本的に異なる系統の傳説に屬するとするもの（但し、帛書では雹犠が楚の始祖として描かれている譯ではない）、江林昌が伏羲は羲和の變僞であるとする説が擧げられる。江氏の説は、太古の母系社會においては太陽女神であった羲和が、父系社會に進化後に伏羲という神格に變化したのであって（従って、帛書の雹戯はむしろ羲和に類似するとされる）、漢代以降に出現する伏羲女媧圖において伏羲が太陽を捧げる形象をとるのがその名殘であると考えるものであるが、子彈庫帛書では明らかに雹戯は太陽神ではない。

確かに②「夢夢墨墨」は既に論じたように原初の混沌（chaos）を指す言葉であり、その點では『淮南子』、『易緯乾鑿度』、『白虎通德論』天地篇、『列子』天瑞篇、『廣雅』釋天などの生成論に近い枠組みである（文化的・時代的に最も近いのが『楚辭』天問であることは言うまでもない）。連劭名は伏羲・女媧傳説と『易』繋辭上傳「易有太極、是生兩儀、兩儀生四象、四象生八卦」、『淮南子』精神訓「古未有天地之時、惟像無形、窈窈冥冥、……有二神混生、經天營地」を結びつけ、雹戯と女媧は兩儀を表し、雹戯四子は四象を表し、兩者が六合を構成すると理解する。帛書は單なる神話というより、哲學的生成論をメタフォリカルに表現したものと考えるのであろう。確かに⑨四木の色や⑫五木には五行説的色彩が濃厚であるから、ナイーブな神話というより、一定の思想的な背景を持つものであることは認められる。しかし、帛書では天地の秩序形成に先立って雹戯はある地に居住、移居しており、大地の存在は前提とされているのであって、典型的生成論の類型とは異なる。むしろ、その出身や居住地（①）、婚姻（③）を語る構造は族祖説話に類似しており、その意味では『帝王世紀』などの伏羲傳承に近いことも確かである。以上から、子彈庫帛書の冒頭部分は族祖説話（それは始原についての最も古い型の語りであったろう）に生成論的な表現が結び付いた融合形態であると判斷される。

第Ⅱ節：天地の秩序の創造にもかかわらず、氣の不調という問題が存在し、それに對して雹戲が山川四海の神に命じて二氣（陰陽？）を用い、山陵の間における氣の疏通を可能にしたことを述べる。

⑤「乃上下朕(騰)逿、山陵不延(疏)」　天地の間では氣(?)の運動が始まったが、大地の山陵の間では氣が疎通しなかったことを言う。

「朕」　饒宗頤、陳邦懷、何琳儀、連劭名、劉信芳、馮時は「騰」（上騰）と理解し、李零、陳久金は「朕」のままで繼目と理解（『周禮』函人・『説文』段注)、天地の繋ぎ目が切斷すると讀む。

「逿」　この字は上部が不明瞭である。李零は「𨔁」(『説文』「斷」字古文）として認識して、天地の繋ぎ目が切斷することと解する。陳邦懷、何琳儀、連劭名、劉信芳は「𨔁」＝「傳」として「朕」(騰)と同義（『説文』「騰、傳也」)、天地間の交通（上昇・下遞）と言うとする。馮時は禹・契が天地を往來して天周を定める工作を行ったことと理解する。饒宗頤は「傳」とした後、「轉」（天地の運轉）と讀む。しかし、字は下文の「傳」(八行文⑱「以傳相□」)と異なっている。

「延」　李零、高明、何琳儀、李學勤、連劭名、劉信芳、馮時は「延」＝「疋」:「疏」として（疎通、『説文』「疋、通也」)、饒宗頤は「延」＝「殽」（雜錯）と理解する。李零(1993、『中國方術考』、182頁)は「序」とする。

「山陵」　何琳儀は天梯（天と地を繋ぐ階段、宇宙山）であり、「山陵不疏」は天地間の交通が遮斷されることとし、饒宗頤は民神雜糅せず山陵がその所を得ることとして、共に『國語』楚語下の絶地天通に相當するものと理解する（陳久金はこの一節に欠字があるとして「[九黎亂德]、□乃上下朕斷、山陵不疏、[顓頊]乃命山川四海」と補って絶地天通の話に一致させるが、傳世文獻に合わせるために原文を操作するのは本末轉倒であろう）。しかし、ここは明らかに下文⑥「以爲其疏、以涉山陵」と對應しており、「山陵不疏」という問題があったため、何らかの行爲で「以て其の疏を爲す」のであり、山陵間で氣の不通があったと解する李零、高明が適解である。

⑥「乃命山川四晉(海)、□寛既(熾氣)倉既(滄氣)、以爲其延(疏)、以涉山陵。」　雹戲が熾氣・滄氣を用いて氣の疏通を完成したことを言う。

「晉」　饒宗頤、李零、高明、何琳儀、連劭名、劉信芳は「晦」＝「海」として解す。饒宗頤は「命」→「名」として『書』呂刑「禹平水土、主名山川」に比すが、李零が言うように山川四海の神々と言うことであろう（但し、李零(1988)は饒説に從う）。

「寛」　嚴一萍は「寮」→「燎」、高明、連劭名、馮時は「寶」→「陽」として陽氣と解し、李零、何琳儀、陳久金は「寮」として「穿」（『説文』）または「空」（『廣雅』）の義、饒宗頤、滕壬生（617頁）は「寛」＝「熏」で陽氣を指すとする（『白虎通』禮樂を引く）。李零(1994、1999)は前説を訂正して「宀」「屮」「炅」の要素から成り「熱」字であるとする（根據は『素問』注）。劉信芳、周鳳五は「熱」の釋を維持しつつ、字は「宀」と「熾」省から成ると考える。「熾」字は包山楚簡139簡にも見え、その形は確かに「寛」の要素と一致しており（「屮」「炅」「戈」から成る）、『説文』「熾」古文、『汗簡』「殖」字（黄錫全『汗簡通釋』262頁は「熾」古文と指摘）も「炅」に從う。饒宗頤、劉信芳が引用するように馬王堆『老子』甲篇「趮勝寒、靚勝炅」を今本(45章)に「趮勝寒、静勝熱」に作る點、「寛」とペアになっている「倉」は郭店楚簡「太一生水」に見え、そこでは「倉」(滄)と「熱」のペアになっている點（下引參照）もその説を支持する。以上から「寘」字は「熾」の異體で「熱」の義であると定めても良いと思う。ただ、曾憲通(1999)は「寘」と釋しつつも、それは「屮」聲で「燥」に通じるとする（曾氏は「炅」が「熱」の初文であることは認めるので、全く矛盾する説というわけではない)。

「倉」　原文は「⿱由亡」である。饒宗頤は「百」→「魄」として陰氣の義、李零、李學勤は「害」、陳久金は「害」＝「豁」（道を開いて氣を通じると讀む)、高明、連劭名、馮時は「金」として陰氣、何琳儀は「卣」→「攸」→「悠」として火氣、李零(1993)、劉信芳は「寒」と釋したが、字形上も文脈上も强引な感は否めない。この字が讀めるようになったのは先に言及した郭店楚簡「太一生水」出土によるところが大きい。

「大一生水、水反補(輔)大一、是㠯(以)成天。天反補(輔)大一、是㠯(以)成埅(地)。天埅(地)[復][相][補](輔)也、是㠯(以)成神明。神明逷(復)相補(輔)也、是㠯(以)成侌(陰)昜(陽)。侌(陰)昜(陽)逷(復)相補(輔)也、是㠯(以)成四時。四時逷(復)[相]補(輔)也、是㠯(以)成⿱亼⿱由亡(滄)然(熱)。倉(滄)然(熱)逷(復)相補(輔)也、是㠯(以)成溼澡(燥)。溼澡(燥)逷(復)相補(輔)也、成戢(歲)而步。」

今更言うまでもないが、「太一生水」は根元的な運動の主宰者である大一（太一）から水の働きを媒介に天/地、神明、陰/陽、四時、滄/熱、濕/燥と二元的要素の相互作用で一年の循環が成立することを言うが、ここで「⿱亼⿱由亡」は帛書の「⿱由亡」と（同じとは言えないが）近似する。帛書の「寘氣」「⿱由亡氣」も同様に二元的對立である以上、「⿱由亡」は「⿱亼⿱由亡」と同字である可能性が高い。ここから周鳳五は包山19簡「倉」字（⿱亼⿱由亡）と郭店『老子』乙篇15簡「喿𠡦盞(蒼)、清𠡦然」）を引いて、該字は「倉」＝「滄」であり、その義は「寒」とする。

「寘氣」「倉氣」は明瞭に陰陽の氣とされている譯ではないが、それが「大一生水」の「熱」「滄」に相當することがほぼ確かな以上、それは陰陽と同じ意義を擔っていると考えるのが適當であり、卽ち、創世直後には天地間では氣の運動がありながら、大地では氣が疏通しないという問題があったが、雹戲は陰陽の氣を山陵に行き渡らせ疏通させることで解決したということであろう。「寘」を「燥」と讀む曾憲通の説は滄/熱と濕/燥の二つのペアが並べられている點から「熱」と「燥」はほぼ等しいと考えることになる（1999、92頁）。

「以爲其斌、以涉山陵」　高明、何琳儀、連劭名、馮時は『國語』周語下「川、氣之導也、……夫天地成、而聚於高、歸物於下、疏爲川谷、以導其氣」に相當するものと見なす。ここは熾氣・滄氣の運用により氣を疏通させたということであろうが、それが具體的には河川を通すことでなされた考えることは可能であろう。

第Ⅲ節は日月生成以前において、既に四季と一年が存在したことを言う。

⑦「瀧汩凼澫（淵漫）、未又（有）日月。」

「瀧」　饒宗頤、劉信芳は「瀆」、水に浸る樣として解し（『廣雅』）、李零は「湍」（早瀨）、馮時、陳久金も急流とする。連劭名は「豅」（大長谷）と理解、陳邦懷、何琳儀、蔡成鼎は楚の水名と解す。

「汩」　饒宗頤、劉信芳、馮時は「汩」（急流）と釋すが、李零はその兩縱畫が長いから「汩」ではなく、「汩」（水が滿ちる樣）とする（李學勤も同じ）。連劭名も「汩」とするが、「涵」（水澤の多い樣）と讀む。陳久金は「洦」と釋して淺水の義、陳邦懷、何琳儀、蔡成鼎は「汨」と釋して楚の水名とする。

「凼」　饒宗頤、劉信芳、馮時は「淊」（水没）とし、李零は「淵」

の古文「囦」(『説文』) の別體とし (『廣雅』には「淵、深也」とある)、連劭名も「淵」とする。陳邦懷は「益」(「水」と「皿」に從うと見る) ＝「溢」「泆」と解し、何琳儀、蔡成鼎は「益」と釋して楚の水名とする。

「澫」　饒宗頤、陳邦懷、劉信芳、馮時は「漫」と解して水の広大なる樣とし、李零は「淵澫」連讀で溪流淵穴のごとき義とする。連劭名は音通で「瀨」(急流) とする。何琳儀、蔡成鼎は「厲」として、楚地方の水名とする。

この部分は天地の秩序と氣の疎通が完成したにもかかわらず、濕っていて水が滿々と湛えられている狀態であったことを言う。ちょうど禹の治水神話 (原初の大海または大洪水から大地を創造した神話) に類似するイメージであろう。當然、それは「未だ日月あらず」のためであったと考えることができる。

「未」　李學勤のみは「朱」と釋し「殊」と讀んで、太陽と月を分別したと解する。その根拠は四子の二番目「未(朱)□單」と同じ字形であることであるが、他例から「未」字と判斷できる。ただ、彼の理解の背景には太陽と月が存在しないにもかかわらず、四季が存在するという狀態を想定困難とする考えがあるのかもしれない。劉信芳も「未有日月」は太陽と月がなかったのではなく、時間單位としての日月が存在しなかったと解している。しかし、⑩「千又百歳、日月身生」、⑮「帝夋乃爲日月之行」から考えて、本當に太陽も月も存在しなかったのである。

⑧「四神相弋(代)、乃歩以爲歳、是隹(惟)四寺(時)。」　太陽も月もない時代に、雹戲が我が子の四神を交替させることによって既に四季の循環が形成されたことを言う。

「四神」は上文の雹戲の子であり、下文に名前が擧げられる四者である。

「弋」　林巳奈夫、商承祚、饒宗頤、李零、高明、劉信芳、馮時は「戈」と釋し、「弋」に通じ「代」の義とする。しかし、バーナードは上横畫右端が彎曲している點が「戈」とは異なるとし、何琳儀、李學勤、連劭名は「弋」と釋し「代」とする。包山、郭店の例は兩字の違いは（上横畫の違いではなく）下横畫の向きにあることを示す（「弋」：弋。「戈」：戈。張光裕『包山楚簡文字編』44、164頁、『郭店楚簡研究』175、211頁參照）。この字は明らかに「弋」と釋すべきである。ここは四神が「相い代り、乃ち步」することで一年の周期ができたことで、四神は春夏秋冬の神と言える。

第二段落は三節に分かれる。第Ⅳ節は四神の名を列擧したもの（つまり第一段落に對する一種の注記）であり、第Ⅴ節では四神が、第Ⅵ節では炎帝と祝融が主役なり、別の話と見ることもできる。しかし、日月の生成と運行、およびそれに伴う天地の分斷（所謂「絶地天通」）をテーマとする點で、第Ⅴ・Ⅵ節は連續している。

第Ⅳ節⑨「倀(長)曰青榭(幹)、二曰未(朱)□單、三曰□黃難、四曰□墨榭(幹)。」　高明、何琳儀(1989)が言うように四神の名前であろうが、下文との繫がりが不明瞭な嫌いがある。李學勤は四者が四神の名であれば、ここで分段する理由はないのであり、分斷記號が誤寫か、上文（第一段落）に對する注記のどちらかとする。確かに、注記と見れば無理なく理解できる。

「青榭」　李學勤・何琳儀は表裝ミスと考え、間に一文字の欠文を認め「青□榭」とする。ただ、その場合、以下の行にも一文字の欠文を認めることになり（五行目13～14字目、六行目14～15字目、七行目14～15字目）、一行目～七行目の字數は全て３６文字となり、行末の配列が一～三行が四～七行より一文字多い現狀と一致しなくなる。しかし、他の三神が三文字であるのに、最初のみ二文字であるのは整合的ではない。誤記なのかもしれない。

「榑」　林巳奈夫、嚴一萍、饒宗頤、李零、何琳儀、李學勤、馮時は「椒」＝「榦」＝「幹」とする。高明は「樢」＝「楊」であり、四神名は『爾雅』釋天の四季「春爲青陽、夏爲朱明、秋爲白藏、冬爲玄英」と一致するとする。

「未□單」　一字目をバーナード、李零、何琳儀は「未」と釋して「朱」の誤記とする。嚴一萍、饒宗頤は「朱」と認識し、劉信芳は「未」として、ここは「未」の本義（『説文』「未、……象木重枝葉也」）であるとする。字形は明らかに「未」であり、他の三神が色を表す字を含んでいるのに合わせるとすれば、誤記と考えるしかあるまい。二字目を嚴一萍は「首」、饒宗頤、李零は「四」と推測する。三字目を嚴一萍、林巳奈夫(1966)、高明、李學勤は「單」とするが、バーナード、饒宗頤、李零、何琳儀、馮時が論じるように「單」と釋すのが正しい。饒宗頤は「朱四單」を榽檀（木名）とし、蔡成鼎は「朱□單(單)」で朱雀に類似するものとする。

「□黄難」　一字目は「羽」に從い、饒宗頤は「翟」:「皜」(白)とし（何琳儀、李零(1988、1990)は「翏」の可能性を指摘)、「黄」は「皇」「大」の義、「難」は「橪」で棗の屬であるとするが、他の論者（嚴一萍、高明、李零、何琳儀、馮時）は「黄」を色と解することで、ほぼ異論はない。

「□墨椒」　一字目を何琳儀は「溾」、李零(1990)は「淋」と認識する。他は高明が「墨楊(英)」を「玄英」（上引）と見なすのを除き、異論はない。

この部分は様々な問題を含み、子彈庫帛書の理解において樞要となる箇所である。先ず、この四者が「四神」即ち雹戲の子であり、それは四季の神と認識できることは先述した。一方、「青⍰幹」「□墨幹」が「幹」字を含んでいることは四神は樹木であることを示しており、それが含む色から見ても、帛書四隅に描かれた樹木に相當すると考えられる。

すると第一に色に關する疑念が擧がろう。四神の色（青・朱・黄・墨）は五行説の色配當に類似するが、完全に一致はしない。

	五行説	帛書四隅の樹木圖	帛書四神の名
木	東・春・青	北東：青	青⃞幹
火	南・夏・赤	南東：赤	朱□單
土	中央・　黄		
金	西・秋・白	南西：白	□黄難
水	北・冬・黒	北西：黒	□墨幹

何故、樹木圖の白に對應する部分が「□黄難」なのであろうか。饒宗頤はそれを「翟(㵳)黄(皇)難(橪)」と讀むことで問題を回避し、四神（四樹）は四時改火の木に相當すると考える（『周禮』司爟「掌行火之政令、四時變國火、以救時疾」注「春取楡柳之火、夏取棗杏之火、季夏取桑柘之火、秋取柞楢之火、冬取槐檀之火」）。李零は單純な誤寫と見なす。李學勤は楚は南方・火・赤に屬し、五行相克説によれば火は金(白)に勝つから黄で代用したとするが、どのような論理になるのか、殆ど理解不能である。

次に、殆どの研究者は四神を四時神であると共に四方神とすることで一致する。例えば、李學勤は『書』堯典、『山海經』を引いて

『山海經』大荒東經「大荒之中有山、名曰鞠陵于天、東極、離瞀、日月所出。名曰折丹。東方曰折、來風曰俊、處東極以出入風。」

大荒南經「有神、名曰因因乎。南方曰因乎、夸風曰乎民、處南極以出入風。」

大荒西經「有人、名曰石夷、來風曰韋、處西北隅以司日月之長短。」

大荒北經「有人、名曰鵷、北方曰鵷、來之風曰狻、是處東極隅以止日月、使無相間出没、司其短長。」

堯典の羲和、『山海經』の四方神は四極（四方神の分居と日月運行の分掌）の觀念を表すとし、それは甲骨文の四方・四風に遡るとする。

合集14295「辛亥卜内貞、帝(禘)于北方曰□、鳳(風)曰勁、求[年]。辛亥卜内貞、帝(禘)于南方曰長、鳳(風)曰尸、求年。貞、帝(禘)于東方曰析、鳳(風)曰劦、求年。貞、帝(禘)于西方曰彝、鳳(風)曰𢆶、求年。」

しかし、帛書四隅の四木は（四隅に描かれる以上）その位置は東西南北ではなく、北東・南東・南西・北西であり、四神と嚴密には一致しているとは言いがたいという問題が生じる。

李零は後文⑬で四神が祝融に率いられて「四極を奠じる」働きを擔っていることを根據に、それを天地を支える「天幹」（大樹）であり（馬王堆『十六經』行守「天有恒榦、地有恒常。」果童篇にも同文あり）、「四維」であるとする。

『楚辭』天問「斡維焉繫、天極焉加、八柱何當、東南何虧。」

『淮南子』天文訓「故曰、子午、卯酉爲二縄、丑寅・辰巳・未申・戌亥、爲四鉤。東北爲報德之維、西南爲背陽之維、東南爲常羊之維、西北爲蹏信之維。」「帝張四維、運之以斗。」

帛書四神は『書』堯典の羲和（『書』堯典傳「重・黎之後、羲氏・和氏、世掌天地四時之官」)、『國語』楚語下の重黎と同樣（『史記』天官書「昔之傳天數者、高辛之前、重・黎、於唐虞、羲・和」)、四時の官守であり天文・數術家の淵源である、よって帛書における四神の重視はそれが天文數術家の手になったことを示すと論じる。先述の如く、馮時も四神を羲和と同じ（二至二分の神）と理解する。

但し、文獻中の天柱は多く山であり、「四維」にしても例えば

『淮南子』墜形訓「八紘之外、乃有八極。自東北方曰方土之山、曰蒼門。東方曰東極之山、曰開明之門。東南方曰波母之山、曰陽門。南方曰南極之山、曰暑門。西南方曰編駒之山、曰白門。西方曰西極之山、曰閶闔之門。西北方曰不周之山、曰幽都之門。北方曰北極之山、曰寒門。」

天文訓「昔者、共工與顓頊爭爲帝、怒而觸不周之山、天柱折、地維絶。天傾西北、故日月星辰移焉。地不滿東南、故水潦塵埃歸焉。」

とあるように山である。宇宙樹の性格を持つものは建木・扶木（扶桑）・若木（ともに『淮南子』墜形訓）、尋木（『山海經』海外北經）、櫾木（『山海經』西山經、『説文』）などが知られているが、四木（または五木）をセットにした宇宙樹の例は未見であろう。

最後に、四神（四木）が下文⑫「黴之青木・赤木・黄木・白木・墨木之精」の五木とどのような關係にあるのか、明瞭ではないという問題がある。これらの問題についての論者（例えば李零）の議論は大筋では認められるとしても、完全に整合的な理解には至っていないと言える。

第Ⅴ節：雹戲の秩序形成の時代から千百年たって日月が生成し、この段階において天地は平らではなく、四神によって秩序の回復がはかられたことを述べる。

⑩「千又百歳、日月身(允)生。」

「身」　多くの研究者が「夋」を下文「帝夋爲日月之行」の「夋」と同一視し、「夋」と釋す。高明、商承祚、嚴一萍、何琳儀、馮時は「俊」を帝嚳であり（『史記』五帝本紀「帝嚳高辛氏」注「帝嚳名夋也」）、『山海經』大荒南經「羲和者、帝俊之妻、生十日」、「帝俊妻常羲、生月十又二」を引いて、帝俊が太陽と月を生んだと解する。林巳奈夫、陳邦懷は「俊」を帝舜と理解する。しかし、バーナード、曾憲通(1993)が指摘するように、「𡕒」と「𡕓」は同字とは言いがたく、「𡕓」は「身」＝「允」字であって（「𡕒」は「夋」)、饒宗頤は「允」（まことに)の義（李零、陳久金も字は「夋」と見なしつつ、同じ結論に達する)、李學勤は「允」（もし)の義とする。連劭名は「夋」→「演」（演化)、劉信芳は「夋」＝「逡」として理解する。

「日月」　第三段落「共工夸步十日」とあるように、ここの太陽は十日であると考えらえる。とすれば前引『山海經』大荒南經にあるように月も十二月である可能性が高いのではないか（但し、林巳奈夫(1967、202頁）が指摘するように、十二月の傳說は多くはない)。

⑪「九州不坪(平)、山陵備𡵂(盡夨)、四神□□、至于逿(復)」　日月が生じ水が充満した狀態が終わったら、大地は平らではなく、山陵は傾いていたという問題が發生したことを言う。

「九州」　高明が指摘するように、『書』禹貢（冀・袞・青・徐・揚・荊・豫・梁・雍)、『爾雅』、『周禮』職方氏に比類することができ、天下全體を指す。

「不坪」　殆どの論者が裘錫圭（「談談隨縣曾侯乙墓的文字考釋」、『文物』1979-7）に從い、「坪」＝「平」とする。陳邦懷、高明は「不」を「丕」と讀むが、「不平」として何の問題も生じない。連劭名のみは「平」を「辨」「別」の義とする。

「備」　朱德熙が「備」と釋して以來、その說は受容され、何琳儀・劉信芳、馮時は「盡」「咸」「皆」の義としている（『禮記』月令注・『方言』)。連劭名のみは「反」の義とする。

「𡵂」　朱德熙、陳久金は「峡」、饒宗頤、陳邦懷は「岆」と釋すが、林巳奈夫、李零が「𡵂」とするのが正しい。『說文』に「夨、傾頭也。从大象形」、「夭、屈也。从大象形」とあるように、「夨」

と「夭」では上部屈曲の方向が逆であり、十三行文⑨および郭店「唐虞之道」11簡に見えるように、楚文字では「夭」は「夭」に作る。李零(1988)は「備」→「坎」、「𢘅」→「徙」で、泥石流のこととし、何琳儀は「𢘅」＝「侐」＝「洫」で「溢」「壞」の義とするが、劉信芳が「𢘅」＝「矢」で「壞」の義とし、連劭名、馮時が「矢」：傾斜として、『楚辭』天問「康回憑怒、墜何故以東南傾」、『淮南子』天文訓の共工が天柱を折る話（前引）に比類する方が單純で分かりやすい。

「四神□□、至于逿」　「四神」と「至于」の間の欠文は現狀では二字であるが、李學勤、何琳儀(1989)は前行でこの部分「青□幹」に裝丁ミスを想定したことから、この行でも一字分補充する。

「逿」　饒宗頤、李零、連劭名、馮時は「覆」（「天覆」、天蓋）、陳久金は「覆」（傾覆）として、バーナード、何琳儀(1989)は「復」、劉信芳は「復」として招魂の義で、下句に續けて「天旁」（天柱）の魂を復歸せしめると解す。ここは適解を得ない。何琳儀は元來の秩序の回復を言うとするが、そのようなことかもしれない。

第Ⅵ節：秩序の回復にもかかわらず、天（日月）は回轉を始め、炎帝は祝融に命じて天地の構造を安定させ、日月の正常な運動が成立したことを言う。

⑫「天旁(方)達攺(動敤)、斁(擇)之青木・赤木・黄木・白木・墨木之棈(精)」

「旁」　林巳奈夫、饒宗頤は「溥」の義とし（『史記』五帝本紀「旁聚布功」)、連劭名、陸思賢は『晉書』天文志「天旁轉如推磨而左行、日月右行、隨天左行」を引いて「天旁」は天の中央（北極）を回る回轉を言うとするが、李零、高明、何琳儀が「方」とする方が文脈に合う。

「達」　劉信芳が「橦」（招魂の爲の旗）とする以外、殆どの研究者が

「動」と讀む。馮時は「旁動」は「旁旋」(『晉書』天文志）と同じで、天の回轉運動を指すとする。

「攼」　饒宗頤、李零、何琳儀、連劭名、馮時、陳久金は下句に續けて、「扞」(ふせぐ)と讀む。劉信芳は「攼」＝「干」で、橦上に裝着する干旄とする。嚴一萍、林巳奈夫、高明は「攼」＝「敤」で「止」の義、「動敤」は「動止」「進退」と同樣で、動くこと、「方動敤」は動き始めることとする。

「斁」　饒宗頤、李零、連劭名、陳久金は「斁」→「蔽」(「扞蔽」は動こうとしている天をふせぎ覆うということ)、何琳儀は「斁」と認識して「掖」に通じ「扶持」と讀む（「扞掖」で動こうとしている天をふせぎ支えるということ)。高明も「斁」と釋し「澤」：潤澤と讀み、五木の精を潤澤にすると理解する。嚴一萍、劉信芳は「斁」＝「釋」：「解」で、劉氏は解除儀禮であるとして、「九州不平」の問題に四神が招魂・除拔の祭祀で對應したことを言うとする。馮時は「畀」に從う字で、音通で「蔽」とする。筆者もかつて「畀」に從うと考えた（池澤、1998）が、確かに西周金文の「畀」字はこの字體に近いものの、戰國時代の資料には殆ど類例がないという問題がある（滕壬生、727頁參照)。

「精」　李零(1988)が「精」→「楨」として五本の天柱の榦と解し、劉信芳が「旌」と讀み、解除儀禮で五色の木を干として用いたこととする以外、「精」(エッセンス）と見ることで異論はない。

ここも適解を得難い。諸氏の句讀を整理すると次のようになる。

饒宗頤「四神□□、至于復(覆)天旁(溥)動、攼斁之。青木赤木黄木白木墨木之精(精)。……」

李零　「四神乃作至(極)于(以)復(覆)、天旁動、攼斁之。青木赤木黄木白木墨木之精(精)。……」

何琳儀「四神□作、至于復。天旁動、扞斁之。青木赤木黄木白木墨木之楨(精)。……」

高明　「四神□作至于復、天旁動攼、斁(澤)之青木赤木黄木白木墨木之楨(精)。……」

連劭名・馮時「四神乃作、至于復(覆)、天旁動。扞斁(蔽)之青木赤木黄木白木墨木之楨(精)。……」(連氏と馮氏の違いは、前者が「天旁は動き」と讀むのに對し、後者が「天は旁動し」と讀むのに止まる。)

劉信芳「四神□□、至于復天旁、動(橦)攼(干)、斁(釋)之、青木赤木黄木白木墨木之楨(旌)。……」

饒宗頤、李零、何琳儀は、天が動こうとしたのを防いだと見ることで、この部分での筋は通る。しかし、「…之楨」の後で句とすることが明らかな以上、「青木…之楨」の部分が浮いてしまう。馮時は五木の精氣を散逸しないように守ったと解するが、「斁之」の「之」をどう理解するのか分からない。高明の釋はそれらの問題はないが、「五木の精を潤澤にする」では文脈に合わない。

「斁」字に對する高明、何琳儀の認識は殆ど正しい。「睪」に從う楚文字中、包山楚簡59、82、133、168、176簡「懌」、100簡「澤」、郭店楚簡の語叢一87簡「睪」、『老子』甲篇９、緇衣41簡、成之聞之36簡の「懌」、語叢四７簡「澤」、求達以時４、６、７簡「斁」、天星觀楚簡「懌」(滕壬生、800頁)は「𡗟」に從い、その形は「斁」の右旁「𡗟」に極めて近い(「睪」の要素は「𡚁」に作ることもある)。假にこの字が「斁」と釋し得るのなら、「擇」または「釋」と讀むことができるであろう。但し、「𡗟」と「𡗟」では上部に一横畫があるかないかの違いがあり、同字とすることはためらわざるを得ない。「𡗟」に從う字は他に包山楚簡「鷎」(人名)と郭店楚簡求達以時13簡「噢」があるが、あまり參考にならない(裘錫圭は後者を「嗅」の異體とする。『郭店楚墓竹簡』、146頁)。暫定的に「斁」と釋し、句讀は高明のものを採用する。意義は不詳であるが、李學勤は「五木の精を與える」と理解しており、或いはそのようなことなのかもしれない。

それ以外にも問題がある。李零、何琳儀、馮時は五木を天柱であると推測し（饒宗頤は『論語』陽貨篇の馬融注に言う五時改火の五木であるとする)、その色は五行説のそれと完全に一致するが、そうすると四神あるいは四隅の四木とどう關係するのかという問題である（祝融と四神で五ということなのか？)。かつて董作賓は帛書中央にもともと黄木があったと推測し(176頁)、李零、馮時もナシ族の神話を引用して四方と中央の黄木で五木と考える。しかし、董説を否定した商承祚が指摘するように、五木と四木は本來的に一致しない別のものではないかという疑問を去ることはできない。陸思賢は五木は東西南北と中央であるのに對し、四木は帛書四隅の四木圖が示すように、東南、東北、西北、西南にあるもの（卽ち四維）とし、合わせて九木があったとして、それらの木を天文觀測に用いる立竿を表すと考える。確かに全てで九木とすれば矛盾はしなくなるが、そのように理解すべき必然性は帛書自體の中に全く存在しない。

また、十三行文Ⅳ⑬に「五正乃明、群神是享、是謂德匿、群神乃德」という文があり、その「五正」と五木の關係も問題になろう。十三行文では「五正」は五つに區分された神々の機構を言うと思われ、五木の精とは神々の世界の精髓ということなのかもしれない。

後述するように、この部分は類型的には女媧補天神話と類似のものであると考えられ、『淮南子』覽冥訓には女媧は「五色石」を鍊って蒼天を補ったと言う。或いは五木の精とはそれに比類できるもので、強いて四神との一致を考えない方が良いのかもしれない。

⑬「炎帝乃命祝融、以四神降、奠三天、□思敄(保)、奠四亟(極)」
炎帝は祝融に命じて四神を率いて（五木の精を携えて？）地上に降下させ、三天・四極を安定させたことを言う。

「炎帝」　神農氏として周見の古代の帝王であり、饒宗頤は雹戱の次に炎帝が登場するのは『易』繫辭傳上、『漢書』律曆志下、『潛夫論』五德志、『帝王世紀』などに言う「炮犧氏没、神農氏作」と一致するとするが、「以四神降」とある以上、帛書の炎帝は天帝であって、傳世文獻と基本的に異なる。李零・高明・李學勤は祝融とともに楚系統の神とする（李學勤は『國語』魯語上「昔列山氏之有天下也、其子曰柱」韋昭注「列山氏、炎帝之號也、起于烈山。『禮』祭法以烈山爲厲山也」を引き、厲山は湖北省随縣であるとする)。連劭名、劉信芳は炎帝が南方の帝であったため、楚国の數術家によって特別視されたと考える。なお、蔡成鼎は「赤帝」と釋し、帛書の話が炎帝に關する傳承に見られないことを理由に炎帝とは別の神とする（他に何琳儀も「赤帝」と釋するが、炎帝であることは認める）が、字自體は「炎帝」とすることに問題ない。

「祝融」　『史記』楚世家、『國語』鄭語に言うように、楚族の遠祖とすることで諸氏異論はない。實際、包山、望山楚墓の卜筮祭祷記録（例えば包山216・217簡「擧祷楚先老僮・祝融・媸酓」）は、楚において祝融が尊崇され、恒常的に祭祀の對象とされたことを示している。

祝融と炎帝の關係については、諸氏は『淮南子』天文訓「南方火也。其帝炎帝、其佐祝融、執衡而治夏」、『禮記』月令（夏）「其帝炎帝、其神祝融」、また『左傳』昭公十七年「炎帝氏以火紀、故爲火師而火名」と昭公二十九年「故有五行之官、……火正曰祝融」などの例を擧げるが、李零が引用するように、

『山海經』海内經「炎帝之妻、赤水之子聽訞生炎居、炎居生節並、節並生戲器、戲器生祝融、祝融降處于江水、生共工、共工生術器、術器首方顛、是復土穰、以處江水。共工生后土、后土生噎鳴、噎鳴生歳十有二。」

兩者を祖孫關係とする傳承も存在したのである。特に上引『山海經』は炎帝－祝融・共工の順で關連づけており、第三段落で共工が登場する帛書と共通性が高いと言える。

「三天」　高明、李零、陳久金は日月星辰を指すとし、何琳儀は道教の清微天・禹餘天・大赤天に比定、劉信芳は馬王堆『經法』論約「三時成功、一時刑殺」、『鶡冠子』泰鴻「三時生長、一時煞刑」を引いて四季中の春夏秋であるとする。連劭名、馮時、陸思賢は冬至、夏至、春分・秋分の太陽の軌道（三衡）であり、四神が太陽の軌道を確立することで、自らが歩することなく四季の循環が可能になるようにしたと理解する。

「□思敄」　李學勤、何琳儀(1989)は四行目と同様にもう一字欠文があると考え「□□思敄」とする。

一字目についてバーナード、饒宗頤、李零、劉信芳は「糸」に從うと認識し、馮時は「維」とするが、字を復元することは不可能であろう。「思」について嚴一萍は「睿」（深川を通じる）の義とし（『説文』段注）、何琳儀は「慈」、劉信芳は「使」に通じるとし、馮時は語氣詞とする。三字目は饒宗頤は「敄」と釋して「敷」の義とし、「以四神降奠、三天□思、敄(敷)奠四極」と下句に續けて讀む。嚴一萍は「敄」＝「捊」と釋し、何琳儀も「捊」と釋して「保」の義とし（根據は『説文』「保」の古文「孚」)、「□□思(慈)敄(保)」で句とする。劉信芳も「抱」の義（「持」「守」）として、「奠三天□、思(使)敄(抱)奠四極」と使役と見る。馮時は「敄」→「縛」で、「維思縛」は天蓋を地の四極に結びつけることと理解する。「奠三天」「奠四極」と言うところから見れば、「捊」:「保」とするのが合うように思われるが確かなことは言えない。

「四極」　高明は『爾雅』釋地「東至於泰遠、西至於邠國、南至於濮鈆、北至於祝栗、謂之四極」を引き、李學勤は『尚書大傳』洪範五行傳の「東方之極」「南方之極」「中央之極」「西方之極」「北方之極」を引く（『淮南子』時則訓にも五極は見え、「四極」で四方の最果ての地であって、「奠四極」は大地の全てを安定させるという意味になろう）。連劭名は⑪「九州不平(辨)」を大地の九州の區分が存在しなかった狀態と解した上で、大地の區分を確立する前に天の四方を設定したのだとする。ただ、李學勤、何琳儀は『淮南子』覽冥訓の女媧補天神話「往古之時、四極廢、九州裂、天不兼覆、地不同載、……女媧鍊五色石以補蒼天、斷鼇足以立四極」の「四極」であるとも指摘する。確かに⑪「九州不平、山陵備夨…」から⑫「天方動敤…」、⑬「…奠三天、…奠四極」に至るまで、全般的に女媧補天神話と類似しているといえ（ただ完全な秩序が惡神により破壞されるという前提はないから、同系統の話とする譯にはいかない）、天地を支える天柱に相當すると考えるべきであろう。その意味での「極」は（四極ではないが）前引『淮南子』墬形訓の「八紘之外、乃有八極」が參考になろう。

⑭「曰、非九天則大夨(夨)、則毋敢散(冒)天霝(靈)」（九天の則が大夨するに非ずんば、則ち敢えて天靈を冒す毋れ。）　李學勤のみは事業遂行後、祝融の炎帝に對する報告の語とするが、李零(1988)が言うように、炎帝の祝融に對する言葉と解するのが自然である。

「九天」　「九天」の例は饒宗頤、高明が捜集しているが、『楚辭』天問において王逸は二つの解を與えている。「圜則九重、孰營度之」の注には「言天圜而九重」と言い、これによれば九重になっている宇宙全體である（『淮南子』天文訓にも「天有九重、人有九竅」とある）。「九天之際、安放安屬」に對しては「九天、東方皥天、東南方陽天、南方赤天、西南方朱天、西方成天、西北方幽天、北方玄天、東北方變天、中央鈞天」と注し（『呂氏春秋』有始覽「天有九野」、『太玄』玄數「九天」もほぼ同様）、天の九分野を指している。ここはどちらでも通じる。

「天霝」　商承祚、饒宗頤、李學勤、林巳奈夫は「霝」→「令」（卽ち天命）とするが、李零・何琳儀・劉信芳は天神とする。

この一段も論者の見解は分岐が大きい。諸氏の讀みは次の通りである。

「非九天則大𡶶」

饒宗頤　一字目を「非」→「妃」→「配」、六字目を「𡶶」→「侐」：静として、九天に配（匹敵）して行なえば、大安寧（寧雨・寧風）を得るであろう、と讀む。

李零　四字目の「則」を「之」（楊樹達『詞詮』の説）、「𡶶」は（1988）で「大動」とする。九天の大いに動搖するにあらずんば、ということになる（陳久金も同じ）。

高明　一字目は「非」＝「排」：列、六字目を「𧖴」＝「脈」：貫通とし、九天を排列すれば大いに貫通する、と讀む。

李學勤、何琳儀（1989）　一字目を「非」→「彼」、四字目「則」は「卽」の義として、彼の九天の卽ち壞傾すれば（傾側しても）、と理解する。

連劭名　一字目「非」を「排」、推究の義とし、四字目「則」を李零に従って「之」と理解、六字目「𡶶」を法則の義とする。九天の法則を推究すると讀むことになる。

劉信芳　一字目「非」を「違」「失」と讀み、九天（の道）を非とすれば、則ち大𡶶（大災害）ならん、と讀む。

馮時　四字目「則」を「之」と讀み、九天が大いに傾斜するのでなければ、とする。

「則毋敢散天霝」

饒宗頤　四字目を「蔑」と認識して「蔑」(輕蔑)、「靈」は「命」として、天命を侮る勿れ、とする。

李零　四字目を「㪚」＝「叡」:「通」と釋し、「天靈」は天神とする。若し九天が大いに動搖するのでなければ、天神と通じてはならない、と理解する(陳久金も同じ)。(1990)では三字目は「敢」字ではないとするが、どう讀むのかは示さない。

高明　説なし。

李學勤　四字目を「散」と認識して「叡」字とし、敢えて天命に違反せざらん、の義とする。

何琳儀　四字目を李學勤と同じく「散」として「眛」と釋し、「冒」(抵触)の義とする。敢えて天命を犯すなかれ、ということ。

連劭名　四字目を饒宗頤と同じく「蔑」(輕蔑)とし、「天靈」は北辰であり、かつ天神の最貴者、卽ち天帝自身を指すとする。

劉信芳　四字目を「眛」→「蒙」として、天の福祐を蒙ることはないであろう、と理解する。

馮時　饒宗頤と同じく四字目を「蔑」＝「蔑」として、敢えて天神の靈威を輕んじるなかれ、と讀む。

解釋を困難にしている原因の一つは、この短い句の中に「則」字が二回現れる點にある。二つの「則」を共に「すなわち」と讀んでは理解に達することは困難であり、一つの讀み方として前の「則」を法則の義と解してはどうであろうか。「九天の法則が大崩壞するようなことがない限り、天神を冒してはならない」と讀むことになる(「㚖」は⑪「山陵備㚖」で既に現れ、「夨」と解して問題はない。「散」の字形については何琳儀が論じるのが最も精緻であり、「眛」＝「冒」と釋して良いと思う。滕壬生、277頁參照)。但し、「則」(法則)が「㚖」(「夨」、傾むく)という表現があり得るかという疑問は殘る。

もう一つの解釋としては、李零・馮時のように最初の「則」を「之」と讀み、「九天の大崩壞でない限りは、天神を冒してはならない」と解することも可能であろう。ただ、その場合、最初の「則」は殆ど意味がないことになる。

この部分が重要であるのは、三天・四極を安定させる事業のために祝融と四神は「降」りようとしているのだから、兩者は從來、天の一部であったのだが、この炎帝（天帝）の言葉は、これ以降、彼らは天（天靈）から切り離された地の神として大地の秩序を保つ責務が與えられ、人は天靈とは直接コンタクトせず地の神々と關係を保つ神人關係が形成されたことを示している點にある。つまり、天地の秩序が形成される長期にわたる過程の途上、正に太陽と月の回轉に基づく時間が創出される時に、炎帝の命令によって天地の分斷がなされたのであり、別稿（池澤、2000）で論じたように、『書』呂刑、『國語』楚語下の「絶地天通」の神話であると考えることが可能である。

⑮「帝夋(俊)乃爲日月之行。」

「夋」　ここは⑩「日月身(允)生」とは異なり、確かに「夋」であり、素直に解すれば「俊」、即ち帝嚳または舜のことということになる。李學勤が「帝允」と釋して帝が認可したことを指すと解するのを除き、全ての論者は「帝俊」が太陽と月の運行を開始したと解する。もしそうであるなら、この一文の主語は前文までとは異なることになる。しかし不可解なのは、帝俊がどうしてここでいきなり登場し、その後に言及されないのか、炎帝と帝夋がどのような關係にあるのかである。或いは「夋」は「駿」（すみやかに）と讀み、炎帝が速やかに日月の運行をなしたと解すべきなのかもしてない。

第三段落：主役は共工であり、所謂「十日神話」に類する話であるとおもわれるが、肝心な所で字が欠損して、第一・第二段落より一層意味がつかみにくい。全體が一つの節（第Ⅶ節）を構成する。

⑯「共攻(工)〓步十日、四寺(時)□、[百?]神則閏。」　共工の時代までは十日の交替がないこと。句讀も不明であるが、「四時」「□神」が各々⑰の「四□」「百神」に對應するのであろうか。

「共工」　『淮南子』天文訓の女媧補天神話の中で天柱を折った惡神であるが、ここでは（文意は必ずしも明瞭ではないが）創世事業を最後に完成させた者であるようで、惡神とは思われない。高明は共工の神話には、その褒貶について矛盾する話が同居していると指摘し（『書』堯典や『國語』周語下のように惡人として描くものの方が多數を占めるが、后土の父とする『左傳』昭公二十九年には非難の意圖は感じられない)、劉信芳も『漢書』古今人表に上中仁人とされる「共工氏」と下下愚人「共工」が登場することを指摘する。饒宗頤、李零は『山海經』海内經（前引）で祝融の子とされるように、共工は楚系統の神であり、何琳儀は華夏と南夷の對立が共工の描き方の違いに反映しているとする。いずれにせよ、本節の共工の傳說は傳世文獻に類例のない、楚獨自のものと考えられる。

「〓」　饒宗頤、馮時は「夸」:「大」で大步の義、何琳儀(1989)はその釋を肯定した上で、「夸」＝「刳」:「判」とし、「刳步」は推步に近いと推測する（但し「夸父」とする別解を提出)。劉信芳も「夸步」＝「跨步」として推步の義とする。呉振武は「大」「家」省に從う「家」の異體で「踵」の義、「踵步」は先人に倣うこと（日月回轉の事業を繼承したこと）とする。しかし、寫眞を見る限り、これは殘文で（左下が慢滅しているようである)、確實なことは言えないと思う。「歩」の意味が「推歩」であることは認められるであろう。

「共工□歩十日」　饒宗頤、李零(1988)、劉信芳、馮時は「十日」を十干とする。「□歩十日」を旬という時間單位を設定することとするのであろう。しかし⑧「四神相代、乃歩以爲歳」の場合と同様、「歩」は單に天文を観測して暦を作るのではなく、神（ここでは共工）が「歩」することで天體の運動と時間の推移を創出したことと解されるべきである。馮時は「大歩」を共工の「歩」が過大であったために年末において十日の狂いを生じたと理解し（太陰暦十二ヶ月と太陽暦の差約十日を指す)、閏月を設定することでその餘りを解消したことを言うとする。しかし、「歩」が過大であるなら、年末には餘りではなく、不足が生じるのではあるまいか。李零は下文「四時」までで句とし、十日は十個の太陽で（十日神話)、共工が十日四時を推歩したこととする。所謂「十日神話」については、先に引用した十日を生むものの他に、十日遞出（『山海經』海外東經、大荒東經、『論衡』説日)、十日併出（『莊子』齊物論、『竹書紀年』)、および羿が十日を射落とす神話（『楚辭』天問、『淮南子』本經訓、『論衡』感虚、説日、對作）があり（張光直、「中国創世神話之分析與古史研究」、『民族學研究所集刊』第８期。1959、60頁)、本來は十個の太陽が交替に出現すると信じられていた（卽ち十干）のが、それが信じられなくなった時代に或る英雄の所行によって太陽が一個になったという傳承に變化し、更に十個の太陽は太古の大災害であるという所傳に轉化していった過程を推測することが可能である。楚帛書の場合は、十日が出現したことで何らかの問題が生じ、⑱「乃□日月、以轉相□」によって解決が圖られ、一日の時間が確立するに至ったことを言うようである。とするなら、十日交替以前の現象として十日併出の時代があったこと言うものであり、十日併出型と十日逓出型を組み合わせたような話であると解すことができる。

「四寺□」　何琳儀は三字目には重文記號があると推定するが、(1989)では李學勤に従い、四〜六行と同様に欠文があり「四寺□□」とする。馮時は欠文を認めないが、この部分のみは「四寺□□」とする。確かに「四寺□□」の方が分かりやすいが、既に言及したように、四〜七行に欠文を認めるのはやや無理がある（重文記號があるとするのは可能)。

「[百?]神」　「神」上の一字は不明である。李棪（嚴一萍引)、李零は「百」と疑い、林巳奈夫、バーナードは「四」と考える。ここでは「閏(潤)」以下の文義により暫定的に李零の讀を採用した。

「閏」　バーナード、何琳儀、連劭名、馮時は閏月（つまり四(?)神が閏月を設置すること）とする。李零、陳久金は「閏」＝「潤」とし、「共攻夸步十日四寺(時)、□[百]神則閏四□」で句讀して、共工が百神に命令して下民を潤澤《うるお》すと讀む（高明、劉信芳も「四□」の下で句とする。なお、李零(1988)は「共攻夸步十日四寺(時)、□□[百]神則閏四□毋思(息)」まで續ける。次項參照)。文脈から閏月の意味であるかは疑問とせざるを得ない。不明であるが、下文に「百神風雨、震違亂作」とあり、共工が潤澤にし過ぎることで風雨の失調が生じたと解することができるのではないか。つまり共工は十日を一度に「步」せしめ、それにより百(?)神は下土を潤したが、それは過大に過ぎたために、風雨の失調を招いたということである。

⑰「四□毋思(司)、百神風雨、𩃬禕(震違)亂乍(作)。」　四方(?)の各々を統括する者がおらず、群神と風雨の秩序に混亂が生じたこと。

「思」　馮時は「思」（慮、憂慮）とし、共工の暦の失調にもかかわらず、四神が閏月を設定したため、四時に心配はなかった、と解する。陳久金は百神が風雨に混亂をもたらすことを予想していなかった、と理解する。李零は「思」→「息」とし、上文⑯「時」と押韻していることを根據に「□[百]神則閏四□毋思(息)」で句として、共工が百神をして「四□」を停止させないようにしたと解し、何琳儀、連劭名は「息」と讀む解釋を繼承しつつ、「四」下の欠文を「興」と推測し、「四興毋息」を四興は息《や》むことなくの義と理解する。劉信芳は「思」を「使」、「毋思(使)百神風雨辰違亂作」で句として、閏月を定めることで「百神風雨」をして時辰に違反して亂作させないようにした、の義とする。高明は「思」を語助詞と解する（「毋思百神」は百神がなければ、の義)。諸家の分岐は大きいが、下文「百神風雨……」が風雨の異常を言っていることは間違いないと思われるから、ここは上文「百神則閏(潤)」を承けて異常の原因を言うのだと思われる。とすれば「思」は「司」と解せるのではあるまいか（『釋名』釋言語「思、司也」)。「四□」の欠文は何琳儀が「興」と推測するのがやや近いようである（「四興」は十三行文⑫「廢四興鼠」に見え、李零・何琳儀によれば四季の交替の意味である)。「四[興]毋思(司)」は四季の交替を司掌することができなくなりの義であろう。

「𣋡禕」　一字目を饒宗頤は「日」と「晨」に従うと見、「辰」の繁文と考え、「禕」＝「違」として、「辰違」は時辰と解離することと理解する。劉信芳も同じ。李零、陳久金は「𣋡」＝「震」、「禕」→「晦」で、『後漢書』南蛮西夷傳の「風雨震晦」と同じであるとする。何琳儀は「辰緯」として、「辰緯亂作」は星辰の經緯が亂れることを指すとする。連劭名、馮時は「𣋡」は「晨」＝「辰」で日月の軌道を言い（『史記』天官書「察日月之會、以治辰星之位」)、「禕」を「緯」で七曜の五星を指すとして、「辰緯亂作」を日月星辰の動きが混亂することであるとする。ただ、ここは「風雨」を承けるから李零の解がやや勝れるであろう。

⑱「乃[逆]日月、以𨕖相□。思又(有)宵又(有)朝、又(有)晝又(有)夕。」
共工が日月（十日十二月）を送迎して交替させることよって調節が圖られ、昼夜の時間が形成されたことを言う。

「逆」　二字目の殘文を饒宗頤、何琳儀(1989)、劉信芳、馮時は「逆」:「迎」とし、嚴一萍、高明は「遷」と認識して「踐」、「行」の義と解する。殘畫から見て「逆」と釋することは可能であろう（滕壬生、141頁)。

「𨕖」　嚴一萍、何琳儀は「傳」と釋し、饒宗頤、李零、高明、馮時、陳久金は「傳」＝「轉」とする。郭店楚簡語叢四20簡に「若兩輪之相𨕖(轉)」とあるように、「轉」と讀むことができよう。

「思」　馮時は上文「思」と同様、憂慮とする。李零、何琳儀、陳久金は「思」→「息」とする（「乃□日月以轉相[作]思(息)」で句とし、日月を交代して休息をとらせることに決定したと讀む)が、李零(1990)では「士」に從う字と見る。下文との繫がりからは語助詞とする饒宗頤の解、または「使」と讀む劉信芳の解が適當であろうか。

「又宵又朝、又晝又夕」　李零、劉信芳は「宵」は夜半、「朝」は早朝（日出)、「晝」は日中、「夕」は初昏とする（洪範五行傳）が、李學勤、馮時は「宵」が定昏（『周禮』司寤氏の孫詒讓『正義』）で、「夕」は黒夜であるとする。

要約

子彈庫帛書八行文は、原初の時代において、混沌の中から雹戲、炎帝と祝融、共工が天地の秩序（天體の運行と大地の形成）をもたらしたことを述べる創世神話であるが、その中で關心が集中しているのは時間の確立であると言える。特徴的なのは、秩序の形成が原初において一度になされるのではなく、三段階にわたる漸進的過程である點であろう。

第一段階は日月が存在しなかった時代であり（但し、天と大地の存在は前提とされている）、混沌として氣の運動がなかった中で、雹戲が天體の運行と大地の區畫を生み出す。次に原初の大海の中で、陰陽の二氣を用いることで氣を疏通させ、最後に四人の子を相交代させることで四季の區分を成立させた。

第二段階は千百年後、日月が生成された時の狀況である。その時、天地が傾き（原因は言及されない）、運動（回轉?）を始めようとしていたので、炎帝（天帝）は祝融と四神に五木の精を與えて、天地を固定させる事業を行わせた。それにより日月（十日十二月）の運動が可能になったが、同時に祝融と四神は地上に降り、以降、天の神と地の神が分離され、後者が世界の運營に責任を持つ體制が形成された。

第三段階は共工の時であり、この時に十日が交替するという規律は定まっておらず、そのため風雨の異常がもたらされる。そこで共工は十日の交替を確立し、そのため晝夜の區分が畫定された。

ここで描かれている創世説は神が作り出したものという意味では神話と呼べるが、陰陽説や五行説に相當するものが見えている點で、既に純粹無垢の神話ではなく、一定の思想的立場から現實の時間構造を説明するというものであると言えるだろう。それは災禍への対處法を述べる十三行文が提示する救濟論（神々への敬虔）の背景にある宇宙論であると言ってよい。ただ、哲學的な生成論と言えるまでには抽象化されていないと見るべきで、帛書に楚地域に流傳していた神話の殘像を見るのは誤りではないと考える。

子彈庫帛書を通して楚固有の神話を推測するという立場を採る場合、それを傳世文獻の記載と比較對照することは言うまでもなく必要である。それが帛書の理解に資することも疑いない。しかし、帛書を傳世文獻の記載を通して理解するのは、あくまでも假説に止まることを認識しておく必要はあるであろう。八行文の場合、雹戲の配偶者を女媧とする說、④「爲𡔷爲萬」を禹と契と讀む說などは、當初は一種の假說として提出されたのが、文字的な根據が不充分なまま、一人歩きしている嫌いがある。郭店楚簡や上海藏簡の出土と發表が子彈庫帛書のテキストに卽した研究を促進する契機になることを望みたい。

附錄　十三行文・邊文

十三行文釋文

I①隹(惟)□□□、月劓(則)綎(綎)絀、不旻(得)亓(其)當、旾(春)𩠡(夏)昧(秋)昸(冬)、□又□尚(常)。②𣉻(日月)星唇(晨)、𤔔(亂)遊(失)亓(其)行、綎(綎)絀遊(失)□、𦬁(草)木亡以上第一行尚(常)、□□宎(妖)。③天埅(地)乍(作)羕(祥)、天棓牆(將)乍(作)𤄷、降于亓(其)□方、山陵亓(其)發(廢)、又(有)𣶒(淵)亓(其)𣳇(汨)、是謂李。Ⅱ④李𢦏(歲)□月、内(入)月以上第二行𡕒(七日)[八日]、又(有)雺(霧)雴(霜)雨土、不旻(得)亓(其)曑(參)職。天雨□□𰀁是遊(失)月、閏之勿行。⑤一月・二月・三月、是胃(謂)遊(失)終、亡以上第三行奉、□□亓(其)邦。⑥四月・五月、是胃(謂)𤔔(亂)絽(紀)、亡𠩺(砯)、□□□𢦏(歲)。⑦西𢧢(國)又(有)吝、女(如)𣉻(日月)旣𤔔(亂)、乃又(有)鼠□。⑧東𢧢(國)又(有)以上第四行吝、□□乃兵、𡨦(害)于亓(其)王。▪

Ⅲ⑨凡𢦏(歲)悳(德)匿、女(如)□□□□、邦所(處)五宎(妖)之行、𦬁(草)木民人、㠯(以)□四淺(踐)之以上第五行尚(常)、□□上宎(妖)、三寺(時)是行。⑩隹(惟)悳(德)匿之𢦏(歲)、三寺(時)[旣]□、毄(繫)之㠯(以)𥘉降是月㠯(以)婁(數)曆(擬)爲之□隹(惟)十又以上第六行二□。Ⅳ⑪隹(惟)李悳(德)匿、出自黃𣶒(淵)、土身亡𦐧(翼)、出内(入)□同、乍(作)亓(其)

下凶、𣉻(日月)虘(皆)䜌(亂)、星曆(晨)不同。𣉻(日月)既䜌(亂)、歲(歲)季以上第七行乃□、寺(時)雨進退、亡又(有)尚(常)恆(恆)。⑫恭民未智(智)、㬪(擬)㠯(以)爲剌(則)、毋童(動)羣民、㠯(以)□三恆(恆)、發(廢)四興(興)鼠、㠯(以)□天尚(常)。以上第八行羣神五正四□、堯(饒)羊(祥)𦘔(建)恆(恆)𧜟(屬)民。五正乃明、[羣]神是享。是胃(謂)惪(德)匿、羣神乃惪(德)。⑬帝曰、䜌(繇)、敬之哉、以上第九行毋弗或(有)敬、隹(惟)天乍(作)福、神剌(則)各(格)之、隹(惟)天乍(作)実(妖)、神剌(則)惠之。□敬隹(惟)備、天像(象)是𥜒(惻)。成隹(惟)天□、下民以上第十行之䒷(式)。敬之毋弋(忒)。▪

V⑭民勿用□、□百神、山川澫(萬)浴(谷)、不欽□行。⑮民祀不𢢼(莊)、帝𤕦(將)䜌(繇)㠯(以)䜌(亂)□之行。以上第十一行⑯民剌(則)又(有)𣪘(穀)、亡又(有)相𧗿(擾)、不見陵□。⑰是剌(則)鼠至、民人弗智(智)、歲(歲)剌(則)無䪥。祭□則𢓉、民少又(有)□、土事以上第十二行勿從、凶。▪以上第十三行

十三行文日本語譯

I①……、月は早くなったり遲くなったりして、その規律的な動きを失い、春夏秋冬にも□常がある。②日月星辰はその運行を亂し失い、滿ち欠けは□を失い、植物も普通のあり方を失い、上下(?)ともに災禍をもたらす。③天地は妖祥を起こし、天棓（雷電または星名）は動搖しだして、□方に墜ち、山陵が廢れて、（大地が崩落して）陷沒が深く（形成されるような大災害)、これを孛という。II④孛の歲の□月には、毎月の七日八日に雷電や雨土（天から土が降ること）があり、（人間は天

地の運動を維持する）職責に參與することができない。天は…を降らし、……（意義不詳）。⑤（孛の歳の）一月から三月までの天變は「失終」と呼ばれ、…（意味不明）、⑥四月と五月のは「亂紀」と呼ばれ、違逆することがなくても、…（意味不明）。⑦西國に恨み事があり、もし日月が亂れたら、憂い…がある。⑧東國に恨み事があり、…は兵し、その王に害される。

Ⅲ⑨
およそ德匿の歳には、（それに相當する？）國には五妖の行（不明）に處り、草木民人は四踐の常（四時の決まったあり方？）を（失い？）、上妖（不明）が三つの季節（春夏秋＝農耕の時？）に横行する（という災いがある）。⑩德匿の歳に、三つの季節に……（意義不詳、⑨を承けて、農耕への災禍があった場合の對處法を言う？）。

Ⅳ⑪
孛と德匿という災異の原因は黄淵（地底？）から出現するもので、そのために土身（不明）は扶助することなく、出入……（不明）、その下凶（大地の災禍）をもたらし、日月はともに混亂し、星辰は（動きを）等しくしない。日月が亂れた以上、（曆は混亂して）歳末は（實情と乖離し？）、時雨のあり方は本來の規律を失ってしまう。⑫恭敬なる民人は災禍の原因を理解しない。そこで天の法則を推察し規範とし、彼らを動搖させないように、日月星辰の運行を修復（？）し、四季の交替の憂い（異常）を取り去り、「天常」（天の常道）を回復すべきである。そうすれば神々も人に豊かな惠みを授け、常道を再建し、人間界を従えるであろう。そのようにして天地の常道が回復されれば、神々の長である五正は昭臨し（神々の世界は秩序だち）、神々は人の祭祀を享ける。これを德慝するも、群神は乃ち德す（天の惠みが失われても、神が惠みをもたらす）と謂うのである。⑬帝（炎帝?）は次のように言った。「ああ、敬恭するように。敬恭でなくなってはならない。福を降すのは天であるが、神がこれをもたらすのである。妖を降すのは天であるが、神が（人に）惠むのである。□敬を備え、天象を惻めよ。（天地の運行?を）成すのは天□であり、下民はこれに法れ。これを敬しみ違うなかれ。」

V⑭

民は□を用いてはならない。百神に□すれば、山川萬谷の神々もその運行(?)を謹まないであろう。⑮民の祭祀が謹嚴でなくなれば、帝は天象運行の混亂をもたらすであろう。⑯民が善であれば、お互いに騷亂することもなく、陵逆にあわないであろう。⑰もし憂いが興り、民人が（その原因を）を理解しない時は、歲は…（不明）なく、祭祀を行えば…（不明）、民には…が少しあり、土木作業には從事してはならない。凶だからである。

邊文釋文（譯を省略して訓讀を附す）

Ⅰ［題］取于下。

曰、取、乙(鳦)則至、不可㠯(以)以上第一行□殺。壬子・𠀍(丙)子凶。乍(作)以上第二行□北征、𧗿(率)又(有)咎、武□以上第三行[?]丌(其)𢼸(敡)。▪以上第四行

［訓讀］曰く、取、鳦《つばめ》則ち至る。以て□殺すべからず。壬子・丙子は 凶。□北征をなせば、率(師)に咎有り、武□は其れ敡せん(義未詳)。

Ⅱ［題］女㧗(材)武。

曰、女、可㠯(以)出帀(師)、篧(築)邑。以上第一行不可㠯(以)豙(嫁)女、□取臣[妾]、以上第二行不夾(兼)得、不成。▪以上第三行

［訓讀］曰く、女、以て師を出し、邑を築くべし。以て女（娘）を嫁し、臣妾を取るべからず、兼て得ず、成らず。

Ⅲ［題］秉司春。

［曰］、［秉］…。…以上第一行…妻畜生（牲）分□……。以上第二行

Ⅳ［題］余取（娶）女。

［曰］、余、不［可］㠯（以）乍（作）大事。少旱（?）亓（其）以上第一行□、［勾］龍亓（其）□。取（娶）女爲邦芺（莽）。▪以上第二行

［訓讀］曰く、余、以て大事を作すべからず。少旱（？）其れ□、勾龍は其れ□（義未詳、祭祀を言う？）。女を娶れば、邦の笑いとならん（義未詳）。

Ⅴ［題］欲出睹。

曰、欲、鳶銜（率）□得㠯（以）匿不以上第一行見月在□□、不可㠯（以）享以上第二行祀、凶。取（娶）□□、爲臣妾。▪以上第三行

［訓讀］曰く、欲、鳶率□し以て匿るるを得、月の□□に在るを見ず（義未詳）、以て享祀すべからず、凶なり。□□を娶れば、臣妾と爲らん。

Ⅵ［題］叡司夏。

曰、叡、不可㠯（以）出帀（師）、水帀（師）不遉（復）、亓（其）□以上第一行亓（其）遉（復）、䢀（至于）它。大□、不可㠯（以）享。▪以上第二行

［訓讀］曰く、叡、以て師を出すべからず。水師は復らず、其れ□其れ復れば、它に至らん。大□、以て享するべからず。

Ⅶ［題］倉莫得。

曰、倉、不可㠯（以）川（穿）、［又?］（有）大不以上第一行順于邦、又（有）梟

(?)内(入)于⺊(上下)。▪以上第二行

［訓讀］曰く、倉、以て川(穿)つべからず、大不順の邦に有り、梟(?)の上下に入ること有らん。

Ⅷ［題］臧(臧)□□。

曰、[臧]、[不?]可己(以)篨(築)室。不以上第一行可[己](以)□[帀?](師)、脨(瘠)不復(復)、亓(其)以上第二行邦又(有)大亂(亂)。取(娶)女、凶。▪以上第三行

［訓讀］曰く、臧、以て室を築くべからず。以て師を□するべからず、瘠みて復らず、其れ邦に大亂有らん。女を娶るは凶なり。

Ⅸ［題］玄司秋。

曰、玄、可己(以)[篨](築)……凶、……以上第一行吁□□遷(徙)乃……㕣……。以上第二行

Ⅹ［題］昜□[義?]。

曰、昜、不毀(燬)事、可……以上第一行折、敓(敓)故(去)不義于四……。以上第二行

［訓讀］曰く、昜、燬事せず、……べし。不義を四…に敓去す……。

［題］姑分長。

曰、姑、利戠(侵)伐、可己(以)攻城、以上第一行可己(以)聚衆、會者(諸)侯、型(刑)首以上第二行事、殄(戮)不義。▪以上第三行

［訓讀］曰く、姑、侵伐するに利し、以てを城を攻めるべく、以て衆を聚め、諸侯を會し、首事を刑(法)り、不義を戮すべし。

［題］荼司冬。

[曰]、[荼]、……以上第一行□敓(敓)不可己(以)[攻]……以上第二行□……。

以上第三行

注

(1)殘帛書については林巳奈夫（1964)、李學勤（1990・1992)、商志譚（1992)、饒宗頤（1992）を參照。

(2)これは蔡季襄が帛書を所有することを明言することで起こりえる後難を避けたと考えることもできるが、商承祚が1938年に『長沙古物見聞記』を執筆するにあたり、蔡季襄から多くの情報を得ていたのにもかかわらず、後に蔡の非科學性を激しく論斷すること（『長沙古物見聞記・續記』(1996、中華書局)附載「跋柯克思《中國長沙古物指南》」4頁)、が示すように、彼が研究者というより、收集家に止まったことと關係するのかもしれない。

(3)イェール大學卒業。1935年に長沙の雅利中學の教員として赴任し、古物に興味を持って、蔡季襄らと知り合う。自ら發掘を行ない、その出土物を携えて1937年に歸國、イェール大學で展覧會を行なった。李零が調査を行った時に存命であったが、インタビューは拒絶したということである（李零、1994)。

秦代避諱初探

影山　輝國

はじめに

秦代の避諱に關する材料はきわめて少ない。『史記』に附された三つの注、すなわち劉宋裴駰『史記集解』、唐司馬貞『史記索隱』、唐張守節『史記正義』中のわずかな言及が秦代避諱に關する議論の根據になっている。本論はこれまでの議論を整理するとともに、近年出土した資料から三氏の説を檢討し、秦代避諱の初歩的探求を試みるものである。

一

まず、これまでの説をまとめてみよう。

秦諱に關する裴駰の説、

①徐廣曰「秦諱『楚』、故云『荊』也。」

（王翦傳「秦使翦子王賁擊荊」注）

司馬貞の説、

②楚稱「荊」者、以避莊襄王諱、故易之也。

（秦始皇本紀、秦王二十三年「虜荊王」注）

③二世二年正月也。秦諱「正」、故云「端月」也。

（秦楚之際月表、秦二世二年「端月」注）

張守節の説、

④秦號楚爲「荊」者、以莊襄王名「子楚」、諱之、故言「荊」也。
（秦始皇本紀、秦王二十三年「使將擊荊」注）

⑤正音政、「周正建子」之「正」也。始皇以正月旦生於趙、因爲政、後以始皇諱、故音「征」。
（秦始皇本紀「正月生於邯鄲、及生、名爲政、姓趙氏」注）

⑥音「征」。以秦始皇名諱之、故改也。　（曆書「而正以十月」注）

①②④は、莊襄王の名「子楚」の「楚」を諱んで、秦では楚を「荊」と呼んだというもので、三注に共通して見られる。

③は、秦楚之際月表の秦二世二年に「端月」とある（注1）ことについて、秦では「正」を諱んだために、「正月」を「端月」に改めたと解したものである。

なぜ秦では「正」を諱むのかといえば、それは始皇帝の名にかかわるからである。始皇帝の名は、『史記』に、

以秦昭王四十八年正月生於邯鄲、及生、名爲政、姓趙氏。
（秦始皇本紀）

とあるように、「政」とするのが普通である（注2）が、裴駰『集解』が

徐廣曰「一作『正』。」宋忠云「以正月旦生、故名正。」

を引用するごとく、「正」とする説も有力である。

⑤⑥は、「正」の音はもと「政」（去聲）であるが、のちに始皇帝の諱を避けて「征」（平聲）に讀むようになったというものである。

以上、①②③④は避諱改字説、⑤⑥は避諱改音説である。

二

先ず莊襄王の名を諱んで、「楚」を「荊」に改めたという説につい

て検討しよう。

この説は古く東漢時代からある。『漢書』高帝紀下、漢五年秋七月「荊王臣信等十人」の注に、

賈逵曰「秦莊襄王名楚、故改諱『荊』、遂行於世。」

とあり（注３）、また『呂氏春秋』音初篇「周昭王親將征荊」の高誘注に、

荊、楚也。秦莊王諱楚、避之曰「荊」。

とある。その後、①に見える東晉の徐廣、『史記』の三注を經て、南宋時代には、

鮑彪

楚也。始皇諱其父名、故稱曰荊。知此書始皇時人作。

（『戰國策』秦策一「天下陰燕陽魏、連荊固齊」注）

洪邁

唯秦始皇以父莊襄王名楚、稱楚曰荊。

（『容齋三筆』巻第十一、帝王諱名）

があり、元代では胡三省も、

秦諱楚、故其國記率謂楚爲「荊」。太史公取『秦記』爲『史記』、『通鑑』又因『史記』而成書、故亦以楚爲「荊」。

（『資治通鑑』周紀二、顯王三十一年「一救荊禍」注）

王父莊襄王諱楚、故謂楚爲「荊」。

（『資治通鑑』秦紀二、秦王二十一年「吾欲取荊」注）

といっている。

清朝になると、避諱に關する專述が現われるが、おおむねこの説を踏襲している。

劉錫信

秦始皇本紀、凡楚皆曰「荊」。避其父莊襄王名也。『呂氏春秋』同。

（『歷代諱名攷』地理）

黄本驥

帝父莊襄王字子楚、稱楚曰「荊」。　　　　（『避諱錄』巻二、秦）

周榘

莊襄王、姓嬴、諱楚、改楚爲「荊」、謂「楚人」爲「荊人」。

（『廿二史諱略』秦）

なかでも、大著『經史避名彙考』四十六巻を著した周廣業は、全面的にこの説を支持し、『呂氏春秋』で「荊」を用いているのは「此秦書固宜諱矣」であり、『戰國策』『國語』『商子』『越絶書』「檀弓」などで「荊」を用いているのは「凡此皆秦人所追改也」であり、『韓詩外傳』『説苑』『新序』「七諫」『列女傳』などで「荊」を用いているのは「此漢儒沿秦諱也」であるといっている（巻五）。

また、民國では、張惟驤が韻目によって諱字を集めた『歷代諱字譜』に、

秦莊襄王名楚、稱楚曰「荊」。　　　　（巻上、語韻、楚）

秦莊襄王名楚、稱楚曰「荊」。　　　　（巻下、庚韻、荊）

とある。

ただし、この説に對する疑義も早くからある。前引の『漢書』高帝紀下、漢五年秋七月「荊王臣信等十人」の注には賈逵のほかに、晉の晉灼の語が引かれているが、彼は『詩經』の用例を擧げて、秦が避諱する以前から「荊」が用いられており、「荊」が用いられたのは避諱のためではないとしている。

『詩』曰「奮伐荊楚」（注４）、自秦之先故以稱「荊」也。

唐の顏師古は、『左傳』の用例も加えて、晉灼の説に贊成している。

晉説是也。『左傳』又云「荊尸而擧」（注５）、亦已久矣。

民國に入ると、于省吾が前引『呂氏春秋』音初篇「周昭王親將征荊」の高誘注を否定して、

按注説非是。「楚」「荊」或分言或合言、非避諱。貞設「貞從王

伐荊」、過伯段「過伯從王伐反荊」。「荊」謂楚也。䟤段「䟤馭、從王南征、伐楚荊」均其證也。　（『雙劒誃呂氏春秋新證』卷一）

といい、その證據に西周金文の例を擧げている。

近年『呂氏春秋校釋』（注６）を著した陳奇猷は、于省吾の説を引いた上で、

于先生説是也。『竹書紀年』亦有「楚荊」連書之文（注７）、亦可爲證。　（音初篇）

という。しかし、たとい秦の避諱以前に「荊」あるいは「楚荊」が用いられていたにせよ、莊襄王以後に秦が「楚」を避けて「荊」を使ったことを否定することはできない。王彦坤が、

竊以爲、楚之稱「荊」、固然早見于秦莊襄王之前、而其後秦人避莊襄王諱、有意用「荊」而不用「楚」、或亦有之、避諱之説必非凭空而來。唯古書中之「荊」字、孰因避諱而用、孰爲隨興所書、則難辨耳。　（『歷代避諱字匯典』（注８）楚）

というのは、もっともな意見である。

三

次に、始皇帝の名を諱んで、「正」を「端」に改めたという説について考察しよう。始皇帝の名が「政」か「正」かは問題のあるところで、かりに、「政」であるとすれば、いわゆる嫌名（注９）を避けたことになる。この説を明言したのは南宋の洪邁である。

唯秦始皇…其名曰政、自避其嫌、以「正月」爲「一月」（注10）。
（『容齋三筆』卷第十一、帝王諱名）

また、はっきり嫌名を避けたとはいわないが、南宋の

王楙

秦始皇諱政…『史記』年表又曰「端月」、盧生曰「不敢端言其過」、

秦頌曰「端平法度」、曰「端直厚忠」、皆避「正」字也。

（『野客叢書』巻九、古人避諱）

周密

至秦始皇諱政…『史記』年表作「端月」、盧生曰「不敢端言其過」、

秦頌「端正法度」、曰「端直」、皆避「政」字。

（『齊東野語』巻四、避諱）

二氏も始皇帝の名を「政」としているので、避嫌名説であると考えてよいだろう。「盧生曰」「秦頌曰」云々というのは、ともに秦始皇本紀の文（注11）で、本來「正言」「正平」「正直」に作るはずであると考えられる語を「端言」「端平」「端直」に作っている例を擧げたのである。

清朝でも、

杭世駿

秦始皇諱政…『史記』年表又曰「端月」、盧生曰「不敢端言其過」、

秦頌曰「端平法度」、又曰「端直忠厚」、皆避諱、故今不必然。

（『訂譌類編』巻三、歴朝避諱字宜改正）

劉錫信

秦始皇諱政…『史記』年表又作「端月」。（『歴代諱名攷』、歳時）

らは、明言しないだけで、やはり避嫌名説である。その點、以下の二氏は明確に嫌名を避けたと説いている。

黄本驥

始皇名政、兼避正字。此避嫌名之始。…惟秦稱「正月」爲「一月」、『史記』年表又稱「端月」、盧生曰「不敢端言其過」、秦頌曰「端平法度」、又曰「端直厚忠」、皆以「端」代「正」、是則因避諱改也。　（『避諱錄』巻二、秦）

周榘

始皇諱政、並避正。改「正月」爲「端月」、此避嫌諱之始也。

（『廿二史諱略』秦）

民國でも、張惟驤の『歴代諱字譜』は、

秦始皇名政､改「正月」爲「一月」､又爲「端月」。

（巻上、庚韻、正）

秦始皇名政、兼避「正」、改「正」曰「端」。（巻上、敬韻、正）

秦始皇名政、兼避「正」、諱「正」曰「端」、改「正月」爲「端月」、又爲「一月」。（巻下、寒韻、端）

秦始皇帝名政、兼避「正」、改「正月」爲「一月」、又爲「端月」。

（巻下、質韻、一）

と避嫌名説を踏襲して録している。

嫌名ではなく、「政」字そのものを避けた可能性を指摘したのは清朝の陳樹華である。彼の説は畢沅が輯校した『呂氏春秋』二十六巻に引かれている。察微篇には、

昨日之事、子爲制。今日之事、我爲制。

とあるが、これは『左傳』宣公二年の、

疇昔之羊、子爲政。今日之事、我爲政。

の「政」を「制」に改めたのかも知れぬというのである。

陳氏樹華『春秋内傳攷正』云、『左傳』「子爲政」「我爲政」、此或因始皇名改。

洪亮吉も同じく『左傳』と『呂氏春秋』の文字使いの相違に着目し、

按「正」（注12）作「制」、蓋因秦始皇名正而改也。

（『春秋左傳詁』巻十、宣公二年）

といっている。

ただし、陳樹華の説に對しては、それを引用した畢沅が「但他巻不盡然」（注13）として疑義を呈しているし、陳奇猷も、「此係異文、不必同於『左傳』。」（『呂氏春秋校釋』察微）と反對意見を述べている。「政」と「制」の文字の違いについては陳奇猷の説が穏當であろ

う。

始皇帝の名を「正」とするのは、前引の徐廣と宋忠である。徐廣の言は彼自身の著『史記音義』中にあるものであろう。宋忠の語は『世本』の注だといわれている（注14）。現行の『史記』本文が「政」に作るため、徐廣と宋忠の説を繼承するものは少なく、南宋の張淏や、

張淏

秦始皇諱正、故「正月」音「征」。　（『雲谷雜記』巻二）

直前に引用した清の洪亮吉など、わずかである。

周廣業は、始皇帝の名は「正」が正しく、史書では避諱して「正」の右側に「文（攴）」を加えたのであり、後に「正」「政」ともに諱むようになったと考えた。

諸説名正爲是、史因諱加文、後遂并政諱之。

（『經史避名彙考』巻五）

そして、『國語』晉語、『荀子』法行篇、『韓非子』有度篇、『靈樞經』五色篇の「端」に作る例を擧げて「此皆秦博士所改也」とし、賈誼『新書』等齊篇、劉向『新序』刺奢篇の「端」に作る例を擧げて「此漢人沿秦諱也」としている。

四

つぎに、「正」の音はもと「政」（去聲）であるが、のちに始皇帝の諱を避けて「征」（平聲）に讀むようになったという避諱改音説を檢討しよう。

唐代には張守節のほか、韓鄂がこの説をとなえている。

秦始皇以正月生、因名政。後諱之、改「正」字從平聲。

（『歳華紀麗』巻一、正月）

北宋末から南宋にかけては、改音説を説くものが多い。

魏泰

秦皇帝諱政、至今呼「正月」爲「征月」。（『東軒筆錄』巻十五）

王觀國

秦始皇名政、故「正月」讀音「征」。而書史釋音皆音「正月」之「正」爲「征」也。（『學林』巻三、名諱）

張淏

秦始皇諱正、故「正月」音「征」。（『雲谷雜記』巻二）

王楙

秦始皇諱政、呼「正月」爲「征月」。

（『野客叢書』巻九、古人避諱）

孫奕

秦始皇名政、爲之避其諱者讀「正月」爲「征月」。

（『履齋示兒編』巻十一、正昭）

張世南

秦諱政而改「正月」之「正」爲「征」音。至今從之。此何理耶。

（『游宦紀聞』巻九）

周密

至秦始皇諱政、乃呼「正月」爲「征月」。

（『齊東野語』巻四、避諱）

元代では熊忠が南宋毛晃の『增韻』を引用して改音説を紹介している。

毛氏曰、歳首正月、本去聲、秦始皇名政、改從平聲。

（『古今韻會擧要』巻二十三、敬韻、正）

明代では、田藝衡が

「正」本去聲…秦始皇名政、「政」一作「正」。以正月旦日生、故名正。時避諱、故讀如「征」然。（『留青日札』巻十三）

といい、清朝にも、

杭世駿

秦始皇諱政、以「正月」爲「征月」。今呼「正月」作平聲、猶沿秦諱、宜作去聲。　(『訂譌類編』巻三、歷朝避諱字宜改正)

劉錫信

秦始皇諱政、呼「正月」爲「征」。　(『歷代諱名攷』、歲時)

汪汲

秦以始皇名政、遂諱「正月」爲「貞」。

(『事物原會』巻三、上書避諱)

などがあり、民國でも、張惟驤の『歷代諱字譜』に、

秦始皇名政、兼避「正」…又改從平聲。　(巻上、敬韻、正)

秦始皇名政、兼避「正」、改「正」字從平聲。(巻下、庚韻、正)

とある。

これに反して、宋末元初の戴侗が避諱改音説に對する疑義を提出している。彼は、「正」にはもともと平聲があり、始皇帝の名を避けたためでないことを、『詩經』猗嗟の詩の押韻から證明した。また北宋仁宗の名「禎」が「正」の平聲と同音なので、「正月」を「端月」か「一月」に改めようとしたことがあったが、「正月」の「正」は去聲であると主張するものがいて、改めなかったことなどを傳えている。

「正月」之「正」、今人讀之平聲。説者謂避始皇之名、不然。「正」自有平聲也。『詩』云「終日射侯、不出正兮」、與「名」「清」「成」「甥」叶平聲 (注15)。與仁宗御名同音。當時欲改「正月」爲「端月」「一月」。有以去聲爲言者遂不改。然習俗至今以平聲言「正月」也。　(『六書故』巻十六、正)

明代には陳第が『毛詩古音考』の中で、毛晃『增韻』の説を否定し、古代には「正」は平聲のみで去聲はなかったといっている。

「正」音「征」…古悉此音、無有去聲者。毛晃謂「正月」讀「征」、因秦政而改、殆未考古音耶。（巻二、正）

ただし、「正」に去聲がないというは陳第の勇み足で、周廣業は、

「方正」「邪正」「偏正」之類、豈皆平聲乎。

（『經史避名彙考』巻五）

と陳第の説を咎めている。

清朝になってからも、盧孫二氏は避諱改音説を否定している。

盧文弨

案「正」未必爲始皇作「征」音也。（『游宦紀聞』巻九附注）

孫志祖

案…「正月」之音「征」、相沿不改、非因避秦諱也。

（『履齋示兒編』巻十一、正昭附注）

黄本驥は、大略以下のようにいう。「正」にはもともと平聲と去聲の二音があることは、『春秋』の經文「春王正月」に附された『公羊傳』『穀梁傳』の『經典釋文』からわかる。また『詩經』の斯干と猗嗟の押韻からも、「正」を平聲に讀むことは始皇帝の改めたものではないことが知られる。そもそも始皇帝の名である「政」の發音そのものを改めずに、「正」の發音だけを改めるのもおかしなことだ、と。

舊説改「正月」之「正」、音「征」。案『春秋』「春王正月」、陸氏『公、穀傳音義』皆曰「『正』音『征』。又如字」。其在『詩』曰「噲噲其正」（注16）「不出正兮」、「正」皆讀「征」。豈亦始皇所改耶。自是當時所呼本有「征」「正」二音。且「政」本字尚不改音、獨改「正月」一音、不可通矣。（『避諱錄』巻二、秦）

民國17年、名著『史諱擧例』を著した陳垣は、更に『詩經』の節南山と雲漢の例を加えて、「正」を平聲に讀むのは、始皇帝の諱を避けたものではないことは明らかであるとした。

然「正」本有「征」音。『詩』齊風「猗嗟名兮、美目清兮、終日

射侯、不出正兮。」釋文「正、音征。」小雅節南山、「正」與「平」「寧」爲韻（注 17）。大雅雲漢、「正」與「星」「贏」爲韻（注 18）、其非爲秦諱明矣。（巻一、避諱改音例）

しかし、始皇帝以前に「正」に平聲と去聲とがあったことをいくら證明しても、始皇帝以後に去聲を避諱して、平聲に讀まれたということを否定できないのは、ちょうど莊襄王以前に「楚」と「荊」とが用いられていたにせよ、莊襄王以後に「楚」を避けて「荊」を使ったことを否定することができないのと同じである。

五

出土資料から秦代の避諱を考えるに當たって、注意せねばならぬ事がある。まず第一に、當代の王や天子の名を避けるか否かについてである。『禮記』曲禮上に「卒哭乃諱」、檀弓下と雜記下に「卒哭而諱」とあるから、先代の名は避けるが、當代の名は避けないとする説がある（注19）。そもそも「諱」とは、『左傳』に「周人以諱事神、名終將諱之」（桓公六年）とあり、また『禮記』王制「奉諱惡」の鄭注に「諱、先王名」などとあるように、生前の「名」を死後に「諱」とよぶという定義があるから、これに從えば「避諱」とは生きている人の名は避けるものではないことになる。

しかし、漢代では宣帝の元康二年（前64）の詔に

聞古天子之名、難知而易諱也。今百姓多上書觸諱以犯罪者、朕甚憐之。其更諱詢。諸觸諱在令前者、赦之。（『漢書』宣帝紀）

とあるように、宣帝は自分の名「病已」がよく用いられる文字であったので、「詢」に改名し、これを諱ませているのである。このような「生避諱」がいつから始まったのかは不明であるが、清の何焯は、

宣帝因人有以觸諱犯罪者、故更其名。然則生而諱名。前此已然。

疑起秦世也。　（『義門讀書記』巻十五、前漢書）

と、秦代から始まったのではないかと言っている。相手の「名」を呼ぶことは禮を失するので、「名」を避けて「字」を呼ぶ慣習は周代から見られるから、當代の王や天子の名を用いることはやはり不敬であるという意識が働くのではないかとも思われるが、「生避諱」されているか否かについては出土資料を取り扱う際に注意すべきことである。

第二に、出土した資料の性格である。法律などの公的な文書なのか、天子の目に觸れることを原則とする上書なのか、あるいは私的な文書なのかの分別はきわめて重大な問題である（注20)。陳垣は『史諱擧例』の中で、

漢時避諱之法亦疏、六朝而後、始漸趨嚴密耳。

といい、胡適は「兩漢人臨文不諱攷」（注21）のなかで、

我們明白了兩漢四百年的避諱的寬大、才可以明瞭三國兩晉以後避諱制度的逐漸變緊、變嚴、變專制、變野蠻、都只是“變本加厲”的歷史現象。

といって、ともに漢代は三國六朝以後のように避諱が嚴密ではない證據を擧げている（注22)。確かに漢代は後世ほど避諱が嚴格であったとは思えないのであるが、先に引用した宣帝元康二年の詔に「今百姓多上書觸諱以犯罪者」とあることから、上書は避諱すべきものであったはずである。また官吏が書く公文書も同様であろうと思われる。それに反し、一般の私的な文書は陳胡兩氏が擧げた碑文の例などのように、漢代ではさほど問題にならなかった可能性が強いのである。このことが秦代にまで遡及するか否か。

以上の二點に注意しながら、秦代の出土資料を検討してみよう。

六

近年出土した秦代の簡牘には、

（一）1975年湖北省雲夢縣睡虎地11號秦墓から出土した竹簡。

（二）1979年四川省青川縣郝家坪50號秦墓から出土した木牘。

（三）1986年甘肅省天水市放馬灘1號秦墓から出土した竹簡。

（四）1989年湖北省雲夢縣龍崗6號秦墓から出土した簡牘。

（五）1990年湖北省江陵縣荊州鎮揚家山135號秦墓から出土した竹簡。

（六）1993年3月湖北省江陵縣荊州鎮王家臺15號秦墓から出土した簡牘。

（七）1993年6月湖北省荊州市關沮郷周家臺30號秦墓から出土した簡牘。

がある。

（一）の睡虎地秦簡は、「編年記」53簡、「語書」16簡、「秦律十八種」201簡、「效律」60簡、「秦律雜抄」42簡、「法律答問」210簡、「封診式」99簡、「爲吏之道」51簡、「日書」甲種166簡、乙種261簡に整理されている（注23）。

「編年記」には、秦昭王元年（前306）から秦始皇三十年（前217）までの大事件と、喜という名の人物のおおまかな經歷が記されている。墓主は秦始皇三十年に46歳で死んだ喜であり、下葬もその頃であるとされる。「編年記」の書かれた時期もその頃であり、喜の私的な年代記であろう。

「編年記」に、「楚」は無く、今〔秦王政〕廿三年に「攻荊」とある。睡虎地秦墓竹簡整理小組は『呂氏春秋』音初篇の高誘注を引き、莊襄王の名「楚」を避けたものと認定しているようである（注 24）。しかし、この「荊」が避諱によるものだとは即斷できない。晉灼などの指摘のごとく、避諱の有無に係わらず「楚」「荊」いずれもが用いられている例があることからすれば、ここはたまたま「荊」が使用された可能性があるからである。また「編年記」が私的なものとすれば、避諱の必要があったかどうかも疑問である。

また、「編年記」には「政」「端」はないが、昭王五十六年と今七年、十八年の3箇所に「正月」と記されている。もし公的な文書と私的な文書との区別をしなければ、當代の名は避けないことになる。

次に「語書」を見てみよう。これは秦王政二十年（前227）四月初二、南郡守騰が本郡各縣と道とに通達した布告文で、公的な文書といえる。文中に「楚」「荊」「正」「政」の文字は見えないが、「矯端民心」「自端」「公端之心」なる語があり、「端」が「正」の意味であることから、秦王政の名を避けたと考えられている（注 25）。もしそうだとすれば、當代の名は避けることになる。しかし、「端」はもともと「端」であり、「正」を避けたものではないという可能性はないだろうか。「正月」のようなきわめて一般的、慣習的な名稱を「端月」に改める場合ならともかく、「正」の意味をもつ「端」（注 26）はすべて避諱のために用いられたと斷定するのは、いささか躊躇を禁じえない。

「秦律十八種」は、各種法律の條文である。この中には「楚」「荊」「政」「端」は無いが、2つの「正月」を含めて6つの「正」字が見える。秦王政より以前に書かれたものか、當代の名を避けない例となろう。この「廏苑律」の中に「田典」なる語があり、これは「里典」のことで、「里正」の「正」を避諱のために改めたものだという説がある（注 27）が、それならばなぜ同じ「廏苑律」中の2箇所の「正月」も改めなかったのか理解に苦しむ。

「效律」も法律の文書である。ここには「楚」「荊」「政」「端」は無いが、「不正」の語が10箇所見える。避諱の面からすれば「秦律十八種」と同じ判斷が下せよう。

「秦律雜抄」、「法律答問」（注 28）には秦諱の資料になるものはない。

「封診式」は、治獄案件の處理についての注意や、さまざまな刑事事件の記錄である。「爰書」という事件の供述報告書の部分は、かなり公的な性質をもっていると思われる。この部分には「楚」「荊」「政」「端」の字は無く、「正」の字が2箇所現われるので、これまた「秦律十八種」の場合と同じ判斷が下せよう。

「爲吏之道」は、官吏の心得のようでもあるし、官吏を志す人の識字教科書のようでもあるが、公的なものか否か、判定は難しい。ここに「楚」「荊」「端」は無いが、「正」が6箇所、「政」が4箇所見える。もし公的なものならば、「秦律十八種」と同斷となろう。

「日書」は、曆の上での吉凶を占ったものである。「日書」は他の墓からもしばしば出土することから推定できるように、かなり民間に流布していたもので、公的な文書とは呼べないであろう。因みに、甲種には35の「正月」を含む56の「正」字が、乙種には22の「正月」を含む48の「正」字、1つの「政」字がある。また「楚」は甲種に13箇所、乙種に1箇所見える。「荊」「端」の字は無い。

睡虎地秦簡は、「正」と「政」との關係について重要な情報をもたらしてくれている。「爲吏之道」第13號簡伍に「將發令、索其政」とある「政」は「正」の意味であるし、また逆に「日書」甲種第32號簡正に「臨官立正」とある「正」が「政」の意味であることは「日書」乙種第237號簡貳に「臨官立政」とあることからも證明される。とすれば、「正」と「政」とはどちらを用いてもかまわない「通假字」であったのであり、始皇帝の名は「正」と書いても「政」と書いてもよかったのではあるまいか。「正月」に生まれたから「正」と名づけるのが自然ではあるが、「政」と書いても一向にかまわないのである。當時は現代ほど規範意識は強くなく、「正」も「政」も同じ字である程度の認識だったのではないか。さらに「日書」甲種第7號簡正貳に「利以行帥出正」とある「正」は「征」の意味であることから、去聲でも平聲でもあまり頓着しなかったのではないか「正」に去聲と平聲の發音があるのはそのためであろう。とすれば始皇帝の名が本來去聲なのか平聲なのかはっきりしなくなる。どちらでもよいとすれば、避諱のために去聲を平聲に讀んだというのは、辭書の流通などにより漢字の發音が固定化し、避諱改音が流行した後世の牽強附會である可能性が大なのである。

（二）の青川秦牘は、出土した半兩錢が秦の特徴をもつことから、秦が巴蜀を制壓した後の墓とされている。木牘2件のうち、1件は文字の識別が不可能であるが、もう1件は表に「二年十一月己酉朔朔日、王命丞相戊、內史匽□□更脩爲田律」とあり、秦の武王二年（前309）十一月己酉朔、王が丞相甘茂らに命じて再公布させた田律である。裏面には「四年十二月」の文字があるので、武王四年（前307）より後の墓葬とわかる（注29）。文中「楚」「荊」「政」「端」の字は無いが、「正疆畔」という語がある。始王政以前のものだから「正」の使用は問題にならない。

（三）の放馬灘秦簡は、2種類の「日書」甲種73簡、乙種380簡と、「墓主記」と後に命名された、邽丞の赤という人物が御史に提出した報告書7簡の計460簡である。この「墓主記」には「八年八月己巳」と記され、何雙全はこれを秦始皇八年（前239）と判斷したが、李學勤は「八」の前に不鮮明ではあるが「卅」があること、また內容的にも「八」ではつじつまが合わないことから、秦昭王三十八年（前269）と斷じている（注30）。寫眞版や、釋文の全文は未發表であるが、「日書」甲種全文の釋文は發表済みである（注31)。それによると甲種には「楚」「荊」「端」は無いが、「正月」2つを含む「正」が3つと「政」が1つある。何雙全論文に附される一部分の釋文から、乙種にも「正月」の文字があることが知られる。また、李學勤論文に附される「墓主記」の全文釋文を見ても、「楚」「荊」「正」「政」「端」の文字はない。

1號秦墓からは同時に、7幅の松木の板に書かれた地圖が發見されたが、そこに書かれた地名にも避諱に係わる文字は見當たらない（注32)。

（四）の龍崗秦簡は、法律條文の竹簡であり、殘損がはなはだしいが、現在整理されて293の簡號が附けられている（注33)。また、表に35字、裏に3字書かれた木牘1件がある。第116號簡に「廿四年正月甲寅以來」、第98號簡に「廿五年四月乙亥以來」とあり、それぞれ秦王政の二十四年（前223)、二十五年（前222）とされる。また、木牘に「九月丙申」とあることから、秦二世二年（前208）9月3日あるいは、漢高祖三年（前204）9月27日以降の下葬であろうと推定されている。第15、16號簡に「皇帝」の文字があるので、秦王政が皇帝に即位した秦王政二十六年（前221）以後に書かれた文書であることは間違いない。この竹簡には「楚」「荊」「政」「端」は無いが、1箇所、前引第116號簡の「正月」がある。これは始皇帝の時代に「正月」が避けられなかったことを示す明證である。木牘には避諱に係わる文字は見當たらない。

（五）の揚家山秦簡は竹簡75簡であり、すべて墓中に隨葬した物品を記載した遣策である（注34)。寫眞版や釋文が未發表なので、具體的なことは不明である。

（六）の王家臺秦簡は、竹簡800餘簡と竹牘1件である。出土した器物と竹簡の內容から、前278年の「白起抜郢」を上限とし、秦代を下限とするとの報告（注35）がある。竹簡の主要內容は「效律」「日書」「易占」であり、竹牘は、文字の判讀ができない。寫眞版や、全文の釋文は公開されていない。わずかに發表された釋文を見ると、「日書」の第653號簡や第649號簡に「正月」の文字がある。

（七）の周家臺秦簡は、整理されて「歷譜」130簡、「日書」178簡、「病方及其它」73簡に分類されている（注36）。その他、木牘の「歷譜」が1件ある。竹簡の「曆譜」は秦始皇三十四年（前213）、三十六年（前211）、三十七年（前210）のものであり、木牘は秦二世元年（前209）の「歷譜」である。下葬は睡虎地11號秦墓よりも遲いが、秦代であることは間違いなく、これらは當時の曆の出土はきわめて貴重な資料となるのである。「楚」「荊」「政」は見えないが、「正月」が秦始皇三十四年の「歷譜」第29號簡と三十六年の「歷譜」第72號簡にあり、秦二世元年の木牘「歷譜」は「端月」となっている。そもそも「正月」ということばは、「日書」などにも多數見られるように、極めて固定化した熟語である。それがある場合に限り「端月」と書かれるのは、何か特別の事情があったことを伺わせる。しかも始皇帝の時には「正月」のままで、二世皇帝の時に「端月」が用いられていることからして、「卒哭乃諱」の規定通り、當代の名は避けず、先代の名を避けたためではないかと思われるのである。

その他、「日書」には「楚」「荊」「政」「端」は無く、「正月」が2箇所見え、病氣の治療法を示す「病方及其它」は公的な文書ではなかろうが、「楚」「荊」「政」は無く、「正月」が1箇所と「正」の意味でない「端」が1箇所見える。

おわりに

以上をまとめると、現在までに出土した秦の簡牘から判断する限りでは、秦代では、始皇帝の時は公的な文書でも「正」が避けられてはいないようであり、二世皇帝の時になって「正」が避けられ、「端」が用いられたといえそうである。とすれば、その理由は「卒哭乃諱」の原則に従って、先代の名を避けたのであろうということしか今のところ思い浮かばない。避諱が二世皇帝以前から始まっていたとすれば、始皇帝の時代も荘襄王の名を諱んで、「楚」を避け、「荊」を用いていたことになるが、これについては出土資料の材料が少なく、斷定的なことはいえない。睡虎地秦簡「編年記」に「攻荊」の1例があるにはあるが、「編年記」は私的な文書のようであるし、同じ私的な文書である睡虎地秦簡「日書」には「楚」の文字が14箇所も見えるからである。

「正」の去聲を避諱して、平聲で讀んだという説にいたっては、「正」、「政」、「征」が互いに通假して用いられる當時の情況からして、全國的に固定した聲調のあったことは想定し難く、かかる情況下で避諱改音を實行することは困難であったのではないかと想像されるのである。

注

(1) 秦楚之際月表では、秦の欄は二世二年の他、三年も「端月」となっているが、漢の欄は元年から五年まで全てが「正月」に、その他の諸侯の欄はどれも「一月」に作っている。

(2)『史記』呂不韋傳では名を「子政」としている。

(3)『毛詩』小雅「漸漸之石」序「荊舒不至」の正義に賈逵の言を引いて、

『春秋經賈氏訓詁』云、秦始皇父諱楚而改爲荊州。亦以其居荊州故因諱而改之。亦有本自作荊者、非爲諱也。『春秋公羊』、『穀梁』皆言「州不若國」、賤楚故以「荊」言之。

とある。どこまでが賈逵の言か判然としないが、あるいは賈逵は避諱以外の可能性も認めていたのかも知れない。

(4)商頌、殷武。

(5)宣公十二年。

(6)陳奇猷『呂氏春秋校釋』(學林出版社1984年4月)

(7)『紀年』曰、周昭王十六年、伐楚荊、涉漢、遇大兕。(『初學記』巻七、地部下、漢水第二引)を指すのであろう。

(8)王彦坤『歷代避諱字匯典』(中州古籍出版社1997年5月)

(9)鄭玄曰「嫌名、謂音聲相近、若禹與雨、丘與区也。」(『禮記』曲禮上「禮不諱嫌名」注)

(10)洪邁が「正月」を「一月」に改めたとするのは、注(1)で述べた秦楚之際月表における秦漢以外の諸侯の欄に「一月」とあるのを指したものか。後述する黄本驥、張惟驤もこの説を踏襲するが、司馬貞は漢元年「正月」の注に、東漢應劭の言を引用して「一月」に作る理由を述べ、避諱ではないといっている。

諸侯王始受封之月、十三王(黄善夫本作「十八王」)同時稱一月、以非元正、故云「一月」。(『史記索隱』)

(11)秦王三十五年に「侯生、盧生相與謀曰『…不敢端言其過…』」とあり、秦王二十八年の琅邪臺石刻文中に「…端平法度…端直敦忠…」とある。

(12)洪亮吉は『左傳』の文を「子爲政」「我爲政」と引きながら、按語の中では「正」に作り、かつ始皇帝の名を「正」としている。

(13)因みに、香港中文大學中國文化研究所編『呂氏春秋逐字索引』(商務印

書館1994年）に據れば、藝文印書館影明本に校訂を加えた『呂氏春秋』では、全部で22箇所の「政」が見える。

(14) たとえば清王謨輯『漢魏遺書鈔』は「世本　漢南陽宋忠注」として、「以正月旦生、故名正。」を載せている。

(15) 齊風、猗嗟に「猗嗟名兮、美目清兮、儀既成兮、終日射侯、不出正兮、展我甥兮。」とある。

(16) 小雅、斯干に「殖殖其庭、有覺其楹、噲噲其正、噦噦其冥、君子攸寧。」とある。

(17) 小雅、節南山に「昊天不平、我王不寧、不懲其心、覆怨其正。」とある。

(18) 大雅、雲漢に「瞻卬昊天、有嘒其星、大夫君子、昭假無贏、大命近止、無棄爾成、何求爲我、以戾庶正、瞻卬昊天、曷惠其寧。」とある。

(19) たとえば鮑彪が「楚也。始皇諱其父名、故稱曰荊。知此書始皇時人作。」（二で既述）などといっているのは、明らかに「卒哭乃諱」を踏まえた議論である。周廣業も「但周制卒哭乃諱、秦雖違古、未必生存之日已詔改其字曰端、惟臣下謹避、或易音、或變體、隨宜更換。…至漢則生避諱矣」（『經史避名彙考』巻五）といい、秦は原則上「卒哭乃諱」であるとする。

(20) 天子の策書、制書、詔書、戒書などの場合、天子自身が發すべきものであるから、自己の名は避ける必要はないはずであるが、實際は臣下が代筆するため避諱される可能性もある。これについては、秦代の具體的資料が出土していないので、今回は觸れない。

(21) 『圖書季刊』新第5巻第1期（1944年3月）所収。

(22) 陳垣は東漢の19の碑文で避諱していない證據を22例擧げ（『史諱擧例』巻一、避諱改字例）、胡適は以下の7つの證據を擧げている。

1.『説文』は前漢諸帝の諱を避けないばかりでなく、後漢光武帝、明帝の諱も避けていない。

2.伏無忌（後漢桓帝の時に没す）の『古今注』は後漢九帝の諱を擧げている。

3.司馬遷の『史記』は文帝、景帝、武帝、（昭帝）の名を書いている。

4.『漢書』韋賢傳中の韋孟の諫詩に「寔絶我邦」などの句があり、〈鄒詩〉に「于異他邦」などの句があるが、押韻からみて劉邦の名を避けていない。

5.魏王肅の「諱議」には「案漢氏不名諱、常曰、臣妾不得以爲名字、其言事不諱。」とある。

6.蔡邕（133－192）の書いた碑文中には、後漢七帝の諱が36例も見られる。

7.『論衡』には「莊」（後漢明帝の名）字が少なくとも16回でてくる。

(23)睡虎地秦墓竹簡整理小組『睡虎地秦墓竹簡』（文物出版社1990年9月）。

(24)同上「編年記」注釋〔六二〕

(25)同上「語書」注釋〔六〕（第14頁）。

(26)「正」の意味で「端」を用いている古書はかなりある。周廣業が擧げた『國語』晉語、『荀子』法行篇、『韓非子』有度篇、『靈樞經』五色篇、賈誼『新書』等齊篇、劉向『新序』刺奢篇などのほか、『墨子』非儒下「席不端」、『左傳』昭公二十六年「咸黜不端」など數多い。これらがみな避諱によるものとは考えにくい。むしろ「端」も「正」の意味で普通に使われていたと考える方が自然ではあるまいか。

(27)同上「廏苑律」注釋〔一四〕（第23頁）。

(28)「法律答問」には「端」が11箇所見えるが、いずれも「故意」の意味で使われている。

(29)四川省博物館・青川縣文化館「青川縣出土秦更修田律牘—四川青川縣戰國墓發掘簡報」、于豪亮「釋青川秦墓木牘」、李昭和「青川出土木牘文字簡考」（ともに『文物』1982年第1期）、楊寛「釋青川秦牘的田畝制度」（『文物』1982年第7期）、黄盛璋「青川新出秦田律木牘及其相關問題」（『文物』1982年第9期）、李學勤「青川郝家坪木牘研究」（『文物』1982年第10期）などがある。

(30)何雙全「天水放馬灘秦簡綜述」（『文物』1989年第 2 期）、李學勤「放馬灘簡中的志怪故事」（『文物』1990年第4期）。

その他、この秦簡に關しては、鄧文寛「天水放馬灘秦簡《月建》應名《建除》」、劉信芳「《天水放馬灘秦簡綜述》質疑」(ともに『文物』1990年第9期)などがある。

(31)秦簡整理小組「天水放馬灘秦簡甲種《日書》釋文」(『秦漢簡牘論文集』甘肅人民出版社1989年12月)

(32)何雙全「天水放馬灘秦墓出土地圖初探」(『文物』1989年第2期)、曹婉如「有關天水放馬灘秦墓出土地圖的幾箇問題」(『文物』1989年第12期)

(33)中國文物研究所・湖北省文物考古研究所『龍崗秦簡』(中華書局2001年 8月)

(34)湖北省荊州地区博物館「江陵揚家山135號秦墓發掘簡報」(『文物』1993年第8期)。

(35)荊州地区博物館「江陵王家臺15號秦墓」(『文物』1995年第1期)。

(36)湖北省荊州市周梁玉橋遺址博物館『關沮秦漢墓簡牘』(中華書局2001年8月)

あとがき

谷中　信一

今からおよそ10年前の1992年9月、中國湖北省荊門市郭店村の戰國時代楚國貴族墓から發掘された竹簡群（後に、これらを荊門市博物館の整理者は「老子」甲・乙・丙、「太一生水」、「緇衣」、「魯穆公問子思」、「窮達以時」、「五行」、「唐虞之道」、「忠信之道」、「成之聞之」、「尊德義」、「性自命出」、「六德」、「語叢」一・二・三・四の12種17篇に分類した）は、思想史研究者をはじめとする世界中の中國研究者に大いなる衝撃を與えた。そうした衝撃的な發見を可能にしたのは、むろん中國考古學界の近年の飛躍的な發展である。それまでも湖北・湖南一帯ではしばしば考古學者らの手によって刮目すべき發掘・發見がなされていたから、これとても彼らにしてみればさほど特筆すべき發見であったとは言えないのかも知れない。

しかしわれわれ思想史研究者にとっては、このいわゆる郭店楚墓竹簡こそ世紀の一大事といっても過言ではなかった。發掘された竹簡群は、荊門市博物館において、丁寧な化學處理を施された後、整理・釋讀の作業が續けられた。その過程で、少しずつではあるが郭店楚墓竹簡の概要がわれわれにも知らされるようになると、その全容が正式に公表される前から、世界中の研究者の耳目を集めることとなっていったのである。そしてついに1998年5月に文物出版社から『郭店楚墓竹簡』として正式に公表された。發掘時點から數えて六年後のことであった。ここに漸くいわゆる「郭店楚簡」の全容が明らかになったのである。

われわれの研究會が發足したのは、明くる 1999 年であった。すなわち日本學術振興會による科學研究費の助成を受けて、3 年間に及ぶ研究計畫を練り上げた後、「科研郭店楚簡研究會」として、1999（平成 11）年 4 月に、東京大學大學院教授 池田知久・秋田大學教授 石川三佐男・實踐女子大學教授 影山輝國・東京大學大學院助教授 池澤優・同 大西克也、それに私の、總勢六人で正式に發足した。六人は等しく中國古代を研究のフィールドにしているとはいえ、それぞれ研究のテーマも方法も異なることから、それぞれの問題意識から郭店楚簡並びにそれと關連する楚地の出土資料に自在にアプローチしていくこととなった。その結果として、研究成果に多様性と深みを持たせることができたことは、本研究會最大の収穫ではなかったかと密かに自負している。

主な研究活動としては、隔月に公開の研究例會を開催し、その都度、一名の研究者による最新の研究成果の報告を受け、それに基づいて出席者全員による自由で闊達な議論を展開し、そこから新たな問題點を明らかにしていくことであった。その際に最も心がけたのは、國内に限らず、可能な限り海外からも研究者を招請し、あるいはこちらから出向いて行き、彼らとリアルタイムで情報や意見を交換しあうことであった。とりわけ發掘やその後の整理に關與した中國の研究者からもたらされる情報は貴重なものであった。

例會では、出席者は毎回十數名あり、必ずしも多いとはいえなかったものの、むしろそれが幸いしてか、決まって三時間を超える熱のこもった討議が展開された。博士論文の公聽會の時より緊張を強いられたと、後で述懷した報告者もいたほどである。

以下に、これまでの研究例會の開催日時と場所、及び報告者名とその題目を摘記しておこう。

1999 年度

7月24日・日本女子大學
「郭店楚簡『窮達以時』について ── その「天人」思想の位置と意義 ── 」（池田 知久）
9月25日・同
「郭店楚簡「國」「郯」「或」等の訓釋について」（大西 克也）
11月13日・同
「『老子』をめぐる諸問題 ── 郭店楚簡國際學術研討會に出席して ── 」（谷中 信一）
1月15日・同
「郭店楚簡儒家文獻研究的參考座標」（姜 廣輝）
（通譯：日本女子大學非常勤講師　孫 佩霞）
3月4日・同
「簡牘資料と思想史研究 ── 尹灣漢墓簡牘の分析を中心として ── 」（李 成珪）（通譯：李 承律）

2000年度
5月13日・同
「子彈庫帛書と『絶地天通』神話」（池澤 優）
7月1日・東京大學
「郭店楚墓竹簡中的孝與忠」（胡 平生）（通譯：曹 峰）
9月30日・日本女子大學
「郭店本の出現とこれからの『老子』研究」（楠山 春樹）

2001年度
5月12日・同
「漢代の避諱について」（影山 輝國）
7月28日・東京大學
「從楚國出土物看『離騷』的神游」（復旦大學中文系教授　徐 志

蕭）　（通譯：高崎経済大學非常勤講師　徐 送迎）
10月13日・日本女子大學
「包山楚簡に見える證據制度について」（廣瀬 薫雄）

また、2000年12月9日には、僅か1日の會期ではあったが、日本女子大學並びに中國出土資料學會の後援を得て、「郭店楚簡國際學術シンポジウム」と題する國際學術ミニシンポを開催した。

その主な内容は以下の通り。

(1)基調報告（谷中 信一）
(2)「太一信仰の考古學的檢討から見た『楚辞』の篇名問題——「東皇太一」——（石川 三佐男）
(3)「The Nature Taiyi in the Guodian Manuscript "Taiyi sheng shui":Abstract Cosmic Principle or Supreme Cosmic Deity?」(Donald Harper)
(4)「郭店楚簡『唐虞之道』の社會的「利」思想について——「利天下而弗利」を中心にして——」（李 承律）
(5)「從出土文獻看仁字古文和仁愛思想」（龐 樸）
(6)「香港中文大學文物館藏《日書》簡牘整理與研究」（陳 松長）
(7)「王家臺秦墓竹簡『歸藏』について」（近藤 浩之）
(8)總括發言（池田 知久）

當日は、日本全國から本シンポの趣旨に賛同した研究者が多數集い、有意義な討論を行うことができた。討論は多岐に及んだが、最後に總括的な意見として、傳世文獻と出土文獻とを相互に關連づけて研究することの意義を忘れてはならないとの發言があったことを特記しておこう。新出土文獻を珍重するあまり、傳世文獻への目配りを欠くことがあってはならないという意味で、改めて確認されたことであった。

本論文集は、以上の研究例會及びシンポジウムにおいて發表された研究報告を中心に編集しており、文字通り本研究會の３年間に亘る足跡をそのまま示すものといえる。言うまでもないことであるが、これで問題がすべて解明されたわけではない。むしろそのための一歩を踏み出したに過ぎない。池田教授が本書の序文において出土資料研究の困難さ述べつつ、本書に收められた拙論に対して嚴しい批判を行っておられるように、本研究會がまとまって定説といえるものを提起し得ているわけではないし、單に問題のありかを示し、今後の研究に一定の方向付けをなしえたに過ぎない。

從って我々が望むのは、本論文集がひとつの問題提起として機能し、今後も世界の學界が、問題意識を共有しつつ互いに切磋琢磨しながら、中國古代思想史の新たな解明に向けてどこまでも手を携えていくことにいささかでも寄與しうることである。

さて、本研究會が三年間中斷することなく活動してこられたのは、ひとえに事務局で實務を担當してくれた日本女子大學大學院生の協力の賜物である。その事務局にあって終始一貫して貢獻してくれたのは、博士課程（史學專攻・後期）學生の大川裕子さんであった。また、發足時から１年間という限られた期間ではあったが大川さんとよく協力して事務處理に力を發揮してくれたのは、同じく院生で日本文學專攻の中村佑子さんであった。二人は、研究例會案内状の作成・發送業務など煩瑣な仕事を進んで引き受けてくれたばかりでなく、文物出版社版『郭店楚墓竹簡』の全文データベース化に取り組んでくれた。また、2000 年 12 月に開催したシンポジウムでは、日本文學專攻の院生である壬生里美・宮本祐規子さんらが、快く手傳ってくれた。また、このシンポジウム開催を廣報するためのポスターの作成には、本研究會メンバーである石川三佐男氏との友誼によって秋田大學教授 横山智也氏の全面的支援を頂いた。また、會場校となった日本女子大學からは、文學部學術交流研究費による資金援助を受けた。また、本書の版下作成に當たり文字鏡研究会編集の『今昔文字鏡』のフォントを利用させて頂いた。特に記して感謝の意を表したい。

最後になったが、本論文集の出版を快く引き受けてくださった汲古書院社長の石坂叡志氏には深甚の謝意をここに獻じるものである。

2002年2月23日

執筆者略歴

＊生年・最終學歷・現職（稱號）・專攻分野・主要論著３點＊

楠山 春樹（Kusuyama Haruki）
1922 年生
早稻田大學文學部東洋哲學專攻
早稻田大學名譽教授・文學博士
中國思想史・道教
1)『老子傳説の研究』（創文社　1979.2）
2)『道家思想と道教』（平河出版社　1992.7）
3) 新釋漢文大系『淮南子』上・中・下（明治書院　1979.8・1982.7・1988.6）

池田 知久（Ikeda Tomohisa）
1942 年生
東京大學大學院人文科學研究科博士課程（２年中途退學）
東京大學大學院教授・文學博士
中國思想史
1)『馬王堆漢墓帛書五行篇研究』
（汲古書院　1993.2）
2) 溝口雄三・丸山松幸・池田知久共編『中國思想文化事典』
（東京大學出版會　2001.7）
3)『莊子 ── 「道」的哲學及其演變』
（中華民國國立編譯館　2001.12）

谷中 信一（Yanaka Shin'ichi）
1948 年生
早稻田大學大學院文學研究科博士課程（東洋哲學專攻）退學
日本女子大學教授
中國思想史
1）「『逸周書』の思想と成立について ── 齊學術の一側面の考察 ── 」（『日本中國學會報』　第 38 集　1986.10）
2）「戰國時代後期における「大一統」思想の展開」（『日本中國學會五〇年記念論集』汲古書院刊　1998.10）
3）『晏子春秋』上・下（明治書院　2000.5・2001.4）

ドナルド・ハーパー（Donald Harper）
1950 年生
Ph.D., University of California, Berkeley
（カルフォルニア大學バークレー校、博士課程）
Professor and Chair of the Department of East Asian Languages and Civilizations, University of Chicago
（シカゴ大學言語文明學科、學科長、教授）
Early Chinese thought and religion（古代中國の思想と宗教）
1）Early Chinese Medical Literature: The Mawangdui Medical Manuscripts（London: Kegan Paul, 1998）.
2）"Warring States Natural Philosophy and Occult Thought,"（TheCambridge History of Ancient China, ed. Loewe and Shaughnessy Cambridge: Cambridge University Press, 1999）.
3）"Iatromancy, Diagnosis, and Prognosis in Early Chinese Medicine," in Innovation in Chinese Medicine, ed. Hsu

(Cambridge: Cambridge University Press, 2001).

李 承律 (Lee SungRyul)

1967年生

東京大學人文社會系研究科博士課程修了 (2001.2.21)

韓國、成均館大學校東アジア學術院儒教文化研究所 Post-doc 研究員・文學博士 (東京大學)

中國古代思想史・出土資料研究

1)「郭店楚墓竹簡の儒家思想研究 ── 郭店楚簡研究序論 ──」
(東京大學人文社會系研究科　博士學位論文　2001.2)

2) "The View of Loyal Ministers in the Ch'u Bamboo-Slip *Lu Mu-kung wen Tzu-ssu* from Kuo-tien"
(ACTA ASIATICA : BULLETIN OF THE INSTITUTE OF EASTERN CULTURE, No.80, THE TOHO GAKKAI, February, 2001)

3)「郭店楚簡『唐虞之道』の堯舜禪讓説と中國古代の堯舜帝位繼承説話の研究」
(池田知久監修・「古典學の再構築」東京大學郭店楚簡研究會編『郭店楚簡の思想史的研究』第五巻　2001.2)

姜 廣輝 (Jiang GuangHui)

1948年生

中國社會科學院研究生院碩士研究生

中國社會科學院歷史研究所中國思想史研究室主任・研究員

中國思想史

1)《顏李學派》(中國社會科學出版社　1987)

2）《理學與中國文化》（上海人民出版社　1997）
3）《走出理學－清代思想發展的內在理路》（遼寧教育出版社　1997）

胡 平生　（Hu PingSheng）
1945 年生
北京大學研究生院碩士研究生
中國文物研究所出土文獻與文物考古研究中心主任・研究員
中國古代文獻（出土文獻、傳統文獻）整理與研究・中國古代文化史
1）《胡平生簡牘文物論集》（臺灣蘭臺出版社、1999）
2）《長沙走馬樓三國呉簡・嘉禾吏民田家別》（主要編者）
（文物出版社、2000）
3）《敦煌縣泉四時月令》（執筆）
（中華書局、2001）

石川 三佐男　（Ishikawa Misao）
1945 年生
二松學舍大學大學院文學研究科博士課程修了
秋田大學教育文化學部教授・文學博士
中國古典文學・中國古代文化史
1）中國古典新書續編『玉燭寶典』（明德出版社　1988）
2）「『楚辭』九章の思美人篇における美人の實體について」
（『日本中國學會報』第 44 集　1992）
3）「出土資料から見た『楚辭』九歌の成立時期について」
（『中國出土資料研究』創刊號　1997）
4）「魂を昇天させる呪器、漢鏡について」
（『日本中國學會創立五十年記念論文集』　汲古書院　1998 ）

曹 峰（Cao Feng）
1965 年生
東京大學大學院博士課程學生。
中國古代思想史・戰國秦漢出土簡帛
1)「上海博物館展示の楚簡について」
（東京大學郭店楚簡研究會編『郭店楚簡の思想史的研究』第二巻 1999.12）
2)「試析已公布的二支上海戰國楚簡」
（「古典學の再構築」東京大學郭店楚簡研究會編『郭店楚簡の思想史的研究』第五巻　2001.2）
3)「馬王堆漢墓帛書『經法』に見える「道」－「名」－「法」の研究」
（東京大學中國哲學研究會編『中國哲學』第 16 號　2001.6）

近藤 浩之（Kondo Hiroyuki）
1966 年（昭和 41 年）生
東京大學大學院人文社會系研究科博士課程 單位取得退學
北海道大學大學院文學研究科助教授
中國古代思想
1)「王家臺秦墓竹簡『歸藏』初探」
（『中國哲學』第 29 号　2000.12）
2)「『馬王堆漢墓帛書易傳』二三子篇の龍」
（『東方學』第 96 輯　1998.7）
3)「馬王堆漢墓帛書『周易』研究概説」上・中・下
（『中國哲學研究』第 8・11・12 号　1994.7・1998.3・1998.11）

廣瀬 薫雄（Hirose Kunio）
1975年生
東京大學大學院博士課程（在學中）
東京大學大學院博士課程學生
中國古代の法と思想
1）「包山楚簡『所謳分析」
（『郭店楚簡の思想史的研究』第五巻　2001）

龐 樸　（Pang Pu）
1928年生
中國人民大學哲學研究生
中國社會科學院研究員
中國古代思想史、文化史、哲學史
1）『帛書五行篇研究』（齊魯書社　1980.7）
2）『一分爲三』（海天出版社　1995.6）
3）『東西均注釋』（中華書局　2001.3）

李 成珪　（Lee SungKyu ）
1946年生
韓國ソウル大學校大學院
ソウル大學校東洋史學科教授・文學博士
中國古代史
1）『中國古代帝國成立史研究』（一潮閣　1984 ）
2）「漢代の官と爵—官爵賜與の實際とその意味を中心にして」
（ソウル大學東洋史研究室編『古代中國の理解』　知識産業社

2001.5）

3）「史記と易學」

（西江大學校人文科學研究院『西江人文論叢』14　2001.6）

大西　克也（Ohnishi Katsuya）

1962年生

1990年東京大學大學院人文科學研究科博士課程退學

東京大學大學院人文社會系研究科助教授

古代中國語學

1）「秦漢以前古漢語中的“主之謂”結構及其歷史演變」

（『第一届國際先秦漢語語法研討會論文集』　岳麓書社　1994）

2）「「殹」「也」の交替 ── 六國統一前後に於ける書面言語の一側面 ── 」

（『中國出土資料研究』第2号　1998）

3）「竝列連詞“及”“與”在出土文獻中的分布及上古漢語方言語法」

（『古漢語語法論集』　語文出版社　1998）

陳　松長（Chen SongChang）

1957年生

湖南師範大學大學院中文系卒業

出土文字資料研究

湖南省博物館副館長・研究員

1）《帛書史話》　（大百科出版社　2000.3）

2）《簡牘帛書粹編》四種　（上海書畫出版社　2000.8）

3）《香港中文大學文物館藏簡牘》　（香港中文大學文物館　2001）

池澤 優（Ikezawa Masaru）

1958（昭和 33）年生

ブリティッシュ・コロンビア大學大學院アジア學科博士課程修了

東京大學大學院人文社會系研究科助教授・哲學博士

宗教學

1)『「孝」思想の宗教學的研究 ── 古代中國における祖先崇拝の思想的發展 ──』

（東京大學出版會　2002）

2)「古代中國の祭祀における“仲介者”の要素──戰國楚の卜筮祭禱記録竹簡・子彈庫楚帛書と「絶地天通」神話を中心に」

（田中文雄ほか編『道教の教團と儀禮』　雄山閣　2000）

3)「書き留められた帝の言葉：子彈庫楚帛書に見る天・神・人の關係」

（『宗教研究』316 号　1998）

影山 輝國（Kageyama Terukuni）

1949（昭和 24）年生

東京大學大學院人文科學研究科中國哲學專門課程博士課程退學

實践女子大學教授

中國古代思想史

1)「漢代における災異と政治─宰相の災異責任を中心に─」

（『史學雜誌』第 90 編第 8 号　1981.8）

2)「『史記』中の「赤帝の子、白帝の子を斬る」の記事について」

（『竹田晃先生退官記念東アジア文化論叢』（汲古書院　1991.6）

3)「漢代「順氣行罰」考」

（東京大學『東洋文化研究所紀要』第 133 冊　1997.3）

楚地出土資料と中國古代文化

2002年3月　初版発行
2007年3月　第二版発行

編　者　郭店楚簡研究会
発行者　石坂叡志
製版印刷　モリモト印刷

発行所　汲古書院

〒102-0072 東京都千代田区飯田橋 2-5-4
電話 03(3265)9764
FAX 03(3222)1845

 ISBN978－4－7629－2666－2 C3022